Zu diesem Buch

Warum ein «Rechtsratgeber Frauen»? «Männer und Frauen sind gleichberechtigt.» – So besagt es das Grundgesetz. Die Wirklichkeit sieht anders aus. Der Rechtsalltag von Frauen ist immer noch durch Unrecht und Ungleichbehandlung geprägt. Das ist nicht nur darauf zurückzuführen, daß so entscheidende Rechtskonstrukte wie die Sozialversicherung oder die Ehe die klassische Rollenaufteilung zwischen den Geschlechtern und damit auch die traditionelle gesellschaftliche Benachteiligung von Frauen aufrechterhalten, sondern auch darauf, daß die Gesetzgebung, ihre Interpretation oder Anwendung hauptsächlich von Männern gestaltet und von den Interessen männlicher Besitzstandswahrung und Privilegienerhalts geprägt sind. Frauen selbst nehmen, häufig in Unkenntnis der Rechtslage, ihnen zustehende Rechte nicht oder doch nur unzureichend wahr oder verzichten – um der Aufrechterhaltung von Partnerschaften und Sozialbeziehungen willen – ganz auf sie. Deshalb will dieses Buch entlang typischer Konfliktfälle und Lebenslagen einer sogenannten weiblichen «Normalbiographie» über Rechte von Frauen informieren und Frauen ermutigen, diese Rechte wahrzunehmen. Dabei soll es nicht nur um die klassischen Lebenssituationen gehen, in denen Frauen anwaltlichen Rat suchen, wie etwa Scheidung, Trennung oder das Sorgerecht für die Kinder. Dieser Band will auch informieren über Rechte am Arbeitsplatz, Berufsrückkehr, sexuelle Belästigung am Arbeitsplatz, nichteheliche Lebensgemeinschaften, die Gründung einer Selbständigenexistenz, finanzielle Hilfen für alleinerziehende Mütter und vieles andere mehr.

«Frauen haben Rechte, aber sie müssen sie auch wahrnehmen. Frauen haben Rechte, aber diese Rechte sind oft nur eine schwache Waffe gegen die Macht, die sie begrenzen sollen. Und schließlich: Frauen haben Rechte, aber es können mehr und es könnten bessere sein!» (Die Herausgeberinnen)

DORIS MATHILDE LUCKE, geb. 1953, Diplom-Soziologin, Assistentin am Seminar für Soziologie der Universität Bonn, verschiedene Buch- und Zeitschriftenveröffentlichungen, seit 1988 Sprecherin der Sektion Rechtssoziologie in der Deutschen Gesellschaft für Soziologie, Mutter eines Sohnes.

SABINE BERGHAHN, Jahrgang 1952, Juristin, Autorin u. a. zu rechts- und frauenpolitischen Themen, z. Z. Wissenschaftliche Mitarbeiterin am Fachbereich Politische Wissenschaft der Freien Universität Berlin.

Doris Lucke / Sabine Berghahn (Hg.)

Rechtsratgeber Frauen

Unter Mitarbeit von Anke Scheiber

rororo

Rowohlt

rororo aktuell
Herausgegeben von Ingke Brodersen

Originalausgabe
Veröffentlicht im Rowohlt Taschenbuch Verlag GmbH,
Reinbek bei Hamburg, Mai 1990

Umschlaggestaltung: Büro Hamburg – Jürgen Kaffer/Peter Wippermann
(Foto: Süddeutscher Verlag)
Satz Times (Linotronic 500)
Gesamtherstellung Clausen & Bosse, Leck
Printed in Germany
1980 ISBN 3 499 12553 6

Inhalt

3 Sibylle Plogstedt
Sexuelle Belästigung am Arbeitsplatz

4 Barbara Degen und Carola Möller
Teilzeitarbeit und andere Varianten ungeschützter Arbeitsverhältnisse

5 Helga Ostendorf
Frauen in «Männerberufen» – Frauenarbeitsschutz für und gegen Frauen

6 Caren Berg
Existenzgründung – Frauen als Selbständige

II ARBEITSLOSIGKEIT

1 Ute Winkler
Leistungen nach dem Arbeitsförderungsgesetz bei Arbeitslosigkeit

2 Irmgard Michel
Leistungen nach dem Bundessozialhilfegesetz bei Arbeitslosigkeit

III LEBEN ZU ZWEIT

1 Barbelies Wiegmann
Die Ehe: Verlöbnis – Eheschließung – Ehestand

IV LEBEN MIT ODER OHNE KINDER

VI LEBEN IM ALTER

1 Annelies Kohleiss
Einkommen im Alter: die Rente

2 Irmgard Michel
Sozialhilfe im Alter

3 Jutta Wagner
Wohnen im Alter

4 Sabine Heinke
Erben und Vererben

Abkürzungsverzeichnis

a.a.O.	am angegebenen Ort
ABM	Arbeitsbeschaffungsmaßnahme
Abs.	Absatz
AdVermiG	Adoptionsvermittlungsgesetz
AfA	Absetzung für Abnutzung
AFG	Arbeitsförderungsgesetz
AFKG	Arbeitsförderungskonsolidierungsgesetz
AG	Amtsgericht
AGBG	Gesetz über die allgemeinen Geschäftsbedingungen
ALR	Allgemeines Landrecht für die Preußischen Staaten von 1794
ANBA	Amtliche Nachrichten der Bundesanstalt für Arbeit
AO	Abgabenordnung
AP	Arbeitsgerichtliche Praxis
AR-Blattei	Arbeitsrechtsblattei
ArbG	Arbeitsgericht
ArbGG	Arbeitsgerichtsgesetz
ArV	Arbeiterrentenversicherung
AV	Angestelltenversicherung
AVG	Angestelltenversicherungsgesetz
AZO	Arbeitszeitordnung
BA	Bundesanstalt für Arbeit
BAföG	Bundesausbildungsförderungsgesetz
BAG	Bundesarbeitsgericht
BArbBl.	Bundesarbeitsblatt
BAT	Bundesangestelltentarifvertrag
BayVGH	Bayerischer Verwaltungsgerichtshof

BB	Der Betriebsberater (Zeitschrift)
BBiG	Berufsbildungsgesetz
BErzGG	Bundeserziehungsgeldgesetz
BeschFG	Beschäftigungsförderungsgesetz
BetrVG	Betriebsverfassungsgesetz
BfA	Bundesversicherungsanstalt für Angestellte
BGB	Bürgerliches Gesetzbuch
BGH	Bundesgerichtshof
BMA	Bundesministerium für Arbeit und Sozialordnung
BMJFFG **früher BMJFG**	Bundesministerium für Jugend, Frauen, Familie und Gesundheit
Breithaupt	Sammlung von Entscheidungen aus dem Gebiet der Sozialversicherung, Versorgung und Arbeitslosenversicherung
BSG	Bundessozialgericht
BSHG	Bundessozialhilfegesetz
BT-Drucks.	Bundestagsdrucksache
BU	Berufsunfähigkeit
BVerfG	Bundesverfassungsgericht
BVerfGE	Entscheidungssammlung des Bundesverfassungsgerichts
BVerwG	Bundesverwaltungsgericht
DAA	Deutsche Angestellten-Akademie
DB	Der Betrieb (Zeitschrift)
dB (A)	Dezibel
DBl.-RdErl.	Dienstblatt-Runderlasse der Bundesanstalt für Arbeit
DGB	Deutscher Gewerkschaftsbund
DuR	Demokratie und Recht (Zeitschrift)
EAF	Evangelische Aktionsgemeinschaft für Familienfragen
EG	Europäische Gemeinschaft
EheG	Ehegesetz
ERP	European Recovery Program
EStG	Einkommensteuergesetz

EStR	Einkommenssteuerrichtlinien
EU	Erwerbsunfähigkeit
EuGH	Europäischer Gerichtshof
EWG	Europäische Wirtschaftsgemeinschaft
FamRZ	Zeitschrift für das gesamte Familienrecht
FEVS	Fürsorgerechtliche Entscheidungen der Verwaltungs- und Sozialgerichte
FGG	Gesetz über die freiwillige Gerichtsbarkeit
FR	Frankfurter Rundschau
FU	Freie Universität Berlin
gem.	gemäß
GewO	Gewerbeordnung
GG	Grundgesetz
GmbH	Gesellschaft mit beschränkter Haftung
GmbHG	Gesetz über die Gesellschaft mit beschränkter Haftung
GRG	Gesundheitsreformgesetz
HausratsVO	Hausratsverordnung
HbL	Hilfe in besonderen Lebenslagen
HBV	Gewerkschaft für Handel, Banken, Versicherungen
HdwO	Handwerksordnung
HEZG	Hinterbliebenenrenten- und Erziehungszeitengesetz
HGB	Handelsgesetzbuch
HLU	Hilfe zum Lebensunterhalt
h. M.	herrschende Meinung
i. a.	im allgemeinen
IAF	Interessengemeinschaft der mit Ausländern verheirateten Frauen
i. d. F.	in der Fassung
i. d. R.	in der Regel
info also	Informationen zum Arbeitslosenrecht und Sozialhilferecht
IVF/ET	In Vitro-Fertilisation/Embryo-Transfer = Reagenzglaszeugung mit anschließender Rückführung des Embryos in die Gebärmutter

i. V. m.	in Verbindung mit
JArbSchG	Jugendarbeitsschutzgesetz
JGG	Jugendgerichtsgesetz
JÖSchG	Gesetz zum Schutz der Jugend in der Öffentlichkeit
JWG	Jugendwohlfahrtsgesetz
KG	Kammergericht Berlin
KG	Kommanditgesellschaft
KJ	Kritische Justiz (Zeitschrift)
KrimJ	Kriminologisches Journal
KSchG	Kündigungsschutzgesetz
LAG	Landesarbeitsgericht
LFG	Lohnfortzahlungsgesetz
LG	Landgericht
LS	Leitsatz
LSG	Landessozialgericht
LVA	Landesversicherungsanstalt
m. E.	meines Erachtens
MAK	maximale Arbeitsplatzkonzentration
MDR	Monatsschrift für Deutsches Recht
Mio.	Millionen
Ms.	Manuskript
MuschG	Mutterschaftsgeld
MuSchG	Mutterschutzgesetz
m. w. N.	mit weiteren Nachweisen
NdsSchG	Niedersächsisches Schulgesetz
ne.	nichtehelich
NEheLUmgG	Nichteheliches Umgangsgesetz
NJW	Neue Juristische Wochenschrift
NRW	Nordrhein-Westfalen
NZA	Neue Zeitschrift für Arbeitsrecht
o. g.	oben genannt
oHG	offene Handelsgesellschaft

OLG	Oberlandesgericht
OVG	Oberverwaltungsgericht
PKW	Personenkraftwagen
PsychKG	Berliner Landesgesetz über die Unterbringung in psychiatrischen Krankenhäusern
RdA	Recht der Arbeit (Zeitschrift)
RVO	Reichsversicherungsordnung
Rz.	Randziffer
SG	Sozialgericht
s. o.	siehe oben
s. u.	siehe unten
SchwbG	Schwerbehindertengesetz
SGB	Sozialgesetzbuch
SGB I, IV, V oder X	Sozialgesetzbuch Nr. 1, 4, 5 oder 10
StGB	Strafgesetzbuch
StPO	Strafprozeßordnung
TVG	Tarifvertragsgesetz
u. a.	unter anderem
u. ä.	und ähnliches
UÄndG	Unterhaltsrechtsänderungsgesetz
u. E.	unseres Erachtens
udgl.	und dergleichen
u. U.	unter Umständen
UVG	Unterhaltsvorschußgesetz
VAMV	Verband alleinerziehender Mütter und Väter
VGH	Verwaltungsgerichtshof
vgl.	vergleiche
VVG	Versicherungsvertragsgesetz
VwVfG	Verwaltungsverfahrensgesetz
VwGO	Verwaltungsgerichtsordnung
WoGG	Wohngeldgesetz
WRV	Weimarer Reichsverfassung (von 1919)

WSI-Mitteilungen	Monatszeitschrift des Wirtschafts- und Sozialwissenschaftlichen Instituts des Deutschen Gewerkschaftsbundes
Ziff.	Ziffer
ZfJ	Zentralblatt für Jugendrecht (früher: und Jugendwohlfahrt)
ZfRSoz	Zeitschrift für Rechtssoziologie
z. T.	zum Teil
z. Z.	zur Zeit
ZPO	Zivilprozeßordnung

Vorwort

Frauen haben Rechte ...

aber sie müssen sie auch wahrnehmen. Frauen haben Rechte, aber diese Rechte sind oft nur eine schwache Waffe gegen die Macht, die sie begrenzen sollen. Und schließlich: Frauen haben Rechte, aber es könnten mehr, und es könnten bessere sein!

Dies ist in wenigen Worten Anliegen und Fazit dieses Buches.

Gesetze werden in der Hauptsache von Männern gemacht, interpretiert und angewandt. Das Grundgesetz hat angeblich nur Väter. Seine vier Mütter werden gemeinhin verschwiegen. Bis in die Familiengerichte hinein sind die Richter in ihrer Mehrzahl männlichen Geschlechts. Frauen dagegen sind juristisch schlecht informiert, im Gebrauch ihrer Rechte eher zögerlich und konflikt- und risikoscheu, wenn es darum geht, bestehende Rechtsansprüche gegenüber Arbeitgebern, Ehemännern und Sozialämtern durchzusetzen. So lautet ein gängiges Vorurteil, das offenbar noch nicht einmal immer falsch ist. Denn Frauen sind geneigt, Gesetze, die allenfalls die formalen Mindestvoraussetzungen für die Gleichberechtigung und rechtliche Gleichbehandlung von Frauen und Männern erfüllen, als Rechts«geschenke» zu interpretieren, die ihnen – aus Männerhand gegeben – auch jederzeit wieder entzogen und rückgängig gemacht werden können.

Von diesem «negativen Rechts(anspruchs)bewußtsein» (R. Lautmann), dem defensiven Rechtsverhalten von Frauen und den häufig ungenutzten Chancen egalitären Rechts ausgehend will das Buch über Rechte von Frauen informieren, aufklären und Frauen Mut machen, ihre berechtigten Interessen wahrzunehmen, politische Forderungen vermehrt auch als Rechtsforderungen zu stellen und an der Ausgestaltung und Anwendung von Gesetzen aktiv mitzuwirken.

Entlang typischer Phasen, Konfliktfälle und Lebenslagen innerhalb des weiblichen Lebenszusammenhangs (U. Prokop) soll aufgezeigt werden, wo Frauen in ganz alltäglichen Situationen und normalbiographischen, d. h. im Leben von Frauen typischerweise auftretenden Konflikten, wie etwa Scheidung oder ungewollter Schwangerschaft, Rat und Hilfe bekommen können. Damit soll der kollektive Charakter und das Spezifische weiblicher Rechts- und Unrechtserfahrungen ins Bewußtsein gehoben und Frauen ermutigt werden, sich ihre Rechte zu nehmen und dort, wo sie trotz weitgehender formalrechtlicher Gleichstellung immer noch benachteiligt sind, zur Verbesserung dieser diskriminierenden Rechtswirklichkeit in Politik und Gesetzgebung einzumischen.

Das Buch soll nicht einfach ein Rechtsratgeber im herkömmlichen Sinne sein. Es ist weder als Alternativkommentar gedacht, noch kann es im konkreten Einzelfall anwaltlichen Rat ersetzen. Vielmehr handelt es sich auch um ein aktuelles Zeitdokument der nach wie vor bestehenden Benachteiligung von Frauen in Recht und Gesetz. Eine solche exemplarische Dokumentation könnte – im Rahmen der bescheidenen Wirkungsmöglichkeiten eines Buches – dann auch weibliches (und vielleicht sogar männliches) Rechtsbewußtsein in Ansätzen verändern und Anstöße zu konkreten Reformen und entsprechenden Gesetzesinitiativen geben.

Recht hat (k)ein Geschlecht...

Warum also ein «Rechtsratgeber Frauen»? Gelten Gesetze nicht allgemein, d. h. für Männer und Frauen? – Mehr als 40 Jahre nach dem Inkrafttreten des Grundgesetzes mit seinem in Art. 3 Abs. 2 niedergeschriebenen, unmittelbar rechtsgestaltenden Satz «Männer und Frauen sind gleichberechtigt» sollte frau eigentlich erwarten können, daß die verheißene Gleichberechtigung sowohl im formalrechtlichen Sinne nichtdiskriminierender Gesetze als auch mit der materiellrechtlichen Bedeutung gleicher Lebenschancen verwirklicht wäre. Leider ist dies nicht so. Der Rechtsalltag von Frauen ist traditionell durch Unrecht und immer noch durch «selbstverständliche Ungleichbehandlungen» (U. Gerhard) geprägt. Ungleichheit und Benachteiligung sind gleichsam «natürliche» Bestandteile der Frauenrolle. Erst wenn dies – sowohl von den Frauen selbst als auch von ihrer Umwelt – erkannt und den darauf basierenden Rollenerwartungen widersprochen wird, ist Gleichberechtigung durchsetzbar. Reste unmittelbar diskriminierender Regelungen finden sich bei näherem Hinsehen sogar in mehrfach reformierten Gesetzen wie dem Bürgerlichen Gesetzbuch (BGB). Dies gilt z. B. für das «Kranzgeld» des § 1300 BGB, das eine Entschädigung für die verlorene «Unbescholtenheit» der Braut während einer Verlobung darstellt. Heute aktueller sind mittelbar diskriminierende Regelungen, die zwar nicht direkt und ausdrücklich an die Geschlechtszugehörigkeit anknüpfen, deren Auswirkungen Männer und Frauen jedoch ungleich betreffen. Schließlich halten eine Reihe von Rechtskonstruktionen, wie die der Sozialversicherung, und Rechtsinstitute, wie die Ehe, immer noch die klassische Rollenaufteilung zwischen den Geschlechtern aufrecht, die eine der Hauptursachen für die sozialen und gesellschaftlichen Nachteile von Frauen darstellt.

Der Selbstverständlichkeit jener rechtlichen und faktischen Benachteiligungen entspricht ein ebenso selbstverständliches Ignorieren der spezifischen Betroffenheit von Frauen durch eine männlich geprägte juristische Fachwelt. In den meisten Ratgebern, Lehrbüchern oder Informationsbroschüren wird die reale und damit meist andersartige Betroffenheit nicht oder kaum angesprochen, vielmehr hat «man(n)» stets den «Normalfall» eines männlichen Rechtssubjekts vor Augen. Schon deshalb ist ein «Rechtsratgeber Frauen» notwendig und im Grunde genommen überfällig.

Die Idee zu diesem Buchprojekt entsprang mehrjähriger Beschäftigung mit dem Thema «Frauen und Rechte» und den Erfahrungen, die wir – Sabine Berghahn als Juristin, Doris Lucke als (Rechts-)Soziologin – dabei gemacht haben. Demnach kennen viele Frauen – auch die gebildeten und «emanzipierten» unter ihnen – ihre Rechte nicht oder nur «ungefähr». Angesichts der historischen und alltäglichen Unrechtserfahrungen von Frauen erscheint dies verständlich, denn viel ist mit Recht und Gesetz allein angesichts der Begrenztheit rechtlicher Strategien nicht zu erreichen. Durch das weitgehende Ausblenden juristischer Handlungsmöglichkeiten wird aber der Blick für sinnvolle Alternativen verstellt. In Unkenntnis der Rechtslage nehmen viele Frauen die ihnen zustehenden Rechte nicht oder nur unzureichend wahr und verzichten auf sie – etwa um der Aufrechterhaltung von Partnerschaften und Sozialbeziehungen willen – «freiwillig». Obwohl sich die Rechtsstellung von Frauen gegenüber früher verbessert hat und Frauen insgesamt aktiver geworden sind, fügen sie sich bis heute mehrheitlich im wahrsten Wortsinn «klaglos» in die scheinbare Rechtmäßigkeit von Gesetzen, die – offen oder verdeckt – nach den Interessen männlicher Besitzstandswahrung und patriarchalischen Privilegienerhalts konstruiert sind, und überlassen sowohl die Gesetzgebung als auch die Interpretation und Anwendung von Recht in der Hauptsache Parlamentariern, Richtern und Rechtsanwälten, also wiederum Männern.

Dieser Rechtsratgeber will daher Frauen nicht nur in Alltagskonflikten (z. B. am Arbeitsplatz, in einer Beziehung) die notwendigen rechtlichen Informationen liefern und in biographischen Schlüsselsituationen (z. B. Berufseintritt, Kündigung, Eheschließung, Mutterschaft, Berufsrückkehr, Erreichen des Rentenalters) praktische Hilfestellungen leisten, sondern vor allem auch die mittel- und langfristigen Folgen von Rechtsverzichten aufzeigen und damit gleichzeitig auf bestehende Gesetzeslücken und -härten hinweisen. Zugleich soll das Buch auch als Nachschlagewerk und Handbuch für Beratungsstellen, Frauenselbsthilfegruppen u. ä. dienen können und einen Überblick über die Rechtswirklichkeit und den Rechtsalltag von Frauen in der Bundesrepublik Deutschland geben.

Zur Benutzung des Ratgebers

Die sechs Kapitel mit ihren jeweiligen Einzelbeiträgen setzen in chronologischer Reihenfolge an normalbiographischen Situationen und typischen lebensgeschichtlich relevanten Weichenstellungen im Leben von Frauen an. An ihnen wird die Durchgängigkeit geschlechtsspezifischer Diskriminierung und deren Kumulation im Laufe eines Frauenlebens offenbar, aber es werden auch jene «Knackpunkte» sichtbar, an denen es darauf ankommt, zukünftigen Nachteilen etwa im Beruf entgegenzuwirken oder die Karriere vorhergegangener Benachteiligungen zu durchbrechen. So kann die Kenntnis der eigenen Rechte beispielsweise dann wichtig werden, wenn eine Frau die Ehe eingeht, den Beruf aufgibt oder versuchen muß, aus ihrer Situation als Arbeitslose oder Sozialhilfeempfängerin wieder herauszukommen. Neben den aufgeführten Stationen von der Erwerbstätigkeit über Wechselfälle des Privatlebens bis zum Rentenalter gibt es natürlich noch weitere Situationen wie zum Beispiel diejenige von Akademikerinnen, Ausländerinnen, Asylbewerberinnen oder Strafgefangenen, in denen Paragraphen im Leben von Frauen wichtig werden. Auf die (Ausnahme-)Situationen dieser Frauen einzugehen und außerdem auch noch kollektiv-rechtliche Partizipationsmöglichkeiten mitzubehandeln, wie wir das ursprünglich schon für dieses Buch geplant hatten, muß nun aus Platzgründen einem eventuellen zweiten Band vorbehalten bleiben.

Mit dem *Kapitelaufbau* entlang der Chronologie einer weiblichen «Normalbiographie» (R. Levy) sind wir bewußt von der in der juristischen Literatur gängigen Einteilung nach klassischen Rechtsgebieten (z. B. Arbeitsrecht, Familienrecht, Sozialversicherungs- und Sozialleistungsrecht) abgewichen. Diese ganzheitliche Konzeption des Bandes vermeidet die sonst vielfach übliche Parzellierung der Person in rechtliche Teilfunktionen etwas als ArbeitnehmerIn, EhegattIn oder SozialhilfempfängerIn, wobei klassischerweise dort dann immer nur vom männlichen Rechtssubjekt die Rede ist. Aus demselben Grund halten wir auch die rechtssoziologische Analyse von Erscheinungsformen und Ursachen der geschlechtsspezifischen Benachteiligung im Recht für einen wesentlichen Bestandteil des «Rechtsratgebers Frauen». Eine mit aktuellen Zahlen und Fakten belegte Darstellung der Gemeinsamkeit der Situation etwa von erwerbstätigen Frauen, alleinerziehenden Müttern und Rentnerinnen befindet sich am Beginn jedes Kapitels. Die *Kapiteleinleitungen* stammen von Anke Scheiber, die uns auch bei den redaktionellen Arbeiten tatkräftig unterstützt hat.

Die *Gliederung nach Lebenssituationen oder -abschnitten* und der Verzicht auf die konsequente, aber wenig lebensnahe Abgrenzung nach Rechtsgebieten bringt notwendigerweise thematische Überschneidungen und einige Doppelungen in einzelnen Beiträgen mit sich. So werden z. B. grundlegende Kenntnisse über den Sozialhilfebezug in unterschiedlichen Lebenssituationen wichtig, und erbrechtliche Fragen stellen sich sowohl bei der nichtehelichen Lebensgemeinschaft in jungen Jahren als auch allgemein im Alter. Um allzu viele Verweise im Text und ein ständiges Hin- und Herspringen beim Lesen zu vermeiden, haben wir sachliche Wiederholungen – in gebotener Kürze – überall dort hingenommen, wo sie uns zur umfassenden Information in einer spezifischen Rechtssituation erforderlich schienen. Ansonsten haben wir entsprechende Querverweise eingefügt und angegeben, wo andere Beiträge weiterführend informieren. Verweise auf andere Beiträge sind durch vorangestellte römische Ziffern gekennzeichnet und dadurch von ebenfalls vorkommenden Querverweisen innerhalb eines Beitrags zu unterscheiden. Das *Inhaltsverzeichnis* am Anfang des Buches enthält in den Gliederungsüberschriften die wichtigsten *Stichpunkte*, um die gesuchten Rechtsinformationen schnell auffinden zu können. Eine detaillierte Inhaltsübersicht ist jedem Beitrag unmittelbar vorangestellt. Am Ende des Buches befindet sich ein *Register*, das von Anke Scheiber und Dorothee Prüfer erstellt wurde.

Der Band enthält 26 Beiträge von 24 Autorinnen. In der Mehrheit handelt es sich um Juristinnen, meist Rechtsanwältinnen. Auch einige Sozialwissenschaftlerinnen haben mitgearbeitet. Die einzelnen Beiträge bilden ein breites Spektrum an frauenpolitischen Standpunkten ab. Sie stellen sowohl die jeweils «herrschende Meinung» zu einem Rechtsproblem dar, geben aber auch die aus dem frauenpolitischen Blickwinkel heraus abweichende Sicht der Autorinnen wieder. Trotz der bei so vielen Beteiligten zwangsläufigen Heterogenität, die sich auch in unterschiedlichen Schreibstilen ausdrückt, hoffen wir, daß ein plastisches und aufschlußreiches *Gesamtbild der derzeitigen Rechtslage* entstanden ist.

Bei der sprachlichen Darstellung von weiblichen und männlichen Berufs- und Rollenbezeichnungen wird weitgehend das geschlechtsneutrale Femininum mit dem großen «I» (z. B. «die ArbeitnehmerIn») benutzt, Männer sind dabei stets mitgemeint. Auch bei dem seltener verwendeten «frau» ist «man(n)» in der Regel nicht ausgeschlossen. Sprachgebrauch und Schreibweise sollen augenfällig machen, daß es in der sozialen Realität auch um Frauen und in diesem Buch ganz besonders um sie und ihre

Rechte geht. Ein Vorteil dieser relativ neuen und (noch) etwas ungewohnten Sprachregelung ist, daß das große «I» zumindest im Schriftbild die Betroffenheit des anderen Geschlechts nicht völlig unter den Tisch fallen läßt. Dies ist bei der (noch) herrschenden Schreibweise des geschlechtsneutralen Maskulinums (z. B. «der Arbeitnehmer») regelmäßig der Fall. Ein Nachteil der neuen Schreibweise, insbesondere beim gesprochenen Wort, besteht darin, daß der Eindruck entstehen könnte, Frauen seien in den so benannten zum Teil maßgeblichen Berufen, Rollen und Positionen bereits hinreichend oder sogar schon mehrheitlich vertreten (z. B. als «ArbeitgeberIn»). Gibt es tatsächlich nur verschwindend wenige Frauen in einer solchen Funktionsgruppe, wurde in den Beiträgen daher (meist) die realitätsnähere männliche Form gewählt (also «der Arbeitgeber»). Bezeichnenderweise konnte sich, etwa als Herausgeberin von Schriftenreihen, noch nicht einmal die Minister*in* (für Jugend, Familie, Frauen und Gesundheit) durchsetzen, wie die Literaturangaben zu einzelnen Beiträgen dieses Bandes nicht ganz ohne jede frauenbewegte Ironie dokumentieren.

Bei besonders komplizierten Sachverhalten ließ sich die JuristInnensprache nicht ganz vermeiden. Als Herausgeberinnen haben wir uns jedoch bemüht, die einzelnen Texte für NichtjuristInnen verständlich zu machen. Für allgemein oder spezieller Interessierte sind notwendige Angaben von Gesetzesparagraphen im Text, wichtige Gerichtsurteile und andere Fundstellen der Fachliteratur in den Anmerkungen zu jedem Beitrag zusammengestellt. Ein Verzeichnis der benutzten Abkürzungen findet sich am Anfang des Buches.

Sämtliche Beiträge zu diesem Buch entstanden in der ersten Jahreshälfte 1989. Die dort dargestellte aktuelle Rechtslage bezieht sich, soweit nicht anders angegeben, auf den *Stand vom 1. 8. 1989*. Die Verantwortung für die Richtigkeit der Angaben liegt bei den einzelnen Autorinnen.

Auf absehbare Gesetzesänderungen wird in den Beiträgen meist hingewiesen; ob, wann und wie sich die jeweils geltende Gesetzeslage in den folgenden Jahren tatsächlich ändern wird, konnte dabei natürlich nicht vorausgesehen werden. Zudem besteht jederzeit die Möglichkeit, daß sich durch höchstrichterliche oder verfassungsgerichtliche Rechtsprechung Wesentliches an der Rechtsauslegung und -geltung ändert. Dies gilt insbesondere dort, wo es sich, wie etwa beim Arbeitsrecht, um weitgehend nicht kodifiziertes, d. h. nicht in formellen Gesetzen niedergelegtes Recht handelt. Ebenso ist es illusorisch, im Rahmen eines Rechtsratgebers Vollständigkeit anzustreben und sämtliche denkbaren Fallkonstellationen abzuhandeln. Auch aus diesem Grund ist im konkreten Einzel- und insbesondere Streitfall eine eingehende Beratung durch ExpertInnen, meist AnwältInnen, zu empfehlen.

Hinweise auf darüber hinausgehende *Beratungsstellen, weitere Informationsmöglichkeiten, Adressen* und – soweit vorhanden – weiterführende Literatur finden sich im Text oder am Ende jedes Beitrags. Allgemein zuständige Stellen, wie z. B. Arbeits- und Sozialämter oder bundesweite Organisationen, sind als «Adressen» dann nicht mehr eigens aufgeführt.

Noch ein Wort zu den *Beispielsfällen*, die die Beiträge dieses Buches durchziehen! Wenn frau sie liest, könnte der Eindruck entstehen, daß Frauen durchgängig schwere Schicksale haben und im Grunde genommen vieles, wenn nicht alles verkehrt machen. Dieser Eindruck ist falsch und die zwangsläufige Folge einer «rechtsratgebenden» Problematisierung konfliktreicher Ausschnitte aus der sozialen Wirklichkeit. Zum Glück besteht aber das Leben von Frauen nicht nur aus Konflikten und Notlagen! Ihr Leben wird jedoch auch nicht freier und glücklicher, wenn mögliche Konflikte ignoriert oder scheinbar vermieden werden, indem Frauen ihre Rechte und Interessen nicht wahrnehmen. Ein Verzicht auf eine Rechtsdurchsetzung im Einzelfall – zum Beispiel auf eine gerichtliche Geltendmachung eines Unterhaltsanspruchs – kann rational und durchaus sinnvoll sein, etwa dann, wenn der Ärger zu groß und die Erfolgsaussichten zu gering sind. Eine Abwägung setzt jedoch erst einmal die Kenntnis der Rechtslage und eine Auseinandersetzung mit den bestehenden rechtlichen Möglichkeiten voraus. Genau hierzu – und nicht zu Rechtspocherei und Prozeßsucht – sollte das vorliegende Buch nach den Vorstellungen der Herausgeberinnen einen Beitrag leisten.

Berlin und Bonn, Januar 1990

Sabine Berghahn und Doris Lucke

Sabine Berghahn und Doris Lucke

«Was Männern billig ist, muß Frauen noch nicht recht sein» Der lange Weg zur Gleichberechtigung Eine Einleitung

Gemessen an der noch für das 19. Jahrhundert geltenden «Rechtlosigkeit der Frau im Rechtsstaat»[1] haben Frauen heute eine Reihe von Rechten. Gemessen am Ziel tatsächlich verwirklichter Gleichberechtigung befinden sich Frauen in der Bundesrepublik Deutschland jedoch noch auf dem Weg, vielleicht sogar erst auf halber Strecke.

Wir wollen im folgenden die Erfolge, Rückschläge, Versäumnisse und Entwicklungsperspektiven der Gleichberechtigung in der Bundesrepublik Deutschland beleuchten. Dazu soll zunächst die Sichtweise der einschlägigen Fachwelt auf die Rechtssituation von Frauen (1) analysiert und umgekehrt das Verhältnis von Frauen zum Recht, ihr Rechtsbewußtsein also (2), näher betrachtet werden. Nach einem Abriß erfolgter Gleichstellungsreformen (3) wird schließlich auf einige Zukunftsperspektiven egalitären Rechts (4) eingegangen.

1 Rechtssituationen von Frauen – für die (männliche) Fachwelt kaum von Interesse

Wer erwartet, daß sich die unzweifelhaft erreichten Rechtsfortschritte auch in der einschlägigen Literatur und Wissenschaft widerspiegelten, sieht sich enttäuscht. Die Ratgeberliteratur beispielsweise ist vielfältig und umfassend, auch die juristische. Die eigenen Rechte als «Arbeitnehmer», «Arbeitsloser», «Steuerzahler», «Mieter», «Autofahrer», «Grundstückskäufer», «Tierhalter» oder «Reisender» werden in Büchern und Broschüren ausführlich dargestellt. Frauen sollen natürlich stets mitgemeint sein, aber nur selten wird ein Gedanke daran verschwendet, ob die geschilderten Situationen und die dazu gegebenen Ratschläge die Interessen und die besondere Betroffenheit von Frauen überhaupt, geschweige denn angemessen berücksichtigen.[2]

So wird z. B. in arbeitsrechtlichen Lehrbüchern oder Ratgebern für

«Arbeitnehmer» zunächst nur an den im vollzeitigen, lebenslangen Arbeitsverhältnis stehenden männlichen Arbeiter oder Angestellten gedacht. Typische Arbeitsverhältnisse von Frauen, also Teilzeitarbeit, Jobs unterhalb der Sozialversicherungsgrenze u. ä. tauchen gar nicht oder allenfalls in einem Sonderkapitel am Ende des Buches auf. Dort wird dann z. B. Teilzeitarbeit auf drei Seiten zusammen mit mehreren anderen «Sonderphänomenen» wie dem Aushilfsarbeitsverhältnis, dem Gruppenarbeitsverhältnis oder der Leiharbeit rechtlich charakterisiert.[3]

Die übliche (Nicht-)Darstellung weiblicher Rechtsrealitäten folgt der juristischen Systematik und der Logik der Gesetze. Es gilt: Erst die Regel, dann die Ausnahme; zuerst werden diejenigen angesprochen, für die die Gesetze, an deren Lebenswirklichkeit anknüpfend, gemacht wurden. Dann kommen diejenigen, die sich mitgemeint fühlen können, wenn sie ausnahmsweise auch einmal Gelegenheit haben sollten, in eine derlei rechtsrelevante Situation zu kommen. Wie leicht aber verliert die gelegentlich mitgemeinte Frau die Lust und vor allem die Ausdauer, sich über «ihre» Rechtssituation zu informieren? Zunächst muß sie sich jedenfalls durch einen Wust von Ausführungen quälen, die auf sie sowieso nicht zutreffen.

Eine in Steuerklasse V eingestufte Ehefrau eines steuerpflichtigen Arbeitnehmers muß z. B. in der Check-Liste eines bekannten Steuerratgebers erst 181 Fragen durchlesen, bis sie als Nr. 182 unter der Überschrift «Außergewöhnliche Belastungen» die für sie vielleicht einschlägige Frage vorfindet: «Haben Sie ein Kind bekommen?»[4]. Was nützt es der Frau überhaupt, über Steuerrecht Bescheid zu wissen, wenn sie arbeitslos ist und keine Steuern zahlt?

Lehrbücher, und mehr noch die Rechtsratgeber, neigen ferner dazu, nur das Positive gesetzlicher Regelungen darzulegen. Im wesentlichen beschreiben sie den vom Gesetzgeber beabsichtigten Sinn, den Zweck und die innere Logik von Normen. Gerade nicht dargestellt wird, wofür die Regelungen nicht taugen, Schwachstellen und Kritik aus der Sicht benachteiligter Personengruppen werden verschwiegen. Dabei gibt es noch immer zahlreiche rechtliche Diskriminierungen insbesondere von Frauen, auch wenn die herrschende Meinung die formale Gleichberechtigung schon mit dem Gleichberechtigungsgesetz von 1957 erreicht zu haben glaubte.

Wo zum Thema «Frauen und Recht(e)» Informationen gegeben werden, wird die Dimension «Recht» i. a. auf Schutzrechte und familienrechtliche Aspekte reduziert. Tatsächlich sind von den meisten Schutzrechten, wie z. B. dem Mutterschutz, nur Frauen betroffen. Verwandte Rechtsthemen, wie Erziehungsurlaub oder flexible Arbeitszeitmodelle, interessieren faktisch fast ausschließlich Frauen. Auch das Familienrecht, insbesondere das Ehe- und Scheidungsrecht, gilt als klassisches «Frauenthema», wohl weil Ehe und Kinder vermeintlich zu jedem «normalen» Frauenleben, nicht aber unbedingt zu jedem Männerleben dazugehören.

Im Scheidungs- und Konfliktfall stehen sich jedoch immer ein Mann und eine Frau gegenüber, und dies bedingt aller Erfahrung nach bei Informationen über Rechte und Möglichkeiten meist schon die Parteinahme für eine Interessenseite, d. h. für das eine oder andere Geschlecht. Wurde die direkte Parteinahme in juristischen Darstellungen und Ratgebern früher unter Berufung auf «übergeordnete», d. h. familien- oder kindbezogene Interessen eher vermieden, so taucht neben dem feministischen Standpunkt in jüngerer Zeit auch derjenige einer durch angeblichen Unterhaltsmißbrauch und verweigertes Sorgerecht «scheidungsgeschädigten» Männerlobby auf.[5] Insofern ist Scheidung heute durchaus ein Männerthema.

Männlich dominierte Sichtweisen und von den berufszentrierten Wertvorstellungen einer Erwerbsarbeitsgesellschaft geprägte Gesetzesnormierungen finden bis in die Formulierungen der Gesetzestexte ihren diskriminierenden Niederschlag.[6] So spricht der Gesetzgeber z. B. von Mutterschafts«urlaub» oder – in Zusammenhang mit der Arbeitslosen-, Renten- und Sozialversicherung – von «Fehl»zeiten, obwohl diese «Lükken» in der sozialen Biographie mit (allerdings nichtberuflicher) Arbeit und volkswirtschaftlich unverzichtbaren Reproduktionsleistungen von der Haus- und Beziehungsarbeit bis zur Kindererziehung oft mehr als ausgefüllt sind.

Von dem (Etappen-)Ziel, die faktisch-rechtliche Noch-nicht-Gleichberechtigung wenigstens realistisch abzubilden, ist selbst die Rechtswissenschaft noch weit entfernt. Sie zieht es vor, die bestehende Kluft zwischen Rechtsnorm und Rechtswirklichkeit hinter einer Fassade formalegalitären Rechts zu verbergen. Zwar gibt es rechtliche Defizitanalysen einzelner Rechtsbereiche aus Frauensicht[7] und sogar umfassende rechtspolitische Antidiskriminierungsgesetzentwürfe – vor allem von den GRÜNEN im Deutschen Bundestag. Die Rechtswissenschaft an den Universitäten, die die Infrastruktur für Fachliteratur schreibende und gesetzemachende Personen stellt, gibt jedoch (noch) nicht viel auf diese Art von juristischer Frauenforschung.[8] Da sich die Zahl der ordentlichen Professorinnen der Rechtswissenschaft noch immer an zehn Fingern abzählen läßt[9], erstaunt dies nicht allzusehr. Die rechtliche Betroffenheit und Benachteiligung von Frauen wird, wenn überhaupt, dann vorwiegend in den Arbeiten von Juristinnen reflektiert, nicht dagegen in «allgemeinen» Rechtsbetrachtungen, die gerade dadurch ihren allgemeinen, d. h. alle betreffenden Geltungsanspruch einbüßen! Dessenungeachtet interessiert sich weder die hohe Rechtstheorie sonderlich für die Rechtssituationen von Frauen, noch tun dies diejenigen, die Lehrbücher schreiben und StudentInnen ausbilden.

Professoren der Jurisprudenz orientieren sich lieber an so gesellschaftlich wichtigen, weil «männlichen» Beschäftigungen wie z. B. der Gründung einer GmbH oder der Abwicklung eines Konkurses. Manche Berufsvertreter benutzen die Lebenssituationen von Frauen sogar zu ihrer und der Zuhörer Belustigung, und nicht selten kommt es hierbei zu Diffamierungen des weiblichen Geschlechts. So treten Frauen in den Fallbeispielen der Lehrbücher und in den Skripten der auf das Examen vorbereitenden Repetitorien vornehmlich als Dirnen, Geliebte oder geistig minderbemittelte Ehe- und Hausfrauen auf. Dort tragen sie dann so aussagekräftige Namen wie «Friedelinde Orgaski», «Carmen Busenprall» oder «Lola Lotter» – die Dramaturgie der Fälle entspricht gängigen Männerphantasien.[10]

In den Sozialwissenschaften sieht es – namentlich auch auf dem Gebiet der Rechtssoziologie – ähnlich aus. Die «erste übergreifende Publikation zur Rechtssoziologie der Geschlechterdisparität im deutschen Sprach- und Rechtskreis»[11] erschien 1984 in Form eines Schwerpunktheftes der Zeitschrift für Rechtssoziologie. AutorInnen des Sammelbandes waren mit der Ausnahme eines einzelnen männlichen Co-Autors ausschließlich Frauen. Umgekehrt scheint das Recht in der Soziologie eine meist ausgeblendete Neben-Kategorie darzustellen. Vor allem auch innerhalb der sozialwissenschaftlichen Frauenforschung finden rechtliche und rechtssoziologische Forschungsfragen das bescheidene Interesse eines Mauerblümchens.[12]

Was bis heute in der «allgemeinen» Ratgeberliteratur wie in juristischen Lehrbüchern und Gesetzeskommentaren ebenso wie in der rechtssoziologischen Fachliteratur fehlt, ist somit einerseits der sensible Blick für das, was für Frauen in bestimmten rechtlichen Teilbereichen wirklich wichtig ist, und andererseits die zusammenfassende und vernetzende Sicht auf die Defizite und Chancen des bestehenden Rechtssystems. Der Hauptvariante eines bisher immer männlichen Rechtssubjekts soll hier deshalb eine weibliche – wenn schon noch nicht in allem gleichberechtigte, so doch in der Hervorhebung ihrer andersartigen Betroffenheit – gleichwertige Figur zur Seite gestellt werden. Damit soll freilich nicht unterstellt sein, daß Rechtsbewußtsein, juristische Fähigkeiten und Interessen von Frauen denjenigen von Männern gleichsam «von Natur aus» diametral entgegengesetzt seien. Dennoch ist auch das Rechtsbewußtsein von Frauen als betroffener Personengruppe mitentscheidend für die Umsetzung ihrer Rechte in die gesellschaftliche Praxis. Daher soll nun der Frage nachgegangen werden, ob Frauen, wie immer wieder behauptet wird, ein anderes Rechtsbewußtsein haben als Männer, sich des Rechts als eines möglichen Mittels der Interessendurchsetzung ungern bedienen und aufgrund dieser typischen weiblichen Charaktereigenschaft auch gleichsam «selbst schuld» daran sind, daß die Gleichberechtigung bisher nicht vollständig verwirklicht wurde.

2 Das «negative» Rechtsbewußtsein «der» Frauen – Faktum oder (männliche) Fiktion?

1980 veröffentlichte der Bremer Jurist und Soziologieprofessor Rüdiger Lautmann Ergebnisse einer zumindest in der rechtssoziologischen Fachöffentlichkeit viel beachteten Studie über das Rechtsbewußtsein von Männern und Frauen. Ziel der Untersuchung war es gewesen, mögliche Unterschiede in den Rechtskenntnissen und im Rechtsgebrauch von Männern und Frauen empirisch zu ermitteln. Der Titel der auf Interviews und Gruppendiskussionen mit Frauen und Männern aller Altersstufen und sozialen Schichten beruhenden[13] Zeitschriftenveröffentlichung: «Negatives Rechtsbewußtsein»[14]. Der zentrale Untersuchungsbefund: Frauen verfügen im Durchschnitt über geringere Rechtskenntnisse als Männer, und ihr Rechtsbewußtsein ist inkonsistent, d. h. nicht einheitlich und voller Widersprüche.

Mit gewissen Unterschieden, etwa auf den Gebieten des Ehe- und Familienrechts im Vergleich zum Arbeitsrecht, nehmen sie ihre Rechte seltener wahr und setzen Rechtsansprüche vor Gericht weniger konsequent durch. Frauen sind sich ihrer bestehenden rechtlichen Ansprüche insgesamt weniger bewußt und bevorzugen – so die Studie weiter – bei Konflikten das auf Ausgleich und Harmonie zielende Aushandeln im Gegensatz zu Männern, die sich des Rechts mehrheitlich instrumentell bedienen und bei der rechtsförmigen Durchsetzung ihrer Interessen juristisch-formale Entscheidungen treffen. Als ebenfalls unterschiedlich erwies sich der von einer männlichen bzw. weiblichen Klientel wahrgenommene Zugang zur Rechtsberatung.

Die Interpretation dieser Ergebnisse – insbesondere deren Zusammenfassung unter den (ab-)wertenden Begriff eines «negativen» Rechtsbewußtseins – blieb erwartungsgemäß nicht unwidersprochen. Nicht nur bei Feministinnen hatte die «Negativ»-Formulierung den Eindruck entstehen lassen, als sei das Rechtsbewußtsein von Frauen nur bruchstückhaft und generell unterentwickelt und die Frauen «in Sachen Recht» aus diesem Grund einmal mehr (männlicher) Nachhilfe und Rechtsbelehrung bedürftig. Kritik übte vor allem Ute Gerhard[15], die seinerzeit selbst als

Forscherin an dem Projekt mitgewirkt hatte. In der publizierten Auswertung der Studie sah sie in erster Linie einen (weiteren) Nachweis für den «male bias», die männliche Voreingenommenheit also, welche die gesamte Rechtssoziologie und Rechtstatsachenforschung durchziehe. Deren geschlechtsperspektivisch verzerrte Sichtweise beeinflusse auch die Ergebnisse, verlängere die Diskriminierung von Frauen in den Bereich der Forschung hinein und legitimiere diese auch noch (pseudo-)wissenschaftlich.[16] Unter diesen Umständen könne frau schon von vornherein mit Ergebnissen rechnen, welche vor allem weibliche Defizite nachwiesen, und diese wiederum seien ein geradezu zwangsläufiges Resultat von Beurteilungsmaßstäben, die unausgesprochen auf den Nachweis solcher vermeintlicher Defizite angelegt sind (und den Beweis des Gegenteils methodisch und konzeptionell von vornherein ausschließen).

Inzwischen hat die Ende der siebziger Jahre begonnene[17] Diskussion darüber, ob es ein spezifisch weibliches respektive männliches Rechtsbewußtsein und eine geschlechtsspezifische Moral gebe, an wissenschaftlicher Aktualität und (nicht nur rechts-)politischer Brisanz eher noch gewonnen.[18] Die wohl stärkste Beachtung – auch außerhalb der akademischen Fachgemeinde – fand Carol Gilligans umstrittenes Buch «In a Different Voice»[19]. In dem 1984 auch auf deutsch erschienenen Buch «Die andere Stimme» vertritt die Autorin die These, daß Frauen eine andere, eine weibliche Moral entwickeln, auf deren Hintergrund sie anders denken, fühlen und urteilen als Männer. Dabei orientieren sie sich dieser Theorie zufolge an eigenen, von männlicher Gerechtigkeitsmathematik und patriarchalischem Rechtsbewußtsein unabhängigen Wertmaßstäben einer zusammenhangs- und situationsabhängigen, kontextuellen Fürsorge, der «care».

Diese unterscheidet sich von der universellen und formal begründeten Rechts- und Gerechtigkeitsauffassung der Männer. Anstatt Rechtsansprüche gegeneinander abzuwägen – so das von der amerikanischen Psychologin entwickelte Konzept der «care» –, wollten Frauen vor allem verhindern, andere zu verletzen und Bindungen zu zerstören. Ganz ähnlich hatte auch Lautmann seine Untersuchungsbefunde, etwa im Bereich des Scheidungsrechts, interpretiert[20], wenn auch ganz anders bewertet.

Ursachen für dieses altruistische und defensive Verhalten der Frauen im Gegensatz zu dem der Männer liegen nach Gilligan darin, daß die männliche Biographie entwicklungspsychologisch von Anbeginn durch Trennung und Individualismus, die weibliche dagegen durch Verbundenheit, Verantwortung und Fürsorge für die anderen geprägt ist.

Fachöffentliche Kritik erfuhren die Ausführungen Gilligans u. a. durch die Sozialpsychologin Gertrud Nunner-Winkler.[21] Deren zentrale Botschaft und durch eigene Untersuchungsergebnisse belegte Gegenthese zur Entwicklung des moralischen Bewußtseins lautete: Das Geschlecht spielt keine Rolle! Ihr zufolge sind es die sozialisationsbedingten Gelegenheitsstrukturen und nur mittelbar die geschlechtsabhängige Betroffenheit – und nicht das Gegensatzpaar: «männlich – weiblich» per se –, welche das Rechtsbewußtsein und die individuelle Bewältigung von Konfliktsituationen bestimmen.

Rainer Döbert und Gertrud Nunner-Winkler[22] hatten in vier- bis sechsstündigen Intensivinterviews über Diskussionsthemen, die entweder nur Frauen oder aber nur Männer direkt betreffen können, herausgefunden, daß der ausschlaggebende Faktor für beobachtbare Unterschiede im moralischen Bewußtsein nicht die Geschlechtszugehörigkeit an sich, sondern die unmittelbare persönliche Betroffenheit ist.

In anderen Untersuchungen zur distributiven, d. h. der Verteilungsgerechtigkeit[23], konnten geschlechtsspezifische Unterschiede bislang ebenfalls nicht wissenschaftlich nachgewiesen werden. Somit ist weder, wie Döbert feststellt[24], die Konstruktion von «männlicher« und «weiblicher» Moral durch die Datenlage ausreichend gedeckt, noch läßt sich die in der Kapitelüberschrift aufgeworfene Frage – Faktum oder Fiktion? – beim derzeitigen Forschungsstand abschließend beantworten. Soviel scheint festzustehen: Das Rechtsbewußtsein, das Frauen im Unterschied zu Männern entwickeln, ist in hohem Maße abhängig von den Situationen, Lebenslagen und biographischen Weichenstellungen, in die Frauen in unserer von heimlichen Lehrplänen und geschlechtsspezifischen Erziehungszielen und Berufswahlen bestimmten Gesellschaft überhaupt kommen können, und es ist abhängig von den Wahlmöglichkeiten und Alternativen, die ihnen die Gesellschaft unter den herrschenden Bedingungen gesamtgesellschaftlicher und ehelicher Arbeitsteilung und eines geschlechtsspezifischen Arbeitsmarkts hierbei grundsätzlich offenhält.[25]

Frauen kommen nur in spezifischen Situationen, Positionen und Rollen des weiblichen Lebenszusammenhangs mit Recht in Berührung und damit in die Lage, ein situations- und vom jeweiligen Kontext abhängiges «negatives» Rechts(anspruchs)bewußtsein zu entwickeln. So konnte beispielsweise die von Lautmann konstatierte Verzichtshaltung vieler Frauen im Scheidungsfall überhaupt nur deswegen festgestellt werden, weil es eben mehrheitlich die geschiedenen (Haus-)Frauen (und nicht die Männer) sind, die infolge durchschnittlich niedrigerer Frauenlöhne, ehe- und familienbedingter Berufspause und vielen anderen gesellschaftlichen Rollenzuweisungen einerseits regelmäßig als die Bedürftigen auftreten und sich gleichzeitig mit der Erwartung konfrontiert sehen, auf die Abwendung ihrer Bedürftigkeit durch den früheren Ehemann «ihm zuliebe» und des (Rechts-)Friedens wegen zu verzichten.

Gleichzeitig gibt es Hinweise darauf, daß sich Rechtsbewußtsein und Rechtsgebrauch von Frauen und Männern in den jüngeren Altersjahrgängen mit steigender Allgemeinbildung und wachsender beruflicher und öffentlicher Beteiligung der Frauen allmählich angleichen und es zu einer gewissen Nivellierung ehemals stärker geschlechtstypisch ausgeprägter Wert- und Verhaltensdispositionen kommt.[26]

Wer vor diesem Hintergrund aktueller Forschungsergebnisse gleichwohl an der (wissenschaftlich unbewiesenen) pauschalen Unterstellung eines generell defizitären Rechtsbewußtseins und insgesamt defensiven und desinteressierten Rechtsverhaltens «der» Frauen festhält und mit dem «kleinen» Unterschied auch weiterhin argumentiert, setzt sich dem Verdacht aus, mit einem vielleicht nur in Männerköpfen existierenden Wunschbild und einem formaljuristischen Zweckkonstrukt Rechtspolitik machen und diese Politik mit einem männlichen Kunstprodukt ohne empirische Entsprechung legitimieren zu wollen. Frauen und Männer werden lernen müssen, daß je nach Kontext und Situation einmal mehr «Fürsorge», ein andermal der Standpunkt «formal gleichen Rechts» angebracht ist.

Soviel zur «subjektiven» Seite des Rechts, zu den Anwendungsvoraussetzungen auf seiten der Frauen selbst! Wo haben Frauen nun aber «Gelegenheit» zu gleichem Rechtsgebrauch? Welche Fortschritte hat die «Gleichberechtigung» seit dem Zweiten Weltkrieg gemacht?

3 Rechtsfortschritte für Frauen seit Bestehen des Grundgesetzes – verspätet, halbherzig und zwiespältig

Die entscheidende Errungenschaft für die politische Gleichstellung von Männern und Frauen war die Durchsetzung des Art. 3 Abs. 2 des Grundgesetzes: «Männer und Frauen sind gleichberechtigt.» Für die damalige Zeit wurde – nach Ablauf einer Übergangsfrist – unmittelbar geltendes Recht gesetzt und damit auch für unsere Gegenwart und Zukunft ein Maßstab für die rechtliche und gesellschaftliche Entwicklung geschaffen, der noch lange ein utopisches Element enthalten wird.

Daß sich damals im Parlamentarischen Rat bei der Schaffung des Grundgesetzes das Richtige zur richtigen Zeit durchsetzte, ist im wesentlichen das Verdienst von Elisabeth Selbert. Als Sozialdemokratin und Rechtsanwältin der ersten Juristinnengeneration hatte sie unter schwierigsten Umständen ihren Beruf während der Nazi-Zeit ausgeübt, bis sie

1948 – zusammen mit drei anderen Frauen[27] – in den Parlamentarischen Rat berufen wurde. Sie brachte für die SPD die bis heute geltende Formulierung des Gleichberechtigungsgrundsatzes ein und erreichte durch zähes Diskutieren mit der Unterstützung zahlloser Frauen und Frauenverbände, die die «Väter des Grundgesetzes» – auch nicht alle «Mütter» waren auf ihrer Seite – mit einer Flut von Briefen und Resolutionen überschütteten, bis ihr Abänderungsvorschlag – nach mehreren Abstimmungsniederlagen – schließlich angenommen wurde.[28]

Welcher Fortschritt damit erreicht war, kann frau nur ermessen, wenn sie sich vor Augen führt, welche Fassungen zunächst zur Debatte gestanden haben und was den Unterschied in den verschiedenen Formulierungen ausmacht. Während der Herrenchiemseer Konvent, eine Vorbereitungsgruppe für den Parlamentarischen Rat, in seinem Vorschlag eines Gleichheitsgrundrechtes die Geschlechterfrage völlig ausgeklammert hatte, enthielt die erste Vorlage des Parlamentarischen Rates dazu die Formulierung: «Männer und Frauen haben dieselben staatsbürgerlichen Rechte und Pflichten.» Dies entsprach dem Artikel 109 der Weimarer Reichsverfassung, allerdings war dort noch zusätzlich das Wörtchen «grundsätzlich» zu lesen. «Grundsätzlich dieselben Rechte und Pflichten» zu haben, heißt aber nur «in der Regel» gleiche Rechte (und Pflichten) zu besitzen; es sollte also auch Ausnahmen geben. Die Beschränkung auf «staatsbürgerliche» Rechte und Pflichten bedeutete im Klartext, daß im wesentlichen das Wahlrecht und öffentliche Ämter gleichermaßen von Frauen wie Männern ausgeübt werden könnten.

Schon dieses Gleichheitsgebot wurde 1932 durchbrochen, als Frauen im Zuge der Kampagne gegen ihr angebliches «Doppelverdienertum» aus Beamtenpositionen verdrängt wurden. Weite Teile des Zivilrechts, wie z. B. das Arbeitsrecht, konnten aber in der Weimarer Republik von vornherein nicht am Maßstab der Gleichberechtigung gemessen werden. Die Ehe sollte zwar auf der Gleichberechtigung der Geschlechter «beruhen» (Art. 119 WRV), dies war jedoch nur ein Programmsatz, und auch einige Grundrechte der Weimarer Verfassung verpflichteten – im Gegensatz zum Bonner Grundgesetz – den Gesetzgeber nicht unmittelbar.

Eine strikte Gleichberechtigung in allen Rechts- und Lebensbereichen widersprach zunächst auch den Intentionen und dem Bewußtsein der meisten Mitglieder des Parlamentarischen Rates. Die einfachen Gesetze sollten eben gerade nicht geändert, das BGB durfte nicht verfassungswidrig werden. Frauen sollten weder in der Familie noch auf dem Arbeitsmarkt wirklich gleichberechtigt sein und damit zu Konkurrentinnen von Männern werden, weil – so die Argumentation – dies der traditionellen und «naturgegebenen» Verschiedenheit von Mann und Frau nicht gerecht werde. Schließlich wollten Frauen ja auch weiterhin Schutzrechte in Anspruch nehmen, absolute Gleichberechtigung führe hingegen zu ähnlichen Zuständen wie in der Sowjetunion, wo Frauen im Straßenbau und in Bergwerken arbeiteten.[29]

So sehr einige Hauptredner der Debatten sich gegen die materiellrechtlichen Konsequenzen einer umfassenden und alle drei Gewalten bindenden Gleichberechtigung wehrten, so sehr stritten sie dies später ab, als sie sich dem öffentlichen Druck einer Trümmerfrauenelite gebeugt (s. o.) und sie damit dem Formulierungsvorschlag von Elisabeth Selbert für den Gleichberechtigungsgrundsatz zugestimmt hatten. Auf einmal war es nur ein Formulierungsproblem gewesen, und in der Sache hatte es nie Meinungsverschiedenheiten gegeben. Folglich war die Kampagne der Frauen auch kein «Sturm», sondern ein «Quasi-Stürmlein» gewesen, wie Theodor Heuss es ausdrückte.[30] So konnte das Gesicht gewahrt und das patriarchale Interpretationsmonopol aufrechterhalten werden.

Weitere Zugeständnisse in Richtung einer Konkretisierung des Gleichberechtigungsgrundsatzes waren dann jedoch nicht mehr zu erreichen. Der Antrag des kommunistischen Abgeordneten Heinz Renner, den Anspruch auf gleichen Lohn bei gleich(wertig)er Arbeit ausdrücklich in das Gleichheitsgrundrecht aufzunehmen, scheiterte. Zur Beruhigung der Frauenöffentlichkeit sicherten die maßgeblichen Juristen des Parlamentarischen Rates aber zu, daß dieser Anspruch in der verabschiedeten Formulierung des Gleichberechtigungsgrundsatzes enthalten und somit verfassungsrechtlich garantiert sei.

Allzu schnell wurde diese Zusicherung dann wieder vergessen und durch Frauenlohnabschläge und Leichtlohngruppen (in Tarifverträgen) konterkariert.[31] Auch der umfassende Reformauftrag an den Gesetzgeber in den fünfziger Jahren wurde später in einen nachrangigen Reparaturauftrag allein im Ehe- und Familienrecht zur Abschaffung allzu offenkundig diskriminierender Regelungen umgedeutet. Nicht einmal die vom Parlamentarischen Rat gesetzte und in Art. 117 GG verankerte Frist bis zum 31.3.1953 hielt der Bundestag ein. Erst 1957 wurde das «Gleichberechtigungsgesetz» verabschiedet, das diesen Namen kaum verdiente. Mit ihm war zwar der «Stichentscheid» des Ehemannes bei Streitigkeiten mit der Ehefrau abgeschafft worden, nicht jedoch der «Stichentscheid» des Vaters bei Meinungsverschiedenheiten mit der Mutter über die Kindererziehung sowie sein alleiniges Vertretungsrecht für das Kind. Das Recht zum «Stichentscheid» bedeutete, daß bei unterschiedlichen Meinungen beider Ehegatten bzw. Elternteile die Meinung und Entscheidung des Mannes rechtlich den Ausschlag geben sollte. Die Vorschrift über den väterlichen «Stichentscheid» und das Vertretungsrecht im frisch reformierten Gesetz 1959 aufzuheben, blieb dem Bundesverfassungsgericht vorbehalten.[32] Dieses hatte zwar schon 1953 bestätigt[33], daß Art. 3 Abs. 2

unmittelbar geltendes Recht sei, hatte aber auch eine Hintertür eröffnet: Nicht nur bei biologischen, sondern auch bei «funktionalen (arbeitsteiligen)» Unterschieden «nach der Natur des jeweiligen Lebensverhältnisses» sollten unterschiedliche Rechtsregelungen zugelassen, manchmal sogar notwendig sein.[34] Dies hatte im besten Falle eine kompensatorische Funktion, zementierte jedoch in der Regel die benachteiligende gesellschaftliche Arbeitsteilung und Rollenzuweisung. So blieb es bei einigen explizit an das Geschlecht anknüpfenden Regelungen, die keineswegs biologisch begründbar waren.

Immerhin machte das Gleichberechtigungsgesetz die Zugewinngemeinschaft, also die hälftige Zuordnung des in der Ehe hinzugewonnenen Vermögens, zum gesetzlichen Güterstand der Eheleute und schaffte damit die vorher geltende Verwaltung des weiblichen Vermögens durch den Mann und seine Nutznießung daran ab (§ 1363 BGB i. d. F. v. 1896). Der Anspruch auf Zugewinnausgleich bei Tod oder Scheidung war ein erster Schritt zur gleichwertigen Anerkennung von Haus- und Erziehungsarbeit, selbst wenn diese zunächst nur für das Vermögen galt und dieses bei immer weniger Paaren eine Rolle spielt(e).[35] Auch wurde die Haus- und Erziehungsarbeit der Frau als gleichwertiger Beitrag zum Lebensunterhalt des Paares anerkannt; die Kehrseite war, daß die Frau weiterhin zur Haushaltsführung verpflichtet war (§ 1356 Abs. 1 BGB a. F.). Zwar beseitigte das Gesetz auch die Möglichkeit des Ehemannes, ein Arbeitsverhältnis der Frau zu kündigen, jedoch durfte sie nur erwerbstätig sein, «soweit dies mit ihren Pflichten in Ehe und Familie vereinbar» war (§ 1356 Abs. 2 BGB a. F.). Weiterhin hatte die Frau bei der Heirat den Namen des Ehemannes anzunehmen (§ 1355 BGB a. F.).

Auch in anderen Gesetzen blieb es bei geschlechtsspezifischen Regelungen. So hatte beispielsweise die Frau bei schuldloser Scheidung einen Unterhaltsanspruch gemäß § 58 EheG gegen den Mann, wenn Erwerbsarbeit von ihr nicht zu erwarten war, während der Mann nur einen Anspruch hatte, wenn er sich nicht aus eigener Tätigkeit unterhalten konnte; die Witwe eines Rentenversicherten hatte ohne weiteres Anspruch auf eine Witwenrente, der Witwer dagegen nur, wenn seine Frau den Lebensunterhalt beider durch Erwerbsarbeit überwiegend finanziert hatte, usw. Daß manche dieser Regelungen, wie z. B. die letztgenannte, Frauen begünstigten, diente als Argument für das Bestehenbleiben vieler handfester Nachteile in anderen Bereichen. Die Lebens- und Rechtszusammenhänge von Frauen und Männern schienen zu verschieden zu sein, Rollentausch[36], Rollenpluralität oder gar ein Aufbrechen der Mannesrolle waren noch weniger möglich als heute.

Die konservative Familienpolitik der fünfziger Jahre, die Frauen trotz und vielleicht wegen der (notgedrungen) gewonnenen Selbständigkeit der Kriegs- und Nachkriegsjahre mit aller legislativen und ideologischen Gewalt wieder in die Hausfrauen- und Mutterrolle drängte, verleugnete den im besten Wortsinn «radikalen» Gehalt des Gleichberechtigungsgrundsatzes natürlich nicht nur in der Rechtspolitik, sondern auch in allen Bereichen der Familien-, Sozial- und Steuerpolitik.[37] Statt Kindergärten zu bauen, wurden Fahrpreisermäßigungen für kinderreiche Familien eingeführt, statt Frauen eine Berufstätigkeit neben einer mit dem Ehemann geteilten Kindererziehung (und Hausarbeit) zu ermöglichen, wurde das (bis heute bestehende) Steuersplitting für Ehegatten eingeführt, welches die Vollzeit-Erwerbsarbeit des Mannes auf- und die Zuverdiensttätigkeit von Frauen abwertet. Auch in Ehen ohne Kinder wurden und werden Männern (immer noch) Geld und Argumente an die Hand gegeben, sich durch Heirat eine Putzfrau und Köchin zu halten, die im wesentlichen gegen Kost, Kleidung und Logis arbeitet.

Die Frage, warum sich die nach 1945 in der Mehrheit befindlichen Frauen – durch Kriegs- und Notsituationen zum Teil zu ungeahnter Selbständigkeit gelangt und in viele vorher männliche Berufsbereiche eingedrungen – so geräuschlos wieder aus dem Arbeitsleben verdrängen ließen[38], kann hier nur angeschnitten werden. Diese Phase der gleichstellungspolitischen Passivität von Frauen erscheint auf den ersten Blick vor dem Hintergrund des beschriebenen Durchsetzungsaktes des Gleichberechtigungsgrundsatzes in der bundesdeutschen Verfassung erstaunlich, drückte doch die von Elisabeth Selbert und anderen organisierte Kampagne zur Unterstützung einer wirksamen Verfassungsnorm gerade ein hohes Maß an politischem Bewußtsein und Kampfesbereitschaft aus. Im zähen Alltag des Wiederaufbaus mag jedoch ein Großteil weiblicher Energie verschlissen worden sein, und vor allem war die Restauration der alten patriarchalen Strukturen in allen wirtschaftlichen und kulturellen Bereichen der Gesellschaft zu übermächtig, als daß sich (selbst) ein Verfassungsgrundrecht ohne weiteres in Wirklichkeit hätte umsetzen lassen. Auch das Selbstverständnis der meisten Frauen dürfte – nicht zuletzt durch die zwölf Jahre Nationalsozialismus – noch stark von der Vorstellung der Geschlechterpolarität und einer un- bis antipolitischen Haltung geprägt gewesen sein. Ihre Freiheit und Stärke im Alltag erschien vielen Frauen als von der Not aufgedrängt und daher nicht verteidigenswert.

Zunächst also mußten die Frauen, die zuvor Lückenbüßerinnen im Arbeitsleben gewesen waren, den zurückgekehrten Männern weichen. Erst in den sechziger Jahren, in Zeiten der Hochkonjunktur, sollten Frauen wieder für den Arbeitsmarkt mobilisiert werden. Plötzlich wurden Kindergärten gebaut, wurde Geld für Qualifizierungsmaßnahmen bereitgestellt und im Arbeitsförderungsgesetz ein ausdrückliches Förderungsgebot für Berufsrückkehrerinnen verankert. In der zweiten Hälfte der siebziger Jahre und – noch deutlicher – in den achtziger Jahren wurde das Steuer erneut herumgerissen. Massenarbeitslosigkeit und ein heftiger Strukturwandel – gerade in den traditionell weiblichen Beschäftigungsbereichen – führte zu einer – wenn auch verfeinerten – Neuauflage der Zurück-an-den-Herd-Politik.[39] Kürzungen etwa bei den Leistungen der Bundesanstalt für Arbeit oder der staatlichen Ausbildungsförderung trafen und treffen gerade Frauen hart. Neue Leistungen als Anreiz zum Kindergebären warfen und werfen Frauen in ungünstigen Arbeitsmarktsituationen wieder stärker auf ihre abhängige Rolle als Ehefrau (oder Sozialhilfeempfängerin) zurück.

Erinnert dies auch an den Rückschritt der fünfziger Jahre, so ist das Bewußtsein heute jedoch ein anderes und der Widerstand der Frauen größer. Die Rechtsstrukturen sind hoffnungsvoller, die wirtschaftlichen und beruflichen Ausgangspositionen zumindest differenzierter, so daß kein Anlaß zur Resignation besteht.

Ein entscheidender Unterschied zur Situation in der Nachkriegszeit sind Entstehung und Erfolg der Neuen Frauenbewegung seit Anfang der siebziger Jahre. Sie setzte zunächst an einer ganz anderen, aber nicht weniger geschichtsträchtigen Reformforderung an, der Abschaffung des § 218 StGB, der Schwangerschaftsabbruch unter Strafe stellt. Wenn auch die Verwirklichung dieser Forderung zur Zeit alles andere als in greifbare Nähe gerückt erscheint, hat die zweite deutsche Frauenbewegung in diesem Jahrhundert doch ein politisches Bewußtsein für Diskriminierung und Gewalt im Zusammenhang patriarchaler Politik-, Gesellschafts- und Familienstrukturen geschaffen, welches nicht schon vor der Faktizität knapper Arbeitsplätze weicht und materiellen Anreizen wie Erziehungsgeld oder Renten-Babyjahr durchaus widersteht. Dies läßt sich schon an der ständig steigenden Zahl von erwerbstätigen und arbeitsuchenden Frauen, auch solchen mit Kindern, ablesen.

Hinzu kommt, daß es in der Zwischenzeit weitere – natürlich ebenfalls nur halbherzige und ambivalente – Rechtsfortschritte für Frauen gegeben hat. 1976 wurde der § 218 StGB nicht abgeschafft, aber doch abgeschwächt, und legale Abtreibungen wurden nach dem Scheitern der «Fristenregelung» beim Bundesverfassungsgericht bei Vorliegen u. a. der «sozialen» Indikation rechtlich möglich gemacht. Mit der Ehe- und Scheidungsrechtsreform von 1976, die am 1. 7. 1977 in Kraft trat, wurden einige nach dem Gleichberechtigungsgesetz von 1957 übriggebliebene, direkt an das Geschlecht anknüpfende und damit die traditionelle Rolle zuweisende Vorschriften beseitigt. Das Leitbild der Hausfrauenehe wurde ersatzlos abgeschafft. Heute gilt die von den Ehegatten einvernehmlich festgelegte bzw. praktizierte Arbeitsteilung, was angesichts faktisch ungleicher Macht- und Berufspositionen in vielen Ehen allerdings auf das alte Leitbild hinausläuft. Aber immerhin, gleichberechtigte Partnerschaften haben jetzt durchaus den Segen des Gesetzes. Ähnliches gilt – wenn auch mit Abstrichen – für das eheliche Namensrecht. Die Ehegatten können wählen, welches der Ehename werden soll; einigen sie sich nicht, wird allerdings wiederum der Name des Mannes zum Ehenamen. Immerhin kann die jeweils andere Person – dies ist fast immer die Frau – durch einen Doppelnamen wenigstens einen Teil ihrer Namensidentität retten. Es bleibt jedoch die Forderung nach der – eigentlich selbstverständlichen – Beibehaltung des eigenen Namens für beide Ehegatten.

Eine Haupterrungenschaft der Scheidungsrechtsreform war die Abschaffung des Schuldprinzips und seine Ersetzung durch das Zerrüttungsprinzip. Mit einem differenzierten Katalog von Unterhaltsansprüchen sollten jahrelange Nur-Hausfrauen und vor allem Mütter mit kleinen Kindern finanziell abgesichert werden. Allerdings blieb das Gesetz in der Durchsetzung dieser materiellrechtlichen Absicherung prozeßrechtlich unverbindlich; an der schlechten finanziellen Situation geschiedener Frauen änderte sich nichts Wesentliches. Verzichtserklärungen von Frauen stellen die Mehrheit der Regelungen zum Ehegattenunterhalt dar, und zugesprochene Ansprüche sind der Höhe und der Dauer nach meist nicht existenzsichernd.[40] Schon der Gesetzgeber der Ehe- und Scheidungsrechtsreform öffnete sogar im Unterhaltsrecht dem Schuldprinzip eine Hintertür, die seither den geschiedenen Ehemännern zur Entlastung von Unterhaltsansprüchen ihrer Ex-Frau dienlich ist und darüber hinaus zeigt, wie die Rechtsprechung mit zweierlei Maß und doppelter Moral urteilt.

Danach kann der Unterhaltsanspruch wegen «einseitigem, evidentem Fehlverhalten» oder wegen nachehelichem «Konkubinat» mit einem neuen Partner ausgeschlossen oder reduziert werden. Das Unterhaltsrechtsänderungsgesetz von 1986 verankerte diese und andere zusätzliche Möglichkeiten im Gesetz, Ansprüche auf Ehegattenunterhalt weiter einzuschränken. Nahezu alle ExpertInnen der Familiengerichtsbarkeit hielten diese Gesetzesnovelle für überflüssig, da die Rechtsprechung bereits genügend einschränkende Auslegungsregeln entwickelt habe, um «Mißbrauch» oder den «Ruin» der Ex-Ehemänner zu verhindern. Insofern stellt diese gesetzgeberische «Rolle rückwärts» gegenüber der «großen» sozialliberalen Reform wohl eher ein Stück (nur) symbolischer Politik dar, die aber auf der ideologischen Ebene der Geschlechterpolitik durchaus «Pflöcke eingeschlagen» hat.

Das Bundeserziehungsgeldgesetz von 1985, das am 1.1.1986 in Kraft trat, ist ähnlich zwiespältig zu beurteilen wie die Ehe- und Scheidungsrechtsreform. Es verschlechterte die Situation erwerbstätiger Mütter leicht, brachte aber auch punktuelle Fortschritte wie z.B. die Möglichkeit, daß auch Väter den Erziehungsurlaub wahrnehmen können. Wichtiger erscheint, daß hiermit die Richtung konservativer Frauenpolitik vorgeführt wurde, die zwar nicht alle Frauen, aber doch viele wieder zurück in die Familie holen soll, ohne daß dies als Bevormundung und strukturelle Benachteiligung empfunden wird. Die Reform der Hinterbliebenenrente, die zum 1.1.1986 in Kraft trat, beseitigte die genannten Ungleichheiten zwischen Witwen- und Witwerrenten. Hiervon profitieren jedoch nur Männer. Ohne sozialpolitische Not wurde Witwern, die in aller Regel selbst eine volle Rente beziehen, auf Kosten von Witwen mit eigenem Rentenanspruch etwas dazugegeben, während die drückende Altersarmut von Frauen allgemein in keiner Weise gelindert wurde. Die Chance zur Schaffung einer eigenständigen Alterssicherung von Frauen – der ursprüngliche Zweck der Reformbemühungen und der Auftrag des Bundesverfassungsgerichts – wurde vertan. Daß bei dieser Gelegenheit wenigstens ein «Babyjahr» (in Zukunft mehrere Jahre bei der geplanten Rentenreform der neunziger Jahre) als anrechenbare Zeit bei der eigenen Rente von Frauen eingeführt wurde, ist zwar ein Schritt in die richtige Richtung. Der zunächst erfolgte Ausschluß der Generation der Trümmerfrauen zeigt aber auch, wie willkürlich und bedenkenlos Frauen etwas vorenthalten wird, wenn ihre Lobby als schwach eingeschätzt wird.

Auch die für die neunziger Jahre in Kraft tretende «große» Rentenreform wird die Situation von Frauen im Alter nicht verbessern, im Gegenteil: Das Rentenalter wird vom 60. auf das 65. Lebensjahr angehoben, und Frauen, die ihre Erwerbstätigkeit familienbedingt häufig und/oder für längere Zeit unterbrechen, erhalten auch in Zukunft sehr viel weniger Rente als kontinuierlich Erwerbstätige, zumal dann, wenn es sich bei den Fraueneinkommen um niedrige Stunden- oder um Teilzeitlöhne handelt.[41]

Wurde mit den bisher genannten Rechtsfortschritten eher die Familienrolle von Frauen leidlich sozial abgefedert und modernisiert, gibt es seit den achtziger Jahren Anzeichen dafür, daß nunmehr möglicherweise auch Diskriminierungen im Erwerbsleben abgebaut werden könnten.

1980 trat endlich das «Gleichbehandlungsgesetz» in Kraft. Im Zuge einer Anpassung bundesdeutschen Rechts an Anforderungen der Europäischen Gemeinschaft wurden in das BGB Diskriminierungsverbote (im Hinblick auf das Geschlecht) aufgenommen (§ 611a, 611b, 612 Abs. 3 BGB). Auch dieser Akt des Gesetzgebers war – ähnlich wie das Gleichberechtigungsgesetz von 1957 – eine nicht einmal halbherzige Pflichtübung: Die Einhaltung des Diskriminierungsverbots ist nämlich nicht kontrollierbar. Ein Verstoß gegen die geforderte Gleichbehandlung sollte nach dem Gesetzeswortlaut nur den Ersatz der Portokosten für die vergebliche Bewerbung einer Frau auf eine Stelle nach sich ziehen. Mit Hilfe des Europäischen Gerichtshofs und einiger deutscher Arbeitsgerichte wurde wenigstens die Höhe des Schadensersatzes in einen Bereich mit möglicher Sanktionswirkung aufgestockt. Er beträgt jetzt ein bis sechs Monatsgehälter. Ein weiteres Indiz für erreichbare Fortschritte im Arbeitsrecht sind die Diskussion um Quotierung bei der Einstellung und Berufsausbildung und erste Ansätze zu Frauenförderplänen im öffentlichen Dienst, in privaten Großbetrieben und deren Einbeziehung in Tarifverhandlungen oder Betriebsvereinbarungen. Frauenbeauftragte und Gleichstellungsstellen gibt es mittlerweile fast überall. Zum Teil erreichen sie tatsächlich etwas, zum Teil dienen sie eher als Alibi. Nicht zuletzt hat der Entwurf eines Antidiskriminierungsgesetzes von den GRÜNEN auch die SPD und einige Länderregierungen (z. B. in Berlin) dazu herausgefordert, ihrerseits Gesetzesvorschläge zur Gleichstellung zu machen.

Heute zeigt sich, wie wichtig und nützlich der verfassungsrechtliche Anknüpfungspunkt als juristische Legitimationsgrundlage aller Forderungen nach Beseitigung von Diskriminierungen und nach der Förderung von Gleichstellung ist. Die wechselvolle Geschichte der Rechtsfortschritte für Frauen in der historisch kurzen Zeit seit 1949 beweist, daß selbst ein erkämpftes Verfassungsgebot wie Art. 3 Abs. 2 GG nicht automatisch zum tatsächlichen Fortschritt führt. Es wird aber auch deutlich, daß der Kampf um materielle Verbesserungen rechtliche Maßstäbe braucht und neues Recht festschreiben muß. Daß Recht einen Doppelcharakter besitzt und vom Frauenstandpunkt aus ambivalent zu bewerten ist, gilt schon fast als Binsenweisheit. Recht bildet auf der einen Seite die gesellschaftliche Benachteiligung in Form von Diskriminierungen ab, auf der anderen Seite gibt es Ansatzpunkte und Instrumente an die Hand, die die Aufhebung der Benachteiligung fördern können.

Neue Rechte fallen niemals als Geschenke vom Himmel! Sie wollen – manchmal hart – erkämpft werden. Recht eilt den materiellen Verhältnissen und dem Bewußtsein in der Bevölkerung selten voraus – jedenfalls nicht allzu weit. Auf der anderen Seite gibt es Unterschiede und Ungleichzeitigkeiten in der Entwicklung von Verhältnissen und Bewußtsein in den verschiedenen Bereichen der Gesellschaft, so daß es der rechtlichen Festschreibung des in einzelnen Bereichen bereits Erreichten bedarf, um diese Fortschritte dann auch in anderen Bereichen durchsetzen zu können. Ein «autonomer» Kampf der Frauenbewegung nur außerhalb staatlicher Institutionen und ohne die Verrechtlichung von Forderungen bzw. erreichten Zielen ist nicht sinnvoll und führt ins Getto.

4 Entwicklungsperspektiven egalitären Rechts – Plädoyer für ein die Geschlechterrollen aufhebendes Recht

Welche Rechtsfortschritte stehen nun also noch aus? – Trotz einiger Reformen zur «Neutralisierung» des Rechts im Hinblick auf die Geschlechterrollen sind in den Gesetzen nicht wenige unmittelbar diskriminierende Regelungen erhalten geblieben.

So besitzt zum Beispiel eine verheiratete Frau noch immer nicht das Recht, die Ehelichkeit ihres während der Ehe geborenen, aber mit einem anderen Mann gezeugten Kindes anzufechten.[42] Unmittelbare Diskriminierung findet dabei nicht nur im Vergleich zu Männern statt, sondern auch zwischen den Frauen selbst, etwa nach dem Familienstand. Nach § 177 StGB wird beispielsweise immer noch nur die «außereheliche» Vergewaltigung bestraft, nicht dagegen die Vergewaltigung einer Ehefrau.

Seit Entstehen der Neuen Frauenbewegung und – in ihrem Gefolge – der (juristischen) Frauenforschung ist vor allem die weitere Dimension der Diskrepanz zwischen Gleichberechtigung und Wirklichkeit ins Bewußtsein gerückt worden: Das bundesdeutsche Recht enthält eine Fülle mittelbar diskriminierender Regelungen, d. h. an sich geschlechtsneutral ausgestalteter Maßnahmen, von denen Frauen und Männer jedoch ungleich betroffen sind, ohne daß es dafür einen sachlich gerechtfertigten Grund gibt.[43]

Ein Beispiel einer solchen mittelbaren Diskriminierung ist die Verweigerung von Betriebsrenten für Teilzeitbeschäftigte, unangemessen lange Anwartschaftszeiten oder der Verfall von Anwartschaften bei Berufspausen etc. Typischerweise sind es Frauen, die Teilzeitarbeit verrichten, nicht lebenslang bei demselben Arbeitgeber arbeiten oder wegen der Kindererziehung Berufspausen machen müssen, während Männern i. a. eine kontinuierliche Vollzeitberufstätigkeit möglich ist. Werden den Frauen nun auch noch die anteiligen und damit geringeren Anwartschaften durch die oben erwähnten Klauseln entzogen, so ist dies nicht gerechtfertigt und verstößt damit gegen das Verbot einer mittelbaren Diskriminierung, wie auch das Bundesarbeitsgericht festgestellt hat.[44]

Derartige Regelungen gab es lange Zeit unangefochten, und so finden sich auch weiterhin in Tarifverträgen, im Beamten-, Steuer-, Berufsausbildungs- oder Hochschulrecht diskriminierende Bestimmungen.[45]

Betrachtet frau zusammenfassend die «Reformschübe» der letzten vierzig Jahre, so markieren das Arbeitsförderungsgesetz, die Scheidungs- und Rentenreform sowie das arbeitsrechtliche Gleichbehandlungsgesetz seit dem Grundgesetz 1949 und dem Gleichberechtigungsgesetz 1957 bedeutsame Zwischenstationen auf dem Weg von der formalen zur materiellen Gleichstellung von Mann und Frau. Dabei ist eine Gleichzeitigkeit und teilweise Überlappung völlig unterschiedlicher Regelungsprinzipien anzutreffen, die typisch ist für die Übergangs- und Umbruchsituation, in der die Entwicklung der «Frauen-Rechte» sich momentan befindet. Als Schritte in die richtige Richtung sind sie aus Frauensicht zu begrüßen. Auf der anderen Seite spricht schon die Art und Weise, wie einige dieser Gesetze zunächst mit beachtlichem Argumentations- und Legitimationsaufwand konzipiert und medienwirksam «an die Frau» gebracht wurden, um dann vielfach unbemerkt wieder zurückgenommen oder auf der Anwendungsebene stillschweigend unterlaufen zu werden, dafür, daß die relative Unwirksamkeit dieser Gesetze bis zu einem gewissen Grad von vornherein einkalkuliert war. Die als besonders «frauenfreundlich» annoncierten Reformprogramme setzen sich mithin dem Verdacht aus, von Anfang an nur als symbolische Gleichstellungspolitik ohne Sanktionsmacht und tatsächlichen Durchsetzungswillen intendiert worden zu sein. Ein Grund für die «intendierte Unwirksamkeit» ist sicherlich, daß die im Zusammenhang mit der materiellen Gleichberechtigung der Geschlechter zu lösenden Rechtsfragen sozial- und gesellschaftspolitische Grundsatz- und Systemfragen tangieren und – etwa mit Stichworten wie Familiensubsidiarität, Existenzlohn und Grundrente umschrieben – das ganze Renten- und Sozialversicherungssystem in seiner heutigen Form zur Disposition stellen.

Überfällig sind Reformen der Regelungskonstellationen ganzer Systeme und Institutionen, wie z. B. der Sozialversicherung und der Ehe. So ist im Ernährermodell der Sozialversicherung, das auf der Erwerbsarbeit von Männern aufbaut und die Reproduktionsarbeit von Frauen systematisch ausblendet, für Frauen allenfalls ein abgeleiteter Anspruch vorgesehen, wenn die Unterhaltsleistung durch den Ernährer ausfällt. Parallel dazu sorgt die Privilegierung der Ehe im Einzelfall immer wieder dafür, daß Frauen aus dem Erwerbsleben ausscheiden und in Abhängigkeit von einem «Ernährer» geraten. So wurde bisher auch fast nichts erreicht, wo es um den Privilegienabbau der «heiligen» Institution Ehe gegenüber anderen – auch gleichgeschlechtlichen – Formen des Zusammenlebens geht. Daß eine rechtliche Gleichstellung nichtehelicher mit ehelichen Gemeinschaften aber immer dann vorgenommen wird, wenn dies den Staat in seiner Fürsorge für die «sozial Schwächeren» entlasten soll, ist ein deutliches Indiz dafür, daß die Ehe weniger aus ideologischen, wie es Entscheidungen des Bundesverfassungsgerichts nahelegen könnten, als vielmehr aus finanz-, d. h. verteilungspolitischen Gründen weiter privilegiert wird. Ein bißchen Identifikation seitens der Politiker mit dem privaten Selbstwertgefühl verheirateter Patriarchen mag daneben eine Rolle spielen. Gegen die Auflösung des Subsidiaritätsprinzips im Zusammenhang mit Sozialleistungen an Ehegatten, wie es unter der sozialliberalen Bundesregierung in Ansätzen geschehen ist, wird denn auch oft eingewendet, daß dann nur der Sozialstaat die Rolle des Patriarchen einnehmen und diese Befugnisse viel machtvoller, rigider und bürokratischer ausüben würde. Der Staat greife also an einer weiteren Stelle ins Privatleben der Menschen ein. Abgesehen davon, daß beiderlei Abhängigkeiten für Frauen unerträglich und verfassungswidrig sind, offenbart das Argument, daß nach den Vorstellungen dieser Sozialstaatskritiker keine strukturellen Reformen zugunsten von Frauen vorgesehen sind, die Frauen unabhängiger machen. Bei ihnen käme es gerade darauf an, den Zugang zu (gut bezahlten) Arbeitsplätzen für Frauen (weiter) zu öffnen und gleichzeitig für den Fall von (zwischen Eltern geteilter) Familienarbeit, für Zeiten von Arbeitslosigkeit und für Alter oder Krankheit eine nicht diskriminierende, eigenständige soziale (Grund-)Sicherung jeder Person zu schaffen, egal ob sie nun allein lebt, in einer Ehe oder in einer nichtehelichen Gemeinschaft.

Angesichts der zuvor dargestellten These vom symbolischen Charakter der bisherigen gesetzgeberischen Gleichstellungspolitik stellt sich allerdings die Frage, wie die Chancen für tatsächlich wirksame Rechts- und Strukturveränderungen stehen. Die Antwort hängt u. a. davon ab, wie realitätsnah und vereinbar mit den Lebenssituationen und Einstellungen von Frauen und Männern dieses Recht gestaltet und durchgesetzt wird. Wie soll also das «egalitäre» Recht aussehen, das eine gleiche Partizipation an den Lebens- und Entfaltungschancen in der Bundesrepublik Deutschland ermöglicht bzw. sichert? Ist eine grundsätzliche Richtung überhaupt anzugeben? Soll es ein formal «gleiches», d. h. geschlechtsneutrales Recht sein oder ein «anderes», d. h. ein Recht, das eine unterschiedliche, aber gleichwertige Lebensmöglichkeit sichert?[46] Oder gibt es etwas Drittes?

Unter dem hier als «anderes» Recht zusammenfassend charakterisierten Normtypus sind einerseits das «protektive» und andererseits das «kompensatorische» Recht zu verstehen.[47] Protektive, d. h. schützende Regelungen zugunsten von Frauen finden sich vor allem im Arbeits- und Mutterschutzrecht. Sie schützen allerdings nicht nur vor körperlicher Überanstrengung und Gesundheitsschäden. Vielmehr verhindert die Existenz dieser Normen nicht selten auch, daß Frauen überhaupt einen Ausbildungs- oder Arbeitsplatz erhalten.[48] Unter die Kategorie des kompensatorischen Rechts werden üblicherweise jene Regelungen gefaßt, mit denen Benachteiligungen ausgeglichen werden sollen, wie sie typischerweise in weiblichen Lebensläufen auftreten. Dabei handelt es sich meist um berufliche, wirtschaftliche und sozialversicherungsrechtliche

Nachteile. So gibt es etwa ein spezielles Förderungsgebot für Frauen im AFG (§ 2 Nr. 5), Kindererziehungszeiten werden in begrenztem Umfang in der Rentenversicherung als Beitragszeiten angerechnet, auch Unterhaltsansprüche für geschiedene Ehefrauen, wenn diese keine «angemessene Erwerbstätigkeit» finden (§ 1573 Abs. 1 i. V. m. § 1574 Abs. 2 BGB), sollen die Nachteile der Familienphase ausgleichen. Dieser Ausgleich ist in der Rechtswirklichkeit allerdings eher symbolisch und materiell völlig unzureichend.[49] Eine besondere Spielart kompensatorischen Rechts ist die – bisher kaum rechtsverbindliche – Quotierung bei der Einstellung auf Arbeits- und Ausbildungsplätze, mit der der Chancennachteil beim Zugang zu Stellen durch Verfahrensregelungen («bei gleicher Qualifikation sollen Frauen bevorzugt werden», oder: «es sollen so lange bevorzugt Frauen eingestellt werden, bis...») aufgehoben werden soll. Als «egalitäres» Recht werden dagegen geschlechtsneutrale Regelungen angesehen. Dies ist die an sich übliche Ausprägung des (Bürgerlichen oder Öffentlichen) Rechts, die jedem «Eigentümer», «Darlehensnehmer», «Steuerpflichtigen», «Bauantragsteller», «Arbeitslosen» oder auch «jedem Ehegatten» unabhängig vom Geschlecht Rente und Pflichten auferlegt. Wegen der bereits beschriebenen allgemeinen Voraussetzung, daß Rechtsausübung oft erst einmal die Gelegenheit voraussetzt, über bestimmte, meist materielle Ressourcen zu verfügen, war bislang solch klassisch gleiches Recht tatsächlich auf männliche Lebenssachverhalte zugeschnitten. Frauen als Handelnde wurden daher so behandelt, «als ob» sie Männer wären. Irreführend wird dies vor allem in weiterhin tatsächlich geschlechtsspezifisch geprägten Rechtszusammenhängen wie im reformierten Eherecht oder bei der Kindererziehung und -betreuung. Nach dem Gesetz ist z. B. die innereheliche Arbeitsteilung frei vereinbar (vgl. die §§ 1356, 1360 BGB), in Wirklichkeit jedoch häufig nicht. Mit dem Verweis auf Wahlfreiheit und bereits verwirklichte (formalrechtliche) Gleichheit zieht sich das Recht aus der Affäre und schreibt die ungünstigen sozialen Folgen der herrschenden Arbeitsteilung den betroffenen Frauen selbst zu. Insofern muß auch hier weiter differenziert werden nach solchen Regelungen, die nur formalrechtlich geschlechtsneutral, d. h. «gleich» sind, und solchen, die «egalitäres» Recht im utopischen Sinne materiell gleicher Chancen und Ergebnisse darstellen, wie Bettina Sokol das «Recht der dritten Art» beschreibt.[50]

Sowohl das bisherige weitgehend «gleiche», d. h. vorgeblich geschlechtsneutrale und von den tatsächlichen Lebenssituationen und Möglichkeiten absehende Recht, als auch ein «anderes», d. h. kompensatorisches Recht, bieten also jedes für sich nur begrenzte Möglichkeiten für die umfassende Verwirklichung utopischer Gleichberechtigungsforderungen. Das eine Recht macht nach wie vor den Mann zum Maßstab aller

Dinge, etwa den lebenslangen Vollzeitarbeitnehmer, und das andere weist Frauen Reservate zu, etwa die Hausarbeit und Kindererziehung, die trotz fiktiver Gleichwertigkeit zur Berufsarbeit in einer Ehe weder zu gleicher Macht noch zu gleicher sozialer Sicherheit führen. Ob die Konzeption der Andersartigkeit, der Differenz, nun aus einer autonomen, frauenbewegten Vorstellung von Frauen als den besseren Menschen oder des weiblichen Lebens als des richtigeren führt oder ob die gesellschaftlichen Fähigkeiten von Frauen als defizitär angesehen werden und weibliche Teilhabe daher staatlich schützens- und förderungswert erscheint, macht im Ergebnis wenig Unterschied.

Das gleiche und das andere Recht würden – zur alleinigen, ausschließlichen und endgültigen Rechtsform erhoben – jeweils einen beträchtlichen Teil der Frauen selbst diskriminieren, nämlich entweder die, deren Lebensplan nicht der Parole «wie ein Mann leben und arbeiten» folgt, oder aber die «in autonomen weiblichen Zusammenhängen Lebenden». Der dritte Weg muß daher in einem rechtlichen Regelwerk mit differenziertem Instrumentarium bestehen. Dabei können und müssen einzelne Regelungen durchaus zum Teil formelle Gleichheit herstellen (z. B. durch Aufhebung des Nachtarbeitsverbotes für Arbeiterinnen), zum Teil sollten sie – auch nicht biologisch bedingte – weibliche Lebenssachverhalte (z. B. Quotierung von Arbeits- und Ausbildungsplätzen) vorübergehend so steuern, daß sich die Partizipation von Frauen erweitert und eine Kompensation nach einer Übergangszeit nicht mehr nötig ist.

Egalitäres Recht im Sinne gleicher Chancen und Ergebnisse bleibt aber unerreichbar, wenn Frauen – und hier ist wieder die «subjektive» Seite des Rechtsbewußtseins angesprochen – den bisher erreichten gesellschaftlichen Zustand schon als Erfüllung der Gleichberechtigungsverheißung hinnehmen und dabei die – individuelle – Erkenntnis, zu einer benachteiligten Personengruppe zu gehören, einfach verdrängen.

Gerade die erreichten Rechtsfortschritte und die modernisierte Frauenrolle bieten Möglichkeiten und Argumente zu einem solchen Arrangement mit den Verhältnissen, das dann aber einer kollektiven Veränderung der Strukturen wie des eigenen Verhaltens entgegensteht. Die Erkenntnis, daß bei allen Rechtsfortschritten die Lebens- und Entfaltungschancen von Frauen denen von Männern einfach (noch) nicht gleich (-wertig) sind, ist verständlicherweise bedrohlich für das Selbstwertgefühl einer modernen Frau. Generelle Distanz zum Recht kann im Einzelfall auch durch diesen Aspekt motiviert sein. So können selbst die erfolgreiche «Karrierefrau» oder die mit ihrer häuslichen Autonomie hochzufriedene junge Mutter sich kaum für gesellschaftlich wirklich frei und gleich halten, wenn sie sich beispielsweise darüber bewußt würden, daß die eine «doppelt soviel leisten muß wie ein Mann, um halb soviel zu erreichen», daß beide leicht allgegenwärtiger männlicher (sexueller) Gewalt zum Opfer fallen können oder die andere schon allein durch eine Scheidung zur Sozialhilfeempfängerin zu werden droht. Verdrängung hilft da aber nicht weiter, sondern macht nur um so wehrloser.

Voraussetzung jeder Weiterentwicklung ist daher zunächst das Sich-Bewußtwerden über die anhaltende strukturelle Benachteiligung, über die Erkenntnis also, daß sich Frauen erst auf dem halben Weg zur Gleichberechtigung und damit auch erst auf dem halben Weg zu einer für beide Geschlechter besseren Gesellschaft befinden. Egalitäres Recht für Frauen darf dabei nicht nur die Frauenrolle und ihre rechtlichen Konsequenzen im Blick haben. Vielmehr muß es das Ziel von rechtlichen Regelungen sein, die getrennten Geschlechterrollen – vor allem im Hinblick auf die unterschiedlichen Einstellungen zu Familienfunktionen und Privatleben – aufzubrechen. Dies bedeutet insbesondere die Abkehr von der männlichen Berufs- und Lebensgestaltung.

Dabei müssen Frauen Männer auch fordern und selbst von der eingefahrenen Frauenrolle abgehen, wenn sich im Miteinander etwas ändern soll. Insofern können Mütter beispielsweise Vätern, die sich gleichgewichtig und ohne eheliche Machtgedanken um ihre Kinder kümmern und nach einer eventuellen Trennung oder Scheidung Sorge- oder Umgangsrecht beanspruchen, nicht einfach den platten Biologismus eines «ein Kind gehört zur Mutter» entgegensetzen. Das heißt, auch Frauen müssen ihre Mutterolle in und nach einer Partnerschaft überdenken und verändern. Dies bedeutet allerdings keine Legitimation für neuere Reformbestrebungen des Bundesjustizministeriums und einer «Väterlobby», die trotz weiterbestehender rechtlicher Diskriminierungen nichtehelicher Mütter und ohne die Voraussetzung vorheriger gleichgewichtiger Bemühungen um das «Wohl des Kindes» ein erweitertes Umgangsrecht des Vaters mit seinem nichtehelichen Kind schaffen möchten.

Beim Arbeitsschutz liegt es beispielsweise nahe, den Schutz vor Nachtarbeit für beide Geschlechter zu erweitern, anstatt ihn für Arbeiterinnen einfach aufzuheben und die Situation so für Männer und Frauen gleich schlecht zu gestalten.

Auch muß das gängige männliche Berufsverständnis eines Worcoholics aufgebrochen werden, der schon in der Schule durchstartet, um nach dem Hochschuldiplom gleich die große Karriere zu machen, und der sich dann bis zum Herzinfarkt lustvoll abarbeitet. Für Männer muß es dagegen attraktiv gemacht und als notwendig verdeutlicht werden, auch noch andere, vielleicht banale Dinge des Lebens wahrzunehmen, sich an der Familien- und Hausarbeit zu beteiligen und sich um die Kinder zu kümmern.

Für Arbeitgeber muß das Risiko der Elternschaft auf Männer und

Frauen gleich verteilt sein, damit es nicht mehr von Vorteil ist, nur einem Mann den gut bezahlten Job zu geben. Eine solche, die traditionelle Rollenaufteilung aufhebende Regelung könnte es beispielsweise sein, wenn der Erziehungsurlaub (zur Hälfte) geteilt werden muß, soll er nicht verfallen. Dann müßte jedoch auch – anders als gegenwärtig – ein existenzsicherndes Erziehungsgeld gezahlt werden.

Maßstab jeder Weiterentwicklung des Rechts könnte also sein, daß durch neue, egalitäre Regelungen nicht nur ein Rollentausch möglich sein sollte, sondern eine wirklich individuelle Lebengestaltung jenseits polarisierter Geschlechterrollen.

Anmerkungen

1 Vgl. Schröder, H. «Die Rechtlosigkeit der Frau im Rechtsstaat», Frankfurt a. M. 1979, sowie Gerhard, U. «Verhältnisse und Verhinderungen. Frauenarbeit, Familie und Rechte der Frauen im 19. Jahrhundert», Frankfurt a. M. 1978.

2 Als Ausnahme zu erwähnen allenfalls v. Münch, E. M. «Das Recht der Frau.» Eine Sammlung aller einschlägigen Bestimmungen, Köln 1979. Auch: Hamburger Juristinnen: «Scheidungsratgeber – Von Frauen für Frauen», Reinbek 1988 und frühere Auflagen.

3 Vgl. z. B. Söllner, A. «Arbeitsrecht», 4. Aufl., Stuttgart, Berlin, Köln, Mainz 1974, S. 248–250.

4 Schneidewind, G. «Einkommensteuer sparen, Einkommensteuererklärung 1987», München 1987, S. 17.

5 Vgl. z. B. Aktivitäten des «Bürgerbundes gegen Scheidungsunrecht» (BUR), der «Interessen- und Schutzgemeinschaft unterhaltspflichtiger Väter und Mütter» (ISUV) oder des «Verbandes Scheidungsgeschädigter – Bürgerinitiative gegen Kindesentzug und Unterhaltsmißbrauch» (VSBI).

6 Vgl. hierzu auch Trömel-Plötz, S. (Hg.) «Gewalt durch Sprache», Frankfurt a. M. 1984.

7 Vgl. z. B. Pfarr, H. M. / Bertelsmann, K. «Gleichbehandlungsgesetz», Wiesbaden 1985; Münder, J. / Slupik, V. / Schmitt-Bott, R. «Rechtliche und politische Diskriminierung von Mädchen und Frauen», Opladen 1984; Degen, B.: «Sind Frauen auch Arbeitnehmer – oder: Wie geschlechtsneutral ist das Arbeitsrecht?» In: «STREIT – feministische Rechtszeitschrift», Heft 2/1988, S. 51–54; Sokol, B. «Feministische Rechtspolitik – rechtliche Diskriminierung und Gleichberechtigungskonzepte», in: «STREIT», Heft 1/1989, S. 3–12.

8 Vgl. Limbach, J. «Wie männlich ist die Rechtswissenschaft?» In: Hausen, K. / Nowotny, H. (Hg.) «Wie männlich ist die Wissenschaft?» Frankfurt a. M. 1986, S. 87–107; Gerhard-Teuscher, U. «Die Frau als Rechtsperson – Über die Voreingenommenheit der Jurisprudenz als dogmatische Wissenschaft», ebenda S. 108–126; Rausch, K. «Geschlechtsspezifische Vorurteile gegenüber Frauen in Strafrechtswissenschaft und Justiz in der BRD.» In: Eckert, R. (Hg.) «Geschlechtsrollen und Arbeitsteilung. Mann und Frau in soziologischer Sicht.» Mün-

chen 1979, S. 97–123. Ferner auch Lucke, D. «Die Frauenforschung und ihre juristischen Abnehmer – Zur rechtspraktischen Irrelevanz einer advokatorischen Wissenschaft.» In: Zeitschrift für Rechtssoziologie (ZfRSoz) 5 (1984), S. 203–219.

[9] Vgl. die Erfahrungen einiger Vertreterinnen dieser seltenen Spezies in: Fabricius-Brand, M./Berghahn, S./Sudhölter, K. (Hg.) «Juristinnen – Berichte, Fakten, Interviews», Berlin 1982 und 1986.

[10] Müller, M. W. «Der schwangere Arbeiter – Über das Frauenbild der Juristen», in: «Kritische Justiz» (KJ), Heft 4/1988, S. 455–460, 455. Und: Pabst, F./Slupik, V. «Das Frauenbild im zivilrechtlichen Schulfall», in: Gerhard, U./Limbach, J. (Hg.) «Rechtsalltag von Frauen», Frankfurt a. M. 1988, S. 199–218.

[11] Lautmann, R.: Zu diesem Heft: «Frauen und Recht». In: ZfRSoz 5 (1984), S. 202.

[12] In der Sektion Rechtssoziologie in der Deutschen Gesellschaft für Soziologie z. B. ist nur jedes sechste Mitglied eine Frau.

[13] Untersuchungsgrundlage bildeten insgesamt 53 offene Interviews und fünf Gruppendiskussionen (mit je zehn TeilnehmerInnen), die im Winter 1977/78 durchgeführt wurden. An der Untersuchung waren zu drei Viertel Frauen, zu einem Drittel Männer beteiligt.

[14] Lautmann, R. «Negatives Rechtsbewußtsein. Über Geschlechtsdifferenzierungen in der juristischen Handlungsfähigkeit.» In: ZfRSoz 1 (1980), Heft 2, S. 165–208.

[15] Gerhard, U. «Warum Rechtsmeinungen und Unrechtserfahrungen von Frauen nicht zur Sprache kommen. Ein nicht nur methodisches Problem der Rechtstatsachenforschung.» In: ZfRSoz 5 (1984), S. 220–234.

[16] Mit dieser grundsätzlichen Kritik an einer «männlichen» Wissenschaft stand Ute Gerhard schon damals nicht allein. Zuvor hatte bereits Gerlinda Smaus ähnliche Einwände gegenüber den in den siebziger Jahren durchgeführte KOL-Forschungen (Knowledge and Opinion about Law) formuliert, mit denen Rechtskenntnisse und Rechtsbewußtsein im internationalen Vergleich erhoben worden waren. Vgl. Smaus, G. «Theorielosigkeit und politische Botmäßigkeit der KOL-Untersuchungen.» In: ZfRSoz 3 (1981), S. 245–277.

[17] Stellvertretend Klein-Schonnefeld, S. «Frauen und Recht. Zur Konstitution des Rechtsbewußtseins von Frauen.» In: Kriminologisches Journal (KrimJ) 4/1978, S. 248–263.

[18] Dies dokumentieren u. a. Veröffentlichungen von Blankenburg, E. «Haben Frauen ein anderes Rechtsbewußtsein als Männer?» In: Gerhard, U./Limbach J. (Hg.) «Rechtsalltag...» a. a. O., S. 143–156; Slupik, V. «Weibliche Moral versus männliche Gerechtigkeitsmathematik. Zum geschlechtsspezifischen Rechtsbewußtsein.» In: Bryde, B. O./Hoffmann-Riem, W. (Hg.) «Rechtsproduktion und Rechtsbewußtsein», Baden-Baden 1988, S. 221–238; sowie Lautmann, R. «Die Gleichheit der Geschlechter und die Wirklichkeit des Rechts», Opladen 1989. Ein weiterer Indikator dafür, welche Sensibilität in bezug auf dieses Thema auch in seinen gesetzessprachlichen Dimensionen mittlerweile bis in den Bereich der Gesetzgebung hinein entwickelt wurde, ist u. a. die Tatsache, daß vom Bundesministerium der Justiz (BMJ) am 15. 9. 1988 eine Sachverständigenanhörung zur «Gleichbehandlung von Mann und Frau in der Rechtsprache» durchgeführt wurde.

[19] Gilligan, C. «Die andere Stimme. Lebenskonflikte und Moral der Frau», München 1984 (zuerst: «In a Different Voice», Cambridge 1982).

[20] Auch Lautmann hatte festgestellt, daß Frauen in der Scheidungssituation bereit sind, etwa auf Unterhalt zu verzichten, und nur dort um Rechte und Unterhaltstitel kämpfen, wo es um die Interessen der Kinder, nicht aber die eigenen geht.

[21] Nunner-Winkler, G. «Gibt es eine weibliche Moral?» Hektograph. Ms., München 1988.

[22] Döbert, R./Nunner-Winkler, G. «Wertwandel und Moral.» In: Bertram, H. (Hg.) «Gesellschaftlicher Zwang und moralische Autonomie», Frankfurt 1986, S. 289–319.

[23] Damon, W. «Die soziale Welt des Kindes», Frankfurt a. M. 1984 sowie Bierhoff, H. W./Cohen, R. L./Grennberg, J. «Justice in Social Relations», New York/London 1986 (zit. nach Döbert, R. «Männliche Moral – Weibliche Moral?» In: Gerhardt, U./Schütze, Y. [Hg.] «Frauensituationen», Frankfurt a. M. 1988, S. 81–113, 97.)

[24] Döbert, R. «Männliche Moral...» a. a. O., 97.

[25] Zum Konzept von geschlechtsspezifischen Orientierungs- und sozialspezifischen Gelegenheitsmustern vgl. auch Blankenburg, E. «Haben Frauen...» a. a. O., S. 144ff.

[26] So das übereinstimmende Ergebnis einer Re-Analyse von Datensätzen, die im Rahmen einer Vorstudie zum Projekt: «Rechtsbewußtsein und Gesetzesakzeptanz» durchgeführt wurde. Das Projekt wird vom Bundesjustizministerium (BMJ) gefördert und von PD Dr. Stefan Hradil, Universität München, und Dr. Doris Lucke, Universität Bonn, wissenschaftlich geleitet.

[27] Helene Wessel, Helene Weber, Frieda Nadig.

[28] Zur Geschichte der Beratungen: Feuersenger, M. «Die garantierte Gleichberechtigung – ein umstrittener Sieg der Frauen», Freiburg 1980.

[29] Ebenda, S. 29–36.

[30] Ebenda, S. 44.

[31] Vgl. Colneric, N. «Von der direkten zur indirekten Diskriminierung der Frauen im Beruf – ein Beitrag über Leichtlohngruppen und Gleichbehandlungsgebot», in: Frankfurter Rundschau (FR) v. 26. 3. 1986, S. 10; Pfarr, H. M./Bertelsmann, K. «Lohngleichheit», Band 100 der Schriftenreihe des BMJFG, Bonn 1981.

[32] BVerfGE, Bd. 10, S. 59ff.

[33] BVerfGE, Bd. 3, S. 225ff.

[34] Reich-Hilweg, I. «Männer und Frauen sind gleichberechtigt. Art. 3 Abs. 2 GG», Frankfurt a. M. 1979, S. 49.

[35] Seit der Ehe- und Scheidungsrechtsreform von 1977 gilt der Grundsatz der hälftigen Teilung auch für die Renten- und Versorgungsanwartschaften bei Scheidung (Versorgungsausgleich).

[36] Vgl. das Kategorienpaar des potentiellen Rollentauschs und der Gleichwertigkeit sozialer Verschiedenheit bei Slupik, V. «Die Entscheidung des Grundgesetzes für Parität im Geschlechterverhältnis», Berlin 1988, S. 32.

[37] Vgl. Langer-El Sayed, I. «Familienpolitik: Tendenzen, Chancen, Notwendigkeiten», Frankfurt a. M. 1980.

[38] Vgl. Laurien, I. «Wie kriege ich einen Mann? – Zum weiblichen Leitbild und zur Rolle der Frau in den Fünfziger Jahren»; in: SOWI Sozialwissenschaftliche Information 15 (1986), Heft 2, S. 32–44; Kuhn, A. (Hg.) «Frauen in der deutschen Nachkriegszeit», Quellen und Aufsätze, Bd. 1 und 2, Düsseldorf 1984 und 1986.

[39] Zur «Lückenbüßerinnen»-Funktion der Frauen vgl. auch Jurczyk, K. «Frauenarbeit und Frauenrolle. Zum Zusammenhang von Frauenpolitik und Frauenerwerbstätigkeit in Deutschland 1918–1975», Frankfurt a. M. 1978, 3. Aufl.; sowie Däubler-Gmelin, H. «Frauenarbeitslosigkeit oder – Reserve zurück an den Herd», Reinbek 1977.

[40] Caesar-Wolf, B. / Eidmann, D. «Gleichberechtigungsmodelle im neuen Scheidungsfolgenrecht und deren Umsetzung in die familiengerichtliche Praxis.» In: ZfRSoz 6 (1985), Heft 2, S. 163–189.

[41] Vgl. Gerhard, U. / Holland-Cunz, B. / Kruse, C. / Veil, M. «Babies und Renten», in: «STREIT», Heft 2/1989, S. 43–51.

[42] Eine Reihe dieser unmittelbaren Diskriminierungsrelikte werden im Entwurf eines Antidiskriminierungsgesetzes der GRÜNEN (Teil C: Artikelgesetz) angesprochen.

[43] Vgl. Pfarr, H. M. «Die mittelbare Diskriminierung von Frauen im Erwerbsleben – Chancen eines neuen Rechtsinstituts»; in: Gerhard, U. / Limbach, J. (Hg.), a. a. O., S. 34/35.

[44] BAG v. 14. 10. 1986, 3 AZR 66/83, NZA 87, 445 (BILKA-Urteil).

[45] Vgl. Anm. 7.

[46] Vgl. Gerhard, U. «Gleiches oder anderes Recht für Frauen – oder: Welchen Sinn hat Gleichberechtigung für uns?» In: Opitz, C. (Hg.) «Weiblichkeit oder Feminismus?» Weingarten 1984, S. 77–91.

[47] Die Typologie folgt im wesentlichen Lautmann, R. «Die Gleichheit der Geschlechter...» a. a. O. (hier zit. nach Ms. 1985, S. 115ff.).

[48] Vgl. Dobberthien, M. «Privileg oder Diskriminierung? Der Frauenarbeitsschutz.» In: Berufsbildung in Wissenschaft und Praxis, 2/1982, S. 11–15.

[49] Vgl. hierzu Lucke, D. / Berghahn, S. «‹Angemessenheit› im Scheidungsrecht. Frauen zwischen Berufschance, Erwerbspflicht und Unterhaltsprivileg», Opladen 1983.

[50] Sokol, B., a. a. O., S. 10.

I Erwerbsleben

Immer mehr Frauen sind teil- oder vollerwerbstätig oder suchen zumindest einen Vollerwerbsarbeitsplatz.[1] Zwischen 1983 und 1988 hat sich die Zahl der erwerbstätigen Frauen um 670000 erhöht[2], heute liegt die Erwerbsquote der 15- bis 65jährigen Frauen bereits bei ca. 54 Prozent.[3] Auffallend ist hierbei besonders die Zunahme der Zahl und des Anteils der verheirateten erwerbstätigen Frauen. Während 1950 nur 25 Prozent aller verheirateten Frauen erwerbstätig waren, wurde für 1985 ein Wert von etwa 43 Prozent[4] (Ewerbsquote) ermittelt. Der Anteil der arbeitsuchenden unter den nicht berufstätigen Frauen hat sich zwischen 1980 und 1988 mehr als verdoppelt (von 7 Prozent auf 19 Prozent).[5] Auch der Anteil der sogenannten geringfügig beschäftigten Frauen, deren Erwerbsarbeit nicht sozialversicherungspflichtig ist und die somit über keine eigene soziale Absicherung verfügen, hat sich erhöht.[6]

Der Umstand, daß die Erwerbstätigkeit von Frauen zunimmt, während gleichzeitig keine Ausweitung des Arbeitsplatzvolumens zu verzeichnen ist, erscheint nur auf den ersten Blick als ein Erfolg für Frauen.[7] Tatsächlich hat sich an der Benachteiligung von Frauen bei der Entlohnung, den beruflichen Aufstiegsmöglichkeiten und den allgemeinen Arbeitsplatzbedingungen wenig geändert.[8] Ein krasses Beispiel hierfür ist, daß die Forderung nach Lohngleichheit immer noch nicht erfüllt ist. Trotz des schon traditionellen Kampfes um gleiche Löhne für Frauen und Männer sind auch heute noch Frauenlöhne im Durchschnitt um ein Drittel niedriger.[9] Der Versuch, durch Gesetzgebung und Rechtsprechung die Lohngleichheit zu verwirklichen, zeigt (noch) nicht die erhoffte Wirkung.[10]

Auch die geschlechtsspezifische Verteilung der Arbeitskräfte auf Branchen und Berufe besteht weiterhin. So waren 1985 nur 12 Prozent aller Erwerbstätigen im technischen Berufsbereich Frauen, während etwa 70 Prozent aller Frauen im Dienstleistungsbereich arbeiteten.[11] Dies hat zur Folge, daß der Konkurrenzdruck innerhalb spezieller «Frauenberufe» zunimmt und so geringer qualifizierte Frauen durch steigende Qualifikationsanforderungen in die Arbeitslosigkeit oder in die «geringfügige» Beschäftigung abgedrängt werden.[12]

Die lebenslange Vollerwerbstätigkeit ist auch heute noch kein selbstverständlicher Bestandteil des Lebensweges von Frauen. Weibliche Erwerbstätigkeit ist gekennzeichnet durch Zeiten der ausschließlichen Familienarbeit und in zunehmendem Maße der Teilzeitarbeit und geringfügigen Beschäftigung.[13] Die Erfüllung ihrer traditionellen Aufgaben in Familie und Partnerschaft wird von der Gesellschaft noch immer als die eigentliche Lebensaufgabe von Frauen gesehen.[14] Diese Zuschreibung führt dazu, daß Frauen nur bestimmte Teile des Arbeitsmarktes zugänglich sind.[15] Frauen erhalten nur selten den Zugang zu den relativ krisensicheren innerbetrieblichen Arbeitsmärkten, da ihnen selbst bei vorhandener Qualifikation aufgrund von Vorurteilen und bestimmten Befürchtungen (zum Beispiel einer möglichen Schwangerschaft, geringer örtlicher Mobilität, eingeschränkter zeitlicher Verfügbarkeit aufgrund von Hausarbeit) eine Einstellung verwehrt wird.[16] Diese geschlechtsspezifische Teilung des Arbeitsmarktes ist ein grundsätzliches Problem, das sich allein durch Initiativen, die eher auf eine individuelle Verbesserung der Ausgangslage von Frauen gegenüber Männern ausgerichtet sind, nicht lösen läßt. Die Strategie zur Verbesserung der Qualifizierung von Frauen kann einzelnen Frauen sicherlich zu einem Arbeitsplatz verhelfen, auf den gesamten Arbeitsmarkt aber ist ihre Auswirkung nur gering. Zur Zeit wird deshalb die Einführung von Frauenquoten als rechtlich wirksame Maßnahme zur Veränderung der Erwerbssituation von Frauen und damit auch der geschlechtsspezifischen Arbeitsteilung breit diskutiert.[17] Durch die Quotierung von Arbeits- und Ausbildungsplätzen soll es Frauen ermöglicht werden, auch untypische Berufe zu ergreifen und bessere Aussichten auf eine berufliche Weiterqualifikation zu haben. Auch betriebliche Frauenförderpläne erscheinen aufgrund der Bedeutung des innerbetrieblichen Arbeitsmarktes als aussichtsreicher Versuch, die Erwerbssituation von Frauen zu verbessern.

Eine juristisch informierte Arbeitnehmerin kann durch Wahrung und Inanspruchnahme ihrer bereits vorhandenen Rechte die individuelle Arbeitssituation nachhaltig beeinflussen (vgl. die Beiträge I.1 von *Simone Fey-Hoffmann* und I.2 von *Malin Bode*). Überall im Arbeitsleben müssen sich Frauen aber immer wieder mit «Anmache» und sexueller Belästigung auseinandersetzen, daher sind Informationen über (rechtliche) Möglichkeiten der Gegenwehr nützlich (vgl. Beitrag I.3 von *Sibylle Plogstedt*). Besondere Vorsicht sollten Frauen beim Eingehen ungeschützter Arbeitsverhältnisse und Teilzeitarbeitsverträge walten lassen (vgl. Beitrag I.4 von *Barbara Degen und Carola*

Möller), da sich diese gerade im Falle von Krankheit und im Alter verheerend auswirken können.

Einige Frauen haben trotz der oben beschriebenen Barrieren inzwischen «Männerberufe» erlernt oder streben eine Ausbildung in diesem Bereich an. Für sie gelten oftmals spezielle Arbeitsschutzbestimmungen, die bei Auseinandersetzungen über Ausbildungs- und Einstellungsfragen von seiten der Arbeitgeber gern gegen Forderungen von Frauen verwendet werden (vgl. Beitrag I.5 von *Helga Ostendorf*). Sicherlich keine Patentlösung für alle, aber vielleicht eine Chance für viele Frauen ist die Gründung einer Existenz als Selbständige (vgl. Beitrag I.6 von *Caren Berg*). Auch hier kann das Wissen um die eigenen Rechte eine notwendige und wichtige Hilfe beim Schritt in die Selbständigkeit sein.

Rechtliche Informationen zum Thema «Studieren und Arbeiten an der Hochschule» sind ebenso wie kollektivarbeitsrechtliche Themen wie Betriebsrätinnen- und Gewerkschaftsarbeit in diesem Band nicht behandelt worden; sie müssen einem möglichen Nachfolgeband vorbehalten bleiben.

Anmerkungen

1 Engelbrech, G. «Erfahrungen von Frauen an der ‹dritten Schwelle›, Schwierigkeiten bei der beruflichen Wiedereingliederung aus der Sicht der Frauen», in: Mitteilungen aus der Arbeitsmarkt- und Berufsforschung, Jg. 20 2/1987, S. 112.

2 Ebenda.

3 Gerhard, U. «Die Verfügbarkeit der Frauen, Arbeitspolitik gegen Frauen», in: Gerhard, U./Schwarzer, A./Slupik, V. (Hg.) «Auf Kosten der Frauen, Frauenrechte im Sozialstaat», Weinheim/Basel 1988, S. 57.

4 Datenreport 1987, Zahlen und Fakten über die Bundesrepublik Deutschland, durchgesehener und aktualisierter Nachdruck 1988, Bonn 1987.

5 Engelbrech, G. «Erfahrungen...», a.a.O., S. 112.

6 Engelbrech, G. «Zukunftsperspektiven für Mädchen und Frauen im Erwerbsleben», in: Soziale Welt, Zeitschrift für sozialwissenschaftliche Forschung und Praxis, Jg. 38 1987, Heft 1, S. 57–73, 62.

7 Ebenda.

8 Pfarr, H. M. «Quoten und Grundgesetz, Notwendigkeit und Verfassungsmäßigkeit von Frauenförderung», Baden-Baden 1988, S. 180.

9 Ebenda, S. 134.

10 Ebenda; wichtige rechtliche Regelungen und gerichtliche Entscheidungen sind in diesem Zusammenhang die Lohngleichheitsrechtsprechung des BAG,

die EG-Richtlinien 75/117, 76/207, 86/378, Art. 3 Abs. 2 GG und der § 612 Abs. 3 BGB, S. 66 ff.

[11] Engelbrech, G. «Frauen und Arbeitsmarkt», Quintessenzen der Arbeitsmarkt- und Berufsforschung (QuintAB), Heft 4, überarbeitete Neuauflage 1984.

[12] Engelbrech, G. «Zukunftsperspektiven...», a. a. O., S. 59.

[13] Engelbrech, G. «Erwerbsverhalten und Berufsverlauf von Frauen: Ergebnisse neuerer Untersuchungen im Überblick», in: Mitteilungen aus der Arbeitsmarkt- und Berufsforschung, Jg. 20 2/1987, S. 181–196, 182.

[14] Rammert-Faber, C. «Gleichberechtigung im Arbeitsleben», in: Kuhn, A./ Appenzeller, D. (Hg.) «Mehrheit ohne Macht, Frauen in der Bundesrepublik Deutschland», Düsseldorf 1985.

[15] Pfarr, H. M. «Quoten...», a. a. O., S. 180.

[16] Fiedler, A./Regenhardt, U. «Das Arbeitseinkommen der Frauen, Analysen zur Diskriminierung auf dem Arbeitsmarkt», Berlin 1987, S. 71 ff.

[17] Pfarr, H. M. «Quoten...», a. a. O., S. 21.

I 1 Simone Fey-Hoffmann
Berufswahl und Rechte bei der Berufsausbildung

I 1

SIMONE FEY-HOFFMANN

Berufswahl und Rechte bei der Berufsausbildung

1 Berufswahl und Berufsausbildung von Mädchen

Die Zugangsmöglichkeiten zu einem Beruf sind in starkem Maße abhängig von wirtschaftlicher Entwicklung, demographischer Struktur, sozialer Herkunft und vom Geschlecht – alles Größen, die von der einzelnen Person nur bedingt oder gar nicht zu beeinflussen sind. Der Einfluß des Geschlechts wird in Untersuchungen zum geschlechtsspezifischen Arbeitsmarkt deutlich. Gesellschaftliche Zuweisungsprozesse und – damit verbunden – Selbstselektion prägen die Situation in der betrieblichen Ausbildung von Mädchen. Für Mädchen in einer betrieblichen Ausbildung bedeutet das:

- Obwohl Bewerberinnen flexibler und qualifizierter sind als ihre männlichen Mitbewerber, stellen Mädchen ca. zwei Drittel aller arbeitslosen Jugendlichen (1987: Mädchen 21333, Jungen 12547).[1]
- 68 Prozent der Mädchen entscheiden sich für nur 15 von über 430 Berufen (1986, zum Vergleich 48 Prozent der Jungen).[2]
- 90 Prozent der zweijährigen Ausbildungen, die wenig qualifizieren und kaum Weiterbildungs- und Aufstiegschancen bieten, werden von Mädchen abgeschlossen (1982). Sie besitzen geringere Verdienstchancen, sind prestigeärmer und eher von Rationalisierungen und Computerisierung bedroht.

Angesichts dieser Situation ist es für Frauen besonders wichtig, sich ihrer Rechte bewußt zu sein und diese auch einzufordern. Im folgenden sollen für den Bereich Berufswahl und Berufsausbildung ein wichtiger Teil dieser Rechte und darüber hinaus auch Handlungsmöglichkeiten skizziert werden.

2 Zur Möglichkeit, einen Ausbildungsplatz einzuklagen

Fallbeispiel: Andrea B. findet keinen Ausbildungsplatz
Andrea B. hat schon immer gerne gebastelt, Teile zusammengesetzt oder repariert, also einfach gerne «getüftelt». Auch der Technikunterricht in der Schule hat ihr Spaß bereitet, und in den naturwissenschaftlichen Fächern war sie auch nicht schlecht. Deshalb hat sie sich entschlossen, Feinmechanikerin[3] werden zu wollen.

Andrea B. hat gute Zeugnisse und schrieb zahlreiche Bewerbungen – auch in die umliegenden Städte. Trotzdem fand sie bisher keine Ausbildungsstelle, obwohl in ihrer Stadt bisher immer einige Jungen als Feinmechaniker ausgebildet wurden und sie auch von dem Betrieb Schlecht & Co. weiß, daß nicht alle Ausbildungsplätze besetzt werden konnten. Bisher haben dort nur Jungen eine Zusage erhalten.

Andrea überlegt, ob sie einen Ausbildungsplatz einklagen kann.

Art. 12 Abs. 1 Grundgesetz (GG) bestimmt: «Alle Deutschen haben das Recht, Beruf, Arbeitsplatz und Ausbildungsstätte frei zu wählen.» Und Art. 3 Abs. 2 GG lautet: «Männer und Frauen sind gleichberechtigt.»

Andrea hat den Wunsch, in dem Beruf der FeinmechanikerIn ausgebildet zu werden. Sie kennt Jungen, die diesen Beruf erlernt haben; ihr selbst wird diese Möglichkeit verwehrt. Die Situation scheint daher nicht mit dem Grundgesetz vereinbar.

In der juristischen Auslegung der im Grundgesetz garantierten Berufsfreiheit (Art. 12 Abs. 1 GG), werden drei Ebenen unterschieden:

1. Die erste Ebene ist als individuelles Abwehrrecht gegen staatliche Eingriffe in die Berufs(wahl)freiheit zu verstehen. Hier werden die Grenzen staatlicher Regelungen hinsichtlich des «Ob», also der Wahl der Ausbildungsstätte und des Berufs, als auch des «Wie», also deren inhaltliche Ausgestaltung, gezogen. Hieraus ergibt sich für Andrea aber nur, daß ihr der Gesetzgeber nicht vorschreiben darf, welchen Beruf sie erlernen muß.
2. Auf der zweiten Ebene wird eine freiheitliche Berufsordnung garantiert. Es wird dem Gesetzgeber verwehrt, wesentliche Bereiche des Berufslebens zu verstaatlichen. Hier ergibt sich auch die Grenze der in Art. 12 verbürgten freien Wahl des Berufs, da dem Arbeitgeber durch die Vertrags-, Berufs- und Eigentumsfreiheit ein Auswahl- und Einstellungsermessen zugesichert ist.

Für Andrea bedeutet das, daß der Gesetzgeber dem Unternehmen Schlecht & Co. nicht vorschreiben darf, wer einzustellen ist.

3. Auf der dritten Ebene kann ein Leistungs- und Teilhaberecht formuliert werden, in dem eine Pflicht des Staates auf Bereitstellung eines Ausbildungsplatzes begründet sein könnte. Gegen diese Interpretation bestehen aber verfassungsrechtliche Bedenken.

Im Ergebnis läßt sich festhalten, daß ein subjektives Recht auf Vermittlung oder Beschaffung eines Arbeits- bzw. Ausbildungsplatzes nach geltendem Verfassungsrecht nicht begründbar ist. Nur allgemein und unter Berücksichtigung des Sozialstaatsprinzips ist der Gesetzgeber ermächtigt und verpflichtet, dafür zu sorgen, daß jede/r Ausbildungssuchende einen Ausbildungsplatz findet. Wie, mit welchen Mitteln und in welcher Intensität im Vergleich zu anderen Staatszielen dieser Verpflichtung nachgekommen wird, läßt sich aus dem Grundgesetz nicht ableiten.

Hier wurde jedoch nur die grundsätzliche Klagemöglichkeit besprochen. Im konkreten Einzelfall, z. B. bei einer Ablehnung als Auszubildende mit der Begründung, daß nur männliche Lehrlinge eingestellt werden, ergeben sich dagegen schon Klagemöglichkeiten. Darauf wird im Beitrag I.2 «Arbeitsrecht im Frauenalltag» eingegangen.

3 Verschiedene Formen der Ausbildung

Nach einem Schulabschluß der Sekundarstufe I (z. B. Haupt- oder Realschulabschluß) lassen sich die verschiedenen Möglichkeiten der weiteren Ausbildung grob in drei Gruppen aufteilen:

1. Besuch von Schulen mit allgemeinbildendem Unterricht, z. B.: Gymnasien, Gesamtschulen, Kollegschulen
2. Besuch von Schulen mit allgemeinbildendem Unterricht und beruflicher Grundbildung, z. B.:

- *Fachoberschulen* bereiten auf das Studium an einer Fachhochschule oder Gesamthochschule vor (Fachrichtungen z. B.: Technik, Wirtschaft, Gestaltung).
- *Berufsfachschulen* sind – in der Regel – zweijährige Vollzeitschulen. Sie vermitteln neben einer erweiterten Allgemeinbildung eine berufliche Grundbildung in einer bestimmten Fachrichtung (z. B. Ernährungs- und Hauswirtschaft, Technik).
- *Berufsaufbauschulen*, an denen das Berufsgrundschuljahr absolviert werden kann, beinhalten neben erweitertem allgemeinbildendem Unterricht eine berufliche Grundbildung für ein Berufsfeld. Dieses Jahr wird zwar auf die Ausbildungszeit in einem entsprechenden Beruf angerechnet, stellt jedoch selbst keinen Berufsabschluß dar.
- *Höhere Handelsschulen* bereiten auf Berufstätigkeiten in Wirtschaft und Verwaltung dar. Die Dauer beträgt in der Regel zwei Jahre.

Gerade Mädchen neigen dazu, schulische Angebote wahrzunehmen und eine Warteschleife nach der anderen zu durchlaufen, ohne einen beruflichen Abschluß zu erlangen. Hier kommt es darauf an, nicht nur momen-

tan versorgt zu sein, sondern den Wert der Ausbildung für den weiteren Werdegang richtig einzuschätzen.

3. Besuch von Ausbildungen zur beruflichen Bildung

- *Berufsfachschulen* vermitteln eine volle berufliche Gesamtausbildung. Die BerufsfachschülerInnen besuchen die ganze Woche über die Schule, in der sowohl theoretischer Untericht als auch praktische Ausbildung angeboten wird. Z. B. bildet die Berufsfachschule für Kinderpflege staatlich anerkannte KinderpflegerInnen aus. Auch anerkannte Ausbildungsberufe wie ElektroinstallateurIn oder GeigenbauerIn können an einigen Berufsfachschulen erlernt werden. Allerdings ist festzuhalten, daß das Angebot vollzeitschulischer Berufsausbildungen in verschiedenen Bundesländern in Zukunft stark eingeschränkt werden soll. Rechtsgrundlage für diese Ausbildungen sind das Schulverwaltungsgesetz und die vom Kultusminister des Bundeslandes in Abstimmung mit den (Handwerks- und Industrie- und Handels-)Kammern erlassenen Ausbildungs- und Prüfungsordnungen.

Vorteile: Die Ausbildung erfolgt planmäßig und nicht zu speziell auf einen bestimmten Betrieb zugeschnitten, Theorie und Praxis sind besser aufeinander abgestimmt.

Gefahren: Aufgrund des (unterstellten) mangelnden Praxisbezugs bestehen für diejenigen, die einen Beruf erlernt haben, der auch im sogenannten Dualen System erlernbar ist, größere Probleme, nach der Berufsausbildung eine Beschäftigung zu bekommen.

- Die *betriebliche Berufsausbildung* oder das *Duale System* beruht auf einer Aufgabenteilung: der Betrieb vermittelt die praktischen Fertigkeiten und Kenntnisse, die Berufsschule die theoretische Ausbildung.

4. Zulassung zu Ausbildungsprüfungen in besonderen Fällen

Zur Abschlußprüfung in einem Ausbildungsberuf ist diejenige zuzulassen, die mindestens das Doppelte der Zeit in dem Beruf tätig gewesen ist, die normalerweise eine Ausbildung in Anspruch nimmt. Gerade für Frauen stellen die Sonderfälle zur Prüfungszulassung im Berufsbildungsgesetz (§ 40 BBiG) eine Möglichkeit dar, aus un- oder angelernten Beschäftigungsverhältnissen einen Ausbildungsabschluß zu erwerben.

Weil die betrieblichen Berufsausbildungen für den Bereich der Berufsausbildung eine besonders hohe Bedeutung haben (ca. 75 Prozent aller Jugendlichen der jeweiligen Altersjahrgänge beginnen eine Ausbildung im Dualen System[4]), wird im folgenden auf die dort geltenden Bedingungen näher eingegangen.

4 Das Berufsbildungsgesetz als wesentliche Grundlage zur Gestaltung der betrieblichen Berufsausbildung

Es gibt zahlreiche rechtliche Bedingungen, die die berufliche Ausbildung regeln bzw. eine besondere Bedeutung haben: das Berufsbildungsgesetz, das Jugendarbeitsschutzgesetz, die Handwerksordnungen, die Ausbildungsordnungen, die Ausbildereignungsverordnung, das Betriebsverfassungsgesetz usw. Im folgenden soll auf das Berufsbildungsgesetz (BBiG) eingegangen werden. Darin werden insbesondere sowohl den Ausbildenden wie den Auszubildenden Rechte und Pflichten übertragen.

4.1 Der Berufsausbildungsvertrag

Ausbilder und Auszubildende schließen vor Beginn der Ausbildung einen Berufsausbildungsvertrag ab (§ 3 BBiG). Dieser muß bestimmte Mindestangaben enthalten (§ 4 BBiG):

1. Art, sachliche und zeitliche Gliederung sowie Ziel der Berufsausbildung, insbesondere die Berufstätigkeit, für die ausgebildet werden soll,
2. Beginn und Dauer der Berufsausbildung,
3. Ausbildungsmaßnahmen außerhalb der Ausbildungsstätte,
4. Dauer der regelmäßigen täglichen Ausbildungszeit,
5. Dauer der Probezeit,
6. Zahlung und Höhe der Vergütung,
7. Dauer des Urlaubs,
8. Kündigungsbedingungen.

Alle Vereinbarungen müssen schriftlich festgehalten und vor Beginn der Ausbildung unterzeichnet werden. *Auf das, was nicht schriftlich vereinbart wurde, besteht kein Anspruch. Deshalb sollte der Ausbildungsvertrag vor Aufnahme der Ausbildung unterschrieben werden (bei nicht Volljährigen auch die gesetzlichen Vertreter).*

Ein Mustervertrag findet sich in der Broschüre «Ausbildung und Beruf» vom Bundesminister für Bildung und Wisenschaft (s. Literaturverz.).

4.2 Ausbildungsberuf und Ausbildungsordnung

Jugendliche unter 18 Jahren dürfen nur in solchen Berufen ausgebildet werden, die staatlich anerkannt sind (§ 28 BBiG). Das sind z. Z. 382 verschiedene Berufe. Dazu gibt es Verzeichnisse, die z. B. bei der Berufsberatung einsehbar sind. Zu jedem dieser anerkannten Berufe gibt es eine Ausbildungsordnung, nach der ausgebildet werden muß (§ 28 BBiG). Diese enthalten:

1. die Bezeichnung des Ausbildungsberufes,
2. die Ausbildungsdauer,
3. die Fertigkeiten und Kenntnisse, die Gegenstand der Ausbildung sind (Ausbildungsbild),
4. eine Anleitung zur sachlichen und zeitlichen Gliederung der Fertigkeiten und Kenntnisse (Ausbildungsrahmenplan),
5. die Prüfungsanforderungen.

Für einige Berufe gibt es auch aufeinander aufbauende Stufen der Berufsausbildung, nach denen sowohl ein Ausbildungsabschluß als auch eine Fortsetzung der Berufsausbildung möglich ist (§ 26 BBiG).

Höhere Ausbildungsstufen stellen eine berufliche Chance dar. Auszubildende sollten sich versichern lassen, daß sie auch die höheren Stufen durchlaufen dürfen. Gerade Mädchen werden oft nur die unteren Ausbildungsstufen angeboten (wie z. B. Verkäuferin und nicht Einzelhandelskauffrau, Textilmaschinenführerin und nicht Textilmechanikerin).

Nach dem Ausbildungsrahmenplan soll für die Ausbildungsstätte ein betrieblicher Ausbildungsplan erstellt werden. Es ist empfehlenswert, sich z. B. über die Berufsberatung, Industrie- und Handels- oder Handwerkskammer die Ausbildungsordnung und den Ausbildungsrahmenplan für den Wunschberuf zu beschaffen. Hier werden die Fertigkeiten und Kenntnisse, die erworben werden sollen, ausführlich beschrieben. Während der Bewerbungsgespräche kann anhand des Ausbildungsrahmenplans die konkrete Ausbildung erklärt werden.

4.3 Rechte und Pflichten

Die Rechte und Pflichten von Ausbildenden und Auszubildenden sind im wesentlichen in § 6 und § 9 BBiG geregelt:

Die Ausbildenden …	Die Auszubildenden …
• müssen dafür Sorge tragen, daß die Auszubildenden das vorgesehene Ausbildungsziel erreichen können	• müssen sich bemühen, die notwendigen Kenntnisse und Fertigkeiten zu erwerben
• müssen Ausbildungsmittel kostenlos zur Verfügung stellen	• müssen Werkzeug, Maschinen und sonstige Einrichtungen pfleglich behandeln
• müssen die Auszubildenden für den Berufschulunterricht freistellen	• müssen am Berufschulunterricht teilnehmen
• dürfen den Auszubildenden nur solche Tätigkeiten übertragen, die dem Ausbildungszweck dienen und den körperlichen Kräften angemessen sind	• müssen solche Verrichtungen ausüben, die mit der Sauberkeit des eigenen Arbeitsplatzes und der Pflege der Gegenstände zusammenhängen, mit denen sie zu tun haben

- müssen Gelegenheit zur Führung eines Berichtheftes geben und es stellen
- müssen persönlich und fachlich zur Berufsausbildung in der Lage sein
- dürfen in der Betriebsordnung nicht die Persönlichkeitsrechte einschränken

- müssen das Berichtsheft führen
- müssen Anweisungen folgen, wenn sie nicht ausbildungswidrig sind
- müssen die Betriebsordnung beachten (z. B. Unfallverhütungs- oder Sicherheitsvorschriften)

Dem Ausbildungszweck dienen nicht private Besorgungen für die Ausbildenden oder Gesellen wie Einkaufen, Teppiche klopfen usw., aber auch nicht solche Tätigkeiten, durch die fehlende Arbeitskräfte ersetzt werden sollen, wie z. B. regelmäßiges Fensterputzen. Gerade Mädchen müssen aufpassen, nicht ausgenutzt zu werden. Ab und zu etwas zu erledigen, was nicht direkt zur Ausbildung gehört, ist nicht so schlimm. Doch wenn das häufiger vorkommt, sollte der Zusammenhang zur Ausbildung und damit die Zulässigkeit solcher Aufträge geklärt und darauf verwiesen werden, daß die anderen auch solche Aufgaben erledigen müssen. Eine Ausbildung entsprechend der Ausbildungsordnung ist das Recht der Auszubildenden. In der Abschlußprüfung wird nicht darauf Rücksicht genommen, daß viele ausbildungsfremde Tätigkeiten ausgeübt worden sind.

4.4 Ausbildungszeit, Arbeitszeit und Urlaub

Die *Ausbildungsdauer* ist in der Ausbildungsordnung vorgeschrieben. Sie kann in bestimmten Fällen verkürzt oder verlängert werden (Besuch bestimmter Schulen, gute Leistungen § 29 und § 40 BBiG).

Schon vor den Einstellungsgesprächen sollte geklärt werden, ob und unter welchen Bedingungen eine Verkürzungsmöglichkeit besteht. Dies ist bei Mädchen häufiger der Fall, da sie öfters einen Schulabschluß besitzen, der über den normalen Anforderungen liegt. Das Einverständnis mit der Verkürzung sollte möglichst früh erzielt werden. Das ist wegen der Einstufung in Schulklassen für den Berufsschulbesuch und die Prüfungsvorbereitung von Vorteil.

Wird die Abschlußprüfung bestanden, so ergibt sich damit das *Ende des Ausbildungsverhältnisses* (§ 14 BBiG).

Grundsätzlich beträgt die Arbeitszeit für Jugendliche acht Stunden täglich. Hierauf und auf den Urlaubsanspruch wird im Abschnitt «Jugendarbeitsschutzgesetz» näher eingegangen.

4.5 Vergütungen und sonstige Leistungen

Die *Vergütung* ist an dem Alter der/des Auszubildenden und der Dauer der Berufsausbildung ausgerichtet. Die Vergütung ist so zu bemessen, daß sie mindestens jährlich ansteigt. Sie muß spätestens am letzten Arbeitstag des Monats gezahlt werden (§ 11 BBiG). Im Krankheitsfall wird bis zu sechs Wochen weitergezahlt.

Tarifvereinbarungen dürfen grundsätzlich nicht unterschritten werden, soweit Tarifbindung besteht. Viele ArbeitgeberInnen, insbesondere Selbständige wie AnwältInnen, ÄrztInnen oder SteuerberaterInnen, gehören jedoch weder einem Arbeitgeberverband an, noch haben sie eigenständig einen Tarifvertrag abgeschlossen. Auskunft geben Betriebrat oder die entsprechende Gewerkschaft. Auch Überstunden müssen angemessen vergütet werden. Bei Sonn- und Feiertagsarbeiten besteht Anspruch auf Freizeitausgleich.

4.6 Prüfungen

Die Ausbildungsordnungen sehen meist eine Zwischenprüfung vor. Die Teilnahme an der Prüfung ist Pflicht. Nach bestandener Abschlußprüfung bekommt die/der Auszubildende jeweils ein Prüfungszeugnis von der zuständigen Kammer (§ 34 BBiG), von dem Ausbildenden (§ 8 BBiG) und von der Berufsschule. Wenn es die Auszubildende wünscht, sind in das betriebliche Zeugnis der Ausbildenden auch Angaben über Führung, Leistung und besondere fachliche Fähigkeiten aufzunehmen.

Dieses Zeugnis ist sehr wichtig, da es bei jeder späteren Bewerbung vorgelegt werden muß. Falls bzgl. des Inhalts kein Einverständnis besteht (z. B. wenn etwas Negatives oder Falsches in dem Zeugnis erwähnt wird), so existiert Anspruch auf ein neues. Im Zweifelsfall kann das Zeugnis z. B. mit dem Betriebsrat oder der Gewerkschaft besprochen werden, da oft eine Art «Geheimsprache» bei der Zeugnisformulierung benutzt wird.

Wenn die Abschlußprüfung beim erstenmal nicht bestanden wurde, dann bleiben noch zwei Wiederholungsversuche. Der Betrieb muß die Ausbildung dann fortsetzen, wenn es von der/dem Auszubildenden gewünscht wird, allerdings höchstens noch ein Jahr.

4.7 Probezeit und Kündigung

Die *Probezeit* dauert mindestens einen und maximal drei Monate (§ 13 BBiG). Das Ausbildungsverhältnis kann während der Probezeit von beiden Seiten ohne Angabe von Gründen gekündigt werden (§ 15 BBiG).

Obwohl schon vor der Ausbildung klar sein sollte, ob der gewählte Beruf

der richtige ist, kann es doch in der Praxis «ein böses Erwachen» geben. Deshalb soll in der Probezeit geprüft werden, ob die richtige Wahl getroffen wurde. Sollte dies nicht der Fall sein, ist ein Ende mit Schrecken sicher besser als ein Schrecken ohne Ende. Allerdings kann der Frust zwei verschiedene Ursachen haben:
1. Der Beruf selbst ist nicht der richtige oder:
2. Der Ausbildungsbetrieb ist die Ursache für den Ärger. Hier muß genau unterschieden werden. Bei der Klärung helfen Berufsberatung oder die Gewerkschaftsvertretung.

Nach der Probezeit kann nur noch aus einem wichtigen Grund gekündigt werden (z. B. Diebstahl, Verletzung des Betriebs- oder Geschäftsgeheimnisses). Die Kündigung ist an keine Fristen gebunden und muß schriftlich unter Angabe der Gründe erfolgen. Schwerwiegende Gründe liegen dann vor, wenn der kündigenden Person unter Berücksichtigung aller Umstände des Einzelfalls und unter Abwägung der Interessen beider Seiten eine Fortsetzung des Ausbildungsverhältnisses nicht zugemutet werden kann. Die Auszubildende kann, wenn der Wunsch nach Aufgabe oder Wechsel der Berufsausbildung besteht, mit einer Frist von vier Wochen kündigen (§ 15 BBiG). Wird das Ausbildungsverhältnis vorzeitig beendet, so kann Schadensersatz verlangt werden, wenn die entsprechend andere Partei den Grund für die Auflösung zu verantworten hat (§ 16 BBiG). Dies gilt jedoch nicht bei Kündigung wegen Aufgabe oder Wechsel der Berufsausbildung.

Eine Kündigung ist unwirksam, wenn der Grund, der angeführt wird (z. B. Diebstahl), der kündigenden Person länger als zwei Wochen bekannt ist.

4.8 Schwangerschaft während der Berufsausbildung

Die Mutterschutzbestimmungen, die für ArbeitnehmerInnen gelten (vgl. Beitrag IV.1 «Schwangerschaft ...»), finden auch auf die Auszubildenden Anwendung. Die Ausbildungszeit wird entsprechend verlängert.

In den Fällen, in denen die Ausbildung zu einem Termin endet, zu dem kein normaler Prüfungstermin vorgesehen ist, können mit den Beteiligten besondere Termine vereinbart werden.

4.9 Übernahme bzw. Weiterbeschäftigung

Eine im Ausbildungsvertrag vereinbarte Übernahme nach der Ausbildung ist nichtig. Allgemein gilt, daß alle Vereinbarungen, die den/die Auszubildende/n in der Ausübung einer beruflichen Tätigkeit einschränken, keine Gültigkeit haben (§ 5 BBiG).

In Zeiten hoher Arbeitslosigkeit steht das Übernahmeinteresse der BewerberInnen um Ausbildungsplätze dem entgegen. Hier kann nur die bisherige Einstellungspraxis als Anhaltspunkt genommen werden.

Während der letzten drei Monate des Berufsausbildungsverhältnisses kann eine Weiterbeschäftigung vereinbart werden. Wird die Auszubildende im Anschluß an das Berufsausbildungsverhältnis beschäftigt, ohne daß hierüber ausdrücklich etwas vereinbart worden ist, so wird damit ein Arbeitsverhältnis auf unbestimmte Zeit begründet (§ 17 BBiG).

JugendvertreterInnen müssen nach Beendigung des Ausbildungsverhältnisses weiterbeschäftigt werden, wenn sie es verlangen (§ 78a Betriebsverfassungsgesetz).

4.10 Auskunfts-, Beschwerde- und Klagemöglichkeiten

Bei *Konflikten* z. B. mit AusbilderInnen oder MitarbeiterInnen, die sich nicht in einem direkten Gespräch klären lassen, ist die Jugendvertretung eine Ansprechmöglichkeit, da diese die Interessen der Jugendlichen vertreten soll. Ist eine innerbetriebliche Lösung nicht möglich (z. B. aufgrund zu kleiner Betriebsgröße gibt es niemanden, der vermitteln könnte), so können sowohl die Gewerkschaften (z. B. JugendsekretärIn) als auch die AusbildungsberaterInnen bei der Kammer, bei der der Ausbildungsvertrag registriert wurde (Ort und Anschrift sind dem Vertrag zu entnehmen), helfen. Letztere sind vom Gesetz her verpflichtet, die Berufsausbildung durch Beratung der Auszubildenden und der Ausbildenden zu fördern (§ 45 BBiG).

Im folgenden soll für die Auszubildenden in einer Übersicht dargestellt werden, an wen sie sich wegen weiterer Auskünfte und zur Beratung über die Berufsausbildung wenden können:

innerbetrieblich:	*außerbetrieblich:*
ChefIn/Vorgesetzte	Gewerkschaft
AusbilderIn	Berufsschule
Jugendvertretung	Kammern und Verbände
Betriebs- oder Personalrat	Arbeitsamt
In einigen Betrieben und Verwaltungen auch Gleichstellungsbeauftragte	Gewerbeaufsichtsamt
	Arbeitsgericht
	Gleichstellungsstellen bei den Kommunen

Wenn sich Auszubildende nicht angemessen behandelt oder ausgebildet fühlen, sollten sie sich nicht scheuen, mit VertreterInnen der oben genannten Gruppen darüber zu reden und auch etwas zu unternehmen. Es wird keinem gedankt, wenn zur Wahrung des «lieben Friedens» auf Rechte verzichtet wird.

5 Das Jugendarbeitsschutzgesetz (JArbSchG)

Sinn des Gesetzes ist der Schutz von Kindern und Jugendlichen vor Arbeiten, die ihre Gesundheit und Entwicklung gefährden. Dies kann z. B. durch zu frühen Beginn, zu lange Dauer oder zu schwere Lasten begründet sein. Im folgenden sollen wichtige Paragraphen des Gesetzes erläutert werden. Allerdings ist dieses Gesetz gekennzeichnet von einer Fülle von Ausnahmen. Im konkreten Einzelfall muß daher mit den unter dem Punkt Beschwerden angegebenen GesprächspartnerInnen gesprochen werden. (Zum Arbeitsschutz in gewerblich-technischen Berufen vgl. auch I.5 «Frauenarbeitsschutz...»)

5.1 Zielgruppe und Kinderarbeit

Unter das Jugendarbeitsschutzgesetz fallen alle Menschen unter 18 Jahren (§ 1 JArbSchG). Das Gesetz betrifft also sowohl Jugendliche, die in einer Berufsausbildung stehen, als auch Jugendliche, die in einem gewöhnlichen Beschäftigungsverhältnis arbeiten. Deshalb ist im Jugendarbeitsschutzgesetz im wesentlichen von Arbeitgebern und Jugendlichen die Rede, während bisher von Ausbildern und Auszubildenden gesprochen worden ist. Wer noch keine 14 Jahre alt ist, gilt vor dem Gesetz als Kind, von 14 bis 18 als Jugendlicher (§ 2 JArbSchG). Die Beschäftigung von Kindern und vollzeitschulpflichtigen Jugendlichen ist verboten (§ 5 JArbSchG). Es gibt allerdings folgende Einschränkungen, z. B.:

- für Kinder über 13 Jahre: Betriebspraktikum, Zeitung austragen, Hilfe in der Landwirtschaft,
- für vollzeitschulpflichtige Jugendliche: darüber hinaus Ferienjobs bis zu vier Wochen.

5.2 Tägliche und Wochen-Arbeitszeit

Ausgehend von einer 40-Stunden-Woche dürfen Jugendliche max. acht Stunden täglich beschäftigt werden (§ 6 JArbSchG). Wird aber z. B. freitags im Betrieb früher Schluß gemacht, ist an den anderen Tagen eine Arbeitszeit von max. achteinhalb Stunden zulässig. Arbeitszeit und Pausen dürfen zusammen nicht zehn Stunden überschreiten. Darüber hinaus gelten zahlreiche Ausnahmen, z. B. in der Landwirtschaft zur Erntezeit.

Eine Weigerung, regelmäßig länger als die gesetzlich festgelegte Arbeitszeit im Betrieb zu bleiben, ist nicht Ausdruck von Faulheit, sondern Kennzeichen einer verantwortungsbewußten Jugendlichen, die nicht nur weiß, daß ihre eigene Gesundheit gefährdet wird, sondern auch, daß sich der Chef oder die Chefin mit einer Beschäftigung über das gesetzlich fixierte Ausmaß hinaus strafbar macht.

5.3 Arbeit am Wochenende

Arbeit an Sams- und Sonntagen ist eigentlich nur in Ausnahmefällen möglich. Doch diese treffen insbesondere auf solche Betriebe zu, in denen (noch) häufig eher Mädchen vertreten sind (Krankenanstalten, Verkaufsstellen, Bäckereien, Gaststätten, Hotelgewerbe).

Wenn am Wochenende gearbeitet wird, so müssen die Jugendlichen an den übrigen Tagen der Woche entsprechend frei bekommen.

5.4 Beginn und Ende der täglichen Arbeitszeit

Die Beschäftigung von Jugendlichen ist zwischen sechs und 22 Uhr zulässig (§ 14 JArbSchG). Je nach Alter der Jugendlichen und der Art der Betriebe gibt es Ausnahmen. Z. B. dürfen Jugendliche über 16 in Bäckereien schon ab fünf Uhr eingesetzt werden, Jugendliche über 17 Jahre sogar schon ab vier Uhr.

5.5 Pausen

Bei einer Arbeitszeit von mehr als sechs Stunden müssen die Pausen zusammen mindestens 60 Minuten lang sein (§ 11 JArbSchG). Jede Pause muß mindestens 15 Minuten dauern, und die erste Pause muß nach spätestenes viereinhalb Stunden beginnen.

5.6 Urlaub

Der gesetzliche Jahresurlaub ist nach Lebensalter gestaffelt: 15jährige haben Anspruch auf 30, 16jährige auf 27 und 17jährige auf 25 Werktage. Der Urlaub ist zusammenhängend zu gewähren und soll BerufsschülerInnen in der Zeit der Berufsschulferien gegeben werden. Abweichungen sind nur möglich, wenn dringende betriebliche oder in der Person der/des Auszubildenden liegende Gründe dies erforderlich werden lassen.

Urlaub darf nicht für einzelne Tage, an denen z. B. (üblicherweise) nicht viel zu tun ist oder an denen nicht so lange wie sonst gearbeitet wird, vorgeschrieben werden.

5.7 Berufsschule

Der Arbeitgeber muß Jugendlichen für die Teilnahme am Berufsschulunterricht freigeben. Er darf sie nicht vor dem Unterricht beschäftigen, wenn dieser vor neun Uhr beginnt. *Das ist vor allem für BäckerInnen und KonditorInnen wichtig.* Ebenfalls besteht ein Beschäftigungsverbot an einem Berufsschultag mit mehr als fünf Unterrichtsstunden mit je 45 Minuten. Gibt es allerdings einen zweiten Berufsschultag in der Woche, dann ist eine Beschäftigung an diesem Tag im Betrieb möglich. Die verbleibende Arbeitszeit ergibt sich, wenn von der normalen Arbeitszeit die Unterrichtszeit und die Pausen abgezogen werden.

5.8 Prüfungen

Für Prüfungen und den Tag vor der schriftlichen Abschlußprüfung ist den Jugendlichen freizugeben (§ 10 JArbSchG). Die Zeiten für Prüfung und Vorbereitungstag werden auf die Arbeitszeit angerechnet und auch voll bezahlt.

Der freizugebende Tag vor der Prüfung ist der letzte Arbeitstag vor der Prüfung, d. h. wenn z. B. die Prüfung montags ist, dann müßte der Freitag freigegeben werden.

5.9 Gefährliche Arbeiten

Jugendliche dürfen nicht mit gefährlichen Arbeiten beschäftigt werden (§ 22 JArbSchG). Vor allem dann, wenn besondere Unfallgefahren vorhanden sind oder die Leistungsfähigkeit überschritten wird. Aber auch wenn besondere Belastungen durch außergewöhnliche Hitze, Kälte und Nässe oder durch gesundheitsschädlichen Lärm, gefährliche Strahlen oder Arbeitsstoffe entstehen, ist die entsprechende Tätigkeit verboten. Ausnahmen sind nur unter bestimmten Bedingungen zulässig. Z. B. dürfen Jugendliche über 16 Jahre unter Aufsicht solche Tätigkeiten ausüben, wenn dies für ihre Ausbildung unumgänglich ist.

In jedem Fall hat der Arbeitgeber die Pflicht, auf die möglichen Gefahren im Betrieb hinzuweisen und mit den Jugendlichen den Schutz vor Gefahren zu üben.

5.10 Akkordarbeit

Akkordarbeit ist für Jugendliche verboten (§ 23 JArbSchG). Das gilt auch für die Beschäftigung in Akkordgruppen Erwachsener. Ausnahmsweise können Jugendliche dann in Akkordgruppen arbeiten, wenn die

Arbeit unter Aufsicht erfolgt und es für die Ausbildung unbedingt erforderlich ist. Die Bezahlung darf allerdings auch dann nicht nach Akkordlohn erfolgen. Sollten Jugendliche ihre Berufsausbildung bereits abgeschlossen haben, so gelten für sie die gleichen Ausnahmebedingungen.

Wenn Auszubildende innerhalb ihrer Berufsausbildung dazu aufgefordert werden, in Akkordgruppen zu arbeiten, dann sollten sie darauf achten, daß dies nicht länger erfolgt als unbedingt nötig. Was angemessen ist, läßt sich aus dem Ausbildungsplan oder z. B. vom Betriebsrat oder der Jugendvertretung erfahren. Arbeit, die nach Akkordlohn bezahlt wird, ist für Jugendliche grundsätzlich verboten. Hier zählt auch nicht das Argument, daß mehr Geld verdient werden kann, da dies eine Gefährdung der Gesundheit bedeutet.

5.11 Ärztliche Untersuchungen

a) Erstuntersuchung

Jugendliche dürfen nicht ohne ein ärztliches Gesundheitszeugnis beschäftigt werden. Vor dem Eintritt ins Berufsleben soll eine gründliche Untersuchung gewährleisten, daß die Jugendliche nicht mit solchen Arbeiten beschäftigt wird, denen sie gesundheitlich oder entwicklungsmäßig nicht gewachsen ist. Ohne ärztliche Bescheinigung wird ein Berufsausbildungsvertrag nicht bei den Kammern eingetragen. Damit kann auch keine Prüfung abgelegt werden.

b) Erste Nachuntersuchung

Ein Jahr nach Beginn der Arbeit muß eine Nachuntersuchung stattfinden, damit eventuelle Auswirkungen der Beschäftigung auf Gesundheit und Entwicklung festgestellt werden können. Auch dieses ärztliche Zeugnis muß dem Arbeitgeber vorgelegt werden, spätestens 14 Monate nach Beginn der Beschäftigung. Ohne diese Bescheinigung darf die Jugendliche nicht weiterbeschäftigt werden. Sie muß spätestens am Tage der Anmeldung zur Zwischenprüfung vorliegen.

c) Weitere Untersuchungen

Von der ÄrztIn können Ergänzungsuntersuchungen und außerordentliche Nachuntersuchungen angeordnet werden, wenn sie noch kein Bild über die Gefährdung gewinnen konnte.

Darüber hinaus sind in den folgenden Jahren noch jeweils einmal pro Jahr freiwillige Nachuntersuchungen auf Wunsch der Jugendlichen möglich. Für alle Untersuchungen ist den Jugendlichen freizugeben. Für alle Untersuchungen selbst entstehen den Jugendlichen und den ArbeitgeberInnen keine Kosten.

Das Argument «Ich bin gesund. Ich brauche keine ärztliche Untersuchung» ist hier falsch, da die Auszubildenden oft kein richtiges Bild von den Auswirkungen der Beschäftigung auf ihre Gesundheit und Entwicklung besitzen. Wenn sich Gesetzgebung und Betriebe zu solchen Untersuchungen durchgerungen haben, ist davon auszugehen, daß dazu auch tatsächlich eine Notwendigkeit besteht.

Unter bestimmten Bedingungen können Berufserkrankungen zu einer Umschulung berechtigen. Auskunft erteilt das zuständige Arbeitsamt.

5.12 Körperliche Gewalt

Wer Jugendliche beschäftigt oder ausbildet, darf keine körperliche Gewalt gegen sie ausüben und muß auch dafür sorgen, daß dies nicht von anderen Beschäftigten geschieht (§ 31 JArbSchG). (Vgl. auch I.3 «Sexuelle Belästigung...»)

Sollte dagegen im Ausbildungsbetrieb verstoßen werden, sollte sofort mit dem Betriebsrat oder, falls nicht vorhanden, mit der Gewerkschaft oder der Gleichstellungsstelle Kontakt aufgenommen werden, denn hier drückt sich oft eine Haltung gegenüber Mädchen aus, der sich die Auszubildenden entgegenstellen müssen. Die Angaben werden, falls gewünscht, vertraulich behandelt.

5.13 Beschwerden

Betriebsrat und Jugendvertretung haben die Aufgabe, über die Einhaltung des Jugendarbeitsschutzgesetzes, der Tarifverträge und der Unfallschutzvorschriften zu wachen. Daher sind sie die ersten Ansprechmöglichkeiten, falls es Fragen oder Beschwerden gibt. Die Jugendvertretung vertritt die Interessen der Jugendlichen gegenüber dem Betriebsrat. Erst dieser hat die Interessen gegenüber dem Arbeitgeber zu wahren.

Die Gewerbeaufsichtsämter sollen ebenfalls die Einhaltung der gesetzlichen Bestimmungen des Jugendarbeitsschutzes überwachen. Sie haben die Möglichkeit, bei Verstößen Strafen gegen die betreffenden Betriebe zu verhängen.

Bei den Handwerkskammern oder Industrie- und Handelskammern gibt es AusbildungsberaterInnen. Auch sie sind mögliche AnsprechpartnerInnen.

Mit Aussagen wie «Mein Chef ist ein dufter Typ. Für den arbeite ich gern» oder «Das war schon immer so, was kann ich da schon ändern» usw.

nützen die Auszubildenden nur dem Betrieb, aber nicht sich selbst. Sie haben sowieso schon wenig Rechte, deshalb müssen sie sich um so mehr für die Verwirklichung der wenigen einsetzen.

6 Finanzierung der Berufsausbildung

Es gibt zwei Gesetze, die die Finanzierung der Ausbildung betreffen, das Arbeitsförderungsgesetz (AFG) und das Bundesausbildungsförderungsgesetz (BAföG).

6.1 Das Arbeitsförderungsgesetz

Auszubildende in einer Ausbildung in einem anerkannten Ausbildungsberuf in Betrieben oder in überbetrieblichen Einrichtungen sowie Teilnehmende an berufsvorbereitenden Maßnahmen können nach § 40 AFG eine finanzielle Unterstützung beantragen, die Berufsausbildungsbeihilfe genannt wird. Diese wird als Zuschuß zu den Unterhalts- und Ausbildungskosten gewährt. Sie soll die erforderlichen, aber fehlenden Mittel für den Ausbildungsweg sicherstellen, z. B. wenn mit der Berufsausbildung eine auswärtige Unterbringung erforderlich wird.

Eigenes Einkommen wird dabei in voller Höhe angerechnet. Liegt das Einkommen der Eltern über gewissen Freigrenzen, wird dies bei der Berechnung berücksichtigt (z. B. beträgt der monatliche Freibetrag für die Eltern 2040,– DM, für Geschwister über 15 Jahre 575,– DM (Stand 1. 10. 89)). Bei der Berechnung bleiben auch bestimmte Prozentanteile des Einkommens, das über diesen Grenzen liegt, anrechnungsfrei, so daß auf jeden Fall beim Arbeitsamt nachgefragt werden sollte. Arbeitslose Jugendliche, die bereits ein Jahr beitragspflichtig beschäftigt waren, erhalten in berufsvorbereitenden Maßnahmen Berufsausbildungsbeihilfe ohne Anrechnung des Einkommens der Eltern.

Bei einer *Teilnahme an berufsvorbereitenden Maßnahmen* übernimmt das Arbeitsamt die Lehrgangsgebühren, die Fahrtkosten sowie die Kosten für Lernmittel und Arbeitskleidung grundsätzlich ohne Anrechnung von Einkommen.

Da es Berufsausbildungsbeihilfe frühestens von Beginn des Antragsmonats an gibt, sollte so früh wie möglich ein Antrag gestellt werden. Näheres wissen die örtlichen Arbeitsämter, bei denen auch der Antrag gestellt werden kann.

6.2 Das Bundesausbildungsförderungsgesetz (BAföG)

Nach dem BAföG wird der Besuch folgender Schulen gefördert:

- Weiterführende allgemeinbildende Schulen und Fachoberschulen
- Abendhaupt- und Realschulen, Abendgymnasien und Berufsaufbauschulen sowie Kollegs
- Fach- und Berufsfachschulen
- sowie unter bestimmten Bedingungen Fernunterrichtslehrgänge und Praktika.

Zuständig für diese Gruppe der SchülerInnen sind die Ämter für Ausbildungsförderung in den Stadt- oder Gemeindeverwaltungen.

Darüber hinaus wird nach dem BAföG auch der Besuch von höheren Fachschulen, Akademien und Hochschulen gefördert. Für diese Gruppe der StudentInnen sind die Ämter für Ausbildungsförderung zuständig, die in der Regel bei den Studentenwerken eingerichtet sind.

Die BAföG-Berechnung ist wegen der Vielzahl unterschiedlicher Voraussetzungen recht kompliziert. Deshalb sollte sich jede, die die Möglichkeiten des BAföG nutzen möchte, eingehend informieren und beraten lassen.

7 Maßnahmen gegen Jugendarbeitslosigkeit

Im folgenden soll übersichtsartig und beispielhaft auf verschiedene Maßnahmen zur Bekämpfung der Jugendarbeitslosigkeit eingegangen werden. Genauere Informationen über diese oder auch andere Maßnahmen sind vor Ort z. B. bei den Arbeitsämtern, Jugendämtern (Jugendberatungsstellen) und Frauengleichstellungsstellen zu erhalten. Hier erfolgt auch fachliche Beratung und Hilfestellung.

7.1 Ausbildungsvorbereitende Maßnahmen

a) Schulische Maßnahmen

Das *Berufsvorbereitungsjahr* setzt keinen Hauptschulabschluß voraus und findet an den Berufsschulen in einer Mischung von Unterricht und praktischer Arbeit statt. Es bereitet auf eine Berufsausbildung vor und ebnet den Übergang zum Berufsgrundschuljahr oder zur Berufsfachschule. Häufig ist auch der Hauptschulabschluß nachholbar.

Im *Berufsgrundschuljahr* wird kein spezieller Beruf erlernt, sondern berufliche Grundkenntnisse für ein bestimmtes Berufsfeld (z. B. Hauswirtschaft, Metall). Das Jahr ist auf die Ausbildungszeit in einem entsprechenden Ausbildungsberuf anzurechnen.

b) Andere Maßnahmen

In einigen Kommunen (vor allem in Nordrhein-Westfalen) wurden von kommunalen Gleichstellungsstellen *«Berufswahltrainings»* für Mädchen eingeführt, die bereits mit dem achten Schuljahr das Berufswahlspektrum erweitern sollen. Des weiteren sind *Berufsförderlehrgänge* zu nennen, die Jugendliche ohne Hauptschulabschluß und SonderschülerInnen zur Zielgruppe haben. Sie sollen, wenn sie an allgemeinbildenden Schulen nicht mehr gefördert werden können, auf eine anschließende Ausbildung vorbereitet werden.

7.2 Maßnahmen zur Schaffung zusätzlicher Ausbildungsplätze

Die *Sonderausbildungsgruppen* haben die Jugendlichen zur Zielgruppe, die nach Ablauf des Vermittlungsjahres (jeweils 20. September) bei der Arbeitsverwaltung als unvermittelte BewerberInnen gemeldet sind. Hier können außerbetrieblich Ausbildungen in anerkannten Ausbildungsberufen mit mindestens dreijähriger Ausbildungszeit besucht werden. In bestimmten technischen Berufen gibt es eine 30prozentige Quotierung für Mädchen.

In den Bundesländern werden sogenannte Mädchenprogramme durchgeführt, die speziell die Förderung von Ausbildungsplätzen für weibliche Jugendliche zum Ziel haben. Sie sind jedoch nach Art und Umfang je nach Land und Jahr sehr unterschiedlich. Wenn z. B. 1989 in Nordrhein-Westfalen der Ausbildungsbetrieb in bestimmten gewerblich-technischen Berufen für Mädchen einen zusätzlichen Ausbildungsplatz zur Verfügung stellt, dann bekommt er für die gesamte Zeit der Ausbildung einen Betrag in Höhe von 300,– DM monatlich steuerfrei. Träger dieser Maßnahmen sind zumeist die Wirtschaftsminister der Bundesländer. Erste Auskunft geben aber auch die Arbeitsämter und die Gleichstellungsstellen, die den jeweils aktuellen Stand kennen.

7.3 Maßnahmen zur Sicherung der Berufsausbildung

Gefördert durch ein Bundesprogramm werden in zahlreichen Städten in unterschiedlicher Trägerschaft (z. B. Internationaler Bund für Sozialarbeit, Volkshochschulen) sogenannte *Ausbildungsbegleitende Hilfen* durchgeführt. In einer Mischung aus Stützunterricht und sozialpädagogischer Betreuung soll der Ausbildungserfolg bei benachteiligten Jugendlichen (z. B. SonderschülerInnen, Auszubildende ohne Hauptschulabschluß, ausländische Mädchen, sozial benachteiligte Mädchen) ausbildungsbegleitend gewährleistet werden. Die Teilnahme an diesen Maßnahmen ist für die Mädchen kostenlos.

7.4 Maßnahmen zur Erleichterung des Übergangs in Beschäftigung nach der Berufsausbildung (Stand 1989)

a) Teilzeitbildung und -arbeit

Nach dem Arbeitsförderungsgesetz können ArbeitnehmerInnen bis 25 Jahre, die einen Vollzeitarbeitsplatz suchen, bei Teilnahme an einer Teilzeitbildungsmaßnahme und gleichzeitiger Teilzeitbeschäftigung ein Teilunterhaltsgeld erhalten, wenn die Bildungsmaßnahme zur Aufnahme einer Vollzeitbeschäftigung notwendig ist.

b) Einarbeitung

Betriebe erhalten unter bestimmten Voraussetzungen vom Arbeitsamt auf Antrag Einarbeitungszuschüsse, wenn sie neu eingestellte MitarbeiterInnen an einem Arbeitsplatz über längere Zeit einarbeiten müssen. Der Zuschuß wird bis zu einem Jahr gewährt und ist auf höchstens 50 Prozent des Lohnes begrenzt.

8 Adressen, Literatur, Anmerkungen

Adressen

Bundesministerium für Bildung und Wissenschaft
Postfach 200108
5300 Bonn 2

Bundesanstalt für Arbeit
Regensburger Straße 104
8500 Nürnberg 30

Die Gleichstellungsstelle der Kommune ist jeweils über die Telefonnummer der Stadtverwaltung zu erreichen. Sie informiert auch über weitere Beratungs- und Informationsmöglichkeiten.

Literatur

Brugger, W. «Freiheit des Berufs und Recht auf Arbeit im Verfassungsrecht», in: Ryffel, H.; Schwartländer, H. (Hg.) «Das Recht des Menschen auf Arbeit», Kehl am Rhein, Straßburg 1983

Bundesminister für Arbeit und Sozialordnung (Hg.) «Wie geht's?» Informationen für junge Leute, Bonn o. J. (1988)

Ders. (Hg.) «Klare Sache.» Informationen zum Jugendarbeitsschutz mit Gesetzestext, Bonn 1984

Ders. (Hg.) «AFG. Wegweiser durch das Arbeitsförderungsgesetz», Bonn 1989

Bundesminister für Bildung und Wissenschaft (Hg.) «Ausbildung und Beruf. Rechte und Pflichten während der Berufsausbildung», Bonn 1988

Ders. (Hg.) «Berufsbildungsbericht 1988», Bonn 1988

Fey-Hoffmann, S.; Hoffmann, M.; Lumer, M. «Zur Implementation sozialwissenschaftlicher Problemlösungen», in: Sozialwissenschaften und Berufspraxis, 1988, Jg. 11, Heft 3, S. 214ff.

Francke, L. «Berufsausbildung von A bis Z», München 1986

Minister für Wirtschaft, Mittelstand und Technologie des Landes Nordrhein-Westfalen, Kultusminister des Landes Nordrhein-Westfalen (Hg.) «Berufsbildungsbericht 1988», Düsseldorf 1988

Presse- und Informationsamt der Bundesregierung (Hg.) «Politik für Arbeitnehmer», Bonn 1987

Dass. (Hg.) «Politik für junge Leute», Bonn 1986

Anmerkungen

[1] Der Bundesminister für Bildung und Wissenschaft (Hg.), «Berufsbildungsbericht 1988», Bonn 1988, S. 7

[2] Ebd. S. 34.

[3] Im Handwerk heißt der Beruf «FeinmechanikerIn», in der Industrie «IndustriemechanikerIn» (mit der Fachrichtung Geräte- und FeinwerktechnikerIn).

[4] Der Minister für Wirtschaft, Mittelstand und Technologie des Landes NW (Hg.), «Berufsbildungsbericht NRW 1988», Düsseldorf 1988, S. 55.

I 2 **MALIN BODE**
Arbeitsrecht im Frauenalltag
Arbeits- und Tarifverträge, Kündigungsschutz und andere Arbeitnehmerinnenrechte

I 2

Malin Bode

Arbeitsrecht im Frauenalltag
Arbeits- und Tarifverträge, Kündigungsschutz und andere Arbeitnehmerinnenrechte

Fast alle Frauen im erwerbsfähigen Alter nehmen heute am Berufsleben teil. Oft arbeiten sie «nebenbei», wie es genannt wird, so daß sie gerne übersehen werden und in den Statistiken nicht auftauchen. Gerade dann, wenn Frauen mit der Versorgung von Kindern oder von pflegebedürftigen Angehörigen im Haushalt genug zu tun haben, sind sie häufig trotzdem noch stundenweise als Kassiererin, Putzfrau, Friseurin tätig, geben Volkshochschulkurse, versehen Nachtdienste in Apotheken, Krankenhäusern oder tippen zu Hause am Heimcomputer. Ob sie wollen oder nicht, werden Frauen von den Umständen dazu gezwungen, ganz individuell ihren persönlichen Weg zu finden, um einerseits das notwendige Geld für den Lebensunterhalt zu verdienen und andererseits die Arbeiten im Haushalt und in der Kindererziehung zu erledigen.

Das Arbeitsleben orientiert sich nicht an diesen grundlegenden Fragen, sondern hat das Leben verheirateter und von Ehefrauen versorgter Männer vor Augen, die anscheinend nichts anderes zu tun haben, als ihre Arbeitskraft dem Arbeitgeber zur Verfügung zu stellen. Dementsprechend fehlen akzeptable Kinderbetreuungsmöglichkeiten, die sich den Arbeitszeiten berufstätiger Frauen anpassen. Insbesondere für Schichtarbeiterinnen oder für Frauen, die teilweise auswärtig tätig sein müssen, z. B. Saisonbedienungen, Dolmetscherinnen, Stewardessen, wird über eine öffentliche Kinderbetreuung gar nicht mehr diskutiert. Bei der Ausgestaltung der Arbeitsverhältnisse werden wenig gangbare Lösungswege beschritten. Nach wie vor beginnt in den meisten Arbeitsverhältnissen der Arbeitstag, bevor die Kindergärten öffnen. Auch eine bezahlte Freistellung von der Arbeit zur Erledigung dringender persönlicher Angelegenheiten ist in den meisten Arbeitsverhältnissen von Frauen unbekannt, während für Männer in gehobenen Positionen sich da keine Probleme auftun.

1 Der Arbeitsvertrag

Eine Kassiererin hat über ihre Schwester eine Stelle bei einem Kaufhaus bekommen. Sie soll am nächsten Samstag anfangen. Nach zwei Wochen kommt die Abteilungsleiterin und legt ihr einige Papiere vor – den Arbeitsvertrag und einen Einstellungsfragebogen –, sie soll diese nach der Pause unterschrieben wieder abgeben. Die Kassiererin weiß seit ein paar Tagen, daß sie schwanger ist, sieht auch eine entsprechende Frage im Einstellungsfragebogen und macht sich außerdem Sorgen, ob das unter diesen Umständen wohl mit ihrem geplanten Urlaub im Sommer noch klappen wird. Sie beschließt, die Papiere erst mal mit nach Hause zu nehmen, zu überlegen und sich zu erkundigen. Die Abteilungsleiterin ist nicht begeistert und sagt, daß sie sich mit Fragen auch an sie wenden könne. Die Kassiererin entgegnet: «Ja, vielleicht morgen.»

Die Bedingungen, zu denen Frauen am Berufsleben teilnehmen, werden im wesentlichen gleich zu Anfang eines Arbeitsverhältnisses festgelegt.

Dabei ist der Abschluß des Arbeitsvertrages selbst eher unauffällig. Das muß nicht immer schriftlich vor sich gehen, auch mündlich kann ein Arbeitsvertrag vereinbart werden, manchmal sogar dadurch, daß einfach zu den vorgegebenen Bedingungen gearbeitet wird.

Bei der Suche nach einem Arbeitsplatz ist für die meisten Frauen das Entscheidende, daß sie überhaupt eingestellt werden; alles andere ist dann nicht mehr so wichtig und wird von ihnen eher als bürokratischer Ballast empfunden. Dieser Eindruck wird noch dadurch verstärkt, daß die Verträge oft in schwer verständlicher Sprache aufgesetzt und die Haken und Ösen in komplizierten Formulierungen versteckt sind. Da ist dann zum Beispiel von einem dreimonatigen befristeten Probearbeitsverhältnis die Rede, statt von einer normalen Probezeit. Mit so einer Regelung soll der Mutterschutz umgangen werden können, da der Mutterschutz ansonsten im unbefristeten Arbeitsverhältnis vom ersten Tag an gilt, falls in den ersten drei Monaten eine Schwangerschaft eintritt. Oder im kleingedruckten Teil des Arbeitsvertrages steht die Pflicht zu unbezahlten Überstunden oder das Recht des Arbeitgebers zu Versetzungen an andere Arbeitsplätze und vieles mehr.

In zunehmendem Maße versuchen Arbeitgeber die Arbeit in Form eines sogenannten Werkvertrages machen zu lassen – so zum Beispiel bei Frauen, die den sogenannten «Service» in Großkaufhäusern für die Lieferfirmen erledigen, oder im gesamten Heimcomputer/EDV-Bereich. Diese «Werkverträge» bedeuten in der Regel die gleiche schlechte Bezahlung und die gleiche Abhängigkeit wie bei einem Arbeitsverhältnis. Sie sehen aber keinerlei soziale Absicherung, etwa Mutter- oder Kündigungsschutz vor. Daher empfiehlt es sich, um solche «Werk»verträge einen großen Bogen zu machen.

Nicht viel besser ergeht es den sogenannten «freien Mitarbeiterinnen» bei Funk und Fernsehen, im Architektenbüro oder bei Werbeagenturen und an vielen anderen Orten. Sie arbeiten auf «eigene Rechnung», müssen sich selbst sozialversichern usw. Sind sie jedoch regelmäßig für einen Arbeitgeber tätig und auch dort in den organisatorischen Betriebsablauf eingegliedert, bedeutet das, daß ein «normales Arbeitsverhältnis» tatsächlich existiert. Im Einzelfall kann es daher bei vom Arbeitgeber so bezeichneten «Werk-» oder «Freien MitarbeiterInnen-Verträgen» durchaus möglich sein, gerichtlich die Anerkennung als Arbeitsverhältnis durchzusetzen.

1.1 Die wichtigsten Regelungen im Arbeitsvertrag

Es lohnt sich deshalb, einen Arbeitsvertrag gut durchzulesen und sich auch alles das erklären und erläutern zu lassen, was unverständlich ist.

Wichtig sind vor allem folgende Punkte:

1. Ist der Vertrag befristet oder unbefristet?
2. Wie hoch sind Lohn oder Gehalt genau? D. h., welche Prämien, Zuschläge und Spesen werden bezahlt; wie hoch ist die Provision oder Umsatzbeteiligung?
3. Welche Arbeit soll an welchem Arbeitsplatz und Ort geleistet werden? Genaue Bezeichnung z. B. statt «Näherin» «Zuschneiderin von Damenmänteln in der Abteilung XY».
4. Wann genau ist Arbeitsanfang und Ende (Problem: Flexible Arbeitsverhältnisse)? Gibt es Gleitzeit (das bedeutet morgens und nachmittags innerhalb einer Zeitspanne von 1 bis 2 Stunden anfangen und auch aufhören zu können, z. B. Anfang zwischen 7 bis 9 Uhr, Ende zwischen 15 und 17 Uhr)?
5. Welche Pausen gibt es wann, und werden sie bezahlt?
6. Sind Überstunden oder Mehrarbeit an Samstagen und Sonntagen vorgesehen? Wenn ja, zu welchen Bedingungen: Gibt es beispielsweise einen Freizeitausgleich, oder werden die Überstunden bezahlt; wie hoch sind die Überstundenprozente?
7. Wieviel Urlaub gibt es? 30 Arbeitstage sind normal, drei Wochen sind das gesetzliche Minimum. Darüber hinaus hat frau als Arbeitnehmerin in den Bundesländern Berlin, Hessen, Bremen, Hamburg, Niedersachsen und Nordrhein-Westfalen Anspruch auf in der Regel fünf Tage Bildungsurlaub pro Kalenderjahr.
8. Wieviel Urlaubsgeld und Weihnachtsgeld gibt es? 50 Prozent des Monatslohns/Gehalts beim Urlaubsgeld und 50 bis 100 Prozent beim Weihnachtsgeld (13. Monatsgehalt/lohn) wird üblicherweise gezahlt.
9. Bei Kassiererinnen: Vorsicht vor Mankovereinbarungen! Sie bedeuten, daß der Arbeitgeber monatlich einen meist geringen «Mankobetrag» zahlt und dafür die Kassiererin, wenn Geld in der Kasse fehlt, den Rest

aus der eigenen Tasche dazutun muß. Zulässig sind solche Vereinbarungen zwar höchst selten (nur wenn der Mankobetrag in einem realistischen Verhältnis zum möglichen Fehlbetrag steht und auch ein abgegrenzter Verantwortungsbereich vorhanden ist), Arbeitgeber versuchen aber immer wieder, Frauen daran festzuhalten.

10. Gelten Tarifverträge für das Arbeitsverhältnis? Wenn ja, welche? Sofort besorgen, da darin Besonderheiten geregelt sein können (siehe 2.).

11. Gibt es in dem Arbeitsverhältnis eine betriebliche Altersversorgung? Wenn ja, wie sieht sie aus? Für Teilzeitbeschäftigte gelten oft tarifvertraglich oder betrieblich schlechtere Regelungen, d. h., sie können die Voraussetzungen, zum Beispiel Betriebszugehörigkeitszeiten, nicht erfüllen. Da in den meisten Branchen fast ausschließlich Frauen in Teilzeit beschäftigt sind, stellen diese Regelungen eindeutig eine Form der Frauendiskriminierung dar und sind auch unterdessen wegen Verstoßes gegen Art. 119 EWG-Vertrag unwirksam.[1]

1.2 Die Frage nach der Schwangerschaft

Vor dem wirklichen Arbeitsbeginn erfolgen nicht selten noch Einstellungsuntersuchungen bei betriebsärztlichen Diensten, oder es muß ein Zeugnis des Gesundheitsamtes vorgelegt werden. Im öffentlichen Dienst wird regelmäßig ein polizeiliches Führungszeugnis verlangt. Außerdem wird den einzustellenden Frauen ein sogenannter Einstellungsfragebogen vorgelegt, in dem mit großer Wahrscheinlichkeit die Frage nach einer bestehenden Schwangerschaft auftaucht.

Daß nach einer Schwangerschaft gefragt wird, macht die Absicht klar, schwangere Frauen nicht einstellen zu wollen. Da aber nur Frauen und nicht Männern eine solche Frage gestellt werden kann, ist sie gemäß § 611 a Abs. 1 BGB unzulässig. Nach dieser gesetzlichen Bestimmung ist es dem Arbeitgeber verboten, gerade auch bei der Begründung eines Arbeitsverhältnisses eine Frau wegen ihres Geschlechtes zu benachteiligen.[2] Auch eine Schwangere kann deshalb, wenn sie gefragt wird, ob eine Schwangerschaft vorliegt, mit «nein» antworten, weil die Frage nicht zulässig ist. Der Arbeitgeber kann das frisch angefangene Arbeitsverhältnis nicht auflösen mit der Begründung, er sei über die Schwangerschaft arglistig getäuscht worden (gem. § 123 BGB). Wenn er unzulässige Fragen stellt, muß er mit falschen Antworten rechnen, eine arglistige Täuschung kann dann nicht mehr vorliegen.[3] Er muß das Arbeitsverhältnis dann unter Beachtung des Mutterschutzes fortführen. Die Frage nach einem Kinderwunsch (oder der Absicht zu heiraten) ist ebenso unzulässig. Der Fragebogen sollte daher für Schwangere bei der Einstellung kein Hindernis mehr sein.

1.3 Frauendiskriminierung bei der Einstellung

Bis zum Einstellungsfragebogen ist es aber oft ein weiter Weg. In Berufen, die üblicherweise Männer ausüben, werden Frauen nur ausnahmsweise eingestellt. Bei Bewerbungen für Handwerks- und technische Berufe oder solche der Tierpflege usw. müssen Frauen auch bei guten Qualifikationen die Erfahrung machen, daß sie keine Beschäftigungsmöglichkeiten finden. Bei einer mündlichen Absage oder im Ablehnungsschreiben merken die Bewerberinnen meist, daß ihr Geschlecht der Hauptgrund ist, warum sie nicht eingestellt werden. Doch selten wird dies offen ausgesprochen.

Sollte das aber doch einmal der Fall sein, und manchmal läßt sich der Grund durch beharrliches Nachfragen greifbar machen, gibt es die Möglichkeit, vom potentiellen Arbeitgeber Schadensersatz zu verlangen. Hier taucht wieder der § 611 a BGB auf, der – zumindest auf dem Papier – die Benachteiligung wegen des Geschlechtes im Arbeitsleben verbietet und in seinem Absatz 2 auch einen Schadensersatzanspruch vorsieht, wenn die Benachteiligung doch vorkommt. Einen Anspruch auf Einstellung, mit dem Frauen weit mehr anfangen könnten, sieht diese gesetzliche Vorschrift nach Auffassung der Gerichte nicht vor.

Selbst die Höhe des Schadensersatzes war lange Zeit ein umstrittenes Thema. Zunächst sollten die abgewiesenen Frauen nur ihre Bewerbungskosten, die sie vergeblich aufgewandt hatten, erstattet bekommen, also praktisch nur die Portokosten. Dann wurde durch den Europäischen Gerichtshof unter Bezugnahme auf eine europäische Richtlinie 76/207 EWG klargestellt, daß die Pflicht zur Zahlung der Portokosten wohl keinen Arbeitgeber abhalten würde, Frauen bei der Einstellung zu benachteiligen, sondern daß statt dessen eine wirkungsvolle «Sanktion» eingreifen müßte.[4] Diese daraufhin erlassene Richtlinie enthält Bestimmungen, die sich gegen die Benachteiligung von Frauen aufgrund ihres Geschlechtes im Arbeitsleben wenden und hat für alle Mitgliedsstaaten der Europäischen Gemeinschaft Gültigkeit.[5] Im Anschluß an diese Entscheidung des Europäischen Gerichtshofes haben einige deutsche Gerichte entschieden, daß Schadensersatz bis zu einer Höhe von sechs Monatslöhnen/gehältern (neben den Portokosten) angemessen ist.[6] Mit dieser Art Schmerzensgeld soll Frauen ihre Diskriminierung im Beruf offensichtlich etwas «versüßt» werden. An der Benachteiligung wird sich aufgrund dieses Schadensersatzes nicht viel ändern, trotzdem sollte er natürlich da, wo es eben möglich ist, auch verlangt werden. Es gibt keinen Grund, ihn zu «verschenken».

2 Tarifverträge

2.1 *Was wird im Tarifvertrag geregelt?*

Tarifverträge bestimmen in weiten Teilen des Arbeitslebens die wesentlichen Arbeitsbedingungen. Die Tarifverträge werden zwischen Vereinigungen/Verbänden der Arbeitgeber und in der Regel den Gewerkschaften abgeschlossen. Es gibt eine Fülle von Tarifverträgen, da sie nach Branchen und Regionen vereinbart werden (z. B. Tarifvertrag für das Gebäudereinigungshandwerk oder für die Metallverarbeitende Industrie Nordrhein-Westfalens). Zu allererst werden und wurden Tarifverträge über die Höhe von Löhnen und Gehältern abgeschlossen. Aber auch andere wichtige Fragen sind Gegenstand von Tarifverträgen: In den sogenannten Manteltarifverträgen wird u. a. geregelt, wieviele Tage Urlaub zu gewähren sind, wie hoch das Urlaubsgeld ist, wann Anspruch auf Sonderurlaub besteht. Die Aufstellung von Lohn- und Gehaltsgruppen geschieht üblicherweise in Lohnrahmentarifverträgen. Dabei werden Merkmale und Voraussetzungen festgelegt, die erfüllt sein müssen, um in eine bestimmte Lohn- oder Gehaltsgruppe eingruppiert zu werden. Das richtet sich nach der Art der zu bewältigenden Arbeit, der Ausbildung, der zu übernehmenden Verantwortung usw.

2.2 *Wie kommen Frauen im Tarifvertrag vor?*

Frauen sind selten an der Aushandlung von Tarifverträgen beteiligt, sie sitzen kaum in den Tarifkommissionen. Dementsprechend sehen die tarifvertraglichen Regelungen dann auch aus. Sie gehen vom Mann als Arbeitnehmer aus, und in den Berufen, in denen üblicherweise Frauen arbeiten, ebenso wie im Teilzeitbereich, tauchen an allen Ecken und Enden frauendiskriminierende Regelungen auf. Nicht zuletzt im Bundesangestelltentarifvertrag (BAT), der eigentlich für alle Angestellten im öffentlichen Dienst gilt, jedoch nur für solche, die eine wöchentliche Arbeitszeit von mehr als 18 Stunden vereinbart haben (vgl. auch I.4 Teilzeitarbeit...). Für die üblicherweise in Teilzeit arbeitenden Frauen gilt der BAT also nicht, und das heißt: Es gibt kein Weihnachtsgeld, nur 18 Tage gesetzlichen Urlaub, keine zusätzliche Altersversorgung. Diese Regelung (§ 3q BAT) trifft praktisch nur Frauen und stellt daher m. E. eine mittelbare Frauendiskriminierung im Sinne des Art 119 EWG-Vertrag dar. Dieser Auffassung scheint im übrigen auch das Bundesarbeitsgericht zuzuneigen.[7] Darüber hinaus werden auch noch diejenigen Frauen mit

Teilzeitverträgen im öffentlichen Dienst diskriminiert, die mehr als 18 Stunden beschäftigt sind, dann, wenn es um die Zahlung von Übergangsgeld gem. § 62 BAT geht (Überbrückungszahlungen bei Arbeitslosigkeit nach Ausscheiden aus dem Arbeitsverhältnis), welches den Teilzeitbeschäftigten nicht zustehen soll. Auch hier liegt eine frauendiskriminierende Regelung vor[8], und keine teilzeitbeschäftigte Frau sollte sich länger scheuen, dieses Übergangsgeld zu verlangen.

Wir brauchen uns auch nicht zu wundern, daß die tariflichen Lohn- und Gehaltsgruppen im wesentlichen Leistungsmerkmale enthalten, die an Männerarbeit ausgerichtet sind. Wenn in den Tarifverträgen von schwerer körperlicher Arbeit die Rede ist, ist damit die Männerarbeit mit großer Muskelbeanspruchung gemeint. Besondere nervliche Belastung, Monotonie, Fingerfertigkeit, all solche Anforderungen, denen Frauen an gewerblichen Arbeitsplätzen (z. B. als Löterin) gerecht werden müssen, gelten weder als schwere Arbeit noch als besondere Qualifikation.[9] Im Gegenteil: die Tatsache, daß typischerweise eine Arbeit von Frauen verrichtet wird, macht die Arbeit zu einer leichten Arbeit.

Wenn hingegen in typischen Frauenberufen – wie beispielsweise bei Krankenschwestern, Sozialarbeiterinnen, Verkäuferinnen – Fähigkeiten verlangt werden, die in der Regel von Frauen beherrscht werden, wie u. a. Integrationsvermögen, gute Beobachtungsgabe, soziales Verantwortungsbewußtsein, die Fähigkeit, Gespräche zu führen etc., werden diese Qualifikationen als selbstverständlich vorausgesetzt.[10] Wenn Frauen, wie es so schön heißt, zur Verbesserung des Arbeitsklimas beitragen, macht sich diese Fähigkeit nicht in 200 DM mehr monatlich, sondern höchstens in einem Blumenstrauß zum Geburtstag bemerkbar.[11] Das weibliche Arbeitsvermögen haben Frauen gratis zu liefern. In Tarifverträgen wird das nicht anders gesehen.

2.3 Für welche Frauen gelten Tarifverträge?

Zwei Freundinnen stehen vor den Tücken des Arbeitslebens: Die eine arbeitet in einer Keksfabrik im Akkord und hat gerade festgestellt, daß ihre Abrechnung nicht stimmt. Sie glaubt, daß mit dem Akkord etwas nicht in Ordnung ist und sie auch zuwenig Urlaubsgeld bekommen hat. Die Vorarbeiterin meint, der neue Tarifvertrag sei nicht mehr allgemeinverbindlich, deshalb gäbe es kein Urlaubsgeld, jetzt will sie es genau wissen und will alles ganz genau nachrechnen. Da fragt sie sich, wie das mit den Tarifverträgen, den Sozialversicherungsbeiträgen und den Steuern ist.

Ihre Freundin hat ein ähnliches Problem, sie hat noch Kinder zu versorgen und eine Stelle in Aussicht als Serviererin für acht Stunden in der Woche. Sie könnte eventuell auch mehr oder weniger Stunden vereinbaren, sie überlegt aber, ob sie «mit» oder «ohne» Steuerkarte arbeiten soll.

Tarifverträge gelten für:

1. alle Frauen, die Mitglied einer Gewerkschaft und bei einem Arbeitgeber beschäftigt sind, der in einer Arbeitgebervereinigung organisiert ist;
2. alle Frauen, in deren Arbeitsvertrag die Geltung von Tarifverträgen (oder manchmal auch nur bestimmte Regelungen daraus) vereinbart ist;
3. alle Frauen, die in Betrieben arbeiten, in denen Tarifverträge gelten, die für allgemeinverbindlich erklärt worden sind (z. B. Putzfrauen, Beschäftigte im Einzelhandel);
4. alle Frauen, die im öffentlichen Dienst angestellt sind, gilt der Bundesangestelltentarifvertrag (BAT), sofern – und das ist wichtig – sie eine wöchentliche Arbeitszeit von mehr als 18 Stunden vereinbart haben.

Ob Tarifverträge im Arbeitsverhältnis gelten, läßt sich bei der Einstellung erfragen. Die Gewerkschaften geben hierüber normalerweise auch Auskunft. Nach § 8 TVG sind die Arbeitgeber auch verpflichtet, die für den Betrieb gültigen Tarifverträge im Betrieb sichtbar auszulegen oder auszuhängen.[12] Existiert ein Betriebsrat, weiß dieser über die Tarifverträge auch Bescheid.

2.4 Verfallklauseln im Tarifvertrag

Neben Vorteilen können Tarifverträge für die beschäftigten Frauen auch Nachteile mit sich bringen. Das Hauptproblem liegt bei den sogenannten Verfall- oder Ausschlußklauseln. In den Manteltarifverträgen sind regelmäßig Verfallklauseln enthalten. Sie bedeuten, daß Ansprüche aus dem Arbeitsverhältnis nur in einer bestimmten Frist noch geltend gemacht werden können. Ist die Frist verstrichen, ist der Anspruch verfallen, also das Geld (Lohn, Gehalt, Urlaubsgeld usw.) für die betreffende Frau verloren. In den Tarifverträgen sind unterschiedlich lange Fristen vorgesehen, von vier Wochen angefangen. Es ist daher ratsam, sich nicht nur nach dem gültigen Tarifvertrag zu erkundigen, sondern auch nach dieser Frist. Innerhalb dieser *muß* frau sich beschweren, daß Lohn/Gehalt oder andere Geldleistungen (Urlaubsgeld/Weihnachtsgeld/Prämien/Zuschläge) nicht oder nicht vollständig gezahlt worden sind. Je nach Tarifvertrag reicht es aus, den fehlenden Betrag mündlich zu verlangen, oder es muß schriftlich erledigt werden. Gelegentlich ist zusätzlich sogar eine Klage beim Arbeitsgericht innerhalb einer weiteren Frist vorgeschrieben. Je genauer der fehlende Betrag angegeben wird, um so sicherer findet die Verfallklausel keine Anwendung. Es empfiehlt sich daher immer, gleich nach Erhalt von Lohn- oder Gehaltsabrechnungen nachzurechnen, ob alles stimmt.

3 Vom Bruttolohn zum Nettolohn Abzüge von Sozialversicherungsbeiträgen und Steuern

Wenn von Lohn- oder Gehaltsabrechnung die Rede ist, drängt sich sofort die Frage auf, was gehört eigentlich alles zum Lohn oder Gehalt?

Der Lohn oder das Gehalt wird normalerweise brutto vereinbart. Bei dem Betrag, den frau dann in den Händen hält (oder auf dem Kontoauszug sieht), handelt es sich um den Nettolohn oder das Nettogehalt.

Vom Bruttobetrag werden Lohn- und Kirchensteuer, Rentenversicherungs-, Krankenversicherungs- und Arbeitslosenversicherungsbetrag abgezogen. Bei den Sozialversicherungsbeiträgen werden von dem z. T. gesetzlichen Prozentsatz je die Hälfte von der Arbeitnehmerin und vom Arbeitgeber getragen.

3.1 Krankenversicherung

Der Gesamtprozentsatz liegt zur Zeit zwischen 10,8 Prozent und 16,1 Prozent; die Höhe ist von den Satzungen der einzelnen Krankenkassen abhängig. Abgezogen werden also auf der Abrechnung 5,4 bis 8,05 Prozent des Bruttobetrages. Wer 1989 mehr als 54900 DM brutto im Jahr verdient (Pflichtversicherungsgesetz von 1989), ist nicht mehr pflichtversichert, es gelten dann besondere Regelungen.

3.2 Rentenversicherung

Der Gesamtprozentsatz beträgt zur Zeit 18,7 Prozent, es gehen also 9,35 Prozent vom Bruttoverdienst ab.

3.3 Arbeitslosenversicherung

Der Beitrag zur Arbeitslosenversicherung beträgt zur Zeit insgesamt 4,3 Prozent, abgezogen werden daher 2,15 Prozent. Beiträge zur Arbeitslosenversicherung werden allerdings nur dann gezahlt, wenn in der Woche regelmäßig mindestens 18 Stunden gearbeitet werden (§ 102 AFG, Stand 22. 5. 1989). Arbeiten Frauen weniger als diese 18 Stunden, haben sie im Fall der Arbeitslosigkeit keinen Anspruch auf Arbeitslosengeld oder Arbeitslosenhilfe (Vor- und Nacharbeiten z. B. im Einzelhandel zählen gem. § 102 Abs. 2 Nr. AFG zur Arbeitszeit). Beträgt die regelmäßige wöchentliche Arbeitszeit nicht mehr als 15 Stunden und verdient frau nicht mehr als 450 DM monatlich, ist dieser Betrag sozialversicherungsfrei.

In der Gesetzessprache werden solche Arbeitsverhältnisse als «geringfügige Beschäftigungen» bezeichnet. Es sind fast nur Frauen, die weniger als 450 DM im Monat verdienen. Für sie werden dann keine Beiträge zur Rentenversicherung abgeführt, und sie sind auch nicht krankenversichert. Hinzu kommt, daß bisher gem. § 1 Abs. 3 Nr. 2 Lohnfortzahlungsgesetz Frauen, die weniger als zehn Stunden wöchentlich (= 45 Stunden monatlich) beschäftigt sind, nach dem Gesetzeswortlaut auch keinen Anspruch auf Lohnfortzahlung im Krankheitsfall haben. Da aber von dieser gesetzlichen Regelung praktisch nur Frauen betroffen sind, liegt hier eine sogenannte mittelbare Frauendiskriminierung vor. Diese Regelung ist weder mit Art. 3 Abs. 2 Grundgesetz noch mit Art. 119 EWG-Vertrag vereinbar.[13] Diese Frage ist jetzt auch vom Europäischen Gerichtshof kürzlich grundsätzlich zugunsten einer Lohnfortzahlung entschieden worden.[14] Frauen, die «nebenbei» arbeiten gehen und krank werden, sollten daher auf jeden Fall Lohnfortzahlung verlangen.

Arbeitet frau in mehreren Arbeitsverhältnissen, in denen sie jeweils weniger als 450 DM verdient, so sind die Verdienste zusammenzurechnen, und der zweite Arbeitgeber hat die Sozialversicherungsbeiträge zu entrichten.[15] Aber in der Praxis versuchen Arbeitgeber natürlich, solche Situationen zu vermeiden. Verdient nämlich frau monatlich mehr als 450 DM, aber weniger als 610 DM, muß der Arbeitgeber gem. § 249 Abs. 2 SGB V allein die Beiträge zur Sozialversicherung zahlen. Für Frauen ist es deshalb durchaus interessant, mehr als 450 DM monatlich zu verdienen und durch die Befreiung von der eigenen Beitragsleistung bis zur Grenze von 610 DM auch keine finanziellen Nachteile zu erleiden.

3.4 Lohn- und Kirchensteuer

Vom monatlichen Gehalt oder Lohn will der Staat Steuern haben, eine seiner größten Einnahmequellen. Der Prozentsatz der Lohn- bzw. Einkommenssteuer wächst bei steigendem Einkommen und bewegt sich bei einem Monatseinkommen von 1000–5000 DM zwischen ca. 7 bis 25 Prozent, bei Lohnsteuerklasse I oder IV. Wer in Lohnsteuerklasse V beschäftigt ist, nicht selten verheiratete Frauen, zahlt etwa doppelt soviel Steuern; in Lohnsteuerklasse III, der Steuerklasse des typischen verheirateten Ehemannes, wird erheblich weniger gezahlt. Alleinlebende Frauen mit Kindern werden in Lohnsteuerklasse II beschäftigt.

8 Prozent oder 9 Prozent der Lohnsteuer werden bei Zugehörigkeit zu einer christlichen Konfession abgezogen.

Auch im Steuerrecht gibt es Sonderregelungen, die praktisch nur für Frauen mit schlecht bezahlten Arbeiten zutreffen. Wenn frau im Monat weniger als zur Zeit 523 DM verdient, weniger als 86 Stunden arbeitet und der Stundenlohn niedriger als 12 DM ist, dann ist dem Arbeitgeber eine Pauschalierung der Lohnsteuer möglich. Frauen, die auf diese Weise beschäftigt werden, arbeiten, wie es gerne heißt; «ohne Steuerkarte – auf Pauschalbescheinigung». Dem Vorteil, zur Zeit wenig Steuer zu zahlen, steht der Nachteil gegenüber, mit einer solchen Tätigkeit – auch später – keine Existenzsicherung erreichen zu können und nicht als vollgültige Arbeitnehmerin zu gelten.

3.5 Vermögenswirksame Leistungen

In vielen Arbeitsverhältnissen zahlen die Arbeitgeber aufgrund von Tarifverträgen, Betriebsvereinbarungen oder auch gemäß dem einzelnen Arbeitsvertrag einen Arbeitgeberanteil zu den «vermögenswirksamen Leistungen». Bis zu einem Betrag von 624 DM pro Jahr (52 DM pro Monat) wird vom Staat bei «der Vermögensbildung in Arbeitnehmerhand» eine Sparzulage gezahlt, und in etlichen Fällen wird eben auch ein Arbeitgeberanteil gezahlt. Voraussetzung für diesen Arbeitgeberanteil (der unterschiedlich hoch sein kann: 12 DM bis 26 DM werden durchschnittlich gezahlt) und auch für die staatliche Sparzulage ist jedoch, daß frau einen eigenen Sparvertrag/Bausparvertrag oder eine Lebensversicherung[16] zum Zweck der Vermögensbildung abschließt, dem Arbeitgeber die Kontonummer mitteilt und von ihm auch verlangt, daß vom Lohn/oder Gehalt monatlich 52 DM auf dieses Konto gezahlt werden. Bei manchen Arbeitgebern ist es ratsam, zu kontrollieren, ob sie das Geld tatsächlich überweisen.

3.6 Fahrtgeld und Spesen

In vielen Fällen müssen Frauen weit fahren, um zum Arbeitsplatz zu gelangen. Es lohnt sich, beim Arbeitsvertragsabschluß über die Erstattung der Fahrtkosten zu verhandeln – oder doch zumindest einen Zuschuß zu verlangen. Eine solche Fahrtkostenerstattung ist steuerfrei, auch für den Arbeitgeber.

In bestimmten Berufszweigen besteht neben dem Anspruch auf Fahrtkostenerstattung auch ein Anspruch auf Spesen. Bei der Arbeit außerhalb des Betriebsortes werden nämlich die Kosten für die auswärtige Unterkunft und Verpflegung erstattet. Hierüber gibt es auch Tarifverträge. meistens werden jedoch die Spesen im Arbeitsvertrag genau vereinbart. Hierbei tauchen aber immer wieder Probleme auf, so daß es sich lohnt, bereits am Anfang eines Arbeitsverhältnisses auch diesen Punkt im einzelnen zu klären.

3.7 Arbeitskleidungsgeld

Ein nicht zu vergessender Kostenfaktor ist die Arbeitskleidung. In Branchen, in denen Arbeitskleidung vorgeschrieben oder üblich ist, zum Beispiel im Handwerk oder im Krankenhaus, wird in der Regel die Arbeitskleidung gestellt, oder es wird ein Kleidergeld gezahlt. Es wäre auch für Sekretärinnen und Bankangestellte überlegenswert, Kleidergeld zu fordern, wird von ihnen doch stets erwartet, daß sie «wie aus dem Ei gepellt» zum Dienst erscheinen.

4 Gleicher Lohn für gleiche oder gleichwertige Arbeit

Frauen bekommen im praktischen Arbeitsleben selten gleich hohen Lohn (oder gleiches Gehalt) wie Männer mit vergleichbarer Tätigkeit. Im Gegensatz zu früher wird diese unterschiedliche Bezahlung aber nur noch in Ausnahmefällen mit dem Geschlecht «Frau» begründet. Seit 1980 gibt es nämlich im Bürgerlichen Gesetzbuch auch eine Vorschrift, die eine schlechtere Lohnzahlung wegen des Geschlechtes ausdrücklich verbietet:

In § 612 Absatz 3 BGB heißt es u. a.:

«Bei einem Arbeitsverhältnis darf für gleiche oder gleichwertige Arbeit nicht wegen des Geschlechts des Arbeitnehmers eine geringere Vergütung vereinbart werden als bei einem Arbeitnehmer des anderen Geschlechts. Die Vereinbarung einer geringeren Vergütung wird nicht dadurch gerechtfertigt, daß wegen des Geschlechts des Arbeitnehmers besondere Schutzvorschriften gelten. ...»

Auch in der Sprache des Gesetzes soll Frauen klar vor Augen geführt werden, daß sie «ein Arbeitnehmer», also männlich im Sinne des Gesetzes sind, wenn auch eine besondere «Abart». Der Gesetzgeber scheut sich offenkundig, Frauen im Gesetz als «Frauen» anzusprechen und die Tatsache auszudrücken, daß Frauen wegen ihres Geschlechts schlechter bezahlt werden. Diese scheinobjektive Darstellung im Gesetz hat zur Folge, daß sich Frauen an den Maßstäben für Männer messen lassen müssen, obwohl die tatsächlichen Voraussetzungen andere sind.

Als angeblich geschlechtsneutrale Argumente für die schlechtere Bezahlung werden häufig eine geringerwertige Ausbildung oder – wenn die Zeugnisnoten sogar besser sind als die männlicher Mitbewerber – fehlende Berufserfahrung angeführt. Fehlende Berufserfahrung erklärt sich allerdings meist aus Zeiten der Kindererziehung, die eine Berufspause notwendig gemacht haben, oder aus geschlechtsspezifisch häufigerer und längerer Arbeitslosigkeit von Frauen.

Bei einer Vielzahl von Beschäftigungen werden Frauen Arbeiten zugewiesen, die sowieso nur Frauen machen, so daß ein Vergleich mit einem Mann nicht möglich ist. Es gibt keine Männer, die in Lohngruppe II am Fließband löten oder mit dem Knopf im Ohr als Phonotypistinnen Schreibarbeiten erledigen. Nach Auffassung des Gesetzgebers ist es keine Benachteiligung, daß Friseurinnen nur etwa die Hälfte dessen verdienen, was Elektrikern in der Industrie gezahlt wird. Im gewerblichen Bereich ist die «Frauenarbeit» denn auch gleichbedeutend mit «leichter Arbeit».

Frauen sollten sich mit diesen Eingruppierungen nicht mehr abfinden. Bekannt geworden sind die Frauen bei Heinze[17] (Fotoentwicklerinnen) und auch der Prozeß der Kroschu-Frauen[18] (Arbeiterinnen im Kabelwerk), die mit Klagen beim Arbeitsgericht eine höhere Lohngruppe erstritten haben oder auch höhere Zuschläge. Denn das Verbot der schlechteren Bezahlung gilt nicht nur für den normalen Lohn, sondern auch für Zuschläge und Prämien.[19] Die ungleiche Bezahlung wird allerdings oft genug versteckt. So erhalten Männer bei näherem Hinsehen höhere Lärm-, Nachtarbeits- oder Erschwerniszulagen.[20] Jede Frau kann sich allein oder – besser – mit mehreren Kolleginnen gegen die zu niedrigen Eingruppierungen wehren und wird dann in der Regel den Arbeitgeber beim Arbeitgericht verklagen müssen. Einfacher und günstiger ist es, wenn es Frauen im Betriebsrat gibt, die Forderungen nach einer besseren Eingruppierung unterstützen. Der Betriebsrat kann dann nämlich die Zustimmung zur Einstellung verweigern, wenn die einzustellenden Frauen nicht in eine höhere Gruppe eingruppiert werden. Ist dies erst einmal erreicht, müssen auch die schon beschäftigten Frauen wegen des allgemeinen Gleichbehandlungsgrundsatzes besser bezahlt werden. Verweigert der Betriebsrat die Zustimmung zur Einstellung (mit niedriger Eingruppierung) und ist der Arbeitgeber nicht bereit nachzugeben, muß der Arbeitgeber zum Arbeitsgericht gehen und auf Einstellung mit niedriger Eingruppierung klagen. Das schafft eine bessere Ausgangsposition für einen meist langen Prozeß, als wenn die Frauen klagen.[21]

In den gewerblichen Bereichen haben Frauen schon hier und da angefangen, sich gegen die Lohndiskriminierung zu wehren, aber auch da meistens nur in größeren Betrieben. Im Handel und Handwerk, in kleineren Betrieben und im Bürobereich wird bis heute noch nicht sehr intensiv darüber diskutiert, obwohl auch hier Frauendiskriminierung bei der Entlohnung weit verbreitet ist.[22]

5 Schutzrechte am einzelnen Arbeitsplatz

Die Nachbarin, die als Montiererin in einem großen Metallwerk arbeitet, klagt schon seit Monaten über Beschwerden aller Art: Sie hat ständige Erkältungen, Ohrensausen, der Magen drückt. Sie meint, daß ihre Beschwerden mit dem neuen Arbeitsplatz zusammenhängen, an dem es ihr nämlich zu laut und zu kalt ist und an dem sie außerdem mit chemischen Lösungsmitteln arbeiten muß. Sie will jetzt irgend etwas unternehmen.

Im Beruf wird der Arbeitsalltag hauptsächlich von den konkreten Arbeitsbedingungen geprägt. Dazu gehört zuallererst natürlich die Lage der Arbeitszeit (Wechselschicht, Nachtschicht, geteilter Dienst usw.). Zudem haben es die Arbeitsplätze selbst nicht selten «in sich». Das heißt, Frauen müssen unter für sie gefährlichen Bedingungen arbeiten: mit giftigen Materialien, als Bandarbeiterin genauso wie als Naturwissenschaftlerin oder Röntgenassistentin im Labor oder z. B. bei extremen Temperaturen als Packerin in Kühlräumen oder vor Backöfen in der Keksfabrik. Zur Regelung dieser Fragen gibt es eine unübersehbare Fülle von Gesetzen, Verordnungen, Richtlinien und Bestimmungen. Nur einige können hier erwähnt werden (vgl. auch I.5 Frauenarbeitsschutz...).

5.1 beitsplatzbedingungen

In der Arbeitsstättenverordnung und den ausführenden Richtlinien dazu[23] werden Minimalanforderungen an den Arbeitsplatz gestellt. Dazu gehört z. B., daß der Arbeitsplatz gem. § 5 gut belüftet werden muß – wichtig für alle die, die normalerweise bei heißer, stickiger, stinkiger Luft arbeiten sollen. In § 6 ist geregelt, daß sich die Raumtemperaturen zwischen den folgenden Mindest- und Höchsttemperaturen bewegen müssen.

Die Mindesttemperatur beträgt bei:

nichtsitzender Tätigkeit	+ 17 °C
überwiegend sitzender Tätigkeit	+ 19 °C
in Verkaufsräumen	+ 19 °C
in Büroräumen	+ 20 °C.
Die Höchsttemperatur beträgt:	+ 26 °C.

Natürlich gibt es auch hier Ausnahme- und Sonderbestimmungen, aber die Angaben der Verordnung sind erst mal als allgemeingültige Grundlage anzusehen.

Durch § 14 ist vorgeschrieben, daß bei der Entstehung und dem Auftreten von Gasen, Dämpfen, Stäuben Absaugvorrichtungen anzubringen sind, und die Lärmentwicklung am Arbeitsplatz darf normalerweise gem. § 15 70 db (A) [bei geistiger Arbeit und in Pausen-/Bereitschaftsräumen 55 dB (A)] nicht überschreiten, die Höchstgrenze liegt bei 90 dB (A).[24] In der Gefahrstoff-Verordnung[25] wird der Kontakt am Arbeitsplatz mit sogenannten gefährlichen Arbeitsstoffen geregelt. Im Zusammenhang damit werden von der Deutschen Forschungsgemeinschaft jährlich die sogenannten MAK-Werte veröffentlicht.[26] MAK bedeutet maximale Arbeitsplatzkonzentration und legt die Höchstwerte an giftigen Mitteln und Stoffen fest, die in der Luft (normalerweise) vorhanden sein dürfen, z. B. für Lösungsmittel, Stäube, Reinigungsmittel, Asbest.

Für Frauen an Bildschirmarbeitsplätzen gelten, soweit sie unter den BAT fallen, einige Schutzvorschriften, die in Ländertarifverträgen (Hessen/Saarland/NRW/Bayern) vereinbart sind. Hierzu gehört u. a., daß die Bildschirmarbeit nicht länger als 20 Stunden wöchentlich betragen darf und nach 50minütiger Arbeitszeit unmittelbar am Bildschirm zehn Minuten Pause eingelegt werden müssen. Darüber hinaus gelten in einer Vielzahl von Großbetrieben Betriebsvereinbarungen zu Fragen der Tätigkeitsdauer/Mischarbeitsplätzen/Pausen usw. Die genaue Ausgestaltung der Bildschirme selbst regelt sich nach Arbeitssicherheitsvorschriften, z. B. Flimmerschutz, Neigung der Tastatur, Reflexion, die aber auch häufig in den Betriebsvereinbarungen modifiziert sind.

5.2 Schlechte Arbeitsplatzbedingungen – was tun?

Für die Frauen, die mit gefährlichen Stoffen und Mitteln arbeiten, stellt sich gleich die Frage: Wie kann gegen die Gesundheitsgefährdung etwas unternommen werden? In den Betrieben, in denen ein Betriebsrat existiert, kann dieser ein erster Anlaufpunkt sein. Denn gem. § 80 Abs. 1 Nr. 1 und Abs. 2 BetrVG hat der Betriebsrat darüber zu wachen, daß die zugunsten der ArbeitnehmerIn geltenden Gesetze, Verordnungen, Tarifverträge usw. auch eingehalten und durchgeführt werden. Der Arbeitgeber muß dem Betriebsrat die notwendigen Unterlagen zur Verfügung stellen, die er für eine Kontrolle braucht.

Jede Frau hat aber auch einen direkten Anspruch darauf, über Unfall- und Gesundheitsgefahren, denen sie am Arbeitsplatz ausgesetzt ist, unterrichtet zu werden (§ 81 BetrVG). Dieses Recht steht auch Frauen in Betrieben ohne Betriebsrat zu.[27] Sie können sich bei den zuständigen Stellen im Betrieb beschweren, wenn sie sich in ihrer Gesundheit beeinträchtigt fühlen, und Aufklärung über die Gefahren verlangen (§ 84 BetrVG). Durch so eine Beschwerde darf Frauen, die davon Gebrauch machen, jedenfalls nach dem Gesetz, kein Nachteil entstehen (§ 84 Abs. 3 BetrVG).

Frauen, die sich beschweren wollen, können sich in Betrieben mit einem Betriebsrat auch jederzeit an eine Betriebsrätin ihres Vertrauens wenden (§ 85 BetrVG).

Oft treffen gesundheitliche Beeinträchtigungen, z. B. bei der Bildschirmarbeit, nicht nur eine Frau allein, so daß es sinnvoll ist, erst mal unter Kolleginnen Erfahrungen auszutauschen, das weitere Vorgehen zu besprechen und sich dann gemeinsam zu beschweren. Wenn dies nichts nützt, kann es anschließend auch notwendig werden, die Ausführung der gesundheitsgefährdenden Arbeit zu verweigern. Schließlich ist der Arbeitgeber verpflichtet, einen Arbeitsplatz ohne Gesundheitsgefahren zur Verfügung zu stellen.[28]

Bei allem bleibt natürlich zu berücksichtigen, daß es nicht viele Frauen in Betriebsräten und Gewerkschaften gibt und es noch seltener vorkommt, daß Fraueninteressen dort konsequent vertreten werden. Die Angelegenheit in die eigene Hand zu nehmen, ist daher für die betroffenen Frauen um so wichtiger.

6 Einzelne Rechte, die speziell Frauen im Arbeitsleben zustehen

In die eigene Hand nehmen müssen Frauen, die berufstätig sind, außer ihrer Arbeit täglich auch noch den eigenen Haushalt, in dem nicht selten Kinder versorgt werden wollen.

Die Arbeits- und Lebensverhältnisse von Frauen haben sich in den letzten 100 Jahren entscheidend verändert. Das gesamte Leben ist mittlerweile hochtechnisiert, und diese Entwicklung hat auch nicht den Haushalt ausgespart. Allerdings hat die Elektrifizierung des Haushaltes mit Wasch- und Geschirrspülmaschine nicht dazu geführt, daß Frauen weniger Arbeit hätten. Im Gegenteil, die Arbeitsbelastung der meisten berufstätigen Frauen nimmt noch zu und erreicht nicht selten die Erschöpfungsgrenze.[29] Noch aus der Vergangenheit haben sich einige Vorschriften herübergerettet, die sich speziell damit beschäftigen, daß Frauen ein anderes Leben haben und führen als Männer, dabei ist allerdings nicht zu vergessen, daß die Umstände für Frauen damals nicht weniger diskriminierend waren als heute, die Frauenunterdrückung fand lediglich offener statt.

6.1 Der Hausarbeitstag

Eine Krankenschwester, die acht Jahre wegen ihrer Kinder nicht mehr im Beruf tätig war, lebt nunmehr allein mit ihren beiden kleinen Kindern und will wieder anfangen zu arbeiten, da sie das Glück hatte, zwei Plätze in einer Kindertagesstätte zu bekommen. Ihre Hauptsorge ist nun, was macht sie, wenn das ausgeklügelte System von Arbeit und Kinderversorgung einmal nicht klappt. Wenn sie z. B. Mehrarbeit machen muß oder die Kinder krank werden. Außerdem fragt sie sich, ob das mit dem Haushalt klappen kann, da sie zweimal im Monat auch am Wochenende arbeiten muß.

In den Bundesländern Hamburg[30], Bremen[31], Niedersachsen[32] und Nordrhein-Westfalen[33] haben Frauen Anspruch auf einen Hausarbeitstag im Monat. Die Voraussetzungen für diesen Anspruch sind unterschiedlich, erforderlich ist allerdings auf jeden Fall, das frau einen eigenen Hausstand zu versorgen hat und regelmäßig sechs Tage in der Woche arbeitet. In Nordrhein-Westfalen besteht schon ein Anspruch auf einen Hausarbeitstag, wenn an einem Sonntag im Monat gearbeitet wird.[34] Allerdings ist eine wöchentliche Mindeststundenzahl vorgeschrieben (40 bis 48 Stunden). Da durch die Arbeitszeitverkürzungen, z. B. im öffentlichen Dienst und im Einzelhandel, weniger als 40 Stunden wöchentlich gearbeitet wird, erfüllen immer weniger Frauen diese Voraussetzungen. Ohne Schwierigkeiten können verheiratete Frauen[35] und – mit Einschränkungen – alleinlebende Frauen mit Kindern den Hausarbeitstag verlangen. Bei alleinlebenden Frauen (ohne Kinder) hat das Bundesverfassungsgericht festgestellt, daß Männer bei einer solchen Regelung gem. Art. 3 Abs. 2 GG benachteiligt wären.[36] Das Bundesarbeitsgericht hat daraufhin entschieden, daß laufende Gerichtsverfahren bis zu einer gesetzlichen Neuregelung ausgesetzt werden sollen.[37]

Die praktische Durchsetzung kann daher also alleinlebenden Frauen, die keine Kinder oder sonstige Angehörige zu versorgen haben, Schwierigkeiten bereiten. Aber sie sollten sich dadurch nicht abschrecken lassen und den monatlich anfallenden Hausarbeitstag immer – am besten schriftlich – geltend machen. Auch für alle unstrittig berechtigten Frauen (s. o.) ist es wichtig, den Hausarbeitstag für jeden Monat neu und rechtzeitig zu verlangen, sonst verfällt er.

6.2 Keine Mehrarbeit für Frauen mit Kindern

Frauen, die Kinder unter 14 Jahren ohne ausreichende Hilfe im eigenen Haushalt zu versorgen haben, können vom Arbeitgeber verlangen, von Mehrarbeit freigestellt zu werden (§ 3 Freizeitanordnung).[38]

Unter Mehrarbeit ist dabei zu verstehen:

- mehr als 96 Stunden in zwei aufeinanderfolgenden Wochen oder
- Sonn- und Feiertagsarbeit (außer in den Betrieben, in den Sonntagsarbeit üblich ist; dort muß aber ein ganzer freier Tag in der Woche gewährt werden) oder
- Nachtarbeit, d. h. Arbeit zwischen 22 Uhr und 6 Uhr (in Spätschichtbetrieben die Zeit zwischen Spätschicht und Frühschicht).

6.3 *Bezahlte Freistellung zur Pflege von Kindern oder Angehörigen*

Die typische Konfliktsituation entsteht, wenn bei berufstätigen Frauen Kinder krank werden und wenn nicht gerade die Großmutter die Kinder betreut. Nicht wenige Krankschreibungen von Müttern gehen auf die Masern oder Windpocken der Kinder zurück. Wenn das nicht mehr klappt, versuchen Mütter oft, die Kinder im Krankenhaus unterzubringen oder müssen sie – noch krank – wieder in die Kindertagesstätte oder Schule schicken. Das Recht gibt zur Lösung dieser alltäglichen Lebensfrage nicht viel her (vgl. auch IV.1 Schwangerschaft...).

Im Prinzip existiert eine Vorschrift im Bürgerlichen Gesetzbuch (§ 616 Abs. 1 BGB), nach der ganz allgemein geregelt wird, daß ArbeitnehmerInnen der Arbeit bezahlt fernbleiben können, wenn dringende persönliche Gründe dafür verantwortlich sind. Außerdem müssen noch folgende Voraussetzungen erfüllt sein:

- frau darf ihr Fernbleiben von der Arbeit nicht verschuldet haben,
- sie darf eine «verhältnismäßig nicht erhebliche Zeit» von der Arbeit wegbleiben.

Unter dringenden persönlichen Gründen ist in der Tat die Erkrankung der Kinder zu verstehen (oder von nahen Angehörigen). Zu diesen persönlichen Gründen zählen auch: Heirat, Ausübung von Ehrenämtern, Tod und Beerdigung naher Angehöriger und anderes. Der Vorteil an der gesetzlichen Formulierung ist, daß kein fester Zeitraum vorgeschrieben ist und auch ansonsten der Personenkreis, der unter Umständen der Versorgung bedarf, nicht genau festgelegt ist. Warum sollte es z. B. kein dringender persönlicher Grund sein, die Freundin im Krankheitsfall zu versorgen?

Doch diese gerade für Frauen im praktischen Leben noch halbwegs günstige Möglichkeit wird in den meisten Tarifverträgen ganz ausgeschlossen oder doch stark beschnitten. Kinder von Mitgliedern der Tarifkommissionen werden anscheinend entweder nicht krank, oder die Väter haben alle eine treusorgende Ehefrau an ihrer Seite, die selbstverständlich dafür zuständig ist.

Einige Beispiele:

- Nach dem Manteltarifvertrag für Groß- und Außenhandel gilt (gemäß § 10) § 616 BGB[39] überhaupt nicht; ArbeitnehmerInnen, die ihre kranken Kinder pflegen, erhalten also keinen Lohn.
- Der allgemeinverbindliche Rahmentarifvertrag für das Gebäudereinigerhandwerk regelt (in § 10), daß es nur einen Arbeitstag bezahlte Freistellung zur Krankenpflege pro Jahr gibt.[40]

Im Manteltarifvertrag Metall Nordrhein-Westfalen wird die Möglichkeit in § 8 ebenfalls ausgeschlossen.[41]

Im BAT (Bundesangestelltentarifvertrag) schließlich ist in § 52 vorgesehen, daß bei Anrechnung der von der Krankenkasse gewährten Tage die Zahlungspflicht des Arbeitgebers auf sechs Tage begrenzt ist.

Der tarifliche Ausschluß erfolgt überall mit der Begründung, daß es einen Anspruch auf die Zahlung von Pflegekrankengeld für die Dauer von fünf Tagen gegenüber der Krankenkasse gibt (nach § 45 SGB V, früher § 185c RVO). Damit soll vorgetäuscht werden, daß durch den tarifvertraglichen Ausschluß keine finanziellen Nachteile entstünden. Es ist richtig, daß unter bestimmten Voraussetzungen Pflegekrankengeld gezahlt werden muß. Diese sind allerdings sehr eng gefaßt und sehen im einzelnen vor, daß:

1. die Frau, die Pflegekrankengeld in Anspruch nehmen möchte, ein ärztliches Zeugnis vorlegen muß, daß die Betreuung und Pflege der angehörigen Person durch sie erforderlich ist. Frauen mit einem fiebrigen Kind müssen also zu allem Überfluß auch noch zur ÄrztIn.
2. Es darf keine andere Person im Haushalt leben, die diese Pflege übernehmen kann.
3. Das zu pflegende Kind darf nicht älter als acht Jahre alt sein. Pro Jahr und Kind werden fünf Tage bezahlt. Dies gilt für beide Eltern, wenn beide berufstätig sind.

Das Pflegekrankengeld erhalten allerdings nur diejenigen berufstätigen Frauen, die selbst krankenversichert sind und deshalb auch einen eigenen Anspruch auf Krankengeld haben. Es fallen also die «geringfügig beschäftigten» Frauen heraus und auch diejenigen, die privat versichert sind. Für das Pflegekrankengeld muß bei der entsprechenden Krankenkasse ein Antrag gestellt werden. Gezahlt wird nur für Arbeitstage, also nicht für Tage, an denen sowieso frei gewesen wäre.

Wenn diese fünf Tage Pflegekrankengeld verbraucht sind, bleibt noch die Möglichkeit, unbezahlten Urlaub bzw. Freistellung von der Arbeit zu verlangen. Die Erkrankung von Kindern – aber auch anderer Personen – kann Frauen in eine ernste Konfliktlage bringen zwischen persönlich-menschlichen Pflichten und der vertraglichen Pflicht zur Arbeitsleistung. In einer solchen Situation überwiegt die persönlich-menschliche Pflicht, und der Arbeitgeber kann von der entsprechenden Frau keine Arbeitsleistung verlangen.[42] Frau hat einen Anspruch darauf, von der Arbeit unbezahlt freigestellt zu werden. Verweigert der Arbeitgeber trotzdem die Freistellung, ist ein Fehlen am Arbeitsplatz dann als entschuldigt anzusehen.[43]

Für die Dauer einer solchen unbezahlten Freistellung von der Arbeit gibt es keine festen Grenzen, es kommt vielmehr darauf an, wie lange es dringend notwendig ist, daß frau zu Hause bleibt. Für Frauen, die unbezahlt von der Arbeit freigestellt sind, ist es allerdings wichtig zu beachten, daß sie nur für die Dauer von einem Monat weiter krankenversichert bleiben (§ 192 I 1 SGB V).

Bei den zuletzt vorgestellten Bestimmungen zeigt sich besonders deutlich, daß in Ansätzen vorteilhafte Rechtspositionen (wie die Vorschrift des § 616) dann allmählich verschwinden (und sei es durch Tarifverträge), wenn sie üblicherweise von Frauen genutzt werden, um ihre besondere praktische Belastung durch Beruf und Haus- bzw. Erziehungsarbeit ein bißchen besser zu bewältigen. Wollen Frauen heute am Erwerbsleben teilnehmen, sollen sie «wie Männer» sein, ungebunden, ohne familiäre Pflichten, am besten noch mit einer Person im Hintergrund. Ein Mann wird dies wohl selten sein, der seine Frau versorgt und unterstützt wie eine Ehefrau.[44] Diese katastrophale Lage trägt dazu bei, daß Frauen auf die Vielzahl von für sie schlechten Angeboten der flexiblen Arbeitsverhältnisse zurückgreifen (müssen).

Politische Diskussionen und Forderungen um diese Fragen fristen bisher ein Schattendasein. Ende 1986 wurde im Rahmen der tarifpolitischen Diskussion in der IG Metall ein Vorschlag für einen «Tarifvertrag gegen die Ausgrenzung von Frauen aus dem Erwerbsleben» gemacht. In dem Entwurf wurden unter anderem folgende Forderungen aufgestellt:[45]

- Bezahlte Freistellung bei Erkrankung eines Kindes bis zu 60 Tagen im Jahr,
- Festlegung des Beginns und des Endes der Arbeitszeit durch die Arbeitnehmerin (innerhalb festzusetzender betrieblicher Grenzen),
- Freizeitzuschläge (zusätzliche Freischichten/Urlaubstage) bei kleinen Kindern (ähnlich wie bei SchichtarbeiterInnen o. ä.).

7 Das Ende des Arbeitsverhältnisses – die Kündigung

Durch Zufall treffen sich zwei alte Schulfreundinnen am Arbeitsamt wieder:

Die eine hat nach zwanzigjähriger Arbeit als Chemielaborantin gesundheitliche Probleme. Sie ist schwerbehindert und wegen häufiger Krankzeiten von ihrem Arbeitgeber gekündigt worden.

Die andere war zehn Jahre lang als Lohnbuchhalterin in einer Firma für Präzisionselektronik beschäftigt. In den letzten Jahren waren umfangreiche Rationalisierungsmaßnahmen durchgeführt worden, und nun sei für sie angeblich keine Arbeit mehr da, so daß sie auch gekündigt wurde.

Beide fragen sich, ob es sich lohnt, beim Arbeitsgericht gegen die Kündigung zu klagen und was sie sonst noch beachten sollten.

Die Berufstätigkeit kann auf verschiedene Weise enden. Frauen gehen in Rente oder Pension und scheiden ganz aus dem Berufsleben aus. Oder sie kündigen ihr Arbeitsverhältnis selbst oder vereinbaren mit dem Arbeitgeber eine Vertragsaufhebung, weil sie von sich aus etwas anderes vorhaben. Die wichtigste Frage bleibt jedoch: Wie können sich durch den Arbeitgeber gekündigte Frauen dagegen wehren, daß ihr Arbeitsverhältnis gegen ihren Willen aufgelöst wird?

Eine Kündigung des Arbeitgebers kann schriftlich, aber auch mündlich erfolgen, manche Arbeitgeber schieben auch noch eine zweite oder dritte Kündigung hinterher. Die Kündigung kann viele Ursachen haben; sie können, müssen aber nicht unbedingt etwas mit dem angegebenen Grund zu tun haben. Der Kündigungsgrund kann vorgeschoben sein. Die Betroffene muß zwangsläufig bei dem angegebenen Kündigungsgrund mit ihrer Gegenwehr ansetzen. Der Arbeitgeber muß sich auch daran festhalten lassen.[46] Es gibt einige grobe Unterscheidungen, je nach der Art des vom Arbeitgeber behaupteten Kündigungsgrundes. Hierzu haben die Gerichte im Laufe der Jahre einige wesentliche Grundsätze entwickelt.

Leider gelten diese Grundsätze nicht für alle gekündigten Frauen, da nur diejenigen unter den allgemeinen Kündigungsschutz des Kündigungsschutzgesetzes (§ 1 KSchG) fallen, die länger als sechs Monate in dem Betrieb gearbeitet haben, und außerdem darf es sich nicht um einen Kleinstbetrieb handeln. In Kleinstbetrieben, in denen regelmäßig nicht mehr als fünf Personen – ohne Auszubildende – beschäftigt werden, gilt gem. § 23 KSchG das Kündigungsschutzgesetz nämlich nicht. Noch durch das Beschäftigungsförderungsgesetz von 1985 wurde der Kündigungsschutz für Frauen weiter verschlechtert, da als «beschäftigt» nur diejenigen angesehen werden, die mehr als 45 Stunden im Monat arbeiten. Die «geringfügig beschäftigten» Frauen werden also nicht mehr mitgezählt. Im Einzelfall kann ein Betrieb mit 10 oder 20 Beschäftigten auf diese Weise noch zu den Kleinstbetrieben ohne Kündigungsschutz zählen, wenn fast nur Frauen – bei Männern taucht das Problem nicht auf – unter 45 Stunden monatlich dort arbeiten.[47]

7.1 Die sogenannte Krankheitskündigung

Häufig werden Kündigungen mit «zu hohen Fehlzeiten» begründet. Das bedeutet normalerweise, das frau zu oft oder zu lange wegen Krankheit gefehlt hat. Leider stimmt eine weitverbreitete Meinung nicht, daß wegen einer Krankheit oder während einer Krankheit nicht gekündigt werden dürfte. So schlecht es ist, nach bundesdeutschen Rechtsvorstellungen ist eine Kündigung wegen und während der Krankheit möglich, und zwar zu allem Überfluß auch noch um so eher, je kränker eine Frau ist.

Ganz so einfach geht es aber auch wieder nicht. Vom Arbeitgeber müssen einige Hürden genommen werden, will er wegen Krankheit kündigen.

7.1.1 Fehlzeiten

Zunächst müssen in der Vergangenheit hohe Fehlzeiten aufgetreten sein. «Hoch» heißt dabei auf jeden Fall Krankenzeiten, von mehr als sechs Wochen pro Jahr.[48] Es reicht zudem nicht aus, daß die krankheitsbedingten Fehlzeiten in einem einzigen Jahr aufgetreten sind, sondern der Arbeitgeber muß die Fehlzeitenentwicklung schon etwa drei Jahre abwarten.[49]

7.1.2 Negative Zukunftsprognose

Dann müssen sich aus diesen hohen Fehlzeiten der Vergangenheit Anhaltspunkte dafür ergeben, daß auch in Zukunft die krankheitsbedingten Ausfälle ähnlich hoch sein werden.[50] Wenn frau also Krankheiten hatte, die nur einmalig aufgetreten sind, wie Unfälle, Operationen, schwangerschaftsbedingte Leiden oder wenn in der Vergangenheit Erkrankungen lagen, die mittlerweile ausgeheilt sind, kann der Arbeitgeber eine sogenannte «negative Zukunftsprognose» nicht mehr begründen.

7.1.3 Wirtschaftliche und betriebliche Schwierigkeiten des Arbeitgebers

Als drittes müssen hohe Fehlzeiten in der Vergangenheit nicht nur Hinweise auf eine ähnliche Entwicklung in der Zukunft geben, sondern das voraussichtliche Fehlen muß auch zu erheblichen wirtschaftlichen und betrieblichen Schwierigkeiten und Belastungen für den Arbeitgeber führen.[51]

Unter wirtschaftlicher Belastung wird von seiten der Arbeitgeber gern ihre Pflicht zur Lohnfortzahlung verstanden. In den ersten sechs Wochen einer Krankheit muß der Arbeitgeber den Lohn fortzahlen (§ 1 Lohnfortzahlungsgesetz), danach zahlt die Krankenkasse Krankengeld. Nicht selten möchten Arbeitgeber bei häufiger Erkrankung daher die wirtschaftliche Belastung als alleinigen Kündigungsgrund anerkannt sehen. So leicht läßt sich's aber nicht wirksam kündigen. Es muß sich schon um ungewöhnlich hohe Lohnfortzahlungskosten handeln und zwar im Vergleich zu ähnlich beschäftigten Kolleginnen[52], da beispielsweise die in der Zugluft stehende Schichtarbeiterin vermutlich eher krank wird als der Abteilungsleiter der Buchhaltung. Bei dem Vergleich spielt auch das Lebensalter und die Betriebszugehörigkeit eine Rolle, so wird nach 15 Jahren im Betrieb die Vierzigjährige wahrscheinlich leichter erkranken als ihre zwanzigjährige Kollegin, die erst ein paar Monate beschäftigt ist.

Selbst wenn die zu erwartenden Fehlzeiten vergleichsweise als hoch einzuschätzen sind, ist die Kündigung dennoch nicht gerechtfertigt, wenn dem Arbeitgeber dadurch keine großen betrieblichen Schwierigkeiten entstehen.

In etwas größeren Betrieben wird aus dem Eigeninteresse des Arbeitgebers am reibungslosen betrieblichen Ablauf eine Vertretungsregelung für Urlaub und Krankheitsfälle vorhanden sein, so daß wegen des Fehlens *einer* Frau keine besonderen Probleme auftauchen können.

7.1.4 Andere Beschäftigungsmöglichkeiten im Betrieb

Wenn alle diese Voraussetzungen erfüllt sein sollten, ist eine Kündigung aber gleichwohl nicht sozial gerechtfertigt (§ 1 KSchG) und damit unwirksam, wenn die zur Kündigung anstehende Frau an einem anderen Arbeitsplatz im Betrieb eingesetzt werden kann, wo die Erkrankungen voraussichtlich nicht mehr in dem vorherigen Umfang auftreten werden oder ihre Ausfälle keine erheblichen betrieblichen Störungen mehr hervorrufen.[53] Es lohnt sich also immer, nach anderen Beschäftigungsmöglichkeiten im Betrieb Ausschau zu halten.

7.1.5 Soziale Gesichtspunkte

Zum Schluß spielen auch allgemeine soziale Gesichtspunkte noch eine Rolle, das heißt, ein Arbeitgeber muß bei einer langjährig beschäftigten oder älteren Arbeitnehmerin schon mal häufigere oder längere Krankzeiten hinnehmen und auch z. B. umfangreiche Unterhaltspflichten der Arbeitnehmerin gegenüber ihren Kindern berücksichtigen.

Alle diese Gesichtspunkte kommen üblicherweise erst im arbeitsgerichtlichen Kündigungsschutzprozeß zum Tragen. Vor dem Ausspruch der Kündigung findet in manchen Betrieben ein sogenanntes «Personalgespräch über die Fehlzeitenentwicklung» statt. Bei einem solchen Gespräch wird nach der Art der Erkrankung gefragt und oft verlangt, die behandelnden ÄrztInnen gegenüber dem Arbeitgeber von der Schweigepflicht zu entbinden. Hier ist größte Vorsicht und Zurückhaltung geboten. Den behandelnden Ärztinnen sollte auf keinen Fall gegenüber dem Arbeitgeber die Erlaubnis zur Auskunft gegeben werden. Nur bei einmaligen Erkrankungen, die in Kürze ausgeheilt sein werden, kann es ausnahmsweise sinnvoll sein, darüber mit dem Arbeitgeber zu sprechen, ansonsten sollte sich frau auf jeden Fall vorher Rat einholen (zur Beteiligung des Betriebsrates vgl. 7.5).

7.2 Die Kündigung, weil nur noch Teilzeit gearbeitet werden kann

In zahlreichen Fällen könne Frauen nach der Geburt eines Kindes nicht mehr vollschichtig arbeiten. Sie wollen aber in Teilzeit weiterbeschäftigt werden. Diese Situation führt nicht selten zur Kündigung des Arbeitsverhältnisses, mit der Begründung, eine Teilzeitbeschäftigung komme nicht in Frage.

Doch so schnell geht es auch hier nicht für den Arbeitgeber. Er ist verpflichtet, die Lage der Arbeitszeit im Konfliktfall so zu legen, daß berufstätige Frauen noch dazu in der Lage sind, ihre Kinder zu versorgen.[54] Aus diesem Grund muß er auch eine Teilzeitbeschäftigung ermöglichen.[55] Von den Gerichten wird – wie üblich – die Grenze bei einer Unzumutbarkeit der Teilzeitbeschäftigung wegen betrieblicher Beeinträchtigung gezogen.[56]

Wird dieser strenge Maßstab bei der Einzelfallprüfung ernst genommen, kommt m. E. in der Praxis keine Kündigung mehr in Frage, wenn frau aus Gründen der Kinderbetreuung nicht mehr vollschichtig arbeiten kann.

7.3 Die Kündigung aus «betrieblichen Gründen»

Bei Kündigungen aus sogenannten betrieblichen Gründen sind es nicht selten gerade Frauen, die zuerst gehen sollen. Mit «betrieblichen Gründen» soll eine wirtschaftlich schwierige Lage umschrieben werden, wie z. B. Auftragsrückgang oder -mangel, finanzielle Engpässe oder Einbrüche, schlechte Ertragslage. Doch wenn nicht gerade der gesamte Betrieb stillgelegt wird und auch nicht von einem anderen Unternehmer weitergeführt wird, sollte eine Kündigung nicht ohne weiteres hingenommen werden. Auch dann gibt es gelegentlich noch Ansprüche aus Sozialplänen (bei größeren Firmen) oder betriebliche Abfindungszahlungen – hier ist es wichtig, sich gut zu informieren.

7.3.1 Der Entlassungsgrund

Der Arbeitgeber ist zunächst einmal verpflichtet darzulegen, warum gerade der Arbeitsplatz der betroffenen Frau wegfallen soll.[57] Sollten im Betrieb zum Beispiel noch Überstunden gemacht werden, wird ihm schon die Begründung «schlechte Auftragslage» schwerfallen. Dasselbe gilt, wenn noch vor kurzem neue Leute eingestellt worden sind. Vor Entlassungen hat der Arbeitgeber die Pflicht, durch Kurzarbeit die Lage zu bewältigen.[58]

7.3.2 Die Sozialauswahl

Doch auch dann, wenn an der Tatsache z. B. einer drastisch verschlechterten Auftragslage, die zum Wegfall eines Arbeitsplatzes führt, nichts zu ändern ist, muß der Arbeitgeber eine so bezeichnete «Sozialauswahl» vornehmen (§ 1 Abs. 3 KSchG). Das heißt grundsätzlich, daß die Jungen vor den Älteren gehen sollen und die ohne Kinder vor den Kinderreichen. Diejenigen mit einer langen Betriebszugehörigkeit werden begünstigt. Ausgewählt werden soll unter denjenigen, die eine vergleichbare Arbeit verrichten oder verrichten können.[59] Das ist immer ein Punkt, an dem gerade Frauen das Nachsehen haben, z. B. mit der Begründung, daß sie mit bestimmten Arbeiten nicht beschäftigt werden dürfen. Eine solche Entscheidung eines Arbeitgebers verstieße aber gem. § 611 a BGB gegen das Diskriminierungsverbot. Wird bei einer Kündigung vom Arbeitgeber die Sozialauswahl damit begründet, er brauche nur unter Frauen auszuwählen und Männer nicht einzubeziehen, da für sie keine Beschäftigungsverbote gelten, ist die Sozialauswahl allein deswegen fehlerhaft und die Kündigung unwirksam.[60] Da letztlich keine Frau beim Gericht vortragen will, daß statt ihrer eine andere gehen soll, kann der Blick auf unzutreffende Auswahlkriterien in diesem Dilemma manchmal weiterhelfen.

Oft dienen gerade betriebliche Gründe nur als Vorwand, um Frauen loszuwerden, die sich nichts haben gefallen lassen oder sich auch sonst nicht angepaßt haben. Gegen derartige Kündigungsversuche des Arbeitgebers kann die Berufung auf eine falsche Sozialauswahl auch helfen, da eine andere Kollegin ohnehin nicht für die Kündigung vorgesehen war.

7.4 Die (fristlose) Kündigung aus Verhaltensgründen

Selbst wenn sie nicht häufig vorkommen, es gibt sie immer wieder: Kündigungen, fristlos oder fristgemäß, weil der Arbeitgeber meint, ein bestimmtes Verhalten einer beschäftigten Frau brauche er sich nicht gefallen zu lassen. Hier gilt als allererstes, sich nicht ins Bockshorn jagen zu lassen und die Ruhe zu bewahren. Nicht wenige Kassiererinnen haben schon aus Wut und Scham darüber, daß sie für Kassendifferenzen verantwortlich gemacht werden sollten, sich zu einer Eigenkündigung hinreißen lassen. In Fällen des Vorwurfs von Diebstahl und Unterschlagung oder angeblicher Schlechtleistung sowie unentschuldigtem Fehlen versuchen die Arbeitgeber regelmäßig zu Eigenkündigungen oder Vertragsaufhebungen zu drängen. Hier heißt die Devise «nichts unterschreiben» und versuchen, die Nerven zu behalten. Bei einer Kündigung durch den Arbeitgeber hat frau immer noch die Möglichkeit, sich die Klage beim Arbeitsgericht zu überlegen und sich so auch gegen eine zu erwartende

Sperrzeit vom Arbeitsamt eine bessere Ausgangsposition zu verschaffen. Hat sie sich erst mal selbst mit der Lösung des Arbeitsverhältnisses einverstanden erklärt – wenn auch unter Druck –, sehen die Möglichkeiten viel schlechter aus. Viele Arbeitgeber denken, gerade Frauen ließen sich leicht einschüchtern, und versuchen selbst auch bei Krankheitskündigungen so lange Druck auszuüben, bis frau in die Vertragsaufhebung einwilligt oder eine sogenannte Ausgleichsquittung unterschreibt. Das ist eine Erklärung, daß keine Ansprüche gegen den Arbeitgeber mehr erhoben werden, auf die Klageerhebung und oft sogar auf Restlohn- und Urlaubsansprüche verzichtet wird.

Es gibt auch bei fristlosen Kündigungen rechtliche Möglichkeiten, sich zu wehren, selbst wenn es schwer sein sollte, den Vorwurf direkt auszuräumen. Für die meisten Vorwürfe, z. B. unentschuldigtes Fehlen, häufiges Zuspätkommen, Schlechtleistungen, zu späte Krankmeldungen muß nämlich der Arbeitgeber genau wegen dieses Verhaltens vorher eine Abmahnung ausgesprochen haben.[61] Das ist eine Voraussetzung, die oft nicht erfüllt ist. Außerdem kann der Arbeitgeber die fristlose Kündigung nicht auf einen Grund stützen, der länger als zwei Wochen zurückliegt (§ 626 Abs. 2 BGB).

7.5 Die Beteiligung des Betriebsrates bei der Kündigung

In allen Betrieben, in denen ein Betriebsrat existiert, muß er vor einer Kündigung angehört werden (§ 102 BctrVG). Im öffentlichen Dienst treten an die Stelle des Betriebsrats Personalvertretungen, die beteiligt werden müssen (§ 79 Bundespersonalvertretungsgesetz), bzw. im kirchlichen Bereich die MitarbeiterInnenvertretungen. Ohne Beteiligung des Betriebsrates ist eine Kündigung unwirksam. Eine Kündigung ist auch unwirksam, wenn die Art und Weise der Beteiligung des Betriebsrates nicht ordnungsgemäß vonstatten gegangen ist, z. B. wenn die Kündigungsgründe dem Betriebsrat nicht oder nur pauschal mitgeteilt worden sind.[62] Für eine krankheitsbedingte Kündigung heißt das, daß z. B. nicht nur die Fehlzeiten, sondern auch die wirtschaftlichen Schwierigkeiten dem Betriebsrat mitgeteilt werden müssen.[63] Bei der betriebsbedingten Kündigung ist dem Betriebsrat danach z. B. auch die Sozialauswahl vorzulegen, und bei den verhaltensbedingten Kündigungen ist der Arbeitgeber verpflichtet, den Betriebsrat auch über die Gründe zu informieren, die für eine Rechtfertigung (Entlastung) dessen angeführt werden können, was der entsprechenden Frau vorgeworfen wird.[64] Alle diese Grundsätze für die Betriebsratsanhörung gelten auch dann, wenn das Arbeitsverhältnis noch keine sechs Monate besteht und deshalb die Gekündigte noch keinen Kündigungsschutz nach dem Kündigungsschutzgesetz erworben hat.[65]

Alles in allem kann oft auch eine fehlerhafte Anhörung des Betriebsrates dazu führen, daß eine Kündigung unwirksam ist, und im Gerichtsverfahren sollte dieser Gesichtspunkt nicht vergessen werden.

7.6 Die Klage beim Arbeitsgericht

Für alle Arten der Kündigung gilt:

Es gibt nur drei Wochen Zeit, um gegen eine Kündigung beim Arbeitsgericht zu klagen (§ 4 KSchG). Diese Drei-Wochen-Frist fängt mit dem Tag an, an dem frau die Kündigung erhält oder sie ihr ausgesprochen wird, nicht erst am Ende der Kündigungsfrist. Gegen jede weitere Kündigung muß auch neu innerhalb einer Frist von drei Wochen geklagt werden. Nach dem Ablauf dieser Frist wird es sehr schwer, etwas zu unternehmen. Es gibt zwar die Möglichkeit der sogenannten «nachträglichen Klagezulassung» (§ 5 KSchG), diese greift aber nur in seltenen Fällen ein, z. B. wenn die Drei-Wochen-Frist schon abgelaufen ist, weil frau erst nach der Urlaubsreise die Kündigung im Briefkasten findet. Die Klage muß beim Arbeitsgericht erhoben werden. Das kann schriftlich geschehen. Die von der Kündigung betroffene Frau kann aber auch persönlich zum Gericht gehen und die Klage «zu Protokoll» erklären. Bei jedem Arbeitsgericht gibt es RechtspflegerInnen, die diese Klagen aufnehmen und auch dabei behilflich sind, sie richtig zu formulieren. Frau kann sich dabei natürlich auch von der Gewerkschaft, wenn sie Mitglied ist, oder von einer RechtsanwältIn vertreten lassen. Wo das nächste Arbeitsgericht ist, läßt sich beim Amtsgericht, Arbeitsamt und Rathaus oder bei der Gewerkschaft erfahren.

Wer zum Gericht geht, muß sich natürlich auch über Kosten Gedanken machen, die auf frau zukommen können. Diejenigen, die eine Rechtsschutzversicherung haben oder sich von der Gewerkschaft vertreten lassen wollen, bekommen die entstehenden Kosten erstattet oder sie werden direkt übernommen. Ansonsten ist es wichtig, daran zu denken, daß beim Arbeitsgericht die Kosten für eine anwaltliche Vertretung immer selbst getragen werden müssen. Anders ist es beim Landesarbeitsgericht in der Berufungsinstanz. Dafür muß frau aber auch beim Arbeitsgericht *nur* die Kosten der eigenen RechtsanwältIn tragen und selbst bei Unterliegen nicht die des Gegners. Das heißt, auch wenn der Prozeß gewonnen wird, müssen die Kosten der eigenen anwaltlichen Vertretung getragen werden. Wenn der Prozeß verloren wird, sind zusätzlich nur die Gerichtskosten zu bezahlen.

Für diejenigen, die oft gerade durch die Kündigung in finanziellen Schwierigkeiten stecken, gibt es die Möglichkeit, einen Antrag auf Gewährung von Prozeßkostenhilfe zu stellen. Wird die Prozeßkostenhilfe bewilligt, braucht frau gar keine Kosten zu tragen, oder sie kann sie zumindest ratenweise abtragen, und die Staatskasse finanziert quasi den Gesamtbetrag vor (Kosten für die anwaltliche Vertretung und Gerichtskosten). Seit einiger Zeit ist hier auch eine Verschlechterung eingeführt worden, nämlich, daß noch vier Jahre nach der Bewilligung die Einkommensverhältnisse überprüft werden. Frau könnte ja inzwischen zu etwas Geld gekommen sein und muß dann die Kosten zurückzahlen. In diesem Fall empfiehlt es sich, den Papierkrieg auf sich zu nehmen, um sich gegen eine möglicherweise nicht gerechtfertigte Rückzahlungsaufforderung zu wehren.

Doch auch dann, wenn Prozeßkostenhilfe nicht in Frage kommen sollte, sollte sich frau nicht von den entstehenden Kosten abschrecken lassen, da die Chance, den Arbeitsplatz zu erhalten, ihr doch einiges wert sein kann, und wenn die Klage Erfolg hat, die Kosten wieder «raus» sind.

Außerdem wird vom Gericht häufig vorgeschlagen, daß es zwar bei der Kündigung bleiben, der Arbeitgeber aber eine Abfindungssumme zahlen soll. Eine Möglichkeit, auf die frau sich nicht vorschnell einlassen sollte, da sie eben den sicheren Verlust des Arbeitsplatzes bedeutet. Im Einzelfall kann dies aber auch eine angemessene Lösung darstellen.

7.7 Besonderheiten beim Kündigungsschutz

Bei einigen Frauen gelten besondere Regeln im Kündigungsschutz:
1. BetriebsrätInnen genießen besonderen Kündigungsschutz.
2. Bei Schwangeren ist eine Kündigung gem. § 9 MuSchG unwirksam.
3. Bei Auszubildenden gelten eigene Vorschriften, eine ordentliche Kündigung ist z. B. ausgeschlossen.
4. Schließlich gelten für Schwerbehinderte noch spezielle Vorschriften. Werden schwerbehinderte Frauen ohne Zustimmung der Hauptfürsorgestelle gekündigt, ist diese Kündigung unwirksam (§ 16 SchbG).

Die Hauptfürsorgestelle ist eine Behörde, die sich eigens um die Belange von Schwerbehinderten im Arbeitsleben kümmert. Wird vom Arbeitgeber ein regulärer Antrag bei dieser Hauptfürsorgestelle gestellt, um eine Kündigung einer Schwerbehinderten zu erreichen, bekommt die Schwerbehinderte Nachricht von dieser Hauptfürsorgestelle, und es findet auch eine eigene Kündigungsverhandlung mit dieser Hauptfürsorgestelle statt. Schon in diesem Verfahren sollte frau sich überlegen, ob sie sich nicht von einer AnwältIn oder Gewerkschaft vertreten lassen will, da bereits dort alle wichtigen Fragen der Kündigung besprochen werden. Nicht nur Schwerbehinderte mit einem Schwerbehindertenausweis (Grad der Behinderung von mindestens 50 Prozent) haben diesen Kündigungsschutz, sondern auch Frauen, die vom Arbeitsamt gemäß § 2 SchwbG einer Schwerbehinderten «gleichgestellt» worden sind. Voraussetzung dafür ist, daß das Versorgungsamt einen Grad der Behinderung von mindestens 30 Prozent festgestellt hat und eben das Arbeitsamt die Gleichstellung ausgesprochen hat. Im Berufsleben stehende Frauen, die dauerhafte Krankheiten oder Leiden haben, sollten sich daher überlegen und mit ihren behandelnden ÄrtzInnen sprechen, ob nicht die Beantragung eines Schwerbehindertenausweises sinnvoll ist. Ist die Feststellung der Schwerbehinderteneigenschaft – zuständig ist das Versorgungsamt – oder Gleichstellung beantragt, aber ist noch nicht über den Antrag entschieden oder weiß der Arbeitgeber bisher nichts von der Tatsache der Schwerbehinderung, muß ihm das innerhalb einer Frist von einem Monat nach Ausspruch der Kündigung mitgeteilt werden.[66] Eine Ausnahme von dem besonderen Schutz für Schwerbehinderte gilt für diejenigen, die noch keine sechs Monate beschäftigt sind (§ 20 SchwbG), eine Verschlechterung des Schwerbehindertengesetzes, die im Nachklang zum Beschäftigungsförderungsgesetz 1985 erfolgte.

5. Nach etlichen Tarifverträgen gilt für ältere ArbeitnehmerInnen ein Schutz vor ordentlichen (fristgerechten, den «normalen») Kündigungen. Meistens liegt die Altersgrenze, bei der der Schutz beginnt, bei 55 Jahren. Nach dem Erreichen der im Tarifvertrag festgelegten Altersgrenze ist nur noch eine fristlose Kündigung zulässig.

7.8 Kündigungsfristen

Nicht ganz unwichtig sind auch die Kündigungsfristen. Für Schwerbehinderte gilt z. B. mindestens eine von vier Wochen (§ 16 SchwbG). Für Angestellte gilt das Angestelltenkündigungsschutzgesetz. Aber auch bei ArbeiterInnen greifen dann längere Kündigungsfristen ein, wenn sie schon mehrere Jahre im Betrieb beschäftigt sind. Bei einer Betriebszugehörigkeit von mehr als fünf Jahren gilt statt einer zweiwöchigen Kündigungsfrist eine von einem Monat zum Monatsende (§ 622 Abs. 2 BGB). Dabei zählt für die fünfjährige Betriebszugehörigkeitszeit lediglich die Zeit nach Vollendung des 25. Lebensjahres. Bei ArbeiterInnen sieht das Gesetz zwar noch eine Grenze von 35 Jahren vor. Da diese unterschiedliche Behandlung von ArbeiterInnen und Angestellten nach einer Feststellung des Bundesverfassungsgerichtes jedoch verfassungswidrig ist[67], sollten sich die betreffenden Frauen auf jeden Fall auf die verlängerte Frist berufen. Längere Kündigungsfristen als die gesetzlich vorgesehenen, aber vor allem auch kürzere können nach den Tarifverträgen gelten. In der Probezeit sind regelmäßig kürzere Kündigungsfristen vorgesehen. Entsprechendes kann auch im Arbeitsvertrag vereinbart sein.

7.9 Was passiert nach der Kündigung?

Nachdem die Kündigung ausgesprochen worden ist – also während der Kündigungsfrist –, hat frau Anspruch auf Freistellung von der Arbeit zur Stellensuche (§ 629 BGB). Das ist vor allem für Vorstellungsgespräche oder Eingangsuntersuchungen wichtig. Aber auch hier gilt, daß die Bezahlung für die freigestellte Zeit durch Tarifvertrag ausgeschlossen sein kann.

Nach Ablauf der Kündigungsfrist spätestens sollte frau sich beim Arbeitsamt melden. Jeder Tag zu spät bedeutet, für diesen Tag kein Arbeitslosengeld zu bekommen. Auch für Frauen, die glauben, keinen Anspruch auf Arbeitslosengeld oder Arbeitslosenhilfe zu haben, ist es immer sinnvoll, sich arbeitslos zu melden. Waren Frauen erst kurz beschäftigt, nachdem sie zuvor eine längere Pause wegen der Kindererziehung gemacht haben, können sie unter Umständen auch ohne Leistungsanspruch z. B. Unterhaltsgeld für Weiterbildungsmaßnahmen bekommen (§§ 46, 44 AFG) oder Voraussetzungen für eine ABM-Stelle (Arbeitsbeschaffungsmaßnahme) erfüllen (§§ 93, 46 AFG) (vgl. II.1 und V.3 Arbeitsförderungsgesetz... und Berufsrückkehr...). Durch die Arbeitslosmeldung bleibt auch die Zeit der Arbeitslosigkeit als Ausfallzeit, wie der Fachausdruck lautet, für die Rentenversicherung erhalten (vgl. auch VI.1 Rente...).

Sollte das Arbeitsamt eine Sperrzeit verhängen, kann hiergegen innerhalb eines Monats Widerspruch eingelegt werden (vgl. II.1 Arbeitsförderungsgesetz...).

Nach Beendigung des Arbeitsverhältnisses hat frau auch das Recht auf die Ausstellung eines Zeugnisses (§ 630 BGB). Aus dem Zeugnis muß die Art der Tätigkeit, die Dauer des Arbeitsverhältnisses und auch eine Beurteilung der Arbeitsleistung hervorgehen.

Haben Frauen schließlich wegen Zahlungsunfähigkeit des Arbeitgebers keinen Lohn mehr im alten Arbeitsverhältnis erhalten, können sie beim Arbeitsamt einen Antrag auf Konkursausfallgeld stellen. Dieses Konkursausfallgeld erhält frau, wenn für den Betrieb des Arbeitgebers ein Antrag auf Konkurs gestellt worden ist oder der Betrieb jedenfalls seine Tätigkeit völlig eingestellt hat (§§ 141 a ff. AFG). Das Konkursausfallgeld wird für die letzten drei Monate vor Konkurs bzw. Betriebseinstellung gezahlt.

Das Arbeitsrecht im Frauenalltag ist alles andere als ein Recht für Frauen, aber trotzdem, wenn Frauen ein wachsames Auge haben, kann ihnen auch hier und heute so schnell kein Arbeitgeber etwas vormachen.

8 Literatur, Anmerkungen

Literatur

Es ist schwer, Literaturempfehlungen zu geben, da es mittlerweile zum Thema «Frauen und Arbeitsleben» eine Vielzahl von Broschüren von Ministerien, Gewerkschaften und Gleichstellungsstellen gibt, die jeweils eine unterschiedliche Ausrichtung haben. Es soll daher hier nur auf die folgenden, die Problematik allgemein-politisch kommentierenden Bücher hingewiesen werden:

Herta Däubler-Gmelin/Heide M. Pfarr/Marianne Weg (Hg.) «Mehr als nur gleicher Lohn – Handbuch zur beruflichen Förderung von Frauen», Hamburg 1985

Ute Gerhard/Alice Schwarzer/Vera Slupik (Hg.) «Auf Kosten der Frauen, Frauenrechte im Sozialstaat», Weinheim und Basel 1988

Marielouise Janssen-Jurreit (Hg.) «Frauenprogramm», Reinbek bei Hamburg, Mai 1979

Helga Krüger/Claudia Born/Beate Einemann/Stine Heintze/Helga Saifi «Privatsache Kind – Privatsache Beruf», Opladen 1987

Anmerkungen

Im nachfolgenden Text werden die Begriffe Erwerbsleben (Erwerbstätigkeit) und Berufsleben (Berufstätigkeit) ohne Unterschied nebeneinander benutzt.

Der Stand der Rechtsprechung der Tarifverträge und Gesetzeslage sowie der konkreten Zahlenangaben bei Sozialversicherungsbeiträgen bezieht sich auf den 1. April 1989.

[1] EuGH, Urt. v. 13.5.1986 – 170/84
«Bilka», in: «Streit» 86, 126.

[2] ArbG. Oldenburg, Urt. v. 27.8.85 – 5 Ca 1248/85, in: «Streit» 86, 84.
ArbG Frankfurt, Urt. v. 5.8.82 mit Anmerkung von Malin Bode, «Streit» 83, 32; Colneric N., Recht auf Diskriminierung? in: BB 86, 1573.

[3] BAG Urt. v. 20.2.86 – 2 AZR 244/85 – in: AP Nr. 31 zu § 123 BGB, das die Frage nach der Schwangerschaft allerdings dann zulassen will, wenn sich nur Frauen bewerben.

[4] EuGH v. 10.4.84 – 79/83 und 14/83 DB 84,1042, in: «Streit» 84, 84 mit Anmerkung von Monika Ötting

[5] Der Wortlaut der Richtlinie ist abgedruckt in: «Streit» 84, 84.

[6] LAG Hamburg Urt. v. 11.2.87 – 7 Sa 55/86 – LAGE § 611 a, 3; LAG Frankfurt Urt. v. 11.3.88 – 15/10 Sa 317/87 – LAGE § 611 a,4, in: BB 88, 1748 oder «Streit» 89, 33; ArbG Hamnn Urt. v. 6.9.84 – 4 Ca 1076/82 – «Streit» 89, 30. Vgl. auch BAG Urt. v. 14.3.89 – 8 AZR 351/86 – in: BB 89, 630 – Pressemitteilung, das – wen wundert es – in der Bewertung des Verschuldens des Arbeitgebers einen Monatslohn für ausreichend hielt.

[7] Vgl. BAG, Urt. v. 14.3.89 – 3 AZR 361/85 – Pressemitteilung – in: BB 89, 633.

[8] So entschieden vom LAG Düsseldorf, Urt. v. 26.1.88 – 35 a 1024/87.

[9] Heide Pfarr/Klaus Bertelsmann, Gleichberechtigungsgesetz 1985, S. 135ff.

[10] Gine Elsner, «Arbeitsmedizin und Diskriminierung von Frauen: Zum Problem von Leichtlohngruppen», in: «Streit» 85, 135.

[11] Gertrud Backes/Gisela Notz/Barbara Stiegler, «Sie nützen viel und kosten nichts», in: «Beiträge zur feministischen Theorie und Praxis, Zukunft der Frauenarbeit», Köln 1983, S. 92ff.

[12] Notfalls sind die aktuellen Tarifverträge bei den Tarifregistern der Landesarbeitsministerien oder des Bundesarbeitsministeriums zu erhalten (gem. § 6 TVG).

[13] Vorlagebeschluß des ArbG Oldenburg v. 5.5.88 – 3 Ca 50/80 – mit Anmerkung von Ninon Colneric, «Streit» 88, 123ff.

[14] Vgl. Pressebericht in der Frankfurter Rundschau vom 22.8.1989, S. 4.

[15] BAG, Urt. v. 18.11.88 – 8 AZR 12/86 – in: DB 88, 781.

[16] Begünstigt werden insbesondere auch Anlagen in Wertpapieren (Aktien, Anleihen und Schuldverschreibungen), für die eine höhere Arbeitnehmersparzulage bis 936 DM gem. §§ 13 Abs. 2 i.V.m. dem 25. Vermögensbildungsgesetz gezahlt wird.

[17] BAG Urt. v. 9.9.81 – 5 AZR 1182/79 – in: AuR 82, 86ff.; I. Kaiser (Hg.) «Wir wollen gleiche Löhne!» Dokumentation zum Kampf der 29 Heinze-Frauen 1980.

[18] BAG Urt. v. 27.4.88 – 4 AZR 707/87 – «Streit» 88, 128; Barbara Degen, «Die Lohndiskriminierung von Frauen», Arbeit und Sozialpolitik 88, 352ff.; Dokumentation des Ortsfrauenausschusses der IG Metall Witten «Gleicher Lohn für gleichwertige Arbeit» 1982.

[19] Heide Pfarr/Klaus Bertelsmann, «Gleichbehandlungsgesetz», S. 63.

[20] Ebd. S. 64ff.

[21] Colneric, N., «Leichtlohngruppen und Gleichbehandlungsgesetz», in: Arbeitsrecht im Betrieb, 1986, 40ff.

[22] Heide Pfarr/Klaus Bertelsmann, «Lohngleichheit», 1981, S. 212ff.

[23] Verordnung über Arbeitsstätten und Richtlinien – Stand August 1988 – hg. v. Bundesanstalt für Arbeitsschutz in Dortmund 1989.

[24] dB (A) bedeutet Dezibel, eine übliche Meßeinheit – neben Phon – zur Lärmmessung.

[25] Gefahrstoff-Verordnung und Anhänge I–VI (1.10.86) hg. v. Bundesanstalt für Arbeitsschutz in Dortmund 1988.

[26] Maximale Arbeitsplatzkonzentrationen, hg. v. der Senatskommission zur Prüfung gesundheitsschädlicher Arbeitsstoffe der Deutschen Forschungsgesellschaft, Boppard 1988, BABl 12/88, S. 35.

[27] Fitting-Auffarth-Kaiser, «Betriebsverfassungsgesetz», 15. Aufl., § 81 Rdn 2 m.w.N.

[28] Herschel, «Zur Dogmatik des Arbeitsschutzrechtes», in: RdA 78, 69ff. Siehe auch Dornieden, «Lärm» – Informationen zur Lärmbekämpfung am Arbeitsplatz, Bochum 1981.

[29] FAZ v. 25.1.89 (Studie des B. A. T.-Freizeitforschungsinstitut Hamburg zum Freizeitalltag von Frauen).

[30] Gesetz über den Hausarbeitstag v. 17.2.49, BGBl III 8050-9b.

31 Gesetz über den Hausarbeitstag v. 29.6.48, BGBl III 8050-9a.

32 Gesetz betreffend hauswirtschaftliche Freizeit für Frauen v. 9.5.49, BGBl III 8050-9c.

33 Gesetz über Freizeitgewährung für Frauen mit eigenem Hausstand v. 27.7.48, BGBl III 8050-9d.

34 BAG Urt. v. 26.10.78 – 3 AZR 338/78 – in: AP Nr. 27 zu § 1 HausarbTagsG NRW.

35 ArbG Hagen Urt. v. 22.5.86 – 4 Ca 2730/85 – in: «Streit» 87, 22.

36 BVerfG Beschluß v. 13.11.79 – 1 BvR 631/78 – in: AP Nr. 28 zu § 1 HausarbTagsG NRW.

37 BAG Beschluß v. 26.1.82 – 3 AZR 42/81 – in: AP Nr. 29 zu § 1 HausarbTagsG NRW.

38 Anordnung des Reichsarbeitsministers über Arbeitszeitverkürzung für Frauen, Schwerbeschädigte und minderleistungsfähige Personen v. 22.10.1943, RABl III S. 325.

39 Manteltarifvertrag für den Groß- und Außenhandel und den genossenschaftlichen Groß- und Außenhandel, Geltungsbereich Nordrhein-Westfalen v. 1.4.86.

40 Rahmentarifvertrag für die gewerblichen Arbeitnehmer des Gebäudereinigerhandwerks v. 8.5.1987, Bundesrepublik Deutschland – allgemeinverbindlich.

41 Manteltarifvertrag für die metallverarbeitende Industrie Nordrhein-Westfalens v. 29.2.1988.

42 BAG Urt. v. 2.12.82 – 2 AZR 282/82 – in: DB 83. 1602.

43 BAG Urt. v. 20.7.77 – 5 AZR 325/76 – in: AP NR 47 zu § 616 BGB; Kohte, «Gewissenskonflikte am Arbeitsplatz», in: NZA 89, 161 ff. (167); Herschel, Anmerkung zu BAG Urt. v. 19.4.78 – 5 AZR 834/76 – in: AP 48 zu § 616 BGB.

44 Barbara Degen, «Sind Frauen auch Arbeitnehmer – oder wie geschlechtsneutral ist das Arbeitsrecht», «Streit» 88, 51.

45 TAZ v. 16.10.1986; vgl. auch Gabriele Behrendt, Malin Bode u. a. «Frauen-Malochetreff 1980»; Bode/Mankel/Milinski, «Eine Wende für arme Frauen?» in Tagungsbericht DPBV, Wuppertal 1987.

46 In den Betrieben, in denen ein Betriebsrat existiert, kann im Prozeß vor dem Arbeitsgericht nicht ein neuer oder anderer Grund nachgeschoben werden.

47 Malin Bode, «Der Wolf im löchrigen Schafspelz – oder Norbert Blüm bietet das sogenannte Beschäftigungsförderungsgesetz dar», «Streit» 84, 65.

48 BAG Urt. v. 16.2.89 – 2 AZR 299/88 – Pressemitteilung.

49 BAG Urt. v. 19.8.76 – 3 AZR 512/75 – in: AP Nr. 2 zu § 1 KSchG 1969 Krankheit; LAG Hamm Urt. v. 4.12.79 – 6 Sa 1087/79 unveröffentlicht.

50 BAG Urt. v. 25.1.82 – 2 AZR 140/81 – in: AP Nr. 7 zu § 1 KschG 1969 Krankheit; BAG Urt. v. 23.6.83 – 2 AZR 15/82 – in: AP Nr. 10 zu § 1 KSchG 1969 Krankheit.

51 BAG Urt. v. 25.1.82 und 23.6.83, vgl. Anm. 50.

52 BAG Urt. v. 26.6.86 – 2 AZR 534/85 – in: NZA 86, 161; BAG Urt. v. 16.2.89 wie vor; LAG Frankfurt Urt. v. 8.12.87 – 7 Sa 136/87 – DB 88, 1704.

[53] BAG Urt. v. 5.8.76 – 3 AZR 110/75 – in: AP Nr. 1 zu § 1 KSchG Krankheit.

[54] ArbG Hamburg Urt. v. 15.11.83 – 5 Ca 667/87 – «Streit» 84, 94.

[55] ArbG Bielefeld Urt. v. 12.10.88 – 2 Ca 1062/88 – in: BB 89, 558.

[56] siehe Anmerkungen 46 u. 47.

[57] BAG Urt. v. 7.12.78 – 2 AZR 155/77 – in: AP Nr. 6 zu § 1 KSchG 1969 «betriebsbedingte Kündigung».

[58] BAG Beschluß v. 4.3.86 – 1 ABR 15/84 – in: NZA 86, 432 zum entsprechenden Recht des Betriebsrats, zunächst Kurzarbeit zu verlangen.

[59] BAG Urt. v. 18.10.84 – 2 AZR 543/83 – in: AP Nr. 6 zu § 1 KSchG 1969 «Soziale Auswahl».

[60] ArbG Herford Urt. v. 24.2.83 – 1 Ca 1413/82 – in: «Streit» 83, 85.

[61] BAG Urt. v. 18.1.80 – 7 AZR 75/78 – in: AP Nr. 3 zu § 1 KSchG 1969 «Verhaltensbedingte Kündigung».

[62] BAG Urt. v. 13.7.78 – 2 AZR 798/77 – in: AP 18 zu § 102 BetrVG 1972.

[63] BAG Urt. v. 24.11.83 – 2 AZR 347/82 – in: AP Nr. 30 zu § 102 BetrVG.

[64] BAG Urt. v. 21.12.83 – 7 AZR 421/82 – in: AP Nr. 4 zu § 1 KSchG 1969 soziale Auswahl.

[65] BAG Urt. v. 13.7.78 – 2 AZR 717/76 – in: AP Nr. 17 zu § 102 BetrVG 1972.

[66] BAG Urt. v. 23.2.78 – 2 AZR 214/77 – in: AP Nr. 4 zu § 12 SchwbG.

[67] BVerfG Beschluß v. 16.11.82 – 1 BvL 16/75 und 36/79, in: DB 83, 450ff.

I 3 SIBYLLE PLOGSTEDT

Sexuelle Belästigung am Arbeitsplatz

I 3

Sibylle Plogstedt

Sexuelle Belästigung am Arbeitsplatz

Unsere 1984 veröffentlichte Infas-Untersuchung zur sexuellen Belästigung in Büros und Betrieben sowie andere Veröffentlichungen machen das Ausmaß und die Folgen sexueller Belästigungen am Arbeitsplatz offensichtlich und öffentlich.[1] Jede vierte berufstätige Frau wird demzufolge einmal oder mehrfach am Arbeitsplatz sexuell belästigt. 7 Prozent der belästigten Frauen haben daraufhin ihren Arbeitsplatz verloren, werden gekündigt oder sehen sich gezwungen, selbst zu kündigen. Weitere 900000 Frauen wären bereit, den Arbeitsplatz von sich aus aufzugeben, würden sie vom Arbeitsmarkt «wegbelästigt». Das ist jeder neunte Frauenarbeitsplatz.

Nur 6 Prozent der belästigten Frauen beschweren sich beim Betriebsrat und nur 3 Prozent bei einem Vorgesetzten, obwohl eine solche Beschwerde zum Beispiel Voraussetzung dafür sein kann, Sperrfristen zum Bezug des Arbeitslosengeldes zu vermeiden. Jede vierte Frau, die wegen einer sexuellen Belästigung Widerstand leistet, hat direkte Nachteile am Arbeitsplatz – von schlechteren Arbeitsbedingungen bis zur Versetzung.

Opfer sexueller Belästigungen sind in der Regel Frauen. Berichte von betroffenen Frauen zeigen, daß vor allem ganz junge und ältere Frauen belästigt werden, da sie im Berufsleben noch nicht oder nicht mehr so recht verankert sind. Daß eine einzelne Frau einen Mann belästigt, wird in der Infas-Studie mit 0 Prozent, und daß mehrere Frauen einen Mann belästigen, mit 2 Prozent angegeben.

1 Vom Arbeitsplatz wegbelästigt Beispiele aus der Bundesrepublik Deutschland

Im Falle einer 24jährigen Altenpflegerin, die während des Nachtdienstes von ihrem Chef sexuell belästigt worden war, wird der Leiter des Altenpflegeheims, der dabei tätlich wurde und die Pflegerin verletzt hat, vom Amtsgericht (AG) Frankenthal wegen Körperverletzung, Freiheitsberaubung, Nötigung und Beleidigung zu einem Jahr Gefängnis mit Bewährung verurteilt.

Anders entscheidet dagegen das Oberlandesgericht (OLG) in Zweibrücken, das Ende 1986 dem belästigenden Chef einen sensationellen Freibrief erteilte. Zwar erkennt das Gericht den Tatbestand der Freiheitsberaubung an, von einer sexuellen Beleidigung der Altenpflegerin könne dagegen keine Rede sein: «Die Werbung des Angeklagten um die Zeugin, die unter seinem Ansinnen, mit ihr geschlechtlich zu verkehren, zu würdigen ist», erklären die Richter, «stellt noch keine Beleidigung dar.»

Das Zweibrücker «Skandal-Urteil» steht in der bundesdeutschen Rechtsgeschichte nicht allein da. Häufig genug geben die Urteile eher Aufschluß über die Einstellungen der Richter zur Sexualität und Moral.

Im Sinne der Opfer urteilen die Gerichte fast nur dann, wenn Minderjährige sexuell mißbraucht wurden, vor allem dann, wenn es um die Fürsorgepflicht des Staates für Kinder geht. Die Rechtsprechung gegen Lehrer, die sich ihren Schülerinnen nähern, ist eindeutig.

Wegen passiver Bestechlichkeit wird 1985 zum Beispiel ein Lehrer verurteilt, der sexuelle Vergünstigungen von einer Schülerin erpressen wollte. Eine schlecht geschriebene Klassenarbeit ist sein Druckmittel. Sein Versprechen: er wolle die Zensur höher setzen.

In Gewerbebetrieben fallen diese Urteile nicht immer so eindeutig aus. 1982 verwirft der Bundesgerichtshof (BGH) die Verurteilung eines Wirts, der seinen weiblichen Lehrling zwang, ihn manuell zu befriedigen. Der Wirt, heißt es, sei sich der Abhängigkeit des Mädchens nicht bewußt gewesen.[2]

Ob ein Chef seine Angestellten sexuell ausbeuten darf, diese Frage ist nicht Gegenstand des Verfahrens. Da Belästigung von den Gerichten häufig als minderschwerer Fall behandelt wird, haben die klagenden Frauen es schwer, sich gegen die ihnen zugefügte Unbill zu wehren. Die Belästigung kann bei uns nur über die sogenannten Umwegparagraphen im Strafrecht, wie Nötigung, Beleidigung, Vergewaltigung, Freiheitsberaubung, verfolgt oder im Arbeitsrecht als Störung des Betriebsfriedens behandelt werden.

Die heutige Rechtssituation entmutigt viele Frauen, sich in dem Paragraphendschungel ihren Weg zu bahnen. Jedes Urteil aber, in dem der sexuelle Mißbrauch von Frauen im Betrieb neu festgeschrieben wird, bringt Frauen davon ab, sich gerichtlich gegen Belästigung zur Wehr zu setzen.

Die IG Metall gibt der Botin Sylvia K. Rechtsschutz, nachdem sie 1983 aus «betriebsbedingten Gründen» die Kündigung erhalten hat. Sylvia K. vermutet den privaten Racheakt eines leitenden Angestellten, dessen sexuelle Annäherung sie zurückgewiesen hat. Die Richter der ersten Instanz glauben Sylvia K. nicht. Sie sprechen von einem «Rufmord» an dem leitenden Angestellten. Über sein Auftreten urteilt das Gericht: «Der Zeuge hat bei seiner Einvernahme ruhig, sicher und bestimmt ausgesagt und wirkte in einer Weise voreingenommen.» Die Glaubwürdigkeit der Sylvia K. dagegen wird bezweifelt. So ist es denn kein Wunder, daß die Klägerin in zweiter Instanz ihren Rechtsanspruch freiwillig aufgibt, als auch noch eine Kollegin als Zeugin kneift, um den eigenen Arbeitsplatz nicht zu gefährden. Schließlich rät ihr auch der Richter, einem Vergleich zuzustimmen: Der aber fällt dann schlechter aus, als es im betrieblichen Sozialplan vorgesehen wäre.

Auch Gudrun T., Ingenieurin in einem kleinen Metallbetrieb, wird die Tortur vor Gericht zuviel: Nachdem sie, wie viele Belästigungsopfer, auf die Anmache bereits mit psychosomatischen Angstzuständen reagiert, wirft sie vor Gericht das Handtuch.

Wie schwer es den Gerichten fällt, in Prozessen über sexuelle Gewalt geschlechtsneutrales Recht zu sprechen, wird deutlich an einem Urteil des BGH aus dem Jahr 1959[3]:

Ein Zahnarzt hat eine Patientin in Vollnarkose versetzt, um sie, ihre Hilflosigkeit ausnutzend, zu vergewaltigen. Der BGH führt damals dazu aus, daß die Patientin ja mit der Narkose einverstanden gewesen sei: «Als diese sich freiwillig – wenn auch infolge einer Täuschung – in Bewußtlosigkeit versetzen ließ, wurde ihr keine Gewalt angetan.»

Die überwiegend mit männlichen Richtern besetzten Gerichte vermögen kaum, überhaupt eine Gewaltausübung gegen Frauen zu erkennen, selbst dort, wo diese ganz eindeutig ist. Falsch wäre es jedoch zu glauben, Gerichte seien stets so zaghaft in der Interpretation dessen, was am Arbeitsplatz sexuell zu geschehen hat und was nicht.

Ein Urteil der Disziplinarkammer beim Bundesverwaltungsgericht (BVerwG) aus dem Jahr 1983 fällt vergleichsweise hart aus. Gegenstand der Verhandlung ist hier jedoch keine Belästigung, sondern eine erwünschte sexuelle Beziehung zwischen einer Putzfrau und einem Beamten in einem Kreiswehrersatzamt.[4] In dem Urteil wird der Beamte in seiner Laufbahn zurückgestuft, die Putzfrau ist schon vor Beginn des Prozesses entlassen worden – sie befindet sich ja schon auf der untersten Stufe der Hierarchie.

Beinahe entlassen worden wäre 1985 auch eine Beschäftigte der Freien Universität Berlin (FU), die von einem höheren Verwaltungsbeamten durch eindeutige Anträge derart in Bedrängnis versetzt worden ist, daß sie dem Betrieb immer häufiger aus gesundheitlichen Gründen fernbleibt. «Eine Folge des Betriebsklimas», konstatiert der Betriebsarzt der FU.

Als sich die Fremdsprachensekretärin öffentlich zur Wehr setzt, dreht ihr der Arbeitgeber Universität einen Strick daraus und kündigt ihr, wegen der Verunglimpfung eines Vorgesetzten. Der Einspruch des Personalrates bringt die Entlassung der Fremdsprachensekretärin vor die Einigungsstelle: Diese verpflichtet die Universität, der Belästigten eine andere Tätigkeit nachzuweisen. Ein Stück «Schuld» bleibt jedoch auch an der Belästigten hängen: Sie müsse sich nach dem Vorfall mit einer weniger qualifizierten Position zufriedengeben, weil sie an die Öffentlichkeit gegangen sei. Gegen den Beamten, der der Anlaß solcher Untersuchungen ist, ist bis heute nicht ermittelt worden.

In einem zweiten Verfahren an der FU hat sich ein Professor öffentlich für schuldig erklärt, seine Sekretärinnen belästigt zu haben. Hier verhängt die FU eine Disziplinarstrafe von dreitausend Mark. Jeder neuen Sekretärin muß, ehe sie ihre Stelle antritt, mitgeteilt werden, daß ihr neuer Chef zu sexuellen Übergriffen neigt. Eine Frauenbeauftragte wird ernannt, die als Beschwerde-Instanz tätig werden soll.

2 Zur Rechtssituation im Ausland

Die Frauenbewegung in anderen Ländern kämpft seit längerem um entsprechende Gesetze und um Einrichtungen, die deren Einhaltung kontrollieren.

Alle Definitionen, die sexuelle Belästigung zum Schutz der Frauen rechtlich zu verankern suchen, gehen davon aus, daß die einseitige Annäherung, das Weitermachen trotz eindeutiger Ablehnung die Situation von Frauen am Arbeitsplatz erheblich gefährden kann.

Einige dieser Definitionen haben inzwischen Gesetzeskraft. In den *USA* wurde in den Civil Rights Act von 1964 bereits vor sieben Jahren ein Passus eingefügt, der die Frauen vor Übergriffen schützen soll. Frauen, die in den letzten Jahren klagten, konnten nicht nur ihren Arbeitsplatz erhalten – sie bekommen meist ein hohes Schmerzensgeld für die erfahrene Beleidigung. Als im Frühjahr 1987 eine Firma samt Gerichtskosten mehr als 500000 Dollar zahlen muß, wird der Belästiger umgehend entlassen: Die sexuelle Anmache wird zu teuer.

Australien hat seit dem Jahr 1984 den Sex Discrimination Act, ein Gesetz, das die Benachteiligung von Frauen grundsätzlich ausschließen will. Der Passus über die Belästigung tritt dann in Kraft, wenn – so der Wortlaut – eine Person von einer anderen nicht erwünschte sexuelle Vergünstigungen verlangt, sich dieser Person sexuell annähert, ohne daß dies auf Gegenseitigkeit beruht. Muß die Person, der die Annäherung gilt, Nachteile befürchten, wenn sie sich nicht darauf einläßt, drohen erhebliche Geldstrafen: 2500 australische Dollar und/oder drei Monate Gefängnis. Ein sex-discrimination-officer wacht über die Gesetzestreue. Erschwert eine Person oder ein Betrieb seine Ermittlungen, kann er – ebenso wie bei

Falschanzeigen – Geldbußen verhängen. Sein wichtigstes gesetzliches Instrumentarium jedoch: Er kann Kündigungen von Belästigten, die sich zur Wehr gesetzt haben, rückgängig machen.

Ein Urteil, das aufgrund des britischen Sex Discrimination Act im Jahr 1983 in *Großbritannien* gefällt wird, zeigt, wie Frauen durch eine Veränderung der gesetzlichen Grundlage zu ihrem Recht verholfen werden kann.

Eine Personalsachbearbeiterin in Manchester, die ihren Chef abweist und daraufhin gekündigt wird, bekommt vom Gericht eine Entschädigung für ihren Verdienstausfall zugesprochen, bis sie eine neue Arbeit gefunden hat. Ebenfalls wird sie für die Verletzung der Gefühle entschädigt. In dem Urteil heißt es: «Hätte anstelle der Klägerin ein männlicher Kollege an der Geburtstagsfeier teilgenommen, dann hätte er durch Herrn D. nicht die gleiche Behandlung erfahren, und die Frage der Kündigung hätte sich nicht gestellt.»

Nach gesetzlichen Lösungen in ganz Europa fragt auch das *Europäische Parlament*. Im Juni 1986 will es wissen, wie hoch die Kosten für das Gesundheitswesen zu veranschlagen seien, die den Sozialversicherungssystemen der EG-Mitgliedstaaten durch die Krankheiten oder die Abwesenheit vom Arbeitsplatz aufgrund von sexuellen Erpressungen entstehen. Und wie hoch der Produktivitätsabfall in den öffentlichen oder privaten Unternehmen zu veranschlagen sei, wenn dort Fälle von sexueller Erpressung auftreten.

3 Bemühungen um rechtliche Veränderungen

Die EG-Mitgliedstaaten, also auch die Bundesrepublik, sind aufgefordert, zu einer Gesetzgebung zu kommen, die die Menschenwürde der Beschäftigten gegenüber sexuellen Übergriffen gewährleistet.

Nach dem Modell des britischen Gewerkschaftsbundes TUC, der Richtlinien entwickelt hat, wie sich die Betriebs- und Personalräte einerseits, und die Kolleginnen andererseits, dieses Themas annehmen können, beginnen auch die Einzelgewerkschaften innerhalb des Deutschen Gewerkschaftsbundes (DGB), sich der von Belästigungen Betroffenen anzunehmen. Im Jahr 1985 entschieden sowohl die IG Metall wie auch die DGB-Frauenkonferenz, daß das Thema für die Gewerkschaften relevant sei. Rechtliche Konsequenzen über die Sensibilisierung einer breiteren Gewerkschaftsöffentlichkeit hinaus hat dies bislang aber nicht gehabt.

Anfang 1987 hat der Internationale Gewerkschaftsbund eine Resolution zu diesem Thema verfaßt, die die Unternehmen wie die Gewerkschaftsfunktionäre aufruft, den sexuellen Schutz der Frauen am Arbeitsplatz zu garantieren. Als erster Schritt wollen die Gewerkschaften «eine politische Linie zur Bekämpfung sexueller Belästigungen» entwickeln.

Neu an den Vorschlägen des Internationalen Gewerkschaftsverbandes ist ein Passus in den Tarifverträgen, in dem das Beschwerdeverfahren geregelt werden könnte. Dieser Passus soll – so der Vorschlag – lauten: «Gewerkschaft und Arbeitgeber erkennen sexuelle Belästigung am Arbeitsplatz als Problem an und verpflichten sich, darauf hinzuwirken, daß dem ein Ende gesetzt wird. Als sexuelle Belästigung ist folgendes anzusehen:

- Unnötiger körperlicher Kontakt, Berühren oder Betätscheln;
- anzügliche oder unangenehme Bemerkungen, Witze, Kommentare über das Aussehen und vorsätzlich beleidigende Äußerungen;
- obszöne und kompromittierende Aufforderungen;
- Zeigen pornographischer Bilder am Arbeitsplatz;
- Aufforderung zu sexuellen Handlungen;
- tätliche Bedrohung.

Beschwerden gemäß dieser Klausel sind rasch und vertraulich zu behandeln. Im Zuge des Beschwerdeverfahrens sind gegen Beschäftigte und Vorgesetzte, die irgendeine der gemäß dieser Klausel verbotenen Handlungen ausgeführt haben, Disziplinarmaßnahmen einzuleiten. Es muß alles darangesetzt werden, daß erforderlichenfalls der Belästiger und nicht das Opfer versetzt wird.»

4 Rechtspolitische Forderungen

Die Aktivitäten und Initiativen in den Einzelgewerkschaften reichen jedoch nicht aus: Obwohl seit 1984 bekannt ist, daß nur sechs Prozent der belästigten Frauen sich überhaupt an die betrieblichen Interessenvertretungen wenden, gibt es zum Beispiel noch keine entsprechende *Betriebsräte-Schulung*.

Auch von der *Bundesanstalt für Arbeit* (BA) muß verlangt werden, daß Frauen, die von sich aus nach einer Belästigung kündigen, nicht unter die Sperrfristen fallen. Hier wird noch immer ein Mißbrauch des Bezugs von Arbeitslosengeld befürchtet.

In den *Handwerks-* und den *Industrie- und Handelskammern* könnte eine Androhung des Entzugs der Gewerbeerlaubnis insbesondere die Auszubildenden auch in kleineren Unternehmen schützen. Dasselbe gilt für die Krankenkassenzulassungen von Ärzten, medizinischem Badepersonal und Masseuren.

Selbst gewerkschaftliche Forschungsprogramme über eine *Humanisierung der Arbeitswelt* (sog. HdA-Programme) haben bislang den Bereich sexueller Belästigung ausgespart: Dabei wäre es nötig, Arbeitsplätze zum Beispiel auf die körperliche Standfestigkeit der dort beschäftigten Frauen zu überprüfen: eine kipplige Leiter in Archiven oder Schuhgeschäften, eine halbliegende Arbeitsposition, wie sie Reinigungskräfte einnehmen müssen, um ölverschmierte Scheiben zu säubern, ohne dabei die Polster zu berühren, können die Frauen in ihren Betrieben zu Opfern machen.

In den Betrieben müßte es *Ansprechpersonen* geben, an die sich die Betroffenen wenden können. Solche Beschwerdestellen sollten auch die Kompetenz erhalten, in disziplinarische Ermittlungen einzugreifen, selber Zeugen und Zeuginnen zu hören und eine vorzeitige Einstellung solcher Ermittlungen zu verhindern.

5 Literatur, Anmerkungen

Literatur

Sibylle Plogstedt/Kathleen Bode «Übergriffe – Sexuelle Belästigung in Büros und Betrieben», Reinbek 1984.

Sibylle Plogstedt/Klaus Bertelsmann «Sexuelle Belästigung am Arbeitsplatz – Frauen wehren sich», herausgegeben vom DGB-Bundesvorstand, Abteilung Frauen und Abteilung Jugend, Düsseldorf 1987.

Anmerkungen

[1] Sibylle Plogstedt/Kathleen Bode «Übergriffe – Sexuelle Belästigung in Büros und Betrieben», Reinbek 1984

[2] BGH-Urteil vom 4. 5. 1982. Az 1 StR 88/82.

[3] BGH-Urteil vom 21. 4. 1959. Az 5 StR 75/59.

[4] BVerwG 1 D 114.82.

I 4 BARBARA DEGEN UND CAROLA MÖLLER
Teilzeitarbeit und andere Varianten ungeschützter Arbeitsverhältnisse

I 4 Barbara Degen und Carola Möller

Teilzeitarbeit und andere Varianten ungeschützter Arbeitsverhältnisse

Gisela F. war vor Geburt ihres ersten Kindes Abteilungsleiterin in einem Kaufhof. Sie hat ihr Arbeitsverhältnis nach der Geburt ihres ersten Kindes gekündigt. Nachdem ihre beiden Kinder 16 und 18 Jahre alt geworden sind und ihr Mann frühpensioniert wurde, möchte Frau F. wieder arbeiten. Sie hat sich an mehreren Stellen beworben, muß jedoch feststellen, daß sie auf Stellen, die sie früher innegehabt hatte, keine Chancen hat. In ihrer Heimatstadt werden ihr lediglich einfache Verkaufsarbeiten in Teilzeitarbeit angeboten. Dabei liegt die Teilzeitarbeit für sie außerordentlich ungünstig (später Nachmittag, samstags). Mehrfach erhält sie auch das Angebot, als sog. Pauschalarbeitskraft ohne Versicherungsschutz oder in einem Arbeit-auf-Abruf-Verhältnis tätig zu werden. Immer wieder erfährt sie, daß die wenigen qualifizierten Stellen im Handelsbereich Männern vorbehalten sind, die auf eine kontinuierliche Berufstätigkeit und entsprechende Erfahrungen zurückblicken können. Außerdem sei sie – so wird ihr erklärt – zu alt.

1 Ungeschützte Arbeit – mangelhafte Existenzsicherung

In einer Großstadt wie Köln arbeiten fast 90 Prozent der Frauen in Dienstleistungsberufen. Eine Untersuchung im gesamten Dienstleistungssektor Köln[1] hat 1985/86 ergeben, daß ca. 61 Prozent der dort arbeitenden Frauen ungeschützte Beschäftigungsverhältnisse haben.

Ein «relativ geschütztes» Arbeitsverhältnist ist *auf Dauer angelegt, tariflich und sozialversicherungsrechtlich eingebunden* und erbringt für die Verausgabung der Arbeitskraft *mindestens eine existenzsichernde Entlohnung.*[2] Fehlt eines dieser vier Kriterien, so handelt es sich um ein «ungeschütztes» Beschäftigungsverhältnis, meist treffen aber mehrere dieser Negativ-Kriterien gleichzeitig zu.

Die materielle, rechtliche und soziale Aushöhlung von Erwerbsarbeitsverhältnissen hat in den achtziger Jahren stark zugenommen. Sie ist das Kernstück der unternehmerischen Kampagne «Flexibilisierung». Üblicherweise wird unter «Flexibilisierung» die variabel organisierte Erwerbsarbeitszeit verstanden. Tatsächlich handelt es sich aber nur zum Teil um veränderte Arbeitszeiten, verdichtete und intensivierte Arbeitsabläufe. Gleichzeitig verschlechtern sich auch die Arbeitsvertragsbedingungen.

Flexibilisierung ist der Oberbegriff für alle unternehmerischen Maßnahmen zur Minimierung der Personalkosten. Typische Maßnahmen – außer dem Ausbau ungeschützter Arbeitsformen – sind:

- Abbau von Arbeitsplätzen. Er erfolgt in den meisten Fällen über die sogenannte «natürliche Fluktuation», die geräuschlos abläuft im Unterschied zu direkten Entlassungen. In Betrieben mit einem hohen Anteil an beschäftigten Frauen gelingt der gewünschte Abbau in kurzer Zeit. Aber auch die Umwandlung von Vollzeit-Arbeitsplätzen in teilzeitige gehört hierzu.
- Zeitliche Zerstückelung des Arbeitseinsatzes je nach Kundenfrequenz, Auftragslage und Betreuungsbedarf, Abrufbeschäftigung, Zwischenschichten, Schaukeldienst und geteilter Arbeitstag werden mehr und mehr üblich.
- Verjüngung des Personals, weil die Lohnkosten für eine jüngere Kraft geringer sind. Häufig werden sie auch eine Gehaltsstufe niedriger eingestellt. Auch die freiwilligen sozialen Leistungen sind für Neueingestellte noch gering.
- Abbau sozialer Leistungen. Dieser Abbau betrifft in erster Linie die freiwilligen sozialen Leistungen (Betriebskindergarten, Pensionsfonds, Zuschüsse zum Kantinenessen, Schmutzzulagen, Kleidergeld etc.). Gesetzliche Sozialleistungen werden durch die Wahl ungeschützter Arbeitsformen ebenfalls minimiert (zum Beispiel durch Werkverträge, «freie» Mitarbeit, Honorarverträge, geringfügige Beschäftigung).
- Auslagerung von Arbeit. Diese Maßnahme beginnt meist mit der Beauftragung einer Fremdfirma für das Putzen der Betriebsräume. Inzwischen geht diese Auslagerung des Beschäftigungsrisikos an Drittfirmen und Verleiher aber viel weiter und betrifft z. B. die Kantine, die Poststelle, die Hausreparaturen, den Wartungsdienst, den Werkschutz, den Pförtnerdienst bis hin zu den eigentlichen Betriebsaufgaben, die auf sogenannte «arbeitnehmerähnliche Selbständige» übertragen werden (z. B. im Bereich Transport, Vertrieb, Teleheimarbeit). Der Betrieb spart Sozial- und Kündigungskosten, auch Qualifizierungskosten, die Belegschaft verkleinert sich und damit auch der Betriebsrat.
- Einforderung von Überstunden, weil sie für das Unternehmen kostengünstiger sind als Neueinstellungen.
- Einstellung kostenloser Arbeitskräfte aus dem «Zweiten Arbeitsmarkt» (ABM-Kräfte, Zivildienstleistende, arbeitsverpflichtete Sozialhilfeempfänger, Mädchen im freiwilligen sozialen Jahr, ehrenamtliche Helferinnen). Dies betrifft vor allem den öffentlichen Dienst und die Alten- und Krankenpflege.

Flexibilisierung, so hat die Kölner Untersuchung ergeben, ist ein äußerst komplexer Prozeß zur Umstrukturierung von Lohnarbeit, der sich über Jahre hinzieht und ein Bündel von Maßnahmen betrifft, die sich fast immer negativ auf die Situation der abhängig Arbeitenden auswirken. Eine sehr verbreitete Form ungeschützter Arbeit ist z. B. die «geringfügige Beschäftigung». In dieser Arbeitsform darf eine Frau derzeit (1989) im Monat nicht mehr als 450 DM verdienen, sie ist weder arbeitslosenversichert noch eigenständig krankenversichert, noch gelten für sie tarifvertragliche Regelungen. Sie ist meist täglich kündbar, ihre Arbeitszeiten sind unregelmäßig, das heißt, sie wird «abgerufen». Eine Interessenvertretung durch den Betriebsrat findet de facto nicht statt. Solche «geringfügigen Beschäftigungen», in allen Branchen üblich, insbesondere aber im Einzelhandel, in der Gebäudereinigung, im Altenpflegebereich und in Gaststätten, gelten z. Z. für mindestens 2,3 Mio. Arbeitskräfte. Die meisten davon sind Frauen.[3] Ihre tägliche Arbeitszeit beträgt im Schnitt 2,5 Stunden, damit erreichen sie einen Stundenlohn von 8,37 DM netto (vgl. auch I.2. Arbeitsrecht im Frauenalltag...).

Aber auch Vollzeit-Arbeitsverhältnisse von Frauen können ungeschützt sein, auch wenn sie tariflich und sozialversicherungsrechtlich korrekt eingebunden sind. Alle befristeten und alle nicht-existenzsichernden Vollzeit-Beschäftigungen zählen hierzu. Der Mikrozensus von 1985 weist aus, daß die Hälfte aller Frauen, die in 1985 wöchentlich 40 Stunden und mehr arbeiteten und Angaben zu ihrem Einkommen machten, einen Nettolohn von weniger als 1400 DM im Monat erzielten. Dieses minimale Einkommen betrifft nicht nur Hilfsarbeiterinnen, sondern gemäß den Tarifverträgen auch Frauen in qualifizierten Berufen: Verkäuferinnen, Friseurinnen, Buchhändlerinnen, Steuergehilfinnen, Altenpflegerinnen, Arzthelferinnen, Rechtsanwaltsgehilfinnen.

Mehrheitlich wird ungeschützte Arbeit als teilzeitige oder kurzzeitige Beschäftigung angeboten. Teilzeitarbeit in den unteren und mittleren Entlohnungsstufen bedeutet für Frauen immer nicht-existenzsichernde Arbeit, ein Resultat der Minderbewertung von Frauenarbeit.[4]

Teilzeitarbeit ist ein Sammelbegriff, unter dem sich bezüglich des Arbeitsvertrages und der Arbeitsbedingungen sehr unterschiedliche Arbeitsformen verbergen, von der sozialversicherungspflichtig eingebundenen Teilzeitarbeit bis zur geringfügigen Beschäftigung und der kurzfristigen Aushilfe.

Teilzeitarbeit nimmt insgesamt zu. 1987 arbeiteten ca. 2,5 Mio. Erwerbstätige in versicherungspflichtiger Teilzeit (Statistisches Jahrbuch 1988), fast ausschließlich (zu 93 Prozent) Frauen. Hinzu kommt eine mindestens ebenso große Zahl von nichtversicherten Teilzeitkräften, ebenfalls nahezu ausnahmslos Frauen. 1981 leisteten laut Mikrozensus 37 Prozent der abhängig erwerbstätigen Frauen Teilzeitarbeit, 1985 waren es bereits 42 Prozent.[5]

Teilzeitarbeit ist im Vergleich zur Vollzeitarbeit mit vielen Nachteilen für die Arbeitende verbunden:

- Der Lohn reicht nicht zur eigenständigen Existenzsicherung;
- die geforderte Arbeitsleistung ist höher;
- die Aufstiegschancen sind minimal;
- innerbetriebliche Qualifizierungsmaßnahmen sind selten für Teilzeitkräfte vorgesehen;
- Teilzeitkräfte werden bei einigen tariflichen und freiwilligen sozialen Leistungen in den Betrieben schlechtergestellt;
- die Arbeitszeiten sind häufig unregelmäßig. Teilzeitkräfte sind Lükkenfüller;
- das Risiko, erwerbslos zu werden, ist höher.

Eine Altersversicherung ist über Teilzeitarbeit überhaupt nicht möglich. Schon wer zehn Jahre sozialversicherungspflichtige Teilzeitarbeit in seiner 40jährigen Berufsbiographie hat, vermindert seine Altersrente fast auf Sozialhilfeniveau.

Ungeschützte Arbeit hat insbesondere im Dienstleistungssektor, so zeigt die Kölner Studie, keinesfalls mehr ergänzenden Charakter, sondern ist die den Betriebsablauf tragende Arbeitsform. In einigen Branchen liegt der Anteil der ungeschützt Beschäftigten an der Gesamtbeschäftigung sogar bei ca. 80 Prozent, so im Einzelhandel, in Gebäudereinigungsfirmen, in Gaststätten und im Altenpflegebereich, aber auch Universitäten und Rundfunkstationen arbeiten überwiegend mit derart prekären Arbeitsverhältnissen.[6]

Ungeschützte Arbeit ist überwiegend Frauenarbeit. Das ist kein Zufall. Frauen wird heute in der Regel von den Männern immer noch die alleinige Verantwortung und Zuständigkeit für die Hausarbeit und die Versorgung von Kindern, Alten und Kranken aufgebürdet. Der Umfang dieser Arbeit entspricht etwa dem Arbeitsvolumen der Erwerbsarbeit. Diese Reproduktionsarbeit, ohne die Erwerbsarbeit nicht möglich wäre, hat unter den gegebenen Verhältnissen keinen Marktwert, sie ist von Frauen unbezahlt zu leisten. Der Umfang dieser Arbeit zwingt Frauen zu Erwerbsarbeit in kurzfristigen und teilzeitigen Arbeitsformen, sie kommt in die Rolle der «Zuverdienerin», was wiederum einen (Ehe-)Mann als «Haupternährer» voraussetzt. Diese Familien-Frauen sind – kurzfristig gesehen – weniger auf Sozialversicherung angewiesen, akzeptieren schlechtere Löhne, wehren sich weniger gegen schlechte Arbeitsbedingungen, denn bei täglich vier bis sechs Stunden Hausarbeit bleibt nicht mehr viel Kraft und Zeit für Erwerbsarbeit. Aus der Ungleichverteilung von bezahlter und unbezahlter Arbeit zwischen Männern und Frauen entsteht zudem noch der Schein eines gleichen Interesses zwischen Unternehmern und den Frauen, denn angeblich «wollen» die Frauen ja ebensogerne diese teilzeitige Arbeit, wie die Unternehmer die ungeschützten Arbeitsformen bevorzugen.

Die Unternehmer ziehen aber noch mehr Vorteile aus dieser Arbeitsteilung. So haben beispielsweise Betriebe, die einen hohen Anteil an Frauen beschäftigen, in der Regel auch eine höhere Fluktuationsrate. Diese Rahmenbedingung gibt dem Unternehmer die Möglichkeit, seine Belegschaft in kurzer Zeit zu verkleinern, und zwar geräuschlos, ohne daß ein Betriebsrat hierzu gehört werden muß. Frauen sind zudem nicht nur flexible Arbeitskräfte, sondern auch billige, ein Ergebnis auch gewerkschaftlicher Tarifpolitik, die ihre Forderungen immer noch an dem männlichen Familienernährer und dem Modell «Kleinfamilie» orientiert. Die vorherrschende Arbeitsteilung zwischen Männern und Frauen – so das Fazit – ist das Einfallstor zur Verschlechterung der Arbeitsverhältnisse insgesamt.

Für Frauen sind die Folgen dieser geschlechtshierarchischen Arbeitsteilung in vielfacher Weise negativ. Ihre Arbeitsbelastung ist wesentlich höher als die der Männer, denn rechnet frau die bezahlte und unbezahlte Arbeit zusammen, so leisten Frauen etwa zwei Drittel der gesamten gesellschaftlichen Arbeit. Diese Arbeitsleistungen verschaffen ihnen aber kein angemessenes Einkommen, sondern im Gegenteil, die Armut in dieser Gesellschaft ist vor allem Frauenarmut (vgl. auch II.2 und VI.2 Bundessozialhilfegesetz... und Sozialhilfe im Alter...). Berücksichtigt frau alle Einkommensquellen, also auch Einkommen aus Vermögen, Erwerbsarbeit, Rente und Unterhaltszahlungen, so hatten 1985 von den 16,8 Mio. Frauen, die Angaben zum Einkommen gemacht haben, 68 Prozent weniger als 1400 DM netto im Monat zur Verfügung. Über 8 Mio. weitere Frauen hatten überhaupt keine eigenen Einnahmen. Insgesamt gab es also ca. 20 Mio. von insgesamt 27 Mio. Frauen, die ihre Existenz nicht eigenständig sichern konnten, arm oder abhängig waren – meist von einem Mann, was ebenfalls eine Form von Armut ist. Von den über 1 Mio. arbeitslos gemeldeten Frauen bekamen im Oktober 1988 46 Prozent keine Arbeitslosenunterstützung, für die übrigen beträgt die Unterstützung im Monat durchschnittlich 783 DM (vgl. auch II.1 Arbeitsförderungsgesetz).[7] Die Quittung für die lückenhafte Erwerbstätigkeit und die niedrige Bewertung der Frauentätigkeiten bekommen die Frauen im Alter mit ihren extrem niedrigen Renten (vgl. VI.1 Rente...).

2 Arbeitsrechtliche Regelungen

Zum 1. Mai 1985 trat das «Beschäftigungsförderungsgesetz»(BeschFG) in Kraft und regelte – neben der erleichterten Zulassung befristeter Verträge – erstmalig Teilzeit-, Arbeit-auf-Abruf- und Job-Sharing-Arbeitsverhältnisse. In der amtlichen Begründung wurde als Ziel des Gesetzes genannt, «dem Wunsch der Arbeitgeber entgegenzukommen und durch die Vermehrung der Teilzeitarbeit die Flexibilität und die Leistungsfähigkeit der Unternehmen zu steigern».[8]

Von der «Auflösung des Normalarbeitsverhältnisses» sind nicht nur Frauen, sondern auch männliche Arbeitnehmer betroffen. Insgesamt nehmen befristete Verträge, Leiharbeit, freie Werkverträge und Schein-Selbständige zu. Auch ABM-Verträge und die Verpflichtung zur gemeinnützigen Arbeit nach dem Sozialhilferecht (vgl. II.2 Bundessozialhilfegesetz...) unterlaufen die stabilen, langfristigen und existenzsichernden Arbeitsverhältnisse. Durch befristete Verträge mit Frauen versuchen die Arbeitgeber insbesondere den Mutterschutz auszuhöhlen (vgl. IV.1 Schwangerschaft...). Für Frauen ist die Zunahme ungeschützter, nicht-existenzsichernder Teilzeitarbeit typisch.

Soweit bisher Teilzeitarbeitsmodelle auch für Männer diskutiert und geregelt worden sind, wurde jeweils die Frage der Verdienstsicherung als Existenzsicherung mitgeregelt. Nicht existenzsichernde Teilzeitarbeit bei Männern finden wir i. d. R. nur dort, wo davon auszugehen ist, daß noch zusätzliche Einkommensquellen vorhanden sind (bei Ausbildung oder Studium, bei Rentnern, als Nebenbeschäftigung neben Vollzeitarbeitsverhältnissen, als Altersteilzeit mit Ausgleichsanspruch).

2.1 Teilzeit ist nicht gleich Teilzeit

Alle Arbeitsverhältnisse, die unterhalb der tariflich festgelegten Normalarbeitszeit abgeschlossen werden, werden als «Teilzeitarbeitsverhältnisse» bezeichnet. Sie sind außerordentlich unterschiedlich und reichen von stabilen, relativ gut bezahlten und qualifizierten Teilzeitarbeitsverhältnissen (beispielsweise bei LehrerInnen), die auch eine Rückkehr auf den Vollzeitarbeitsplatz ermöglichen, bis hin zu völlig ungeschützten, labilen, schlecht bezahlten Arbeitsverhältnissen. Dazu gehören u. a. die sogenannten Pauschalarbeitsverträge (450 DM [1989]), Arbeit-auf-Abruf-Arbeitsverhältnisse, in denen häufig nicht einmal die Stundenzahl festgelegt wird, wie auch befristete Verträge, die manchmal sogar nur für einen Tag abgeschlossen werden.

2.1.1 Versicherungsschutz

Geringfügige Beschäftigungsverhältnisse, sogenannte Pauschalarbeitsverhältnisse, unterliegen keiner Versicherungspflicht. Kranken- und Rentenversicherung (vgl. I.2 Arbeitsrecht im Frauenalltag...) wird nur gezahlt, wenn die Beschäftigung 15 Wochenstunden erreicht, oder wenn sie 450 DM (Stand 1989) überschreiten.

Arbeitslosenversicherung wird geschuldet, wenn eine Beschäftigung mit mehr als 18 Wochenstunden vereinbart ist. Erst beim Arbeitsvertrag von mehr als 18 Wochenstunden besteht damit die Versicherungspflicht für die Kranken-, Renten- und Arbeitslosenversicherung.

Bis zu einem Monatsverdienst von 610 DM (Stand 1989) trägt der Arbeitgeber die Sozialversicherungsbeiträge allein. Mehrere geringfügige Beschäftigungen sind zusammenzurechnen. Überschreiten sie zusammen die Geringfügigkeitsgrenze, tritt Versicherungspflicht in der Kranken- und Rentenversicherung ein. Dies gilt auch, wenn die Beschäftigung bei verschiedenen Arbeitgebern ausgeführt wird.

Nicht berufsmäßig tätige Personen (auch zum Beispiel Hausfrauen) können eine kurzfristige Tätigkeit ohne eine Beschränkung des Verdienstes und der Wochenstundenzahl sozialversicherungsfrei ausüben. Dies muß der Natur der Sache nach oder von vornherein auf nicht mehr als zwei Beschäftigungsmonate oder insgesamt 50 Arbeitstage im Jahr beschränkt sein.

2.1.2 Arbeitszeit

Auch hier gibt es erhebliche Unterschiede, sowohl in bezug auf die Länge der wöchentlichen Arbeitszeit, der täglichen Arbeitszeit, als auch in bezug auf die Frage, ob und wie die Arbeitszeit überhaupt festgelegt worden ist.

Besonders problematisch sind zum einen sogenannte Arbeit-auf-Abruf-Arbeitsverhältnisse, bei denen die Betroffenen von vornherein nicht wissen, wann sie arbeiten, zum anderen – oft kombiniert – Arbeitsverhältnisse, in denen die Länge der Arbeitszeit überhaupt nicht oder als sogenannte Bandbreitenregelung festgelegt ist. Unter einer Bandbreitenregelung wird verstanden, daß die Arbeitszeit nicht in Stunden festgelegt wird, sondern daß lediglich geregelt wird, in welcher Bandbreite (zum Beispiel zwischen 10 und 20 Stunden wöchentlich) gearbeitet wird.

Das Bundesarbeitsgericht (BAG) hat im Dezember 1984 entschieden[9], daß Arbeitsverträge, die die Arbeitszeit nicht festlegen bzw. lediglich eine Bandbreitenregelung enthalten, sittenwidrig sind. Um diese Folge zu verhindern, ist in § 4 des BeschFG geregelt, daß eine bestimmte Dauer der

Arbeitszeit bei Arbeit-auf-Abruf-Arbeitsverhältnissen festgelegt werden *muß*. Ist dies nicht der Fall, so regelt das Gesetz, daß eine wöchentliche Arbeitszeit von zehn Stunden als vereinbart gilt (vgl. § 4 Abs. 1, letzter Satz BeschFG). Unseres Erachtens sind nach wie vor sämtliche Verträge, die eine konkrete Arbeitszeit nicht festlegen oder die eine Bandbreitenregelung enthalten, sittenwidrig und damit unwirksam. Es gehört zu den elementarsten Grundprinzipien des Arbeitsrechts, daß die Arbeitnehmerin weiß, in welchem Umfang sie arbeitet, weil die Länge der Arbeitszeit maßgeblich für die Höhe des Lohns bzw. Gehalts ist. Welche Arbeitszeit in einem solchen Fall dann gelten soll, müßte im Wege der Vertragsauslegung gerichtlich geklärt werden.

Nach § 4 Abs. 2 BeschFG ist die Arbeitnehmerin aber auch nach herrschender Meinung zur Arbeitsleistung nur verpflichtet, wenn der Arbeitgeber ihr die Lage ihrer Arbeitszeit jeweils mindestens vier Tage im voraus mitteilt. Die Meinung, daß diese gesetzliche Vorschrift durch sog. Individualvereinbarungen ausgeschlossen werden kann, ist abzulehnen. Sie würde völlig ins Leere laufen, wenn der Arbeitgeber jeweils mit der Betroffenen «freiwillig» abspricht, daß diese Frist verkürzt werden kann. Die minimalen Schutzrechte bei Arbeit auf Abruf, die § 4 BeschFG regelt, sollten auch zwingend eingehalten werden.

Da der Betriebsrat ein weitgehendes Mitbestimmungsrecht bei den Modalitäten der Arbeitszeit von Teilzeitbeschäftigten hat[10], existieren bereits in einigen Betrieben Betriebsvereinbarungen mit dem Ziel, die Ausdehnung ungeschützter Arbeitsverhältnisse möglichst zu verhindern.[11]

2.1.3 Aushilfs- und befristete Arbeitsverträge

Neben geringen Beschäftigungszeiten und Unsicherheiten über die Dauer der Arbeitszeit sind Frauen in besonderem Umfang auch von der Unsicherheit über die Länge des Arbeitsverhältnisses betroffen. Sie üben vielfach Aushilfstätigkeiten aus – eine traditionelle Form des flexiblen Personaleinsatzes. In welchem Umfang Aushilfsarbeitsverhältnisse abgeschlossen werden, ist nicht genau bekannt. Zumindest im Handel, im Büro- und Dienstleistungsbereich und im Gaststättengewerbe sind Aushilfsarbeitsverhältnisse die Domäne von Frauen. Ein Drittel der LeiharbeitnehmerInnen sind Frauen, die im Bürobereich, vor allem in Kleinbetrieben eingesetzt werden. Befristete Arbeitsverhältnisse ohne sachlichen Grund wurden auch vor Inkrafttreten des Beschäftigungsförderungsgesetzes rechtlich als zulässig angesehen, wenn sie in Betrieben mit höchstens fünf Arbeitnehmern ohne zeitliche Obergrenze, in anderen Betrieben bis zu sechs Monaten abgeschlossen wurden. Aus der Rechtsprechung des Bundesarbeitsgerichts zu der Befristung von Verträgen wurde von der herrschenden Meinung geschlossen, daß das Kündigungsschutzgesetz gar nicht umgangen werden könne, wenn es nicht gelte. Folglich wurde angenommen, daß für Kleinbetriebe und befristete Verträge bis zu sechs Monaten keinerlei rechtliche Schranken gegeben seien. Darüber hinaus wurde «Aushilfstätigkeit» auch immer als sachlicher Grund für eine Befristung akzeptiert mit der Folge, daß «die Form des Aushilfsarbeitsverhältnisses im Arbeitsleben häufig mißbraucht» wurde.[12] Rechtlich problematisch wurde es erst dann, wenn häufige, aneinandergereihte befristete Verträge zu Kettenarbeitsverhältnissen wurden, die dann unter Umständen als unbefristete Arbeitsverhältnisse angesehen werden mußten. Einige Betriebe zogen aus dieser Rechtsprechung die Konsequenz, einige Monate zwischen den Einsätzen verstreichen zu lassen. Die Mehrheit der Arbeitgeber scheint jedoch darauf zu vertrauen, daß die Frauen sich nicht wehren. In der überwiegenden Zahl der Fälle werden befristete Verträge – häufig hintereinander – abgeschlossen, die als «Aushilfsarbeitsverhältnisse» bezeichnet werden, obgleich keine echten Aushilfsarbeitsverhältnisse vorliegen. Diese setzen nämlich voraus, daß der «Aushilfsbedarf nicht im normalen Betriebsablauf so regelmäßig auftritt, daß er ebensogut über ein dauerndes Teilzeitarbeitsverhältnis gedeckt werden könnte.»[13]

Durch die erleichterte Zulassung befristeter Verträge in § 1 des BeschFG wurde die Rechtslage für Aushilfskräfte weiter verschlechtert. Ohne daß es eines sachlichen Grundes bedarf, können einmalige Befristungen des Arbeitsvertrages bis zur Dauer von 18 Monaten vereinbart werden, wenn:

1. die ArbeitnehmerIn neu eingestellt wird oder
2. die ArbeitnehmerIn in unmittelbarem Anschluß an die Berufsausbildung nur vorübergehend beschäftigt werden kann, weil kein Arbeitsplatz für eine unbefristet einzustellende ArbeitnehmerIn zur Verfügung steht (vgl. § 1 Abs. 1 BeschFG). Von einer Neueinstellung kann allerdings dann nicht gesprochen werden, wenn zu einem vorübergehend befristeten oder unbefristeten Arbeitsvertrag mit demselben Arbeitgeber ein «enger sachlicher Zusammenhang» besteht. Ein solcher enger sachlicher Zusammenhang ist besonders anzunehmen, wenn zwischen den Arbeitsverträgen ein Zeitraum von weniger als vier Monaten liegt (§ 1 Abs. 1 BeschFG). Nach der Regelung des BeschFG, die zunächst nur bis zum 1. Januar 1990 gelten sollte, inzwischen aber bis 1995 verlängert wurde, können demnach befristete Arbeitsverträge ohne jeden Grund bei Einstellungen abgeschlossen werden, wenn das letzte Ausscheiden aus dem Betrieb mehr als vier Monate zurückliegt. Damit sind auch sog. Kettenarbeitsverträge möglich, wenn nur die Viermonatsfrist eingehal-

ten wird.[14] Untersuchungen insbesondere der Gewerkschaften haben ergeben, daß von befristeten Arbeitsverträgen überproportional Frauen betroffen sind.

Werden Verträge wirksam befristet, so endet das Arbeitsverhältnis automatisch mit Ablauf der Frist. Es gibt keinerlei Kündigungsschutz und keine Mitwirkungsrechte des Betriebsrats. Selbst das Mutterschutzgesetz findet keine Anwendung (vgl. IV.1 Schwangerschaft...). Wird eine Frau während des Arbeitsverhältnisses schwanger, so endet ihr Arbeitsverhältnis bei zulässiger Befristung trotzdem.

Eine weitere Verschlechterung für Frauen hat das BeschFG mit der Neuregelung des § 23 Kündigungsschutzgesetz (KSchG) gebracht. Das Kündigungsschutzgesetz findet lediglich gem. § 23 KSchG Anwendung auf Betriebe, die in der Regel mehr als fünf ArbeitnehmerInnen beschäftigen. Zum 1. Mai 1985 wurde neu geregelt, daß bei der Festlegung der Zahl der ArbeitnehmerInnen nach Satz 2 nur ArbeitnehmerInnen zu berücksichtigen sind, deren regelmäßige Arbeitszeit wöchentlich zehn oder monatlich 45 Stunden übersteigt. Alle geringfügig Beschäftigten werden bei der Anzahl der ArbeitnehmerInnen nicht mitgerechnet. In den Kleinstbetrieben fallen demnach auch vollbeschäftigte ArbeitnehmerInnen aus der Regelung des Kündigungsschutzgesetzes heraus, wenn geringfügig Beschäftigte vorhanden sind. Beschäftigt beispielsweise ein Betrieb vier vollzeitbeschäftigte ArbeitnehmerInnen und zwanzig Pauschalarbeitskräfte, so fällt er nicht unter das Kündigungsschutzgesetz (vgl. I.2 Arbeitsrecht im Frauenalltag...).

Werden Teilzeitarbeitsverhältnisse unabhängig von der Stundenzahl unbefristet abgeschlossen und hat der Betrieb mehr als fünf ArbeitnehmerInnen, so gilt auch für die geringfügigen Beschäftigungsverhältnisse das Kündigungsschutzgesetz. Die Kündigungsfristen regeln sich entweder nach dem Tarifvertrag oder aber nach den gesetzlichen Bestimmungen (vgl. z. B. das Gesetz über die Fristen für die Kündigung von Angestellten). Eine wichtige Ausnahme ist allerdings in § 622 Abs. 4 BGB geregelt, der 1969 ins BGB eingeführt wurde. Danach können kürzere als die gesetzlichen Kündigungsfristen einzelvertraglich vereinbart werden, wenn ein «Arbeitnehmer zur vorübergehenden Aushilfe eingestellt und das Arbeitsverhältnis nicht über die Zeit von drei Monaten hinaus fortgesetzt wird». Eine einzelvertragliche Verkürzung der Kündigungsfrist bis auf einen Tag ist damit auch bei befristeten Verträgen möglich.

Da der Kündigungsschutz bei derartigen Arbeitsverhältnissen weitgehend fehlt, wundert es nicht, daß die Arbeitsbedingungen der Aushilfs- und Pauschalarbeitskräfte außerordentlich ungünstig sind.

2.2 *Gleichbehandlung zwischen Teilzeit- und Vollzeitbeschäftigten*

Nicht nur in bezug auf die Sicherheit des Arbeitsplatzes und die Arbeitsbedingungen gibt es erhebliche Unterschiede und Benachteiligungen von Teilzeitarbeitskräften (vgl. I.2 Arbeitsrecht im Frauenalltag...). Auch beim Lohn und Gehalt und allen Sozialleistungen, insbesondere auch tariflichen Leistungen sind sie benachteiligt. Heide Pfarr und Klaus Bertelsmann[15] haben 490 Tarifverträge daraufhin untersucht. In einigen Tarifverträgen werden Teilzeitarbeitskräfte generell ausgeschlossen, in anderen wird eine Mindeststundenzahl verlangt. Außerdem werden bestimmte Leistungen, wie zusätzliche Urlaubsansprüche, vermögenswirksame Leistungen, Zuschüsse zum Krankengeld, bestimmte Zulagen, freie Arbeitstage, Überstundenzuschläge und Schutz vor Abgruppierungen zum Teil für Teilzeitbeschäftigte tariflich ausgeschlossen bzw. erst ab einer bestimmten Mindeststundenzahl gewährt. Bei der Anwendung von Tarifverträgen kommt erschwerend hinzu, daß Teilzeitbeschäftigte im Gegensatz zu VollzeitarbeitnehmerInnen oft keinen schriftlichen Arbeitsvertrag haben, der den Tarifvertrag für anwendbar erklärt. Ihr gewerkschaftlicher Organisationsgrad ist vielfach auch sehr gering, so daß sie den tarifvertraglichen Regelungen – selbst wenn sie für sie gelten – vielfach nicht unterstehen. Im allgemeinen können nämlich nur Gewerkschaftsmitglieder Rechte aus einem Tarifvertrag ableiten. Auch Betriebsvereinbarungen, zum Beispiel über zusätzliche betriebliche Leistungen, benachteiligen häufig Teilzeitkräfte, das gleiche gilt für «freiwillige» Sozialleistungen der Arbeitgeber, wie Essensgeldzuschüsse, Fahrgeldzuschüsse usw.

Die Rechtslage zugunsten der Teilzeitbeschäftigten hat sich durch § 2 BeschFG nicht entscheidend gebessert. Dort ist zwar geregelt, daß der Arbeitgeber eine teilzeitbeschäftigte Arbeitnehmerin nicht wegen der Teilzeitarbeit gegenüber einer vollzeitbeschäftigten Arbeitnehmerin unterschiedlich behandeln darf. Als Ausnahme wird jedoch zugleich angeführt, daß er «sachliche Gründe für eine unterschiedliche Behandlung haben müsse». Anfang 1989 hat allerdings das Bundesarbeitsgericht entschieden, daß eine geringere Stundenzahl kein «sachlicher Grund» ist und ungleiche Bezahlung nicht rechtfertigen könne.

Günstiger für Frauen ist die neue Rechtsprechung der obersten Gerichte zu der *«mittelbaren Diskriminierung»* von Frauen. Für eine Betriebsvereinbarung zur betrieblichen Altersversorgung, die Teilzeitarbeitskräfte benachteiligte, hat das BAG am 14. 10. 1986[16] entschieden, daß hier eine mittelbare Diskriminierung von Teilzeitarbeitskräften vorliege, die nach Art. 3 Abs. 2 GG verfassungsrechtlich unzulässig sei. Das Bundesarbeitsgericht folgt damit einer entsprechenden Entscheidung des Europäischen Gerichtshofs vom 13.05.1986.[17] Bereits in der EG-Richtlinie 76/207 EWG (Gleichbehandlungsrichtlinien) wurde 1976 geregelt, daß jede mittelbare Diskriminierung von Frauen aufgrund ihres Geschlechtes – insbesondere unter Bezugnahme auf den Ehe- und Familienstand – verboten ist. Eine mittelbare Diskriminierung liegt dann vor, wenn eine bestimmte Regelung zwar geschlechtsneutral formuliert ist, aufgrund von statistischen Überprüfungen sich jedoch ergibt, daß sie überproportional ungünstiger für Frauen ist.[18] Allerdings macht das Bundesarbeitsgericht die Einschränkung, daß dann keine mittelbare Diskriminierung gegeben ist, wenn der Arbeitgeber für die Benachteiligung einen objektiv wichtigen Grund anführen kann. Nach den Grundsätzen der mittelbaren Diskriminierung ist jedoch beispielsweise jede unternehmerische Maßnahme, die pauschal davon ausgeht, daß verheiratete Frauen weniger auf das Arbeitsentgelt angewiesen sind und deshalb ungünstigere Arbeitsbedingungen erhalten, ein Verstoß gegen Art. 3 Abs. 2 GG und § 611 a BGB. Das gilt auch für die Umwandlung von Voll- in Teilzeitarbeit gegen den Willen der Betroffenen.

Bei Teilzeitbeschäftigten werden vielfach auch die Schutzregelungen über die Urlaubsgewährung und die Feiertags- und Sonntagsarbeit umgangen, meist durch kurzfristige Verträge und Arbeit-auf-Abruf-Verträge. In allen Fällen, in denen eine Benachteiligung zwischen Teilzeitbeschäftigten, insbesondere mit geringfügigen Beschäftigungszeiten und Vollzeitbeschäftigten festzustellen ist, lohnt es sich, Gleichbehandlungsforderungen zu stellen und gegebenenfalls entsprechende Klagen bei den Gerichten anhängig zu machen. Die Arbeitgeber können sich in vielen Fällen diese Praxis «leisten», weil sich Frauen auf der juristischen Ebene nicht zur Wehr setzen.

2.2.1 Lohnfortzahlung

§ 1 Abs. 2 des Lohnfortzahlungsgesetz (LFG) regelt, daß ArbeiterInnen, die unter zehn Stunden pro Woche arbeiten, keinen Anspruch auf Lohnzahlung im Krankheitsfalle haben (vgl. I.2 Arbeitsrecht im Frauenalltag...). Das BAG sieht in dieser Regelung eine Benachteiligung gegenüber den Angestellten, bei denen auch bei geringfügiger Beschäftigung die Lohnfortzahlung gesetzlich geregelt ist. Es hält diese Regelung für verfassungswidrig und hat die Frage dem Bundesverfassungsgericht zur Entscheidung vorgelegt. Mehrere untere Gerichte haben entsprechende Verfahren ebenfalls ausgesetzt und den Europäischen Gerichtshof angerufen, der grundsätzlich einen Lohnfortzahlungsanspruch bejaht hat.[19] Sie verweisen darauf, daß nicht nur eine Ungleichbehandlung zwischen Arbeitern und Angestellten gegeben ist, sondern daß diese Sonderregelung des § 1 Abs. 2 LFG auch eine typische Frauendiskriminierung ist.

2.2.2 Überstunden

Je geringer die festgelegte Wochenarbeitszeit ist bzw. je variabler sie gestaltet ist, um so besser läßt sich die Arbeitszeit «flexibilisieren». Dabei ist insbesondere die Kombination zwischen geringer Beschäftigungszeit und Überstunden für die Arbeitgeber günstig. Zwar steht die herrschende Meinung auf dem Standpunkt, daß Teilzeitbeschäftigte nicht verpflichtet sind, Überstunden zu leisten, die Praxis sieht jedoch anders aus. Gerade Teilzeitbeschäftigten wird nachgesagt, sie machten «bereitwillig Überstunden», was bei ihrem geringen Verdienst und ihrer unsicheren Arbeitsplatzsituation auch kein Wunder ist. In Teilzeitmusterverträgen für Arbeitgeber wird empfohlen, die Verpflichtung zur Ableistung von Überstunden mitaufzunehmen. Die herrschende Meinung steht auf dem Standpunkt, daß Überstundenzuschläge für Teilzeitkräfte erst dann zu zahlen sind, wenn die betriebsübliche Arbeitszeit von 38,5 bzw. 40 Stunden überschritten wird, und zwar selbst dann, wenn eine entsprechende tarifliche Regelung nicht existiert. In der Kombination geringe Stundenzahl plus Überstunden sind damit Teilzeitkräfte die ideale, weil auch billige betriebliche Einsatzreserve.

Wenn Teilzeitarbeit ein geschlechtsspezifisches Problem von Frauen ist, die sonst Familien- und Berufspflichten nicht vereinbaren könnten, und wenn genau an diese geschlechtsspezifische Rolle zu Lasten der Frau nicht angeknüpft werden darf, so steht u. E. die herrschende Meinung zum Anspruch auf Überstundenzuschläge mit Art. 3 Abs. 2 GG nicht im Einklang. Die Belastungssituation von Teilzeitbeschäftigten ist sicherlich nicht geringer als die von Vollzeitbeschäftigten, zumal allgemein anerkannt ist, zu welchen erheblichen psychischen und physischen Problemen die Doppelbelastung von berufstätigen Frauen führt. Teilzeitbeschäftigte sollten deshalb Überstundenzuschläge geltend machen und versuchen, sie gegebenenfalls auch einzuklagen.

2.2.3 Kündigung

Schließlich sind Teilzeitkräfte auch deshalb erheblich benachteiligt, weil sie – auch in unbefristeten Arbeitsverhältnissen - leichter entlassen werden können. Zum Teil wird in der Literatur sogar offen die Meinung vertreten, Teilzeitarbeitsverhältnisse könnten vorrangig gekündigt werden. Aber auch diejenigen Autoren, die einer Schlechterstellung der Teilzeitbeschäftigten grundsätzlich widersprechen, kommen letztlich zu demselben Ergebnis: So soll die Kündigung von Teilzeitkräften aus «berechtigten betrieblichen Bedürfnissen» (vgl. I.2 Arbeitsrecht im Frauenalltag...) zulässig sein, dann zum Beispiel, wenn die Vollzeitbeschäftigten bessere Fachkenntnisse aufweisen. Außerdem erfüllen Teilzeitbeschäftigte im allgemeinen die von der Literatur und Rechtsprechung entwikkelten Kriterien bei der Sozialauswahl wie Unterhaltsverpflichtungen und lange Betriebszugehörigkeit in erheblich geringerem Ausmaß. Unberücksichtigt bleibt dabei die Tatsache, daß Teilzeitbeschäftigte so gut wie keine Chance haben, wieder eine Stelle zu bekommen, weil ihre Arbeitslosenquote überdurchschnittlich hoch ist. Das Kriterium «Doppelverdienst» bei der Sozialauswahl ist eine mittelbare Diskriminierung der betroffenen Frauen und damit verfassungswidrig.[20] Eine zusätzliche Benachteiligung ist dadurch gegeben, daß Kündigungsschutzregelungen, zum Beispiel über Unkündbarkeit und Länge der Kündigungsfrist in Tarifverträgen und Gesetzen an die «Länge der Betriebszugehörigkeit» anknüpfen, ein Kriterium, das Frauen benachteiligt.

2.2.4 Betriebliche Sozialleistungen

Frauen sind bekanntlich vorwiegend in den unteren Lohn- und Gehaltsgruppen beschäftigt, eine Folge des entsprechenden tariflichen Bewertungssystems, die Teilzeitbeschäftigte besonders trifft. Zusätzliche Benachteiligungen werden in den Betrieben «hausgemacht». So begünstigen Regelungen über übertarifliche Zulagen und zur betrieblichen Altersversorgung die Beschäftigten der oberen betrieblichen Hierarchiestufen, also männliche Arbeitnehmer. Sozialleistungen wie Essensgeldzuschüsse, Freistellungen für Arztbesuche, Treueprämien, Kindergartenplätze, Werkswohnungen usw. werden oft Teilzeitbeschäftigten nicht gewährt. Dabei ist jeweils zu prüfen, ob Fälle einer mittelbaren Diskriminierung vorliegen. Außerdem sollten Teilzeitbeschäftigte in diesen Fällen die Betriebs- und Personalräte einschalten, die gesetzlich verpflichtet sind, Frauendiskriminierungen zu verhindern (§ 75 BetrVG). Bei Beschwerden kann sogar eine betriebliche Einigungsstelle tätig werden (§§ 84, 85 BetrVG). Außerdem haben Betriebs- und Personalräte die Möglichkeit, derartige Fragen in Dienst- oder Betriebsvereinbarungen zu regeln.

2.3. Die Umwandlung in Teilzeit- und variable Arbeitszeitverhältnisse

Da sich inzwischen herausgestellt hat, daß die mit der Teilzeit verbundenen höheren Verwaltungskosten durch die höhere Arbeitsintensität und durch die Einsparung von Sozialleistungen und Überstundenzuschlägen mehr als eingespart werden, wird Teilzeitarbeit immer beliebter. Der Handel ist hierbei Vorreiter. Nach einer massenhaften Umwandlung von Vollzeit- in Teilzeitarbeitsverhältnisse in den letzten Jahren scheint die nächste Entwicklungsstufe zu sein, Teilzeitarbeitsverhältnisse mit fester Arbeitszeit in solche mit variabler Arbeitszeit umzuwandeln. Die ersten Versuche sind im Handel bereits unternommen worden. Bisher laufen diese Umwandlungsprozesse weitgehend auf «freiwilliger» Basis, wobei allerdings Vollzeitkräfte oft vor die Alternative «Entlassung oder Teilzeit» gestellt werden. Zunehmend häufen sich auch Fälle, in denen die Umwandlungen durch Änderungskündigungen durchgesetzt werden sollen. Das Arbeitsgericht Berlin hatte über eine Änderungskündigung zu entscheiden, bei der ein Teilzeitarbeitsverhältnis mit fester Stundenzahl in ein Job-Sharing-Arbeitsverhältnis mit Rufbereitschaft umgewandelt werden sollten und hielt diese Änderungskündigung für unwirksam.[21] In der arbeitsrechtlichen Literatur wird vor allem die Umwandlung von Voll- in Teilzeitarbeit durch Änderungskündigung behandelt und im allgemeinen für zulässig gehalten, wenn dringende betriebliche Erfordernisse vorliegen, z. B. wenn der Arbeitskräftebedarf im Betrieb «auf Dauer gesunken» ist. Die Umwandlung in ein Teilzeitarbeitsverhältnis sei schließlich gegenüber einer Entlassung das kleinere Übel und müsse daher möglich sein. Diese Argumentation ist sehr problematisch und berücksichtigt nicht, daß die Abdrängung in Teilzeitarbeit mit schweren sozialen Folgen verbunden sein kann: Arbeitsverdienste, die den Lebensunterhalt sichern sollen, werden für Vollzeitarbeitsverhältnisse tariflich vereinbart, Umwandlung in Teilzeitarbeit entzieht die Existenzgrundlage, im Falle einer späteren Arbeitslosigkeit wird an die geringeren Verdienste angeknüpft. Außerdem unterläuft sie die gewerkschaftliche Tarifautonomie und eine Reihe von Schutzgesetzen und führt zu einer veränderten, nämlich minderwertigen Qualität des Arbeitsverhältnisses. Die Umwandlung in Teilzeitarbeit, erst recht in variable Teilzeitarbeit, «entwertet» das Arbeitsverhältnis in einem Ausmaß, das die Prüfung notwendig macht, ob derartige Änderungskündigungen nicht sittenwidrig sind.

2.4 Teilzeitarbeit und Kindererziehung

Frauen haben zwangsläufig zur Teilzeitarbeit ein zwiespältiges und widersprüchliches Verhältnis: Einerseits sehen sie, daß Teilzeitarbeitsverhältnisse sozial ungesichert und nicht existenzsichernd sind und vielfältigen Benachteiligungen unterliegen. Andererseits haben sie aufgrund ihrer familiären Situation keine Alternative, als sich um einen Teilzeitarbeitsplatz zu bemühen, eine Situation, die Politiker und Arbeitgeber vielfach zu der irrigen Annahme verführt, Frauen wollten derartige ungeschützte Arbeitsverhältnisse. Davon kann natürlich keine Rede sein: Frauen wollen Berufstätigkeit und Kindererziehung vereinbaren, ein völlig legitimer Wunsch, den eigentlich auch Männer haben sollten. Da die bisherige Arbeitssituation mit ihrer Vollzeitarbeit nicht auf die Bedürfnisse von Frauen zugeschnitten ist, besteht für Frauen verstärkt das Problem, daß sie vor der Alternative stehen, entweder ungeschützte, schlecht bezahlte und minderwertige Teilzeitarbeit zu leisten oder aber überhaupt keine Erwerbsarbeit zu haben.

Neben dem Beschäftigungsförderungsgesetz versucht auch das Bundeserziehungsgeldgesetz (BErzGG) vom 6.12.1985 Frauen in die ungeschützte Arbeit zu drängen (vgl. auch IV.1 Schwangerschaft...). Der Anspruch nach dem BErzGG wird nämlich nicht tangiert, wenn während des Erziehungsurlaubes eine Teilzeitarbeit ausgeübt wird, die unter der Arbeitslosenversicherungsgrenze liegt, also 18 und weniger Stunden beträgt (§§ 1 und 2 BErzGG). Diese Teilzeitarbeit muß jedoch bei dem gleichen Arbeitgeber geleistet werden, ansonsten verliert die Arbeitnehmerin den Kündigungsschutz (§ 18 Abs. 1 und 2 S. 1 BErzGG). Diese Bestimmung fördert die Bereitschaft von Frauen, bereits während des Erziehungsurlaubs ihre Vollzeitarbeitsplätze in Teilzeitarbeitsplätze umzuwandeln. Tun sie das, so sollten sie auf jeden Fall vorher mit dem Arbeitgeber die Frage klären und dies auch schriftlich regeln, wann sie wieder auf einen Vollzeitarbeitsplatz zurückkehren können, falls sie dies wünschen. Ansonsten laufen sie Gefahr, daß ihr Arbeitsplatz auf Dauer in einen Teilzeitarbeitsplatz umgewandelt wird. Auch eine Reduzierung der Arbeitszeit auf mehr als 18 Stunden und eine Reduzierung der Arbeitszeit nach dem Erziehungsurlaub sollte – wenn möglich – vertraglich immer so erfolgen, daß die Rückkehr auf einen Vollzeitarbeitsplatz möglich ist.

Einige Großbetriebe, vor allem in der chemischen Industrie, haben von sich aus Modelle zur Reduzierung der Arbeitszeit für Mütter mit Kindern entwickelt. Die Probleme der Vereinbarkeit von Beruf und Familie sind auch Bestandteil einiger Frauenförderpläne.

Betriebsvereinbarungen über diese Frage sind bisher selten, oft rechtlich unverbindlich und beinhalten die Gefahr, daß Frauen ohne Rückkehrmöglichkeit in die ungeschützte, nicht-existenzsichernde Teilzeit abgedrängt werden (vgl. Kasten: Diskussionsentwurf einer Betriebs- oder Dienstvereinbarung Teilzeit).

3 Praktische Tips beim Abschluß von Arbeitsverträgen

Muß eine Frau in den sauren Apfel beißen und eine Teilzeitarbeit annehmen, die wenig abgesichert ist, so sollte sie zumindest folgende Grundsätze beachten:

1. Es sollte ein schriftlicher Arbeitsvertrag abgeschlossen werden.
2. Auf jeden Fall sollte geklärt werden, wie hoch ist das Bruttogehalt/der Bruttolohn, wie hoch das Nettogehalt/der Nettolohn? Wie kommt das Gehalt/der Lohn zustande? Gibt es einen Tarifvertrag, nach dem eingruppiert wird? In welche Tarifgruppe erfolgt die Eingruppierung? Gibt es eine betriebliche Lohnordnung für zusätzliche betriebliche Leistungen? In welche Lohngruppe wird dort eingruppiert? Werden sonstige Sozialleistungen (Weihnachtsgeld, Urlaubsgeld, Essenszuschuß, Fahrtkosten, vermögenswirksame Leistungen, Beiträge zur betrieblichen Altersversorgung, Schmutzzulagen, Arbeitsmarktzulagen, Mehrarbeitszuschläge) gezahlt und unter welchen Voraussetzungen?
3. Arbeitszeit: Wieviele Stunden wird gearbeitet? Auf welche Wochentage verteilt sich die Arbeitszeit? Wann beginnt und endet die tägliche Arbeitszeit? Gibt es eine Verpflichtung, Überstunden zu leisten? Gibt es für eventuelle Überstunden oder Zuschläge Freizeitausgleich? Gibt es in dem Betrieb, der Verwaltung gleitende Arbeitszeit? Wie sehen die Anfangs- und die Kernzeiten aus? Gibt es Schichtwechsel oder Nachtdienst? Wie sehen die entsprechenden Schichtpläne aus? Wie sind die Freistellungen bei besonderen Anlässen betrieblich geregelt (Arztbesuche, Krankheiten der Kinder, Beerdigungen, Jubiläen usw.)?
4. Urlaub: Wie lang ist der Urlaubsanspruch? Wird auf die Belange der ArbeitnehmerInnen (Schulferien) Rücksicht genommen? Wie lange vorher muß der Urlaub angemeldet werden? Wie wird der Urlaubsplan aufgestellt? Gibt es Betriebsferien?
5. Einsatz, Ort und Arbeitsplatz: Die Aufgaben sollten möglichst genau im Arbeitsvertrag festgelegt werden.
6. Dauer des Arbeitsverhältnisses bei befristeten Arbeitsverhältnissen: Was ist der Grund für die Befristung? Ist die Übernahme in ein unbefristetes Arbeitsverhältnis möglich? Wenn ja, unter welchen Bedingungen?

Bei sog. Aushilfsarbeitsverhältnissen: Grund und Länge der Aushilfe? Ist eine Übernahme in ein unbefristetes Arbeitsverhältnis möglich?

Probezeit: Gibt es eine Probezeit? Wie lang ist diese? Geht nach der Probezeit das Arbeitsverhältnis automatisch in ein unbefristetes Arbeitsverhältnis über, oder muß ein neuer Arbeitsvertrag abgeschlossen werden?

7. Sog. Pauschalarbeitsverhältnisse: Wie viele Stunden muß gearbeitet werden? Wie hoch ist der Stundenlohn? Wonach wird er errechnet? Übernimmt der Arbeitgeber die Lohnsteuer (diese Verpflichtung kann er nach einem BAG-Urteil[22] auch noch auf die ArbeitnehmerIn abwälzen)? Will die Arbeitnehmerin den Lohn «brutto gleich netto» erhalten, so sollte sie gegenüber dem Arbeitgeber darauf dringen, daß dieser entweder die Lohnsteuer allein übernimmt oder den Bruttolohn entsprechend erhöht.

8. Bei Arbeit-auf-Abruf-Arbeitsverhältnissen: Werden die gesetzlichen Mindestbestimmungen des §4 BeschFG eingehalten (Festlegung der Dauer der Arbeitszeit, Arbeitsleistung muß mindestens vier Tage vorher mitgeteilt werden, Beschäftigung an mindestens drei aufeinander folgenden Stunden)? Ist die Übernahme in andere Arbeitsverhältnisse (feste Teilzeit) möglich?

4 Rechtspolitische Forderungen

Es ist davon auszugehen, daß der Anteil ungeschützter Arbeitsverhältnisse weiter ansteigen wird. Dringend erforderlich sind gesetzliche Regelungen, die die Schutzrechte für die betroffenen Frauen erweitern. Eine der Hauptforderungen ist gegenwärtig, daß die Versicherungsfreigrenzen abgeschafft werden sollen. Weitere Forderungen, die von den Gewerkschaften erhoben werden, um die Teilzeitbeschäftigten wenigstens minimal zu sichern, sind:

- Festlegung einer Mindestwochenarbeitszeit,
- keine Arbeitszeit unter vier Stunden täglich,
- Verpflichtung des Arbeitgebers, schriftliche Arbeitsverträge abzuschließen,
- Streichung der Geringfügigkeitsgrenze,
- Mitbestimmung des Betriebsrats bei der Dauer der Arbeitszeit,
- Ausdehnung der Lohnfortzahlung auf geringfügig beschäftigte ArbeiterInnen,
- keine «Zwangs»teilzeit, keine Umwandlung von Voll- in Teilzeit gegen den Willen der Betroffenen,
- Rückkehrmöglichkeit zur Vollzeitarbeit,
- Verbot bestimmter Teilzeitformen (Arbeit-auf-Abruf, Job-Sharing).

Diese unbestritten wichtigen Schritte reichen aber nicht aus, den Negativ-Trend zu stoppen. Das entscheidende politische Ziel muß die Änderung der vorherrschenden Arbeitsteilung zwischen Männern und Frauen sein. Das wiederum bedeutet: Die unbezahlte Arbeit muß als Basis der Erwerbsarbeit in die Gegenstrategie einbezogen werden. Es bedarf vor allem einer Neubewertung von Tätigkeitsmerkmalen, einer angemessenen finanziellen Bewertung von bisher unbezahlt gebliebener Sorgearbeit um Kinder, Alte und Kranke, des Ausbaus einer kollektiv organisierten Infrastruktur, um berufliche und außerberufliche Arbeit besser vereinbaren zu können, und einer quantitativ und qualitativ gleichen Verteilung von bezahlter und unbezahlter Arbeit unter Männern und Frauen, die in der Summe für jede Person zumindest existenzsichernd sein muß.

Barbara Degen
Diskussionsentwurf einer Betriebs- oder Dienstvereinbarung Teilzeit

Arbeitszeit, Arbeitseinsatz

1. Grundsätzlich gilt für alle Arbeitsverhältnisse die tariflich festgelegte Arbeitszeit. Ausnahmen sind nur unter folgenden Bedingungen möglich:
2. Alle Beschäftigten haben nach der Geburt eines Kindes Anspruch auf die Reduzierung ihrer Arbeitszeit nach ihrer Wahl auf die Hälfte oder auf ¾ der festgelegten tariflichen Arbeitszeit bis zu einem Zeitraum von sieben Jahren (im öffentlichen Dienst von 15 Jahren) (Sozialversicherungspflicht). Von dieser Bestimmung können keine Lohn-, Vergütungs- oder Gehaltsgruppen ausgenommen werden. Die Regelungen des Bundeserziehungsgeldgesetzes sind hiervon selbstverständlich nicht berührt.
3. Eine Umwandlung der Arbeitszeit in diesem Rahmen (½; ¾; voll) kann von den Mitarbeiterinnen und Mitarbeitern, die von Ziff. 2 Gebrauch machen, jederzeit per Antrag beansprucht werden. Dem Antrag ist innerhalb von drei Monaten stattzugeben.
4. Sofern die Ausnutzung der Restarbeitszeiten nicht durch die in Ziff. 2 genannte Personengruppe gegeben ist, ist aus den verbleibenden Restarbeitszeiten ein Pool zu bilden, aus dem Beschäftigte mit Springerfunktion zu vergüten sind.
5. Es ist zu gewährleisten, daß bei Ausübung einer Teilzeitbeschäftigung der Einsatz im gleichen, zumindest aber vergleichbaren Arbeitsgebiet erfolgt. Nur in besonders begründeten Ausnahmefällen kann hiervon mit Einverständnis des Betriebsrates und der betrieblichen Gleichstellungsstelle abgewichen werden.

Das gleiche gilt für die Bestimmung des Einsatzbereiches beim Übergang von Teilzeit- auf Vollzeitbeschäftigung.

Lohn / Vergütung / Gehalt / Aufstieg

6. Wird die Arbeitszeit entsprechend Ziff. 2 reduziert, so wird ein Arbeitsentgelt garantiert, daß mindestens 75 % des tariflichen Entgeltes bei der Hälfte der tariflichen Arbeitszeit, mindestens 85 % bei ¾ der tariflichen Arbeitszeit beträgt. Dies gilt auch für sonstige tarifliche und betriebliche Ansprüche.
7. Jede Mitarbeiterin und jeder Mitarbeiter wird darüber umfassend aufgeklärt, wie sich die Arbeitszeitreduzierung auf ihre / seine sonstigen Rechte und Ansprüche (z. B. Steuern, Arbeitslosengeldanspruch, Rente etc.) auswirkt. Die Aushändigung eines Merkblattes ist hier nicht ausreichend.
8. Die Vereinbarung von Arbeit auf Abruf sowie Job-Sharing sind unzulässig.
Überstunden für Teilzeitkräfte sind nur in dringend und besonders begründeten Fällen und mit Zustimmung der Betroffenen, des Personalrates (Betriebsrates) und der Gleichstellungsstelle zulässig. Die Überstunden sind mit den üblichen Überstundenzuschlägen zu vergüten.
9. Teilzeitbeschäftigte können an allen betrieblichen und außerbetrieblichen Fort- und Weiterbildungsmaßnahmen teilnehmen und sind hierfür freizustellen. Sofern die einzelne Maßnahme außerhalb der mit der / dem Beschäftigten vereinbarten Arbeitszeit liegt, ist für Kinderbetreuung zu sorgen.
10. Es sind alternativ spezifische Fortbildungsveranstaltungen für Teilzeitkräfte, u. a. zu den Themen «Vereinbarkeit von Beruf und Familie», «Aufstieg» etc. anzubieten oder / und eine Einbeziehung der Thematik in die «übliche» Fortbildung zu gewährleisten.
11. Alle Beförderungsstellen sind für Teilzeitbeschäftigte offen. Eine Beschränkung der Bewerbungsmöglichkeiten ist unzulässig. Bei der Besetzung höherwertiger Tätigkeiten darf die Teilzeit weder direkt noch indirekt negativ bewertet werden. Es ist im Gegenteil davon auszugehen, daß Teilzeitbeschäftigte durch ihre familiäre Arbeit Qualifikationen erwerben (Geduld, Organisationstalent, Kooperationsbereitschaft, Verantwortungsbewußtsein und Einfühlungsvermögen), die der außerhäuslichen Arbeit besonders zugute kommen.
12. Männer dürfen bei der Gewährung von Teilzeit nicht diskriminiert werden.
13. Solange Männer zu einem wesentlich geringeren Anteil von der Möglichkeit der Teilzeitarbeit Gebrauch machen, werden Frauen bei der Besetzung von Beförderungsstellen bevorzugt.

Flankierende Maßnahmen

14. Der Arbeitgeber berichtet dem Betriebsrat / Personalrat jährlich, wieviel Männer und Frauen Teilzeitarbeit leisten. Er schlüsselt die Eingruppierungen und Verdienste im Vergleich zu denen der Vollzeitbeschäftigten auf und informiert außerdem, wie viele Beschäftigte (getrennt nach Männern

und Frauen) im Zusammenhang mit der Geburt oder Betreuung eines Kindes oder anderer pflegebedürftiger Personen ihren Arbeitsplatz aufgegeben haben.
15. Solange der Durchschnittsverdienst der im Betrieb/in der Verwaltung beschäftigten Frauen unter dem Durchschnittsverdienst der Männer liegt,
• wird für je 200 weibliche Beschäftigte ein weibliches Mitglied des Betriebsrats/Personalrats zusätzlich freigestellt,
• wird pro Jahr mindestens eine Frauenpersonal-/betriebsversammlung durchgeführt. Sie kann auch als Abteilungsversammlung abgehalten werden.
16. Der Arbeitgeber verpflichtet sich, Teilzeitbeschäftigte gegenüber Vollzeitbeschäftigten nicht zu benachteiligen und sämtliche betriebliche Regelungen (Einheitsregeln, Betriebsvereinbarungen, Einzelarbeitsverträge) auf mittelbare Diskriminierungen zu überprüfen.
17. Diese Betriebs-(Dienst-)vereinbarung hat eine Laufzeit von fünf Jahren. Sie kann frühestens zum ... gekündigt werden, und zwar mit einer Kündigungsfrist von einem Jahr. Wird sie nicht gekündigt, so verlängert sie sich jeweils um zwei Jahre. Nach der Kündigungsfrist wirken ihre Regelungen bis zum Abschluß einer neuen Vereinbarung nach.

5 Literatur, Anmerkungen

Literatur

Becker/Danne/Lang/Mikosch/Steinwedel: GK – TzA – Gemeinschaftskommentar zum Teilzeitarbeitsrecht, Neuwied 1987

Bundesminister für Arbeit und Sozialordnung (Hg.) «Teilzeitarbeit 1988», 2. Aufl., Bonn 1988

DIE GRÜNEN im Bundestag/AK Frauenpolitik (Hg.) «Wo liegt der Frauen Glück?» – Neue Wege zwischen Beruf und Kindern, Köln 1988

Heckl, Ulrike/Merkel, Christine «Auf der Suche nach bezahlter Arbeit», Frankfurt 1987

Holland, Jürgen «Teilzeitarbeit», Beck-Rechtsratgeber, München 1987

Hauptvorstand der Gewerkschaft HBV (Hg.) «Teilzeitarbeit – Auch Teilzeitbeschäftigte haben Rechte», Düsseldorf 1987

Hauptvorstand der Gewerkschaft HBV (Hg.) «Auch Teilzeitarbeit fordert ganze Kraft – Arbeitshilfen für Betriebsräte und Vertrauensleute», Düsseldorf 1984

IG Metall «Positionspapier Teilzeitarbeit», Bd. 114 der Schriftenreihe der IG Metall, Frankfurt 1988

Anmerkungen

[1] Möller, C., «Flexibel in die Armut.» Empirische Untersuchung und theoretische Verortung prekärer Arbeitsverhältnisse, Köln 1987, Forschungsbericht Bd. 3 des Hamburger Instituts für Sozialforschung, Hamburg 1988.
Es wurden 20 Dienstleistungsbetriebe in Köln kontaktiert. Ausführliche Gespräche mit Personalleitern und Betriebsräten und Firmenunterlagen waren die Grundlage für Informationen über 30000 Arbeits(vertrags)formen in diesen Betrieben. Kleinbetriebe blieben unterrepräsentiert. Insgesamt erhielten wir damit Auskünfte über gut 9 Prozent der im Dienstleistungssektor Köln Beschäftigten.

[2] Als Maßstab für eine existenzsichernde Entlohnung wurde ein Haushaltsbudget für eine alleinstehende Person in Köln aufgestellt. Für 1985/86 wurde als Mindestgrenze ein Betrag von DM 1400 netto festgelegt.

[3] Vgl. die Untersuchung im Auftrag des BMA über «Sozialversicherungsfreie Beschäftigung», durchgeführt vom Institut für Sozialforschung und Gesellschaftspolitik GmbH, Köln 1988. Veröffentlichung ist angekündigt.

[4] Eine Analyse der Tarifpolitik als frauendiskriminierend gibt Ingrid Kurz-Scherf, «Von der Emanzipation des Brunnenmädchens in Heilbädern», in: WSI-Mitteilungen, Heft 8/1986.

[5] Die Mikrozensus-Daten sind entnommen: Statistisches Bundesamt (Hg.), Fachserie 1, Reihe 4.1.1., Stand und Entwicklung der Erwerbstätigkeit, div. Jahrgänge.

[6] Siehe hierzu: Möller, C., a. a. O., S. 66ff. (Anm. 1).

[7] Entnommen den Amtlichen Nachrichten der Bundesanstalt für Arbeit, Heft 3, 1989, S. 274ff. und eigene Berechnungen.

[8] Bundestags-Drucksachen 10/2102, S. 16.

[9] BAG, Urteil vom 12.12.1984 – 7 AZR 509/83 – in: DB 85, 1240 – NJW 85, 2151.

[10] Das BAG verneint die Mitbestimmung nach § 87 Abs. 1 Nr. 2 bei der wöchentlichen Arbeitszeit, bejaht aber die Mitbestimmung bei der Festlegung der täglichen Arbeitszeit, BAG, Beschluß vom 13.10.1987 – 1 ABR 10/86 – in: DB 88, 341.

[11] Vgl. Musterbetriebsvereinbarung der Gewerkschaft HBV, in: Auch Teilzeit fordert ganze Kraft, Arbeitshilfe für Betriebsräte und Vertrauensleute zur Regelung der Teilzeitarbeit, hrsg. vom HBV-Hauptvorstand, Düsseldorf 1984 und Positionspapier Teilzeit der IG Metall, Frankfurt 1988, Nr. 114 der Schriftenreihe der IG Metall.

[12] Dieterich «Das Aushilfsarbeitsverhältnis», AR-Blattei D I.

[13] Dieterich a. a. O.

[14] Auch eine geringfügige Überschreitung der 4-Monats-Grenze kann als Umgehung des Beschäftigungsförderungsgesetzes die Befristung unwirksam machen: Für eine Unterbrechung von 4 Monaten und 9 Tagen wurde angenommen, daß eine Umgehung der Befristungsregelungen vorliege und der neue Vertrag nur eine Fortsetzung des alten darstelle. Dann sei eine neue Befristung unzulässig und das Arbeitsverhältnis sei ein unbefristetes, so LAG Köln, Urteil vom 9.11.1988 – 5 Sa 884/88 – in: NZA 89, 533.

[15] Bertelsmann, K./Rust, U., «Arbeits- und sozialrechtliche Nachteile bei Teilzeitarbeit», RdA 1985, 146.

16 3 AZR 66/83 – in: NZA 87, 445.

17 Vgl. zu der Problematik insgesamt Degen, B., «Teilzeitarbeit und Arbeitsrecht», Zur mittelbaren Diskriminierung von Frauen, in: WSI-Mitteilungen 10/87, 627, EuGH vom 13.5.1986 – Rs 170/84 – in: NZA 86, 599.

18 Vgl. im einzelnen: Pfarr, H./Bertelsmann, K, «Gleichbehandlungsgesetz», Zum Verbot der unmittelbaren und der mittelbaren Diskriminierung von Frauen im Erwerbsleben, Wiesbaden 1985.

19 Vorlagebeschlüsse des ArbG Hamburg vom 11.3.1987 – 14 Ca 482/86 und Vorlagebeschluß des ArbG Oldenburg vom 5.5.1988 – 3 Ca 50/88, «Streit» 3/88, 123; Pressebericht über EuGH-Entscheidung vgl. «Frankfurter Rundschau» v. 22.8.89, S. 4.

20 Pfarr/Bertelsmann, Gleichbehandlungsgesetz (vgl. Anm. 18), S. 126ff.

21 ArbG Berlin, Urteil vom 28.10.1983 – 18 Ca 303/83.

22 BAG vom 22.6.1978 – 3 AZR 156/77 – in: DB 78, 2081 und vom 5.8.1987 – 5 AZR 22/86 – in: DB 88, 182.

I 5 **Helga Ostendorf**

**Frauen in «Männerberufen» –
Frauenarbeitsschutz für und gegen Frauen**

I 5

HELGA OSTENDORF

Frauen in «Männerberufen» – Frauenarbeitsschutz für und gegen Frauen

Andrea B., die lange einen Ausbildungsplatz als Feinmechanikerin gesucht hat, erhielt schließlich einen Platz in einem Industriebetrieb; sie lernte Industriemechanikerin. Vom Jugendsekretär der IG Metall hatte sie erfahren, daß der Beruf in der Industrie einen anderen Namen hat und außerdem, daß bei der Firma «ABS» Mädchen in technischen Berufen bevorzugt eingestellt würden. Auch würde ABS die Ausgelernten meistens in ein Arbeitsverhältnis übernehmen, was im Handwerk oftmals nicht der Fall sei. Unter den zehn Auszubildenden in ihrem Beruf waren drei Mädchen. Obwohl der Betrieb einen Frauenförderplan hatte, mehr Frauen in «Männerberufen» und in höheren Positionen wollte, gab es im Alltäglichen etliche Schwierigkeiten: Aus Andreas Abteilung sollte jemand zu einer Fortbildung, der Meister bevorzugte ohne sachliche Gründe einen männlichen Kollegen. Als ein Engpaß auftrat, sollte Andrea bis zu zwölf Stunden am Tag arbeiten. Schließlich wurde der Betrieb auf das Drei-Schicht-System umgestellt, und die Kollegen beklagten sich über Andreas Vorrecht, nicht nachts arbeiten zu müssen. Als sie schwanger wurde, meinten nicht wenige: Nun reicht's!

Dieser Beitrag hat zum einen das Ziel, Frauen über ihre Rechte zu informieren; zum anderen aber auch, Frauen Grundlagen zu geben, Vorurteile und Informationsmängel bei Kollegen, Vorgesetzten und Personalverantwortlichen abzubauen. Die Betrachtung der Arbeitsschutzgesetze wird begrenzt auf die Bereiche: Diskriminierung bei Bewerbungen, Arbeitszeitbeschränkungen, Verbot der Nachtarbeit, Arbeitsverbote, Höchstgrenzen für das Heben und Tragen, getrennte Sanitärräume und besondere Bestimmungen während einer Schwangerschaft. Die meisten Bestimmungen gelten für alle Frauen – unabhängig vom Beruf.

Arbeitsschutzgesetze aus dem Blickwinkel von Frauen in «Männerberufen» zu betrachten, ist relativ neu. Erst seit dem Ende der siebziger Jahre sind Frauen vermehrt in bislang für sie untypischen Berufen der Metall-, Elektro-, Holz- und Farbtechnik anzutreffen. Die politischen Bemühungen vor allem des Bundesbildungsministeriums und einiger Bundesländer, gewerblich-technische Berufe für Frauen zu erschließen, führen auch dazu, daß bei einer Neubearbeitung von Arbeitsschutzgesetzen Frauen in diesen Berufen besondere Berücksichtigung finden.

Der Begriff «Männerberuf» ist ein künstlicher. Ein Beruf wird im allgemeinen als «Männerberuf» bezeichnet, wenn weniger als 20 Prozent der

Zahl der Frauen in einer gewerblich-technischen Ausbildung

Beruf	1977 Frauen insges.	1977 in % der Azubis	1986 Frauen insges.	1986 in % der Azubis
Maschinenschlosserin	21	0,1	660	1,4
Feinmechanikerin	66	1,0	684	9,8
KFZ-Mechanikerin	114	0,1	705	0,8
Energieanlagenelektronikerin	8	0,1	284	1,4
Elektrogerätemechanikerin	27	1,0	154	4,3
Elektroinstallateurin	63	0,1	454	0,9
Tischlerin	382	1,3	3160	8,2
Maler- und Lackiererin	382	1,1	3285	8,4

Quelle: Statistisches Bundesamt, Fachserie 11, Rh. 3. Stuttgart und Mainz.

Auszubildenden bzw. Lehrlinge Mädchen sind. Einen besonderen Arbeitsschutz für Frauen in «Männerberufen» gibt es nicht. Einige der für Frauen gesonderten Arbeitsschutzbestimmungen haben hier jedoch ein besonderes Gewicht. Der Beitrag wird sich darauf beschränken, nur die jeweiligen Aspekte aufzunehmen, die in «Männerberufen» von besonderer Bedeutung sind.

1 Entwicklung des Frauenarbeitsschutzes

Einige die Ausbildung und Beschäftigung von Frauen in gewerblich-technischen Berufen hemmenden rechtlichen Bestimmungen wurden in den letzten zehn Jahren abgebaut. So sind beispielsweise für Männer und Frauen getrennte sanitäre Anlagen nicht mehr vorgeschrieben, und die Bauberufe wurden teilweise für Frauen geöffnet.

Lange Zeit waren die Bauberufe generell für Frauen verboten. 1980 ließ man Frauen in Bau*neben*berufen zu, vier Jahre später erklärte das Oberverwaltungsgericht in Münster diese Trennung für grundgesetzwidrig, 1988 schließlich öffnete das Bundesbildungsministerium weitere Berufe für Frauen, und im Entwurf des Arbeitszeitgesetzes aus dem Jahr 1987 ist vorgesehen, Frauen in allen Bauberufen zuzulassen.

Wie dieses Beispiel zeigt, unterliegen die Schutzbestimmungen für Frauen in «Männerberufen» in jüngster Zeit einem ständigen Wandel. Als für Frauen entscheidende Änderung steht derzeit (1989) ein neues Arbeitszeitgesetz an. Soweit möglich, werde ich im folgenden die geplanten Änderungen berücksichtigen. Es läßt sich aber nicht vorhersagen, in welcher Form sie letztlich verabschiedet und damit rechtskräftig werden.

Die Arbeitsschutzbestimmungen für Frauen werden im wesentlichen begründet mit der im Vergleich zu Männern geringeren körperlichen Leistungsfähigkeit sowie mit der Vorsorge für die Gebärfähigkeit, und nicht zuletzt sind sie auch beeinflußt von der Vorstellung von «der Rolle der Frau», die zur Entstehungszeit des jeweiligen Gesetzes bzw. der Verordnung vorherrschend war. Frauen sind im Durchschnitt 10 kg leichter und 10 cm kleiner, ihre maximale Muskelkraft und die maximale Leistungsfähigkeit des Herz-Kreislauf-Systems liegen um ca. 30 Prozentpunkte unter der der Männer. Rechtsbestimmungen werden zudem vorwiegend von Männern beschlossen, die meist auch einer bestimmten sozialen Schicht – dem Berufsbeamtentum – angehören und deren Vorstellung von der Rolle der Frau sich in den Rechtsbestimmungen widerspiegelt.

Nachdem arbeitswissenschaftliche Untersuchungen[1] und auch die Praxis – die Erwerbstätigkeit einer zunehmenden Zahl von Frauen in «Männerberufen» – erwiesen haben, daß die meisten dieser Berufe sehr wohl auch von Frauen ausgeübt werden können, tritt in den letzten Jahren zunehmend das Argument der «Nicht-Zumutbarkeit» in den Vordergrund.

Bei näherem Nachfragen betrachten Ausbilder und betriebliche Vorgesetzte oftmals schmutzige Arbeit für Frauen als unzumutbar. Daß auch einige Frauenberufe, zum Beispiel in der Gebäudereinigung, der Alten- und Krankenpflege, zumindest unter hygienischen Aspekten schmutzige Tätigkeiten mit sich bringen, ist vielen nicht im Bewußtsein. Sie stellen ab auf das äußere Erscheinungsbild der Frau – eine Frau im Blaumann paßt nicht zu ihrer Vorstellung, wie eine Frau auszusehen habe.

2 Arbeitsschutz für Frauen in gewerblich-technischen Berufen

Motiviert ist die Ablehnung von Frauen in «Männerberufen» wohl auch dadurch, daß diese Frauen die Männlichkeit und damit den Wert solcher Berufe in Frage zu stellen scheinen. «Männerberufe» haben im allgemeinen ein höheres Ansehen als «Frauenberufe». Sie stehen im Ruf, im Gegensatz zu Frauenberufen, technisches Verständnis und Körperkraft zu erfordern – Fähigkeiten, die Frauen abgesprochen und mit denen die höhere Bezahlung in den «Männerberufen» gerechtfertigt werden. Frauen, die diese Berufe ausüben, beweisen, daß eine solche höhere Bewertung ungerechtfertigt ist. Einige der Rechtsbestimmungen, auf die vielfach verwiesen wird, haben weniger Gewicht, als ihnen zugesprochen wird. Sie dienen lediglich als Vorwand, um Frauen aus gewerblich-technischen Berufen auszugrenzen.

2.1 Ablehnung bei Bewerbungen

Frauen, die einen Ausbildungs- oder einen Arbeitsplatz suchen, wird nicht selten bedeutet, daß sie – weil sie eine Frau sind – keine Chancen haben. Als Argument werden oft fehlende sanitäre Einrichtungen oder die Schwere der zu hebenden und zu tragenden Teile angeführt. Für die Geschlechter getrennte sanitäre Einrichtungen sind seit 1983 keine «Muß»-Vorschrift mehr, sondern nur noch ein «Soll». Die Schwere der zu hebenden oder zu tragenden Teile kann im Einzelfall den Ausschluß von Frauen rechtfertigen, meist werden diese Argumente aber nur als Vorwand benutzt, weil «man» keine Frauen will.

Wenn die betroffene Frau eine solche Diskriminierung *glaubhaft* machen kann, hat sie Anspruch auf Schadenersatz (vgl. I.2 Arbeitsrecht im Frauenalltag...). Die dazu vorhandene Bestimmung (§611a BGB) ist jedoch unzureichend. Sie ist den Arbeitgebern zwischenzeitlich bekannt, und eine Frau wird eine so begründete Ablehnung kaum schriftlich oder vor Zeugen erhalten. Die Diskriminierung kann also vor Gericht nicht belegt werden. Falls der Nachweis dennoch gelingt, bleibt der Schaden zu bewerten. Unbestreitbar sind Bewerbungskosten entstanden: Der entsprechende Paragraph wird deshalb auch als «Portoparagraph» bezeichnet. Im März 1989 hat das Bundesarbeitsgericht (BAG) – die höchste Instanz – entschieden, daß ein (entgangenes) Monatsgehalt zu zahlen ist. Verschiedentlich wurden auch schon sechs Monatsgehälter erstritten.[2]

Die geringe Anzahl von Prozessen, die in den letzten Jahren dazu geführt wurden, deutet an, daß sich solche Diskriminierungen schwer nachweisen lassen. Auch wenn der Ausbildungs- oder Arbeitsplatz bzw. eine angemessene Entschädigung kaum einzuklagen sind, sollten die örtliche Frauenbeauftragte, die Frauenbeauftragte des Arbeitsamtes und die Frauensekretärin der Gewerkschaft eingeschaltet werden. Sie können Druck auf den Betrieb ausüben, so daß die geschlechtsdiskriminierende Ablehnung mindestens nicht ganz folgenlos bleibt.

2.2 Arbeitszeit

Für Frauen gelten generell Höchstarbeitszeiten von zehn Stunden täglich. Sie sind festgesetzt in der Arbeitszeitordnung (AZO). An den Tagen vor Sonn- und Feiertagen beträgt die Arbeitszeit maximal acht Stunden und muß um 17 Uhr beendet sein. Ausnahmen bestehen u. a. im Verkehrswesen und in Gärtnereien. In «Notfällen», die dem Gewerbeaufsichtsamt anzuzeigen sind, dürfen diese Zeiten überschritten werden.

Nachts zu arbeiten ist für Arbeiterinnen verboten (s. u.). Die Arbeitszeiten müssen zwischen sechs und 20 Uhr, in mehrschichtigen Betrieben zwischen sechs und 23 Uhr liegen. Nach vorheriger Anzeige beim Gewerbeaufsichtsamt darf die Frühschicht um fünf Uhr beginnen und die Spätschicht um 24 Uhr enden. Ausnahmen durch die Gewerbeaufsichtsämter sind möglich.

Nach viereinhalb Stunden muß eine Pause gewährt werden: bei maximal sechs Std. Arbeitszeit 20 Minuten, bei sechs bis acht Std.: eine halbe Std., bei acht bis neun Std.: eine dreiviertel Std. und bei mehr als neun Std. eine Stunde.

Der *Entwurf eines neuen Arbeitszeitgesetzes* vereinheitlicht die Höchstarbeitszeitregelungen für Frauen und Männer auf acht Stunden täglich, mit Vor- und Abschlußarbeiten auf neun Stunden. Die Arbeitszeit kann auf zehn Stunden ausgedehnt werden, wenn durch Freischichten innerhalb von drei Monaten ein Durchschnitt von acht bzw. neun Stunden erreicht wird. Durch Tarifverträge oder Betriebsvereinbarungen können abweichende Regelungen geschaffen werden. Der Gesetzentwurf sieht dazu eine breite Palette von Möglichkeiten vor.

Zum Ausdruck kommt hier die von den Arbeitgebern geforderte Flexibilisierung der Arbeitszeit, die Stillstandszeiten der Anlagen und damit die Kosten verringern soll. Für ArbeitnehmerInnen, insbesondere für Mütter und Väter, drohen Nachteile. Lange Arbeitszeiten schränken den Kontakt zu den Kindern ein, für die Hausarbeit bleibt bei einem zehnstündigen Arbeitstag kaum noch Zeit. Von Vorteil ist aber, daß nunmehr auch die Höchstarbeitszeit der Männer begrenzt wird und somit ihr Konkurrenzvorteil abnimmt.

Bei Verstößen gegen die Arbeitszeitordnung sollte der erste Weg zum Betriebsrat führen, der bei einem so eindeutigen Verstoß einschreiten muß. Arbeitszeiten, die sogar noch über zehn Stunden hinausgehen, zeigen außerdem deutlich an, daß zusätzlicher Personalbedarf besteht. Vielleicht kennen Sie eine Berufskollegin, mit der Sie gerne zusammenarbeiten möchten: Sie könnten sie zur Einstellung vorschlagen. Das Problem werden aber voraussichtlich die Männer, einschließlich der Kollegen im Betriebsrat sein. Eine gehörige Anzahl von Überstunden bringt nicht nur mehr Geld, sondern berechtigt auch, sich – noch mehr als ohnehin schon – vor der Hausarbeit zu drücken. Vielleicht können Sie die Unterstützung der (Ehe-)Frauen der Kollegen für die notwendige Überzeugungsarbeit einholen.

2.3 Nachtarbeit

Für Arbeiterinnen ist Nachtarbeit zwischen 20 und sechs Uhr verboten, in mehrschichtigen Betrieben zwischen 24 und fünf Uhr. (Geringfügige Abweichungen, zum Beispiel aus verkehrstechnischen Gründen, werden von den Gewerbeaufsichtsämtern in der Regel genehmigt.) Dieses Verbot gilt nur für Arbeiterinnen, nicht aber für Angestellte. Ausgenommen sind u. a. das Verkehrswesen, Gärtnereien und Krankenpflegeanstalten. Ob in gewerblich-technischen Berufen ausgebildete Frauen nachts arbeiten dürfen, hängt somit davon ab, wo sie arbeiten und welcher Sozialversicherung (der Arbeiter- oder der Angestelltenrentenversicherung) sie zuzuordnen sind. Eine Elektrikerin darf nachts die Anlagen eines Krankenhauses warten, nicht aber die eines Industriebetriebes. Eine Meisterin oder Technikerin kann als Angestellte auch nachts arbeiten.

Ein Hemmnis für die Beschäftigung von Facharbeiterinnen ist das Nachtarbeitsverbot vor allem in Drei-Schicht-Betrieben und in Betrieben, in denen öfters nachts Reparaturarbeiten anfallen. Zwar dürfen Arbeiterinnen bei «Notfällen» nachts arbeiten, sie würden damit aber die Höchstarbeitszeit von zehn Stunden überschreiten. Die gegenwärtig zu beobachtende Zunahme der Einführung von Nachtschichten bringt eine Abnahme der Arbeitsmarktchancen für Facharbeiterinnen und Gesellinnen mit sich, und in der Folge wird auch die Bereitschaft zur Ausbildung von jungen Frauen sinken.

Der Entwurf des neuen Arbeitszeitgesetzes vom Mai 1987 hält noch am Nachtarbeitszeitverbot für Arbeiterinnen fest. Vorgeschrieben wird eine Arbeitsunterbrechung zwischen 22 und sechs Uhr. Die Aufsichtsbehörde kann Ausnahmen aus betriebstechnischen oder aus anderen wichtigen Gründen zulassen, und in mehrschichtigen Betrieben kann sie die Arbeit in Spätschichten bis 24 Uhr genehmigen, wenn die Frühschicht entsprechend später beginnt. In Bäckereien und Konditoreien soll die Arbeitszeit der Frauen der der Männer angepaßt werden.

Gegenüber der gegenwärtigen Regelung sieht der Entwurf für weitere Beschäftigungsbereiche Ausnahmen vor: in Energie- und Wasserversorgungsbetrieben, Abfall- und Wasserentsorgungsbetrieben sowie bei der Feuerwehr.

Eine Begründung für diese Erweiterung ist aus dem Gesetzentwurf lediglich hinsichtlich der Bäckereien und der Feuerwehr zu entnehmen. In

Bäckereien sind Jugendliche bisher ab fünf Uhr, über 17jährige ab vier Uhr (§ 14 JArbSchG) zugelassen, erwachsene Frauen aber erst ab sechs Uhr. Diese Ungereimtheit soll beseitigt werden.

Der Frauenarbeitsschutz in den «Männerberufen» gerät zwar zunehmend ins Blickfeld, manche Beispiele zeigen aber auch, wie zufällig er ist. Dazu gehört die geplante Aufhebung des Nachtarbeitsverbots bei der Feuerwehr. Im Paragraphen zum Nachtarbeitsverbot für Arbeiterinnen wird – wie schon in der zur Zeit geltenden Arbeitszeitordnung – Bezug genommen auf einen Teil der Abschnitte, in denen die Ausnahmen zum für Männer wie für Frauen geltenden Sonntagsarbeitsverbot aufgeführt sind. Der Bundesrat meinte anscheinend, daß die Feuerwehr im Entwurf der Regierung einen zu nachrangigen Platz bekommen habe, und schlug vor, sie in den ersten Absatz statt in den 15. aufzunehmen. Die Bundesregierung stimmte zu, und da die ersten 14 Absätze der Ausnahmen vom Sonntagsarbeitsverbot gleichzeitig die Ausnahmen vom Nachtarbeitsverbot sind, dürfen Arbeiterinnen in Zukunft auch bei der Feuerwehr nachts beschäftigt werden. (Die Aufhebung von) Frauenarbeitsschutz ist zufälliger Nebeneffekt!

Die Trennungslinie, welche Frauen nachts arbeiten dürfen und welche nicht, erscheint wenig einleuchtend. Betrachtet frau die für Frauen typischen Arbeitsbereiche, in denen auch nachts gearbeitet wird, so dürfen – und müssen – Frauen überall nachts arbeiten, nur nicht in Industriebetrieben, wo mit am meisten verdient wird. Gegenwärtig bestehen Planungen, im neuen Arbeitszeitgesetz das Nachtarbeitsverbot generell aufzuheben, zumal es in einigen Ländern der Europäischen Gemeinschaft (EG) keine solche Vorschrift gibt und es im Zuge der Herstellung des EG-Binnenmarktes um eine Angleichung geht.

2.4 *Arbeitsverbote*

In bestimmten Bereichen und für bestimmte Tätigkeiten ist der Einsatz von Frauen nicht zulässig. Teils werden solche Verbote mit Gesundheitsschutz (d. h. mit der schwächeren körperlichen Konstitution im Vergleich zu Männern sowie der generativ biologischen Funktion) begründet, teils resultieren sie aber auch aus überkommenen Vorstellungen von «der Rolle der Frau».

Mit *Blei* und *Quecksilberalkylen* dürfen gebärfähige Arbeitnehmerinnen nicht umgehen, sofern die Auslöseschwelle überschritten wird.[3] Als Auslöseschwelle wird eine bestimmte Konzentration eines Stoffes bezeichnet, bei der zusätzliche Schutzmaßnahmen erforderlich sind. Verboten ist eine Ausbildung oder Erwerbstätigkeit von Frauen zur Zeit in den folgenden 19 Berufen:

Bergmechaniker, Berg- und Maschinenmann, Aufbereiter im Bergbau, Gießereimechaniker, Metallformer und Metallgießer, Rohrleitungsbauer, Hochbaufacharbeiter, Maurer, Feuerungs- und Schornsteinbauer, Beton- und Stahlbetonbauer, Zimmerer, Dachdecker, Straßenbauer, Tiefbaufacharbeiter, Gleisbauer, Wasserbauwerker, Brunnenbauer, Kanalbauer, Asphaltbauer.

In den Bauberufen bestehen Ausnahmen für sogenannte «Meistertöchter», die die Ausbildung absolvieren wollen, um später den elterlichen Betrieb zu leiten.[4] Ihnen ist es auch erlaubt, die für die Zulassung zur Meisterprüfung erforderlichen Gesellinnenjahre zu absolvieren. Ebenso können Studentinnen in diesen Berufen ein für ihr Studium erforderliches Praktikum machen.

Generell verboten ist die Arbeit von Frauen in Bergwerken, Salinen, in unterirdischen Brüchen und Gruben sowie bei Förderung, Transport und Verladung auch über Tage. In Stahlwerken, an Hochöfen, in Metallhütten, Walz-, Preß- und Hammerwerken dürfen sie nicht mit den eigentlichen Betriebsarbeiten bei «nicht kalter Verarbeitung» eingesetzt werden.

Auch auf Bauten dürfen Frauen nicht mit den «eigentlichen Betriebsarbeiten» beschäftigt werden. Was unter «eigentlichen Betriebsarbeiten» zu verstehen ist, ist umstritten. Ursprünglich war die Auslegung, daß *alle* Bauberufe für Frauen verboten seien. 1980 einigten sich die Gewerbeaufsichtsämter der Länder, daß Arbeiten im Bauausbau- und Baunebengewerbe nicht mehr als «eigentliche Betriebsarbeiten» anzusehen seien. Vorher waren also auch Berufe wie Elektroinstallateurin, Maler- und Lackiererin, Gas/Wasserinstallateurin usw. Frauen nicht zugänglich – Berufe, in denen heute etliche Frauen ihr Geld verdienen. Die Trennung, was als Bauhaupt- und was als Baunebenberuf zu verstehen ist, richtet sich allerdings mitnichten nach den körperlichen Anforderungen in den verschiedenen Berufen, sondern ist lediglich eine für statistische Zwecke getroffene Abgrenzung: im Hinblick auf die Zulassung von Frauen zu diesen Berufen ist sie willkürlich.

1988 hat das Bundesministerium für Bildung und Wissenschaft in Abstimmung mit anderen Bundesministerien weitere Berufe für Frauen geöffnet:

BackofenbauerIn, AusbaufacharbeiterIn, StukkateurIn, KlebeabdichterIn, IsoliermonteurIn, Wärme-, Kälte- und SchallschutzisoliererIn, TrockenbaumonteurIn, Fliesen-, Platten- und MosaiklegerIn, Kachelofen- und LüftungsbauerIn, EstrichlegerIn und StraßenwärterIn.

Zurückzuführen ist diese Erweiterung der für Frauen zugelassenen Berufe auf eine Entscheidung des Oberverwaltungsgerichts Münster 1984.[5] Eine angehende Stukkateurin klagte um die Eintragung in die Lehrlingsrolle und damit um die Zulassung zur Gesellenprüfung. Unter Hinzuziehung eines arbeitswissenschaftlichen Gutachtens befand das Gericht, daß zumindest nicht alle Arbeiten in diesem Beruf für Frauen zu schwer seien. Es hielt die Bestimmung der Arbeitszeitordnung, wonach Frauen auf Bauten aller Art nicht mit den eigentlichen Betriebsarbeiten beschäftigt werden dürfen, für verfassungswidrig. Das Verbot verstoße gegen den Gleichstellungsgrundsatz (Art. 3 Abs. 2 GG) und insbesondere auch gegen die Freiheit der Berufswahl (Art. 12 Abs. 1 GG). Inwieweit dieses Urteil auch auf die noch bestehenden Verbote anwendbar ist und ob sich andere Gerichte anschließen, ist offen: Es hat noch keine Frau geklagt.

Der Entwurf des Arbeitszeitgesetzes sieht die Zulassung aller Bauberufe vor. Allerdings verlangt der Gesetzentwurf, daß sich die dort tätigen Frauen alle sechs Monate arbeitsmedizinisch untersuchen lassen. Der Gesetzgeber weicht hier einer Antwort auf die Frage aus, welche Berufe bzw. Tätigkeiten von Frauen ausübbar sind, und überläßt es den einzelnen Frauen, dies selbst herauszufinden.

Der Wert solcher arbeitsmedizinischer Zeugnisse ist generell anzuzweifeln. Der Gesetzgeber überschätzt den Stand der Arbeitswissenschaften. Über die Belastungen und Anforderungen von Arbeitsplätzen liegen zwar Erkenntnisse vor, es gibt jedoch keinen «Katalog», der Berufe einstuft und den ÄrztInnen zu Rat ziehen könnten. Zudem gibt es innerhalb von Berufen die verschiedensten Tätigkeitsfelder; bei Stukkateurinnen zum Beispiel sowohl – körperlich schweres – Fertigen von Gipsfaserdekken als auch das – «kleine, feine» – Modellieren von Entwürfen in Architekturbüros. ÄrztInnen können keinen Überblick über die in den Tätigkeitsfeldern auftretenden körperlichen Belastungen haben. Letzlich werden in die Gutachten die subjektiven Ansichten und Vorurteile eingehen. Frauen, die einen zur Zeit noch «verbotenen» Beruf erlernen wollen, obwohl sie keinen elterlichen Betrieb in Aussicht haben, müssen mit späterer Arbeitslosigkeit rechnen. Frauen, die nach der Ausbildung studieren wollen, können eine Ausnahmegenehmigung erhalten.

2.5 *Heben und Tragen von Lasten*

Die Verordnung über die Beschäftigung von Frauen auf Fahrzeugen schreibt vor, daß Frauen ohne mechanische Hilfsmittel «nicht nur gelegentlich» nicht mehr als 10 kg heben oder tragen dürfen.[6] Ob diese Verordnung überhaupt für Frauen gilt, die nicht «auf Fahrzeugen» beschäftigt sind, ist umstritten. Was unter «nicht nur gelegentlich» verstanden werden muß, wird nicht näher ausgeführt und von den einzelnen Gewerbeaufsichtsämtern unterschiedlich ausgelegt.

Die Begrenzung kann einerseits eine Handhabe bieten, sich gegen zu hohe körperliche Anforderungen zu wehren, andererseits wird auch sie oft benutzt, um Frauen aus gewerblich-technischen Berufen auszugrenzen. Dabei hat diese Regelung für Facharbeiterinnentätigkeiten wenig Bedeutung, denn Heben und Tragen ist meist gerade dort – im Gegensatz zu von vielen Frauen ausgeübten Angelerntentätigkeiten – kein wesentlicher Bestandteil. Vor allem lassen Facharbeiterinnentätigkeiten in der Regel Gestaltungsspielräume zu, die ungünstige Belastungen vermeidbar machen oder ausgleichen. Eine Frau, die sich körperlich überfordert fühlt, sollte daher zunächst überlegen, ob sie die Arbeit auch anders organisieren kann und gegebenenfalls technische Hilfsmittel anfordern. Die nächste Überlegung wäre, ob ihr Arbeitsplatz überhaupt ein qualifikationsgerechter ist und ob sie sich um einen anderen – im Hinblick auf ihre Kenntnisse und Fertigkeiten anspruchsvolleren – bemühen sollte.

Eine objektive Grenze, wieviel Frauen heben und tragen dürfen, gibt es nicht. International sind die Bestimmungen höchst unterschiedlich, sie reichen von sieben bis 35 kg. Bei den Bestimmungen ist der «Einfluß des jeweiligen gesellschaftspolitischen Verständnisses von der Erwerbstätigkeit der Frauen auf den festgelegten Grenzwert» deutlich erkennbar.[7]

Betriebe, die Frauen mit dem Argument der zu schweren zu hebenden und zu tragenden Teile ablehnen, benutzen dieses oftmals als Vorwand, um Frauen generell auszuschließen. Manchmal sind die Personal- und Ausbildungsabteilungen aber auch über die im Betrieb anfallenden Arbeiten nur nicht ausreichend informiert und/oder unterschätzen die Fähigkeiten von Frauen. Von 94 in einer Untersuchung befragten Betrieben gab knapp die Hälfte an, die Arbeitsplätze für ausgebildete Facharbeiterinnen besonders ausgesucht zu haben. Einige Jahre später waren fast alle Frauen auf «normalen» Plätzen.[8] Im Einzelfall kann es sich lohnen, darauf hinzuweisen, daß Frauen die berufstypischen Arbeiten bewältigen können, und auf einen Arbeitsvertrag zu drängen. Üblicherweise ist in jedem Arbeitsvertrag eine Probezeit enthalten, die zu einer beiderseitigen Überprüfung der Einschätzung der Anforderungen des Arbeitsplatzes einerseits und der Leistungsfähigkeit von Frauen andererseits genutzt werden kann.

2.6 Sanitärräume

«Extra»-Waschräume für Frauen: zu hohe Kosten für den Betrieb. Dieses (Schein-)Argument wird gern benutzt, um Frauen abzulehnen. Manche Betriebe sind auch nur uninformiert: Seit 1983 sind keine für Frauen und Männer getrennten Anlagen mehr vorgeschrieben. Die Bestimmung wurde von einer «Muß»- in eine *«Soll»-Vorschrift* umgewandelt. Damit haben Frauen (und Männer) einerseits keinen Anspruch mehr auf eigene Räume, andererseits ist dieses Argument auch nicht mehr stichhaltig.

In kleineren Betrieben und auf Baustellen verhinderte die Bestimmung manchmal die Beschäftigung von Frauen – allerdings auch nur, wenn bisher kein weibliches Personal (zum Beispiel als Büroangestellte) vorhanden war. In den meisten größeren Betrieben sind wegen der Beschäftigung von an- und ungelernten Frauen sowieso getrennte Anlagen vorhanden. Ob eine Benutzung der sanitären Anlagen gemeinsam mit Männern zumutbar ist, muß jede Frau für sich entscheiden (und die Zumutbarkeit hängt sicherlich auch vom Verhalten der männlichen Kollegen ab).

2.7 *Schwangerschaft*

Das Mutterschutzgesetz (vgl. IV.1 Schwangerschaft...) und die Gefahrstoffverordnung enthalten eine Reihe von Bestimmungen, die viele Tätigkeiten im gewerblich-technischen Berufsspektrum für Schwangere verbieten. Schwangere Frauen dürfen nicht:

- regelmäßig Lasten von mehr als 5 kg oder gelegentlich von mehr als 10 kg ohne mechanische Hilfsmittel von Hand heben, bewegen oder befördern;
- ab dem fünften Schwangerschaftsmonat ständig stehen, sofern sie länger als vier Stunden arbeiten;
- mit Arbeiten beschäftigt werden, die häufig erhebliches Strecken, Beugen oder dauerndes Hocken oder Bücken nötig machen;
- Geräte und Maschinen bedienen, die eine hohe Fußbeanspruchung erfordern;
- auf Beförderungsmitteln arbeiten (ab dem dritten Monat);
- Arbeiten ausführen, die besondere Unfallgefahren wie Ausgleiten, Fallen und Abstürzen mit sich bringen;
- im Akkord arbeiten;
- mit giftigen Stoffen und den Menschen chronisch schädigenden Gefahrstoffen beschäftigt werden, wenn die Auslöseschwelle[9] überschritten wird;
- mit krebserzeugenden, fruchtschädigenden oder erbgutverändernden Stoffen in Berührung kommen;
- in Druckluft beschäftigt werden;
- nach dem fünften Schwangerschaftsmonat mehr als achteinhalb Stunden täglich und zwischen 20 und sechs Uhr arbeiten.

In einigen gewerblich-technischen Berufen ist somit eine qualifikationsgerechte Tätigkeit während der Schwangerschaft fast unmöglich.

Auch in vielen Frauenberufen wie Verkäuferin, Friseurin, Krankenschwester und Fließbandarbeiterin dürfen schwangere Frauen nicht unter den berufsüblichen Bedingungen arbeiten. (Zum Teil gelten hier neben den oben aufgeführten noch zusätzliche Schutzbestimmungen.) In frauentypischen Beschäftigungsbereichen wurden entsprechende organisatorische Lösungen gefunden, es bestehen eingespielte Modelle für Umsetzungen auf sogenannte «Schonarbeitsplätze». Schwangere Frauen auf FacharbeiterInnenplätzen dagegen sind ungewöhnlich, erprobte Lösungsmuster gibt es bislang kaum. Zudem sind Umsetzungen auf andere Arbeitsplätze mit entsprechendem Qualifikationsniveau in manchen Berufen schwer vorstellbar.

Grundsätzlich hat eine schwangere Frau Anspruch auf Weiterzahlung ihres vollen Lohnes, gleichgültig ob sie ihre bisherigen Tätigkeiten ausüben kann oder nicht. Wenn sich keine qualifikationsgerechte Arbeit finden läßt, muß sie bereit sein, auch Ungelernten-Arbeiten auszuführen. Sie hat aber dennoch Anspruch auf ein FacharbeiterInnen-/GesellInnengehalt. Frauen in «Männerberufen» sind an sich schon eine Seltenheit – schwangere Frauen um so mehr. Neben der ungewohnten Anforderung, für eine schwangere Facharbeiterin/Gesellin einen Arbeitsplatz zu finden, wo sie unter Einhaltung des Mutterschutzgesetzes ihrem Lohn Entsprechendes leistet, kommen jedoch noch finanzielle Belastungen auf den Betrieb zu.

Während der Mutterschutzfrist im engeren Sinne – sechs Wochen vor und acht Wochen nach der Geburt – muß der Arbeitgeber ebenfalls das bisherige Gehalt weiterzahlen (vgl. IV.1 Schwangerschaft...). Die Krankenkassen erstatten einen «Ausgleich» von 25 DM pro Tag. Dieser Betrag deckt den Lohn natürlich nicht annähernd. Noch 1974 hat das Bundesverfassungsgericht diese Regelung bestätigt. Es hielt die Ungleichbehandlung der Arbeitgeber je nach Anzahl der weiblichen Beschäftigten für unerheblich, weil nur weniger als ein Viertel der erwerbstätigen Frauen mehr als den von der Krankenkasse erstatteten Betrag verdiente.[10] Die Entlohnung von Frauen in Facharbeiterinnen/Gesellinnenpositionen ist jedoch wesentlich höher als in vielen Frauenberufen. Neben dem Risiko des längerfristigen Ausfalls der Arbeitnehmerin hat der Arbeitgeber auch das Risiko einer nennenswerten finanziellen Belastung. Seit langem wird daher eine volle Übernahme der Kosten durch die öffentliche Hand gefordert. Abgemildert wurde bisher lediglich die finanzielle Belastung für Kleinbetriebe mit höchstens 20 Beschäftigten (ausschließlich der Auszubildenden). Nach dem Beschäftigungsförderungsgesetz von 1985 erhalten sie nunmehr 80 Prozent des zu zahlenden Lohnes von den Krankenkassen erstattet.

Ein zusätzliches Problem besteht für die Betriebe manchmal in der Beschaffung einer Ersatzkraft. Wenn der Erziehungsurlaub in Anspruch genommen wird, fällt die Frau als Arbeitskraft für den Betrieb unter Umständen für zwei Jahre aus (eventuell Beschäftigungsverbot während der Schwangerschaft, Mutterschutz vor und nach der Geburt und schließlich Erziehungsurlaub).

Es verwundert daher nicht, wenn einige Arbeitgeber versuchen, einer schwangeren Frau zu kündigen. Grundsätzlich ist während der Schwangerschaft eine Kündigung ausgeschlossen. Der Betrieb kann jedoch einen Antrag beim Gewerbeaufsichtsamt stellen, und dieses kann in «besonderen Fällen» zustimmen. Ein «besonderer Fall» ist gegeben, wenn die Weiterbeschäftigung die wirtschaftliche Existenz des Betriebes gefährdet. Der hessische Verwaltungsgerichtshof entschied im Fall einer Taxifahrerin darüber hinaus, daß auch gekündigt werden darf, wenn eine anderweitige Beschäftigung nicht möglich ist.[11]

Meist werden die Kündigungswünsche aber nicht mit einer Existenzgefährdung des Betriebes begründet, sondern es wird versucht, der Arbeitnehmerin grobe Pflichtverletzungen und Verfehlungen anzulasten. Dies hat schwerwiegende Konsequenzen im Hinblick auf die Ansprüche auf Arbeitslosengeld: Eine Kündigung, die mit Verfehlungen begründet ist, kann zu einer Sperre des Arbeitslosengeldes führen (vgl. II.1 Arbeitsförderungsgesetz...). Eine Schwangere, der gekündigt wird, sollte nicht nur versuchen, sich – notfalls gerichtlich – zu wehren, vor allem sollte sie darauf dringen, daß sie – wenn eine Kündigung nicht zu vermeiden ist – mit der Begründung «Schwangerschaft» entlassen wird. Um so leichter wird es auch sein, später wieder einen Arbeitsplatz zu finden.

In größeren Betrieben wird eine Kündigung wegen Schwangerschaft eher ausgeschlossen sein: Die Lohnfortzahlung für eine einzelne Frau wird kaum die Existenz gefährden. Für die schwangere Frau kann es jedoch unbefriedigend sein, über Monate nur fachfremde und anspruchslose Arbeiten ausführen zu dürfen. Eine Alternative könnte sein, die Zeit für das berufliche Weiterkommen zu nutzen. Wie wär's mit einem MeisterInnenkurs, dem TechnikerInnenzeugnis oder einem IngenieurInnenstudium?

3 Unterstützungsmöglichkeiten – nicht nur für den Konfliktfall

Rechtsprobleme von Frauen in «Männerberufen» entstehen oftmals oder werden verschärft dadurch, daß:

- wenig Erfahrungen mit der Beschäftigung von Facharbeiterinnen und Gesellinnen vorhanden und die Arbeitgeber, Vorgesetzten und Kollegen mit den Bestimmungen nur unzureichend vertraut sind;
- die Existenz von Frauen in «Männerberufen» in den Augen der Männer den Wert dieser Berufe als Körperkraft und technisches Verständnis fordernde Tätigkeiten in Frage zu stellen scheint;

- in den Augen mancher männlicher Kollegen eine Diskrepanz zwischen dem Anspruch der Frauen, gleichberechtigt zu sein, und dem besonderen Arbeitsschutz für Frauen besteht.

Der tägliche Umgang nahezu ausschließlich mit Männern ist für Frauen an sich schon schwierig und ein ständiger Balanceakt. Er erfordert, die eigene Rolle als Fachfrau zwischen «Bienenkönigin», «Neutrum» und «Objekt sexueller Anmache» zu behaupten. Diese – manchmal mühsam – aufrechterhaltene Balance gerät leicht ins Wanken, wenn frau den – ihr rechtlich zustehenden – Arbeitsschutz einfordert. Bei Konflikten sollte sie sich daher die Akzeptanz und wenn möglich auch die Unterstützung der Kollegen sichern.

(Rechts-)Beratungsstellen speziell für Frauen in «Männerberufen» gibt es – noch – nicht. Erkundigungen können zunächst eingeholt werden beim Betriebsrat, der Rechtsberatung der Gewerkschaft und bei den Frauenbeauftragten bzw. Gleichstellungsstellen. Hinsichtlich gefährlicher Arbeitsstoffe sind auch der Sicherheitsbeauftragte bzw. der Werkschutz zuständig. Zu berücksichtigen ist aber, daß spezifische Rechtsprobleme von Frauen in «Männerberufen» für die Beratungsstellen neu sind: Da es nur wenige Frauen in diesen Berufen gibt, kommen auch deren besondere Rechtsprobleme selten vor. Die Beratungsstellen müssen sich in manche Fragen selbst erst einarbeiten.

4 Adressen, Literatur, Anmerkungen

Adressen

Eine Hilfe können auch Gespräche mit anderen Frauen in «Männerberufen» bieten. An einigen Orten haben sich Facharbeiterinnen und Gesellinnen zusammengeschlossen. Meist treffen sie sich ca. einmal im Monat, um ihre Erfahrungen am Ausbildungs- bzw. Arbeitsplatz auszutauschen, sich gemeinsam fortzubilden oder einfach nur, um gemeinsam etwas zu unternehmen. Solche Gruppen bestehen in:

Berlin. Die bisherige Kontaktadresse gilt ab 1990 nicht mehr. Bitte bei der Landesfrauenbeauftragten, Am Karlsbad 8–10, 1000 Berlin 30, Tel. 030/2604-2564 oder dem DGB Landesbezirk Berlin, Abt. Frauen, Keithstr. 1/3, 1000 Berlin 30, Tel. 030/2191134 nachfragen. Für Frauen in Bauberufen gibt es außerdem den Verein «Baufachfrauen», c/o Itekton, Büro für Bauplanung und Berechnung, Willmanndamm 10, 1000 Berlin 62, Tel. 030/7825738.

Göttingen. Kontakt: Monika Wolff, Frauenbeauftragte der Stadt Göttingen, Geismar Landstr. 4, 3400 Göttingen, Tel. 0551/400-3334.

Hamburg. Kontakt: Zahnrad c. V., Barbara Reccius, Manshardtstr. 105 e, 2000 Hamburg 74, Tel. 040/6511013.

Ravensburg. Frauen und Kultur e. V., c./o. Handwerkerinnen, Frauenstr. 1a, 7980 Ravensburg.

Saarbrücken. Kontakt: Hagi Keßler, ISO-Institut für Sozialforschung, Trillerweg 68, 6600 Saarbrücken, Tel. 0681/54080.

Bundesweit arbeitet «Frauen in Naturwissenschaft und Technik e. V.», Postfach 1745, 3400 Göttingen.

Für *Baufachfrauen* gibt es zwei zentrale Kontaktadressen: das Frauenbildungs- und Ferienhaus Osteresch, Zum Osteresch 1, 4447 Hopsten-Schale, Tel. 05457/1513 und der Verein «Baufachfrau e. V.», Adlerstr. 81, 4600 Darmstadt 1.

Die *Ingenieurinnen* haben sich im «Deutschen Ingenieurinnenbund» zusammengeschlossen: Deutscher Ingenieurinnenbund e. V., DIB Geschäftsstelle, Postfach 110305, 6100 Darmstadt.

Vermutlich werden nur wenige Interessierte in dieser Liste eine für sie erreichbare Adresse finden. Organisieren Sie an Ihrem Wohnort selbst eine Gruppe! Die genannten Initiativen sowie die regionale Frauenbeauftragte bzw. Gleichstellungsselle sind sicherlich bereit, Unterstützung zu geben.

Literatur

Alt, Ch./Wolf, B./Arndt, H. «Thesen zur Erschließung gewerblich-technischer Ausbildungsberufe für Mädchen», Berlin 1988.

Backes, G./Lucke, D. «Alternative ‹Männerberuf›?», Stuttgart 1987.

Bundesminister für Bildung und Wissenschaft (Hg.) «Frauen in technischen Berufen», Bad Honnef 1989.

Stiegler, B. (Hg.) «Blaumann über der Schürze», Über die Chancen von Frauen in technischen Berufen, Bonn 1985.

Anmerkungen

[1] Vgl. Bundesinstitut für Berufsbildung/Bildungswerk der Hessischen Wirtschaft e. V. (Hg.). Einsatzmöglichkeiten für Facharbeiterinnen, Ergebnisse der arbeitswissenschaftlichen Begleitforschung im Modellversuchsprogramm «Erschließung gewerblich-technischer Ausbildungsberufe für Mädchen», Berlin und Frankfurt 1985.

[2] BAG, Urt. v. 14.3.1989 – 8 AZR 351/86 u. 8 AZR 447/87, BB 89, 630 – Pressemitteilung.

[3] Gefahrstoffverordnung vom 26.8.1986.

[4] Baupraktikantinnenverordnung vom 16.2.1960.

[5] Urteil 4 A 1101/82 vom 17. Februar 1984.

[6] Verordnung über die Beschäftigung von Frauen auf Fahrzeugen vom 2. Dezember 1971.

[7] Vgl.: Tielmann, A. «Stellungnahme zu Presseberichten über ein von Prof. Farthmann vorgestelltes arbeitsmedizinisches Gutachten zur Beschäftigung von

Frauen unter besonderer Berücksichtigung von Tätigkeiten aus dem Bauhauptgewerbe», Darmstadt 1982 (u. M.).

8 Alt, Ch. «Frauen in gewerblich-technischen Berufen – Hält der Berufsalltag, was die Ausbildung versprochen hat? – Die Sicht der Betriebe», in: Bundesministerium für Bildung und Wissenschaft (Hg.) «Frauen in technischen Berufen.» Dokumentation einer Fachtagung, Bonn 1989.

9 Vgl. Anm. 3.

10 BVerfGE 37, S. 121.

11 Verwaltungsgerichtshof Kassel, Aktenzeichen: 9 UE 251/85; zitiert nach: taz vom 30. 1. 1989.

I 6 **CAREN BERG**
Existenzgründung – Frauen als Selbständige

I 6

Caren Berg

Existenzgründung – Frauen als Selbständige

Die Anzahl der Existenzgründungen gerade von Frauen ist sprunghaft gestiegen. Für viele Frauen steht hierbei die Existenzgründung nicht am Ende langer Überlegungen und Vorbereitungen, sondern wird als Chance genutzt, angesichts zunehmender Arbeitslosigkeit überhaupt eine berufliche Zukunft zu entwickeln. Nach Angaben des Bundeswirtschaftsministeriums überstehen nur 20 Prozent der neugegründeten Firmen die ersten fünf Geschäftsjahre. 90 Prozent der GründerInnen verzichten nach Angaben des Ministeriums gerade in der kritischen Anfangsphase auf die Beratung durch sachkundige Dritte, seien dies die Industrie- und Handelskammern, die Handwerkskammern, SteuerberaterInnen, JuristInnen, UnternehmensberaterInnen oder auch erfahrene Kauffrauen. Die vorhandenen Informationsmöglichkeiten, neben den vorgenannten Stellen sind hier auch noch das Bundeswirtschaftsministerium und die Wirtschaftsministerien der Länder zu nennen, werden kaum in Anspruch genommen.

Dies ist einer der wesentlichen Gründe dafür, daß die an sich wirtschaftlich vernünftige Existenzgründung mit einer guten Idee in eine wirtschaftliche Katastrophe führen kann, die überspitzt ungefähr so aussehen kann:

> Nehmen wir an, Viktoria ist begabte Modedesignerin. Da sie keinen anständig bezahlten Job findet, macht sie sich zunächst in der eigenen Wohnung selbständig und fängt einfach mal an, zu entwerfen, zu schneidern, zu verkaufen. Das Geschäft läuft an, irgendwann mietet sie Geschäftsräume, nimmt für die notwendigen Investitionen einen Bankkredit auf, beschäftigt freie MitarbeiterInnen. Weitere Geschäftsverbindungen werden geknüpft, die Erlöse werden besser. Da nicht mehr alles allein zu schaffen ist, bietet Viktoria einer Freundin eine Beteiligung an, die Freundin soll einen Teilbereich des jetzt schon größer werdenden Betriebes übernehmen. Die Vereinbarung gilt per Handschlag. Es kommt der Tag, an dem Viktoria vor Arbeit kaum noch aus den Augen gucken kann, ihr sind die Namen all ihrer KundInnen nicht mehr präsent, und der Umsatz steigt weiter, wobei leider der Überblick in der bisher geführten Kladde mit den Einnahmen und Ausgaben verlorengeht.
>
> Und genau an diesem Tag – ungefähr zwei Jahre nach Gründung des Betriebes – kann ungefähr folgendes passieren: Viktoria erhält einen Steuerschätzungsbescheid über DM 20000, der «sofort vollziehbar» ist. Das aber heißt, wie ihr später ihre Rechtsanwältin erläutert, daß sie grundsätzlich erst einmal zahlen muß, bevor über die Berechtigung gestritten wird. Am gleichen Tag erhält sie eine Anzeige wegen Steuerhinterziehung. Der Postbote hat dann aber noch

mehr in petto: Das kann beispielsweise ein Bußgeldbescheid sein, da sie selbständig ein Handwerk (Schneiderei) betreibt, ohne in die Handwerksrolle eingetragen zu sein, das kann aber auch aus dem gleichen Grund eine Untersagungsverfügung des zuständigen Ordnungsamtes hinsichtlich der Fortführung des Betriebes sein. Vielleicht kommt am selben Tag auch noch die Kündigung ihres Vermieters, der ihr eine Fortsetzung des Mietvertrages zum doppelten Mietzins anbietet. Viktoria kann in diesem Zusammenhang passieren, daß ihre Geschäftspartnerin es bei dieser Sachlage doch vorzieht, von irgendwelchen Vereinbarungen hinsichtlich ihrer Beteiligung nichts mehr zu wissen, da sich eine Beteiligung dann ja auch auf die jetzt fälligen Zahlungen beziehen müßte. Kurzfristig dürfte auch ihre Hausbank mit der Kündigung aller Kredite auf sie zukommen, denn auch Banken versuchen etwas zu holen, solange noch etwas zu holen ist. Und es ist durchaus nicht auszuschließen, daß sich auch der Sozialversicherungsträger mit einer nicht unerheblichen Zahlungsaufforderung noch bei ihr meldet, weil sie es leider übersehen hat, für ihre ständig beschäftigten MitarbeiterInnen, die alle nicht unerheblich verdienen, Sozialversicherungsbeiträge abzuführen.

Viktoria kann in dieser Situation nicht weiterarbeiten und damit auch die vertraglichen Vereinbarungen mit ihren Lieferanten und Kunden nicht einhalten, dies löst wiederum auf deren Seite Schadensersatzansprüche aus. Der Weg in die Pleite scheint unvermeidbar, obwohl das Unternehmen wirtschaftlich vielversprechend und gesund war. Das Schlimme ist, daß sie für die gemachten Fehler, da sie persönlich haftet, unter Umständen Jahrzehnte zahlen muß.

Frauen sollten ihre Chancen wahren und gerade in der Vorbereitungsphase für eine Existenzgründung jede Möglichkeit nutzen, sich alle notwendigen Kenntnisse zu verschaffen. Sie sollten hierbei auch alle Hilfsmöglichkeiten, gerade im finanziellen Bereich, ausschöpfen. Öffentliche Förderungsmöglichkeiten werden nämlich mangels Kenntnis kaum in Anspruch genommen.

Die folgenden Ausführungen können hierbei nur punktuelle Hilfestellungen bieten und sollen an sich in erster Linie Problembewußtsein schaffen für die Fragestellung, mit denen die Selbständige in jedem Fall konfrontiert wird.

1 Mögliche Rechts- und Gesellschaftsformen

Egal, ob frau den Modeladen in der Innenstadt oder die Großdruckerei im Industriegebiet eröffnen will – am Anfang steht die Frage, ob sie sich allein oder zusammen mit anderen auf eigene Füße stellt. Je nach Größenordnung muß sie entscheiden, in welcher «Rechtsform» sie tätig wird, und gerade beim Zusammenschluß mit anderen ist der Gesellschaftsvertrag für die geplante Zusammenarbeit entscheidend. Gesellschaftsverträge sollten in jedem Fall schriftlich niedergelegt werden und auch bei einfachen Konstruktionen immer die Geschäftsführungsbefugnis, die Verteilung des Gewinns, die Entnahmerechte und nicht zuletzt die Auseinandersetzung der Gesellschaft bei Konflikten und bei Ausscheiden einzelner Mitglieder genau regeln.

1.1 Die Einzelunternehmerin

Soweit frau alleine das kleine Verkaufsgeschäft eröffnet, ist sie rechtlich gesehen eine Einzelunternehmerin. Es gibt keine wesentlichen Gründungsformalitäten und kaum gesetzliche Reglementierungen. Geht die Existenzgründung im gewerblichen Bereich über das Kleingewerbe hinaus, erfordert das Geschäft nach dem Umfang der Geschäftsbeziehungen, der Höhe des Umsatzes und der Anzahl der MitarbeiterInnen einen «in kaufmännischer Weise eingerichteten Geschäftsbetrieb», wird die Einzelunternehmerin Vollkauffrau. Hieran knüpft das Handelsgesetzbuch (HGB) Konsequenzen, etwa die Verpflichtung zur Eintragung ins Handelsregister oder die Pflicht zur doppelten Buchführung und Bilanzierung.

1.2 Die BGB-Gesellschaft

Wird das Kleingewerbe zusammen mit anderen betrieben, gründet frau im Regelfall – mehr oder minder bewußt – automatisch eine Gesellschaft bürgerlichen Rechts. Die Gesellschaft bürgerlichen Rechts wird vom Gesetz als Zusammenschluß zur Erreichung eines gemeinsamen Zweckes definiert. Die Regelungen finden sich in den §§ 705 bis 740 des Bürgerlichen Gesetzbuches (BGB). In einer BGB-Gesellschaft wird die Geschäftsführung grundsätzlich gemeinschaftlich ausgeübt. Jedes Gesellschaftsmitglied hat gleiche Beiträge zum Betrieb zu leisten und grundsätzlich das gleiche Recht hinsichtlich der hoffentlich vorhandenen Einnahmen, die zunächst gemeinschaftliches Vermögen aller Gesellschaftsmitglieder werden. Ganz wichtig ist, daß jede GesellschafterIn mit ihrem gesamten Vermögen unbeschränkt für alle Verbindlichkeiten des Betriebes haftet. Die Gläubiger können sich also aussuchen, ob sie alle Gesellschafter oder nur einzelne in Anspruch nehmen. Zahlt auf diese Weise ein Gesellschaftsmitglied mehr als das andere, muß es letztendlich im Innenverhältnis gegen seine MitgesellschafterIn vorgehen. Gerade in der BGB-Gesellschaft sollte dringend mit Gesellschaftsvertrag im einzelnen geregelt werden, wer welche Kompetenzen hat. Ganz wichtig ist eine Vereinbarung der GesellschafterInnen hinsichtlich der möglichen Dauer und Auflösung der Gesellschaft oder der Übernahme der Anteile einer

GesellschafterIn durch die anderen bei Ausscheiden einzelner Gesellschaftsmitglieder. Ansonsten kann grundsätzlich jede GesellschafterIn bei Streitigkeiten oder Lustlosigkeit – wenn auch nicht zur «Unzeit» – kündigen, und das kann das Ende der Gesellschaft bedeuten.

1.3 Die offene Handelsgesellschaft

Betreibt frau mit anderen zusammen ein Handelsgewerbe im Sinne des HGB, wird also beispielsweise die Druckerei gegründet, steht neben anderen Rechtsformen auch die oHG, die offene Handelsgesellschaft, zur Verfügung. Der Betrieb einer oHG setzt voraus, daß ein vollkaufmännisches Gewerbe vorliegt, und führt zwingend zur Eintragung ins Handelsregister. Die Unterlassung der Eintragung kann zu Ordnungsgeldern führen. Die Bestimmungen über die offene Handelsgesellschaft finden sich in den §§ 105ff. HGB. Ergänzend finden die Vorschriften über die BGB-Gesellschaft Anwendung. Ein Mindestkapital wird für die Gründung der oHG nicht verlangt. Zum Betrieb der oHG leistet grundsätzlich jedes Gesellschaftsmitglied eine Geldeinlage. Für Verbindlichkeiten haftet sowohl das Vermögen der Gesellschaft wie auch alle GesellschafterInnen mit ihrem Privatvermögen. Soweit im Gesellschaftsvertrag nichts anderes geregelt ist, sind alle Mitglieder zur Geschäftsführung berechtigt und verpflichtet, wobei grundsätzlich auch jedes allein die Gesellschaft nach außen vertreten darf, also mit Wirkung für die anderen rechtsverbindliche Geschäfte schließen kann.

GeschäftspartnerInnen haben naturgemäß gerne mit oHGs zu tun, da sie wegen der Haftungsgestaltung einen sehr weiten Zugriff auch auf das Privatvermögen der GesellschafterInnen haben. Der Nachteil dieser Gesellschaftsform ergibt sich damit von selbst, auch hier ist das persönliche Risiko bei einem wirtschaftlichen Scheitern groß.

1.4 Die Kommanditgesellschaft

Wird ein Handelsgeschäft mit anderen zusammen betrieben und wollen einzelne PartnerInnen nicht die volle Haftung für die Geschäfte auch mit ihrem Privatvermögen übernehmen, bietet sich die Gründung einer Kommanditgesellschaft (KG) an. Regelungen zu der Kommanditgesellschaft finden sich in den §§ 161ff. HGB. In dieser Gesellschaft ist das Haftungsrisiko unterschiedlich verteilt. Zu unterscheiden ist die persönlich haftende GesellschafterIn, die KomplementärIn, von den KommanditistInnen. Die KomplementärIn führt in der Regel die Geschäfte der KG alleine und haftet uneingeschränkt für alle Verbindlichkeiten auch mit ihrem Privatvermögen. Dagegen beteiligen sich die KommanditistInnen finanziell am Geschäftsrisiko mit einer bestimmten Geldeinlage. Ihr Haftungsrisiko ist dann auch auf den Verlust dieser Geldeinlage beschränkt. Auch hier ist selbstverständlich ein Gesellschaftsvertrag erforderlich. Grundsätzlich ist entsprechend dem Haftungsrisiko die Stellung der KomplementärIn im Unternehmen sehr viel stärker als die der KommanditistInnen. Letzere sind am Gewinn beteiligt, dürfen sich jedoch grundsätzlich nicht in die Geschäftsführung einmischen, solange sich die Handlungen der GeschäftsführerIn im Rahmen des «gewöhnlichen Geschäftsbetriebes» halten.

Die Kommanditgesellschaft ist ebenso wie die stille Gesellschaft (geregelt in den §§ 230ff. HGB) geeignet, sich Kapital durch Beteiligung von Dritten zu beschaffen, die letztlich selbst kein Interesse daran haben, im Betrieb mitzuarbeiten und über ihre Einlage hinausgehende wirtschaftliche Risiken zu tragen.

1.5 Die GmbH und GmbH & Co. KG

Bei Geschäftsbetrieben größeren Umfangs sollte immer an die Möglichkeit gedacht werden, von vornherein als Gesellschaft mit beschränkter Haftung, also als GmbH, tätig zu werden.

Diese Gesellschaft ist juristisch verselbständigt und tritt als eigenständige «juristische» Person im Rechtsverkehr auf. Die GesellschafterIn einer GmbH kann also nicht mehr mit ihrem Privatvermögen für Verbindlichkeiten der Gesellschaft in Anspruch genommen werden, es sei denn, sie hat sich mit ihrem Privatvermögen für Verbindlichkeiten der Gesellschaft verbürgt, wie es von manchen Gläubigern, gerade den Banken, oft gefordert wird.

Die Regelungen über die GmbH finden sich in einem gesonderten Gesetz, dem GmbHG.

Der Preis für die Haftungsbeschränkung ist das gesetzlich verlangte Mindestkapital bei Gründung. Das Mindestkapital ist mit DM 50000 vorgeschrieben. Bei Gründung muß mindestens die Hälfte eingezahlt sein bzw. in Form von Sachwerten zur Verfügung stehen, das restliche Kapital muß gesichert sein.

Die Gründungsformalitäten einer GmbH sind umfangreich, die Vorbereitung ist ohne ausführlichen Rat von steuerlich und juristisch kompetenter Seite nicht zu bewältigen. Es ist ein ausführlicher GmbH-Vertrag zu schließen. Dieser muß notariell beglaubigt werden, die GmbH ist dann zum Handelsregister anzumelden. Im Gesellschaftsvertrag ist etwa der gesamte Bereich der Geschäftsführung zu regeln, insbesondere die Kompetenz der GeschäftsführerIn und die Stärke des Einflusses der GesellschafterInnen auf die laufende Geschäftsführung. Der Gesellschaftsvertrag enthält die Regelungen zu den Beteiligungsverhältnissen der GesellschafterInnen untereinander, aber auch über die Auseinandersetzung der Gesellschaft und die mögliche Übernahme von Gesellschaftsanteilen bei Ausscheiden von Gesellschaftsmitgliedern. Es gibt hier vielfältige Regelungsmöglichkeiten. So ist etwa auch die Gründung der Ein-Frau-GmbH möglich, wenn die Einzelunternehmerin die Haftungsbeschränkung auf das Gesellschaftsvermögen will. Dies kommt immer dann in Betracht, wenn ihr Unternehmen so groß geworden ist, daß die persönliche Haftung für die im Rahmen des umfangreichen Geschäftsbetriebes einzugehenden Verbindlichkeiten nicht mehr tragbar erscheint. Sie muß dann allerdings sofort das gesamte Stammkapital mit DM 50000 einzahlen.

Schließlich begegnet frau im Wirtschaftsleben häufig der GmbH & Co. KG. In dieser Gesellschaft übernimmt eine GmbH die Funktion der Komplementärin, also der alleine voll haftenden Gesellschafterin einer Kommanditgesellschaft. Letztlich wird hierdurch eine weitere Haftungsbeschränkung erreicht, da eben die GmbH auch als persönlich haftende Gesellschafterin nur mit ihrem Gesellschaftsvermögen haftet.

Im Regelfall wird frau als Einzelunternehmerin ihre Selbständigkeit beginnen. Sie sollte sich aber immer wieder von Zeit zu Zeit fragen, ob nicht angesichts des möglicherweise eingetretenen Wachstums des Betriebes eine andere Rechtsform passender wäre. In jedem Fall sollte frau darauf achten, daß ihre Rechtsbeziehungen zu GeschäftspartnerInnen klar definiert sind und schriftliche Vereinbarungen bestehen. Es besteht sonst immer die Gefahr, daß Streitigkeiten mit PartnerInnen sofort zur Lähmung des Geschäftsbetriebes führen können.

2 Finanzielle Förderungsmöglichkeiten

Ob frau in welcher Rechtsform auch immer dauerhaften wirtschaftlichen Erfolg als Selbständige hat, hängt nicht zuletzt an den finanziellen Mitteln in der Gründungsphase. Fast jedes Unternehmen hat am Anfang eine Durststrecke zu bewältigen, die finanziell überbrückbar sein muß. Die Investitionen am Anfang sind regelmäßig sehr viel höher als die zu erwartenden Erlöse. Ausreichendes Eigenkapital, gerade für langfristige Investitionen, ist aber selten vorhanden. Frau sollte sich in jedem Fall vor Aufnahme ihrer Tätigkeit über alle Förderungsmittel informieren. Auskunft geben die bereits eingangs genannten Stellen. Auch Banken sollte frau immer nach den Finanzierungshilfen fragen. Banken und Sparkassen stellen im Regelfall auch die Anträge für die verschiedenen Programme zur Verfügung oder benennen die regional unterschiedlichen richtigen Anlaufadressen.

Im Folgenden sollen einige Programme stichwortartig vorgestellt werden, es ist damit keinerlei Anspruch auf Vollständigkeit verbunden.

- Aus Mitteln des ERP (European Recovery Program)-Sondervermögens werden Darlehen bis zu einem Höchstbetrag von DM 300 000 für die Existenzgründung von Nachwuchskräften der gewerblichen Wirtschaft bewilligt. Die Darlehen sind zinsgünstig und zwei Jahre tilgungsfrei.
- Aus Mitteln der Deutschen Ausgleichsbank werden ebenfalls für den Bereich der gewerblichen Wirtschaft zinsgünstige Darlehen für Investitionen zur Existenzgründung und Existenzsicherung bewilligt.
- ExistenzgründerInnen, die für eine Investition Eigenkapital in Höhe von mindestens 12 Prozent der Investitionssumme mitbringen, können das «Eigenkapitalhilfeprogramm» aus Bundes- und Ländermitteln nutzen. Mit diesem Programm kann das Eigenkapital auf bis zu 40 Prozent des Kapitalbedarfs erhöht werden. Die Investitionssumme muß hierbei mindestens DM 40 000 betragen. Die Laufzeit beträgt im Regelfall zwanzig Jahre, zehn Jahre davon tilgungsfrei. Die Zinsen sind in den ersten fünf Jahren festgelegt. Anträge können bei den meisten Banken gestellt werden.
- Wenn frau bereits Eigenkapital angespart hat, kann ein öffentlicher Ansparzuschuß bis zur Höhe von 20 Prozent des Guthabens, höchstens von DM 10 000 in Anspruch genommen werden. Der Zuschuß wird erst nach Aufnahme der Geschäftstätigkeit im gewerblichen Bereich unter Einsatz des angesparten Guthabens bewilligt.
- Aus Mitteln des Bundesministeriums für Forschung und Technologie sowie in einigen Bundesländern aus Innovationsfonds können Leistungen bei Existenzgründungen im technologischen Bereich in Anspruch genommen werden.
- Scheitert die Aufnahme von Krediten an mangelnden Sicherheiten für das aufgenommene Kapital, können Programme genutzt werden, die Bürgschaften zur Verfügung stellen. So gibt es als öffentlich geförderte Selbsthilfeeinrichtungen der Wirtschaft Kreditgarantie-Gemeinschaften in allen Bundesländern, die Bürgschaften für bis zu 80 Prozent des Kreditbetrages bei Existenzgründung im gewerblichen Bereich oder als FreiberuflerIn übernehmen können.
- Für FreiberuflerInnen bestimmt sind Bürgschaften, die die Deutsche Ausgleichsbank bei mangelnden eigenen Sicherheiten für bis zu 80 Prozent der Kreditmittel bewilligen kann.
- War frau vor Gründung ihrer selbständigen Existenz arbeitslos und hat mindestens vier Wochen Arbeitslosengeld oder -hilfe erhalten (vgl. II. 1. Arbeitsförderungsgesetz...), kann sie Überbrückungsgeld gem. § 55a

Arbeitsförderungsgesetz bei der Bundesanstalt für Arbeit beantragen. Das Überbrückungsgeld wird längstens für 26 Wochen in Höhe von maximal DM 350 wöchentlich gezahlt. Diese Leistung muß vor Aufnahme der selbständigen Tätigkeit beantragt werden.

In fast jedem Fall ist frau bei größerem Kapitalbedarf auch bei öffentlicher Förderung auf Bankkredite angewiesen. Die Banken stellen sich zunehmend darauf ein, daß Frauen im gewerblichen Bereich tätig werden, und beschäftigen zur Beratung im Kreditbereich teilweise bereits gezielt Frauen zur Beratung von Frauen. Dennoch versuchen immer noch viele Sachbearbeiter der Banken, gerade Frauen in die Rolle der Bittstellerin zu drängen. Frau sollte sich klarmachen, daß es hierfür überhaupt keinen Anlaß gibt, denn es sind die Banken, die an Krediten im Regelfall sehr hübsch verdienen. Es besteht damit jeder Grund, offensiv zu verhandeln und sich nicht von vornherein auf angebotene Konditionen einzulassen. Frau sollte sich auch hier einen Überblick über die Marktlage verschaffen, das Ansprechen mehrerer Institute kann sich unbedingt lohnen.

3 Anmerkungen zum Gewerbemietrecht

Parallel zur Suche nach Kapital läuft meist die Suche nach geeigneten Geschäftsräumen in möglichst günstiger Lage und zu möglichst günstigem Preis. Bereits aus dem privaten Bereich haben wir alle die Erfahrung, daß naturgegeben die Interessen von MieterInnen und VermieterInnen diametral entgegengesetzt sind. Im Wohnraumbereich genießt die im Regelfall wirtschaftlich schwächerer Mieterin gegenüber ihr nachteiligen Interessen der VermieterIn einige Schutzrechte, hier gibt es etwa Regelungen zum Kündigungsschutz und Regelungen, die vor allzu unangemessenen Mieterhöhungen schützen sollen. All dies gibt es im Gewerbemietrecht grundsätzlich nicht. Hier kommt es also entscheidend auf die vertragliche Gestaltung des Gewerbemietvertrages an. Die VermieterIn wird im Regelfall eine möglichst hohe Miete erzielen wollen und beabsichtigen, diese Miete in so kurzen Abständen wie irgend möglich zu erhöhen. Dies ist grundsätzlich im gewerblichen Bereich auch erlaubt. Als Mieterin muß die (zukünftige) Selbständige also vor allem darauf achten, daß für einen möglichst langen Zeitraum eine feste Miete vereinbart wird, die die VermieterIn einseitig nicht abändern kann. Diese Vereinbarung kann mit einer sogenannten Wertsicherungsklausel verbunden werden. Dies ist eine Vereinbarung, mit der ein vereinbarter Mietzins der Höhe nach an die Veränderungen des Lebenshaltungskostenindexes gekoppelt wird. Laufende Erhöhungen entsprechen dann praktisch der allgemeinen Kostensteigerung.

Bei Ablauf der vereinbarten Mietzeit kann die Mieterin – anders als im Wohnraummietrecht – grundsätzlich keine Fortsetzung des Mietverhältnisses verlangen. Die Fortsetzung muß also gesondert vereinbart werden. Da für den eingeführten Betrieb gerade die Beibehaltung der Geschäftsräume entscheidend sein kann, sollte frau versuchen, sich auch diesbezüglich zu sichern. Bei fester Vertragslaufzeit kann eine sogenannte Option für einen weiteren Zeitraum vereinbart werden, also das Recht der MieterIn, durch einseitige Erklärung die Fortsetzung des Mietvertrages für einen weiteren festgelegten Zeitraum zu verlangen. Auch für diesen Verlängerungszeitraum sollten möglichst viele Konditionen bereits bei Vertragsbeginn ausgehandelt werden, insbesondere in bezug auf die künftige Höhe des Mietzinses.

Wird ein Vertrag mit fester Laufzeit geschlossen, kann frau diesen natürlich nicht jederzeit kündigen. Die Vermieterseite kann auf Vertragserfüllung, also Mietzahlung, grundsätzlich bestehen, auch wenn frau aus plausiblen Gründen kurzfristig die Räume verlassen will. Die Vermieterseite kann auch grundsätzlich nicht gezwungen werden, den bestehenden Mietvertrag auf eine Dritte zu übertragen, etwa, wenn eine Frau ihr Einzelunternehmen an eine Dritte veräußert. Schließlich kann die Mieterin auch die VermieterIn nicht zwingen, etwaige kostspielige Einrichtungen, mit denen sie die Räume möglicherweise versehen hat, bei Ablauf des Mietvertrages zu übernehmen, geschweige denn, diese zu bezahlen oder eine NachmieterIn zu akzeptieren, die hierfür etwas zahlen würde. Bezogen auf ihren geplanten Betrieb sollte die (zukünftige) Selbständige also alle diese denkbaren Fälle überlegen und in die Vertragsverhandlungen einbeziehen. So kann eben vereinbart werden, daß frau NachmieterInnen stellen darf, die den Mietvertrag zu gleichen Konditionen übernehmen können. Bei notwendiger Veränderung der Räume für den geplanten Betrieb sollte ebenso wie bei umfangreichen Einbauten geregelt werden, ob und zu welchen Bedingungen diese nach Ende des Mietvertrages in den Räumen verbleiben. Die Vermieterseite hat gesetzlich nämlich auch das Recht, die Wiederherstellung des früheren Zustandes der Räumlichkeiten zu verlangen, und dies kann bei erheblichen Einbauten auch mit erheblichen Kosten der Entfernung verbunden sein.

Die Mietverträge werden meistens auf der Basis von vorbereiteten Formularverträgen geschlossen. In jedem Fall sollte frau das Kleingedruckte in diesen Verträgen sehr sorgfältig lesen, da hier ganz wesentliche Verpflichtungen geregelt sein können, etwas die Übernahme gewisser Instandhaltungsverpflichtungen, die Pflicht zum Abschluß bestimmter Versicherungen, die Übernahme weiterer Kosten etc. Die Mieterin sollte sich hierbei klarmachen, daß sie als Kauffrau gegenüber den Regelungen, die in dem Formulartext versteckt sein können, weniger geschützt ist als die Nichtkauffrau. Das Gesetz über die allgemeinen Geschäftsbedingungen (AGBG), das etwa regelt, daß in Formularverträgen enthaltene überraschende Klauseln gegenüber der VertragspartnerIn unwirksam sein können, ist auf Kauffrauen nur sehr eingeschränkt anwendbar.

Schließlich gilt für Mietvertragsverhandlungen wie für Verhandlungen mit Kreditgebern, daß kein Anlaß besteht, alle Vorschläge der Gegenseite unwidersprochen hinzunehmen. VermieterInnen sind wie die oft beauftragten Verwaltungen oder MaklerInnen daran gewöhnt, daß im gewerblichen Bereich Mietverträge in Einzelbestimmungen ausgehandelt werden, ein Versuch lohnt damit immer.

4 Öffentlich-rechtliche Verpflichtungen

Bevor frau nun tatsächlich in ihren neuen Räumen nach ausführlichen Vorbereitungen die neue Tätigkeit auch praktisch in Angriff nehmen kann, sollte sie tunlichst prüfen, ob nicht der Staat noch ein weiteres Wörtchen beim Start in die Selbständigkeit mitzureden hat.

4.1 Gewerberechtliche Pflichten

Jede Gewerbetreibende muß bei Aufnahme ihrer Tätigkeit ihr Gewerbe anmelden. Zuständig sind hierfür die Ordnungsämter der Städte und Gemeinden, und selbstverständlich gibt es dafür besondere Formulare, die auszufüllen sind. Manche Gewerbetreibende benötigen darüber hinaus – trotz der grundsätzlich bestehenden Gewerbefreiheit – entsprechend der §§ 30ff. der Gewerbeordnung (GewO) eine besondere behördliche Erlaubnis: Dies gilt etwa für den Handel mit Milch oder den Betrieb von Gaststätten und Imbissen ebenso wie für den Handel mit Waffen und sogenannten unedlen Metallen. Eine besondere Genehmigung brauchen auch künftige MaklerInnen, Kredit- und VersicherungsvermittlerInnen sowie TransportunternehmerInnen. Das gleiche gilt, wenn frau ein Versteigerungsgewerbe, eine Spielhalle oder eine Fahrschule gründet. Besondere Zulassungsvoraussetzungen haben in der Regel FreiberuflerInnen zu erfüllen.

Ein Handwerk darf nur dann selbständig ausgeübt werden, wenn die Inhaberin in die Handwerksrolle eingetragen ist. Die Eintragung erfolgt nur, wenn die Ablegung der Meisterinprüfung nachgewiesen wird, es sei denn, die zuständige Handwerkskammer erteilt eine besondere Ausnahmegenehmigung. Die Einzelheiten ergeben sich aus der Handwerksordnung (HdwO).

Die regionalen Handwerkskammern und Industrie- und Handelskammern geben Auskunft, welche speziellen Voraussetzungen frau für ihre geplante Tätigkeit mitbringen muß. Eine Anfrage sollte sicherheitshalber immer erfolgen. Bei diesen Anfragen gibt es auch darüber hinaus gehende nützliche Informationen, etwa ob mit der Aufnahme der selbständigen Tätigkeit die Mitgliedschaft in einer Berufsgenossenschaft verbunden ist oder für den Bereich, in dem die Frau arbeiten will, Tarifverträge bestehen, die in Einzelfällen allgemein verbindlich sein können, dann also die (zukünftige) Selbständige ebenfalls zwingend betreffen.

4.2 Besteuerung der Selbständigen

Das Thema Steuern gehört zu einem der unerfreulichsten Aspekte der Selbständigkeit, gleichzeitig aber auch mit zu den wichtigsten. Ganz ohne Hilfe einer SteuerberaterIn wird frau in der Selbständigkeit im Regelfall nicht auskommen, ein Gespräch sollte in jedem Fall schon im Planungsstadium geführt werden, denn im Steuerrecht gibt es eine Vielzahl von unübersichtlichen Bestimmungen, und eines ist ein Verstoß eigentlich immer: sehr teuer.

Als Selbständige denkt frau zunächst an die Einkommen-, die Gewerbe- und die Umsatzsteuer. Schließlich interessiert die Selbständige noch die Lohnsteuer, denn diese muß sie, soweit sie MitarbeiterInnen beschäftigt, von deren Einkommen einbehalten und an das Finanzamt abführen. Geregelt sind die entsprechenden Verpflichtungen hauptsächlich in den Einkommensteuer-, Gewerbesteuer- und Umsatzsteuergesetzen sowie in der Abgabenordnung.

Als Selbständige hat frau zunächst unbedingt dafür zu sorgen, daß die Aufnahme des Gewerbes dem Finanzamt bekannt wird. Normalerweise gibt das Gewerbeamt die Anmeldung weiter. Kommt jedoch von dem zuständigen Finanzamt nicht kurzfrisitg der Betriebsfragebogen, sollte vorsorglich nachgefragt werden.

4.2.1 Einkommensteuer

Mit dem genannten Betriebsfragebogen erfaßt das Finanzamt die Größe und Art des Betriebes. Ganz wesentlich interessiert das Finanzamt hierbei die Angabe über den erwarteten Erlös des Betriebes. Selbständige zahlen auf ihre Einkünfte Einkommensteuer. Das Finanzamt setzt hierbei für Selbständige vierteljährliche Vorauszahlungen auf die voraussichtliche Einkommensteuerschuld fest. Basis für die Festsetzung der Höhe der Vorauszahlungen ist die letzte abgegebene Steuererklärung, bei Gründung eines Betriebes die Angabe über den erwarteten Erlös. Das Finanzamt kann also bei Aufnahme einer Tätigkeit von der Festsetzung von Vorauszahlungen absehen, wenn kein Gewinn in der Anfangsphase erwartet werden kann. Dies ist der Regelfall.

4.2.2 Gewerbesteuer

Gewerbesteuer wird für jeden Gewerbebetrieb erhoben, nur FreiberuflerInnen sind davon verschont. Die Gewerbesteuer orientiert sich am Kapital und Ertrag des Betriebes und wird als Gemeindesteuer in örtlich unterschiedlichen Sätzen erhoben. Auch hier werden vierteljährliche Vorauszahlungen festgesetzt.

4.2.3 Mehrwertsteuer

Die Mehrwert- oder Umsatzsteuer muß jede Gewerbetreibende auf alle Rechnungsbeträge aufschlagen. Die Steuer beträgt im Regelfall 14 Prozent des Nettorechnungsbetrages, bei einigen Erzeugnissen gilt ein siebenprozentiger Steuersatz, etwa bei dem Verkauf von Blumen, Lebensmitteln, Büchern oder Zeitschriften. Diese Steuern stehen dem Finanzamt zu und müssen grundsätzlich monatlich angemeldet und abgeführt werden.

Andererseits ist die umsatzsteuerpflichtige Gewerbetreibende «vorsteuerabzugsberechtigt». Wenn frau also selbst in ihrem Betrieb Mehrwertsteuer zahlen muß, etwa an ihre LieferantInnen, darf sie diese von ihr gezahlten Beträge gleich mit den vereinnahmten Mehrwertsteuerbeträgen verrechnen und muß nur die Differenz an das Finanzamt weiterleiten. Zahlt frau selbst mehr Mehrwertsteuer als sie vereinnahmt, erstattet ihr das Finanzamt bei entsprechender Anmeldung die Differenz.

Erwartet frau für ihr erstes Geschäftsjahr weniger als DM 20000 Umsatz, kann sie von der Umsatzsteuerpflicht befreit werden. Das gleiche gilt auch für die folgenden Geschäftsjahre, wenn der Umsatz im Vorjahr DM 20000 nicht überschritten hat und im laufenden Jahr weniger als DM 100000 Umsatz erwartet werden.

Ob eine derartige Befreiung für den jeweiligen Betrieb günstig ist, sollte mit der SteuerberaterIn erörtert werden.

4.3 Buchführung und Steuererklärung

Ordnungsgemäße Steuererklärungen setzen eine ordnungsgemäße Buchhaltung voraus. Als Kleingewerbetreibende reicht es in der Regel am Anfang aus, daß Einnahmen und Ausgaben kontinuierlich in einem Kassenbuch notiert, Warenein- und -ausgang in einem gesonderten Verzeichnis erfaßt und alle Belege geordnet aufbewahrt werden. Diese Aufzeichnungen sind dann die Basis für die im Rahmen der jährlichen Einkommensteuererklärung abzugebende Einnahme-Überschußrechnung.

Für eine Vollkauffrau ist doppelte Buchführung (Buchführung in zeitlicher Reihenfolge und auf Sachkonten) sowohl handelsrechtlich wie auch steuerrechtlich Pflicht, ebenso wie die Abschlußbilanz am Ende des Jahres. Der vollkauffrauliche Betrieb kommt im Regelfall ohne SteuerberaterIn nicht aus. Als Kleingewerbebetreibende kann dieser Kostenfaktor zunächst vermieden werden, wenn frau sich mit den Grundsätzen der Buchführung vertraut macht. Neben der Hilfe, die einzelne Beratungen einer SteuerberaterIn geben können, sollte frau sich auch an diesbezüglich erfahrene Frauen wenden und sich weiter erkundigen, ob nicht über die Industrie- und Handelskammer oder die Handwerkskammern oder die Volkshochschulen entsprechende Kurse angeboten werden.

Frau sollte auch nicht soviel Angst vor den Kosten einer steuerlichen und rechtlichen Beratung durch eine SteuerberaterIn oder RechtsanwältIn haben. Sie sollte nur vorher über die Beratungskosten sprechen und ggf. ein festes Honorar für das Beratungsgespräch vereinbaren, um vor unliebsamen Überraschungen geschützt zu sein.

Eines sollte frau in jedem Falle lassen: das Finanzamt zu ignorieren. Wenn sie sich nicht selbst anmeldet, braucht die Behörde zwar vielleicht lange Zeit, um überhaupt zu merken, daß ihr ein Betrieb nicht angezeigt wurde, aufmerksam wird das Finanzamt darauf aber allein durch die Steuererklärung ihrer GeschäftspartnerInnen in jedem Fall. Die Folge kann eine sehr teure steuerliche Schätzung sein, und auch strafrechtliche Konsequenzen sind sicherlich nicht ausgeschlossen. All dies kommt im Regelfall völlig überraschend und bedeutet bei Kleinbetrieben oft das wirtschaftliche Aus. Die vielleicht lästigen Buchführungspflichten haben zudem einen ganz erheblichen Vorteil: Auch die Selbständige hat jederzeit einen Überblick über den wirtschaftlichen Status ihres Betriebes.

5 Vorsorge für Alter und Krankheit

Soweit eine Frau nun tatsächlich kenntnisreich tätig wird, sollte sie zum guten Schluß eine Person auf keinen Fall übersehen, die frau noch viel zu oft übersieht: sich selbst. Als Selbständige unterliegt sie nicht der Sozialversicherungspflicht und hat damit auch keine Altersversorgung, wenn sie diese nicht selbst organisiert (vgl. I.2 Arbeitsrecht im Frauenalltag... und VI. 1 Rente...). Im Regelfall geschieht dies durch eine freiwillige Weiterversicherung in der gesetzlichen Rentenversicherung und/oder den Abschluß von Lebensversicherungen.

Auch hier sollte sich frau nicht von Verkaufsprofis des Versicherungsgewerbes etwas vormachen lassen. Die Konditionen der Lebensversicherer können ganz erheblich voneinander abweichen. Frau kann sich hier viele Vorteile verschaffen, wenn sie die Bedingungen im einzelnen prüft und sich mit mehreren Versicherungen, ggf. über eine VersicherungsmaklerIn, in Verbindung setzt. Gerade die unbekannten Versicherer, die eben nicht dauernd hohe Beträge in Werbung und Öffentlichkeitsarbeit investieren, machen oft die interessantesten Angebote.

Sinngemäß das gleiche gilt für die Suche nach der passenden Krankenversicherung. Die Mitgliedschaft in den gesetzlichen Krankenversicherungen kann als Selbständige im Regelfall nicht mehr aufrechterhalten werden. Es ist jedoch auch meist günstiger, eine private Krankenversicherung abzuschließen. In jedem Fall sollte frau daran denken, ob es nicht günstig ist, über die Krankenversicherung hinaus eine Krankentagegeldversicherung abzuschließen. Gerade am Anfang kann eine Krankheit den Ausfall aller Einnahmen bedeuten. Eine Lohnfortzahlung für Selbständige läßt sich nur über Versicherungsleistungen organisieren.

Der Weg in die Selbständigkeit ist also alles andere als einfach. Einen Effekt sollte der vorstehende Beitrag jedoch nicht haben: eine Frau allzusehr von der Existenzgründung abzuschrecken. Selbständigkeit kann nämlich auch sehr viel Spaß machen, wenn frau sie so organisiert, daß sie nachts ruhig schlafen kann. Gerade für Frauen ist es oft eine überraschende Erfahrung, wie gut frau ohne Fremdbestimmung auch im beruflichen Bereich leben kann.

6 Literatur

Kurzbroschüren der regionalen Industrie und Handelskammern

Broschüren der Bundesregierung:

- «Förderungsmaßnahmen des Bundes für mittelständische Unternehmen, Freie Berufe und Existenzgründung»
- «Ansparförderung zur Existenzgründung in der gewerblichen Wirtschaft»
- «Das ERP-Programm»
- «Das Handwerk»
- «Starthilfe»

Alle anzufordern bei dem Bundesministerium für Wirtschaft, Referat Öffentlichkeitsarbeit, Villemombler Str. 76, 5300 Bonn 1

II Arbeitslosigkeit

Frauen sind in überproportionalem Maße von Arbeitslosigkeit betroffen (vgl. Beitrag II.1 von *Ute Winkler*). Bei einer allgemeinen Erwerbsbeteiligung der Frauen von 39,6 Prozent betrug ihr Anteil an der Zahl der Arbeitslosen Ende 1987 48,6 Prozent.[1] Die Arbeitslosenquote lag somit 1987 für Frauen bei 10,2 Prozent (zum Vergleich: Männer 7,2 Prozent).[2] Von den registrierten arbeitslosen Frauen erhielten im September 1987 54 Prozent Leistungen in Form von Arbeitslosengeld (Alg) oder Arbeitslosenhilfe (Alhi), 37 Prozent erhielten keine derartigen Bezüge, lediglich 22,5 Prozent aller arbeitslosen Männer erging es ebenso.[3] Doch auch die Höhe der Bezüge weist geschlechtsspezifische Unterschiede auf. 1987 erhielten Frauen durchschnittlich 815 DM in Form von Alg/Alhi, Männer bezogen 964 DM.[4] Noch weiter öffnet sich die Einkommensschere bei Verheirateten. Verheiratete Frauen konnten 1987 durchschnittlich über 750 DM verfügen, verheiratete Männer erhielten im Schnitt 1390 DM. Die schlechte Stellung von Frauen auf dem Arbeitsmarkt schlägt sich also in einem erhöhten Risiko nieder, arbeitslos zu werden; die niedrigeren Löhne finden in den niedrigeren Lohnersatzleistungen ihre Entsprechung, und durch die gesetzlichen Regelungen zur Bemessung von Alg/Alhi werden verheiratete Frauen zugunsten ihrer Ehemänner und der Sozialversicherungs- bzw. Staatskasse benachteiligt.

Zu Beginn der siebziger Jahre wurden durch das Arbeitsförderungsgesetz (AFG) und in den achtziger Jahren durch Beschäftigungsmaßnahmen (ABM) vielversprechende Versuche unternommen, Frauenerwerbsarbeit zu fördern. Aufgrund einer Sparpolitik, die bei ABM- und Qualifizierungsmitteln den Rotstift ansetzt und durch Reformen des AFG, die die spezielle Förderung von Frauen durch dieses Gesetz minimierten, muß von einer gravierenden Rechtsverschlechterung für Frauen (vgl. Beitrag II.1 von *Ute Winkler*) innerhalb der letzten Jahre gesprochen werden.[5]

Frauen, die aus dem Leistungssystem des Arbeitsförderungsgesetzes ausgeschlossen werden, sind häufig auf Sozialhilfe angewiesen (vgl. Beitrag II.2 von *Irmgard Michel*). Mitte der achtziger Jahre waren weit über 50 Prozent der SozialhilfeempfängerInnen weiblich.[6] Bezogen auf die Gesamtbevölkerung erhielten 5 Prozent aller Frauen Sozialhilfe, aber nur 4,2 Prozent der männlichen Einwohner.[7] Als Ursache für Sozialhilfebedürftigkeit gewinnt die Arbeitslosigkeit im Verlauf der letzten Jahre an Bedeutung. 1985 wurden bereits in 25 Prozent aller Fälle Sozialhilfe aufgrund dieser Lebenslage gewährt, Anfang der achtziger Jahre war dies bei knapp 10 Prozent der AntragstellerInnen die Hauptursache der Bedürftigkeit gewesen.[8]

Anmerkungen

1 Gerhard, U. «Die Verfügbarkeit der Frauen, Arbeitspolitik gegen Frauen, in: Gerhard, U./Schwarzer, A./Slupik, V. (Hg.) «Auf Kosten der Frauen», Frauenrechte im Sozialstaat, Weinheim/Basel 1988, S. 58.

2 Ebenda; im April 1989 Arbeitslosenquote der Frauen 7,9 Prozent, der Männer 6,9 Prozent, vgl. Beitrag II.1 Arbeitsförderungsgesetz...

3 Gerhard, U. «Die Verfügbarkeit...», a.a.O., S. 65.

4 Ebenda.

5 Gerhard, U. «Resümee», in: «Streit», feministische Rechtszeitschrift, 2/89, 7. Jg., S. 50f.

6 Datenreport 1987, Zahlen und Fakten über die Bundesrepublik Deutschland, durchgesehener und aktualisierter Nachdruck 1988, Bonn 1987.

7 Ebenda.

8 Ebenda.

II 1 UTE WINKLER
Leistungen nach dem Arbeitsförderungsgesetz bei Arbeitslosigkeit

II 1 UTE WINKLER

Leistungen nach dem Arbeitsförderungsgesetz bei Arbeitslosigkeit

1 Der hindernisreiche Weg zur Erwerbstätigkeit

1.1 Frauenarbeitslosigkeit

Arbeitslos sind Frauen nie gewesen. Sie führen für sich, den Ehemann oder ihre Familie den Haushalt, betreuen und erziehen ihre Kinder, arbeiten in den Betrieben von Angehörigen mit oder sind aushäusig erwerbstätig; immer leisten sie gesellschaftlich wichtige Arbeit. Unsere Versicherungssysteme nehmen nur die aushäusige Erwerbsarbeit zur Kenntnis und knüpfen damit an typische Männerbiographien an. Wesentlich für den Erwerb von Ansprüchen ist nicht die Arbeitsleistung selbst, entscheidend sind vielmehr die dauerhafte Zugehörigkeit zum Erwerbsleben, der Umfang der Erwerbstätigkeit und die Höhe des Erwerbseinkommens. Familien sind für Männer regelmäßig kein Hindernis im System sozialer Sicherung, ihre Existenz kann sogar Ansprüche begründen oder deren Höhe beeinflussen. Frauen sind durch den ihnen gesellschaftlich aufgebürdeten Teil der Haushalts- und Familienarbeit an der gleichgewichtigen Teilnahme am Erwerbsleben und am System der sozialen Sicherung gehindert. Die vorrangige Zuständigkeit der Frauen für Haushalt und Kinderbetreuung beeinträchtigt auch die Erwerbschancen der Frauen, die keine Familienarbeit (mehr) leisten. Der faktisch nach Geschlechtern aufgeteilte Arbeitsmarkt und die geringeren Beschäftigungs- und Verdienstmöglichkeiten treffen grundsätzlich alle Frauen unabhängig von ihrer tatsächlichen Lebenssituation.

Trotz der großen Hindernisse drängen Frauen auf den Arbeitsmarkt. Mit ihrem Anteil an den Erwerbspersonen – das sind Erwerbstätige und registrierte Arbeitslose – haben sie die Quote von 40 Prozent inzwischen überschritten. Zugenommen hat in den letzten Jahren auch der Anteil der verheirateten Frauen an der Erwerbsquote, er stieg zwischen 1970 und 1987 von 39 auf 48 Prozent[1] an. Ein Drittel der verheirateten Frauen ist vorwiegend aus finanziellen Gründen, ein weiteres Drittel aus Freude an der Arbeit erwerbstätig.[2] Unter den 21,638 Mio. Arbeitnehmern, die im September 1988 sozialversicherungspflichtig beschäftigt waren, waren 12,848 Mio. Männer und 8,790 Mio. Frauen, davon 1,970 Mio. teilzeitbeschäftigte Frauen gegenüber 158000 Männern in Teilzeitarbeit.[3] Hinzu kommen ca. 2 Mio. Frauen, die unterhalb der Versicherungspflichtgrenze (vgl. Beitrag I.2 Arbeitsrecht im Frauenalltag und I.4 Teilzeitarbeit...) beschäftigt sind. Bei einer Arbeitslosenquote von 7,9 Prozent im April 1989 betrug die Quote bei Männern 6,9 Prozent, bei Frauen 9,4 Prozent.[4] Frauen sind durchschnittlich länger arbeitslos als Männer; 1988 waren Männer durchschnittlich 6,3 Monate, Frauen 7,5 Monate arbeitslos mit steigender Tendenz.[5] Arbeitslos gemeldet waren 1,071 Mio. Männer und 0,964 Mio. Frauen.[6] Hinzugerechnet werden müssen ca. 720000 Frauen, die erwerbstätig sein möchten, aber nicht als arbeitssuchend gemeldet sind, die sog. stille Reserve.[7] Von den arbeitslos gemeldeten Frauen suchten 221432 eine Teilzeitbeschäftigung, während nur 3429 Männer weniger als vollschichtig arbeiten wollten.[8] 28 Prozent der arbeitslosen Männer und 35,4 Prozent der Frauen waren unmittelbar vor der Arbeitslosmeldung nicht erwerbstätig.

1.2 Unzureichende Berufsförderung für Frauen

Eigentlich wäre zu erwarten, daß Frauen in größerem Umfang und entsprechend ihrem Anteil an der Arbeitslosigkeit gefördert werden. Das ist aber nicht der Fall.

Gab es im April 1989 nominell 1,049 Mio. offene Stellen für Männer und 975000 für Frauen, wurden im selben Monat 137406 Männer und nur 58549 Frauen von den Arbeitsämtern in Arbeit vermittelt; in der Zeit von Januar bis April 1989 wurden 471610 Männer und 224249 Frauen vermittelt.[9] 1988 entfielen von 2,1 Mio. Vermittlungen knapp 31,5 Prozent auf weibliche Arbeitnehmer.[10] Offenbar sind weder Arbeitgeber noch Arbeitsämter sonderlich um die Beschäftigung von Frauen bemüht. Im April 1989 wurden 23893 Männer und 13236 Frauen mit Berufsbildungsmaßnahmen und Einarbeitungszuschüssen gefördert.[11] Von den Frauen waren zuvor 60 Prozent arbeitslos, von den Männern nur ca. 40 Prozent, das heißt, Berufsförderungsleistungen dienen bei Frauen vorwiegend der Eingliederung in das Erwerbsleben, bei Männern überwiegend dem beruflichen Aufstieg (vgl. auch Beitrag V.3 Berufsrückkehr...). Das erklärt auch, warum Männern längere Bildungsmaßnahmen bewilligt werden als Frauen. In Arbeitsbeschaffungsmaßnahmen traten im April 1989 10424 Männer und 3194 Frauen ein.[12] Auch hier nutzen die Arbeitsämter das Instrumentarium des Arbeitsförderungsgesetzes (AFG) offensichtlich nicht, um die Erschwerungen, die sich für Frauen auf dem Arbeitsmarkt ergeben, zu mildern. Dagegen könnte nur eine Bindung der Arbeitsbeschaffungsmaßnahmen an die jeweilige örtliche Arbeitslosenquote helfen. Leistungen zur Förderung der Arbeitsaufnahme wurden 1987 zu 34

Prozent an Frauen gezahlt.[13] Dieser geringe Prozentsatz ergibt sich wohl vorwiegend aus der niedrigen Vermittlungsquote der Frauen.

1.3 Geringere soziale Sicherung

Arbeitslosengeld und Arbeitslosenhilfe setzen grundsätzlich eine vorangegangene Erwerbstätigkeit voraus und orientieren sich an dem zuvor erzielten Entgelt. 1987 verdienten ArbeiterInnen 30 Prozent weniger als Arbeiter, weibliche Angestellte sogar 36 Prozent weniger als männliche Angestellte.[14] Arbeitslosengeld und Arbeitslosenhilfe erhielten im April 1989 77,4 Prozent der männlichen Arbeitslosen, aber nur 63,1 der arbeitslosen Frauen.[15] Ende Oktober 1987 betrug das monatliche Arbeitslosengeld durchschnittlich 984 DM, verheiratete Männer erhielten durchschnittlich 1390 DM, verheiratete Frauen nur 750 DM.[16] Arbeitslosenhilfe bezogen 31,7 Prozent der arbeitslosen Männer und nur 15,5 Prozent der Frauen.[15] Die Arbeitslosenhilfe belief sich auf 949 DM für verheiratete Männer und 627 DM für verheiratete Frauen bei einem Gesamtdurchschnitt von 833 DM.[16]

Gesetzliche Regelungen wie das Arbeitsförderungsgesetz (AFG), die einerseits Arbeitslosigkeit vermeiden und beseitigen sollen und andererseits dazu dienen, den bei Arbeitslosigkeit eintretenden Einkommensverlust durch Sozialleistungen zumindest teilweise zu ersetzen, sind wohl nicht allein in der Lage, die faktischen Benachteiligungen von Frauen auf dem Arbeitsmarkt zu kompensieren. Allerdings könnten entsprechend der Zielsetzung des AFG spezielle Beratungen, Fortbildungsmaßnahmen, Eingliederungsbeihilfen und sonstige finanzielle Unterstützungen die Chancen der Frauen auf dem Arbeitsmarkt erhöhen. Frauen sollten ermutigt werden, die Möglichkeiten des AFG stärker zu beanspruchen.

2 Der unverzichtbare Gang zum Arbeitsamt

Zunächst einmal drei Fälle zur Illustration der vielfältigen Probleme:

Fall 1: Babara R., 22 Jahre alt, ledig, war vier Jahre lang als ungelernte Fließbandarbeiterin in einem Elektrobetrieb tätig. Wegen schlechter Auftragslage wurde ihr gekündigt. Sie ist nun arbeitslos und erhält Arbeitslosengeld. Eine Berufsausbildung besitzt sie nicht. Nach der Schule hatte sie einfach Geld verdienen wollen, zumal sie keine Lehrstelle gefunden hatte. Jetzt würde sie sich gerne beruflich qualifizieren. Kommt für sie daher auch eine Qualifizierungsmaßnahme des Arbeitsamtes und Unterhaltsgeld als finanzielle Förderung in Frage?

Fall 2: Rita S., 40 Jahre alt, verheiratet, hat von ihrem 18. Lebensjahr an im Büro einer großen Firma gearbeitet. Als sie mit 30 Jahren ihr erstes Kind bekam und ihr Ehemann Norbert S. einen einträglichen Job als Ingenieur hatte, kündigte sie und widmete sich den zwei Kindern und dem Haushalt der Familie. Mit 40 Jahren möchte Rita nunmehr in ihren alten Beruf als Fremdsprachensekretärin zurück, findet aber keine Stelle. Da Norbert als Frührentner (infolge eines Autounfalls) seit kurzem nur wenig Einkommen hat, fragt sich Rita, ob sie Leistungen nach dem Arbeitsförderungsgesetz beanspruchen kann und welche.

Fall 3: Monika W., 32 Jahre alt, ist ledige Mutter zweier Kinder, die vier und sechs Jahre alt sind. Sie hat ihre Teilzeitstelle als Verkäuferin verloren und bezieht nun Arbeitslosengeld. Sie sucht auch für die Zukunft eine Teilzeitstelle – bislang vergeblich. Nach einem Jahr Arbeitslosengeld hofft sie, Arbeitslosenhilfe zu erhalten. Sie fürchtet aber, kein Geld mehr vom Arbeitsamt zu erhalten, weil sie mit Enrico, einem ausländischen Studenten mit bescheidenem Stipendium, unverheiratet zusammenlebt, oder weil sogar ihre Eltern nun für sie zahlen müssen. Treffen ihre Befürchtungen zu?

2.1 Die Arbeitslosmeldung

Jede Frau, die Arbeit sucht, sollte sich beim Arbeitsamt ihres Wohnsitzes arbeitslos melden, auch wenn sie keine finanziellen Ansprüche gegen die Bundesanstalt hat. Nur auf diese Weise kann das Ausmaß der Frauenarbeitslosigkeit offensichtlich und für die Politiker unbestreitbar werden. Die Arbeitslosmeldung kann nur persönlich erfolgen; es reicht nicht aus, den Freund oder die Freundin zum Arbeitsamt zu schicken oder sich telefonisch zu melden. Die Arbeitslosmeldung ist unverzichtbare Voraussetzung für Arbeitslosengeld- und Arbeitslosenhilfeansprüche. Besteht kein Anspruch auf Arbeitslosengeld und Arbeitslosenhilfe, muß seit dem 1. 1. 1988 die Meldung beim Arbeitsamt alle drei Monate wiederholt werden (§ 15 Abs. 2 AFG). Geschieht das nicht, gilt frau nicht mehr als arbeitslos und verschwindet in der stillen Reserve. Ganz wichtig ist die Arbeitslosmeldung sowie ihre regelmäßige und rechtzeitige Wiederholung, wenn sich die Arbeitslosigkeit an ein versicherungspflichtiges Beschäftigungsverhältnis unmittelbar anschließt und ein Leistungsanspruch nur wegen des eigenen Einkommens der Arbeitslosen und/oder des Einkommens eines unterhaltspflichtigen Verwandten oder des Ehepartners nicht besteht. Das kommt bei verheirateten Frauen besonders häufig vor, weil auf ihre Arbeitslosenhilfe das Einkommen des Ehemannes anrechenbar ist. Die Zeit der Arbeitslosigkeit ohne Leistungsanspruch kann nach § 1259 Abs. 1 Satz 1 Nr. 3a der Reichsversicherungsordnung (RVO) als Ausfallzeit in der gesetzlichen Rentenversicherung berücksichtigt werden, wenn sich die Arbeitslose bei einem deutschen Arbeitsamt fortdauernd arbeitslos gemeldet hat (vgl. auch Beitrag VI.1 Rente ...). Die Ausfallzeit kann entscheidend sein für einen Anspruch auf Rente wegen Berufs- oder Erwerbsunfähigkeit, der seit dem 1. 1. 1984 davon abhängig ist, daß die Versicherte in den letzten fünf Jahren vor dem Versicherungsfall drei Jahre versicherungspflichtig beschäftigt war, die Ausfallzeiten werden hierbei nicht mitgerechnet. Die Ausfallzeit sichert aber u. U. die einmal erfüllte Anwartschaftszeit für eine Rente wegen Berufs- (BU) oder Erwerbsunfähigkeit (EV), indem sie eine zeitliche Brücke zwischen dem Zeitpunkt der erfüllten Voraussetzungen (drei Jahre Beiträge in fünf Jahren) und dem Zeitpunkt des Versicherungsfalls schlägt. Wenn zum Beispiel eine Frau seit zwölf Jahren bis zum 35. Lebensjahr versicherungspflichtig gearbeitet hat, dann arbeitslos wird und mit 39 Jahren durch Krankheit erwerbsunfähig wird, so erhält sie nur dann eine Frührente, wenn sie die letzten vier Jahre auch durchgehend arbeitslos gemeldet war. Ausfallzeiten sind außerdem wichtig für den Anspruch auf Arbeitslosen-Altersruhegeld, der u. a. eine versicherungspflichtige Beschäftigung von acht Jahren in den letzten zehn Jahren verlangt; für die weitere Voraussetzung einer Arbeitslosigkeit von zwölf Monaten in den letzten eineinhalb Jahren vor Antragstellung ist die Arbeitslosmeldung unverzichtbar. Bei der Ermittlung der 35 Versicherungsjahre für das flexible Altersruhegeld werden die Ausfallzeiten mitgerechnet, außerdem beeinflussen sie die Höhe der Renten.

Unterläßt frau die rechtzeitige Arbeitslosmeldung oder verspätet sie sich bei der Wiederholung, verlieren die Zeiten der Arbeitslosigkeit ihre Bedeutung für die Rentenversicherung; die spätere Meldung heilt den Verlust auch nicht für die Zukunft, frau gerät lediglich wieder in die Statistik.

2.2 Die Arbeitsvermittlung

Die Bundesanstalt für Arbeit ist zur besonderen Förderung der Frauen verpflichtet. Seit dem 1. 7. 1987 gehört es zu ihren Aufgaben, den nach Geschlechtern getrennten Ausbildungs- und Arbeitsmarkt zu überwinden und allen Frauen zu helfen, deren Vermittlung unter den üblichen Bedingungen des Arbeitsmarktes erschwert ist (§ 2 Nr. 5 AFG). Ein spezielles Frauenförderungsprogramm enthält das AFG jedoch nicht. Auch die Bundesanstalt hat bisher kein spezielles Frauenförderungsprogramm erarbeitet. Einzelne Bundesländer haben allerdings Förderungsprogramme für Frauen aufgelegt und durch die Bundesanstalt durchführen lassen. In einem Dienstblatt-Runderlaß (*DBl-RdErl.*) vom 2. 7. 1986[17] hat die Bundesanstalt Grundsätze zu geschlechtsneutraler Vermittlung vorgelegt: Seit August 1988 soll es in jedem Arbeitsamt eine Beauftragte für Frauenbelange geben[18]; die Arbeitslose kann die Vermittlung und Beratung durch eine Frau verlangen. Ob sich hiervon wesentliche Verbesserungen für die Situation der arbeitslosen Frauen erwarten lassen, muß allerdings bezweifelt werden. Schon früher war eine Vermittlung von Frauen durch Frauen gesetzlich vorgesehen; die Bestimmung wurde auch auf Betreiben der Frauen abgeschafft. Auf die Existenz eines nach Geschlechtern aufgeteilten Arbeitsmarktes hat sie keinen erkennbaren Einfluß gehabt.

3 Spärliche konkrete Hilfen zur Rückkehr in den Beruf

3.1 Fortbildung und Umschulung

Es klingt heute wie ein Märchen – 1969, als die Kasse der Bundesanstalt voll und der Arbeitsmarkt leer war, konnte an einer beruflichen Fortbildungsmaßnahme teilnehmen, wer eine beitragspflichtige Beschäftigung ausgeübt hatte oder eine solche Beschäftigung ausüben wollte und für die beabsichtigte Maßnahme geeignet erschien; Umschulungsmaßnahmen setzten weder eine vorherige noch eine nachträgliche beitragspflichtige Beschäftigung voraus. D. h., arbeitslose Frauen konnten u. U. nach langjähriger Berufsunterbrechung auf Kosten der Bundesanstalt für Arbeit an Berufsbildungsmaßnahmen teilnehmen; das galt auch, wenn sie vorher überhaupt nicht berufstätig gewesen waren, weil sie vielleicht während des Studiums geheiratet und wegen der Kindererziehung ihre Ausbildung nicht beendet oder nicht beruflich genutzt hatten. Das Unterhaltsgeld entsprach 1969 dem Nettoentgelt der vorangegangenen bzw. einer möglichen Beschäftigung.

Solche paradiesischen Zustände erscheinen heute fast unglaubhaft. Damals sollten neben den Landwirten, die ihre Höfe aufgeben oder nur noch im Nebenerwerb führen wollten, die nicht erwerbstätigen Frauen auf den Arbeitsmarkt gezogen werden. Mit Beginn der Massenarbeitslosigkeit in den Jahren 1974/75 wurde das AFG mit dem Haushaltsstrukturgesetz 1975 geändert und insbesondere die Schwelle für Berufsförderungsleistungen angehoben. Nunmehr war die Zahlung von Unterhaltsgeld von der vorherigen beitragspflichtigen Beschäftigung abhängig. Die Unterhaltsgeldleistungen wurden auf 80 Prozent des letzten Nettoentgelts gemindert. Durch weitere Gesetzesänderungen wurde das Unterhaltsgeld mehrmals herabgesetzt, inzwischen auch wieder heraufgesetzt. Bis 1982 bestand die Möglichkeit, Unterhaltsgeld auch an Personen zu zahlen, die vorher nicht versicherungspflichtig beschäftigt waren und wegen einer Änderung ihrer persönlichen Verhältnisse oder aus anderen Gründen erwerbstätig werden mußten; sie mußten dann innerhalb von vier Jahren im Anschluß an die Maßnahme drei Jahre versicherungspflichtig beschäftigt sein. Von diesen Möglichkeiten konnten vor allem Frauen nach einer Scheidung, aber auch bei sonstigen Veränderungen ihrer Lebenssituation, Gebrauch machen. Der Gesetzgeber sollte wenigstens insoweit zu dem Rechtszustand von 1969 zurückkehren; zumindest müßte die Zeit der Kindererziehung Ansprüche auf Berufsförderungsleistungen begründen.

3.1.1 Unterhaltsgeld

Derzeit (vgl. auch V.3 Berufsrückkehr...) kann eine Förderung mit Zahlung von Unterhaltsgeld bei Maßnahmen mit ganztägigem Unterricht grundsätzlich beanspruchen, wer innerhalb der letzten drei Jahre vor Beginn der Maßnahme mindestens zwei Jahre versicherungspflichtig beschäftigt war oder Arbeitslosengeld bzw. im Anschluß daran Arbeitslosenhilfe bezieht.

Für Barbara R. aus dem 1. Fallbeispiel besteht also die Möglichkeit, Unterhaltsgeld für eine Fortbildungs- oder Umschulungsmaßnahme zu erlangen, da sie sowohl arbeitslos ist, als auch (mindestens) zwei Jahre innerhalb der letzten drei versicherungspflichtig gearbeitet hat (§ 46 Abs. 1 AFG). Da sie keine abgeschlossene Berufsausbildung hat, aber weniger als sechs Jahre beruflich tätig war (§ 42 Abs. 1 Nr. 2), müßte eine Fortbildung oder Umschulung für sie «notwendig» zur Wiedereingliederung sein, und sie müßte wenigstens drei Jahre beruflich gearbeitet haben. Für Arbeitslose ohne beruflichen Abschluß ist die Teilnahme an einer Bildungsmaßnahme immer notwendig, wenn sie dem Erwerb einer beruflichen Qualifikation dient. Barbara R. hat also gute Aussichten auf die Vermittlung in eine Qualifizierungsmaßnahme.

Die Frist von drei Jahren gilt nicht für Arbeitslose, die zur Sicherung des Lebensunterhalts eine Beschäftigung aufnehmen müssen und überwiegend wegen der Betreuung und Erziehung eines Kindes keine Erwerbstätigkeit ausgeübt haben. Muß frau zum Besipiel nach der Scheidung, aber auch wegen Arbeitslosigkeit oder Krankheit des Ehemannes, den Unterhalt für sich und/oder ihre Familie durch Erwerbsarbeit sichern und war sie wegen der Kindeserziehung nicht oder nicht durchgehend erwerbstätig, genügt es für den Anspruch auf Förderungsleistungen, daß sie unmittelbar vor der Kindererziehung versicherungspflichtig beschäftigt war.

Ist frau nach der Kindererziehung nicht aus wirtschaftlichen Gründen zur Erwerbstätigkeit gezwungen, verlängert sich die Dreijahresfrist um jeweils fünf Jahre pro Kind, soweit wegen der Betreuung und Erziehung keine Erwerbstätigkeit ausgeübt wurde (§ 46 AFG).

Wichtig: Die Frist von drei Jahren verlängert sich nicht um die Zeit der

Kindererziehung, wenn die Arbeitslose sich während der Kindererziehung arbeitslos gemeldet hat, um die Zeit für die Rentenversicherung zu erhalten, weil sie dann nicht wegen der Kindererziehung, sondern wegen Arbeitslosigkeit keine Erwerbstätigkeit ausgeübt hat. Die Frist verlängert sich nach der Rechtsprechung des Bundessozialgerichts (BSG) auch nicht[18a], wenn frau neben der Kindererziehung eine Beschäftigung ausgeübt hat, selbst wenn diese geringfügig und versicherungsfrei war. Sowohl «geringfügig» und versicherungsfrei in allen Branchen der Sozialversicherung als auch steuerfrei waren beispielsweise 1989 Arbeitsverhältnisse mit einem Monatsverdienst von bis zu 450 DM bei einer Wochenarbeitszeit von weniger als 15 Stunden (vgl. § 8 Abs. 1 Nr. 1 und Abs. 2 SGB IV und § 169 a Abs. 2 AFG). Versicherungsfrei in der Arbeitslosenversicherung ist darüber hinaus die «kurzzeitige» Beschäftigung, «die auf weniger als 18 Stunden wöchentlich der Natur der Sache nach beschränkt zu sein pflegt oder im voraus durch einen Arbeitsvertrag beschränkt ist» (§ 102 Abs. 1 AFG). Da Teilzeitarbeit (dieser Art) oft die einzige Erwerbstätigkeit ist, die Frauen mit Kindern ermöglicht wird, muß diese Rechtsprechung als diskriminierend angesehen werden.

Unterhaltsgeld wird als Zuschuß bezahlt, d. h., frau kann das Geld behalten, wenn die Förderung «notwendig» ist, um Arbeitslose oder von Arbeitslosigkeit unmittelbar bedrohte Personen dauerhaft einzugliedern. Wer keine abgeschlossene Berufsausbildung besitzt oder lange nicht mehr im erlernten Beruf gearbeitet hat, kann gleichfalls Unterhaltsgeld als Zuschuß verlangen.

Liegen diese Voraussetzungen nicht vor, kommt nur eine Förderung mit einer darlehensweisen Unterhaltsgeldzahlung in Betracht (§ 42 AFG). Für Frauen, die nach einer längeren Pause in das Erwerbsleben zurückkehren wollen, wird regelmäßig eine notwendige Förderung anerkannt. Nach längeren Unterbrechungen ist meist eine Auffrischung und Aktualisierung der beruflichen Fähigkeiten und Kenntnisse oder auch eine vollständige berufliche Neuorientierung erforderlich.

Das Unterhaltsgeld beträgt für Arbeitslose mit Kindern oder einem pflegebedürftigen Ehepartner (oder einer Ehepartnerin) 73 Prozent, für die übrigen Teilnehmer 65 Prozent des letzten Entgelts bzw. des möglichen Entgelts. Ist die Förderung zur beruflichen Eingliederung nicht zwingend «notwendig», sondern nur «zweckmäßig» im Sinne einer Chancenverbesserung, beträgt das Unterhaltsgeld nur 58 Prozent und wird als zinsloses Darlehen gezahlt. Versäumt frau ohne wichtigen Grund den Unterricht, muß sie das Unterhaltsgeld für die Fehltage zurückzahlen.

3.1.2 Sachkosten

Seit dem 1. 1. 1989 werden die Sachkosten der Berufsförderungsmaßnahme, also die Lehrgangskosten, Kosten für Lernmittel, Fahrkosten, Kosten für Arbeitsbekleidung, der Krankenversicherung und Unfallversicherung sowie Kosten der Unterbringung und Mehrkosten für Verpflegung bei notwendiger auswärtiger Unterbringung und Kinderbetreuungskosten, nicht mehr generell übernommen. Die Entscheidung darüber steht im Ermessen der Bundesanstalt für Arbeit (§ 45 AFG). Im allgemeinen ist mit einer kostendeckenden Erstattung der Aufwendungen nicht mehr zu rechnen.

3.1.3 Kinderbetreuungskosten

Das Gesetz sieht die Erstattung von Kinderbetreuungskosten bis zu 60 DM monatlich vor. Obwohl dieser Betrag für die Betreuung eines Kindes schwerlich je ausreichen wird, lehnt die Bundesanstalt die Erstattung selbst dieses geringen Betrages regelmäßig ab, weil die Kinderbetreuung auch bei Aufnahme einer Beschäftigung notwendig und deshalb nicht durch die Berufsbildungsmaßnahme verursacht sei. Das sollte sich jedoch keine Frau gefallen lassen. Sie kann gegen eine Ablehnung Widerspruch einlegen (vgl. 8.2). Dem Gesetz ist nicht zu entnehmen, daß nur die Kosten erstattungsfähig sind, die bei einer Berufstätigkeit nicht entstehen würden. Auch zu den übrigen Sachkosten gehören Aufwendungen, die bei Arbeitnehmern anfallen, z. B. Fahrkosten, Kosten für Arbeitskleidung. Für die Kinderbetreuungskosten kann m. E. nichts anderes gelten. Kinderbetreuungskosten sind nach Meinung des Landessozialgerichts (LSG) Nordrhein-Westfalen bei Rehabilitationsmaßnahmen nicht zu erstatten, also bei Berufsbildungsmaßnahmen, die aus gesundheitlichen Gründen notwendig sind.[19]

3.2 Einarbeitungszuschuß

Das Arbeitsamt kann an Arbeitgeber Zuschüsse zahlen, wenn sie Arbeitslose einstellen, die erst nach einer Einarbeitungszeit am Arbeitsplatz voll leistungsfähig sind (§ 49 AFG). Der Höchstsatz des Zuschusses wurde am 1. 1. 1989 von 70 Prozent auf 50 Prozent des tariflichen Arbeitsentgeltes herabgesetzt. Jetzt erwähnt das Gesetz als Begünstigte ausdrücklich Personen, die nach Zeiten der Kindererziehung ins Erwerbsleben zurückkehren wollen, gemeint sind damit Frauen nach der Familienphase. So kann natürlich Frauenförderung auch betrieben werden: Die durch die Herabsetzung des Zuschusses geminderten Einstellungschancen der Frauen nach der Kindererziehung werden durch ihre ausdrückliche gesetzliche Erwähnung kompensiert.

3.3 Arbeitsbeschaffungsmaßnahmen

Verschlechtert worden sind auch die Leistungen für Arbeitsbeschaffungsmaßnahmen (vgl. auch Beitrag V.3 Berufsrückkehr...). Waren Frauen schon bisher in der Praxis der Bundesanstalt bei Arbeitsbeschaffungsmaßnahmen benachteiligt, obwohl sie entsprechend ihrer Arbeitslosenquote in höherem Maß gefördert werden müßten, wird sich aus der Herabsetzung der Förderungsbeträge und der Beschränkung der voll geförderten Maßnahmen auf bundesweit 15 Prozent aller Arbeitsbeschaffungsmaßnahmen für Frauen keine Erhöhung ihrer Arbeitsmarktchancen ergeben.

Bevorzugt befördert werden bei Arbeitsbeschaffungsmaßnahmen Arbeitslose nach einjähriger Arbeitslosigkeit. Mutterschutzzeiten und Erziehungsurlaub unterbrechen die Arbeitslosigkeit nicht, werden aber auch nicht als Zeit der Arbeitslosigkeit angerechnet. Für Frauen, die Kinder zu betreuen haben, kommt auch eine Teilzeitbeschäftigung als Arbeitsbeschaffungsmaßnahme in Betracht.

3.4 Hilfen bei der Arbeitsaufnahme

Die Bundesanstalt für Arbeit kann Arbeitslosen die Kosten für Bewerbungen und Vorstellungsgespräche erstatten. Bei der Aufnahme einer Beschäftigung bei vorhergehender Arbeitslosigkeit kann das Arbeitsamt für Arbeitsausrüstung, Fahrkosten, Trennungsbeihilfen Zuschüsse oder Darlehen zahlen. Damit die Arbeitslose ihren Lebensunterhalt und den ihrer Familie zwischen der Arbeitsaufnahme und der ersten Gehalts- oder Lohnzahlung sicherstellen kann, können in besonderen Härtefällen Überbrückungsbeihilfen gezahlt werden. Die Bundesanstalt für Arbeit erkennt einen besonderen Härtefall nur an, wenn die Arbeitslose keinen Vorschuß von ihrem Arbeitgeber erhalten kann; dasselbe muß gelten, wenn der Versuch, einen Vorschuß zu bekommen, für die Arbeitslose unzumutbar ist. Überbrückungsbeihilfe soll nur noch als Darlehen und nur bis zu einem Betrag von 1000 DM gezahlt werden. Die Entscheidung über die Zahlung von Leistungen zur Arbeitsaufnahme steht im Ermessen der Arbeitsämter. Dennoch kann im Einzelfall ein höherer Anspruch und eine zuschußweise Zahlung berechtigt sein. Frauen sollten sich nicht bescheiden und schon gar nicht zum Sozialamt schicken lassen.

4 Wer bekommt Arbeitslosengeld?

Anspruch auf Arbeitslosengeld hat, wer arbeitslos ist, der Arbeitsvermittlung zur Verfügung steht, die Anwartschaftszeit erfüllt, sich beim Arbeitsamt arbeitslos gemeldet und Arbeitslosengeld beantragt hat (§ 100 Abs. 1 AFG).

4.1 Arbeitslosigkeit

Frau muß also arbeitslos sein. Das ist sie, wenn sie keine Erwerbstätigkeit mit einer Wochenarbeitszeit von 18 Stunden oder mehr ausübt (§ 101 Abs. 1 AFG). Hier werden Arbeitszeiten bei mehreren Arbeitgebern zusammengerechnet. Wer in zwei Arbeitsverhältnissen jeweils zehn Stunden wöchentlich beschäftigt ist, ist nicht arbeitslos. Arbeitslos ist eine Frau auch dann nicht, wenn sie 18 Stunden wöchentlich als mithelfendes Familienmitglied arbeitet; ob sie für diese Tätigkeit ein Entgelt bekommt und ob sie in demselben Umfang bereits vor dem Verlust des Arbeitsplatzes in dem Betrieb des Ehemannes, der Eltern oder der Kinder mitgeholfen hat, ist unerheblich.

4.2 Anwartschaft

Arbeitslosengeld bekommt nur, wer in den letzten drei Jahren (Rahmenfrist) vor der Arbeitslosmeldung wenigstens 360 Kalendertage versicherungspflichtig beschäftigt war (§ 104 AFG). Bis zum 31.12.1981 genügte eine vorangegangene Beschäftigung von sechs Monaten zur Begründung eines Arbeitslosengeldanspruchs. Die Verlängerung der notwendigen Vorversicherungszeit erschwert vor allem für Frauen den Zugang zum Leistungssystem des AFG, ebenso die kurze Dauer der Rahmenfrist.

> Rita S. aus dem 2. Fallbeispiel erhält kein Arbeitslosengeld, da ihre langjährige beitragspflichtige Erwerbstätigkeit etwa zehn Jahre zurückliegt, die dreijährige Rahmenfrist also längst überschritten ist (vgl. § 104 AFG). Sie könnte allenfalls Unterhaltsgeld für eine Fortbildung oder Umschulung beantragen, denn die dann geltende Rahmenfrist von ebenfalls drei Jahren verlängert sich pro Kind um fünf Jahre – hier also auf insgesamt 13 Jahre – und gilt überhaupt nicht, wenn jemand aus wirtschaftlichen Gründen zur Aufnahme einer Erwerbstätigkeit gezwungen ist (vgl. § 46 Abs. 1 AFG. Zu möglichen sinnvollen Fortbildungen vgl. Beitrag V.3 Berufsrückkehr...).

Beitragspflichtig ist eine Beschäftigung als ArbeitnehmerIn oder Auszubildende (§ 168 Abs. 1 AFG). Selbständige (vgl. Beitrag I.6 Existenzgründung...) gehören der Arbeitslosenversicherung nicht an. Eine freiwillige Versicherung gibt es hier – anders als in der Renten-, Kranken- und Unfallversicherung – nicht. Zeiten der Kindererziehung stehen einer Beschäftigung nur gleich, wenn die Frau Erziehungsgeld bezieht oder wegen der Höhe des anrechenbaren Einkommens nicht bezieht und die Erziehungszeit sich unmittelbar an ein versicherungspflichtiges Beschäftigungsverhältnis anschließt (§ 107 Abs. 1 Nr. 5 Buchst. c AFG); es gibt in der Arbeitslosenversicherung kein allgemeines Babyjahr. Dagegen können Wehrdienst und Zivildienst auch ohne vorherige Versicherung für Arbeitnehmer beitragspflichtig sein (§ 168 Abs. 2 AFG). Benachteiligungen für junge Männer bei der Erwerbstätigkeit durch gesellschaftlich zugemutete Aufgaben, deren Wert der Kindererziehung schwerlich gleichgestellt werden kann, werden im sozialen Sicherungssystem selbstverständlich beseitigt oder weitestgehend gemildert; gleichwertige Hilfen für Frauen im Hinblick auf die gesellschaftliche Aufgabe der Kindererziehung fehlen.

Eine erhebliche Barriere ergibt sich speziell für Frauen aus der Versicherungspflichtgrenze. Nicht versichert sind in der Arbeitslosenversicherung alle Personen, die monatlich nicht mehr als 450 DM (1989) verdienen oder weniger als 18 Wochenstunden arbeiten (§ 169a AFG i. V. m. § 8 Abs. 1 Nr. 1 und Abs. 2 des Vierten Buches des Sozialgesetzbuches [SGB IV]). Bei einer Beschäftigung lediglich für zwei Monate bzw. 50 Tage im Jahr besteht Versicherungsfreiheit nur, wenn die Arbeit nicht berufsmäßig ausgeübt wird (§ 8 Abs. 1 Nr. 2 SGB IV); berufsmäßig wird eine Tätigkeit immer dann ausgeübt, wenn das Entgelt für die Lebensführung eine wesentliche Rolle spielt. Wer vorher arbeitslos gemeldet oder unbefristet beschäftigt war, ist deshalb auch in einem kurzfristigen Beschäftigungsverhältnis versichert, wenn das Entgelt 450 DM überschreitet und die Wochenarbeitszeit 18 Stunden erreicht. Die Wochenarbeitszeit aus mehreren Beschäftigungen wird für die Versicherungspflicht nicht zusammengerechnet – anders in der Kranken- und Rentenversicherung und bei Feststellung der Arbeitslosigkeit. Wer also für zwei verschiedene Arbeitgeber je zwölf Stunden wöchentlich arbeitet, ist nicht gegen Arbeitslosigkeit versichert, aber auch nicht arbeitslos.

4.3 Vereinbarkeit von Erwerbs- und Familienarbeit – der diskriminierende Verfügbarkeitsnachweis

Anspruch auf Arbeitslosengeld hat nur, wer der Arbeitsvermittlung zur Verfügung steht. Das ist dann der Fall, wenn die Arbeitslose bereit und in der Lage ist, jede zumutbare Beschäftigung unter den üblichen Bedingungen des Arbeitsmarktes auszuüben oder an einer Berufsbildungsmaßnahme teilzunehmen, das Arbeitsamt täglich aufsuchen kann bzw. für das Arbeitsamt jederzeit erreichbar ist (§ 103 Abs. 1 Satz 1 AFG).

Mit Arbeitslosengeld an einer Hochschule studieren darf frau also auch nur insoweit, als sie dies neben (voller) Berufstätigkeit leisten könnte, z. B. als Promotionsstudium (§ 103 a AFG). Was sind die üblichen Bedingungen des Arbeitsmarktes? Darf frau sich auf die Suche nach Teilzeitarbeit beschränken? Eine Frau darf sich dann auf Teilzeitarbeit beschränken, wenn sie Kinder bis zum 16. Lebensjahr oder pflegebedürftige Personen betreut. Sie darf sich auch aus anderen Gründen auf Teilzeitarbeit beschränken, z. B. wenn sie an einer Bildungsmaßnahme teilnimmt oder eine Nebenbeschäftigung von unter 18 Wochenstunden ausübt (§ 103 Abs. 1 Satz 2 AFG). Eine Frau darf sich jedoch nicht wegen der Führung eines kinderlosen Haushalts auf Teilzeitarbeit beschränken; hat sie innerhalb der letzten zwölf Monate vor Eintritt der Arbeitslosigkeit bei entsprechend gemindertem Entgelt zehn Monate teilzeitig gearbeitet, darf sie sich für die ersten vier Monate der Arbeitslosigkeit auf die Suche nach einer Teilzeitbeschäftigung desselben Umfangs begeben (§§ 7 und 11 der Zumutbarkeitsanordnung). Die gesuchte Teilzeitarbeit muß mindestens eine Wochenarbeitszeit von 18 Stunden erreichen (vgl. I.4 Teilzeitarbeit...).

Die Lage der Arbeitszeit muß auch bei Teilzeitarbeit arbeitsmarktüblich sein; d. h., auf dem für die Arbeitslose räumlich und beruflich erreichbaren Arbeitsmarkt muß es Arbeitsplätze der gewünschten Art geben, seien sie frei oder besetzt. Wird also die «Hausfrauenschicht» in allen im Wohnbereich der Arbeitslosen gelegenen Betrieben eingestellt und Teilzeitarbeit nicht mehr oder zum Beispiel nur am Vormittag angeboten, ist die Frau, die wegen der Kinderbetreuung erst nach Rückkehr des Ehemannes von der Frühschicht am frühen Nachmittag arbeiten kann, nicht mehr verfügbar. Arbeitslose Frauen sollten in jedem Fall alle öffentlichen und privaten Betreuungsmöglichkeiten sorgfältig prüfen, bevor sie gegenüber dem Arbeitsamt ihre zeitliche Arbeitsbereitschaft einschränken.

Die Zumutbarkeit der Arbeit richtet sich im Einzelfall nach den Kenntnissen und beruflichen wie sonstigen Fähigkeiten der Arbeitslosen, ihrem Gesundheitszustand, ihrem Alter, ihrem Wohnort, dem Vorhandensein von Beförderungsmitteln, der Dauer der Arbeitslosigkeit und ihren persönlichen und familiären Verhältnissen. Das gilt für Männer und Frauen gleichermaßen. Eine Frau, die Kinder betreut, wird Arbeiten, die mit häufigen Überstunden, wechselnden Arbeitszeiten, weiten Fahrwegen verbunden sind, in aller Regel ablehnen dürfen. Jede Frau darf Arbeit verweigern, die sie gesundheitlichen Gefährdungen oder sexuellen Belästigungen (vgl. I.2 und I.3 Arbeitsrecht im Frauenalltag und sexuelle Belästigung) aussetzt. Solange die Arbeitslose ihr Kind stillt, braucht sie keine Arbeit anzunehmen, die ihr dies unmöglich machen oder erschweren würde (vgl. IV.1 Schwangerschaft...).[20] Auch ein männlicher Arbeitsloser kann eine Beschäftigung ablehnen, wenn er dadurch die ganze Woche unterwegs und von der Betreuung seines Kindes praktisch ausgeschlossen wäre.[21]

Sind Frauen mit betreuungsbedürftigen Kindern überhaupt verfügbar? Noch immer verlangen die Arbeitsämter von arbeitslosen Frauen mit kleinen Kindern eine Erklärung, wie und durch wen für den Fall der Arbeitsaufnahme die Betreuung der Kinder gesichert ist. Hat das Arbeitsamt Zweifel, daß die Betreuung tatsächlich gesichert ist, verlangt es die Vorlage einer Bestätigung der Person oder der Institution, die im Falle der Arbeitsaufnahme zur Betreuung der Kinder bereit ist. Beratungsmängel gehen aber zu Lasten der Bundesanstalt. Hat das Arbeitsamt die Arbeitslose nicht alsbald eindeutig auf das Erfordernis, die Sicherstellung der Kinderbetreuung für den Fall der Arbeitsaufnahme zu beweisen, hingewiesen, darf die Verfügbarkeit für die Vergangenheit nicht verneint und das Arbeitslosengeld nicht verweigert werden.[22] Frau ist auch dann verfügbar, wenn sich ihr Mann oder Partner ernstlich bereit erklärt, im Falle ihrer Arbeitsvermittlung seine Beschäftigung aufzugeben und die Betreuung der Kinder zu übernehmen. Das hat das Sozialgericht (SG) Oldenburg im Falle eines arbeitslosen Mannes entschieden, dessen Frau bereit war, ihre Arbeitsstelle aufzukündigen und die Kinder zu versorgen, wenn er Arbeit finden sollte.[23] Das muß umgekehrt auch für die arbeitslose Frau gelten.

Obwohl die Bundesanstalt für Arbeit den Nachweis der gesicherten Kinderbetreuung auch von alleinerziehenden Vätern verlangt, stellt die Zuordnung der Kinder und die vorrangige Verantwortlichkeit der Mütter eine Diskriminierung der Frauen dar.[24] Soweit die Arbeitslose tatsächlich vorher gearbeitet und die Kinderbetreuung organisiert hat, bedarf es dieser Erklärung und dieses Nachweises nach geltendem Recht m. E. nicht, es sei denn, die Arbeitslose hat ihre Beschäftigung wegen der Unvereinbarkeit mit den Bedürfnissen der Kinder aufgegeben oder verloren. Anders liegt es sicher, wenn die Arbeitslose nach der Geburt eines Kindes arbeitslos geworden ist. Die Arbeitslosenversicherung soll lediglich das wegen des Mangels an geeigneten Arbeitsplätzen entgehende Arbeitsentgelt ausgleichen: Es ist an sich nicht ihre Aufgabe, die Kosten der Kindererziehung zu tragen. Hierzu bedürfte es m. E. einer generellen steuerfinanzierten Regelung.

5 Geringere Löhne – niedriges Arbeitslosengeld

5.1 Bemessungsentgelt

Arbeitslosengeld wird grundsätzlich nach dem in den letzten drei Monaten durchschnittlich erzielten Entgelt, soweit es beitragspflichtig ist, berechnet (§ 112 Abs. 1 AFG). Nicht berücksichtigt werden Mehrarbeitszuschläge, Jahressonderzahlungen, Weihnachtsgeld, Urlaubsgeld oder ähnliche einmalige oder wiederkehrende Zuwendungen. Beschäftigungen während des Erziehungsurlaubs mit vermindertem Entgelt und verminderter Arbeitszeit bleiben außer Betracht. Das Bemessungsentgelt wird in Wochenbeträgen ausgerechnet. Das Arbeitslosengeld beträgt für Arbeitslose, die wenigstens ein steuerrechtlich berücksichtigungsfähiges Kind haben, 68 Prozent, für kinderlose Arbeitslose 63 Prozent des letzten Nettoentgelts (§ 111 Abs. 1 AFG).

Ist das Arbeitsentgelt im Bemessungszeitraum gegenüber dem Durchschnittsentgelt des letzten Jahres außergewöhnlich gestiegen – das ist bei einem Anstieg um mehr als ein Drittel der Fall –, so ist das Bemessungsentgelt dem durchschnittlichen Wochenentgelt des letzten Jahres zu entnehmen (§ 112 Abs. 2 AFG). Das benachteiligt Frauen, wenn sie im letzten Jahr vor der Arbeitslosmeldung von Teilzeitarbeit in eine vollschichtige Beschäftigung gewechselt haben, z. B., weil ihre Kinder keine Betreuung mehr benötigen. Umgekehrt erhält frau Arbeitslosengeld nur anteilig, wenn sie z. B. nach einer Vollbeschäftigung wegen der Betreuung eines Kindes auf eine Teilzeitarbeit wechseln will (§ 112 Abs. 8 AFG). Ergibt sich die Notwendigkeit, von Vollzeit- auf Teilzeit überzugehen, aus einer gesundheitlich bedingten Leistungseinschränkung, wird das Bemessungentgelt aus der Vollzeitbeschäftigung dagegen nicht gemindert. Hat die Arbeitslose im Bemessungszeitraum nur Teilzeitarbeit verrichtet und stellt sie sich jetzt für eine Vermittlung in eine Vollzeitbeschäftigung zur Verfügung, erhält sie dennoch nur Arbeitslosengeld aus dem Entgelt der Teilzeitbeschäftigung.

Hat frau im Bemessungszeitraum bei ihrem Ehemann, ihren Eltern oder Kindern gearbeitet, ist ihr tatsächlich erzieltes Arbeitsentgelt nur zu berücksichtigen, soweit es das Arbeitsentgelt, das familienfremde Arbeitnehmer bei gleichartiger Beschäftigung gewöhnlich erhalten, nicht übersteigt (§ 112 Abs. 5 Nr. 3 AFG). Frauen werden von dieser Vorschrift besonders häufig erfaßt; sie arbeiten häufiger in den Betrieben des Ehemannes oder von Verwandten als Männer. Außerdem wird ihre berufliche Leistungsfähigkeit offenbar von Arbeitsämtern nicht sehr hoch eingeschätzt, wohl weil sie häufiger ohne spezielle Berufsausbildung arbeiten. Allerdings ist auch nicht zu verkennen, daß sich Frauen mitunter den steuerlichen und betrieblichen Interessen ihrer Ehemänner unterordnen. Betroffene Frauen sollten prüfen, ob das zugrunde gelegte Entgelt mit den Durchschnittsentgelten der Branche und der für sie in Betracht kommenden Leistungsgruppe übereinstimmt. Die statistischen Entgelte werden im Bundesarbeitsblatt regelmäßig veröffentlicht. Wegen der allgemeinen Unsicherheit bei der Anwendung dieser Vorschrift ist hier mitunter eine Erhöhung des Bemessungsentgeltes, evtl. in einem gerichtlichen Vergleich nach einer Klage der Frau, zu erreichen.

Ist das ermittelte Bemessungsentgelt im Hinblick auf die in den letzten drei Jahren vor der Arbeitslosmeldung überwiegend ausgeübte berufliche Tätigkeit unbillig hart, ist von dem Entgelt der Tätigkeit auszugehen, für die die Arbeitslose nach ihrem beruflichen Werdegang und ihren Fähigkeiten und Erfahrungen in Betracht kommt (§ 112 Abs. 7 AFG). Bei der Prüfung der Tätigkeiten in den letzten drei Jahren bleiben Beschäftigungen, in denen die Arbeitslose wegen der Kindererziehung nur teilzeitig gearbeitet hat, außer Betracht[25]; auch die Zeit des Mutterschutzes bleibt unberücksichtigt und darf nicht zu einer Benachteiligung der Arbeitslosen führen.[26]

5.2 Leistungsmindernder Familienstand

Arbeitslosengeld wird nach Leistungsgruppen gezahlt, die sich aus dem Familienstand und steuerlichen Kategorien ergeben (§ 111 Abs. 2 AFG). Da verheiratete Frauen als die meist geringer Verdienenden häufig in Steuerklasse V sind, ist ihr Arbeitslosengeldanspruch, der sich an durchschnittliche Nettoentgelte anschließt, auch deshalb niedriger als der verheirateter männliche Arbeitsloser. Die Berechnung des Arbeitslosengeldes nach dem Bruttoentgelt würde mehr Gleichheit zwischen den Geschlechtern herstellen. Kinder erhöhen allerdings den Arbeitslosengeldanspruch.

5.3 Dauer des Arbeitslosengeldes

Die Dauer des Arbeitslosengeldanspruchs ist von der Dauer der vorangegangenen versicherungspflichtigen Beschäftigung der Arbeitslosen abhängig. Nach einer Beschäftigung von 360 Kalendertagen umfaßt der Arbeitslosengeldanspruch 156 Tage; er kann maximal 832 Tage erreichen (§ 106 AFG). Diese Regelung wirkt sich wie alle Bestimmungen, die an die Dauer der Zugehörigkeit zum Erwerbsleben anknüpfen, frauenbenachteiligend aus. So verwundert es nicht, wenn die Ausschöpfungsquote beim Arbeitslosengeld bei Frauen höher ist als bei Männern; diese Quote wird außer von der Dauer der Arbeitslosigkeit von dem zeitlichen Umfang des Arbeitslosengeldanspruchs beeinflußt[27], d. h., Frauen sind eher darauf angewiesen als Männer, für die ganze Dauer ihres meist kurzen Anspruchs Leistungen zu beziehen, da sie nicht so bald einen neuen Arbeitsplatz finden.

6 Das Nadelöhr der sozialen Sicherung – die Arbeitslosenhilfe

6.1 Bedürftigkeitsprüfung ohne Bedarfsermittlung

Der Arbeitslosengeldanspruch ist zeitlich begrenzt: ihm kann sich bei fortdauernder Arbeitslosigkeit die niedrigere unbefristete Arbeitslosenhilfe anschließen. Die Arbeitslosenhilfe beträgt 58 Prozent des letzten Nettoentgelts für Arbeitslose mit Kindern und 56 Prozent für kinderlose Arbeitslose. Die Arbeitslosenhilfe gilt nicht als Versicherungsleistung, weil sie von einer Bedürftigkeitsprüfung abhängig ist und aus Steuermitteln gezahlt wird. Tatsächlich steht die Arbeitslosenhilfe zwischen Arbeitslosengeld und Sozialhilfe. Mit dem Arbeitslosengeld verbindet sie die Begrenzung auf den Bedarfsfall der Arbeitslosigkeit, während die Sozialhilfe in allen Notfällen einspringen muß (vgl. II.2 Bundessozialhilfegesetz). Die Voraussetzungen für Arbeitslosengeld und Arbeitslosenhilfe sind mit Ausnahme der Anwartschaftszeiterfüllung und der Bedürftigkeitsüberprüfung grundsätzlich identisch; insbesondere muß die Arbeitslose in gleicher Weise verfügbar sein, sie unterliegt denselben Zumutbarkeitskriterien wie die Bezieherin von Arbeitslosengeld. An sich ist ein Anspruch auf Arbeitslosenhilfe ausgeschlossen, wenn nur teilweise gearbeitet werden kann (§ 134 Abs. 4 Satz 2 AFG); nach der Rechtsprechung des BSG kann Arbeitslosenhilfe jedoch dann beansprucht werden, solange die Arbeitslose eine Beschäftigung unter den üblichen Bedingungen des allgemeinen Arbeitsmarktes ausüben kann.[27a]

> Monika W. aus dem 3. Fallbeispiel müßte also, um Arbeitslosenhilfe beziehen zu können, dem Arbeitsamt mitteilen und glaubhaft machen, daß sie entweder eine vollzeitige Arbeitsstelle oder eine Teilzeitarbeitsstelle mit einer Wochenarbeitszeit sucht, die auf dem für sie erreichbaren Arbeitsmarkt angeboten wird, und insoweit andere Betreuungsmöglichkeiten für ihre beiden Kinder hat.

Zweck der Arbeitslosenhilfe ist nicht nur die Sicherung des Lebensunterhalts der Arbeitslosen, das könnte auch mit Hilfe der Sozialhilfe geschehen; die Unterhaltssicherung soll weiterhin in Relation zum letzten oder dem erzielbaren Arbeitsentgelt stehen, vor allem soll die Verbindung von Arbeitsvermittlung und der Sicherung des Lebensunterhalts aufrechterhalten bleiben. Mit der Sozialhilfe hat die Arbeitslosenhilfe die sogenannte Bedürftigkeitsprüfung gemein. Da die Arbeitslosenhilfe wie das Arbeitslosengeld nicht nach einem pauschal oder individuell ermittelten Bedarfsbetrag errechnet wird, findet in Wahrheit keine Bedürftigkeitsprüfung statt, es werden lediglich Einkommen und Vermögen der Arbeitslosen und ihrer Angehörigen, soweit sie zu berücksichtigen sind, auf die nach dem Bemessungsentgelt, das sich regelmäßig aus dem letzten Arbeitsentgelt ergibt, ermittelte Arbeitslosenhilfe angerechnet. Die Bedürftigkeitsprüfung entpuppt sich als Anrechnungsregelung. Der Gesetzgeber des Jahres 1969 hatte angenommen, daß die Arbeitslosenhilfe in der Regel den Bedarf der Arbeitslosen und ihrer Familie decke[28]; das ist jedoch derzeit keineswegs der Fall, bei Arbeitslosen, die Ernährerinnen von Familien sind, wohl sogar die Ausnahme.

6.2 Wer kann Arbeitslosenhilfe erlangen

Wer im letzten Jahr vor der Antragstellung Arbeitslosengeld bezogen hat, kann vorbehaltlich der Bedürftigkeitsprüfung Arbeitslosenhilfe beanspruchen (§ 134 AFG). Arbeitslosenhilfe kann außerdem die Arbeitslose verlangen, die im letzten Jahr 150 Kalendertage beitragspflichtig gearbeitet hat. Bis zum 31.12.1981 genügte eine Vorversicherungszeit von 70 Kalendertagen, auch hier ist also eine Verschlechterung eingetreten, die insbesondere Frauen trifft. Arbeitslosenhilfe steht weiter den Arbeitslosen zu, die im letzten Jahr 150 Tage als Richter, Beamte oder Soldaten im öffentlichen Dienst waren, ferner Personen, die im letzten Jahr für 240 Tage wegen einer gesundheitlich bedingten Leistungsminderung Sozialleistungen erhalten haben und wegen einer Besserung ihres Gesundheitszustandes wieder auf den Arbeitsmarkt zurückkehren. Bis zum 31.12.1981 hatten auch Personen Anspruch auf Arbeitslosenhilfe, die sich nach einer Ehescheidung arbeitslos meldeten, wenn sie vor der Scheidung (vgl. auch Beitrag V.1 Scheidung...) innerhalb des letzten Jahres für 26 Wochen Unterhalt bezogen hatten.[29] Diese Bestimmung hat wohl ausschließlich unmittelbar Frauen begünstigt und sie davor bewahren sollen, nach der Ehescheidung zum Sozialamt gehen zu müssen; ihr Wegfall hat keine öffentlichen Proteste ausgelöst, obwohl die Verlagerung eines Teils der Scheidungsfolgekosten auf die Bundesanstalt für Arbeit auch die geschiedenen Männer entlastet hat.

Keinen Anspruch auf Arbeitslosenhilfe haben Personen, die Heimarbeit suchen. Erziehungsgeld steht dem Bezug von Arbeitslosenhilfe nicht entgegen.

Der eigentliche Stolperstein für die Arbeitslose auf dem Weg zum Arbeitslosenhilfebezug ist die sogenannte Bedürftigkeitsprüfung. Die Bedürftigkeitsprüfung wird auf zweierlei Weise durchgeführt:

6.3 Allgemeine Bedürftigkeitsprüfung (§ 138 Abs. 1 Nr. 1 AFG)

Das Einkommen der Arbeitslosen aus Erwerbsarbeit wird als Nebeneinkommen über einem Freibetrag von 30 DM wöchentlich zur Hälfte angerechnet; anrechnungsfreie Nebeneinkünfte und Arbeitslosenhilfe dürfen zusammen nicht 80 Prozent des Bemessungsentgelts übersteigen, insoweit gilt dasselbe wie beim Arbeitslosengeld. Andere Einkünfte werden voll angerechnet, zum Beispiel Einnahmen aus Vermietung und Verpachtung, Zinseinkünfte etc. Das verwertbare Vermögen der Arbeitslosen wird angerechnet, soweit es 8000 DM übersteigt.

Zum Einkommen der Arbeitslosen gehören auch Leistungen, die sie beanspruchen kann, insbesondere Unterhaltsansprüche der Arbeitslosen gegen Eltern, Kinder oder Ehegatten nach der Trennung oder Scheidung, nicht aber Ansprüche gegen Verwandte zweiten Grades, also Großeltern und Enkel. Die vieljährige Auseinandersetzung über die Frage, ob anrechenbarer Unterhalt schon dann vorhanden ist, wenn die Angehörigen nach ihrem Einkommen Unterhalt leisten können, ist im Augenblick zu einem wohl vorläufigen Abschluß gekommen. Bisher durften Unterhaltsansprüche nur berücksichtigt werden, wenn sie nach bürgerlichem Unterhaltsrecht tatsächlich bestanden. Das bürgerliche Unterhaltsrecht verlangt von Erwachsenen nach dem Ende ihrer Ausbildung sehr große Anstrengungen, um Bedürftigkeit zu vermeiden. Sie müssen bereit sein, jede Arbeit, auch solche unterhalb der erworbenen beruflichen Qualifikation und unabhängig von den Zumutbarkeitsgrundsätzen des AFG, aufzunehmen; um diese Arbeiten müssen sie sich selbst «intensivst» bemühen, die Meldung beim Arbeitsamt genügt nicht. Die Unterhaltsfähigkeit der Verwandten allein begründet keinen Unterhaltsanspruch. Die Bundesanstalt für Arbeit hat in der Vergangenheit lediglich die Unterhaltsfähigkeit von Eltern oder Kindern der Arbeitslosen geprüft und den sich daraus ergebenden Betrag von dem Arbeitslosenhilfesatz abgezogen. Nachdem das BSG in mehreren Urteilen[30] die Praxis der Bundesanstalt als rechtswidrig bezeichnet hat, ist mit Wirkung vom 8.7.1989 in § 137 AFG ein Abs. 1a[31] eingefügt worden, wonach fiktive Unterhaltsansprüche anzurechnen sind, wenn sie nur deshalb nicht bestehen, weil die Arbeitslose auf sie verzichtet oder Handlungen unterlassen hat, die Voraussetzung für das Entstehen oder Fortbestehen des Anspruchs sind.

Nicht betroffen von der Neuregelung ist die Arbeitslose, die wegen eigenen Vermögens keinen Unterhaltsanspruch hat. Das gilt auch dann, wenn das Vermögen selbst nicht auf die Arbeitslosenhilfe anzurechnen ist, weil es den Freibetrag von 8000 DM nicht überschreitet. Das BSG geht davon aus, daß nach bürgerlichem Unterhaltsrecht nur ein Betrag von 2000 DM als «Schonvermögen» unberücksichtigt bleibt. Manche Arbeitsämter setzen das Schonvermögen in Anlehunung an § 88 des Bundessozialhilfegesetzes (BSHG) mit 2500 DM fest. Ein verfügbares Vermögen zwischen 2000/2500 DM und 8000 DM hindert also die Anrechnung fiktiver Unterhaltsansprüche und zugleich die Anrechnung des Vermögens selbst auf die Arbeitslosenhilfe.

In allen anderen Fällen ist grundsätzlich der Betrag vom Einkommen der Eltern oder der Kinder bzw. des geschiedenen Ehemannes auf die Arbeitslosenhilfe anzurechnen, der rechnerisch zur Unterhaltszahlung zur Verfügung steht.[32] Die Bundesanstalt geht hierbei von Freibeträgen (1989) für die Unterhaltspflichtigen selbst von 1630 DM, für den Ehemann oder die Ehefrau von 400 DM und für jedes Kind von 250 DM aus; von dem nach Abzug der Freibeträge verbleibenden Einkommen rechnet sie ein Viertel als Unterhaltsanspruch an. Sind ausnahmsweise – etwa in einer kinderreichen Familie – die Freibeträge nach Düsseldorfer Tabelle höher oder übersteigt im Einzelfall der Bedarf die Freibeträge des Arbeitsamtes, kann die Arbeitslose die günstigere Berechnung verlangen.

Der Verzicht auf Unterhaltsansprüche spielt nur zwischen geschiedenen Eheleuten eine Rolle, Verwandte können auf Unterhalt nicht verzichten. Hat die Arbeitslose bereits vor dem Bezug von Arbeitslosenhilfe auf Unterhalt verzichtet, kann das Arbeitsamt eine fiktive Unterhaltsleistung nicht anrechnen; das gilt aber wohl dann nicht, wenn die Arbeitslose im Zeitpunkt des Verzichts alle Voraussetzungen für den Arbeitslosenhilfeanspruch erfüllt, diese aber nicht beantragt hat. Dann wird ihr der fiktive Unterhaltsbetrag wiederum von der Arbeitslosenhilfe abgezogen.

Die Anrechnung fiktiver Unterhaltsansprüche führt dazu, daß die Arbeitslose mit unterhaltsfähigen Angehörigen sich selbst intensiv um Arbeit jeder Art und Qualität unabhängig von ihrer Berufsausbildung und ihrer bisherigen Berufskarriere bemühen muß, während die übrigen Arbeitslosen sich im Rahmen der Zumutbarkeitsanordnung bewegen und auf die Vermittlungsarbeit des Arbeitsamtes vertrauen dürfen. Gegen die Regelung hat sogar der Rechtsausschuß des Deutschen Bundestages verfassungsrechtliche Bedenken geäußert; es muß deshalb bezweifelt werden, daß § 137 Abs. 1 a AFG eine verfassungsgerichtliche Prüfung überstehen wird.

Die Arbeitslose, die gegen ihre Eltern oder Kinder bzw. gegen ihren früheren Ehemann keinen Unterhaltsanspruch hat, kann von diesen keine Auskunft über ihre Einkommensverhältnisse verlangen. M. E. hat auch das Arbeitsamt keinen Auskunftsanspruch gegen die Angehörigen. Auf keinen Fall darf die Bundesanstalt beim Arbeitgeber der Angehörigen ohne deren Zustimmung Erkundigungen über das Einkommen einziehen.

6.4 Verschärfte Bedürftigkeitsprüfung (§§ 137, 138 Abs. 1 Nr. 2 AFG)

6.4.1 Vernachlässigte Freibeträge

Für arbeitslose Eheleute, die nicht dauernd getrennt leben, und für minderjährige unverheiratete Arbeitslose gilt die sogenannte verschärfte Bedürftigkeitsprüfung. Hier wird das Einkommen des Ehegatten oder der

Eltern auf die Arbeitslosenhilfe abzüglich eines Freibetrages von 150 DM wöchentlich für den Angehörigen selbst und 70 DM für jede von ihm nicht nur geringfügig unterhaltene Person voll angerechnet. Das AFG setzte 1969 die Freibeträge mit 75 DM und 35 DM wöchentlich fest; erstmals wurden diese Freibeträge nach 16 ½ Jahren zum 1. 1. 1986 unter dem Druck eines sozialgerichtlichen Vorlagebeschlusses[33] auf 115 DM und 55 DM und zum 1. 1. 1987 auf 150 DM und 70 DM erhöht; eine weitere Erhöhung ist derzeit offenbar nicht geplant. Die Erhöhung des Ehegattenfreibetrages auf 150 DM hat das Verhältnis des Freibetrages zum Sozialhilferegelsatz des Jahres 1969 nicht wiederhergestellt. 1969 betrug der Sozialhilferegelsatz in Hessen 136 DM[34], der Freibetrag monatlich 322,50 DM, er entsprach damit dem 2,37fachen des Regelsatzes. 1987 betrug der Regelsatz in Hessen 400/408 DM[35], der Freibetrag 650 DM, also nur das 1,63-/1,59fache. 1988 ist der Regelsatz auf 416 DM[36] und 1989 auf 426 DM[37] erhöht worden, die Relation zum Freibetrag auf das 1,56-/ 1,53fache abgesunken. Der Sozialhilferegelsatz ist nur für die Deckung der laufenden Lebenshaltungskosten bestimmt (§ 22 BSHG); er umfaßt nicht die Miet- und Heizkosten und die Kosten für größere Anschaffungen oder für Sonderbedarf (vgl. II.2 Bundessozialhilfegesetz ...). Der Sozialhilfebedarf muß als die wirklich unterste Grenze des Bedarfs angesehen werden. Die Freibeträge des § 138 Abs. 1 Nr. 2 AFG sind daher nicht ausreichend, um diesen Bedarf zu sichern. Auch die unzureichende Erhöhung der Freibeträge ist eine Ursache für die zunehmende Verarmung der Arbeitslosen und eine eindeutige Benachteiligung der Familien bzw. der Angehörigen von Arbeitslosen.

Noch problematischer ist der Freibetrag von 70 DM wöchentlich/ 303 DM monatlich. Der Angehörige der Arbeitslosen hat zur Erfüllung von Unterhaltsschulden z. B. gegenüber seinen Kindern oder einer früheren Ehefrau nur einen Betrag von 303 DM monatlich pro Person zur Verfügung. Nach bürgerlichem Unterhaltsrecht beträgt der Unterhaltsanspruch je nach Alter des Kindes und Einkommen des Unterhaltspflichtigen auf der Basis der Düsseldorfer Tabelle (vgl. V.1 Scheidung ...) zwischen 251/360 DM und 545/785 DM, der Unterhalt einer früheren Ehefrau 1000/1100 DM. Die Zugrundelegung der niedrigen Freibeträge nach AFG ist bei der verschärften Bedürftigkeitsprüfung zwingend; auf die tatsächliche Unterhaltsbelastung kommt es nicht an.[38]

6.4.2 Die eheähnliche Gemeinschaft (§ 137 Abs. 2a, 1 AFG)

Seit dem 1. 1. 1986 sind bei der Berechnung der Arbeitslosenhilfe Einkommen und Vermögen einer Person, die mit der Arbeitslosen in eheähnlicher Gemeinschaft (vgl. III.2 Nichteheliche Lebensgemeinschaft ...)

lebt, wie das Einkommen und Vermögen eines nicht dauernd getrennt lebenden Ehegatten zu berücksichtigen (§ 137 Abs. 2a AFG). Im Rahmen der Bedürftigkeitsprüfung wird das Einkommen des Partners wie bei Ehegatten abzüglich der Freibeträge von 150/70 DM wöchentlich voll angerechnet. Eheähnlich ist eine Gemeinschaft nur dann, wenn sie alle wesentlichen Merkmale einer Ehe aufweist, d. h., es muß sich um eine Gemeinschaft zwischen einem Mann und einer Frau handeln, die für nicht unerhebliche Zeit beabsichtigt ist und in der beide Beteiligte sich gegenseitig verpflichtet fühlen, zum gemeinsamen Lebensunterhalt beizutragen und dies im wesentlichen auch tun. Das BSG will die Prüfung der eheähnlichen Gemeinschaft nur auf die wirtschaftliche Seite des Zusammenlebens beschränken, tatsächlich berücksichtigt es aber auch die persönlichen Beziehungen, zum Beispiel gemeinsame Kinder.[39] Dagegen schließt die Bundesanstalt für Arbeit aus dem Zusammenleben eines Mannes und einer Frau, die nicht miteinander verwandt sind, in einer Wohnung regelmäßig auf die gemeinsame Haushaltsführung und die eheähnliche Gemeinschaft.[40] Das genügt jedoch m. E. keinesfalls. Die Arbeitslose muß mit ihrem Partner ehetypisch wirtschaften.

Keine eheähnlichen Gemeinschaften sind

a) Untermietverhältnisse und

b) Wohngemeinschaften.

Die Qualität des Zusammenlebens kann nur bei Bereitschaft der Beteiligten, entsprechende Auskünfte zu erteilen, festgestellt werden.[41] Objektive, von außen wahrnehmbare Kriterien gibt es kaum. Zahlt zum Beispiel der Partner Miete und Heizkosten an den Vermieter, ist damit nicht klar, wer die Kosten im Innenverhältnis trägt. Der Partner der Arbeitslosen ist verpflichtet, dem Arbeitsamt seine Einkommens- und Vermögensverhältnisse offenzulegen. Das Arbeitsamt darf beim Arbeitgeber des Partners – anders als bei Eheleuten – nur mit dessen Zustimmung anfragen. Der Partner der Arbeitslosen ist aber zur Auskunft nur verpflichtet, wenn die Hausgemeinschaft tatsächlich eheähnlich ist.

Die Anrechnungsbestimmung erfaßt wie bei Eheleuten das gesamte Einkommen und Vermögen des Partners abzüglich der Freibeträge. Die Arbeitslose kann auch hier nicht einwenden, daß sie Unterhaltsleistungen in der berechneten Höhe gar nicht erhält und ihr Partner ihr Unterhalt in diesem Umfang wegen zwingenden eigenen Bedarfs gar nicht leisten kann.

Die Gleichstellung der eheähnlichen Gemeinschaft mit Ehen führt zu zahlreichen Ungerechtigkeiten.[42] So wird die Arbeitslosenhilfe unter Berücksichtigung des Familienstandes bemessen, die Differenz zwischen der Arbeitslosenhilfe einer verheirateten und der einer unverheirateten Arbeitslosen kann ca. 9 Prozent betragen. Bei der Zwangsvollstreckung gegen den verdienenden nichtehelichen Partner führt der als Unterhaltsleistung gegenüber der Arbeitslosen angerechnete Betrag nicht zur Erhöhung der Pfändungsgrenzen. Ein unverheirateter Partner, der freiwillig Unterhalt an seine arbeitslose Freundin zahlt, muß sich also – bei vollstreckbaren Schulden – erheblich mehr von seinem Gehalt «wegpfänden» lassen als ein verheirateter. Entweder bleibt ihm schließlich weniger als das Existenzminimum der Pfändungsgrenze, oder er zahlt der Freundin doch keine Unterstützung mehr, obwohl deren Arbeitslosenhilfe nach wie vor um einen fiktiven Unterhaltsbetrag gekürzt ist. Das verfügbare Einkommen der eheähnlichen Gemeinschaft kann auf diese Weise erheblich niedriger sein als das Einkommen von Ehepartnern mit vergleichbaren Einkommensverhältnissen. Auch im übrigen erkennt die Rechtsordnung (z. B. im Steuerrecht) die Unterhaltsleistungen des Partners der Arbeitslosen, die zur Versagung oder Kürzung der Arbeitslosenhilfe führt, nicht an. Die Anrechnungsbestimmung kann sogar zu einer Schlechterstellung von Ehepartnern und Kindern führen, wenn der Partner der Arbeitslosen keinen Unterhalt an seine Kinder zahlen kann, weil sein Einkommen für den Unterhalt der arbeitslosen Partnerin verbraucht ist oder die Arbeitslose wegen der Versagung oder Kürzung der Arbeitslosenhilfe eigene Unterhaltsverpflichtungen nicht erfüllen kann. Die Versagung der Arbeitslosenhilfe führt zum Verlust des Krankenversicherungsschutzes für die Arbeitslose und ihre Kinder. Zerbricht die Partnerschaft ein Jahr nach dem Ende der Leistungen, ist der Arbeitslosenhilfeanspruch dennoch auch für die Zukunft verloren.

Für Monika W. aus dem 3. Fallbeispiel bedeutet die Bedürftigkeitsprüfung bei der Arbeitslosenhilfe, daß ihr das Einkommen Enricos im Rahmen einer verschärften Bedürftigkeitsprüfung angerechnet würde, weil die beiden in eheähnlicher Gemeinschaft zusammenleben. Selbst wenn ihr danach nichts oder nur wenig abgezogen wird, weil Enrico nur über ein bescheidenes Stipendium verfügt, fände im Rahmen einer allgemeinen Bedürftigkeitsprüfung eventuell die Anrechnung von Einkommen der Eltern statt, wenn diese der Tochter Unterhalt leisten müßten. Da hier die Freibeträge wesentlich höher sind als für zusammenlebende Ehegatten und nichteheliche Partner, besteht – zumindest bei Eltern im Rentenalter wie bei Monika W. – eine Chance, daß keine oder nur eine geringfügige Kürzung des Anspruchs auf Arbeitslosenhilfe stattfindet.

6.4.3 Die Bedürftigkeitsprüfung – geschlechtsneutral oder diskriminierend?

Die verschärfte Bedürftigkeitsprüfung gilt für Männer und Frauen gleichermaßen; sie trifft jedoch Frauen weit häufiger als Männer. Der Arbeitslosenhilfesatz der Frauen ist von ihrem niedrigen Erwerbseinkommen beeinflußt und wird von dem höheren Einkommen der Ehemänner oder

Partner aufgezehrt oder verkürzt. So wurden im ersten Halbjahr 1986 19,8 Prozent aller Anträge auf Arbeitslosenhilfe von Frauen mangels Bedürftigkeit abgelehnt, dagegen nur 2,9 Prozent der von Männern gestellten Anträge[43]; die Zahlen geben das Bild nur unzureichend wieder, weil viele Frauen keinen Antrag stellen, wenn sie erkennen können, daß sich für sie rechnerisch kein Anspruch ergibt. Während 83 Prozent der Männer, deren Anspruch auf Arbeitslosengeld ausgelaufen ist, Arbeitslosenhilfe beziehen, sind es bei den Frauen nur 37 Prozent.[44] Von den Arbeitslosen ohne Leistungsanspruch verlieren 42,2 Prozent der Frauen bei fortdauernder Arbeitslosigkeit ihren Leistungsanspruch, aber nur 29 Prozent der Männer[45]; wahrscheinlich ist die Relation für die Frauen noch ungünstiger, da sie seltener durch Sperrzeiten (s. u.) ihren Anspruch verlieren als Männer. Es kann kein Zweifel daran bestehen, daß Frauen durch die Bedürftigkeitsprüfung in höherem Maße betroffen sind als Männer. Werden von einer Bestimmung Männer und Frauen ungleich betroffen, kann eine unzulässige Benachteiligung wegen des Geschlechts vorliegen. Ob die ungleiche Wirkung der Bedürftigkeitsprüfung durch die Anknüpfung an das Unterhaltsgeld gerechtfertigt ist, muß bezweifelt werden. So verbietet die EG-Gleichstellungsrichtlinie für den Bereich der sozialen Sicherung vom 19. 12. 1978 die Benachteiligung im Hinblick auf den Familienstand ausdrücklich.

7 Als Sanktion des Arbeitsamtes – die Sperrzeit

Während einer Sperrzeit «ruht» der Anspruch auf Leistungen der Bundesanstalt für Arbeit, d. h. frau erhält kein Geld, und die Dauer ihres Anspruchs verkürzt sich insgesamt.

Mit einer Sperrzeit muß rechnen wer,

- seinen Arbeitsplatz schuldhaft verliert, also entweder selbst kündigt oder den Arbeitsvertrag in Übereinstimmung mit dem Arbeitgeber auflöst oder wer die Kündigung und die Arbeitslosigkeit grob fahrlässig verschuldet,
- wer einen vom Arbeitsamt angebotenen Arbeitsplatz trotz Belehrung über die Rechtsfolgen nicht annimmt oder
- wer eine Berufsbildungsmaßnahme ablehnt oder die Teilnahme abbricht, ohne für dieses Verhalten einen rechtfertigenden wichtigen Grund zu haben (§ 119 AFG).

Nur die rechtmäßige Kündigung kann zur Sperrzeit führen. Bei Verstößen gegen arbeitsvertragliche Pflichten muß regelmäßig vor der Kündigung abgemahnt werden. Einen wichtigen Grund für die Aufgabe einer Beschäftigung hat frau, wenn ihr diese nicht zumutbar war, zum Beispiel weil sie ihr zu schwer war oder sie die geforderten Überstunden nicht leisten konnte, weil sie wegen der Kindererziehung nur noch Teilzeitarbeit leisten wollte, weil sie untertariflich bezahlt wurde oder den Lohn gar nicht erhielt. Aus denselben Gründen darf sie eine Beschäftigung ablehnen. Gibt frau ihre Beschäftigung auf, um zu ihrem Freund bzw. Verlobten zu ziehen, verneint das BSG einen wichtigen Grund, selbst wenn die Hausgemeinschaft begründet werden soll, um ein gemeinsames Kind zu erziehen.[46] Diese Rechtsprechung mißachtet das Erziehungsrecht des Kindes gegen seine beiden Eltern. Sie kann nicht gelten, wenn erst das Zusammenleben der Eltern die Betreuung des Kindes auch bei einer Arbeitsaufnahme der Mutter ermöglicht. Die Arbeitslose braucht auch nur zumutbare Beschäftigungen und Berufsbildungsmaßnahmen anzunehmen.

Die Sperrzeit nach dem Verlust eines Arbeitsplatzes dauert zwölf Wochen, die übrigen Sperrzeiten dauern acht Wochen; alle Sperrzeiten können in Härtefällen halbiert werden; wenn das Arbeitsverhältnis oder die Berufsbildungsmaßnahme nur (noch) vier Wochen gedauert hätte, verkürzt sich die Sperrzeit auf zwei Wochen.

Der Anspruch auf Arbeitslosengeld und Arbeitslosenhilfe geht mit der zweiten unverkürzten Sperrzeit (also acht oder zwölf Wochen) ganz verloren; hierbei zählt die Sperrzeit, die wegen des Verlustes des Arbeitsplatzes vor der ersten Arbeitslosmeldung verschuldet worden ist, nicht mit.

In den letzten Jahren hat die Bundesanstalt zunehmend weniger Sperrzeiten verhängt. Leider ist der Statistik nicht zu entnehmen, wie viele Sperrzeiten tatsächlich Bestand haben; es ist bekannt, daß gerade die Widersprüche gegen Sperrzeiten überproportional häufig Erfolg haben. Nach privaten Mitteilungen von Arbeitsamtsmitarbeitern führen nahezu die Hälfte aller Widersprüche zur Aufhebung oder wenigstens zur Abkürzung der Sperrzeiten. Im gerichtlichen Verfahren scheint die Erfolgsquote bei Sperrzeiten gleichfalls besonders hoch zu sein. Eindeutig geht aus der Statistik hervor, daß Sperrzeiten wesentlich seltener – etwa um zwei Drittel – gegen Frauen als gegen Männer verhängt werden.[47] Niemand wird hier Gleichberechtigung einfordern wollen. Wahrscheinlich ist aber auch das Ausdruck der geringeren Arbeitsmarktchancen der Frauen. Frauen nehmen sicherlich schlechte Arbeitsbedingungen und niedrige Bezahlung eher hin als Männer. Da sie seltener in Arbeit vermittelt werden, werden auch hier die möglichen Sperrzeitanlässe entsprechend spärlich sein. Vielleicht spielt auch die Einstellung der Arbeitsvermittler eine Rolle.

8 Der Rechtsweg

8.1 Der Antrag

Alle Leistungen nach dem AFG müssen beantragt werden. Die Anträge können schriftlich oder zur Niederschrift bei der Behörde gestellt werden. Normalerweise wird die Arbeitslosmeldung mit der Antragstellung verbunden. Wer glaubt, einen Leistungsanspruch gegen das Arbeitsamt zu haben, sollte in jedem Fall einen schriftlichen Antrag stellen, auch wenn ihr von Mitarbeitern der Behörde gesagt wird, ein Anspruch bestehe nicht, der Antrag sei sinnlos, etwa weil die Anwartschaft nicht erfüllt sei. Frau sollte auch auf der Abgabe ihres Antrages bestehen, wenn das Arbeitsamt ihn nicht annehmen will, weil noch nicht alle Unterlagen beigefügt sind. Nur wer einen Antrag stellt, erhält einen Bescheid. Bescheide müssen immer schriftlich erteilt werden. Belastende Bescheide sollen eigentlich eine Begründung enthalten, diesem Erfordernis genügen die Bescheide der Arbeitsämter häufig nicht. Der Bescheid muß über die Widerspruchsmöglichkeit belehren.

8.2 Der Widerspruch

Wenn das Arbeitsamt einen Antrag ablehnt oder ihm nicht in vollem Umfang stattgibt, wenn das Arbeitslosengeld zum Beispiel niedriger ausfällt, als frau sich ausgerechnet hatte, oder das Arbeitsamt eine bereits bewilligte Leistung entzieht, etwa wegen einer Sperrzeit, kann gegen die Entscheidung Widerspruch erhoben werden. Der Widerspruch muß innerhalb eines Monats eingereicht werden, er kann beim Arbeitsamt schriftlich oder zu Protokoll erhoben werden. Der Widerspruch kann auch bei allen anderen Behörden eingelegt werden; wenn die Gefahr besteht, daß die Widerspruchsfrist versäumt wird, kann frau den Widerspruch zum Beispiel bei der Gemeindeverwaltung abgeben. Hat das Arbeitsamt in dem Bescheid über die Möglichkeit des Widerspruchs nicht belehrt, läuft die Monatsfrist nicht. Es ist zwar nicht ausdrücklich vorgeschrieben, daß Widersprüche begründet werden, es empfiehlt sich aber, dem Arbeitsamt mitzuteilen, warum der Bescheid falsch sein soll. Das gilt besonders, wenn das Arbeitsamt von einem unrichtigen Sachverhalt ausgegangen ist, also zum Beispiel die Gründe für die Aufgabe einer Beschäftigung nicht zutreffend dargestellt hat. Das Arbeitsamt muß zwar den Sachverhalt von Amts wegen ermitteln, es kann jedoch häufig Vorgänge nur aufklären, wenn es von der Arbeitslosen davon erfahren hat. Das Arbeitsamt kann dem Widerspruch stattgeben oder ihn zurückweisen. Der Widerspruchsbescheid muß begründet werden und eine Rechtsbehelfsbelehrung enthalten.

Wie aussichtsreich Widersprüche sein können, ergibt sich aus der Statistik: 1987 haben die Arbeitsämter über 331746 Widersprüche entschieden, davon wurden 159929 zurückgewiesen, 116551 Widersprüchen wurde voll und 12948 teilweise stattgegeben, 42318 erledigten sich ohne Entscheidung (durch Rücknahme usw.)[48]; damit führten 37,60 Prozent aller entschiedenen Widersprüche zu einer Abänderung der Bescheide zugunsten der Widersprechenden, ein hoher Prozentsatz, der auf Mängel im Verwaltungsverfahren hinweist.

8.3 Das Klageverfahren

Hat das Arbeitsamt dem Widerspruch nicht oder nur teilweise stattgegeben, bleibt die Möglichkeit, eine Klage beim Sozialgericht zu erheben. Die Klage muß binnen eines Monats nach Zustellung des Widerspruchbescheides erhoben werden, dies kann schriftlich oder zu Protokoll des Sozialgerichts geschehen. Für das Klageverfahren ist keine Vertretung durch einen Antwalt oder eine Anwältin erforderlich. Da das Verfahren kostenfrei ist, besteht ohne anwaltliche Beteiligung kein Kostenrisiko. Ist im Einzelfall anwaltliche Hilfe wünschenswert, kann bei niedrigem Einkommen Prozeßkostenhilfe beantragt werden. Eine Vertretung ist auch durch die Gewerkschaft oder andere sozialpolitische Verbände möglich, das gilt aber nur für Mitglieder. Das Sozialgericht überprüft den Sachverhalt von Amts wegen. Regelmäßig findet eine mündliche Verhandlung statt, in der frau ihre Klagebegehren und ihre Gründe darlegen kann. Gegen das Urteil des Sozialgerichts kann je nach der Bedeutung des Rechtstreits die Berufung zum Landessozialgericht zulässig sein; letzte Instanz ist das Bundessozialgericht in Kassel.

Daß es sich lohnen kann, das Sozialgericht anzurufen, zeigen folgende Zahlen: 1987 haben die Sozialgerichte in Streitigkeiten über das AFG 5176 von 31478 Klagen abgewiesen, 2352 Klagen hatten uneingeschränkt, 580 teilweise Erfolg. Mit einem Anerkenntnis der Bundesanstalt für Arbeit endeten 4341, durch Vergleich 3366 Verfahren. Insgesamt waren 10649 der Verfahren, das sind 33,83 Prozent, ganz oder teilweise erfolgreich.[49]

9 Literatur, Anmerkungen

Literatur

Als ausführliche und für Laien lesbare Darstellung des Arbeitslosenrechts ist der von der Fachhochschule Frankfurt herausgegebene «Leitfaden für Arbeitslose», 8. Auflage 1989, 11 DM, zu empfehlen; er kann im Buchhandel oder unter folgender Anschrift bezogen werden: Schriftenreihe der Fachhochschule Frankfurt/Main, Fachbereich Sozialarbeit, Limescorso 5, 6000 Frankfurt/Main 50.

Anmerkungen

[1] BArbBl. 1989, Heft 6, S. 939.

[2] Ebenda S. 940.

[3] BArbBl. 1989, Heft 2, S. 132.

[4] ANBA 1989, Heft 6, S. 953.

[5] BArbBl. 1989, Heft 6, S. 947.

[6] ANBA 1989, Heft 6, S. 953.

[7] Ebenda S. 940.

[8] Ebenda S. 954.

[9] ANBA 1989, Heft 6, S. 959.

[10] Ebenda S. 945.

[11] Ebenda S. 972.

[12] Ebenda S. 968.

[13] Ebenda S. 969.

[14] BArbBl. 1989, Heft 2, S. 136f.

[15] ANBA 1989, Heft 6, S. 988.

[16] Ebenda S. 946.

[17] Info also 1986, Heft 4, S. 230.

[18] Info also 1988, Heft 4, S. 202.

[18a] Urteil vom 14.2.1985 – RAr 70/74.

[19] Urteil vom 12.11.1986 – L 17 Ar 50/85 – Breithaupt 1987 S. 593.

[20] SG Reutlingen, Urteil vom 18.7.1984 – S 8 Ar 1901/84 – info also 1985, Heft 4, S. 10; SG Düsseldorf, Urteil vom 18.2.1987 – S 13 Ar 296/86 – «Streit» 1987, Heft 3, S. 93.

[21] SG Fulda, Urteil vom 9.3.1989 – 1 c Ar 323/88.

[22] SG Frankfurt, Urteil vom 27.6.1986 – S 14 Ar 921/83 – info also 1986, Heft 4, S. 186.

[23] Urteil vom 26.2.1986 – S 4 a Ar 331/84 – info also 1987, Heft 2, S. 74.

[24] Vgl. Gerhard, «Die Verfügbarkeit der Frauen», Arbeitspolitik gegen Frauen, in: Gerhard/Schwarzer/Slupik, «Auf Kosten der Frauen», Weinheim/Basel 1988, S. 65.

[25] SG Freiburg, Urteil vom 25.9.1986 – S 8 Ar 153/86.

[26] BSG, Urteil vom 23.2.1989 – 11/7 RAr 109/87.

[27] ANBA 1989, Heft 6, S. 946.

[27a] Urteil vom 21.7.1977 – 7 RAr 132/75 – Sozialrecht 4100 § 134 AFG Nr. 3.

[28] Bundestags-Drucksache V/2291 S. 86 zu § 136 des Entwurfs.

[29] § 4 der Arbeitslosenhilfe-Verordnung vom 7.8.1974 (BGBl. I S. 1929) in der bis zum 31.12.1981 geltenden Fassung.

[30] Urteil vom 13.6.1985 – 7 RAr 93/84 – info also 1985, Heft 4, S. 17; Urteile vom 7.9.1988 – 11/7 RAr 25/88 u. a.

[31] BGBl. I S. 1288

[32] Vgl. zum nachfolgenden Text: Winkler in: info also 1989, Heft 1, 2 und 3, S. 18, 118 und 149.

[33] SG Fulda, Beschluß vom 15.12.1983 – 3 c Ar 1/83 – info also 1984, Heft 1, S. 42.

[34] Hessischer Staatsanzeiger S. 896.

[35] Info also 1987, Heft 2, S. 107.

[36] Info also 1988, Heft 3, S. 145.

[37] Info also 1989, Heft 3, S. 199.

[38] BSG, Urteil vom 24.7.1986 – 7 RAr 9/85.

[39] BSG, Urteil vom 24.3.1988 – 7 RAr 81/86 – NJW 1988, Heft 34, S. 2128; anders SG Freiburg, Urteil vom 19.11.1987 – S 7 Ar 2381/86 – info also 1988, Heft 3, S. 111, und SG Fulda, Vorlagebeschluß vom 27.11.1986 – S 1 c Ar 196/85 – info also 1987, Heft 1, S. 13.

[40] Vgl. Winkler, Alhi und eheähnliche Gemeinschaft, info also 1986, Heft 2, S. 60, 61.

[41] SG Fulda, Urteil vom 15.9.1988 – 1 c Ar 105/87 – info also 1989, Heft 3, S. 163.

[42] SG Fulda, Beschluß vom 27.11.1986 (Anm. 39) und Winkler (Anm. 40) m. w. N.

[43] Bundestags-Drucksache 10/6634, S. 15.

[44] ANBA 1989, Heft 6, S. 988.

[45] Bundestags-Drucksache 10/6634, S. 12.

[46] Urteil vom 29.11.1988 – 11/7 RAr 91/87 – NJW 1989, Heft 25, S. 1628 m. w. N.; a. A. SG Osnabrück, Urteil vom 9.5.1988 – S 4 Ar 269/85 – info also 1988, Heft 4, S. 168.

[47] ANBA 1989, Heft 6, S. 989.

[48] ANBA Sondernummer 1988, S. 256.

[49] BArbBl. 1988, Heft 7/8, S. 199.

II 2

Irmgard Michel
Leistungen nach dem Bundessozialhilfegesetz bei Arbeitslosigkeit

II 2

Irmgard Michel

Leistungen nach dem Bundessozialhilfegesetz bei Arbeitslosigkeit

Brigitte F., 17 Jahre alt, findet trotz intensiver Suche in einer ländlich strukturierten Gegen Hessens auch ein Jahr nach dem Hauptschulabschluß immer noch keinen Ausbildungsplatz für ihren Wunschberuf Friseurin. Ihre Eltern möchten der einzigen Tochter das Warten auf einen Ausbildungsplatz nicht verbieten, bestehen aber darauf, daß sie ihnen in der Wartezeit nicht auf der Tasche liegt. Unter Hinweis auf die Unterhaltspflicht der Eltern – das Nettoarbeitseinkommen der dreiköpfigen Familie liegt bei 3100 DM monatlich – sowie die Verpflichtung zur Selbsthilfe, z. B. durch Jobben, wird die beantragte Sozialhilfe abgelehnt. Ein halbes Jahr später wird Brigitte von ihren Eltern vor die Alternative gestellt, entweder kurzfristig eine andere Berufsausbildung zu beginnen oder aber während der Wartezeit einen Job anzunehmen. Daraufhin zieht Brigitte zu ihrem Freund, der als Feinmechaniker netto 1900 DM verdient. Dieses Mal wird Sozialhilfe mit Hinweis auf die «eheähnliche Gemeinschaft», den Verdienst des Freundes sowie erneut auf die Selbsthilfeverpflichtung abgelehnt. Daraufhin setzt der Freund Brigitte vor die Tür, weil er sich nicht binden und finanzielle Verpflichtungen eingehen will.

Nach einem weiteren turbulenten halben Jahr, aber auch verschiedenen Beratungsgesprächen bei der Berufsberatung des Arbeitsamtes durchläuft Brigitte ein Berufsgrundbildungsjahr mit dem Schwerpunkt Chemie, Physik und Biologie als Vollzeitschülerin und absolviert anschließend eine Ausbildung für einen laboratoriumstechnischen Beruf. Das Berufsgrundbildungsjahr wird ihr auf die Ausbildungszeit angerechnet. Schon zwei Monate nach Abschluß der Ausbildung hat sie einen Arbeitsplatz in einem Institut in einer nahe gelegenen Universitätsstadt mit guten Weiterbildungs- und Aufstiegschancen gefunden.

Jutta S. hat – da sie gut mit Menschen umgehen kann und sich sozial engagieren möchte – an der Universität einer nordhessischen Großstadt Sozialwesen studiert und nach fünfjährigem, auch praxisbezogenem Studium den Abschluß als Sozialarbeiterin/Sozialpädagogin erworben. Auf dem freien Arbeitsmarkt findet sie innerhalb eines Jahres keine ihrer Ausbildung adäquate Beschäftigung, aber – wegen drastischer Reduzierung der entsprechenden Mittel bei der Arbeitsverwaltung – auch keine ABM-Stelle, die in der Vergangenheit vielen arbeitslosen Hochschulabsolventen zu einer zeitlich befristeten Tätigkeit, Berufserfahrung, sozialen und beruflichen Kontakten und in manchem Fall auch zu einer Übernahme in ein unbefristetes Arbeitsverhältnis verholfen hatte. Ihre Eltern hatten zwar nach dem Hochschulabschluß zunächst Verständnis dafür gezeigt, daß Jutta weiterhin an ihrem Studienort wohnen wollte. Nach einem Vierteljahr stellten sie ihre Unterhaltszahlungen jedoch ein, boten ihrer Tochter aber an, wieder bei ihnen – in einem dünnbesiedelten osthessischen Landkreis –

zu wohnen und in der Nebenerwerbslandwirtschaft mitzuhelfen. Jutta möchte aber auf gar keinen Fall in ihr Elternhaus zurückkehren und wendet sich an das Sozialamt ihres Studienortes.

1 Auswirkungen von Arbeitsmarktsituation und Erwerbsverhalten auf die soziale Situation

Zwar mehren sich in den Verlautbarungen der Bundesanstalt für Arbeit positiv gehaltene Aussagen über eine allgemeine Entspannung auf dem Ausbildungs- und Arbeitsmarkt, bedingt durch die allgemeine gesamtwirtschaftliche Entwicklung und auch durch die deutliche Verringerung der Anzahl von Jugendlichen, die einen Ausbildungsplatz suchen. Letzteres ist eindeutig eine Auswirkung des Pillenknicks. Von dieser allgemeinen, regional aber sehr unterschiedlichen Entwicklung profitieren seit kurzem auch junge Menschen unter zwanzig Jahren (aber noch kaum Ältere und Schwerbehinderte).

Obwohl bereits in etlichen Berufen ein Mangel an Auszubildenden und an Arbeitskräften besteht, gibt es für Mädchen immer nöch größere Schwierigkeiten bei der Suche nach einem Ausbildungsplatz (vgl. auch I.1 Berufswahl...). Nach Abschluß der Ausbildung müssen Frauen länger als Männer nach einer dauerhaften Beschäftigung suchen. Dies liegt zum Teil daran, daß Frauen immer noch dazu neigen, nur wenige, traditionell als weiblich geltende Wunschberufe anzustreben. Ein Drittel der Mädchen absolviert eine Ausbildung für Berufe wie Friseurin, Verkäuferin, Bürokauffrau und Arzthelferin. Ausbildungen werden meist auch nur für nachgeordnete Tätigkeiten, etwa im Gesundheits- und Dienstleistungsbereich, angestrebt, in denen Arbeitsbelastung und Vergütung in keinem angemessenen Verhältnis zueinander stehen, wie zum Beispiel in den Pflegeberufen, oder aber dort, wo zunehmende Technisierung und Automatisierung zu einem weiteren Verlust von Arbeitsplätzen, wie in zahlreichen Büroberufen, führen wird, für die keine hohe Qualifikation erforderlich ist. Aber daß Frauen bei der Studienwahl Studienfächer bevorzugen, an deren Ende Berufe mit bekanntermaßen hoher Arbeitslosigkeit, wie in den Sprach- und Kulturwissenschaften stehen, legt den Schluß nahe, daß hier oft keine zielgerichtete Ausbildungs-, Beschäftigungs- und Karriereplanung stattfindet. Möglicherweise geschieht dies, weil – insgeheim und sicherlich nicht immer reflektiert – auf eine Sicherung der Existenz durch den künftigen Partner gesetzt wird. Gerade in derartigen Lebenssituationen zeigt sich, daß die bei vielen jungen Mädchen – bedingt durch den «heimlichen» Lehrplan, der seit frühester Kindheit in der Familie, im Kindergarten und in der Schule sowie im Freizeit- und Sportbereich läuft – etwa mit der Pubertät beginnende Orientierung auf einen Partner hin fatale Folgen hat. Frauen schneiden sich – oft unterstützt durch Familie und Freund – in der Jugend bereits vielfach die Möglichkeiten einer selbständigen und unabhängigen Existenz ab, indem traditionell als weiblich geltende Berufsfelder bevorzugt und mit längeren Ausbildungszeiten verbundene, hochqualifizierte Berufe gemieden werden, obwohl hinsichtlich des Schulabschlusses zahlenmäßig keine Benachteiligung der Mädchen mehr zu beobachten ist. 1985 betrug der Anteil der Mädchen in Realschulen 53 Prozent, in Gymnasien 51 Prozent.

Da abzusehen ist, daß sich in naher Zukunft der jetzt schon teilweise bestehende Fachkräftemangel verstärken wird, andererseits die Nachfrage nach Arbeitskräften ohne oder mit nur geringer beruflicher Qualifikation wesentlich nachlassen wird, ist es für Frauen besonders wichtig, den Anschluß an die Entwicklungen nicht zu verpassen und sich bei der Berufswahl auch nicht auf die lebenslange wirtschaftliche Absicherung durch einen Partner zu verlassen. Auch sollten Frauen bedenken, daß ein relativ geringer Verdienst in zumeist ungeschützten Arbeitsverhältnissen (vgl. auch I. 4 Teilzeitarbeit...) auf Dauer zu einer Existenz am Rande unserer Gesellschaft führt. 1986 betrug bei der Hilfe zum Lebensunterhalt (HLU) der Frauenanteil 56 Prozent; 17 Prozent der Haushalte mit HLU-Bezug waren Ein-Eltern-Familien, also zumeist alleinstehende Frauen mit Kindern. Fehlender oder niedriger Verdienst in jüngeren Jahren bedeutet im Alter zudem häufig Sozialhilfebedürftigkeit, also ein Leben in Armut. Angesichts der vorhersehbaren Veränderung der Altersstruktur der Bevölkerung ist schon jetzt mit Sicherheit abzusehen, daß vor allem Frauen im Alter mangels ausreichender Alterssicherung von Armut betroffen sein werden (vgl. auch VI. 2 Sozialhilfe im Alter).

2 Wichtige Grundsätze des Sozialhilferechts

Für das Verständnis des Sozialhilferechts ist eine kurze Darstellung der Strukturprinzipien des Sozialhilferechts erforderlich, in der auch auf die Stellung dieses Rechtsgebiets im System der sozialen Sicherung der Bundesrepublik eingegangen wird.

Der *Nachrang* oder die *Subsidiarität* von Sozialhilfe bedeutet, daß Leistungen nach dem Bundessozialhilfegesetz (BSHG) erst in Frage kommen, wenn alle anderen Möglichkeiten ausgeschöpft sind, den Lebensunterhalt sicherzustellen oder bestimmte Notlagen zu beseitigen. D. h.: Erst wenn nicht durch eigene Arbeit oder auf andere – zumutbare – Weise der

Lebensunterhalt gesichert werden kann bzw. gegenüber keiner anderen Person oder keinem anderen Träger, zum Beispiel der Arbeitsverwaltung, ein Anspruch auf Leistungen zum Lebensunterhalt besteht, gibt es einen Anspruch auf Sozialhilfe. Das gleiche gilt, wenn in einer akuten Notsituation keine andere Hilfemöglichkeit besteht, wenn der Freund wie in den genannten Fällen seine Freundin vor die Tür setzt oder die Eltern sich weigern, die Tochter wieder in ihren Haushalt aufzunehmen. Hier muß die Obdachlosigkeit sofort beseitigt, beispielsweise durch Einmieten in einer Pension, und der Lebensunterhalt sichergestellt werden.

Gibt es aber in der Region Arbeitsmöglichkeiten, muß die betreffende Frau alsbald durch Aufnahme einer Tätigkeit ihrer *Selbsthilfeverpflichtung* (§ 2 Abs. 1 BSHG) nachkommen. Bei ausreichendem Arbeitsangebot kann das Sozialamt die Sozialhilfeleistungen u. U. sogar nur als Darlehen gewähren, beispielsweise wenn die Notlage voraussichtlich vorübergehend ist (§ 15b BSHG). Im übrigen wird das Sozialamt in diesem Fall versuchen, frau schon nach wenigen Tagen auf die Unterhaltsansprüche gegen ihre Eltern zu verweisen und die eigenen Leistungen einzustellen oder aber – bei Weiterbewilligung der eigenen Leistungen – die Unterhaltsansprüche der Frau nach §§ 90, 91 BSHG auf sich überzuleiten und sie anstelle der Frau gegen deren Eltern durchzusetzen.

Übrigens, ein *Antrag* auf Sozialhilfe braucht nach dem BSHG nicht gestellt zu werden. Nach § 5 BSHG setzt die Sozialhilfe zu dem Zeitpunkt ein, an dem dem Sozialhilfeträger bekannt wird, daß die Voraussetzungen für die Hilfegewährung vorliegen. Dabei ist der *Gesamtfallgrundsatz* von Bedeutung, d. h., bei Vorliegen entsprechender Anhaltspunkte hat der Träger der Sozialhilfe zu prüfen, ob weitere Hilfen nach dem BSHG in Frage kommen. Insoweit besteht auch eine *Hinweispflicht* der SachbearbeiterIn. Trotzdem ist es dringend zu empfehlen, einen schriftlichen Antrag zu stellen. Dabei sollte darauf bestanden werden, daß der Antrag entgegengenommen und nicht kurzerhand mündlich abgelehnt, sondern ein schriftlicher Bescheid erteilt wird. Hierauf gibt es einen Anspruch nach § 33 Abs. 2 SGB X, «wenn hieran ein berechtigtes Interesse besteht und der Betroffene dies unverzüglich verlangt».

Eine weitere eigentlich gutgemeinte Vorschrift läuft in der Praxis häufig leer: Nach § 8 BSHG gehört *Beratung über Fragen der Sozialhilfe* und sonstiger sozialer Angelegenheiten zur *«persönlichen Hilfe»*, einer der drei Formen der Sozialhilfe neben *Geld- und Sachleistungen* (vgl. 3). Leider wird der Anspruch auf Beratung häufig nicht oder nur unvollständig erfüllt. Frauen sollten daher bei gravierenden Problemen kompetente Rechtsberatung durch sozialhilferechtlich versierte RechtsanwältInnen in Anspruch nehmen. Dies ist in den meisten Bundesländern aufgrund des *Beratungshilfegesetzes* möglich. Voraussetzung hierfür ist ein *Berech-*

tigungsschein, den es beim *Amtsgericht* gibt. Voraussetzung dafür ist zunächst, daß die betreffende Frau die Kosten einer Rechtsberatung nicht aus eigenem Einkommen und Vermögen aufbringen kann. Das ist zum Beispiel bei Alleinstehenden dann der Fall, wenn das bereinigte Einkommen (s. 4.2) nicht höher ist als 850 DM und das Barvermögen 2000 bzw. 4000 DM nicht übersteigt (je nachdem, ob bei der im Beratungshilfegesetz vorgesehenen entsprechenden Anwendung sozialhilferechtlicher Vorschriften die Beratungshilfe wie Hilfe zum Lebensunterhalt oder – richtigerweise – als Hilfe in besonderen Lebenslagen angesehen wird (zu diesen Begriffen vgl. 4). Sollte der Berechtigungsschein beim Amtsgericht zunächst mit der Begründung verweigert werden, die Frau könne in Sozialhilfefragen die Beratung durch das Sozialamt in Anspruch nehmen, sollte gegen die Ablehnung Rechtsmittel eingelegt und auf die mangelnde Beratung durch das Sozialamt und die Interessenkollision der SachbearbeiterIn zwischen Beratungsverpflichtung und dem Zwang zur Ausgabenbegrenzung im Sozialhilfebereich verwiesen werden. Da es leider in der Praxis häufiger zu nicht korrekter Gewährung der Sozialhilfe kommt, sollte frau keine Angst davor haben, diese Rechtsmittel auch tatsächlich einzulegen bzw. sich bei herabwürdigender Behandlung bei der Amtsleitung zu beschweren.

Im übrigen ist es möglich, die Rechtsberatung nach dem Beratungshilfegesetz unmittelbar bei einer RechtsanwältIn in Anspruch zu nehmen. Dann sollte die betreffende Frau aber sicher sein, daß sie tatsächlich Anspruch auf Beratungshilfe hat. Sonst gibt es möglicherweise Ärger mit einer Rechnung. Mit einer Gebühr in Höhe von 20 DM zuzüglich 14 Prozent Mehrwertsteuer ist zu rechnen. Diese kann je nach den persönlichen Verhältnissen jedoch erlassen werden. In den beiden Stadtstaaten Hamburg und Bremen gibt es einen *Anspruch auf öffentliche Rechtsberatung* durch die Öffentliche Rechtsauskunft- und Vergleichsstelle bzw. Arbeitnehmerkammern. In Berlin ist die unentgeltliche und unparteiische Rechtsberatung der «einkommensschwachen Bevölkerung» den Rechtsberatungsstellen der Bezirksämter übertragen.

Die meisten Hilfen nach dem BSHG sind als *Rechtsansprüche* ausgestaltet, d. h., bei Vorliegen der Voraussetzungen muß der Sozialhilfeträger die vorgesehenen Leistungen auch tatsächlich erbringen. Kommt er dieser Verpflichtung nicht nach, kann frau ihren Anspruch – nach Durchführung des vorgeschriebenen Widerspruchsverfahrens – vor dem zuständigen Verwaltungsgericht durchsetzen. Wegen der langen Verfahrensdauer ist in vielen Notfällen rasche gerichtliche Hilfe jedoch nur in einem gleichzeitigen Eilverfahren, ebenfalls vor dem Verwaltungsgericht, erreichbar. Bei der Durchführung dieser Verfahren in Sozialhilfesachen entstehen keine Gerichtskosten.

Im Gerichtsverfahren besteht die Möglichkeit, *Prozeßkostenhilfe* für die Abdeckung außergerichtlicher Kosten zu erhalten. D. h., auch wenn frau den Prozeß verlieren sollte, erhält ihre eigene RechtsanwältIn die ihr zustehenden Gebühren von der Staatskasse. Wenn frau tatsächlich sozialhilfebedürftig ist, braucht sie wegen dieser Prozeßkosten mit keiner finanziellen Belastung zu rechnen. Liegt sie mit ihren Einkünften jedoch höher, wird je nach Höhe des Einkommens (und der Zahl der Unterhaltsberechtigten) u. U. vom Gericht eine Ratenzahlung festgesetzt. Verliert frau ihren Prozeß und war die andere Prozeßpartei anwaltlich vertreten, muß sie allerdings für die Gebühren dieser AnwältIn aufkommen.

3 Hilfearten des Bundessozialhilfegesetzes (BSHG)

Das BSHG kennt zwei völlig verschiedene Hilfearten:
Die *Hilfe zum Lebensunterhalt* (HLU) und
die *Hilfe in besonderen Lebenslagen* (HbL). Letztere umfaßt:

- Hilfe zum Aufbau und zur Sicherung der Lebensgrundlage
- vorbeugende Gesundheitshilfe
- Krankenhilfe, sonstige Hilfe
- Hilfe zur Familienplanung
- Hilfe für werdende Mütter und Wöchnerinnen
- Eingliederungshilfe für Behinderte
- Blindenhilfe
- Hilfe zur Pflege
- Hilfe zur Weiterführung des Haushalts
- Hilfe zur Überwindung besonderer sozialer Schwierigkeiten
- Altenhilfe

4 Die Hilfe zum Lebensunterhalt (HLU)

Sozialhilfe soll Hilfesuchenden entsprechend Art. 1 Abs. 1 GG die Führung eines menschenwürdigen Lebens ermöglichen (§ 1 Abs. 2 BSHG). Leistungen werden nur bei Bedürftigkeit erbracht. Sie sollen lediglich einen tatsächlich vorhandenen Bedarf decken *(Bedarfsdeckungsprinzip)*, wobei nur das *Existenzminimum* sichergestellt wird. Dies gilt insbesondere für HLU, bei HbL werden qualifizierte Bedarfslagen anerkannt.

Da wegen des Massenphänomens Dauerarbeitslosigkeit und des Versagens der Absicherung dieses allgemeinen Lebensrisikos durch Leistungen der Bundesanstalt für Arbeit (insbesondere Arbeitslosengeld und -hilfe) die Sozialhilfeaufwendungen vor allem der kommunalen Träger der Sozialhilfe enorm gestiegen sind, wurden seit 1982 die Leistungen für den notwendigen Lebensunterhalt von der realen Kostensteigerung abgekoppelt, so daß der notwendige Lebensbedarf durch die HLU nicht mehr gedeckt und das Bedarfsdeckungsprinzip konterkariert wird.

4.1 Regelsätze und andere Leistungen der HLU

HLU wird in Form laufender und einmaliger Leistungen erbracht. Sozialhilfeleistungen sind keine rentengleichen Dauerleistungen. Sie werden immer nur für bestimmte Zeitabschnitte erbracht. Auch dieses Strukturprinzip der Sozialhilfe, das insbesondere in der Rechtsprechung der Verwaltungsgerichte ständig betont wird, ist infolge der gesellschaftlichen Veränderungen nicht mehr zeitgemäß. Für einen großen Kreis von HilfeempfängerInnen bedeutet HLU mangels anderer Absicherung auf längere Zeit oder auf Dauer die einzige Möglichkeit, überhaupt die Existenz zu sichern. Im System der sozialen Sicherung der Bundesrepublik fehlt eine beitragsunabhängige Grundsicherung für die große Anzahl der auf längere Zeit oder auf Dauer arbeitslosen Menschen. Die Sicherstellung einer derartigen Grundsicherung kann von der Sozialhilfe nicht erfüllt werden, da sie als Ausfallbürgschaft für individuelle Notlagen einzelner Menschen konzipiert ist.

HLU wird in Pauschalbeträgen für den laufenden Lebensunterhalt gezahlt. Diese sind für jedes Bundesland verschieden und werden zeitgleich mit dem Wirksamwerden von Rentenerhöhungen jeweils unter Berücksichtigung der tatsächlichen Lebenshaltungskosten und örtlicher Unterschiede festgesetzt. Die Beträge sollen so hoch sein, daß sie zusammen mit den durchschnittlichen Kosten der Unterkunft deutlich unter dem in der betreffenden Region anzutreffenden durchschnittlichen Netto-Arbeitsentgelt unterer Lohngruppen einschließlich Kinder- und Wohngeld bleiben. Dieser sogenannte *Regelsatz* wird aufgrund eines vor allem in den letzten Jahren z. T. heftig kritisierten *Warenkorbes* ermittelt.

Die Höhe des Regelsatzes ist nicht nur von Bundesland zu Bundesland unterschiedlich, sondern bemißt sich noch nach weiteren Umständen, wie sich an den im folgenden aufgeführten Regelsätzen (hier aus Hessen, Stand: 1.7.1989) zeigt. Demzufolge beträgt der Regelsatz für:

• den Haushaltsvorstand bzw. Alleinstehende	426 DM
• Haushaltsangehörige bis zur Vollendung des	
7. Lebensjahres	192 DM
11. Lebensjahres	277 DM

15. Lebensjahres	320 DM
21. Lebensjahres	383 DM
• Haushaltsangehörige vom Beginn des 22. Lebensjahres an	341 DM

Vom Regelsatz sollen die laufenden Aufwendungen für Ernährung, Kochfeuerung, Wäsche mit geringem Anschaffungswert, Instandhaltung von Kleidung, Wäsche und Schuhen in kleinerem Umfang, Körperpflege, Hausrat von geringem Anschaffungswert und kleinere Instandsetzungen von Hausrat, Beleuchtung, Betrieb elektrischer Geräte, Reinigung und persönliche Bedürfnisse des täglichen Lebens bezahlt werden.

Es liegt auf der Hand, daß diese Beträge auch bei äußerst sparsamer Lebensführung nicht ausreichen, besonders dann nicht, wenn schon über eine längere Zeitdauer hinweg Sozialhilfe bezogen und dementsprechend nicht mehr auf Vorräte und einen gut gefüllten Kleiderschrank zurückgegriffen werden kann. Schon im Jahre 1981 erhielten von den Haushalten mit laufendem Sozialhilfebezug 15 Prozent diese Hilfe bis zu sechs Monaten, 38,5 Prozent bis zu zwei Jahren und immerhin 29 Prozent sieben und mehr Jahre lang.

Zusätzlich zu diesem Regelsatz besteht andererseits ein Rechtsanspruch auf sogenannte *Mehrbedarfszuschläge*. Diese werden regelmäßig in Prozentsätzen zum einschlägigen Regelsatz errechnet: Hat frau als Alleinstehende Anspruch auf den Regelsatz des Haushaltsvorstandes, kommt der entsprechende Mehrbedarfszuschlag hinzu. Fällt der Regelsatz für die betreffende Frau als Haushaltsangehörige niedriger aus, bildet dieser niedrigere Regelsatz auch die Berechnungsgrundlage für den Mehrbedarfszuschlag.

Anspruch auf Mehrbedarfszuschläge besteht

- in Höhe folgender Prozentsätze zum für die Hilfesuchende einschlägigen Regelsatz:

1. 20 Prozent nach Vollendung des 60. Lebensjahres
2. 20 Prozent für Erwerbsunfähige (im Sinne der gesetzlichen Rentenversicherung) unter 60 Jahren
3. 20 Prozent für werdende Mütter vom Beginn des sechsten (!) Schwangerschaftsmonats an
4. 20 Prozent für Tuberkulosekranke
5. 20 Prozent für alleinerziehende Personen, die mit einem Kind unter sieben Jahren oder mit zwei oder drei Kindern unter 16 Jahren zusammenleben (Anerkennung eines abweichenden Bedarfs ist möglich)
6. 40 Prozent für alleinerziehende Personen, die mit vier oder mehr Kindern zusammenleben

7. 40 Prozent für Behinderte nach Vollendung des 15. Lebensjahres, die bestimmte Arten von Eingliederungshilfe beziehen;
- in angemessener Höhe für
8. Erwerbstätige, die trotz beschränkten Leistungsvermögens einem Erwerb nachgehen
9. Kranke, Genesende, Behinderte oder von einer Krankheit Bedrohte, die einer kostenaufwendigeren Ernährung bedürfen (Krankenkost).

Bei Vorliegen der verschiedenen Voraussetzungen werden die verschiedenen Mehrbedarfszuschläge nebeneinander gewährt. Das gilt jedoch nicht für den unter 7. beschriebenen Zuschlag, wenn gleichzeitig die Voraussetzungen für die Zuschläge 2. und 8. vorliegen.

Zusätzlich zum Regelsatz ist auch noch die Übernahme von *Beiträgen zur Alters- sowie Krankenversicherung* möglich (§§ 13, 14 BSHG). Außerdem werden weitere Leistungen nach dem individuell zu ermittelnden Bedarf erbracht, z. B. als laufende Leistungen die Kosten der Unterkunft (allerdings nur, soweit sie nicht unangemessen hoch sind) sowie – als sogenannte einmalige Leistungen – Beihilfen bis zur vollen Kostenübernahme für Kleidung, Schuhe, Hausrat, Heizung usw. Einen Anspruch auf diese einmaligen Leistungen als ergänzende HLU haben Frauen auch dann, wenn sie zwar soviel eigenes Einkommen beziehen, daß sie keine laufende HLU benötigen, aber die Aufwendungen für Kleidung und dergleichen nicht aus ihrem Einkommen aufbringen können (§ 21 Abs. 2 BSHG).

Ärger haben viele SozialhilfeempfängerInnen wegen ihrer *Wohnung*. Angesichts des hohen Mietniveaus in den Städten werden Frauen oft darauf verwiesen, eine andere Wohnung zu suchen, um die Kosten der Unterkunft zu senken. Abgesehen davon, daß es für SozialhilfeempfängerInnen sehr schwierig ist, eine neue Wohnung zu finden, sollten betroffene Frauen die SachbearbeiterIn im Sozialamt darauf hinweisen, daß nach § 3 Abs. 2 der Regelsatzverordnung die Kosten der Unterkunft in der tatsächlichen Höhe – einschließlich Nebenkosten – so lange zu übernehmen sind, bis die Wohnung gewechselt werden konnte.

Ein Wohnungswechsel darf jedoch nur dann verlangt werden, wenn die Unterkunftskosten «den der Besonderheit des Einzelfalles angemessenen Umfang übersteigen», allerdings auch nur, wenn es der Frau möglich und zuzumuten ist, dadurch die Unterkunftskosten zu senken. Bei der Suche nach einer neuen Unterkunft sollten Frauen – wenn sich die Suche schwierig gestaltet – auf persönlicher Hilfe durch die SachbearbeiterIn bestehen. Als angemessen ist eine Wohnung anzusehen, die dem Standard des sozialen Wohnungsbaus entspricht. Eine Orientierung an den Tabellensätzen des Wohngeldgesetzes erscheint angemessen, ist in den Ballungsgebieten aber nicht ausreichend.

Die *Beihilfe für Kleidung* wird oft als Pauschale bewilligt. Diese ist aber häufig so kalkuliert, daß der notwendige Kleidungsbedarf daraus in ausreichendem Umfang nicht angeschafft werden kann. Durch die Pauschale bleibt es frau zwar erspart, ständig wegen der Beihilfen das Sozialamt aufsuchen zu müssen. Jedoch ist es in der Praxis schwieriger, aber rechtlich möglich, zusätzlich zur Pauschale Einzelbeihilfen für weitere notwendige Kleidungsstücke zu erhalten.

Kosten der *Heizung* werden entweder in Höhe der tatsächlichen laufenden Aufwendungen gezahlt gem. § 3 Abs. 2 der Regelsatzverordnung (also zum Beispiel bei Zentralheizung) oder aber als einmalige Leistung, wenn keine laufenden Aufwendungen entstehen, wie beispielsweise bei Ofenheizung. Heizungskosten als einmalige Leistung werden häufig als Pauschale gewährt, meist gestaffelt nach Größe des Haushalts usw. In Hessen wird zum Beispiel die sog. Hausbrandhilfe für die Heizperiode in Höhe folgender Mindestbeträge gezahlt für

- Haushalte mit ein bis zwei Personen 597 DM
- Haushalte mit drei und mehr Personen 760 DM

Wenn diese Mindestbeträge nicht ausreichen, muß der tatsächliche Bedarf übernommen werden, soweit er angemessen ist.[1] Von der Rechtsprechung ist inzwischen zugunsten der SozialhilfeempfängerInnen entschieden worden, daß auch ein Anspruch auf Zahlung einer *Weihnachtsbeihilfe* besteht.[2]

Grundsätzlich können Leistungen der Sozialhilfe nicht für die Vergangenheit, also auch nicht zur Abdeckung von *Schulden* erbracht werden. Angesichts der bedrückenden Überschuldung eines großen Teils der Bevölkerung hat sich der Gesetzgeber jedoch entschlossen, den Sozialhilfeträgern in § 15 a BSHG die Möglichkeit zu geben, «zur Sicherung der Unterkunft oder zur Behebung einer vergleichbaren Notlage» ausnahmsweise auch dann HLU zu leisten, wenn die Voraussetzungen dafür eigentlich nicht vorliegen. Diese Vorschrift hat praktische Bedeutung vor allem dann, wenn frau beispielsweise aus ihrem Einkommen ihren Lebensunterhalt voll finanzieren kann, aber wegen Mietrückständen ihre Wohnung zu verlieren droht. Gar nicht selten sind auch Rückstände bei Versorgungsleistungskosten wie Wasser, Strom und Gas. Aber auch die Übernahme von Schulden für Ausgaben wie Hausrat, Kleidung und Wäsche sind denkbar. Eine derartige Schuldenregelung ist häufig nach einer Scheidung erforderlich (vgl. auch V. 1 Scheidung), wenn die geschiedene Frau nicht oder noch nicht genügend verdient, um neben der Sicherstellung ihres gesamten Lebensunterhalts auch noch die auf sie entfallenden Schulden abzutragen. Auf der Übernahme von Schulden durch die Sozialhilfe sollte in derartigen Fällen ausdrücklich bestanden werden. Eine Entschuldung ist insbesondere deshalb so wichtig, weil aufgrund weitverbreiteter Unerfahrenheit zum Beispiel mit Bankkrediten oder Bürgschaften – Frauen sehen oft keinerlei Problem darin, für einen Kredit des Partners zu bürgen (vgl. auch III. 1 Ehe... und III. 2 Nichteheliche Lebensgemeinschaft...) – nicht überblickt wird, daß die zu tilgende Summe rasch ins Unermeßliche wachsen kann, wenn die Kreditsumme nicht in den vereinbarten Raten zurückgezahlt wird. Bei den geringen Löhnen und Gehältern, die Frauen häufig nur erzielen können, ist dies eine nahezu ausweglose Situation, die zu langjährigem Leben an der Pfändungsfreigrenze führen kann! Allerdings handelt es sich bei der Entschuldung nur um eine *Kann-Leistung*, über deren Bewilligung der Träger der Sozialhilfe nach pflichtgemäßem Ermessen entscheidet. Ein *einklagbarer Rechtsanspruch* besteht hierauf nicht. Bei bedrückender Schuldenlast sollten Frauen möglichst bald eine Schuldnerberatungsstelle in Anspruch nehmen, die es mittlerweile an etlichen Orten gibt.[3]

4.2 Einsatz von Einkommen und Vermögen bei Bezug von HLU

Wie bereits erwähnt, besteht ein Anspruch auf HLU nur bei Bedürftigkeit, wenn frau sich also nicht selbst helfen und Hilfe auch nicht von anderen erhalten kann. So muß frau erst ihr gesamtes *Einkommen* einsetzen, bevor sie HLU beziehen kann. Einkommen sind alle «Einkünfte in Geld oder Geldeswert», ausgenommen Sozialhilfeleistungen, Grundrente nach dem Bundesversorgungsgesetz, Blindengeld nach den Landesblindengeldgesetzen sowie bestimmte Renten und Beihilfen nach dem Bundesentschädigungsgesetz. Bezieht frau *Kindergeld*, zählt diese Sozialleistung auch zum Einkommen und muß daher für den Lebensunterhalt der Einsatzgemeinschaft eingesetzt werden. Das bedeutet bei SozialhilfeempfängerInnen, daß ihnen das Kindergeld nicht zusätzlich zu den ohnehin geringen Regelsätzen zur Verfügung steht. Statt dessen wird die HLU entsprechend vermindert – eine Regelung, die auf vielfache Kritik stößt. Zum Einkommen zählen auch Sachwertbezüge (Kost, Logis, Kleidung usw.). Vom Einkommen abgesetzt werden

1. auf das Einkommen entrichtete Steuern
2. Pflichtbeiträge zur Sozialversicherung einschließlich der Arbeitslosenversicherung
3. gesetzlich vorgeschriebene (z. B. die Kfz-Haftpflichtversicherung bei Notwendigkeit eines Pkw z. B. zur Berufsausübung) oder angemessene Beiträge zu öffentlichen oder privaten Versicherungen u. ä. (z. B. Haftpflichtversicherung; Beiträge zu Lebensversicherung sind dagegen umstritten; sie können wohl nur anerkannt werden, wenn sonst keine ausreichende Absicherung z. B. in der gesetzlichen Rentenversicherung besteht)
4. die mit der Erzielung des Einkommens verbundenen notwendigen Ko-

sten (z. B. Fahrtkosten zur Arbeitsstelle, Arbeitsmittel, Beiträge zu Berufsverbänden wie Gewerkschaften usw.).

Nach Abzug dieser Beträge steht das sogenannte *bereinigte Einkommen* fest, das für die Beurteilung der Sozialhilfebedürftigkeit maßgeblich ist. Hat die Frau kein Einkommen oder liegt das bereinigte Einkommen unter dem maßgeblichen Regelsatz, so hat sie Anspruch auf HLU, und zwar dergestalt, daß sie – u. U. zusammen mit ihrem bereinigten Einkommen – insgesamt über den für sie maßgeblichen Regelsatz zuzüglich evtl. anzuerkennender Mehrbedarfszuschläge sowie die ihr individuell zustehenden laufenden und einmaligen Leistungen wie Kosten der Unterkunft oder Weihnachtsbeihilfe verfügt.

Besitzt die Frau *verwertbares Vermögen*, muß sie aufgrund ihrer Selbsthilfeverpflichtung auch ihr Vermögen zur Bestreitung ihres Lebensunterhalts einsetzen, bevor die Sozialhilfe mit Leistungen eintritt. Ausnahmen von diesem Grundsatz sind in § 88 Abs. 2 BSHG aufgeführt, wonach vor Gewährung von Sozialhilfe nicht die Verwertung bestimmter Vermögensgegenstände und -werte verlangt werden darf. Zu diesem sogenannten *Schonvermögen* gehört

- Vermögen aus öffentlichen Mitteln zur Existenzsicherung
- angemessener Hausrat
- unentbehrliche Gegenstände für Berufsausbildung und Erwerbstätigkeit
- unter bestimmten Umständen Familien- und Erbstücke
- Gegenstände zur Befriedigung geistiger, wissenschaftlicher oder künstlerischer Bedürfnisse
- ein kleines Hausgrundstück (Familienheim), wenn die Frau das Hausgrundstück allein oder mit Verwandten ganz oder teilweise bewohnt
- kleinere Barbeträge.

Für den Bezug von Hilfe zum Lebensunterhalt ist der *kleinere Barbetrag* auf 2500 DM festgelegt, wenn die Gewährung der HLU vom Vermögen der Hilfesuchenden selbst abhängig ist. Dieser Schonbetrag wird jeweils um 500 DM erhöht für jede Person, die von der Frau überwiegend unterhalten wird. Kommt es dagegen auf das Vermögen der Frau und ihres nicht getrennt lebenden Ehemannes an, erhöhen sich diese Beträge noch um 1200 DM für den Ehemann.

In den Fallbeispielen am Anfang des Beitrags prüft die SachbearbeiterIn im Sozialamt auf jeden Fall, ob frau nicht im Wege der Selbsthilfe ihren Lebensunterhalt selbst durch Jobben sicherstellen bzw. ob sie nicht vorrangig auf zivilrechtliche Unterhaltsansprüche gegenüber ihren Eltern verwiesen werden kann. Unterhaltspflichtig sind grundsätzlich Verwandte in gerader Linie, also auch Eltern gegenüber ihren Kindern und umgekehrt (§§ 1601 ff. BGB), während dies beim Freund von Jutta eindeutig nicht der Fall ist. Eltern sind gegenüber ihren minderjährigen Kindern sogar gesteigert unterhaltspflichtig, d. h., sie müssen alle verfügbaren Mittel gleichmäßig für den eigenen Unterhalt wie für den des Kindes verwenden. Dies sogar dann, wenn ihr eigener angemessener Unterhalt bei Berücksichtigung ihrer sonstigen Verpflichtungen dadurch gefährdet wird. Stets, so auch hier, gilt jedoch die Voraussetzung, daß frau außerstande sein muß, sich selbst zu unterhalten. Ob dies bei Brigitte F. gegeben ist, kann nicht generell gesagt werden. Falls Arbeitsmöglichkeiten für ungelernte Kräfte bestehen, können die Eltern des jungen Mädchens wohl auf einer Arbeitsaufnahme während der Wartezeit auf den Wunschausbildungsplatz bestehen. Sie haben ihre Verpflichtung aus § 1610 Abs. 2 BGB zur Finanzierung einer Berufsausbildung zwar noch nicht erfüllt; da sie aber dazu grundsätzlich bereit sind und lediglich die Wartezeit überbrückt werden soll, können sie wohl eine Arbeitsaufnahme verlangen mit der Folge, daß sie in dieser Zeit keinen Unterhalt leisten müssen.

Unabhängig davon, ob im konkreten Fall die Eltern nach bürgerlichem Recht tatsächlich Unterhalt leisten müßten oder ob sie ihrerseits von der Tochter verlangen könnten, daß sie während der Wartezeit auf den Ausbildungsplatz durch Jobben zu ihrem Lebensunterhalt selbst beiträgt, besteht angesichts der Höhe des Familieneinkommens keine Verpflichtung des Sozialamtes, HLU zu gewähren, solange Brigitte bei ihren Eltern wohnt. Als minderjähriges unverheiratetes Kind im Haushalt der Eltern sind Einkommen und Vermögen der Eltern zu berücksichtigen, denn nicht getrennt lebende Eltern bzw. alleinerziehende Elternteile und ihre im Haushalt lebenden Kinder bilden die sogenannte *Einsatzgemeinschaft*, deren Einkommen und Vermögen für die Deckung des notwendigen Lebensbedarfs *aller* Mitglieder der Einsatzgemeinschaft voll eingesetzt werden muß (vgl. auch IV. 2 Eltern und Kinder...). Bei dem angegebenen Nettoarbeitseinkommen der Familie F. von 3100 DM soll davon ausgegangen werden, daß das bereinigte Einkommen der Familie 2800 DM beträgt. (Beim Nettoarbeitseinkommen sind die zu entrichtende Lohnsteuer, Pflichtbeiträge zur Sozialversicherung einschließlich der Arbeitslosenversicherung bereits vom Bruttoeinkommen abgezogen, so daß der Differenzbetrag sich aus anzuerkennenden Beiträgen für andere Versicherungen und Fahrtkosten zur Arbeit zusammensetzt.) Bei der Prüfung der Frage, ob ein Anspruch auf HLU besteht, muß nun das bereinigte Einkommen der Familie mit dem sozialhilferechtlich anzuerkennenden Bedarf verglichen werden.

Regelsatz für den Haushaltsvorstand	426 DM
Regelsatz für eine Haushaltsangehörige vom Beginn des 22. Lebensjahres an (Mutter)	341 DM

Regelsatz für eine Haushaltsangehörige vom Beginn des 16. bis zur Vollendung des 21. Lebensjahres (Brigitte)	383 DM
Kosten der Unterkunft	675 DM
Summe	1825 DM

In dieser Beispielsrechnung ist die Differenz zwischen dem bereinigten Einkommen und dem Regelbedarf an HLU so groß, daß auf keinen Fall eine Bewilligung von HLU für Brigitte in Betracht kommt. Evtl. in Frage kommende weitere Leistungen brauchen daher hier nicht aufgeführt zu werden.

Gegenüber volljährigen Kindern sind die Eltern zwar ebenfalls unterhaltspflichtig – vorausgesetzt, daß das Kind außerstande ist, sich selbst zu unterhalten. Jedoch besteht die Unterhaltsverpflichtung hier nur, soweit bei Berücksichtigung der sonstigen Verpflichtungen der eigene angemessene Unterhalt nicht gefährdet ist. Die Eltern sind nicht mehr gesteigert unterhaltspflichtig, d. h., ihnen wird bei der Berechnung des Unterhaltsanspruchs des erwachsenen Kindes ein höherer Betrag für den eigenen Unterhalt, der große Selbstbehalt, zugestanden als bei Minderjährigkeit des Kindes.

Entsprechend dieser zivilrechtlichen Besserstellung der Eltern Volljähriger bilden Eltern und volljährige Kinder im Sozialhilferecht auch keine Einsatzgemeinschaft mehr. Wäre Brigitte F. (Fallbeispiel 1) bereits volljährig, hätte sie jedoch wegen des Einkommens ihrer Eltern ebenfalls keine Aussicht auf Sozialhilfebezug, obwohl diese in diesem Fall nicht mehr gesteigert unterhaltspflichtig wären. Nach § 16 BSHG wird nämlich vermutet, daß innerhalb einer Haushaltsgemeinschaft mit Verwandten oder Verschwägerten eine Hilfesuchende von ihnen Leistungen zum Lebensunterhalt erhält, soweit dies nach ihrem Einkommen und Vermögen erwartet werden kann. Bei einem Familieneinkommen in dieser Höhe für drei Personen wird dies angenommen.

Solange Brigitte also bei ihren Eltern oder anderen Verwandten wohnt, hätte sie nur dann Anspruch auf HLU, wenn diesen Personen wegen ihrer eigenen Einkommens- und Vermögenslage die zusätzliche Unterhaltung von Brigitte nicht zugemutet werden könnte, wenn sie tatsächlich von ihnen keine Leistungen zum Lebensunterhalt bekäme oder – zum Beispiel wegen der Arbeitsmarktsituation oder Krankheit – ihren Lebensunterhalt nicht durch eigene Arbeit sicherstellen könnte.

Das BSHG enthält keine allgemein gültige Regelung über die Höhe des Einkommens, das den in der Haushaltsgemeinschaft lebenden Verwandten für ihren eigenen Lebensunterhalt verbleiben muß. Nach der Rechtsprechung des Bundesverwaltungsgerichts (BVerwG) muß dieser Freibetrag deutlich über dem Regelsatz liegen.[4] Nach Auffassung des Oberverwaltungsgerichts (OVG) Lüneburg ist ihnen ein Betrag freizulassen, der sich aus dem doppelten für sie maßgeblichen Regelsatz zuzüglich eines Zuschlages in Höhe von 10 Prozent des Nettoerwerbseinkommens sowie der Unterkunftskosten zusammensetzt. Die Vermutung, daß die Hilfesuchende von ihren Verwandten und Verschwägerten Leistungen zum Lebensunterhalt erhält, kann übrigens widerlegt werden, was sich in der Praxis jedoch als schwierig erweist. Auch hierzu das entsprechende Berechnungsbeispiel:

Freibetrag Haushaltsvorstand (Vater)	937,20 DM
Freibetrag Haushaltsangehörige (Mutter)	750,20 DM
Kosten der Unterkunft	675,– DM
Summe	2362,40 DM

Als Haushaltsangehörige kann Brigitte selbst nur einen Regelsatz in Höhe von 383 DM erhalten, so daß ihren Eltern angesichts des bereinigten Einkommens in Höhe von 2800 DM zugemutet werden kann, ihre Tochter zu unterhalten.

Da Brigitte nach dem Auszug aus ihrem Elternhaus mit ihrem Freund in *eheähnlicher Gemeinschaft* lebt, hat sie während des Zusammenlebens mit ihm ebenfalls keinen Anspruch auf HLU. Nichteheliche Lebensgemeinschaften dürfen nach § 122 BSHG «hinsichtlich der Voraussetzung und des Umfangs der Sozialhilfe» nicht besser gestellt werden als Ehepaare (vgl. auch III. 2 Nichteheliche Lebensgemeinschaft...). Eine gleichartige Regelung ist vor einigen Jahren mit § 137 Abs. 2a in das Arbeitsförderungsgesetz (AFG) eingefügt worden, um Ansprüche auf Arbeitslosenhilfe einschränken zu können (vgl. auch II. 1 Arbeitsförderungsgesetz...). Da Ehepaare eine Einsatzgemeinschaft (s. o.) bilden, entspricht ihr Bedarf den für sie maßgeblichen Regelsätzen. Bei dem angenommenen Nettoerwerbseinkommen des Freundes in Höhe von 1900 DM könnte das bereinigte Einkommen beispielsweise 1770 DM betragen. Brigitte hätte bei weiterem Zusammenleben mit ihm keinen eigenständigen Anspruch auf HLU, wie das folgende Berechnungsbeispiel zeigt:

Regelsatz für den Haushaltsvorstand	426 DM
Regelsatz für eine Haushaltsangehörige vom Beginn des 16. bis zur Vollendung des 21. Lebensjahres	383 DM
Kosten der Unterkunft	620 DM
Summe	1429 DM

Auch hier ist die Differenz zwischen sozialhilferechtlich anzuerkennendem Regelbedarf und dem bereinigten Einkommen so groß, daß im Normalfall auch der Bedarf an einmaligen Leistungen aus dem bereinigten Einkommen gedeckt werden kann. Die Gleichstellung mit Ehepaaren gilt aber nur, wenn tatsächlich eine eheähnliche Gemeinschaft und nicht etwa ein Untermietverhältnis vorliegt. Entscheidend für die Beurteilung ist der Umstand, ob eine Wohn- und Wirtschaftsgemeinschaft besteht, ob «aus einem Topf» wie bei einem Ehepaar gewirtschaftet wird oder ob jede BewohnerIn der Wohnung für sich allein wirtschaftet.

Selbst bei Wohngemeinschaften gehen die Sozialämter vielfach ebenfalls davon aus, daß gemeinsam gewirtschaftet wird, und wenden § 122 BSHG auch auf diese Lebensform an, obwohl bezweifelt werden kann, ob der Wortlaut der Vorschrift diese weitgehende Auslegung zuläßt. Auch bestehen erhebliche Zweifel an der Verfassungsmäßigkeit des § 122 BSHG sowie des § 137 Abs. 2a AFG.

Abgesehen davon, daß beispielsweise gleichgeschlechtliche Lebensgemeinschaften (vgl. auch III. 3 Lesbische Lebensgemeinschaften...) oder Wohngemeinschaften zwischen Verwandten nicht ausdrücklich unter diese Vorschriften fallen, also die nichteheliche Lebensgemeinschaft gegenüber diesen Lebensformen benachteiligt wird, werden die Partner einer (heterosexuellen) nichtehelichen Lebensgemeinschaft im Vergleich zu Ehepaaren dadurch benachteiligt, daß sie in anderen Gesetzen auch nicht wie Ehepaare behandelt werden und insbesondere keine steuerrechtlichen Vergünstigungen wie Ehepaare in Anspruch nehmen können (vgl. auch III. 1 Ehe...). Auch ist der Partner in seinen Persönlichkeitsrechten beeinträchtigt, weil bei der Prüfung der Hilfebedürftigkeit der Antragstellerin auch seine Einkommens- und Vermögensverhältnisse bedeutsam sind. Eine Auskunftspflicht über seine finanziellen Verhältnisse besteht hier übrigens jedoch nicht.

Im zweiten Fall haben Juttas Eltern ihre Verpflichtung zur Finanzierung einer Ausbildung erfüllt. Diese reicht grundsätzlich bis zum Abschluß der Ausbildung innerhalb der regelmäßigen Ausbildungs- bzw. Studiendauer. Zwar tragen die Eltern anschließend nicht das sogenannte Anstellungsrisiko. Sie sind aber während einer gewissen Bewerbungsfrist noch zu Unterhaltsleistungen verpflichtet. Nach Auffassung der Verfasserin dieses Beitrags kann sie gerade für BerufsanfängerInnen etwa ein halbes Jahr lang dauern. Spätestens nach dieser Zeit müßte Jutta dann aber ihren Lebensunterhalt selbst sicherstellen können.

Kurz noch einige Hinweise zum Angebot der Eltern, Jutta zu Hause Unterhalt zu gewähren und sie «umsonst» bei sich wohnen und leben zu lassen. Unterhalt muß grundsätzlich als Geldrente, also bar, geleistet werden. Besteht die Unterhaltsverpflichtung aber gegenüber einem volljährigen Kind, können die Eltern bestimmen, wie der Unterhalt geleistet werden soll. Sie können einem volljährigen Kind daher die Gewährung von *Naturalunterhalt* in ihrem eigenen Haushalt anbieten, um sich wirtschaftlich zu entlasten und das volljährige Kind vor unbedachten Entscheidungen zu bewahren. Zumindest der letztgenannte Grund ist im Fall von Jutta nicht stichhaltig, so daß ihr dieses Angebot angesichts ihres Alters und der am Heimatort nicht vorhandenen Berufsmöglichkeiten nicht zumutbar sein dürfte. Im Streitfall müßte Jutta versuchen, die Bestimmung ihrer Eltern auf Gewährung von Naturalunterhalt vom Vormundschaftsgericht nach § 1612 Abs. 2 Satz 2 BGB aus besonderen Gründen abändern zu lassen.[5] Jedoch müßte sie alsbald durch eigene Arbeit ihren Lebensunterhalt selbst sicherstellen, denn auch der Sozialhilfeträger leistet HLU, wie inzwischen mehrfach betont, nur, wenn frau nicht durch eigene Arbeit – auch ausbildungsfremde – ihren Lebensunterhalt sicherstellen kann. Bewilligt das Sozialamt HLU, wird es in diesem Fall wahrscheinlich die Unterhaltsansprüche gegenüber den Eltern auf sich überleiten und versuchen, von ihnen Ersatz für die gezahlte HLU zu erhalten.

4.3 Hilfe zur Arbeit

Frauen sind heute häufig von längerfristiger Arbeitslosigkeit betroffen, ohne Leistungsansprüche gegenüber der Arbeitsverwaltung zu haben. Zwar werden die nachfolgend beschriebenen Vorschriften im Rahmen der *Hilfe zur Arbeit* in der Praxis selten auf Frauen angewendet. Sie sollen hier vorsorglich kurz dargestellt werden.

Nach § 18 Abs. 1 BSHG müssen Hilfesuchende ihre Arbeitskraft zur Beschaffung des Lebensunterhalts für sich und ihre unterhaltsberechtigten Angehörigen einsetzen. Weigern sie sich, zumutbare Arbeit zu leisten, entfällt nach § 25 Abs. 1 BSHG der Anspruch auf Hilfe zum Lebensunterhalt (HLU). Für Hilfesuchende, die keine Arbeit finden können, sollen nach Möglichkeit Arbeitsmöglichkeiten durch Anbahnung normaler Arbeitsverhältnisse geschaffen werden (§ 19 Abs. 1 BSHG).

In der Praxis wird wesentlich häufiger von Abs. 2 dieser Vorschrift Gebrauch gemacht, derzufolge Hilfesuchende gemeinnützige und zusätzliche Arbeit zu leisten haben. Darunter wird Arbeit verstanden, die von regulär eingestelltem Personal im Rahmen der normalen Arbeitsaufträge nicht erfüllt werden kann und nicht mehr als zwanzig Wochenstunden umfaßt. Dabei begründet der Sozialhilfeträger entweder mit den Hilfesuchenden ein Arbeitsverhältnis (1. Alternative – *arbeitsrechtliche Lösung*) oder leistet weiterhin Hilfe zum Lebensunterhalt zuzüglich einer Entschädigung für Mehraufwendungen, die meistens zwischen 1 DM und

4 DM pro geleisteter Arbeitsstunde beträgt (2. Alternative – *sozialhilferechtliche Lösung*).

Mit der arbeitsrechtlichen Lösung ist es an einigen Orten zur dauerhaften Vermittlung Langzeitarbeitsloser in Arbeitsverhältnisse gekommen. Leider wird davon zu wenig Gebrauch gemacht. Außerdem bedarf es auch bei dieser Form intensiver Kooperation mit der Arbeitsverwaltung sowie mit Projekten, Initiativen, anderen Selbsthilfeorganisationen, Trägern der freien Wohlfahrtsverbände und Betrieben, um anschließend eine dauerhafte Beschäftigung erreichen zu können. Ohne ausreichende Übergangsmöglichkeiten in feste Arbeitsverhältnisse bestünde der «Erfolg» der Maßnahme lediglich darin, HilfeempfängerInnen wieder vorübergehend in den Leistungsbezug der Bundesanstalt für Arbeit zu bekommen, ihnen also durch kurzfristige Maßnahmen lediglich zu zeitlich begrenzten Ansprüchen auf Arbeitslosengeld und -hilfe zu verhelfen. Da Langzeitarbeitslose aus eigener Kraft meist keine dauerhafte Beschäftigung finden können, besteht die Gefahr, daß das Ziel der Vorschrift verfehlt wird, vielmehr nur der Kostenträger ausgetauscht wird und die Arbeitslosen zwischen Sozialhilfeträger und Arbeitsverwaltung hin und her geschoben werden.

Über ein offenbar erfolgreiches Vorgehen wird aus Berlin berichtet.[6] Dort liegt der Anteil der an diesen Maßnahmen beteiligten Frauen bei einem Drittel, eine weit höhere als die sonst übliche Quote.

5 Unentgeltliche Pflege als Einstieg in die eigene Sozialhilfebedürftigkeit

Eine typische Lebenssituation von Frauen ist dadurch gekennzeichnet, daß sie anstelle einer sozialversicherungspflichtigen Berufstätigkeit zwar schwere Arbeit verrichten, aber keine Vergütung dafür erhalten. Pflegebedürftige Familienmitglieder werden i. d. R. von Frauen betreut. Töchter, Schwiegertöchter, Schwestern usw. haben dadurch eine dauernde Präsenzpflicht, sind von vielen geselligen und kulturellen Aktivitäten ausgeschlossen, können häufig keinen Urlaub machen und sich wegen der schweren Betreuungsarbeit oft auch sonst zu wenig anderen Menschen, beispielsweise ihren Kindern, widmen.[7]

Das Bundessozialhilfegesetz bietet in §§ 68 ff. BSHG *Hilfen zur Pflege* an, um den Verbleib der Pflegebedürftigen in ihrer häuslichen Umgebung zu ermöglichen. (Die verschiedenen Hilfen werden ausführlicher in VI. 2 Sozialhilfe im Alter… dargestellt.) An dieser Stelle soll darauf hingewiesen werden, daß Frauen als Pflegekräfte in der häuslichen Pflege in Familie, Verwandtschaft oder Nachbarschaft gewisse Leistungen der Sozialhilfe zugute kommen können. Diese Leistungen erhalten sie nicht unmittelbar vom Sozialhilfeträger. Vielmehr ist LeistungsempfängerIn die pflegebedürftige Person selbst. Da die Leistungen jedoch dazu dienen sollen, die Bereitschaft der Pflegeperson zur Pflege aufrechtzuerhalten, sollten betroffene Frauen anstreben, diese Leistungen vom Pflegebedürftigen auch tatsächlich zu erhalten. Wenn die pflegebedürftige Person damit einverstanden ist, zahlen manche Sozialämter diese auch direkt an die Pflegeperson. Als Leistungen kommen – je nach Schwere der Pflegebedürftigkeit – in Betracht:

- Erstattung der *angemessenen Aufwendungen* der Pflegeperson (Rechtsanspruch) sowie *angemessene Beihilfen* nebst Beiträgen für eine angemessene Alterssicherung (Kann-Leistungen) oder
- ein nach dem Grad der Pflegebedürftigkeit gestaffeltes *Pflegegeld* sowie Erstattung von Beiträgen für eine *angemessene Alterssicherung*, wenn diese nicht anders sichergestellt ist (Rechtsanspruch).

Aufwendungen der Pflegeperson können zum Beispiel für Fahrtkosten zum Pflegebedürftigen, Bekleidungskosten und Mehraufwand für Ernährung entstehen.

«Angemessene» Beihilfen sind in der Praxis selten angemessen, sondern ähneln eher einem Taschengeld. Dazu können auch die Unterbringungskosten für die Kinder der Pflegeperson, zum Beispiel im Kindergarten, gehören sowie Entschädigung für Verdienstausfall. Leider ist davon auszugehen, daß die Sozialämter von der letztgenannten Möglichkeit kaum Gebrauch machen.

Pflegegeld kommt in Betracht, wenn mindestens dauernd erhebliche Pflegebedürftigkeit besteht (zur unterschiedlichen Höhe des Pflegegeldes s. auch VI. 2 Sozialhilfe im Alter).

Eigentlich könnte auch die in § 69 Abs. 3 S. 2 BSHG vorgesehene Erstattung der Aufwendungen für die Beiträge einer Pflegeperson für eine angemessene Alterssicherung eine vernünftige Leistung sein, die Frauen nach u. U. langdauernder Pflege zu einer gewissen eigenen Alterssicherung verhelfen könnte. Leider hat die Sache jedoch zwei Haken: Das BVerwG hält eine Alterssicherung für ausreichend, die sich am Niveau der HLU orientiert. Außerdem besteht ein Anspruch auf diese Leistung nur dann, wenn die Alterssicherung der Pflegeperson «nicht anderweitig sichergestellt» ist. Die Alterssicherung der Pflegeperson ist nach Auffassung dieses Gerichts aber auch dann sichergestellt, wenn die Pflegeperson im Alter eine sogenannte abgeleitete Alterssicherung erwarten, also beispielsweise mit einer Alterssicherung als Witwe rechnen kann. Eine völlig unangemessene Gesetzesauslegung, wenn man sich noch einmal vor Augen führt, daß etwa jede dritte Ehe in der Bundesrepublik geschieden wird und der Versorgungsausgleich beiden geschiedenen Ehepartnern oft nur unzureichende Versorgungsanwartschaften beschert (vgl. auch V. 1 Scheidung…). Soviel an dieser Stelle zur Hilfe zur Pflege aus der Sicht der Pflegeperson. (Näheres zur Hilfe zur Pflege aus Sicht der Pflegebedürftigen in VI. 2 Sozialhilfe im Alter…).

6 Hilfen zur Überwindung besonderer sozialer Schwierigkeiten

In Großstädten werden auch Frauen immer häufiger obdachlos. Oft resultieren erhebliche soziale Schwierigkeiten aus Arbeitslosigkeit, gescheiterten Beziehungen und damit verbundenem Wohnungsverlust oder aus psychischen Erkrankungen, die Frauen häufig nicht aus eigener Kraft überwinden können. Ebenso haben ausstiegswillige Prostituierte oft keine Möglichkeiten, gegen den zum Teil erbitterten Widerstand ihrer Umgebung ihr Vorhaben zu realisieren.

Diese Problematiken können hier nicht ausführlich dargestellt werden. Jedoch soll zumindest kurz darauf hingewiesen werden, daß § 72 BSHG Hilfen bei derartigen besonderen sozialen Schwierigkeiten, die einer Teilnahme am Leben in der Gemeinschaft entgegenstehen, anbietet. Die Maßnahmen dieser Hilfeart sind vielfältig, werden aber in der Praxis nicht im erforderlichen Maße angeboten. Wegen der HIV-Infektionsgefahr (Aids) gibt es allerdings inzwischen in etlichen Großstädten Ausstiegsprogramme für Prostituierte. Auch der Obdachlosigkeit von Frauen muß angesichts der gravierenden Wohnungsnot künftig erheblich mehr Aufmerksamkeit gewidmet werden.

Für die Hilfe nach § 72 BSHG gilt die allgemeine Einkommensgrenze des § 79 BSHG. Eine Besonderheit sei abschließend erwähnt: Damit die Inanspruchnahme nicht aus finanziellen Erwägungen unterbleibt, müssen weder die Bedarfsgemeinschaft noch Unterhaltspflichtige zu den Kosten der Hilfe zur Überwindung besonderer sozialer Schwierigkeiten beitragen. (Näheres zu Einkommensgrenzen und zur Bedarfsgemeinschaft, s. VI. 2 Sozialhilfe im Alter…)

7 Literatur, Anmerkungen

Literatur

Brühl, A. «Mein Recht auf Sozialhilfe» (dtv-Rechtsratgeber, 5243). Neubearb. Aufl. Beck, München 1988.

Anmerkungen

[1] Vgl. Hess. VGH, FEVS 36, S. 238.

[2] BVerwG FEVS 33, S. 441, einen umfangreichen Katalog der möglichen einmaligen Leistungen von «Anorak» bis «Zweites Winteroberbekleidungsstück» findet frau in: Bundessozialhilfegesetz, Lehr- und Praxiskommentar, 2. Aufl. 1989, § 21 Rz 9.

[3] Weitere Auskünfte erteilt die Bundesarbeitsgemeinschaft Schuldnerberatung, Gottschalkstr. 51, 3500 Kassel.

[4] BVerwGE Bd. 59, S. 294.

[5] Vgl. den vom Hess. VGH entschiedenen Fall in: FamRZ 1986, S. 1244f.

[6] Nachrichtendienst des Deutschen Vereins für öffentliche und private Fürsorge, 1989, S. 228ff.

[7] Vgl. hierzu auch Wand, A. «Ältere Töchter alter Eltern.» Schriftenreihe des Bundesministers für Jugend, Familie, Frauen und Gesundheit, Band 183, Stuttgart u. a. 1986 sowie Bracker, M. u. a. «Die Pflegebereitschaft der Töchter.» Im Auftrag der Bevollmächtigten für Frauenangelegenheiten bei der hessischen Landesregierung (Gustav-Freytag-Str. 1, 6200 Wiesbaden).

III Leben zu zweit

Die Mehrzahl der Frauen lebt mit ihren PartnerInnen in ehelichen (vgl. Beitrag III. 1 von Barbelies Wiegmann) und nichtehelichen Lebensgemeinschaften (vgl. Beitrag III. 2 von Renate Augstein) zusammen. Mitte der achtziger Jahre waren rund 70 Prozent aller Frauen und 63 Prozent aller Männer zwischen 20 und 60 Jahren in der Bundesrepublik verheiratet.[1] Die Zahl der nichtehelichen Lebensgemeinschaften soll sich 1988 nach Schätzungen auf zwei bis vier Millionen belaufen.[2] Nur etwa 15 Prozent der Bevölkerung lebt allein.[3] In den Schätzungen für die Zahl nichtehelicher Beziehungen ist auch die der lesbischen Lebensgemeinschaften enthalten. Lesbische Frauen, die offen als Paar zusammenleben, sind sowohl subtilen, als auch direkten Diskriminierungen, zum Beispiel bei der Wohnungssuche, ausgesetzt (vgl. Beitrag III. 3 von Renate Augstein).

Obwohl sich deutlich ein Trend zu nichtehelichen Lebensgemeinschaften ausmachen läßt, allein zwischen 1972 und 1982 hat sich ihre Anzahl verdreifacht, bestehen in der bundesrepublikanischen Bevölkerung noch immer große Vorbehalte gegen diese Form des Zusammenlebens.[4] Zwar befürwortet die Mehrheit, vor allem der Jüngeren unter dreißig, die nichteheliche Lebensgemeinschaft als «Ehe auf Probe», jedoch nimmt die Akzeptanz mit der Dauer der Beziehung und im Falle gemeinsamer Kinder rapide ab.[5] An dieser Einstellung, die nichteheliche Lebensgemeinschaft lediglich als ein Übergangsstadium zur Ehe zu sehen, hat sich in den letzten Jahren trotz der deutlichen Zunahme von nichtehelichen Partnerschaften wenig geändert.[6] Für die meisten ist die Vorstellung von der Gründung einer Familie anscheinend unweigerlich mit der Eheschließung verbunden.

Trotzdem wollen ein Drittel der Frauen zwischen 26 und 35 Jahren ohne Trauschein mit ihren Partnern zusammenleben, während nur ein Viertel der Männer der gleichen Altersstufe nicht (wieder) heiraten möchte.[7] Neben anderen Motiven, zum Beispiel der ökonomischen Unabhängigkeit, spielt für diese Frauen die Verteilung der Hausarbeit zwischen den PartnerInnen eine entscheidende Rolle. In ihrer Entscheidung für eine nichteheliche Lebensgemeinschaft kommt die

Hoffnung zum Ausdruck, daß in einer solchen Beziehung zwischen Frauen und Männern die geschlechtsspezifische Arbeitsteilung leichter zu ihren Gunsten verändert werden kann.[8] Immerhin beteiligt sich durchschnittlich die Hälfte ihrer Partner an der Hausarbeit wie beispielsweise am Geschirrspülen oder an der Betreuung von Kindern. Die Bemühungen von Frauen, der Frauenbewegung oder auch verschiedener politischer Parteien und ihrer Partnerschaftsprogramme, Ehemänner für die Beteiligung an der Hausarbeit zu gewinnen, waren bisher weit weniger erfolgreich.[9] Kein Wunder also, daß vor allem höher qualifizierte Frauen, die ihrer Erwerbstätigkeit einen hohen Stellenwert einräumen, immer weniger an einer Eheschließung interessiert sind![10]

Insgesamt läßt sich feststellen, daß im Vergleich mit den siebziger Jahren immer weniger Menschen verheiratet sind oder waren. Während der Anteil der Verheirateten bei den Frauen 1972/1974 noch 94 Prozent betrug (bei Männern 89 Prozent), sank er auf 84 Prozent (Männer 79 Prozent) in der ersten Hälfte der achtziger Jahre.[11] Die Anzahl der Scheidungen (bezogen auf die Gesamtheit der Bevölkerung) steigt seit Beginn der achtziger Jahre wieder an, während sie Ende der siebziger Jahre – exakt mit der Reform des Scheidungsrechts – kurzfristig gesunken war.[12] Geschieden werden nun zunehmend auch lang andauernde Ehen (Ehedauer über elf Jahre). 1985 wurden 59 Prozent aller Scheidungsanträge von Frauen eingereicht.[13]

Ein besonderes Problem im Bereich von Ehe und anderen Beziehungen zwischen Männern und Frauen ist die dort gegen Frauen ausgeübte Gewalt (vgl. Beitrag III. 4 von *Alexandra Goy*). Das Ausmaß dieser Gewalt ist kaum zu überschätzen. Nach Feststellung des Bayerischen Sozialministeriums werden pro Jahr etwa vier Millionen Frauen von ihren Ehemännern mißhandelt.[14] In der Bundesrepublik versuchen Frauengruppen und auf deren Druck hin auch die politischen Institutionen in der Öffentlichkeit ein Bewußtsein über das Maß und die Gründe dieser Gewalt herzustellen. Erste Erfolge sind Unterstützungseinrichtungen für betroffene Frauen wie Frauenhäuser und Zufluchtswohnungen. Versuche, durch die Gesetzgebung bewußtseinsbildend zu wirken, beispielsweise indem Vergewaltigung auch in der Ehe unter Strafe gestellt würde, scheiterten bisher am entschiedenen Widerstand männlicher Parlamentarier.

Insgesamt läßt sich für diesen Lebensbereich von Frauen feststellen: Der Wunsch nach ökonomischer Unabhängigkeit, eigener Erwerbstätigkeit und Kindern kollidiert noch immer mit der tradierten Struktur der geschlechtsspezifischen Arbeitsteilung in Ehe und Partnerschaft. Durch Reformen der Gesetzgebung könnte – viel stärker als bisher geschehen – ein finanzieller Anreiz zur Veränderung dieser Arbeitsteilung geschaffen werden. Zwar hat die Ehe- und Scheidungsrechtsreform Mitte der siebziger Jahre offensichtlich überlebte Regelungen abgeschafft. Geblieben ist jedoch die indirekte Diskriminierung von Frauen durch eine Gesetzgebung und Rechtsprechung, die die besonderen sozialen Bedingungen von Frauen nicht berücksichtigt bzw. sogar verfestigt. Solange das System der sozialen Sicherung auf dem Prinzip des Ersatzes der nicht geleisteten familiären Versorgung beruht (Subsidiaritätsprinzip), liegt es im Interesse des Gesetzgebers, diese Lebensform gegenüber anderen zu begünstigen. Doch auf Dauer wird auch hier die Veränderung der Lebenswirklichkeit, der Wunsch nach weniger patriarchalisch normierten Lebensformen, nicht mehr zu ignorieren sein und entsprechende gesetzgeberische Reaktionen herausfordern.

Anmerkungen

[1] Vgl. Datenreport 1987 «Zahlen und Fakten über die Bundesrepublik Deutschland», durchgesehener und aktualisierter Nachdruck 1988, Bonn 1987, S. 46.

[2] Vgl. Spiegeldokumentation über Daten, Fakten und Trends, 1947–1987, Hamburg 1987.

[3] Datenreport 1987, a. a. O., S. 44.

[4] Ebenda.

[5] Vgl. «Emnid-Informationen» 3/4 1986 «Akzeptanz nichtehelicher Lebensgemeinschaften».

[6] Ebenda.

[7] Vgl. Meyer, S./Schulze, E. «Nichteheliche Lebensgemeinschaften im internationalen Vergleich», in: «Kölner Zeitschrift für Psychologie und Sozialpsychologie» 2/1988, S. 337–356.

[8] Ebenda.

[9] Aus: «Emnid-Informationen», Nr. 10, 1986.

[10] Meyer, S./Schulze, E. «Nichteheliche Lebensgemeinschaften...», a. a. O.

[11] Datenreport 1987, a. a. O., S. 48.

[12] Ebenda, S. 47.

[13] Ebenda, S. 48.

[14] Neubauer, E./Steinbrecher, U./Drescher-Aldendorff, S. «Gewalt gegen Frauen», Ursachen und Interventionsmöglichkeiten, Berlin u. a. 1987.

III 1 **Barbelies Wiegmann**

Die Ehe: Verlöbnis – Eheschließung – Ehestand

III 1

Barbelies Wiegmann

Die Ehe: Verlöbnis – Eheschließung – Ehestand

1 Ehe gestern und heute – Rückblick und Ausblick

Ehe und Familie stehen nach Art. 6 Abs. 1 des Grundgesetzes unter dem besonderen Schutz der staatlichen Ordnung. Dennoch kann die Institution der Ehe auch heute noch für viele Frauen das Eingangstor zu einem Leben sein, in dem weibliche Rechte und soziale Chancen beschnitten werden oder verlorengehen.

Noch in den Zeiten unserer Groß- und Urgroßmütter war die Ehe praktisch die einzige erstrebenswerte Lebensform für eine Frau. Alternativen zur Ehe waren wenig verlockend: Das Leben als Klosterfrau gehörte dabei sicher noch zu den angenehmeren Varianten. Immerhin waren die Klöster Stätten von Bildung und Kultur auch für Frauen; sie standen aber in der Regel nur Adligen und Begüterten offen. Im übrigen verblieb der Frau, die «sitzen geblieben» war, ein soziales Schattendasein, je nach sozialer Herkunft als Gouvernante oder ledige Tante zum Beispiel in der Familie des Bruders oder als Lohnarbeiterin, Dienstmädchen oder Magd. Möglichkeiten zur Berufsausbildung oder Berufsausübung gab es bis in die Zeit um die Jahrhundertwende grundsätzlich nicht. In der Ehe war die Frau «versorgt». Das galt vor allem für bürgerliche Frauen, in der Regel aber auch für die erwerbstätige Ehefrau des Kleinhandwerkers oder Lohnarbeiters, die in erster Linie «zu-verdiente». Grundsätzlich galt der Ehemann, der überwiegend den Arbeitsplatz außerhalb des Hauses hatte, als Ernährer der Familie. Damit hatte sich die wirtschaftliche Lage der Frauen im 19. Jahrhundert gegenüber derjenigen in der vorindustriellen agrarisch-handwerklichen Gesellschaft drastisch verschlechtert. Frauen waren bis dahin als Bäuerinnen oder Handwerkerfrauen im gleichen Umfang wie der Ehemann verantwortlich in der Wirtschaft des «ganzen Hauses» tätig gewesen und hatten zum Beispiel in den Städten des Mittelalters sogar Meisterinnen werden können.

Aber auch damals wie in der späteren bürgerlichen Gesellschaft bedeutete die Ehe Schutz und vor allem Sozialprestige für die Frau. Nur in der Ehe konnte sie legitime Kinder gebären, Mägden oder Dienstboten befehlen und das Haus des Bauern, des Handwerkers oder des Bürgers verwalten. Der Preis allerdings war hoch: Er bestand in unbedingtem Gehorsam gegenüber dem Willen des Ehemannes und Unterwürfigkeit ihm gegenüber mit Seele und Leib.

Die strenge patriarchalische Struktur der Ehe unserer Vorfahren spiegelte sich wider in den Vorschriften des Familienrechts im Bürgerlichen Gesetzbuch (BGB), in Kraft seit dem 1.1.1900, die bis 1957 Gültigkeit hatten. Der Mann hatte die Entscheidung in *allen* Angelegenheiten des ehelichen Lebens. Er bestimmte Wohnort und Wohnung und hatte allein die elterliche Gewalt über die Kinder. Die Frau war grundsätzlich zu Arbeiten im Hauswesen und im Geschäft des Mannes verpflichtet, ein Arbeitsverhältnis mit Dritten durfte sie nur mit seiner Zustimmung eingehen. Soweit die Frau Vermögen besaß, hatte daran der Mann die Verwaltung und Nutznießung. Erworbenes Vermögen gehörte ihm allein.

Seit der Mitte dieses Jahrhunderts hat sich vieles verändert. Die alte Gesellschaftsstruktur ist ins Wanken geraten. Die gegenwärtige Frauengeneration ist beruflich so gut ausgebildet wie keine zuvor. Nach dem Gleichberechtigungsgesetz von 1957 und dem Ersten Gesetz zur Reform des Ehe- und Familienrechts von 1976, in Kraft seit dem 1.7.1977, finden wir heute im Bürgerlichen Gesetzbuch das Modell einer Ehe, in der Frau und Mann grundsätzlich die gleichen Rechte und Pflichten haben. Soziale Wirklichkeit kann dieses Modell jedoch nur dann werden, wenn beide Ehepartner erwerbstätig sind und eine eigenständige Existenzgrundlage haben. Gibt die Frau, wie es bis heute überwiegend soziale Praxis ist, der Familie zuliebe ihre Erwerbstätigkeit ganz oder teilweise auf, wird sie also wirtschaftlich abhängig vom Ehemann, dann drohen zu ihren Lasten die alten patriarchalischen Ehestrukturen, wie im einzelnen noch aufzuzeigen sein wird. Im Gegensatz zu früheren Zeiten bietet jedoch die Ehe als Ausgleich dafür keine Garantie mehr für lebenslange Versorgung. Eine Ehescheidung ist nicht nur rechtlich leicht möglich – im allgemeinen genügt als Voraussetzung eine einjährige Trennungszeit –, sie ist auch nicht mehr wie ehedem sozial diskriminierend, vor allem nicht für den Mann in seiner beruflichen Position. Inzwischen wird hierzulande ungefähr jede dritte Ehe geschieden.

Trotz allem erfreut sich die Institution Ehe noch immer einer großen Beliebtheit. Obwohl die Zahl der nichtehelichen Lebensgemeinschaften ständig wächst, sind rund 90 Prozent aller erwachsenen Menschen in der Bundesrepublik Deutschland verheiratet oder einmal verheiratet gewesen. Auch heute noch heiraten Frauen und Männer in der Regel mit dem Vorsatz, ein Leben lang zusammen zu bleiben. Seit 1977 steht dies sogar im Gesetz: Nach § 1353 Abs. 1 BGB wird die Ehe auf Lebenszeit geschlossen.

Im Jahre 1986 wurden rund 370000 Eheschließungen (gegenüber rund

120000 Ehescheidungen) gezählt.[1] Die anhaltende Ehefreudigkeit kann unter der Voraussetzung, daß beide Partner eine eigene wirtschaftliche Existenzgrundlage haben und behalten, als Ausdruck menschlichen Vertrauens zueinander und in die Zukunft positiv gesehen werden.

2 Das Versprechen der Ehe oder das Verlöbnis (§§ 1297 ff. BGB)

«Willst du meine Frau werden?» fragte Bruno.
«Ja», hauchte Trotzköpfchen.

2.1 Begründung

Bis heute käme ein Verlöbnis so wie bei Trotzköpfchen zustande: das «ja» genügt. Die Verlobung ist also formfrei, Ringwechsel oder Verlobungsanzeigen müssen nicht sein. Erforderlich ist nur, daß zwei Menschen verschiedenen Geschlechts sich gegenseitig versprechen, künftig die Ehe miteinander einzugehen. Dies ist nach herrschender Meinung ein Vertrag, aus dem allerdings nicht – wie sonst bei Verträgen – auf Eingehung der Ehe geklagt werden kann (§ 1297 Abs. 1 BGB).

2.2 Relikt aus früheren Zeiten

Die Vorschriften des Bürgerlichen Gesetzbuches über das Verlöbnis wirken wie ein eigentümliches Relikt aus dem vorigen Jahrhundert. Das zeigt sich insbesondere in der Vorschrift des § 1300 BGB über das «Kranzgeld». Danach kann eine unbescholtene Verlobte, die ihrem Verlobten die Beiwohnung gestattet hat, beim Bruch des Verlöbnisses von diesem wegen ihres immateriellen Schadens eine billige Entschädigung in Geld verlangen. Eine solche Bestimmung aus einer Zeit, in der Jungfräulichkeit eine materiell vorteilhafte Eigenschaft für eine Ehe bedeutete, ist wegen der darin zum Ausdruck kommenden doppelten Moral möglicherweise heute verfassungswidrig, sicher aber eine Beleidigung für Frauen. Der Bundesgerichtshof hat allerdings noch 1974 § 1300 BGB mit Rücksicht auf die «besondere biologische und seelische Eigenart der Frau» mit Art. 3 GG für vereinbar gehalten.[2]

Auch die übrigen Vorschriften des Verlöbnisrechts stammen aus dem bürgerlichen Eheverständnis des letzten Jahrhunderts, das in der Ehe zwar auch einen Ort der Liebe, vorwiegend aber eine Vermögenstransaktion für den Ehemann und ein Versorgungsinstitut für die Frau sah (falls diese sich nichts zuschulden kommen ließ).

2.3 *Ansprüche bei Rücktritt*

Dennoch können in besonderen Fällen auch heute noch einzelne Bestimmungen wichtig werden. Unterbleibt die Eheschließung, so kann jede und jeder von der/dem anderen die Herausgabe der Verlobungsgeschenke (Schmuck usw.) verlangen. Auch sonst ist alles zurückzugeben, was wegen des Verlöbnisses gewährt wurde, auch beispielsweise der Erlaß von Schulden (§ 1301 BGB).

Will die oder der Verlobte vom Verlöbnis zurücktreten, so ist dies zwar jederzeit möglich, kann aber finanzielle Konsequenzen haben: Nach § 1298 BGB muß die oder der Zurücktretende dem anderen Teil oder dessen Eltern Aufwendungen ersetzen, die in Erwartung der Ehe getroffen wurden und durch den Rücktritt nutzlos geworden sind, zum Beispiel Kauf von Möbeln, Veranstaltung einer Verlobungsfeier etc. Die Ersatzpflicht tritt nicht ein, wenn ein wichtiger Grund für den Rücktritt vorliegt (§ 1298 Abs. 3 BGB). Tritt einer der Verlobten wegen eines Verschuldens des *anderen* aus wichtigem Grund zurück, kann sie oder er selbst Ersatz von Aufwendungen verlangen, die ihr oder ihm in Erwartung der Ehe entstanden sind.

3 Eheschließung

> «Treulich geführt ziehet dahin, wo euch der Segen der Liebe bewahr'!
> Siegreicher Mut, Minnegewinn eint euch in Treue zum seligsten Paar.»
> (Lohengrin)

Anne und Horst wollen sich im Kölner Dom trauen lassen.
Geht das ohne weiteres?

Nein, denn vor der Kirche kommt das Standesamt. Das ist das Prinzip der «obligatorischen Zivilehe», d. h., eine Ehe kommt – nur – zustande, wenn die Eheschließung vor einem Standesbeamten stattgefunden hat. Dies bestimmt – außerhalb des BGB – § 11 des Ehegesetzes (EheG), in dem sich noch weitere formelle Bestimmungen über die Voraussetzungen zur Eheschließung befinden. So soll die Ehe nicht vor Eintritt der Volljährigkeit geschlossen werden (§ 1 EheG), wobei jedoch das Vormundschaftsgericht auf Antrag Befreiung erteilen kann, wenn eine oder einer der Verlobten mindestens 16 Jahre alt und die oder der andere volljährig ist (§ 1 Abs. 2 EheG). Nach § 2 EheG darf die Ehe nicht zwischen Verwandten in gerader Linie (Vater – Tochter), zwischen Geschwistern und Verschwägerten in gerader Linie (Mutter – Schwiegersohn) geschlossen werden. Vom Eheverbot der Schwägerschaft kann Befreiung erteilt werden. Wer noch verheiratet ist, darf keine neue Ehe eingehen; die Doppelehe ist nichtig (§ 5 EheG) und strafbar (§ 171 Strafgesetzbuch). Der Eheschließung soll das Aufgebot vorausgehen, also die öffentliche Bekanntmachung, daß die Verlobten die Ehe eingehen wollen (§ 12 EheG). Von diesem alten Zopf kann allerdings Befreiung erteilt werden. Die übrigen Bestimmungen des Ehegesetzes, insbesondere die über Nichtigkeit und Aufhebbarkeit (nicht Scheidung!) der Ehe bei Irrtum oder arglistiger Täuschung zum Beispiel, spielen in der Praxis kaum eine Rolle.

4 Der Ehename (§ 1355 BGB)

Ihre Vermählung geben bekannt: Horst Großmann und
Anna Großmann geb. Kluge

4.1 Die Pflicht zum gemeinsamen Namen

Im Gegensatz zu manchen anderen eruopäischen Ländern müssen die Ehegatten in der Bundesrepublik einen *gemeinsamen* Familiennamen führen. Das Bundesverfassungsgericht ließ sich bisher nicht erweichen. In seinem Beschluß vom 8. 3. 1988[3] vertrat es die Meinung, die Verpflichtung der Ehegatten, einen gemeinsamen Familiennamen (Ehenamen) zu führen, verletzte das im Grundgesetz garantierte Persönlichkeitsrecht des Ehegatten, dessen Geburtsname nicht Ehename wird, nicht.

4.2 Der Familienname (Ehename)

Der Familienname ist der Ehename, der von beiden gemeinsam geführt und an die Kinder weitergegeben wird. Noch bis 1976 war es selbstverständlich, daß die Frau den Geburtsnamen des Mannes erhielt, da dies der «natürlichen Ordnung der Eheverhältnisse», der «Unterordnung der Frau» unter die Entscheidungsbefugnis des Mannes und ihrer Teilhabe am sozialen Stand des Mannes entsprach. Meist verschwand dabei der Name der Frau völlig. Reste dieser patriarchalischen Tradition finden sich bis heute in Briefen, die an «Herrn und Frau Horst Großmann» gerichtet sind oder auf Grabsteinen mit der Aufschrift «Hier ruhen die Eheleute Horst Großmann».

4.3 *Subsidiäre Geltung des Mannesnamens*

Seit 1976 soll im Gesetz Gleichberechtigung gelten: Ehename kann der Geburtsname des Mannes *oder* der Frau werden. Wirkliche Gleichberechtigung gibt es jedoch auch im Gesetz noch nicht. Treffen die angehenden Eheleute keine Bestimmung vor dem Standesbeamten, so ist kraft Gesetzes Ehename der Geburtsname des Mannes. Dies bedeutet – allerdings nicht nach herrschender Meinung – einen Verstoß gegen Art. 3 Abs. 2 des Grundgesetzes. Immerhin böte sich hier eine Gelegenheit für die Verlobten, in einem wichtigen Punkt um den Konsens zu streiten. Käme keine Einigung zustande, müßte die Eheschließung unterbleiben.

Schätzungen besagen, daß in ca. 1,5 bis 3 Prozent aller Eheschließungen der Frauenname zum Ehenamen bestimmt wird. Der Verlust des Geburtsnamens bei der Wahl des Ehenamens scheint also noch immer für das Selbstverständnis von Männern höchst problematisch zu sein.

4.4 *Bindestrich-Name*

Seit 1976 kann der Teil, dessen Name nicht Ehename wird, seinen Geburtsnamen dem Ehenamen *voranstellen* (§ 1355 Abs. 3 BGB). Also: Anna Kluge-Großmann. Dies gilt auch dann, wenn der zur Zeit der Eheschließung geführte Name nicht der Geburtsname ist, sondern zum Beispiel der Name aus einer früheren Ehe. Hieß Anna also in erster Ehe Anna Stark geb. Kluge, so kann sie in der zweiten Ehe wählen: entweder Anna Kluge-Großmann oder Anna Stark-Großmann.

4.5 *Name des verwitweten oder geschiedenen Ehegatten*

Die verwitwete oder geschiedene Anna behält den Ehenamen (§ 1355 Abs. 4 BGB). Sie kann jedoch durch Erklärung gegenüber dem Standesbeamten (nach einer Scheidung unter Vorlage des rechtskräftigen Scheidungsurteils) den Geburtsnamen oder den zur Zeit der Eheschließung geführten Namen wieder annehmen.

4.6 *Reform*

Besonders in der letzten Zeit werden Forderungen – vor allem von Frauen – nach einer Reform des Namensrechts immer eindringlicher. Zu Recht. Warum sind verheiratete Menschen in der Bundesrepublik – im Gegensatz zu vielen europäischen Ländern – gezwungen, einen gemeinsamen Familiennamen zu tragen? Nach Vorschlägen der Fraktion der GRÜNEN im Deutschen Bundestag soll jede Person grundsätzlich – auch bei Eheschließung – ihren Geburtsnamen behalten; Kinder sollen den Namen der Mutter tragen.[4] Ein Gesetzentwurf der Fraktion der SPD im Deutschen Bundestag will *neben* der bisher geltenden Bestimmung des BGB die Möglichkeit eröffnen, daß beide Ehegatten bei Eheschließung ihren Namen behalten und entscheiden können, welcher der jeweiligen Geburtsnamen der Name der Kinder wird (treffen sie keine Entscheidung, so erhält das Kind einen Doppelnamen aus den Geburtsnamen der Eltern in alphabetischer Reihenfolge).[5]

5 Die eheliche Lebensgemeinschaft (§ 1353 BGB)

Anna hat heute keine Lust auf Sex. Horst meint, das gehöre zu ihren ehelichen Pflichten.

Anna möchte in eine andere Stadt ziehen, weil sie sich dort beruflich verbessern kann. Horst möchte am alten Wohnort bleiben. Anna meint, Horst verletze seine ehelichen Pflichten.

5.1 Kein ehelicher Pflichtenkatalog

Erfreulicherweise gibt es nirgends einen verbindlichen Katalog über Art und Inhalt ehelicher Pflichten. Das Gesetz übt im Gegenteil äußerste Zurückhaltung, indem § 1353 Abs. 1 Satz 2 BGB nur besagt: «Die Ehegatten sind einander zur ehelichen Lebensgemeinschaft verpflichtet.» In dieser Vorschrift spiegelt sich unser heutiges Eheverständnis wider, das die *individuelle* Gestaltung des Ehelebens durch die Ehepartner in den Mittelpunkt stellt und die Vielfalt und Wandelbarkeit der jeweiligen Lebensgemeinschaft respektiert.

5.2 Pflichten und Rechte aus dem Wesen der ehelichen Partnerschaft

Generell ergibt sich aus dem Wesen der von beiden freiwillig eingegangenen ehelichen Partnerschaft, daß beide Eheleute zur Fürsorge, Rücksichtnahme der oder dem anderen gegenüber und zur Solidarität in besonderen Notlagen verpflichtet sind. Bestehen über die Ausgestaltung des Ehelebens verschiedene Meinungen, so müssen sich beide um einen *Konsens bemühen*.

Spezielle Pflichten, die für alle gelten, gibt es darüber hinaus im allgemeinen nicht. Selbstverständlich existiert zum Beispiel in der Ehe, die auch Sexualgemeinschaft ist, *keine* Pflicht zum Geschlechtsverkehr. Allerdings bejaht die herrschende – bestrittene – Meinung eine Pflicht zur ehelichen Treue. Es gibt auch keine Pflicht, der oder dem anderen an einen anderen Wohnort zu folgen. Generell wird allerdings von der herrschenden Meinung die Pflicht zur häuslichen Gemeinschaft und zu einem gemeinsamen Wohnsitz verlangt. Da die häusliche Gemeinschaft normalerweise auch im Interesse der Eheleute liegt, sollten sie gerade bei Wohnortproblemen alles in ihren Kräften Stehende tun, um unter Respektierung der eventuell verschiedenen Interessen eine Einigung zu erzielen. Selbstverständlich stehen allen – freiwillig eingegangenen – Pflichten in der einzelnen Ehe auch entsprechende Rechte auf Einhaltung der Verpflichtungen gegenüber. Das vergessen besonders oft Frauen.

6 Haushaltsführung und Erwerbstätigkeit (§ 1356 BGB) – die Gretchenfrage des Patriarchats

Horst Großmann und Anna Kluge-Großmann sind beide erwerbstätig. Die Tochter Klara wird geboren. Horst möchte, daß Anna jetzt zu Hause bleibt.

6.1 Gleichberechtigung im Gesetz

Seit dem Ersten Eherechtsreformgesetz von 1977 soll in der Ehe Gleichberechtigung gelten. Bis dahin galt das Modell der Hausfrauenehe. Nach § 1356 BGB alter Fassung führte die Frau den Haushalt und war nur dann berechtigt, erwerbstätig zu sein, soweit dies mit ihren Pflichten in Ehe und Familie vereinbar war. Der neue § 1356 bestimmt in Absatz 1: «Die Ehegatten regeln die Haushaltsführung im gegenseitigen Einvernehmen» und in Absatz 2 Satz 1: «Beide Ehegatten sind berechtigt, erwerbstätig zu sein.» Das Gesetz überläßt es also den Eheleuten, wie sie in der Ehe die Aufgaben verteilen. Anna kann sich demnach in dem oben genannten Fall theoretisch frei für die Fortsetzung ihrer Erwerbstätigkeit entscheiden.

6.2 Ungleiche Chancen in der sozialen Wirklichkeit

Die soziale Wirklichkeit sieht leider anders aus. Grundsätzlich kann bis heute von Wahlfreiheit keine Rede sein. Einerseits ist die heutige Frauengeneration zwar in hohem Maße beruflich qualifiziert. Trotz wachsender Erwerbslosigkeit ist auch die absolute Zahl der erwerbstätigen Frauen in den letzten zwanzig Jahren gestiegen, besonders die der erwerbstätigen Mütter. Rund 40 Prozent aller Erwerbstätigen sind Frauen.

Andererseits tragen aber bis heute Frauen die Verantwortung für Haushalt und Kinderbetreuung – von Ausnahmen abgesehen – allein. Nach Untersuchungen der letzten Jahre beteiligen sich nur 8 bis 10 Prozent der Männer partnerschaftlich an der Familienarbeit. Selbst von den ganztags erwerbstätigen Frauen erhalten nur 19 Prozent Hilfe von ihren Männern.[6] Die Vereinbarkeit von Beruf und Familie ist also leider nach wie vor Frauensache.

6.3 Probleme berufstätiger Mütter

Falls Horst nicht zu den wenigen männlichen Ausnahmen gehört, die in gleichem Umfang wie die Partnerin die Verantwortung für die Familienarbeit übernehmen – eventuell auch unter Einschränkung der Berufstätigkeit –, steht Anna im vorliegenden Fall bei der Geburt von Klara vor dem großen Problem der Doppelbelastung. Nach Untersuchungen leisten erwerbstätige Frauen neben ihrer Erwerbstätigkeit 25 bis 30 Stunden wöchentlich Familienarbeit.[7] Außerdem fehlen genügend Plätze in Kinderkrippen und Kindergärten. Die Einstellung einer Kinderfrau ist nur bei gutem Einkommen möglich. Aus diesen Gründen geben noch immer viele Frauen – obwohl sie gern erwerbstätig sind – bei der Geburt des ersten oder zweiten Kindes ihre Erwerbstätigkeit auf oder schränken sie drastisch ein. So sind zum Beispiel von den 35- bis 40jährigen ledigen Frauen 90,3 Prozent erwerbstätig, von den Verheirateten der gleichen Altersgruppe nur 54,6 Prozent.[8]

6.4 Probleme und Gefahren für nicht erwerbstätige Hausfrauen

Anna hat sich entschlossen, ihre Erwerbstätigkeit aufzugeben, weil sie sich in Ruhe um Klara kümmern möchte. Nach Ablauf von einem Jahr nach der Geburt, in dem Anna Erziehungsgeld in Höhe von DM 600 monatlich erhält, hat sie kein eigenes Einkommen mehr. Sie wird also wirtschaftlich abhängig vom Ehemann. Da Anna und Horst sich sehr lieben, ahnen wahrscheinlich beide nicht, welche Gefahren in der Hausfrauenehe lauern.

Zum einen ist zu befürchten, daß die Waage der ehelichen Partnerschaft sehr bald schief hängt, da die wirtschaftliche Macht allein beim Ehemann liegt. Das gilt auch dann, wenn er diese Macht nicht mißbraucht; Macht ist als Potential vorhanden. Bei ehelichen Konflikten kann also die Hausfrau versucht sein, eher nachzugeben als ihre eigene Meinung nachhaltig zu vertreten. So kann sich die Ehe leicht dahin entwickeln, daß der Ehemann wie in alten Zeiten bei allen Entscheidungen den Ausschlag gibt.

Zum anderen wird das Fehlen einer eigenen wirtschaftlichen Existenzgrundlage meist zur Katastrophe, wenn die Ehe zerbricht. Bei Trennung und Scheidung ist die Hausfrau in der Regel gezwungen, so schnell wie möglich erwerbstätig zu werden (vgl. V. 1 Scheidung...). Je länger die Berufspause war, um so schwieriger ist die Wiedereingliederung in das Erwerbsleben; oft ist sie unmöglich. Auf Unterhaltszahlungen ist, wie an anderer Stelle nachzulesen, kein Verlaß. Weniger als 30 Prozent aller geschiedenen Mütter erhalten Unterhalt, mehr als ein Drittel bezieht Sozialhilfe.[9] (Vgl. auch V. 5 Alleinerziehende Mütter... und II. 2 Bundessozialhilfegesetz...)

Schließlich droht der Hausfrau der Verlust eines wesentlichen Arbeitsbereiches, wenn die Kinder aus dem Haus gehen. Dies geschieht meist in einem Alter, in dem Frauen und Männer sich noch sehr tatkräftig und aktiv fühlen. Weibliche Depressionen in dieser Phase – in der im übrigen sehr viele Ehen scheitern – sind deshalb an der Tagesordnung.

Selbstverständlich gelten die gleichen Ausführungen auch für Hausmänner, falls diese in statistisch erfaßbarer Zahl vorhanden wären. Bisher ist dies nicht der Fall.

6.5 Wege aus dem Dilemma

Da es Frauen nicht mehr zumutbar ist, ihre Erwerbsarbeit aufzugeben, da Kinder dringend Mütter *und* Väter brauchen und da Männer durch Ausübung von Familienarbeit brachliegende Gefühle und Fähigkeiten entfalten können, ist es ratsam, schon *vor* Verwirklichung des Kinderwunsches die gleichgewichtige Beteiligung beider Eltern an der zukünftigen Familienarbeit zu klären und zu regeln (vgl. auch IV. 2 Kinder und Eltern...). Wünschenswert wäre, daß beide ihre Erwerbsarbeit zumindest zeitweise zugunsten der Familie einschränken. Auch Männern ist ein gewisser Druck auf Arbeitgeber zumutbar! Es gilt nämlich auch für sie § 1356 Abs. 2 Satz 2 BGB: «Bei der Wahl und Ausübung einer Erwerbstätigkeit haben sie (die Ehegatten – die Verf.) auf die Belange des anderen Ehegatten und der Familie die gebotene Rücksicht zu nehmen.»

Sollte trotz allem nur ein Teil, leider meist die Frau, bei der Erwerbsarbeit zugunsten der Familie zurückstecken, dann sollten alle Möglichkeiten, Kontakt zum Beruf zu halten, genutzt werden: Urlaubsvertretungen, Weiterbildungsseminare, Fachtagungen usw.

Sollte die Ehefrau zu dem großen Kreis der sogenannten «mithelfenden Familienangehörigen» zählen[10], zum Beispiel als Ehefrau des Tischlers die Buchführung, Kundenbestellungen etc. besorgen, dann muß ein Arbeitsvertrag mit einem angemessenen und auszuzahlenden Entgelt selbstverständlich sein (vgl. auch I. 2 Arbeitsrecht im Frauenalltag...).

6.6 Reformwünsche

Um wirklich allen Menschen die Möglichkeit zu geben, Privatleben, Familie und Beruf streßfrei und befriedigend zu vereinbaren, müssen wir unsere Gesellschaft umgestalten – weg von der arbeitsplatzorientierten Familie hin zum familien- und menschenfreundlichen Arbeitsplatz. Voraussetzung dafür wäre in erster Linie die Verkürzung der täglichen Erwerbsarbeitszeit auf zunächst sechs, dann auf fünf Stunden, was bei der immer knapper werdenden bezahlten Arbeit ohnehin überfällig ist. Zu fordern wäre weiter ein dreijähriger Elternurlaub für Mütter und Väter mit Lohnfortzahlung zu einem bestimmten Prozentsatz (80 Prozent) (vgl. auch IV. 1 Schwangerschaft...), außerdem eine besondere Arbeitszeitverkürzung für Eltern mit kleinen Kindern. Schließlich ist ein ausreichendes Angebot von Krippen- und Kindergartenplätzen sowie Ganztagsschulen Bestandteil der seit vielen Jahren erhobenen Frauenforderungen.

7 Geschäfte zur Deckung des Lebensbedarfs – die alte «Schlüsselgewalt» (§ 1357 BGB)

Anna kauft einen Kühlschrank, da der alte unbrauchbar ist.
Muß auch Horst zahlen?

Nach § 1357 Abs. 1 BGB ist jeder Ehegatte berechtigt, Geschäfte zur *angemessenen* Deckung des Lebensbedarfs zu besorgen und damit auch die oder den andere(n) zu berechtigen und zu verpflichten. Sowohl Anna als auch Horst schulden also den Kaufpreis für den Kühlschrank, falls der Preis im Rahmen des verfügbaren Familieneinkommens liegt. Dies gilt für alle Geschäfte des täglichen Lebens, wie zum Beispiel für den Kauf von Lebensmitteln, Hausrat, den Abschluß von Arzt- und Krankenhausverträgen usw. Bei Geschäften, die im Verhältnis zum Familieneinkommen nicht mehr «angemessen» sind, haftet dagegen die oder der Handelnde allein (Beispiel: Anna mietet eine neue Wohnung). Die Mithaftung des anderen Teils gilt auch grundsätzlich *nicht* bei Kredit- oder Ratenzahlungsgeschäften, es sei denn, die Partnerin oder der Partner hat den Vertrag mit unterschrieben! Nach § 1357 Abs. 2 BGB kann die Berechtigung der Frau oder des Mannes, durch Geschäfte den Partner oder die Partnerin mit zu verpflichten, ausgeschlossen werden. Dritten gegenüber wirkt dieser Ausschluß allerdings erst nach Kenntnis oder durch Eintragung ins Güterrechtsregister. Bei Getrenntleben der Eheleute erlischt die «Schlüsselgewalt» (§ 1357 Abs. 3 BGB).

8 Die gegenseitige Verpflichtung zum Familienunterhalt (§§ 1360, 1360 a, 1360 b BGB)

Anna und Horst, die beide erwerbstätig sind, streiten darüber, wer die Miete zahlt.

Anna ist nicht erwerbstätige Hausfrau und will Taschengeld. Horst möchte wissen, wofür.

Nach § 1360 BGB sind die Eheleute einander verpflichtet, durch ihre Arbeit und mit ihrem Vermögen die Familie angemessen zu unterhalten. Wie sie dies im einzelnen tun, hängt weitgehend davon ab, wie sie die Arbeit untereinander verteilt haben.

8.1 Unterhaltsleistung in der Erwerbstätigenehe

Haben beide Eheleute eigenes Einkommen, so müssen sie entsprechend der Höhe ihrer Einkünfte zum Familienunterhalt beitragen. Ratsam ist es, eine Gesamtrechnung über die monatlich entstehenden Kosten (Miete, Strom, Wasser, Lebensmittel etc.) aufzustellen. Je nach Einkommenshöhe muß sich jede und jeder zu einem bestimmten Prozentsatz an diesen Gesamtkosten beteiligen. Ein angemessener Teil der jeweiligen Einkünfte verbleibt als Taschengeld, über den sie oder er privat frei verfügen kann.

Eventuelle restliche Geldmittel werden zur Vermögensbildung verwandt. Selbstverständlich muß auch die Familienarbeit, also Hausarbeit und Kinderbetreuung, auf beide Eheleute gerecht verteilt werden, denn auch diese Arbeit dient dem Familienunterhalt.

8.2 Unterhaltsleistung in der Hausfrauen- oder Hausmannsehe

Haben die Eheleute sich dahin geeinigt, daß eine oder einer von ihnen allein den Haushalt führt, ohne erwerbstätig zu sein, dann erfüllt diejenige – nur in Ausnahmefällen derjenige – ihre Unterhaltspflicht *voll* durch die von ihr geleistete Familienarbeit. Die Haushaltsführung und Kinderbetreuung ist also gegenüber der Erwerbstätigkeit der oder des anderen ein *gleichwertiger* Beitrag zum Familienunterhalt.

Für den Fall, daß Anna nicht erwerbstätige Hausfrau ist, hat sie, da ihr Barmittel fehlen, für die Besorgungen des täglichen Lebens einen Anspruch gegenüber Horst auf Zahlung eines *angemessenen Wirtschaftsgeldes*, dessen Höhe sich nach seinem Einkommen und dem Bedarf der Familie richtet. Horst muß ihr dieses Wirtschaftsgeld in bar und im voraus, also spätestens am Monatsersten, zur Verfügung stellen (§ 1360 a Abs. 2 BGB). Außerdem hat Anna einen Anspruch auf *Taschengeld*, das ihr frei zur Verfügung steht und über das sie keine Rechenschaft ablegen muß. Die Höhe dieses Taschengeldes beträgt etwa 5 bis 7 Prozent des Manneseinkommens.

Sollte das Einkommen von Horst für die Familie nicht reichen, könnte Anna verpflichtet sein, erwerbstätig zu werden (selbstverständlich bei Teilung der Familienarbeit).

8.3 Umfang der Unterhaltspflichten

Zum angemessenen Unterhalt der Familie, der finanziert werden muß, gehört alles, was zur Befriedigung des gesamten Lebensbedarfs der Familie erforderlich ist, also: die Kosten für Ernährung, Miete, Kleidung, Körperpflege, Hausrat, Erziehung und Ausbildung der Kinder, eventuell Ferien, Pflege politischer und kultureller Interessen usw.

Ist einer der Eheleute nicht in der Lage, die Kosten eines Rechtsstreits zu tragen, der eine *persönliche* Angelegenheit betrifft (zum Beispiel Prozeß auf Rentenzahlung, Ehescheidungsverfahren), so muß die oder der andere grundsätzlich die Kosten vorschießen. Das gilt auch für die Kosten der Verteidigung in einem Strafverfahren (§ 1360 a Abs. 4 BGB).

Auf die gegenseitigen Unterhaltsansprüche kann bei bestehender Ehe – zum Beispiel durch einen Vertrag – *nicht verzichtet* werden (§1360 a Abs. 3 BGB), d. h., während der Ehe sind Eheleute immer einander zum Unterhalt verpflichtet. Unterhaltsansprüche für die Vergangenheit gibt es grundsätzlich nicht (§ 1360 a Abs. 3 BGB), es sei denn, die/der zum Unterhalt Verpflichtete ist nach Mahnung und Fristsetzung im Verzug oder der Unterhaltsanspruch ist bereits eingeklagt. Andererseits kann zuviel gezahlter Familienunterhalt in der Regel nicht zurückgefordert werden (§ 1360 b BGB).

9 Nicht ungefährlich: das eheliche Güterrecht (§§ 1363 ff. BGB)

Großmanns kaufen vom ersparten Geld ein Grundstück, das auf den Namen von Horst Großmann ins Grundbuch eingetragen wird. Gehört das Grundstück beiden zur Hälfte?

9.1 Der gesetzliche Güterstand der Zugewinngemeinschaft (§ 1363 BGB)

Wenn Eheleute durch notariellen Vertrag nichts anderes vereinbaren, leben sie kraft Gesetzes im Güterstand der «Zugewinngemeinschaft» (§ 1363 BGB). Der Name kann täuschen. Tatsächlich handelt es sich hier nämlich nicht um eine Gemeinschaft, sondern praktisch um *Gütertrennung* während der Ehe. Der in der Ehe erzielte Zugewinn wird erst bei Beendigung der Zugewinngemeinschaft (durch Tod, Scheidung oder nachträglichen Ehevertrag) ausgeglichen (vgl. auch V. 1 Scheidung...).

In der Zugewinngemeinschaft entsteht also ohne weiteres *keine gemeinschaftliche Vermögensmasse*. Das Vermögen des Mannes und das der Frau bleiben *getrennt*. Jede und jeder verwaltet ihr oder sein Vermögen selbständig und zieht selbst die Nutzungen (zum Beispiel Zinsen) daraus. Frau und Mann haften auch *allein* für eingegangene *Schulden*, sind also nicht verpflichtet, für die Schulden der oder des anderen einzustehen, es sei denn, die oder der andere hätte den Schuldvertrag mit unterschrieben.

Im oben genannten Fall ist also Horst Alleineigentümer des Grundstücks, falls dieses nicht auf den Namen beider Eheleute eingetragen wurde.

9.2 Einige Schutzvorschriften

Um die materielle Basis der Ehe zu schützen, sieht das Gesetz gewisse Schranken in der vermögensrechtlichen Verfügungsmacht vor. Nach § 1365 BGB darf ein Ehegatte nur mit Zustimmung der oder des anderen über sein *Vermögen im ganzen* verfügen. Stellt zum Beispiel ein Grundstück das gesamte Vermögen des Mannes dar, so darf er es nicht allein veräußern; die Frau muß zustimmen.

Eine weitere Beschränkung sieht § 1369 BGB vor, wonach über Gegenstände des ehelichen Haushalts (beispielsweise der Wohnzimmerschrank), auch wenn sie Eigentum des Verfügenden sind, ebenfalls nur mit Zustimmung der oder des anderen verfügt werden darf.

Schließlich sind nach § 1367 BGB *einseitige* Rechtsgeschäfte (zum Beispiel eine Kündigung der Mietwohnung), die ohne die erforderliche Einwilligung vorgenommen werden, unwirksam.

9.3 Der Zugewinnausgleich bei Beendigung der Zugewinngemeinschaft

Die eheliche Zugewinngemeinschaft kann im wesentlichen durch Tod, Scheidung oder durch nachträglichen notariellen Ehevertrag enden. Dann ist der Zugewinn, das heißt das in der Ehe – gleichgültig von wem – erworbene Vermögen auszugleichen; ausgenommen sind Schenkungen und Erbschaften, die jeder und jedem ohne Ausgleichspflicht verbleiben.

Beim Tod der Frau oder des Mannes wird der Zugewinnausgleich dadurch verwirklicht, daß sich der gesetzliche Erbteil der oder des Überlebenden um ein Viertel erhöht (§ 1371 BGB). Haben Anna und Horst zum Beispiel zwei gemeinsame Kinder, dann würde Anna als Witwe neben den Kindern Erbin von Horst zur Hälfte (ein Viertel plus ein Viertel). Dabei ist es unerheblich, ob überhaupt ein Zugewinn erzielt worden war.

Endet die Zugewinngemeinschaft zu Lebzeiten beider Eheleute, also insbesondere durch Ehescheidung, dann ist zunächst getrennt der Zugewinn zu berechnen durch einen Vergleich ihres oder seines Vermögens bei Beendigung der Ehe mit dem Vermögen, das sie oder er bei Eheschließung besaß (§ 1373ff. BGB). Schenkungen und Erbschaften gelten dabei fiktiv als Anfangsvermögen (§ 1374 Abs. 2 BGB). Wurde nach dieser Berechnung ein Zugewinn erzielt und übersteigt der Zugewinn der oder des einen den Zugewinn der oder des anderen, so steht der oder dem letzteren die Hälfte des Überschusses als Ausgleichsforderung zu (§ 1378 BGB). Hat zum Beispiel Horst, der bei Eheschließung nichts besaß, bei der Ehescheidung ein Sparbuch über DM 10000 und einen Bausparvertrag mit einem Guthaben von DM 6000, also einen Zugewinn von DM 16000, so hat Anna, die nichts besaß und nichts besitzt, eine Zugewinnausgleichsforderung von DM 8000 gegenüber Horst.

Leben die Eheleute seit mindestens drei Jahren getrennt, so kann jede und jeder nach § 1385 BGB auf vorzeitigen Ausgleich des Zugewinns klagen.

9.4 Gefahren der Zugewinngemeinschaft und ratsame Vorsorge

Die wenigen Verfügungsbeschränkungen (vgl. 9.2) reichen in der Regel nicht aus, um den wirtschaftlich schwächeren Teil zu schützen. Diejenige oder derjenige, die oder der gut verdient, kann allein Vermögen ansammeln und über dieses Vermögen weithin ohne Kontrollmöglichkeiten verfügen, eventuell auch Vermögen heimlich beiseite schaffen. Wichtig ist daher, daß alles ersparte Vermögen (Sparbücher, Wertpapiere, Grundstücke usw.) stets auf den Namen *beider* Eheleute als Mitinhaber und

Miteigentümer angelegt wird. Die Eheleute sollten sich auch – möglichst von Anfang an – freiwillig verpflichten, die Finanzen offenzulegen und Einsichtsrecht zu gewähren.

10 Eheverträge

Anna und Horst gehen vor der Hochzeit zum Notar und vereinbaren Gütertrennung.

Nach § 1408 BGB kann durch *Ehevertrag* ein anderes Güterrecht als das gesetzliche vereinbart werden, zum Beispiel die Gütertrennung, die keinen Zugewinnausgleich vorsieht (§ 1414 BGB) oder die sehr seltene Gütergemeinschaft (§§ 1415ff. BGB). Auch andere Regelungen, die die gesetzlichen Bestimmungen über den Ehestand ausschließen oder verändern, können durch notariellen Ehevertrag getroffen werden. Dies gilt auch für Regelungen für die Zeit *nach Scheidung* der Ehe, zum Beispiel Verzicht auf Versorgungsausgleich, gegenseitiger Unterhaltsverzicht (der während bestehender Ehe nicht möglich ist) usw.

Insbesondere Frauen sollten sich auf Eheverträge nur dann einlassen, wenn ihre Situation, die oft die der wirtschaftlich Schwächeren ist, angemessen berücksichtigt und ausgeglichen wird. Ratsam ist es, sich vom Notar vor Vertragsschluß einen *Entwurf* des Vertrages geben zu lassen, um diesen mit anderen beraten zu können.

11 Dritter im Bunde: das Finanzamt

Horst drängt auf baldige Hochzeit, da er Steuern sparen will.

Der Staat honoriert die Ehe, allerdings bezeichnenderweise nur die Hausfrauenehe. So ergibt das sogenannte *Steuersplitting* für Ehepaare (bei gemeinsamer steuerlicher Veranlagung) die größten Vergünstigungen, wenn ein Ehepartner erwerbstätig, der bzw. die andere es nicht ist (vgl. auch V. 1 Scheidung...). Verdient Horst zum Beispiel monatlich brutto DM 3500, so zahlt er als Lediger nach Steuerklasse I DM 701,70 Lohnsteuer. Nach der Hochzeit zahlt er, wenn Anna nicht erwerbstätig ist, nach Steuerklasse III (in der sich das Steuersplitting auswirkt) nur DM 453,30 Lohnsteuer. Bleiben dagegen beide erwerbstätig und verdienen sie annähernd gleich viel, so werden ihre Einkommen nach Steuerklasse IV versteuert, die der Steuerklasse I der Ledigen entspricht. Selbst

Eheleute mit Kindern werden, wenn beide erwerbstätig sind, steuerlich nicht wesentlich bessergestellt als Ledige. Falls Anna erheblich weniger verdient als Horst, kann Horst als Verheirateter die Steuerklasse III wählen, während Anna auf die sehr ungünstige Steuerklasse V ausweicht, die wegen des hohen Steuersatzes in der Regel die Lust an der Erwerbsarbeit «auf Steuerkarte» mindert. In diesem Falle sollten die Eheleute den Steuervorteil von Horst intern ausgleichen.

12 Anmerkungen

[1] Statistisches Jahrbuch 1988 für die Bundesrepublik Deutschland, Wiesbaden 1988.

[2] Urteil des Bundesgerichtshofs vom 24.4.1974, in: «Neue Juristische Wochenschrift» (NJW) 1974, 1506.

[3] Entscheidung des Bundesverfassungsgerichts vom 8.3.1988, in: «Zeitschrift für das gesamte Familienrecht» (FamRZ) 1988, 587.

[4] Bundestags-Drucksache 11/4437 vom 26.4.1989.

[5] Bundestags-Drucksache 11/6187, Stand 3.1.90.

[6] «Die Situation der Frau in Baden-Württemberg», Studie des Instituts für Demoskopie Allensbach, Stuttgart 1983; Metz-Göckel/Müller «Der Mann», Brigitte-Untersuchung, Hamburg 1985.

[7] Bericht der Enquete-Kommission «Frau und Gesellschaft», Bonn 1980.

[8] Statistisches Jahrbuch 1986; Überblick über die gesellschaftliche Situation der Frauen in der Bundesrepublik, in: «Frauen in der Bundesrepublik Deutschland», Hrsg. Der Bundesminister für Jugend, Familie, Frauen und Gesundheit, Bonn 1986.

[9] Barbelies Wiegmann «Ende der Hausfrauenehe – Plädoyer gegen eine trügerische Existenzgrundlage» rororo Frauen aktuell, Reinbek 1984.

[10] 1977 waren von 1,12 Mio. mithelfenden Familienangehörigen 86,3 % Frauen, Statistisches Jahrbuch 1978, Wiesbaden.

III 2 RENATE AUGSTEIN
Die nichteheliche Lebensgemeinschaft

III 2

RENATE AUGSTEIN

Die nichteheliche Lebensgemeinschaft

Heute mutet es schon fast normal an: eine Frau und ein Mann verlieben sich ineinander, beide ziehen zusammen. Oft wollen beide auf diese Weise herausfinden, ob sie miteinander auskommen. Eine spätere Heirat wird nicht von vornherein ausgeschlossen. Andere Paare wiederum wollen ganz bewußt eine Alternative zur Ehe leben oder aber nicht erneut in eine «Ehefalle» tappen. Natürlich gibt es auch Partnerschaften, in denen eine/r der beiden lieber heiraten möchte, der/die andere sich aber weigert.

1 Warum nicht einfach nur zusammenziehen?

Rechtsprobleme? Die, so denken die Beteiligten oft, umgeht man gerade auf diese Weise. Doch beim Mietvertrag fängt es schon an: Wer unterschreibt? Was ist, wenn eine/r beim anderen einzieht? Was ist, wenn die Frau kein eigenes Einkommen hat, wenn sie krank oder erwerbsunfähig wird, wenn sie jahrelang arbeitslos ist? Was geschieht mit den Unterhaltsansprüchen gegenüber den Eltern oder gegenüber einem früheren Ehemann? Ist es ratsam, gemeinsam Kredite aufzunehmen oder gemeinsam größere Vermögensgegenstände anzuschaffen?

Dies ist nur ein kleiner Ausschnitt der Rechtsprobleme, die auftreten bzw. auftreten können. Im Gegensatz zur Ehe, wo alles rechtlich genau geregelt zu sein scheint, besteht hier kein Netz von Rechtsvorschriften, das klare Auskunft über die Rechtslage geben könnte. Ganz im Gegenteil: Die Beteiligten können nicht «mal eben im Familienrecht» nachschauen, wie die jeweilige Situation rechtlich einzuordnen ist. Vor dem gleichen Dilemma stehen die Gerichte. Dies wiederum hat eine Flut von unterschiedlichen Urteilen zur Folge, was die Rechtslage nicht gerade durchsichtiger macht. Für die Beteiligten bedeutet dies, daß sie oft nicht abschätzen können, wie ein Rechtsstreit ausgehen wird. Daher soll hier kurz zusammengestellt werden, wie die rechtliche Situation bei nichtehelichen Partnerschaften aussieht. Zunächst einige Angaben zu deren zahlenmäßiger Entwicklung.

Da es eine Kategorie «nichteheliche Lebensgemeinschaft» in der amtlichen Statistik der Bundesrepublik bisher nicht gibt, sind die nachfolgenden Zahlen mit Vorbehalt zu sehen. Sie liegen wahrscheinlich unterhalb der tatsächlichen Verbreitung dieser Lebensform. Die nachfolgenden Zahlen beruhen auf dem Mikrozensus 1985, einer repräsentativen Umfrage des EMNID-Instituts aus dem Jahr 1983[1] und einer Untersuchung des Instituts für Demoskopie Allensbach aus dem Jahr 1988.

Das EMNID-Institut schätzt, daß etwa 1,25 Mio. Paare unverheiratet zusammenleben (reine Wohngemeinschaften fallen nicht darunter). Allensbach geht von rund 1,5 Mio. Paaren aus. Die Zahl der nichtehelichen Lebensgemeinschaften hat sich danach zwischen 1972 und 1985 verfünffacht. Interessant ist auch die Altersstruktur: Bei den 18- bis 35jährigen hat sich die Zahl von 1972 bis 1985 auf das 11fache erhöht, bei den 36- bis 55jährigen nur vervierfacht und bei den über 56jährigen noch nicht einmal verdoppelt. Nach der Allensbach-Umfrage leben 15 Prozent der jungen Erwachsenen im Alter von 20 bis 29 Jahren unverheiratet zusammen.

Vergleicht man diese Zahlen mit denen anderer europäischer Länder, so fällt auf, daß insbesondere in den nordischen Ländern der Anteil der nichtehelichen Lebensgemeinschaften deutlich höher ist als in der Bundesrepublik Deutschland (vgl. auch IV. 5 Nichteheliche Mutterschaft...). In nahezu allen europäischen Ländern ist die Tendenz steigend.

Aus der Befragung des EMNID-Instituts ergibt sich weiter, daß 15 Prozent der nichtehelichen Lebensgemeinschaften bis zu einem Jahr, 41 Prozent zwischen einem Jahr und drei Jahren und 42 Prozent mehr als drei Jahre zum Zeitpunkt der Befragung zusammenlebten. Ebenfalls aufschlußreich sind die Zahlen hinsichtlich der Berufstätigkeit der Frauen: 40,8 Prozent der unverheiratet zusammenlebenden Frauen sind voll berufstätig, 9 Prozent teilzeitbeschäftigt. Bei den verheirateten Frauen sind dagegen lediglich 27,1 Prozent voll berufstätig und 22,4 Prozent arbeiten Teilzeit. Entsprechend gering ist der Anteil derjenigen nichtehelichen Lebensgemeinschaften, in denen der Mann Alleinernährer ist: er liegt bei 9 Prozent (bei den Verheirateten zwischen 29 und 34 Prozent).

2 Nichteheliche Lebensformen

Diese Zahlen beziehen sich weitgehend auf heterosexuelle nichteheliche Partnerschaften. Daneben gibt es natürlich noch die homosexuellen Lebensgemeinschaften (für Frauen vgl. III. 3 Lesbische Lebensgemeinschaften...), ferner die (meist größeren) Wohngemeinschaften, die Verwandtenlebensgemeinschaften und die (zum Beispiel religiösen) Kommunen. Man kann weiter noch unterscheiden zwischen den nichtehelichen Lebensgemeinschaften ohne Kinder und denen mit Kindern, wobei dies sowohl gemeinsame Kinder sein können als auch Kinder aus einer früheren Beziehung.

Die nachfolgenden Rechtshinweise beziehen sich auf Partnerschaften ohne Kinder (ansonsten vgl. IV. 5 Nichteheliche Mutterschaft sowie V. 5 Alleinerziehende Mütter...). Reine Wohngemeinschaften, Verwandtengemeinschaften und Kommunen sind hier nicht abgehandelt.

3 Warum viele Frauen einer nichtehelichen Lebensgemeinschaft den Vorzug geben

Einige Motive wurden eingangs bereits erwähnt: die «Ehe auf Probe» und die grundsätzliche Ablehnung der Ehe. Die Probeehe ist häufiges Motiv bei den Jüngeren, die bewußte Ablehnung findet sich dagegen häufig bei Frauen und Männern, die bereits ehe- und scheidungserfahren sind. Die Zahl derer, die zwar eine dauerhafte Beziehung wollen, (deshalb) die Ehe aber ablehnen, scheint zuzunehmen. Dabei spielt die Angst vor den Unannehmlichkeiten einer Scheidung und auch vor deren finanziellen Folgen sicher eine Rolle (vgl. auch V. 1 Scheidung...). Gerade von Frauen wird als zusätzliches Motiv die Sorge geäußert, mit einer Eheschließung würden sich automatisch die mit ihr traditionell verbundenen Verhaltensweisen (Besitzansprüche, geschlechtsspezifische Arbeitsteilung, Rollendenken) wieder einstellen. Mit einer nichtehelichen Lebensgemeinschaft dagegen verbinden viele Frauen die Hoffnung, daß in ihr eine neue Form von Partnerschaft eher gelebt werden kann als in der Institution der Ehe, in der so viele Frauen mit ihren Vorstellungen gescheitert sind.

Daneben gibt es finanzielle Gründe dafür, nicht zu heiraten: Frauen, die ihren Rentenanspruch nicht verlieren («Onkelehen»), Studentinnen, die weiter BAföG beziehen, und Geschiedene, die ihren Unterhaltsanspruch gegenüber ihrem Ex-Mann behalten wollen (vgl. hierzu auch 4.4.1). Seltener geworden sind dagegen die Fälle, wo eine Heirat deshalb nicht erfolgen kann, weil eine/r noch verheiratet ist. Nach dem neuen Scheidungsrecht sind scheidungsunwillige Ehepartner nur noch in den seltensten Fällen ein jahrelanges Wiederverheiratungshindernis.

Neben diesen eher «bewußten» Motiven gibt es allerdings auch die nichteheliche Lebensform, die sich «so ergeben» hat, wo die Partner zusammenleben und für sich keine Notwendigkeit zur Heirat sehen.

4 Wie ist die Rechtslage während des Zusammenlebens?

4.1 Gemeinsame Wohnung

In der Regel beginnt die nichteheliche Lebensgemeinschaft mit dem Zusammenziehen – und damit beginnen auch die ersten Rechtsprobleme. Zwar ist nach heutiger Sicht ein Mietvertrag nicht allein deshalb sittenwidrig, weil die Wohnung von einem nicht verheirateten Paar gemietet wird (vor noch nicht allzu langer Zeit war dies durchaus umstritten!), doch es gibt immer noch genügend Fußangeln.

4.1.1 Schwierigkeiten bei der Wohnungssuche

Bekanntermaßen ist es heute nicht leicht, eine gute Mietwohnung zu finden. In manchen Gegenden wird die Wohnungssuche noch dadurch erschwert, daß VermieterInnen es ablehnen, ihre Wohnung an nicht verheiratete Paare zu vermieten. In diesem Fall können sie rechtlich auch nicht dazu gezwungen werden. Viele Paare verschweigen deshalb vorsorglich ihren Personenstand – und so lange der Vermieter nicht danach fragt und die verschiedenen Namen akzeptiert, ist rechtlich dagegen auch nichts einzuwenden. Wahrheitswidrig zu behaupten, verheiratet zu sein, ist allerdings nicht anzuraten: Der Vermieter hat dann u. U. das Recht, den Mietvertrag wegen arglistiger Täuschung anzufechten. Ebenfalls riskant ist der Trick, daß nur eine/r die Wohnung anmietet, dann aber beide einziehen. Der Vermieter braucht in solchen Fällen, in denen er umgangen wurde, die Aufnahme des oder der anderen nicht zu dulden.

Einfacher ist die Wohnungssuche, wenn die Eltern oder einer der Partner selbst Eigentümer einer Wohnung oder eines Hauses sind. In diesem Fall ist es möglich, sich gegenüber etwaigen MieterInnen auf Eigenbedarf zu berufen. Es macht dabei keinen Unterschied, ob der zusätzliche Raumbedarf durch ein eheliches oder ein eheähnliches Zusammenleben begründet wird.

4.1.2 Wer soll den Mietvertrag unterschreiben?

Ist eine Wohnung gefunden, so kann der Mietvertrag entweder mit beiden Partnern abgeschlossen werden, oder nur mit einem allein, wobei dann die Mitbenutzung durch den jeweils anderen (evtl. ausdrücklich) geduldet wird. Zu empfehlen ist auf jeden Fall der Abschluß eines *gemeinsamen Mietvertrages*. Dies liegt nicht nur im Interesse des Vermieters, dem dann beide gesamtschuldnerisch und gleichberechtigt haften, sondern besonders auch im Interesse des Paares. Nur im Falle eines gemeinschaftlichen Mietvertrages haben beide gegenüber dem Vermieter eine rechtlich abgesicherte Position, gelten für beide die Mieterschutzvorschriften, haben beide das Hausrecht. Nur beide gemeinsam können kündigen und nur gegenüber beiden kann durch den Vermieter gekündigt werden.

Werden nicht beide Vertragspartner, so hat nur derjenige die Rechte aus dem Mietvertrag, der ihn unterschrieben hat. Der andere, und dies ist meistens die Frau, hat keine Ansprüche. Dies kann sich insbesondere im Fall der Trennung (vgl. V. 2 Ende einer nichtehelichen Lebensgemeinschaft...) oder im Fall des Todes des Mieters nachteilig auswirken. Die Frau hat dann die Wohnung sofort zu räumen.

Es soll nicht verschwiegen werden, daß ein gemeinsamer Mietvertrag auch Probleme mit sich bringen kann, z. B., wenn sich das Paar trennt, ein Partner aber nicht kündigt und wohnen bleibt. Die Frau, auch wenn sie auszieht, bleibt dann aus dem Mietvertrag verpflichtet, d. h. sie schuldet weiterhin ihren Mietanteil und ist darauf angewiesen, daß der Vermieter sie aus dem Mietvertrag entläßt – verlangen kann sie es nicht von ihm.

Doch die Vorteile eines gemeinsamen Mietvertrages gerade für Frauen überwiegen diese Risiken.

4.1.3 Einzug in die Wohnung des Partners und umgekehrt

In vielen Fällen zieht die Frau in die Wohnung des Partners. Nicht selten versuchen dann Vermieter, ihren Mieter unter Druck zu setzen, damit seine Partnerin wieder auszieht. Entsprechend oft hatten Gerichte darüber zu entscheiden, inwieweit der Vermieter die Aufnahme der Partnerin dulden muß. Heute ist es unbestritten, daß eine solche Aufnahme nicht grundsätzlich einen vertragswidrigen Gebrauch der Mietsache oder aber eine schwerwiegende Pflichtverletzung darstellt, die den Vermieter zur Kündigung berechtigt. Vielmehr darf der Mieter eine nichteheliche Lebensgefährtin auf Dauer in seine Wohnung aufnehmen, wenn er hieran ein berechtigtes Interesse hat. Persönliche, wirtschaftliche oder familiäre Gründe des Mieters, die *nach* Abschluß des Mietvertrages entstanden sind, können für ein solches «berechtigtes Interesse» bestimmend sein. Sind diese Gründe dem Vermieter mitgeteilt worden, muß er die Aufnahme der Lebensgefährtin in die Wohnung hinnehmen, es sei denn, dies ist ihm nicht zuzumuten. Unzumutbar ist die Aufnahme der Partnerin für den Vermieter beispielsweise dann, wenn die Wohnung dadurch übermäßig belegt würde oder die Partnerin als Person einen Ablehnungsgrund bietet. Andere Gründe des Vermieters müssen mindestens gleiches Gewicht haben. Allein die Tatsache des unverheirateten Zusammenlebens kann grundsätzlich noch nicht die Unzumutbarkeit für den Vermieter begründen.

Hat der Vermieter die Aufnahme der Partnerin zunächst eine Zeitlang bewußt geduldet, kann er hinterher nicht mehr ohne weiteres kündigen. Die Entscheidung im konkreten Fall hängt jedoch immer auch von den Umständen des Einzelfalles ab. Es wird daher auch weiterhin Unterschiede in der Rechtsprechung geben. Am besten ist es, das Einverständnis des Vermieters einzuholen und auch darauf zu dringen, daß die Partnerin in den Mietvertrag mit einbezogen wird. Eine Verpflichtung des Vermieters zum Abschluß eines weiteren Mietvertrages besteht allerdings nicht, auch wenn er die Aufnahme hinnehmen muß.

Unter bestimmten Umständen kann der Vermieter allerdings die Miete erhöhen – wenn sich durch den Einzug zum Beispiel die Betriebskosten erhöhen. Im übrigen darf der Vermieter dem Mieter im Vertrag nicht generell untersagen, eine Partnerin in die Wohnung aufzunehmen. Solche Klauseln sind unwirksam. (Zu Wohngeld und Wohnberechtigungsschein vgl. 5.4 und 5.5.)

4.2 Gibt es in einer nichtehelichen Lebensgemeinschaft gegenseitige Rechte und Pflichten?

Bei Eheleuten ist das Zusammenleben genauestens rechtlich geregelt – von Güterstand und Schlüsselgewalt über die Sexualgemeinschaft bis hin zu gegenseitigen Beistands- und Unterhaltspflichten (vgl. III. 1 Ehe...). Solche Rechtsbeziehungen bestehen zwischen Partnern einer nichtehelichen Lebensgemeinschaft nicht. Normalerweise ist das Fehlen eines solchen Rechtssystems auch nicht problematisch, jedenfalls so lange nicht, wie die nichteheliche Lebensgemeinschaft «funktioniert» und die Partner ganz selbstverständlich einander helfen und füreinander einstehen. Bei Partnerschaftskrisen oder unvorhergesehenen langwährenden Notlagen kann sich das Blatt allerdings wenden, und der sozial schwächere Teil – oft die Frau – bekommt unsanft zu spüren, daß er (bzw. sie) so gut wie keine Rechtsansprüche gegen den Partner hat (vgl. V. 2 Ende einer nichtehelichen Lebensgemeinschaft...).

Die Partner einer nichtehelichen Lebensgemeinschaft sind – anders als Eheleute – einander *nicht* zur Lebens- und Sexualgemeinschaft verpflichtet. Das bedeutet zum Beispiel, daß sie einander nicht betreuen und versorgen müssen, auch nicht in Notzeiten, wie etwa bei Krankheit. Eine Ausnahme besteht für extreme Notsituationen, so etwa bei Unfällen oder einem Selbstmordversuch des Partners. In diesen Fällen kann sich der oder die andere wegen unterlassener Hilfeleistung sogar strafbar machen.

Da keine Verpflichtung zur gegenseitigen Betreuung besteht, kann sich die Lebensgefährtin anderen gegenüber auch nicht darauf berufen, wegen ihrer Hausfrauentätigkeit kein eigenes Einkommen zu haben. Dies wird besonders dann relevant, wenn die Frau zum Beispiel Unterhaltspflichten gegenüber ihren Kindern erfüllen muß, die nicht bei ihr leben. Sie ist dann verpflichtet, zur Erfüllung ihrer Unterhaltspflichten eine Erwerbstätigkeit aufzunehmen.

Wird ein Lebenspartner ins Krankenhaus eingewiesen, kann der oder die andere vom Arzt keine Auskunft über den Zustand des oder der Kranken verlangen. Es ist auch nicht möglich, für einen bewußtlosen oder handlungsunfähigen Partner Zustimmungserklärungen oder Weisungen gegenüber dem Arzt abzugeben. Abhilfe kann hier nur eine schriftliche Vollmacht schaffen, die sich die Lebensgefährten rechtzeitig vorher für den Fall der Fälle erteilt haben.

Da es keine Pflicht gibt, für den Partner zu sorgen und deshalb ggf. auf eine eigene Erwerbstätigkeit zu verzichten, gibt es auch *keine* Unterhaltspflichten des betreuten Partners. Die Partner einer nichtehelichen Lebensgemeinschaft sind weder während der Dauer der nichtehelichen Lebensgemeinschaft noch danach einander zu Unterhaltsleistungen verpflichtet.

Dies ist unproblematisch, solange beide ein eigenes Einkommen haben und nicht von den Unterstützungsleistungen des jeweils anderen abhängen. Riskant wird diese Rechtssituation, wenn einer der Partner kein selbständiges Einkommen hat. Meistens ist dies die Frau, wenn sie zum Beispiel

- zwecks Haushaltsführung oder Pflegetätigkeit nicht selbst erwerbstätig ist,
- unentgeltlich im Geschäft des Partners mitarbeitet,
- jahrelang arbeitslos ist und – wegen des Einkommens ihres Partners – nur sehr geringe Arbeitslosenhilfe bezieht,
- selbst pflegebedürftig wird.

Ein Verzicht auf eigenes Einkommen – aus welchen Gründen auch immer – sollte daher abgesichert werden, zum Beispiel durch eine ausdrückliche (am besten schriftliche) Unterhaltsvereinbarung für die Dauer der nichtehelichen Lebensgemeinschaft. Möglich ist auch, hinsichtlich der Haushaltsführung oder der Pflegetätigkeit einen Dienstvertrag (dann müssen allerdings auch die Sozialabgaben abgeführt werden) oder einen Gesellschaftsvertrag abzuschließen. Weiterhin könnten regelmäßige entlohnende Schenkungen vorgenommen werden. Hierfür kann jedoch Schenkungsteuer anfallen.

Auch die Mitarbeit in Geschäft oder Praxis des Lebenspartners sollte durch Arbeits- oder Gesellschaftsverträge abgesichert werden. Arbeitsverträge begründen dann zwar auch die Pflicht zur Zahlung von Steuern und Sozialabgaben. Für in nichtehelicher Lebensgemeinschaft lebende

Frauen kann dies jedoch nur von Vorteil sein. Nur so können sie eigene Rentenansprüche erwerben und sich bei Arbeitslosigkeit (die auch dann droht, wenn die Partnerschaft auseinandergeht!) und Krankheit absichern. Dies ist besonders wichtig, da sie anders als Ehefrauen bei einer Trennung keinen Versorgungsausgleich verlangen können und riskieren, trotz jahrelanger Arbeit nachher ohne Rentenansprüche dazustehen.

Den meisten Frauen wird es widerstreben, zu Beginn oder im Laufe einer nichtehelichen Lebensgemeinschaft, in der noch alles «stimmt», auf solche (am besten schriftliche) Abmachungen zu drängen, da dies vom Partner als Beweis mangelnden Vertrauens aufgefaßt werden könnte. Vielleicht kann hier der Rat eines rechtskundigen Dritten die emotionale Situation entschärfen...

4.3 *Wem gehört was?*

Die Partner einer nichtehelichen Lebensgemeinschaft bleiben Eigentümer dessen, was sie in die Gemeinschaft einbringen. Werden Dinge gemeinsam erworben bzw. sind sie für den gemeinsamen Gebrauch bestimmt (zum Beispiel Haushaltsgegenstände), so werden sie i. a. als Gesellschaftsvermögen angesehen, d. h., an ihnen besteht Miteigentum beider Partner.

Schenkungen des Partners einer nichtehelichen Lebensgemeinschaft an seine Partnerin können nach der Rechtsprechung sittenwidrig sein, wenn sie ausschließlich durch sexuelle Motive bestimmt wurden ohne andere «achtenswerte» Motive. Schenkungen innerhalb einer nichtehelichen Lebensgemeinschaft, die auf Dauer angelegt und von inneren Bindungen getragen ist, sind nach dieser Rechtsprechung nicht sittenwidrig. Dies gilt für Schenkungen zur Haushaltsführung oder zur Freizeit genauso wie für zum Beispiel die Abtretung der Rechte aus einer Lebensversicherung. Nur wenn durch solche Geschenke Unterhaltsansprüche eines Ehegatten oder der Kinder gefährdet würden, sind sie sittenwidrig. (Zur Schenkungsteuer vgl. 6.2.)

4.4 *Auswirkungen einer nichtehelichen Lebensgemeinschaft*

4.4.1 ... auf Unterhaltsansprüche gegenüber dem früheren Ehegatten

Bei einer Reihe von nichtehelichen Lebensgemeinschaften war einer der Partner vorher verheiratet. War dies die Frau, so kann es sein, daß sie von ihrem früheren Ehemann noch Unterhalt bezieht. Bei einer zweiten Heirat würde sie diesen Unterhaltsanspruch gegenüber ihrem Exgatten verlieren. Dies mag, wie schon erwähnt, ein Grund sein, statt einer zweiten

Ehe nur eine nichteheliche Lebensgemeinschaft einzugehen – jedenfalls wird dies von vielen unterhaltspflichtigen Ehemännern geargwöhnt. Die Gerichte hatten daher häufig Fälle zu entscheiden, wo es um die Frage ging, ob die Unterhaltspflicht des Exmannes auch dann erlöscht, wenn seine frühere Ehefrau mit jemandem ohne Heirat – sozusagen im «Konkubinat» – zusammenlebt. Die Rechtsprechung hat im Zusammenhang mit der fiktiven «Konkubinatsklausel» verschiedene Begründungen gefunden, wonach im Einzelfall der Unterhaltsanspruch durch das Eingehen einer nichtehelichen Lebensgemeinschaft tatsächlich erlischt.

So ist nach § 1579 Nr. 6 BGB der Unterhaltsanspruch gegenüber dem Ex-Ehemann ausgeschlossen, wenn der Unterhaltsberechtigten ein offensichtlich schwerwiegendes Fehlverhalten vorzuwerfen ist. Nach der Rechtsprechung liegt ein solches Fehlverhalten insbesondere dann vor, wenn sich eine Ehefrau gegen den Willen ihres Ehepartners einem anderen Partner zuwendet und mit diesem in nichtehelicher Lebensgemeinschaft lebt. Eine solche Abkehr vom Gatten mache die Inanspruchnahme des anderen Ehegatten auf Unterhalt grob unbillig. Der Unterhaltsanspruch geht nach dieser Rechtsprechung nur dann nicht verloren, wenn sich auch der – eigentlich unterhaltspflichtige – Partner schon vorher von der Ehe abgewandt hatte oder selbst mit jemand anderem zusammenlebt. Entfallen kann der Unterhaltsanspruch nach gängiger Rechtsprechung nicht nur dann, wenn die nichteheliche Lebensgemeinschaft während der Ehe oder unmittelbar nach der Trennung eingegangen, sondern auch, wenn sie wesentlich später (allerdings noch vor der Scheidung) begonnen wurde und der neue Partner mit dem Scheitern der Ehe nichts zu tun hatte.

Nach der Rechtsprechung kann der Unterhaltsanspruch gemäß § 1579 Nr. 7 BGB auch dann untergehen, wenn angenommen werden muß, daß die Heirat nur unterbleibt, damit der Unterhaltsanspruch gegenüber dem früheren Ehemann bestehen bleibt. Ebenfalls nach § 1579 Nr. 7 BGB soll das Zusammenleben der unterhaltsberechtigten Frau mit einem neuen Partner dazu führen können, daß ihr Anspruch wegfällt: dann nämlich, wenn sich diese Beziehung so verfestigt hat, daß damit praktisch ein nichteheliches Zusammenleben an die Stelle einer Ehe getreten ist. Die Rechtsprechung hat sich hier allerdings noch nicht festgelegt, nach welchem Zeitablauf und unter welchen weiteren Umständen dies angenommen werden kann. Offenbar geht sie davon aus, daß erst nach einem Ablauf von mindestens zwei bis drei Jahren von einer verfestigten Gemeinschaft ausgegangen werden kann – vorher könnte es sich immerhin noch um eine «Probeehe» handeln.

Die Entscheidung des Gerichts läßt sich für den Einzelfall kaum voraussagen. Fest steht nur, daß diese Rechtsprechung Frauen wesentlich mehr benachteiligt als Männer und ihr Verhalten nach der Trennung einem strengeren Moralkodex unterwirft – so, als müßten sie ihrem Ex-Ehemann quasi treu bleiben. Der unterhaltsverpflichtete Ehemann ist meistens durch seine Erwerbstätigkeit hinreichend abgesichert und kann ungefährdet neue Beziehungen eingehen, während eine langjährige Hausfrau oft lange keinen Arbeitsplatz findet und daher auf die Unterhaltszahlungen angewiesen ist, die sie sich nicht verscherzen darf. Schließlich ist sie durch den neuen Partner nicht in gleicher Weise rechtlich abgesichert wie durch einen (neuen) Ehemann, da sie gegen den Partner, wie gesagt, keinerlei Unterhaltsansprüche hat.

Doch auch wenn der Unterhaltsanspruch nicht wegfällt, so kann er sich in dem Maße mindern, als die Unterhaltsberechtigte durch ihren neuen Partner Unterhaltsleistungen erhält. Dabei werden alle Leistungen, egal, ob bar oder als Sachleistung, die die Frau durch ihren neuen Lebenspartner erhält, auf den Unterhaltsanspruch gegenüber dem Exgatten angerechnet. Führt sie dem neuen Partner den Haushalt oder erbringt sie andere Dienste für ihn (zum Beispiel in seinem Geschäft), so muß sie sich außerdem eine angemessene Vergütung hierfür anrechnen lassen. Die Höhe des anzurechnenden Betrages wird dabei von den Gerichten geschätzt – ähnlich den Schadenersatzrenten bei Verletzung oder Tötung einer Hausfrau (vgl. 8.8).

In den meisten Fällen ist daher damit zu rechnen, daß der Unterhaltsanspruch gegenüber dem Ex-Ehemann herabgesetzt wird – u. U. sogar bis auf Null. Nur wenn keine Leistungen durch den neuen Partner nachgewiesen werden können – weil er etwa selbst leistungsunfähig ist oder aber getrennte Kassen bestehen – und die Frau für ihn auch keine Dienstleistungen erbringt, bleibt der Unterhaltsanspruch in voller Höhe bestehen.

4.4.2 … auf Unterhaltsansprüche gegenüber den Eltern

Eltern sind grundsätzlich verpflichtet, ihrer Tochter Unterhalt zu zahlen, bis sie selbst für sich sorgen kann oder aber durch ihren Ehemann ausreichend versorgt ist (vgl. auch II. 2. Bundessozialhilfegesetz… sowie IV. 2 Eltern und Kinder…). Lebt sie in nichtehelicher Lebensgemeinschaft mit einem finanzstarken Partner, ist davon auszugehen, daß die Gerichte – ähnlich wie beim nachehelichen Unterhalt (vgl. V. 1 Scheidung…) – die Zuwendungen durch den Partner anrechnen bzw. den Unterhaltsanspruch ausschließen, wenn die Eltern offensichtlich ausgenutzt werden sollen.

4.4.3 ... auf die Haftung für Schulden

Grundsätzlich kann sich jede Person nur selbst durch Verträge verpflichten. Will sie eine andere Person, zum Beispiel den Partner, verpflichten, so muß sie hierzu befugt sein – sei es durch Gesetz oder durch Vollmachtserteilung. Für Ehegatten im gesetzlichen Güterstand ist in § 1357 BGB geregelt, daß jeder Ehegatte «Geschäfte zur angemessenen Deckung des Lebensbedarfs der Familie auch für den anderen Ehegatten» besorgen darf (vgl. III. 1 Ehe...). Das bedeutet, daß zum Beispiel die üblichen Wocheneinkäufe auf Veranlassung der Ehefrau «angeschrieben werden» können und der Ehemann zur Zahlung verpflichtet ist, obwohl er die Sachen gar nicht selbst gekauft hat.

Da das bloße Zusammenleben für Partner einer nichtehelichen Lebensgemeinschaft keine solche Befugnis begründet, könnte in diesem Fall der Partner nicht ohne weiteres in Anspruch genommen werden. Wenn aber über längere Zeit für jeden erkennbar ein gemeinsamer Haushalt geführt oder gar der Anschein erweckt wird, als seien sie verheiratet, werden die Gläubiger in ähnlicher Weise geschützt wie bei Verträgen mit einem der Ehepartner. Nur wird dies dann rechtlich nicht mit § 1357 BGB begründet, sondern mit den Grundsätzen der Anscheins- und Duldungsvollmacht: Derjenige, der nach außen den Anschein erweckt, seine Partnerin dürfte für ihn und in seinem Namen tätig werden, muß diesen Eindruck auch gegen sich gelten lassen und bei Inanspruchnahme zahlen. War zwischen den Partnern vereinbart, daß die Frau für die Kosten des täglichen Bedarfs aufkommen soll, kann er im Innenverhältnis von ihr Erstattung verlangen.

Werden gemeinsam Darlehen aufgenommen, so haften im Zweifel beide gesamtschuldnerisch in voller Höhe. Kann derjenige, der im Innenverhältnis verpflichtet war, die Raten und Zinsen zu zahlen, seiner Verpflichtung nicht (mehr) nachkommen, haftet seine Lebensgefährtin für den Rest. Auch für die Überziehung eines gemeinsamen Bankkontos haften beide. Dabei macht es keinen Unterschied, ob das Konto auf beide Namen läuft oder nur auf einen: entscheidend ist, daß beide ihre Einkünfte und Ausgaben über dieses Konto abwickeln.

Gemeinsam genutzte Bankkonten, gemeinsame Ratenkäufe und gemeinsam aufgenommene Kredite sind daher riskant. Empfehlenswert ist, schriftliche Vereinbarungen darüber zu treffen, wer für welchen Teil des gemeinsamen Lebensunterhalts aufkommen soll. Hat zum Beispiel die Lebensgefährtin erst einmal jahrelang draufgezahlt, ist sie nachher die Dumme: einen gesetzlichen Ausgleichsanspruch hat sie nicht.

4.4.4 ... auf Versicherungen

Sowohl das Privatversicherungsrecht (§ 67 Abs. 2 VVG) als auch das Sozialversicherungsrecht (§ 116 Abs. 6 SGB X) kennen ein sogenanntes Familienprivileg. Dieses schützt Familienangehörige vor einer Inanspruchnahme durch die Versicherung. Beschädigt zum Beispiel die Ehefrau den vollkaskoversicherten PKW ihres Mannes, wird die Versicherung den Schaden zahlen. Die Versicherung kann sich aber hier nicht, wie es bei einem anderen Schädiger möglich wäre, diese Kosten von der Ehefrau des Versicherten wieder erstatten lassen. Der Grund für dieses Privileg liegt darin, daß die gemeinsame Familienkasse geschützt werden soll – sonst würde das Geld über den versicherten Ehemann zwar hereinkommen, über die regreßpflichtige Ehefrau aber wieder herausgehen. Nach der Rechtsprechung werden nichteheliche Lebensgefährten durch dieses Familienprivileg nicht erfaßt, obwohl die Konfliktsituation, die das Familienprivileg verhindern soll, hier die gleiche ist.

Eine *private Haftpflichtversicherung* schließt Familienangehörige des Versicherten, die mit ihm zusammenleben, mit in den Versicherungsschutz ein, ohne daß für diese weitere Prämien gezahlt werden müßten. Dies gilt jedoch ebenfalls nicht für Partner einer nichtehelichen Lebensgemeinschaft – es sei denn, dies wurde ausdrücklich vereinbart.

Diesem Nachteil steht ein Vorteil gegenüber: Bei Familienangehörigen sind Schäden, die diese dem Versicherten selbst zufügen, nicht mitversichert. Wenn zum Beispiel die Ehefrau die Briefmarkensammlung ihres Mannes beschädigt, kommt die Versicherung hierfür nicht auf. Bei nichtehelichen Lebensgemeinschaften gilt dies nicht. Hier würde der Schaden an der Briefmarkensammlung des Partners von der Versicherung ersetzt. Ist die Partnerin allerdings aufgrund von Sonderkonditionen mitversichert, sind die Ansprüche der Partner gegeneinander vom Versicherungsschutz ausgeschlossen. Es gilt dann das gleiche wie bei Familienangehörigen.

Bei der *Autohaftpflichtversicherung* und beim Verkehrsrechtsschutz werden nichteheliche Lebensgefährten behandelt wie Eheleute: Sie sind als Fahrer und Mitfahrer im Auto des Lebensgefährten mitversichert.

Bei der *Familien-Rechtsschutz-Versicherung* ist der Partner bzw. die Partnerin einer nichtehelichen Lebensgemeinschaft nicht mitversichert. Doch auch hier steht einem Nachteil ein Vorteil gegenüber. Sind bei Eheleuten familienrechtliche Streitigkeiten wie zum Beispiel Scheidungsverfahren vom Versicherungsschutz ausgeschlossen, werden die Kosten für einen Rechtsstreit zwischen freien Lebenspartnern übernommen. Es handelt sich ja gerade eben nicht um eine familienrechtliche Streitigkeit. Sondervereinbarungen sind allerdings auch hier möglich.

Wer verheiratet ist, erhält für die nichtberufstätige Ehefrau Leistungen aus der *gesetzlichen Krankenversicherung.* Bei einer nichtehelichen Lebensgemeinschaft ist dagegen die nicht erwerbstätige Partnerin nicht mit krankenversichert. Auch die Zahlung von Beihilfen an Familienangehörige eines Beamten im Krankheitsfall ist an die Ehe gebunden. Die nicht verheiratete Lebenspartnerin muß für ihre Krankheitskosten allein aufkommen.

Ehefrauen erhalten nach dem Tod ihres Mannes aus seiner *Rentenversicherung* eine Witwenrente. Unverheirateten Lebenspartnerinnen steht dagegen eine solche Hinterbliebenenrente aus der Versicherung ihres Partners nicht zu (vgl. auch VI. 1. Rente...). Das gleiche gilt bei Beamtenpensionen für die Pensionsberechtigung des überlebenden Ehegatten. Die überlebende Partnerin aus einer nichtehelichen Gemeinschaft hat keine Pensionsberechtigung.

4.4.5 ... auf den Beruf

Nachdem nichteheliche Lebensgemeinschaften heute nicht mehr im früheren Umfang gesellschaftlich diskriminiert werden, sind i. a. – jedenfalls bei heterosexuellen Lebensgemeinschaften – keine beruflichen Nachteile zu erwarten. Bei Persönlichkeiten des öffentlichen Lebens ist dies u. U. noch anders: Es kommen immer wieder Fälle vor, wo diese ihre Position wegen «unsittlichen Lebenswandels» verlieren bzw. nach entspechendem Druck durch die Öffentlichkeit aufgeben.

Ein Kündigungsgrund sind nichteheliche Lebensgemeinschaften insbesondere bei den Amtsträgern und manchmal sogar bei den ArbeitnehmerInnen der Katholischen und Evangelischen Kirche. Frauen, die innerhalb der Kirchen erwerbstätig sind, können sich hier leider nicht auf eine für sie günstige Rechtsprechung verlassen.

Verheiratete Beamte haben nach dem *Bundesbesoldungsgesetz* Anspruch auf einen erhöhten Ortszuschlag oder auf einen Anwärterverheiratetenzuschlag. BeamtInnen oder BeamtenanwärterInnen, die in nichtehelicher Lebensgemeinschaft leben, können nach der Rechtsprechung unter bestimmten Voraussetzungen ebenfalls diese Verheiratetenzuschläge beanspruchen: Wenn sie im konkreten Einzelfall eine besondere sittliche Verpflichtung nachweisen, aufgrund derer sie den Lebensgefährten oder die Lebensgefährtin bei sich aufnehmen und unterhalten. Eine solche Verpflichtung kann sich zum Beispiel aus einem gemeinsamen Kind ergeben.

5 Anders als in der Ehe: Sozialleistungen

5.1 Sozialhilfe

Sozialhilfe wird entsprechend dem Bundessozialhilfegesetz (BSHG) grundsätzlich nur dann ausgezahlt, wenn der/die Anspruchsberechtigte tatsächlich bedürftig ist, d. h. von keiner anderen Person oder Stelle Hilfeleistungen erhält oder erhalten könnte (vgl. auch II. 2 Bundessozialhilfegesetz...). Für Eheleute heißt dies, daß sie nur dann Sozialhilfe erhalten können, wenn das Einkommen beider zusammengerechnet nicht mehr zur Deckung des Lebensbedarfs reicht. Bei der Hausfrau wird also das Einkommen des Ehemannes angerechnet. Eheleute bekommen dann auch geringere Sozialhilfesätze als beispielsweise Alleinstehende, weil davon ausgegangen wird, daß sie «aus einem Topf» und daher preiswerter wirtschaften.

Diese Nachteile würden Angehörige einer nichtehelichen Lebensgemeinschaft nicht treffen, wenn nicht in § 122 Bundessozialhilfegesetz bestimmt wäre, daß Personen, die in eheähnlicher Gemeinschaft leben, im Sozialhilferecht nicht besser gestellt werden dürfen als Ehegatten. Damit wird auch bei ihnen das Einkommen des Partners angerechnet – soweit tatsächliche Unterhaltsleistungen gewährt werden –, und auch sie erhalten nur die geringeren Sozialhilfesätze. Dies gilt allerdings nur, wenn eine entsprechende Wohn- und insbesondere Wirtschaftsgemeinschaft (gemeinsame Kasse) nachgewiesen werden kann – und dies ist für die Behörden oft schwer. Innere Bindungen und sexuelle Beziehungen der Partner sind dabei unwesentlich.

5.2 Arbeitslosenhilfe

Anders als beim Arbeitslosengeld ist die Zahlung von Arbeitslosenhilfe – genau wie die Sozialhilfe – von der Bedürftigkeit des oder der Arbeitslosen abhängig (vgl. auch II. 1 Arbeitsförderungsgesetz...). Ähnlich dem Gedanken in § 122 BSHG schreibt hier das Arbeitsförderungsgesetz (§ 137 Abs. 2a AFG) vor, das Einkommen und Vermögen der Person, die mit dem/der Arbeitslosen in eheähnlicher Gemeinschaft lebt, wie das Einkommen eines Ehegatten anzurechnen. Das bedeutet, daß auch hier bei Nachweis einer Wohn- und Wirtschaftsgemeinschaft («Wirtschaften aus einem Topf») davon ausgegangen wird, daß ein ausreichendes Einkommen des Partners die Bedürftigkeit der arbeitslosen Lebensgefährtin ausschließt.

5.3 *Ausbildungsförderung*

Der Umfang der Ausbildungsförderung richtet sich nach dem Bundesausbildungsförderungsgesetz (§ 11 Abs. 2 BAföG) ebenfalls nach dem Bedarf des/der Auszubildenden, d. h., das Einkommen der Eltern und des Ehegatten werden angerechnet. Allerdings wird hier – anders als bei Sozialhilfe und Arbeitslosenhilfe – das Einkommen des Partners einer nichtehelichen Beziehung *nicht* berücksichtigt. Die nichteheliche Lebensgemeinschaft ist hier im Vorteil, jedenfalls so lange, wie der Partner gut verdient. Bei niedrigem Einkommen kann eine Ehe günstiger sein, da für den Ehepartner bestimmte Beträge anrechnungsfrei bleiben.

5.4 *Wohngeld*

Partner einer nichtehelichen Lebensgemeinschaft können jeweils einen eigenen Antrag auf Wohngeld stellen – natürlich nicht beide über je die gesamte Miete, sondern nur bezüglich des jeweiligen Mietanteils. Beim Wohngeld ist ähnlich wie bei der Sozialhilfe der Wohngeldanspruch von Verheirateten niedriger als bei Alleinstehenden, da davon ausgegangen wird, daß eine Wohn- und Wirtschaftsgemeinschaft preiswerter haushalten kann. Doch wie in § 122 BSHG wird im Wohngeldgesetz (§ 18 Abs. 2 Nr. 2 WoGG) bestimmt, daß eine eheähnliche Lebensgemeinschaft nicht besser gestellt werden darf als eine vergleichbare Familie. Es wird daher immer eine Vergleichsrechnung angestellt und ggf. der Wohngeldanspruch der nichtehelich Zusammenlebenden gekürzt. Diese können nur dann das höhere Wohngeld für Alleinstehende beanspruchen, wenn sie nachweisen, daß keine Wirtschaftsgemeinschaft besteht.

5.5 *Wohnberechtigungsschein*

Die preiswerteren Sozialwohnungen gibt es nur gegen Vorlage eines Wohnberechtigungsscheins. Dieser enthält eine Obergrenze der Wohnungsgröße. Sie wiederum ist abhängig von der Zahl der Familienmitglieder, die in der Wohnung leben wollen. Nicht verheiratete Paare können nur jeweils *einen* Wohnberechtigungsschein für Alleinstehende beantragen – und damit für eine entsprechend kleine Wohnung. Ein Zusammenlegen der Scheine, um zu einer größeren gemeinsamen Wohnung zu kommen, ist i. a. nicht möglich. Nur in besonderen Härtefällen kann das Wohnungsamt einen Ausnahmewohnberechtigungsschein ausstellen. Dieses wird allerdings nur selten gemacht.

6 Ein eindeutiger Nachteil: die Besteuerung Nichtverheirateter

6.1 Einkommen- und Lohnsteuer

Im Steuerrecht ist der Familienstand des/der Steuerpflichtigen von entscheidender Bedeutung. Die Ehe bringt Steuervorteile mit sich, die ledige Personen nicht erhalten können. Besonders deutlich wird dies bei der Einkommensteuer für Hausfrauenehen: Das Einkommen des Mannes wird hier nicht als Einzeleinkommen nach der üblichen Tabelle besteuert, sondern als Familieneinkommen gemeinsam veranlagt und «gesplittet». Das bedeutet, das Einkommen wird durch zwei geteilt und jede Hälfte für sich besteuert. Diese Steuersätze sind wegen der Steuerprogression geringer, d. h., beide Steuern zusammengerechnet liegen unter dem Betrag, mit dem das volle Einkommen besteuert würde. Je höher das Einkommen ist, um so größer ist nach dem System des Ehegattensplitting auch die Steuerersparnis. Doch auch, wenn die Ehefrau erwerbstätig ist, gibt es Splittingvorteile: immer dann nämlich, wenn ihr Verdienst merklich unter dem ihres Mannes liegt – und dies ist meistens der Fall. Nur, wenn beide gleich viel verdienen, reduziert sich der Splitting-Vorteil auf Null.

Partner einer nichtehelichen Lebensgemeinschaft können die Vorteile des Ehegattensplittings nicht für sich in Anspruch nehmen. Sie werden einzeln als Ledige veranlagt. Wenn Unterhaltsleistungen an den Partner oder die Partnerin der nichtehelichen Lebensgemeinschaft gezahlt werden, so können diese nach dem Einkommenssteuergesetz auch nicht nach den §§ 33 und 33a EStG als außergewöhnliche Belastung abgesetzt werden. Bei geschiedenen oder getrennt lebenden Ehegatten hingegen können solche Unterhaltszahlungen in Form des sogenannten Realsplittings berücksichtigt werden (vgl. V. 1 Scheidung...).

6.2 Schenkungsteuer

Schenkungen sind zu versteuern, wenn es sich nicht nur um die üblichen Gelegenheitsgeschenke, angemessene Unterhaltsleistungen oder um die Finanzierung einer Ausbildung handelt. Die Höhe der Schenkungsteuer richtet sich nach dem Grad der Verwandtschaft zwischen Schenker und Beschenktem. Die Begünstigten sind dabei in vier Klassen aufgeteilt: Ehegatten und Kinder brauchen am wenigsten zu zahlen, nicht verwandte Beschenkte fallen in die höchste Steuerklasse.

Da die Steuersätze der Klasse 4 im Vergleich zu denen der Klasse 1 sehr hoch sind, ist die steuerliche Begünstigung für Eheleute bzw. der steuerliche Nachteil für Partner einer nichtehelichen Lebensgemeinschaft beträchtlich. Für eine Schenkung von DM 50000 brauchte eine Ehefrau nur 3 Prozent Steuern zu zahlen, eine nichteheliche Partnerin muß dagegen 20 Prozent abführen.

Auch hinsichtlich der steuerlichen Freibeträge gibt es Unterschiede: Nichteheliche Lebenspartner können sich nur Geschenke bis zu DM 3000 steuerfrei machen (wobei alle Schenkungen, die innerhalb von zehn Jahren erfolgten, zusammengerechnet werden). Eheleute haben hingegen einen Freibetrag von DM 250000.

7 Partnerschaftsverträge

Nach der bereits zitierten Untersuchung des EMNID-Instituts[2] wurden lediglich von einem Fünftel der Paare rechtliche Vereinbarungen getroffen: bei 11 Prozent mündlich, bei 8 Prozent schriftlich, bei 2 Prozent notariell. Je jünger die Paare sind, um so seltener wurden schriftliche Vereinbarungen getroffen. Dies ist nur zu verständlich. Schließlich wollen die meisten unverheiratet zusammenlebenden Paare gerade keine Einengung durch Gesetze oder Verträge. Dabei scheuen Frauen sich eher als Männer, dieses Thema anzuschneiden.

Heute werden in verschiedenen Rechtsratgebern Musterverträge zur Regelung der rechtlichen und materiellen Beziehungen während und nach einer nichtehelichen Lebensgemeinschaft angeboten. Diese sind z. T. jedoch so umfassend und «juristisch» abgefaßt, daß sie eher abschreckend wirken. Für die meisten Paare dürften sie in derart ausgefeilter Form auch überflüssig sein. Frauen, die eine nichteheliche Lebensgemeinschaft eingehen oder bereits eingegangen sind, sollten sich vielmehr Gedanken darüber machen, welche der dort aufgezeigten Risiken auf ihre ganz konkrete Lebensgestaltung zutreffen und ob sie diese Risiken tragen oder lieber doch vertraglich mindern wollen.

Wenn zum Beispiel beide erwerbstätig sind und von ihrem Einkommen leben können, ohne größere Darlehen aufnehmen zu müssen und auch ohne größere Vermögensgegenstände anzuschaffen, so sind vertragliche Regelungen sicher überflüssig. Frauen, die nicht erwerbstätig sind – aus welchen Gründen auch immer –, sollten dagegen eine finanzielle Absicherung (Testament, Lebensversicherung, Unterhalts- oder Schenkungsvertrag) ins Auge fassen. Solche Verträge sind nach der heutigen Rechtsprechung nur dann als sittenwidrig anzusehen (und damit unwirksam), wenn es ausschließlich um eine Belohnung für sexuelle Dienste geht oder wenn durch die vertraglichen Zuwendungen Ehegatten oder frühere Ehegatten sowie die Kinder aus einer solchen Ehe über Gebühr benachteiligt werden. Vertraglich *nicht* geregelt werden kann das Sorgerecht für gemeinsame Kinder. Allerdings kann die Mutter den Vater testamentarisch als Vormund benennen (§ 1776 Abs. 1 BGB), um sicherzustellen, daß er wenigstens nach ihrem Tode das Sorgerecht für die minderjährigen Kinder erhält. Das Vormundschaftsgericht hat im Falle einer solchen festgelegten Bestimmung den Vater als Vormund zu benennen, es sei denn, eine solche Bestimmung würde zum Beispiel das Interesse der Kinder gefährden (§ 1778 Abs. 1 BGB).

Der Übergang von Renten- (und Pensions-)ansprüchen kann nicht durch Vertrag geregelt werden. Im Einzelfall wird es sinnvoll sein, insbesondere auch hinsichtlich der Formerfordernisse, zum Beispiel bei der Testamentserrichtung juristischen Rat einzuholen (vgl. auch IV.5 Nichteheliche Mutterschaft...).

8 Tod des Partners

8.1 Gesetzliches Erbrecht

Im Gegensatz zur überlebenden Ehegattin gehört die überlebende Partnerin einer nichtehelichen Lebensgemeinschaft nicht zum Kreis der gesetzlichen Erbinnen (vgl. auch VI. 4. Erben...). D. h., wenn der verstorbene Partner kein Testament zu ihren Gunsten hinterlassen hat, hat sie keinerlei Ansprüche auf sein hinterlassenes Vermögen. Dies auch dann nicht, wenn sie z. B. 30 Jahre lang mit ihm zusammengelebt hat und der einzige gesetzliche Erbe ein entfernter Verwandter ist, mit dem der Verstorbene nie Kontakt gehabt hatte. Die nichteheliche Partnerin wird selbst dann nicht Erbin, wenn mangels anderer gesetzlicher Erbinnen die Hinterlassenschaft an den Staat fällt. Dabei ist auch unerheblich, daß sie den Verstorbenen evtl. jahrelang gepflegt oder er auf ihre Kosten gelebt hatte und nur auf Grund dieser Tatsache Vermögen ansparen konnte. Ins Gewicht fällt auch nicht, daß der Verstorbene u. U. versprochen hatte, seine Lebensgefährtin testamentarisch zu bedenken, dies aber dann nicht mehr wahrgemacht hat.

8.2 Testament/Erbvertrag

Eine finanzielle Absicherung der Lebensgefährtin durch Testament oder Erbvertrag ist nach der heutigen Rechtsprechung durchaus möglich. Vor 1970 entschieden die Gerichte noch anders: Ein solches «Geliebten»-Testament wurde oft als sittenwidrig und damit ungültig angesehen. Heute ist die Rechtsprechung großzügiger. Allerdings ist es immer noch ratsam, juristischen Rat, etwa bei einer NotarIn, einzuholen, insbesondere dann, wenn neben der nichtehelichen Partnerin noch eine (frühere) Ehefrau und eheliche Kinder existieren. Zu beachten ist, daß diese gegenüber der Partnerin nicht benachteiligt werden. Andernfalls besteht die Gefahr, daß sie das Testament wirksam anfechten.

Ein sogenanntes gemeinschaftliches Testament (§ 2265 BGB) kann nur von Eheleuten gültig errichtet werden. Partner einer nichtehelichen Lebensgemeinschaft wählen daher besser den (notariellen) Erbvertrag, oder sie setzen eigenhändig je ein Testament auf.

8.3 Der «Dreißigste»

Nach § 1969 BGB sind Erben verpflichtet, Familienangehörigen des Verstorbenen, die z. Z. des Todes des Verstorbenen zu dessen Hausstand gehörten und von ihm Unterhalt erhielten, während der ersten 30 Tage nach dem Tod den gleichen Unterhalt zu gewähren und die Benutzung der Wohnung und der Haushaltsgegenstände zu gestatten. Obwohl der Begriff «Familienangehörige» hier eher dagegen zu sprechen scheint, geht die Rechtsprechung davon aus, daß die Hausgemeinschaft und nicht so sehr die Verwandtschaft das Entscheidende ist. Danach hätte auch die Partnerin einer nichtehelichen Lebensgemeinschaft gegenüber den Erben das Recht, zunächst einmal für 30 Tage in der Wohnung wohnen zu bleiben und ihren Unterhalt aus der Hinterlassenschaft zu bestreiten, sofern sie mit dem Verstorbenen zusammengelebt und auch von ihm Unterhalt bezogen hatte. Allerdings ist diese Lösung nicht unbestritten, d. h., es besteht immer das Risiko, daß ein Gericht im Einzelfall anderer Meinung ist. Ein Testament ist in jedem Fall sicherer!

8.4 Hausrat

Über den sogenannten Dreißigsten hinaus hat die überlebende Partnerin aus einer nichtehelichen Lebensgemeinschaft keinen Anspruch mehr auf den Hausrat, auch wenn die diesbezüglichen Bestimmungen für eine überlebende Ehefrau günstiger aussehen. (Als gesetzliche Miterbin hat eine Ehefrau gemäß § 1932 Abs. 1 BGB Anspruch auf die Haushaltsgegenstände und Hochzeitsgeschenke – den sogenannten «Voraus».) Da hier kaum einzusehen ist, warum eine vergleichbare Lebenssituation unterschiedliche rechtliche Folgen haben soll, forderte der Deutsche Juristentag 1988 eine entsprechende Regelung des «Voraus» für nichteheliche Partnerschaften.

8.5 *Geschenke*

Erbrechtliche Schwierigkeiten können u. U. dadurch umgangen werden, daß der Partner seiner Gefährtin noch vor seinem Tode größere Geschenke macht. Allerdings läßt sich auch hier das Risiko nicht ganz ausschließen, daß die ErbInnen später – ähnlich der Testamentsanfechtung – die Geschenke zurückfordern mit dem Argument, die Schenkung sei sittenwidrig gewesen oder sie habe engste Familienangehörige (Ehefrau und eheliche Kinder) in unzumutbarer Weise zurückgesetzt. Bei Geldgeschenken zum Beispiel besteht dieses Risiko jedoch nur in dem Maße, als das Geld noch nicht aufgebraucht ist...

8.6 *Mietwohnung*

Hatten beide den Mietvertrag unterschrieben, kann die Überlebende den Mietvertrag fortsetzen und wohnen bleiben (vgl. 4.1). Das gleiche gilt für den Fall, daß die Überlebende alleinige Mieterin ist. War hingegen der verstorbene Partner Alleinmieter der gemeinsam benutzten Wohnung, so kann seine Partnerin nur mit Einverständnis des Vermieters wohnen bleiben. In diesem Fall muß sie dann einen eigenen Mietvertrag (mit ggf. veränderten Konditionen) abschließen. Kraft Gesetzes können nur Familienangehörige in das Mietverhältnis eintreten (§ 569 a Abs. 2 S. 1 BGB), sofern sie mit dem verstorbenen Mieter in der Wohnung in häuslicher Gemeinschaft gelebt haben.

Anders als beim «Dreißigsten» legt die Rechtsprechung hier den Begriff der Familienangehörigen sehr eng aus, d. h., sie rechnet die Partner einer nichtehelichen Lebensgemeinschaft nicht dazu. Auch wenn es vereinzelte andere Gerichtsurteile gibt, muß doch davon ausgegangen werden, daß der Partnerin dieses gesetzliche Eintrittsrecht in den Mietvertrag nicht zugestanden wird. Diese Rechtsprechung macht deutlich, wie wichtig es ist, den Mietvertrag einer gemeinsam benutzten Wohnung auch gemeinsam zu unterschreiben. Der Deutsche Juristentag 1988 hat insoweit eine Ausweitung des § 569a Abs. 2 BGB auf nichteheliche Lebensformen gefordert.

8.7 *Erbschaftsteuer*

Hinsichtlich der Erbschaftssteuer gilt das gleiche wie bei der Schenkungssteuer (vgl. 6.2). Die Steuerklassen und Freibeträge sind dieselben. Die überlebende Ehegattin hat hier unter bestimmten Voraussetzungen sogar einen weiteren Freibetrag von DM 250000 als sogenannten Versorgungsfreibetrag, so daß sie DM 500000 steuerfrei erben kann, die überlebende nichteheliche Lebensgefährtin aber weiterhin nur DM 3000. Gleichbehandelt werden Partner einer nichtehelichen Lebensgemeinschaft nur hinsichtlich der Steuerfreibeträge für Hausrat, Kunstgegenstände, Sammlungen etc.

8.8 Schadensersatzansprüche, wenn jemand den Tod des Partners verschuldet hat

Nach § 844 Abs. 2 BGB kann eine Witwe oder ein Witwer Schadensersatz von demjenigen verlangen, der den Tod des Ehemannes oder der Ehefrau verschuldet hat, soweit durch den Tod Unterhaltsansprüche verlorengegangen sind. Bestand mit der/dem Getöteten nur eine nichteheliche Lebensgemeinschaft, steht dem überlebenden Partner kein Schadensersatzanspruch zu, da er keine gesetzlichen Unterhaltsansprüche hatte, die verlorengehen konnten. Eventuelle vertragliche Unterhaltsansprüche gegenüber dem getöteten Partner begründen keinen Schadensersatzanspruch.

Geht eine Witwe, die Schadensersatz gemäß § 844 Abs. 2 BGB für die Tötung ihres Ehemannes erhält, eine nichteheliche Lebensgemeinschaft ein und führt sie ihrem Partner den Haushalt, so wird hier der Wert der Haushaltsführung nicht auf den Ersatzanspruch angerechnet. Auch tatsächlich erbrachte Unterhaltsleistungen durch den Partner werden nicht angerechnet.

9 Zur rechtspolitischen Diskussion

Um die Frage der rechtlichen Behandlung nichtehelicher Lebensgemeinschaften wird eine heftige rechtspolitische Debatte geführt. Ausschlaggebend hierfür war nicht nur die zahlenmäßige Zunahme dieser Lebensform (vgl. 1), sondern auch die steigende Zahl der Rechtsstreite mit z. T. widersprüchlichen und unbefriedigenden Ergebnissen. Unbefriedigend waren und sind diese insbesondere hinsichtlich der Situation der Frauen, die als die meist sozial Schwächeren in solchen Beziehungen nachher auch oft die Leidtragenden waren, keine Unterhalts- und Ausgleichsansprüche hatten oder verloren usw.

Von daher verwundert es nicht, daß es sehr oft auch Frauen waren, die die rechtspolitische Diskussion vorantrieben, z. B. der Deutsche Juristinnenbund mit mehreren Seminaren und Fachtagungen, die Frauen der SPD-Bundestagsfraktion und viele andere mehr, bis sich 1988 schließlich auch der Deutsche Juristentag mit diesem Thema befaßte. Daneben forderte auch die oft sehr ideologisch besetzte Argumentation vieler Juristen – auch die der Bundesregierung – zum Widerspruch heraus. Diese beschwört immer wieder die grundsätzlich geschützte Institution der Ehe und will alles vermeiden, was auch nur im entferntesten die nichteheliche Lebensform «aufwerten» könnte. Dies hat dann auch in Gesetzen und in der Rechtsprechung dazu geführt, daß Ehe und nichteheliche Lebensgemeinschaft nur dort rechtlich gleichgestellt wurden, wo sonst die nichtehelichen Lebensgemeinschaften besser dastünden und damit ein Anreiz geschaffen sein könnte, auf eine Ehe zu verzichten. Dies sind dann andererseits auch gerade die Fälle, in denen diese Gleichstellung dem Staat nutzt, weil er sonst höhere Ausgaben hätte (zum Beispiel Sozial- und Arbeitslosenhilfe). So fällt auf, daß offenbar je nach gewünschtem Ergebnis einmal darauf abgestellt wird, daß die Partner einer nichtehelichen Lebensgemeinschaft gerade keine gegenseitigen Unterhaltsansprüche haben (zum Beispiel bei der Frage der steuerlichen Absetzbarkeit von Unterhaltsleistungen), ein anderes Mal aber darauf, daß tatsächlich Unterhalt gezahlt wird oder eigentlich gezahlt werden müßte (Sozial- und Arbeitslosenhilfe, Verlust von Unterhaltsansprüchen gegenüber dem früheren Ehemann).

Vergleicht man die rechtliche Situation nichtehelicher Lebensgemeinschaften in anderen europäischen Ländern, so fällt ebenfalls auf, daß in den Ländern mit wenig Familienideologie (zum Beispiel Schweden) die Rechtssituation wesentlich unkomplizierter und weniger widersprüchlich ist. In der rechtspolitischen Diskussion werden daher zur Zeit die verschiedensten Regelungsmöglichkeiten bzw. -notwendigkeiten diskutiert, auf die hier im einzelnen nicht eingegangen werden kann. Es scheint sich aber bereits abzuzeichnen, daß eine umfassende rechtliche Regelung nichtehelicher Lebensformen mehrheitlich abgelehnt wird (u. a. mit dem Argument, daß die Partner einer solchen Beziehung dies auch nicht wünschen), daß aber Teilbereiche (zum Schutz der sozial Schwächeren und der Staatskasse) geregelt werden sollten. Dies betrifft beispielsweise Ausgleichsansprüche nach der Trennung und im Todesfall, das gemeinsame Sorgerecht bzw. Umgangsrecht des Vaters usw. Soweit ersichtlich, werden Regelungen für die Zeit bestehender Partnerschaften seltener ins Auge gefaßt, die meisten Vorschläge konzentrieren sich auf den Zeitpunkt der Auflösung (vgl. V. 2 Ende der nichtehelichen Lebensgemeinschaft…). Für bestehende Lebensgemeinschaften wird noch am ehesten die steuerrechtliche Situation problematisiert (Umwandlung des Ehegattensplittings in ein Familiensplitting oder in eine Erhöhung des Kindergeldes, höhere Freibeträge bei der Erbschaft- und Schenkungsteuer), doch es ist wohl wenig realistisch anzunehmen, daß solche Änderungen in Kürze beschlossen werden.

10 Literatur, Anmerkungen

Literatur

v. Münch, E. M. «Zusammenleben ohne Trauschein», München 1988.
de Witt, S. / Huffmann, J.-F. «Nichteheliche Lebensgemeinschaft», München 1986.

Anmerkungen

[1] Bundesminister für Jugend, Familie, Frauen und Gesundheit (Hg.), «Nichteheliche Lebensgemeinschaften in der Bundesrepublik Deutschland», Stuttgart 1985.

[2] A. a. O., S. 87.

III 3 Renate Augstein
Lesbische Lebensgemeinschaften

III 3

Renate Augstein

Lesbische Lebensgemeinschaften

Lesbische Lebensgemeinschaften werfen in vielfacher Hinsicht ähnliche Probleme wie andere nichteheliche Lebensformen auf. Für die meisten rechtlichen Fragen, die vor allem die vermögensrechtlichen Beziehungen und die konkrete Durchführung des Zusammenlebens als Wohn- und Wirtschaftsgemeinschaft betreffen, gilt daher das gleiche wie für heterosexuelle nichteheliche Lebensgemeinschaften (vgl. III. 2 Nichteheliche Lebensgemeinschaft...). Auch hier sind daher frühzeitige Vereinbarungen (über die Finanzierung des gemeinsamen Haushaltes, aber auch für den Fall der Trennung), Vollmachten und Erbeinsetzungen zu empfehlen.

Da es keine gesetzlichen Bestimmungen über homosexuelle Lebensgemeinschaften gibt, kann die Rechtslage hier nur anhand der Rechtsprechung aufgezeigt werden – soweit diese veröffentlicht und bekannt ist. Anknüpfungspunkt vieler Urteile ist dabei das «Lesbischsein», weniger die lesbische Lebensgemeinschaft. Die Lebensgemeinschaft spielt allerdings insoweit meist doch eine Rolle, als sie als offizielle Ausdrucksform und Beweis für das Lesbischsein angesehen wird.

1 Tendenzen der Rechtsprechung

Zunächst einmal ist erstaunlich, wie wenig (veröffentlichte) Gerichtsentscheidungen es zu homosexuellen und insbesondere lesbischen Lebensformen gibt. Nahezu alle Urteile zu nichtehelichen Lebensgemeinschaften betreffen heterosexuelle Partnerschaften, und es gibt in diesen Urteilen kaum Anhaltspunkte dafür, ob sie für lesbische Lebensgemeinschaften in gleicher Weise gelten sollen oder nicht. Die wenigen Urteile, die zu homosexuellen Lebensgemeinschaften Stellung nehmen, beziehen sich fast immer auf Männerbeziehungen. Ausnahmen bilden nur die Verfahren über das Sorgerecht für Kinder lesbischer Mütter (vgl. 1.3). Eigentlich müßten diese Entscheidungen dann auch ohne weiteres auf lesbische Lebensgemeinschaften Anwendung finden können. Doch angesichts der Entscheidung des Bundesverfassungsgerichts vom 10. Mai 1957 zur Nichtstrafbarkeit der weiblichen Homosexualität[1], wonach männliche Homosexuelle zum Beispiel eher zu aggressiver Verführung neigen sollen als weibliche, kann nicht ausgeschlossen werden, daß einige der Urteile zu homosexuellem Verhalten von Männern bei homosexuellen Frauen anders ausfallen würden bzw. daß es erst gar nicht zu solchen Verfahren gekommen wäre. Dies gilt für die bekanntgewordenen Bundeswehrurteile, aber auch für die Verfahren gegen homosexuelle Lehrer. Die wenigen bekannten Fälle[2], in denen Erzieherinnen wegen einer lesbischen Beziehung gekündigt wurde, kamen offensichtlich nicht vor Gericht. Interessanterweise wurde bei einer dieser Kündigungen auch nicht das Verführungsargument angeführt, sondern die «Gefährdung des Ausbildungsziels» – offenbar wird hier die Heterosexualität auch als ein Ausbildungsziel angesehen.

Die geringe Zahl von Gerichtsverfahren kann zum einen damit zusammenhängen, daß Frauen öfter als Männer darauf verzichten, ihr Recht durchzusetzen, zum anderen damit, daß viele Lesben ihr Lesbischsein verheimlichen – und Probleme, so sie auftreten, lieber nicht «an die große Glocke» hängen wollen. Keinesfalls kann die geringe Zahl von Verfahren aber mit einer geringen Zahl von Rechtsproblemen gleichgesetzt werden. Zwar gibt es nur wenige Untersuchungen über Diskriminierungen lesbischer Frauen, doch diese sind im Ergebnis erschreckend. So wurde einer Untersuchung zufolge jeder siebten Lesbe, deren Vorgesetzte/r von ihrem Lesbischsein erfahren hatte, deswegen gekündigt, und jeder vierten Lesbe wurde aus dem gleichen Grund ein Mietvertrag verweigert.[3] Allerdings ist vielen solcher Rechtsverletzungen gemeinsam, daß sie offiziell anders begründet werden. Dadurch werden sie weniger angreifbar, die eigentlichen Gründe kommen im Verfahren nicht zur Sprache.

Soweit es bei der Rechtsprechung darum geht, inwieweit gleichgeschlechtliche Lebensformen unter heutigen Verhältnissen toleriert werden müssen, sind eindeutig Fortschritte zu verzeichnen: «Für die Beurteilung einer gleichgeschlechtlichen Beziehung ist festzustellen, daß sich die gesellschaftlichen Anschauungen in einer Weise gewandelt haben, die auch in der neueren Rechtsprechung ihren Ausdruck gefunden hat.»[4]

Auf die einzelnen Lebensbereiche bezogen, sieht die neuere Rechtsprechung wie folgt aus:

1.1 Mietrecht

Die bereits unter III.2 dargestellte Rechtslage für den Fall, daß die Freundin in die bereits angemietete Wohnung aufgenommen wird, sieht für lesbische Lebensgemeinschaften genauso günstig aus wie für heterosexuelle Paare. Die entsprechenden Gerichtsurteile beziehen homosexuelle Paare ausdrücklich mit ein. Lesbischsein ist damit kein offizieller Kündigungsgrund (mehr). Frauen, die deswegen mit VermieterInnen

Schwierigkeiten bekommen, sollten sich durch eine Kündigung oder eine Kündigungsdrohung nicht beirren lassen und sich notfalls gerichtlich zur Wehr setzen.

Etwas anderes gilt für den Fall, daß Frauen wegen ihres Lesbischseins erst gar keinen Mietvertrag bekommen. Hier können die Vermieter nicht zu einem Abschluß gezwungen werden. Diese Rechtslage hat allerdings nichts mit dem Lesbischsein zu tun, sie gilt für andere Mieterinnen gleichermaßen.

1.2 Arbeitsleben

Auch im Arbeitsleben ist das Leben in einer lesbischen Lebensgemeinschaft an sich kein Kündigungsgrund mehr, allerdings werden, wie gesagt, oft andere Kündigungsgründe und offizielle Rechtfertigungen gesucht und gefunden. Im Beamtenrecht gibt es Entscheidungen, wonach «einfaches homosexuelles Verhalten außerhalb des Dienstes ohne besondere Dienstbezogenheit nicht mehr als Dienstvergehen angesehen werden (kann)»[5], und selbst «homosexuelle Handlungen, die als Dienstvergehen zu werten sind, auch bei einem Lehrer nicht schlechthin die Entfernung aus dem Dienst (erfordern)»[6]. Diese sehr fortschrittlich begründeten Entscheidungen zeigen, daß es sich in jedem Fall lohnt, gegen Kündigungen oder disziplinarrechtliche Maßnahmen vorzugehen.

Problematisch sind allein die Bereiche Diplomatischer Dienst (wegen des Arguments «Sicherheitsrisiko»!) und Kirche. Für den kirchlichen Bereich hält es die Rechtsprechung für zulässig, daß zum Beispiel ein evangelischer Hilfspfarrer deswegen entlassen wird, weil er sich öffentlich zu einer homosexuellen Lebensgemeinschaft bekannt hat[7].

Nach der neueren Rechtsprechung des Bundesarbeitsgerichts (BAG) «müssen die dem Arbeitnehmer im kirchlichen Dienst auferlegten Loyalitätspflichten jedoch der übertragenen Aufgabe entsprechen. (...) Es ist entscheidend darauf abzustellen, ob sich der diese Tätigkeit ausübende Arbeitnehmer mit der Kirche identifiziert und durch das jeweils in Frage stehende beanstandete Verhalten die Glaubwürdigkeit der Kirche berührt wird.»[8] Was für Pfarrerinnen, Leiterinnen eines Kindergartens und Familienberaterinnen gilt, muß nicht im gleichen Maße beispielsweise für eine Sekretärin gelten. Da diese Einstufung im Einzelfall schwierig sein dürfte, ist die Rechtslage für lesbische Frauen, die im kirchlichen Bereich arbeiten, eher nachteilig.

1.3 Sorgerecht für lesbische Mütter

Im Verlauf von Sorgerechtsentscheidungen sind Versuche, den lesbischen Frauen das Sorgerecht für ihre Kinder vorzuenthalten bzw. zu entziehen, fast die Regel. Doch die Tendenz der Rechtsprechung ist für lesbische Mütter eher positiv. So heißt es in der Begründung eines Urteils: «Das Gericht ist (...) der Auffassung, daß die gleichgeschlechtliche Veranlagung eines Elternteils und die Tatsache, daß dieser Elternteil mit seinem gleichgeschlechtlichen Lebensgefährten zusammenlebt, für sich allein diesen Elternteil nicht als Sorgerechtsinhaber disqualifiziert.»[9]

Trotz dieser positiven Tendenz gibt es vereinzelte Entscheidungen, die das Wohl des Kindes durch eine lesbische Mutter als gefährdet ansehen. Mütter in dieser Situation sollten sich daher durch eine engagierte Anwältin/einen Anwalt vertreten lassen.

1.4 Erbrecht

Im Erbrecht wurde in einer Entscheidung die Frage verneint, ob praktizierte Homosexualität des Sohnes dem Vater ein Recht zur Entziehung des Pflichtteils gibt.[10] Danach können auch Eltern, die die homosexuelle Lebensweise ihrer Kinder zutiefst verabscheuen, ihnen nicht ohne weiteres den Pflichtteil entziehen (sie wohl aber von der Erbfolge ausschließen).

Hinsichtlich der Erbeinsetzung der LebenspartnerIn gilt das gleiche wie bei heterosexuellen nichtehelichen Partnerschaften. Um eine eventuelle Anfechtung wegen Sittenwidrigkeit zu verhindern, sollten Lesben, die ihre Freundin zur Erbin einsetzen wollen, dies im Hinblick auf die «gemeinsame langjährige wertvolle Arbeit, die geistige und seelische Unterstützung» etc. im Testament formulieren und am besten ein notarielles Testament machen[11] (vgl. auch VI. 4 Erben...).

1.5 Arbeitslosenhilfe und Sozialhilfe

Nach § 137 Abs. 2a AFG wird auch bei einer eheähnlichen Gemeinschaft das Einkommen und Vermögen des Partners/der Partnerin auf die Arbeitslosenhilfe angerechnet. Nach einem Urteil des Bundessozialgerichtes vom 24.3.1988[12] gilt dies allerdings nicht für lesbische Lebensgemeinschaften. Auch bei der Sozialhilfe werden gem. § 122 BSHG nur die Unterhaltsleistungen des Partners/der Partnerin in einer heterosexuellen Lebensgemeinschaft angerechnet. Lesbische Paare haben also hier eindeutige Vorteile gegenüber heterosexuellen Paaren (vgl. auch II. 1 Arbeitsförderungsgesetz... und II. 2 Bundessozialhilfegesetz...).

1.6 *Vermögensausgleich bei Trennung*

Hier gilt das gleiche wie bei heterosexuellen nichtehelichen Lebensgemeinschaften (vgl. V. 2 Ende einer nichtehelichen Lebensgemeinschaft).

2 Angestrebte Rechtsveränderungen

Hatten sich bisher nur Lesbenvereinigungen für eine Verbesserung der Rechtslage eingesetzt – die einen für eine rechtliche Absicherung ähnlich der Ehe zum Teil inklusive der Forderung nach einer Ehezulassung für Lesben, die anderen ausdrücklich gegen eine Ehegleichstellung –, so hat sich 1988 erstmals auch der Deutsche Juristentag im Rahmen seiner Beschlüsse zu nichtehelichen Lebensgemeinschaften über homosexuelle Lebensgemeinschaften Gedanken gemacht. Zwar faßte er seine Beschlüsse im Hinblick auf heterosexuelle nichteheliche Lebensgemeinschaften, doch auch der Juristentag war sich darüber im klaren, daß die Probleme homosexueller Lebensgemeinschaften einer ernsthaften Auseinandersetzung bedürfen. So sollen seine Empfehlungen für den Vermögensausgleich nach Auflösung einer nichtehelichen Lebensgemeinschaft ausdrücklich auch für «andere personale Gemeinschaften» gelten, wobei es insbesondere um die Anerkennung von Ausgleichsansprüchen hinsichtlich gemeinsam angeschaffter Werte und der hierzu aufgenommenen Kredite geht.

3 Adressen, Anmerkungen

Adressen

Lesbenring e. V. (Lesben-Dachverband)
Petrinistr. 15
8700 Würzburg

Zur Dokumentation und Sammlung von Diskriminierungsfällen:
Zentrale Erfassungsstelle Homosexualität
c/o HSH
Postfach 4722
3000 Hannover 1

Anmerkungen

[1] BVerfGE 6, 389 ff., insbesondere: 422 ff.

[2] Reinberg, B./Roßbach, E., Stichprobe: Lesben, Pfaffenweiler 1985, S. 91, 95.

[3] a. a. O., S. 95, S. 123.

[4] OLG Hamburg, FamRZ 1988, 106 (108).

[5] BVerfGE 43, 157.

[6] BayVGH, DöD 1976, 134.

[7] AP Nr. 23 zu Art. 140 GG.

[8] AP Nr. 15 zu Art. 140 GG.

[9] AG Mettmann, FamRZ 1985, 529.

[10] OLG Hamburg, FamRZ 1988, 106.

[11] Goy, A., in: «Califia», Sapphistrie, Berlin 1985, S. 354.

[12] NJW 1988, 2128 (2129).

III 4 **ALEXANDRA GOY**

Mißhandlung und Vergewaltigung in ehelichen und eheähnlichen Beziehungen

III 4

Alexandra Goy

Mißhandlung und Vergewaltigung in ehelichen und eheähnlichen Beziehungen

1 Gewalt gegen Frauen

Das Problem der alltäglichen körperlichen Gewalt von Männern an Frauen, insbesondere in der Ehe, in Freundschaften und eheähnlichen Beziehungen sowie der Vergewaltigung als Spitze des Eisbergs dieser Mißhandlungen wurde Anfang der siebziger Jahre in Deutschland von Frauen aus der autonomen Frauenbewegung öffentlich gemacht. Ergebnisse aus amerikanischen Untersuchungen zeigten, daß das Ausmaß der Gewalt in der Familie größer ist als in jedem anderen gesellschaftlichen Bereich, zum Beispiel auf der Straße usw. Den Erklärungen amerikanischer und deutscher Soziologinnen, die Gewalt an Frauen sei auf die emotionalen Verstrickungen, den hohen Stress und die Isoliertheit der Familie und ihrer Mitglieder zurückzuführen, stellten feministische Wissenschaftlerinnen gegenüber, daß die körperliche und sexuelle Gewalt strukturell sei (vgl. auch I. 3 Sexuelle Belästigung...) und der Erhaltung der Vormachtstellung der Männer gegenüber den Frauen diene.

Mißhandlung ist nicht allein ein Unterschichtproblem, betroffen sind vielmehr Frauen aller Altersstufen unabhängig von ihrer sozialen Stellung und der des mißhandelnden Mannes. Seit Anfang der siebziger Jahre wurde eine Fülle soziologischer Literatur von deutschen Feministinnen zu diesem Thema veröffentlicht. 1977 wurde in Berlin (West) das erste deutsche Frauenhaus nach englischem Vorbild gegründet. Heute gibt es insgesamt ca. 180 Frauenhäuser in der Bundesrepublik, wovon 100 von Institutionen der autonomen Frauenbewegung getragen werden, der Rest vom Paritätischen Wohlfahrtsverband oder anderen Wohlfahrtsverbänden. Gleichzeitig wurden Selbsthilfegruppen oder Beratungsstellen für vergewaltigte Frauen und Mädchen gegründet. Nach dem zweiten Bericht der Bundesregierung über die Situation der Frauenhäuser halten sich jährlich ca. 24000 Frauen in Frauenhäusern auf.[1] Obwohl die Hälfte der Frauen nur bis zu einer Woche bleibt, sind die meisten Häuser ständig überfüllt. Die Plätze reichen von zwölf bis zwanzig mit Kindern, in ländlichen Gebieten bis zu fünfzig (München) bzw. siebzig (Berlin) Plätzen mit Kindern. Ein Drittel bleibt bis zu drei Monaten, ein weiteres Drittel langfristig über vier Monate. 16 bis 30 Prozent der Frauen suchen den Schutz im Frauenhaus mehrfach. Zwei Drittel der schutzsuchenden Frauen sind nicht erwerbstätig. Die überwiegende Anzahl ist zwischen 25 und 40 Jahre alt, 10 bis 30 Prozent sind Ausländerinnen.

In allen Häusern stehen die psychische und juristische Betreuung, auch nach dem Verlassen des Hauses, im Vordergrund. Die Mitarbeiterinnen der Frauenhäuser helfen auch bei Behördengängen und bei der Wohnungssuche. Hilfe zu aktuellen Konfliktbewältigungen und zur Selbsthilfe sind das Ziel. In allen Häusern herrscht großer Personalmangel, weil die Personalkosten als Betriebskosten fast überall nicht gesichert sind. Die Finanzierung läuft über Zuwendungen von Ländern, Gemeinden und Landkreisen (Mitfinanzierung).

Das Tabu der Frauenmißhandlung ist gebrochen, das Ausmaß der Frauenmißhandlung dagegen ist gleichgeblieben. Dafür gibt es mehrere Gründe: Die soziale Ächtung der Mißhandlung von Frauen durch Männer ist gesellschaftlich nicht verankert. Obwohl die Ehe unter dem besonderen Schutz des Staates steht (Art. 6 GG), werden Strafvorschriften gegen Ehemänner (vgl. § 223 ff. StGB) von den RechtsanwenderInnen sehr zurückhaltend angewandt. Demzufolge ist das Sanktionsrisiko nicht sehr groß. Das Unrechtsbewußtsein bei Männern ist kaum ausgeprägt und die psychische Hemmschwelle zur Ausübung von körperlicher Gewalt zu gering. Eine Verbesserung des rechtlichen Schutzes von mißhandelten (Ehe-)Frauen setzt voraus, daß die vorhandenen Strafvorschriften von den RechtsanwenderInnen konsequenter angewendet werden. Die Nichtstrafbarkeit ehelicher Vergewaltigung ist verfassungsrechtlich nicht vertretbar und nicht länger hinzunehmen. Zwar können Bewußtseins- und Verhaltensänderungen nicht allein durch Gesetze erreicht werden. Die gesetzliche Feststellung des Rechts auch der Ehefrau auf uneingeschränkte sexuelle Selbstbestimmung ist dennoch unabdingbar.

Ein Beispielfall:
Karin L., seit 15 Jahren verheiratet, Mutter von drei Kindern und nicht erwerbstätig, suchte nach jahrelanger Mißhandlung durch ihren Ehemann erstmalig Schutz im Frauenhaus. Sie war schon öfter mit ihren Kindern von zu Hause weggegangen, blieb aber jeweils nur ein paar Tage in der Wohnung ihrer Freundin und kehrte dann zu ihrem Ehemann zurück. Dieses Mal waren die Mißhandlungen so gravierend, daß sie sich auf die Erste Hilfe-Station eines Krankenhauses begeben mußte. Da sich die Mißhandlungen in der letzten Zeit gehäuft und gesteigert hatten, war sie fest entschlossen, dieses Mal nicht zu ihrem Mann zurückzugehen.

Als sie in das Erste Berliner Frauenhaus kam, wurde ihr ein 20 qm großes Zimmer mit einer anderen Frau und deren vier Kindern zugeteilt. Die beiden schulpflichtigen 13- und 14jährigen Kinder ließ sie in eine in der Nähe des Frauenhauses gelegene Schule umschulen. Die jüngste Tochter schickte sie vorläufig nicht in den Kindergarten, sondern ließ sie im «Kinderhaus» mit anderen Kindern des Frauenhauses von Erzieherinnen betreuen. Sie selbst versuchte den Alltag so gut wie möglich zu überstehen, was ihr sehr schwerfiel, weil sie nirgends eine Ecke für sich allein hatte. Gut taten ihr die Gespräche mit anderen Frauen des Frauenhauses im Aufenthaltsraum, in denen sie erfuhr, daß ihnen Ähnliches oder gelegentlich weit Schlimmeres passiert war. Sie hoffte, bald eine Wohnung zu finden. Einen gerichtlichen Antrag, ihr und ihren Kindern die eheliche Wohnung zur alleinigen Nutzung zuzuweisen, wollte sie nicht stellen, weil sie befürchtete, ihr Mann werde ihr immer wieder vor der Wohnung auflauern.

Das vorläufige Aufenthaltsbestimmungrecht für ihre Kinder wurde ihr vom Familiengericht sofort übertragen, und auch der Kindesunterhalt wurde bald geregelt. Die Klärung des Ehegattenunterhaltes zögerte sich hinaus, weil der Ehemann sich weigerte, freiwillig Ehegattenunterhalt zu zahlen und seine vollständigen Gehaltsbescheinigungen vorzulegen.

Nach viermonatigem Aufenthalt verließ Frau L. eines Abends mit ihren Kindern das Frauenhaus und kehrte in die eheliche Wohnung zurück. Sie wollte nicht mehr von Sozialhilfe leben, und die eigene Wohnung erschien ihr das kleinere Übel.

Nach drei Monaten kehrte sie jedoch in das Frauenhaus zurück. Ihr Mann hatte sie erneut schwer mißhandelt, und ihre Kinder hatten sie gebeten, sich endgültig von ihm zu trennen, ansonsten würden sie von zu Hause weglaufen. Sie ließ von ihrer früheren Anwältin die elterliche Sorge, den Kindes- und Ehegattenunterhalt wieder regeln und beantragte diesmal, ihr die eheliche Wohnung zur alleinigen Nutzung zuzuweisen. Es dauerte sechs Wochen, bis ihr die Wohnung zugewiesen wurde. Die Anwältin hatte ihr versichert, daß sie gerichtlich gegen ihren Ehemann vorgehen könne, wenn er ihr auflauere, und zwar mit einem Antrag auf Unterlassung beim Landgericht. Ihr Mann müsse endlich merken, daß er sie mit seinen Einschüchterungen und Drohungen gegebenenfalls auch mit körperlicher Gewalt nicht mehr zur Rückkehr zwingen könne. Da der Mann sich dem Scheidungsverfahren widersetzte, dauerte es eineinhalb Jahre, bis die Ehe geschieden wurde. Weil Frau L. von dem Ehegattenunterhalt in Höhe von 370 DM nicht leben konnte, mußte sie wieder (ergänzende) Sozialhilfe und Wohnungsgeld in Anspruch nehmen.

2 Zivilrechtliche Ansprüche bei ehelicher Gewalt

2.1 Sofortmaßnahmen

2.1.1 Einschreiten der Polizei

In einer akuten Gewaltsituation sollte frau versuchen, durch Schreien oder telefonisch Bekannte, Verwandte, Nachbarinnen oder Freundinnen zu Hilfe zu rufen. Sie wird ohnehin, sobald es ihr gelingt, aus der Wohnung fliehen und bei anderen Hilfe suchen. Dies ist auch wichtig, damit sie ZeugInnen für Verletzungsspuren hat. Die Polizei reagiert sehr unterschiedlich auf Hilferufe von mißhandelten Frauen. Je energischer die Frau ihre Situation darstellen kann, desto größer ist die Chance, daß die Polizei schnell eintrifft. Die Polizei ist nach den Polizeigesetzen der Länder verpflichtet, zum Schutz der Frau zu intervenieren, da die Mißhandlung einer Frau durch ihren (Ehe-)Mann die «öffentliche Sicherheit und Ordnung» gefährdet. Sie kann darauf bestehen, daß die Polizei eingreift, und braucht sich nicht mit der oft gebrauchten Formel, dies sei eine private Auseinandersetzung, abspeisen lassen. Ist der Mann be- oder gar volltrunken oder auf andere Weise außer Kontrolle, muß die Polizei ihn zum Schutz der (Ehe-)Frau mitnehmen und entweder zur Einlieferung in ein Krankenhaus bringen oder ggf. auch zur Ausnüchterung in Polizeigewahrsam nehmen. Befindet sich der Mann in einem Zustand erheblicher psychischer Störung und ist die Frau dadurch in ihrem Leben bedroht, ist die vorläufige Unterbringung in einem psychiatrischen Krankenhaus durch eine Amtsärztin erforderlich (vgl. z. B. §§ 1, 8 PsychKG-Berlin).[2]

In der Regel wird der Mann aber, falls er überhaupt mitgenommen wird, am nächsten Morgen wieder entlassen und in die Wohnung zurückkehren. Falls die Frau nicht bereits allein oder mit ihren Kindern bei Nachbarinnen, Freundinnen, Verwandten, Bekannten oder im Frauenhaus Zuflucht gefunden hat, muß dringend die weitere Nutzung der Ehewohnung geregelt werden. In den wenigsten Fällen wird es möglich sein, hierüber eine einverständliche Regelung mit dem Ehemann – ggf. auch durch Vermittlung von FreundInnen usw. – herbeizuführen. Sollte dies dennoch möglich sein, können die Bedingungen weiteren Zusammenlebens bzw. die Trennung schriftlich geregelt werden, ohne daß es des Beistandes einer Anwältin oder deren Unterschrift bedarf.

Viele Frauen sind von ihren Männern ökonomisch abhängig, und nicht für jede Frau bedeutet körperliche Mißhandlung zwangsläufig Trennung. Angst vor dem Alleinsein, die Hoffnung, daß es lediglich ein «Ausrutscher» war oder die Angst vor sozialer Mißachtung als getrennt lebende oder geschiedene alleinstehende Frau, Scham, das Empfinden, versagt zu haben, lassen Frauen gelegentlich jahrelang – oder ein Leben lang – in Mißhandlungsbeziehungen verharren. Den meisten aber gelingt es – auch nach mehrmaligen Versöhnungsversuchen –, sich von dem Mißhandler zu trennen.

2.1.2 Regelung des Mietverhältnisses

Ist die Frau zu einem weiteren Zusammenleben nicht mehr bereit, sind die Folgen der Trennung mit Hilfe einer Anwältin und/oder des Gerichts zu regeln. Ist der Mann nach Aufforderung durch die Anwältin, die Wohnung umgehend zu verlassen, freiwillig bereit auszuziehen, kann die Vermieterin gebeten werden, den Mietvertrag allein mit der Ehefrau fortzusetzen. Dies setzt voraus, daß der (Ehe-)Mann sich damit einverstanden erklärt. Ist dies nicht der Fall, besteht der Mietvertrag auf beider Namen weiter. Der Mann darf aber die Wohnung nicht mehr betreten, da er freiwillig den Besitz daran aufgegeben hat. Er muß der Frau den Wohnungs-, Haustür- und Kellerschlüssel aushändigen. Ein Rechtsanspruch auf Umschreibung des Mietvertrags besteht jedoch nicht. Die Vermieterinnen weigern sich oft auch, den Mietvertrag lediglich auf die Ehefrau allein umzuschreiben, weil sie den Ehemann aus Haftungsgründen nicht aus dem Mietvertrag entlassen wollen. Nach rechtskräftiger Scheidung wird aber in der Regel die Vermieterin bereit sein, den Mietvertrag allein auf die Frau umzuschreiben. Stimmt der Mann nicht zu, regelt der/die FamilienrichterIn anläßlich der Scheidung auf Antrag der Ehefrau, daß diese das Mietverhältnis allein fortsetzt (§§ 1, 5 ff. HausratsVO). Dies gilt auch, wenn vorher nur der Mann Partner des Mietvertrags war.

2.1.3 Gerichtlicher Antrag auf Zuweisung der Ehewohnung

Wird der Ehemann unter Fristsetzung zum Verlassen der Wohnung aufgefordert und kommt er dieser Aufforderung nicht nach, muß eine gerichtliche Entscheidung gemäß § 1361 b BGB – ggf. im Wege der einstweiligen Anordnung – herbeigeführt werden. Die Frau kann entweder selbst bei der Rechtsantragsstelle des Familiengerichts einen entsprechenden Antrag stellen oder durch ihre Anwältin stellen lassen. Der Antrag muß die genaue Schilderung der Mißhandlungen mit Zeitangaben enthalten und – soweit vorhanden – ZeugInnen benennen. Eventuell vorhandene ärztliche Atteste sind beizufügen. Bestreitet der Ehemann die Gewalttätigkeit, muß ggf. eine Beweisaufnahme stattfinden. Der Gerichtstermin findet in der Regel innerhalb eines Monats statt. Ist die Wohnung groß genug, besteht die Möglichkeit, daß der/die RichterIn dem Ehemann und der Ehefrau jeweils ein Zimmer zur alleinigen Nutzung zuweist. Ist dies nicht der Fall und gelingt der Frau im Bestreitensfall der Nachweis der Mißhandlungen, wird dem Ehemann zwar die Räumung der Wohnung aufgegeben, gelegentlich aber noch eine Räumungsfrist von ein oder zwei Monaten zugebilligt. Gegebenenfalls ist die Räumung mit Hilfe eines/einer GerichtsvollzieherIn durchzuführen. Voraussetzung ist, daß sich die Frau nicht nur vorübergehend, sondern endgültig von ihrem Mann trennen will. Einen Antrag auf Scheidung der Ehe muß sie aber noch nicht gestellt haben. Sind auch die Kinder von weiteren Mißhandlungen des Ehemannes bedroht und durch ärztliches Attest bereits psychische und/ oder körperliche Beeinträchtigungen festzustellen, ist ein Antrag auf Wohnungszuweisung in der Regel erfolgreich (vgl. auch V.1 Scheidung…).

Hat die Frau schon die Scheidung gemäß § 1565 Abs. 2 BGB beantragt, ist über die Wohnungszuweisung gemäß § 620 Nr. 7 ZPO im Wege der einstweiligen Anordnung zu entscheiden. Die Angaben zur Mißhandlung müssen eidesstattlich versichert werden, und es ergeht eine Entscheidung im Beschlußwege, ggf. auch ohne mündliche Verhandlung und ohne Anhörung des Mannes. Wird der Frau die Ehewohnung zur alleinigen Nutzung zugewiesen, kann der Mann innerhalb von 14 Tagen Beschwerde einlegen (§ 620c Satz 1 ZPO i.V.m. § 22 Abs. 1 Satz 1 FGG). Wird der Antrag abgelehnt, steht der Ehefrau dagegen kein Rechtsmittel zu (§ 620c Satz 2 ZPO). Ist es der Frau also dann nicht gelungen, gerichtlich das Verlassen der Wohnung durch den Mann durchzusetzen, sollte sie besser selbst die Wohnung verlassen. Viele Frauen werden aber ohnehin entweder vorübergehend bis zur gerichtlichen Entscheidung oder endgültig aus der Wohnung ausziehen. Der vorübergehende Auszug bedeutet nicht, daß sie die Rechte an der Wohnung verlieren. In den meisten Fällen ist es ratsam wegzugehen, wenn der Mann nicht da ist und alles Notwendige mitzunehmen. Da bei Mißhandlung der Frau auch in der Regel die Mißhandlung der Kinder zu befürchten bzw. ihre Versorgung beim Mann nicht gewährleistet ist, sollte die Frau die Kinder mitnehmen (s.u.). Für die Frau, die nicht bei Verwandten, Bekannten, FreundInnen usw. unterkommen kann, bleibt das Frauenhaus als einziger Zufluchtsort.

Wenn die Frau die Wohnung verläßt und den Mietvertrag der Ehewohnung mit unterschrieben hat, haftet sie grundsätzlich weiter für die Miete. Der/die VermieterIn ist nicht verpflichtet, die Frau aus dem Mietvertrag zu entlassen. Die Ehefrau kann oder sollte dennoch versuchen, den/die VermieterIn darum zu bitten und sollte ihr schriftlich mitteilen, daß sie wegen Mißhandlungen ihres Ehemannes die Wohnung verlassen mußte. Sie sollte die Mißhandlungen ausführlich schildern. Zahlt der Mann die Miete nicht, wird die Frau mitverklagt. Sie muß dann die Miete zahlen, wenn der Mann es nicht tut. Sie kann das Geld gerichtlich von dem Mann zurückklagen. Das Recht des/der VermieterIn auf Haftung durch beide Mietvertragsparteien wird gegenüber dem Schutz der Ehefrau, die wegen Mißhandlungen durch ihren Mann an der Ausübung ihres Wohnrechts gehindert wird, von der herrschenden Meinung als vorrangig erachtet.

2.1.4 Gerichtlicher Antrag auf Unterlassung von Mißhandlungen

Setzt der Mann die Mißhandlungen fort, lauert der Frau vor dem Frauenhaus, der ehelichen oder neuen Wohnung oder an der Arbeitsstelle auf, kann ihm dies durch einstweilige Verfügung untersagt und ein Ordnungsgeld bis zu 500000 DM im Wiederholungsfall angedroht werden (vgl. die §§ 1004, 823 Abs. 2 BGB i.V.m. §§ 223ff. StGB, §§ 890, 935

ZPO). Müßte der Mann das Geld tatsächlich zahlen, so erhielte es allerdings nicht die Frau, sondern die Staatskasse. Zuständig für die Androhung eines Ordnungsgeldes ist das Landgericht, es besteht Anwältinzwang. Leider machen die betroffenen Frauen bisher zu wenig Gebrauch von dieser Möglichkeit. Es ist aber ein gutes Mittel, dem Mann klarzumachen, daß die Frau sämtliche rechtlichen Möglichkeiten zu ihrem Schutz ausnutzen wird.

2.1.5 Schmerzensgeld und Schadensersatz

Eine andere rechtliche Möglichkeit, dem Ehemann vor Augen zu führen, daß die körperliche Mißhandlung seiner Ehefrau auch finanzielle Nachteile für ihn hat, ist die Geltendmachung eines Schmerzensgeldes, das zusammen mit einer Schadensersatzklage (gemäß § 823 BGB) ggf. gerichtlich geltend gemacht werden kann. Schmerzensgeld ist eine Entschädigung der Frau für die – wie der Name schon sagt – Schmerzen und die psychische Beeinträchtigung (vgl. §§ 253, 847 BGB). Schadensersatz dagegen ist der Ersatz von Vermögensschäden, also entstandener Kosten oder finanzieller Nachteile, wie Arztkosten oder Verdienstausfall.

2.1.6 Auskunftssperre

Mit der Auskunftssperre wird erreicht, daß der Ehemann die neue Anschrift nach polizeilicher Anmeldung seiner Ehefrau nicht erfährt. Der Antrag auf Auskunftssperre muß die Schilderung der Mißhandlungen, die eidesstattliche Versicherung der Frau und die Befürchtung, daß die Mißhandlungen sich wiederholen werden, enthalten und beim Einwohnermeldeamt gestellt werden.

2.1.7 Elterliche Sorge – Aufenthaltsbestimmungsrecht – Umgangsrecht

Bei Mißhandlung der Ehefrau sind in der Regel auch die Kinder von Mißhandlungen durch den Vater bedroht. Um die Kinder davor zu schützen, muß die Ehefrau sie bei ihrem Auszug mitnehmen. Da beide Elternteile bis zu einer anderweitigen gerichtlichen Entscheidung die gemeinsame elterliche Sorge haben (vgl. auch IV. 2 Kinder und Eltern... und V. 4 Elterliche Sorge...), muß umgehend ein Antrag auf Übertragung der elterlichen Sorge bzw. des Aufenthaltsbestimmungsrechts beim Familiengericht gestellt werden. Dieser Antrag ist auch ohne Scheidungsantrag zulässig. Über die elterliche Sorge bzw. das Aufenthaltsbestimmungsrecht kann im Wege der vorläufigen Anordnung entschieden werden (§ 1672 BGB). Der Antrag ist bei der Rechtsantragsstelle des Familiengerichts zu stellen. Eine AnwältIn wird nur dann beigeordnet, wenn die Sach- und Rechtslage schwierig ist oder der Ehemann auch durch eine AnwältIn vertreten ist. Das Jugendamt sollte unverzüglich über den Auszug und dessen Umstände informiert werden, da das Familiengericht von dort eine Stellungnahme einholen muß. Eine Entscheidung im Wege der einstweiligen Anordnung ohne Anhörung des Kindesvaters ergeht nur in dringenden Fällen, zum Beispiel, wenn Entführungsgefahr durch den Vater besteht. Liegen die Voraussetzungen für eine einstweilige Anordnung nicht vor, dauert es einen bis drei Monate bis zur Entscheidung. Um zu verhindern, daß die Kinder vom Vater in der Schule, im Kindergarten o. ä. abgefangen werden, weil Lehrerin oder Kindergärtnerin die Herausgabe der Kinder an den Vater bis zu einer gerichtlichen Entscheidung nicht verweigern können, sollten die Kinder – zumindest vorübergehend – nicht dorthin gebracht werden.

Mit dem Antrag auf Übertragung der elterlichen Sorge kann gleichzeitig ein Antrag auf zeitweilige oder unbegrenzte Aussetzung des Umgangsrechts beantragt werden (§ 1634 BGB). Dem wird im Ausnahmefall stattgegeben, und zwar dann, wenn durch die Besuche des Kindes beim Vater das Kindeswohl gefährdet oder erheblich beeinträchtigt ist. Dies ist der Fall, wenn der Vater wegen Alkohol- oder Drogenabhängigkeit das Kind in der Besuchszeit nicht versorgen kann, Kindesmißhandlung vorliegt oder hinreichender Verdacht auf sexuellen Mißbrauch besteht. Dieser Antrag kann umgangen werden, wenn die Möglichkeit der Durchführung des Umgangsrechts in Gegenwart einer Freundin, eines/einer Familienangehörigen oder eines/einer VertreterIn des Jugendamts bzw. der Familienfürsorge besteht.

2.1.8 Kindesunterhalt – Ehegattenunterhalt – Sozialhilfe

Zahlt der Ehemann trotz Aufforderung den Kindes- und/oder Ehegattenunterhalt nicht, kann dieser im Eilverfahren, wenn noch kein Scheidungsantrag gestellt ist, mit einer einstweiligen Verfügung in Höhe des notdürftigen Unterhalts (ca. 900 DM) geltend gemacht werden. Ebenso kann natürlich Klage in Höhe des ganzen zustehenden Unterhalts erhoben werden.[3] Da es bis zur Entscheidung auch im Wege der einstweiligen Verfügung bis zu einem bis zwei Monate – im Klageverfahren bis zu sechs Monate oder länger – dauern kann, sollte die Frau umgehend nach der Trennung Sozialhilfe für sich und die Kinder beantragen, wenn sie sonst mittellos dastünde.

Das Sozialamt übernimmt auch die Miete und auf Antrag die Kosten für die freiwillige Krankenversicherung. Ansonsten stellt es Krankenscheine zur Verfügung. Auf Antrag werden einmalige Beihilfen für Bekleidung, Waschmaschine und sonstigen Hausrat oder Möbel bewilligt. Wenn nicht innerhalb von drei Monaten über die Unterhaltsklage entschieden wird, übernimmt die Unterhaltsvorschußkasse den Unterhalt von Kindern unter sechs Jahren (vgl. V. 5 Alleinerziehende Mütter).

2.1.9 Aufteilung des Hausrats, Herausgabe persönlicher Sachen und Papiere

Die Aufteilung des Hausrats geschieht, wenn die Scheidung noch nicht eingereicht ist, in einem Klageverfahren gemäß § 1361a BGB, soweit keine außergerichtliche Einigung möglich ist. Grundsätzlich steht der Frau und dem Mann jeweils die Hälfte des gemeinsam angeschafften Hausrats zu. Beide können die jeweils eingebrachten Hausratsgegenstände mitnehmen bzw. die Herausgabe von der anderen Person verlangen. Haushaltsmaschinen, wie Wasch-, Spülmaschine usw., stehen dem sorgeberechtigten Elternteil zu. Da Hausratsverfahren in der Regel sehr aufwendig sind und lange dauern, empfiehlt es sich grundsätzlich, beim Auszug das mitzunehmen, was dringend benötigt wird. Besteht die Gefahr, daß der Ehemann Hausratsgegenstände zertrümmert, kann ihm dies mit einer einstweiligen Verfügung vom Landgericht untersagt werden. Für die Herausgabe von persönlichen Sachen – wie Kleidungsgegenstände und Papiere – ist nicht das Familiengericht, sondern das Amts- bzw. Landgericht je nach der Höhe des Streitwerts zuständig. Entfernt der Mann ohne Zustimmung der Frau Hausratsgegenstände aus der Wohnung, macht er sich gemäß den §§ 242, 247 StGB wegen Diebstahls strafbar.

2.2 Scheidungsantrag nach § 1565 Abs. 2 BGB

Grundsätzlich kann die Ehe erst nach einjährigem Getrenntleben geschieden werden (§ 1565 Abs. 1 BGB). Der Antrag auf Scheidung kann aber bei Mißhandlungen nach § 1565 Abs. 2 BGB sofort gestellt werden, weil bzw. wenn die Fortsetzung der Ehe aus Gründen, «die in der Person des anderen Ehegatten liegen, eine unzumutbare Härte darstellen würde» (§ 1565 Abs. 2 BGB). Die Mißhandlungen müssen mit genauen Angaben zur Art der Ausführung und zum Zeitpunkt dem Gericht dargelegt und unter Angabe von ZeugInnen bewiesen werden. Gegebenenfalls muß eine Beweisaufnahme stattfinden. Mit einer Scheidung vor dem Ablauf eines Jahres des Getrenntlebens kann jedoch in der Regel nicht gerechnet werden, da von Amts wegen grundsätzlich mit der Scheidung über den Versorgungsausgleich und die elterliche Sorge entschieden werden muß (sog. Scheidungsverbund § 623 ZPO). Das Versorgungsausgleichsverfahren dauert in der Regel gerade in Fällen der Mißhandlung besonders lange. Mißhandelnde Ehemänner sind nämlich in der Regel mit der Scheidung nicht einverstanden. Sie bestreiten die Mißhandlungen oder tragen nichts zum Fortgang des Scheidungsverfahrens bei, füllen insbesondere nicht die Versorgungsausgleichsunterlagen aus. Von der Androhung von Zwangsgeld bis zur Beitreibung des Zwangsgeldes – gelegentlich auch der Anordnung einer Haft – dauert es nicht selten bis zu zwei Jahren, bis der Ehemann die Auskunft wegen seiner Rentenanwartschaften erteilt hat bzw. seine Versorgungsausgleichsauskünfte vorliegen. Von der Möglichkeit, den Versorgungsausgleich vorab abzutrennen, wird zumindest in Berlin sehr wenig Gebrauch gemacht. § 1565 Abs. 2 BGB stellt in seiner gegenwärtigen Ausgestaltung keinen rechtswirksamen Schutz für mißhandelte Ehefrauen dar. Die Anforderungen der höchstrichterlichen Rechtsprechung an die Nachweisbarkeit der Mißhandlungen sind zu hoch und in der Regel nicht zu erfüllen. Sie müßten m. E. herabgesetzt werden, d. h., den Frauen müßte mehr geglaubt werden. Bei Mißhandlungen sollte grundsätzlich sofort geschieden werden, und zwar auch ohne die Regelung des Versorgungsausgleichs. Darüber könnte dann gesondert nach der Scheidung entschieden werden. Die §§ 1565 Abs. 3 BGB und 628 ZPO sind reformbedürftig.

Unabhängig von der psychischen Belastung für die Frau, mit dem mißhandelnden Ehemann weiter verheiratet zu sein, sind Frauen während der Trennung von Drohungen und Mißhandlungen ihres Mannes weiter bedroht, da der Ehemann oft bis zur Scheidung versucht – häufig weiterhin mit Gewalt –, die Frau von der Scheidung abzubringen. Ist sie jedoch erst einmal ausgesprochen, erkennt der Mann meist das Aussichtslose seines Tuns und läßt die Frau in Ruhe. (Zum Scheidungsverfahren vgl. V.1 Scheidung...)

3 Strafrechtlicher Schutz von Ehefrauen

3.1 Strafanzeige wegen Mißhandlung und/oder Vergewaltigung

Die Erfahrung zeigt, daß mißhandelte Ehefrauen vor Strafanzeigen gegen ihren Ehemann wegen Körperverletzung (vgl. die §§ 223ff. StGB) zurückschrecken. Häufig erstatten sie erst gar nicht Anzeige oder nehmen bereits erstattete Strafanzeigen wieder zurück. Mit körperlichen Mißhandlungen gehen oft Vergewaltigungen in der Ehe einher. Diese werden fast nie angezeigt, denn sie sind lediglich wegen Körperverletzung und Nötigung (§ 240 StGB) strafbar. Ein Grund dafür ist, daß die Verantwortung für das Strafverfahren nicht dem Ehemann, sondern der Ehefrau überbürdet wird. Es besteht auch die berechtigte Angst, der Mann werde im Fall einer Strafanzeige erneut drohen und gegebenenfalls mit Gewalt versuchen, die Rücknahme der Strafanzeige zu erreichen. Die Bagatellisierung der männlichen Gewalt durch die Polizei, Staatsanwaltschaft und Justiz als «Familienstreitigkeit» trägt ebenso dazu bei, daß die Frauen in der Regel keine Strafanzeige erstatten. Es kommt auch vor, daß beabsichtigte Strafanzeigen von der Polizei nicht entgegengenommen werden. Festzustellen ist, daß sich jüngere, berufstätige Frauen, die in der Stadt leben, eher mit einer Strafanzeige zur Wehr setzen als ältere Frauen, die ausschließlich Hausfrauen waren und auf dem Land leben. Soweit nicht bereits der Polizei die Vorfälle im Rahmen eines Polizeieinsatzes geschildert wurden, sollte grundsätzlich eine schriftliche Strafanzeige bei der zuständigen Staatsanwaltschaft erstattet werden. Bei Strafanzeigen wegen einfacher Körperverletzung gemäß § 223 StGB muß zusätzlich ein Strafantrag gestellt werden, und zwar innerhalb von drei Monaten. Die Staatsanwaltschaft verfolgt eine solche Anzeige von sich aus nur dann, wenn sie wegen des «besonderen öffentlichen Interesses an der Strafverfolgung ein Einschreiten für geboten hält» (§ 232 StGB). Die Frau sollte in jedem Fall eine AnwältIn beauftragen, damit diese die Akten einsehen kann. Die Zahl der Einstellungen wegen fehlenden öffentlichen Interesses ist ebenso hoch wie die Einstellungen wegen fehlenden hinreichenden Tatverdachts. Wenn Zeuginnen nicht vorhanden sind, der Mann die Gewalttätigkeiten bestreitet und Aussage gegen Aussage steht, wird oft in Anlehnung an den Grundsatz «in dubio pro reo» (im Zweifel für den Angeklagten) bzw. «in dubio pro homine» (im Zweifel für den Mann) eingestellt. Trotz Beweis des Gegenteils[4] hält sich das verbreitete Vorurteil von der angeblichen Unglaubwürdigkeit der Frau bei Staatsanwaltschaften und Gerichten. In vielen Fällen ist die Beschwerde gegen die Einstellung des Verfahrens erfolgreich. Wird sie zurückgewiesen, besteht die Möglichkeit des Klageerzwingungsverfahrens beim Oberlandesgericht (OLG) oder in Berlin beim Kammergericht (KG) gemäß den §§ 171 ff. StPO.

Kann die Frau die Anwältin nicht bezahlen, wird diese ihr auf ihren Antrag beigeordnet, und zwar auch schon für das Ermittlungsverfahren (§§ 406 Abs. 3 StPO, 397 a StPO). Seit Inkrafttreten des Opferschutzgesetzes am 1.4.1986 ist Voraussetzung, daß die «Sach- und Rechtslage schwierig» ist, während die Zeugin vorher immer einen Anspruch auf Beiordnung hatte, wenn sie arm war. Die Rechtsmittelbefugnis ist seit dem 1.4.1986 eingeschränkt. Wird die Beiordnung der Anwältin abgelehnt, besteht kein Beschwerderecht (vgl. § 397 a StPO). Wegen der Höhe der Strafe kann keine Berufung oder Revision mehr eingelegt werden (§ 401 StPO).

3.2 Nebenklage der Frau

Hat die Staatsanwaltschaft Anklage erhoben, das Gericht die Anklage zugelassen und das Strafverfahren eröffnet, kann die Frau auf ihren Antrag als Nebenklägerin zugelassen werden. Sie kann dadurch das Verfahren aktiv mitbestimmen. Sie und ihre Anwältin haben das Recht, während des gesamten Strafverfahrens anwesend zu sein, Fragen und Beweisanträge zu erstellen, Fragen zu beanstanden, ggf. den/die RichterIn abzulehnen usw. (§ 395 ff. StPO). Die Anwältin kann plädieren und gleichzeitig die Verurteilung zu Schmerzensgeld und Schadensersatz in einem Verfahren mit der Verurteilung beantragen (§§ 403 ff. StPO).

Sämtliche Initiativen, die Vergewaltigung in der Ehe auch als solche zu ahnden, sind bisher erfolglos geblieben. In der Sachverständigenanhörung im Juni 1987 im Bundestag aufgrund des Gesetzentwurfs der SPD und der GRÜNEN zur Strafbarkeit der Vergewaltigung in der Ehe plädierten zwar sämtliche weibliche Experten für die Strafbarkeit. Aber auch die überwiegende Anzahl der männlichen Sachverständigen hielt die Schlechterstellung der Ehefrau für verfassungswidrig.[5]

Mit den Stimmen der CDU und CSU und bei Stimmenthaltung der GRÜNEN wurde der Gesetzentwurf der SPD abgelehnt. Die GRÜNEN verfolgten ihren Gesetzentwurf nicht weiter. Die Begründung der CSU lautete, Ehefrauen könnten mit der Behauptung, sie seien vergewaltigt worden, den Wunsch nach Abtreibung rechtfertigen.

3.3 Mißhandlung oder sexueller Mißbrauch von Kindern der Frau

Bei Strafanzeigen wegen körperlicher Mißhandlung und/oder sexuellem Mißbrauch des Kindes (§ 176 StGB) kann die Mutter nur dann eine Anwältin als Vertreterin für das Kind beauftragen, wenn sie die alleinige elterliche Sorge hat (vgl. auch V. 4 Elterliche Sorge...). Haben beide Eltern – also auch der mißhandelnde Vater – die elterliche Sorge, kann auf Antrag der Mutter vom Vormundschaftsgericht ein/eine ErgänzungspflegerIn bestellt werden (§ 1909 BGB), der/die eine AnwältIn beauftragen kann. Diese kann das Kind als Nebenklägerin vertreten. Von den jährlich von Vätern, Onkeln, Großvätern etc. 300000 sexuell mißbrauchten Kindern sind ca. 92 Prozent Mädchen.[6] Auch bei den Jungen sind die Täter überwiegend männliche Familienangehörige.

1984 wurde in Berlin das erste Selbsthilfeprojekt «Wildwasser» von Frauen aus der autonomen Frauenbewegung gegründet, die Mädchen und deren Mütter beraten, Therapien anbieten, an Ärztinnen und Anwältinnen weitervermitteln und Öffentlichkeitsarbeit machen. Inzwischen gibt es in der Bundesrepublik und Berlin eine Reihe von Beratungsstellen für sexuell mißbrauchte Mädchen und in Hamburg, München und Berlin Mädchenhäuser bzw. Mädchenwohngemeinschaften.

Mütter setzen sich der Gefahr eines Strafverfahrens wegen Beihilfe aus, wenn sie trotz Wissen keine Strafanzeige gegen den Ehemann wegen sexuellen Mißbrauchs erstatten. Da aber die Mädchen in der Regel die Aussage bezüglich einer eventuellen Mitwisserschaft der Mutter verweigern (§ 52 StPO), kommt es meist nicht zu ihrer Verurteilung.

4 Mißhandlung und Vergewaltigung in eheähnlichen Beziehungen

4.1 Zivilrechtliche Ansprüche

Leben beide in einer Wohnung zusammen und ist der Mietvertrag allein auf den Namen der Frau ausgeschrieben, kann diese im Fall der Mißhandlung dem Mann das Untermietverhältnis fristlos kündigen, und zwar schriftlich mit Angabe der Gründe per Einschreiben mit Rückschein. Verläßt er die Wohnung nicht, muß Räumungsklage eingereicht werden. Ist ein Untermietverhältnis noch nicht begründet, ist das Sinnvollste, einfach das Schloß auszuwechseln. Läuft der Mietvertrag auf beider Namen, hat die Frau keine Möglichkeit zu erreichen, daß der Mann die Wohnung verläßt. Sie kann nicht einmal die Wohnung kündigen, da die Kündigung nur wirksam ist, wenn beide Mietvertragsparteien kündigen.

Die Geltendmachung von Schadensersatz- und Schmerzensgeldansprüchen ist ebenso möglich wie bei Mißhandlung in der Ehe (hinsichtlich der finanziellen Auseinandersetzung vgl. V. 2 Ende einer nichtehelichen Lebensgemeinschaft...).

4.2 Strafrechtliche Möglichkeiten

Hinsichtlich der Strafanzeige bei Körperverletzung gilt das gleiche wie bei Ehefrauen. Auch hier besteht eine Tendenz zur Bagatellisierung, der aber durch Beschwerden und Klageerzwingungsverfahren oft mit Erfolg begegnet werden kann.

Die Vergewaltigung in einer eheähnlichen Lebensgemeinschaft wird nach § 177 StGB auch als Vergewaltigung bestraft. Allerdings wertet die höchstrichterliche Rechtsprechung eine Vergewaltigung in einer bestehenden Beziehung in der Regel als «minderschweren Fall». Die Mindeststrafe beträgt dann anstatt zwei Jahre (§ 177 Abs. 1 StGB) sechs Monate (§ 177 Abs. 2 StGB). Vergewaltigungen geschehen aber in ca. 80 Prozent der Fälle im sozialen Nahbereich.[7] Die Tatausführung ist dabei meist besonders brutal, weil sie in geschlossenen Räumen stattfindet, wo in der Regel keine Hilfe von außen zu erlangen ist. Die geringere Mindeststrafe ist deshalb m. E. rechtspolitisch unbefriedigend und nicht vertretbar. Nach dem Gesetzentwurf der GRÜNEN für ein Antidiskriminierungsgesetz soll daher § 177 Abs. 2, also der minderschwere Fall, wegfallen, und der Mindeststrafrahmen von zwei Jahren soll allgemein gelten.

5 Adressen, Literatur, Anmerkungen

Adressen

Adressen von Frauen- und Mädchenhäusern, Beratungsmöglichkeiten, Selbsthilfegruppen, Frauenzentren usw. finden sich in Broschüren örtlicher Frauenbeauftragter bzw. Gleichstellungsstellen.
Ferner hat der «Frauenkalender» der Zeitschrift «Emma» (hg. von Alice Schwarzer), Köln, einen ausführlichen Adressenteil. Dies gilt auch für den «Scheidungsratgeber – von Frauen für Frauen» einer Hamburger Juristinnengruppe, Rowohlt Verlag, Reinbek 1988.

Frauenhäuser:
Im folgenden werden daher nur einige Telefonnummern von Frauenhäusern oder Zufluchtsstellen größerer Städte der Bundesrepublik aufgeführt (entnommen dem o. g. «Frauenkalender» 1989):

Aachen, Frauen helfen Frauen e. V., Beratungsstelle, Tel. 0241/35917

Augsburg, Frauenhaus, Tel. 0821/793450

Berlin, 1. Frauenhaus, Tel. 030/8263018; 2. Frauenhaus, Tel. 030/3733008

Bielefeld, Frauen helfen Frauen e. V., Tel. 0521/177376 oder 170187

Bonn, Frauen helfen Frauen e. V., Tel. 0228/635369 oder 635524; Hilfe für Frauen in Not e. V., Tel. 0228/232434

Braunschweig, Frauenhaus von Frauen helfen Frauen e. V., Tel. 0531/343474

Bremen, Frauenhaus-Bremen, Tel. 0421/349573

Celle, Frauenhaus, Tel. 05141/25788

Darmstadt, Frauenhaus Darmstadt, Tel. 06071/33033

Dortmund, Frauen helfen Frauen e. V., Tel. 0231/800081

Düsseldorf, Frauen helfen Frauen e. V., Tel. 0211/7103488

Duisburg, Frauen helfen Frauen e. V., Tel. 0203/62213

Essen, AG der autonomen Frauenhäuser in NRW, c/o Dagmar Hämisch, Tel. 0201/732886; Frauen helfen Frauen e. V., Tel. 0201/668686 oder 663520

Flensburg, Frauenhaus, Tel. 0461/46363

Frankfurt, Frauen helfen Frauen e. V., Tel. 069/439541 oder 490054

Freiburg, Frauen- und Kinderschutzhaus, Tel. 0761/82414

Friedrichshafen, Frauen helfen Frauen e. V., Tel. 07544/5644

Gießen, Frauen helfen Frauen e. V., Tel. 0641/31441

Hamburg, Haus 1: 040/19702, Haus 2: 19710, Haus 3: 19714, Haus 4: 19704

Hanau, Frauen helfen Frauen e. V., Tel. 06181/26867

Hannover, Frauenhaus, Tel. 0511/664477

Heidelberg, Frauenhaus Heidelberg e. V., Tel. 06221/833088 oder 81282

Hildesheim, Frauenhaus Hildesheim, Tel. 05121/515546

Kassel, Frauenhaus Kassel e. V., Tel. 0561/898889

Kempten, Frauen helfen Frauen e. V., Tel. 0831/79179

Kiel, Frauenhaus Kiel, Tel. 0431/681825

Köln, Frauen helfen Frauen e. V., Tel. 0221/81091

Landshut, Frauenhausinitiative, Tel. 0871/24879

Ludwigshafen, Frauenhausinitiative L. e. V., Tel. 0621/521969

Lübeck, Frauen helfen Frauen e. V., Tel. 0451/73100; Frauenhaus der Arbeiterwohlfahrt, Tel. 0451/705185

Mainz, Frauen helfen Frauen e. V., Tel. 06131/221010

München, Frauen helfen Frauen e. V., Tel. 089/645169

Nürnberg, Verein Frauen in Not e. V., Frauenhaus, Tel. 0911/333915

Osnabrück, Frauenberatungsstelle Frauen helfen Frauen e. V., Tel. 0541/65400

Ravensburg, Frauen helfen Frauen e. V., Tel. 0751/23323

Saarbrücken, Frauenhaus der Arbeiterwohlfahrt, Tel. 0681/71702 oder 71086 oder 71087

Solingen, Frauen helfen Frauen e. V., Tel. 0212/54500

Stuttgart, Frauen helfen Frauen e. V., Tel. 0711/542021

Trier, Frauen helfen Frauen, Tel. 0651/76168

Ulm, Frauen helfen Frauen, Tel. 0731/619906

Wiesbaden, Verein zum Schutz mißhandelter Frauen e. V., Tel. 06121/51212

Wuppertal, Frauen helfen Frauen e. V., Tel. 0202/711426.

Hilfe für sexuell mißbrauchte Mädchen: Die erwähnte Anlaufstelle für sexuell mißbrauchte Mädchen und Frauen «Wildwasser» befindet sich am Mehringdamm 50, 1000 Berlin 61, Tel. 030/7865017.

Literatur

«Frauen gegen Männergewalt», Berliner Frauenhaus für mißhandelte Frauen – erster Erfahrungsbericht, Berlin 1978.

«Hilfen für mißhandelte Frauen», Band 124 Schriftenreihe des Bundesministers für Jugend, Familie und Gesundheit, Stuttgart 1981.

«Frauenhäuser-Bestandsaufnahme» – hg. vom Komitee für Grundrechte und Demokratie e. V., An der Gasse 1, 6121 Sensbachtal, Mai 1987.

«Vergewaltigung in der Ehe» – Dirk Helmken, Kriminalistik-Verlag, Heidelberg 1979.

Roswitha Burgard «Mißhandelte Frauen: Verstrickung und Befreiung», Weinheim 1985.

«Zweiter Bericht der Bundesregierung über die Lage der Frauenhäuser für mißhandelte Frauen und Kinder», BT-Drucks. 11, 2848 vom 1.9.88.

«Frauenhaus im ländlichen Raum», Band 198 Schriftenreihe des Bundesministers für Jugend, Familie, Frauen und Gesundheit.

«Verbesserung der Wohnsituation von mißhandelten Frauen und ihren Kindern nach dem Verlassen des Frauenhauses.», Band 213 der Schriftenreihe des Bundesministers für Jugend, Familie, Frauen und Gesundheit, Stuttgart 1987.

Cheryl Benard/Edit Schlaffer «Im Dschungel der Gefühle», Reinbek 1987.

Ursula Schneider «Körperliche Gewaltanwendung in der Familie – Notwendigkeit, Probleme und Möglichkeiten eines strafrechtlichen und verfahrensrechtlichen Schutzes.» Münsterische Beiträge zur Rechtswissenschaft, Band 28, Berlin 1987.

«Die Vergewaltigung und ihre Opfer: Eine viktimologische Untersuchung zur gesellschaftlichen Bewertung und individuellen Betroffenheit», Stuttgart 1982.

Kavemann, B./Lohstöter, I. «Väter als Täter – Sexuelle Gewalt gegen Mädchen», Reinbek 1984.

«Vergewaltigung als soziales Problem – Notruf und Beratung vergewaltigter Frauen.» Abschlußbericht der Projektgruppe, Band 141, Schriftenreihe des Bundesministers für Jugend, Familie und Gesundheit, Stuttgart 1983.

Goy, A. «Über den Stand der deutschen Rechtskultur – Bericht über die Anhörung im Bundestag zur Strafbarkeit der Vergewaltigung in der Ehe», in: «Streit» – feministische Rechtszeitschrift, 1986, S. 147.

Anmerkungen

[1] Vgl. BT-Drucks. 11/848.

[2] PsychKG Berlin v. 8.3.86 BVBl. 586 – s. auch PsychKG der anderen Bundesländer.

[3] Ist bereits Scheidungsantrag gestellt, kann der Unterhalt auch mit einstweiliger *Anordnung* (oder im Klageverfahren) geltend gemacht werden. Prozessual bestehen kleine Unterschiede zwischen einstweiliger Verfügung und einstweiliger Anordnung.

[4] Die Quote der Falschaussagen bei Vergewaltigung ist nicht höher als bei anderen Delikten, allenfalls liegt sie darunter, s. Kröhn,, W. 1984, «Mythos und Realität sexueller Unterdrückung» in: «Sexualmedizin», Heft 3, S. 130.

[5] Goy, A. «Über den Stand der deutschen Rechtskultur – Bericht über die Anhörung im Bundestag zur Strafbarkeit der Vergewaltigung in der Ehe», in: «Streit» – feministische Rechtszeitschrift 1986, S. 147.

[6] Kavemann, B./Lohstöter, I. «Väter als Täter – Sexuelle Gewalt gegen Mädchen», rororo, Reinbek 1984.

[7] «Vergewaltigung als soziales Problem – Notruf und Beratung vergewaltigter Frauen», Abschlußbericht der Projektgruppe, Schriftenreihe des Bundesministers für Jugend, Familie und Gesundheit, Bd. 141, Stuttgart.

IV Leben mit oder ohne Kinder

Das (Vor-)Urteil, die Bundesrepublik Deutschland sei ein kinderfeindliches Land, hat einen festen Platz in der Selbstbeurteilung der Deutschen. In einer repräsentativen Befragung bejahten 1986 35 Prozent aller befragten Männer und Frauen die Frage nach der Kinderfeindlichkeit der Bundesrepublik, jedoch mit sehr unterschiedlichen Begründungen.[1] Während die befragten Männer überwiegend gesteigerte Konsumansprüche und Egoismus für den Geburtenrückgang verantwortlich machten und damit die Kinderfeindlichkeit an der Zahl der Geburten maßen, nannten Frauen überwiegend das mangelnde Verständnis der Erwachsenen für kindliche Bedürfnisse als Begründung ihrer Einschätzung.[2]

Ebenfalls 1986 hielten in einer Repräsentativbefragung 71 Prozent der Frauen und 72 Prozent der Männer Kinder und Familie für einen zentralen Bereich im Leben einer Frau.[3] Für Männer spielt dieser Bereich ihrer eigenen Einschätzung nach nur zu 51 Prozent eine wichtige Rolle, die befragten Frauen fanden zu 55 Prozent, daß sich Männer diesem Bereich besonders widmen sollten. Damit verlor dieser Lebensbereich im Vergleich mit Ergebnissen aus dem Jahre 1980 insgesamt an Bedeutung, jedoch für Männer deutlich stärker (um 4 Prozent im Gegensatz zu einem Verlust von 2 Prozent bei den Frauen). Die Versorgung von Kindern bleibt jedenfalls ein (fast) alleiniger Zuständigkeitsbereich von Frauen. Bei einer repräsentativen Umfrage über die Verteilung der Arbeit im Haushalt gaben auf die Frage nach der Zuständigkeit für den Bereich Kinderbetreuung 61 Prozent die Mutter als allein Zuständige an, gegenüber einem Prozent, die dem Vater diese Aufgabe zuwiesen.[4] Immerhin 31 Prozent der Befragten sahen beide als Verantwortliche, wobei 35 Prozent der Frauen und nur 26 Prozent der Männer diese Antwort gaben.[5] Vorgeblich zur Unterstützung von Müttern proklamierte Maßnahmen, wie z. B. die Einführung des Erziehungsgeldes, können sich zwar für einzelne Frauen als hilfreich erweisen (vgl. Beitrag IV. 1 von *Gabriele Klug*), letztlich wird mit dem Hinweis auf angeblich zu viele Schutzrechte und der Aufforderung zur Wahrnehmung der «Alternativrolle» Mutter aber die schlechte Position von Frauen auf dem (überfüllten) Arbeitsmarkt noch verstärkt. Diese auch – sozialversicherungsrechtlichen – Nachteile werden in den Selbstlobreden von PolitikerInnen gern verschwiegen.

Die Bundesrepublik hat im europäischen Vergleich tatsächlich eine sehr niedrige Geburtenziffer, sie lag 1985 mit 9,6 (sic!) Lebendgeborenen je 1000 Einwohner an letzter Stelle der Statistik.[6] 1987 wurden ca. 641000 Kinder geboren; rund 91 Prozent aller Kinder werden von verheirateten Frauen geboren.[7] Seit dem Nichtehelichengesetz von 1969, das am 1.7.1970 in Kraft trat, sind nichteheliche Kinder den ehelichen fast gleichgestellt. Noch immer diskriminiert ist allerdings die nichteheliche Mutter. Ein rechtliches Beispiel dieser vielschichtigen Diskriminierung ist die bei der Geburt des Kindes automatisch eintretende Amtspflegschaft (vgl. Beitrag IV. 5 von *Reglindis Böhm*).

Die Vorstellung, das Leben mit Kindern führe zu einer größeren Zufriedenheit mit dem eigenen Leben, trifft wohl nur in Einzelfällen zu. Befragt nach den Auswirkungen der Geburt ihres Kindes auf ihre allgemeine Lebenszufriedenheit, gab der überwiegende Teil der Befragten (77 Prozent) an, dieses Ereignis hätte keinen Einfluß auf ihre Zufriedenheit gehabt.[8] Eher negativ wirkte sich die Geburt eines Kindes bei 14 Prozent der Mütter und Väter aus, während 9 Prozent zufriedener waren als zuvor. Auf alle Fälle ist das Zusammenleben von Kindern und Eltern eine konfliktreiche Angelegenheit. Manche dieser Konflikte können auch rechtliche Formen annehmen. Da in unserer Gesellschaft Kinder Frauen mehr zu Müttern machen als Männer zu Vätern, sind auch hier rechtliche Kenntnisse vonnöten (vgl. Beitrag IV. 2 von *Margarete Fabricius-Brand*).

Trotzdem ist gerade für viele Frauen die Vorstellung von einem erfüllten Leben mit Kindern verknüpft. Wenn sich eine Schwangerschaft nicht auf natürlichem Wege erreichen läßt, konzentrieren Wünsche und Hoffnungen sich auf die Adoption eines Kindes oder zunehmend auf die trügerische Chance einer «künstlichen» Befruchtung. Die damit verbundenen psychischen und auch rechtlichen Probleme drohen eher zu einem neuen Leidens- denn Lebensbereich von Frauen zu werden (vgl. Beitrag IV. 4 von *Sabine Berghahn*).

Dagegen ist die ungewollte Schwangerschaft ein alter Leidensbereich von Frauen (vgl. Beitrag IV. 3 von *Monika Frommel*). Die Angaben über die tatsächliche Höhe der Anzahl von jährlichen Schwangerschaftsabbrüchen müssen geschätzt werden, da die sogenannte Dunkelziffer in diesem Bereich sehr hoch ist. Dies ist zum Teil eine Folge der unterschiedlichen Rechtspraxis der Bundesländer, die zum Teil ambulante oder nur stationäre Abbrüche ermöglichen, was die genaue Erfassung erschwert.[9] Außerdem werden durch die weitere Verschärfung der Beratungspraxis zum § 218 StGB weiterhin Frauen zu einem illegalen Abbruch genötigt. So fuhren auch Ende der achtziger Jahre noch Tausende von Frauen in die Niederlande, nach England und nach Österreich.[10] 1985 wurden in der Bundesrepublik 83538 Schwangerschaftsabbrüche offiziell registriert.[11] Damit ging die Zahl der Abbrüche um 3,2 Prozent im Vergleich zum Vorjahr zurück.[12] Von diesen Abbrüchen wurden 84 Prozent aufgrund einer «sonstigen Notlage» erlaubt, 11,1 Prozent mußten wegen einer «allgemein-medizinischen» Indikation vorgenommen werden. Die Hälfte der Schwangerschaftsabbrüche betraf Frauen im Alter von 18 bis 19 Jahren, ein Drittel war 30 bis 39 Jahre alt und 3,4 Prozent aller Frauen waren noch nicht volljährig. Die Schätzungen über die wirkliche Gesamtzahl der Abbrüche reichen für das Jahr 1984 von 142000 bis 350000, in der Übersicht wirkt eine Zahl von etwa 200000 Abbrüchen als wahrscheinlich.[13] Wichtig ist in diesem Zusammenhang, daß die geschätzte Zahl der Schwangerschaftsabbrüche für das Ende der achtziger Jahre wesentlich geringer ist als die Schätzungen für die Jahrzehnte davor.[14] Heute werden bei weitem weniger Kinder abgetrieben als in den Zeiten eines generellen Abtreibungsverbotes durch den § 218 StGB in seiner Fassung von 1975.

Anmerkungen

1 Aus: «Emnid-Informationen», Nr. 1/2 1986, 38. Jahrgang.

2 Ebenda.

3 Aus: «Emnid-Informationen», Nr. 8/9 1986, 38. Jahrgang.

4 Aus: «Emnid-Informationen», Nr. 10 1986, 38. Jahrgang.

5 Ebenda.

6 Aus: «Datenreport 1987», Daten und Fakten über die Bundesrepublik Deutschland, durchgesehener und aktualisierter Nachdruck 1988, Bonn 1987, S. 42.

7 Ebenda, S. 46.

8 Ebenda, S. 375.

9 Vgl. Eser, A./Koch, H.-G. «Schwangerschaftsabbruch im internationalen Vergleich», Rechtliche Regelungen, soziale Rahmenbedingungen, empirische Grunddaten, Teil 1, Baden-Baden 1988.

10 Ebenda.

11 Vgl. «Datenreport 1987», a. a. O., S. 180.

12 Ebenda.

13 Ebenda, S. 181.

14 Ebenda.

IV 1 **Gabriele C. Klug**

Schwangerschaft – Mutterschutz – Erziehungsgeld und Erziehungsurlaub

IV 1

GABRIELE C. KLUG

Schwangerschaft – Mutterschutz – Erziehungsgeld und Erziehungsurlaub

1 Beruf: ja – Kinder: ja – Hilfe: minimal – Zum Problem der Vereinbarkeit von Beruf und Familie

Jeder Frau mit Kinderwunsch stellt sich heute die Frage nach der Vereinbarkeit von Beruf und Familie [1], denn keine Frau *kann* es sich heute mehr leisten, ihre Lebensperspektive auf die Versorgung als Ehefrau aufzubauen: Das ist schon rechtlich seit der Einführung des Zerrüttungsprinzips im Scheidungsrecht, der Beschränkung der Ansprüche auf nachehelichen Unterhalt und der Verlagerung des Arbeitsmarktrisikos auf die geschiedene Frau [2] nicht mehr möglich.

Vor dem Hintergrund gestiegener Berufsorientierung und besserer Ausbildung *wollen* auch zunehmend weniger Frauen sich auf diese Lebensperspektive eingrenzen lassen. Ihr Selbstbewußtsein und ihr Selbstvertrauen hat sich gewandelt – Frauen *wollen* ihre ökonomische Selbständigkeit durchsetzen.

Das Problem, Kinderwunsch und Mutterschaft mit den Anforderungen der Arbeitswelt in Einklang zu bringen, ist als «Frauenproblem» nur halb erfaßt. Innerhalb des Eingenerationen-Familienverbundes ist es kaum zu lösen: Teilzeitarbeit oder gar Heimarbeit haben sich als frauentypische Arbeitsformen etabliert und bringen nicht nur finanzielle, sondern auch rechtliche [3] und Karrieredefizite mit sich. Männer leisten sich die Betreuung des Kleinkindes in den wenigsten Fällen. Und die aktiven Omas von heute – Frauen um die 50 – haben eigene Interessen, oft genug wollen sie selbst wieder in den Beruf einsteigen, sich weiterbilden oder gesellschaftlich aktiv sein.

Wird das Problem der Vereinbarkeit von Beruf und Familie als ausschließliches «Frauenproblem» behandelt, ohne klarzustellen, daß frauen*spezifisch* lediglich die biologische Seite der Mutterschaft ist, so führt dies zwangsläufig zur Verfestigung der immer noch bestehenden diskriminierenden Tendenzen in der Arbeitswelt. Demgegenüber ist es notwendig, die Perspektive einer solidarischen und partnerschaftlichen Bewältigung der anfallenden Probleme zu eröffnen und durch die Schaffung einer entsprechenden sozialen Infrastruktur – auch im Hinblick auf das Kindeswohl[4] – die Vereinbarkeit von Beruf und Familie zu erleichtern.

Insbesondere das geltende Scheidungsfolgenrecht hat den Grundsatz der ökonomischen Selbständigkeit beider Ehegatten schon zum Prinzip gemacht. Der Gesetzgeber steht nun in der Pflicht, die tatsächlichen Voraussetzungen für die gleichberechtigte Teilhabe von Mann und Frau an einer mit dem Familienleben zu vereinbarenden Arbeitswelt zu schaffen. Von juristischen AutorInnen ist in den letzten Jahren die Ansicht vertreten worden, daß der Gesetzgeber gemäß dem Gleichberechtigungsgrundsatz und dem Sozialstaatsprinzip sogar die Verpflichtung habe, einen Ausgleich für benachteiligende Strukturen zu schaffen. Auch das Bundesverfassungsgericht lehnt diese Ansicht nicht ab.[5]

Das Gericht mußte diese Frage indes noch nicht entscheiden. Unterstützt wird die Annahme eines solchen faktischen Gleichstellungsgebotes ferner durch Art. 11 Abs. 2 des Kopenhagener Übereinkommens zur Beseitigung jeder Form von Diskriminierung der Frau, der u. a. eine Selbstverpflichtung der Bundesrepublik zur Schaffung von Kinderbetreuungsmöglichkeiten enthält: Das Abkommen wurde 1985 durch Ratifizierung Teil des bundesdeutschen Rechts.[6] Die rechtlichen Möglichkeiten, die sich aus dem Gebot der tatsächlichen Gleichstellung in der Arbeitswelt ergeben, und die Auswirkungen, die dies auf die herrschende Interpretation des Art. 6 Abs. 4 GG hat[7], sind bislang noch nicht umfassend untersucht. Die Schaffung einer familienfreundlichen sozialen Infrastruktur ist jedenfalls unabdingbare Voraussetzung für die Vereinbarkeit von Beruf und Familie.

2 Die Regelungen des Mutterschutzgesetzes (MuSchG)

2.1 Persönlicher Geltungsbereich des Mutterschutzgesetzes

Elise kommt zum Arzt – na, nun hat's geklappt, sie ist schwanger. In der zehnten Woche.

Aber: Sie hat auch gerade bei einer neuen Arbeitsstelle angefangen und endlich die qualifizierte Tätigkeit als Industriekauffrau gefunden, die sie auch nach ihrer Schwangerschaft weiter ausüben will. Elise hatte sich schon während ihrer Ausbildung vorgenommen, nach Schwangerschaft und Mutterschutz eigene Berufstätigkeit und Familienarbeit unter einen Hut zu bringen.

Ludwig, der «Kindesvater», unterstützt diese Einstellung. Mit Elise und Ludwig wollen wir die rechtlichen Stationen durchlaufen, mit denen sich werdende und gerade gewordene Eltern, vor allem aber die Mütter, konfrontiert sehen.

Doch vorab einige Erläuterungen zum Anwendungsbereich des Mutterschutzgesetzes (MuSchG). Wie noch immer im Prinzip jede arbeitsrechtliche Schutznorm, so ist auch das MuSchG im persönlichen Anwendungsbereich an die Rechtsform des Beschäftigungsverhältnisses gebunden. Also stellt sich zunächst die Frage, ob die werdende Mutter in einem durch das Gesetz geschützten Rechtsverhältnis arbeitet (zu ungeschützten Arbeitsverhältnissen allgemein vgl. I.4 Teilzeit...). Das ist dann der Fall, wenn sie als Arbeitnehmerin – sei es befristet oder unbefristet –, als Heimarbeiterin oder dieser Gleichgestellte tätig ist. Auf die Zahl der Wochenarbeitsstunden kommt es nicht an. Auf Beamtinnen oder echte Selbständige (vgl. I.6 Existenzgründung...) finden die Regelungen des MuSchG keine Anwendung. Beamtinnen sind durch verschiedene Rechtsverordnungen geschützt, die etwa denselben Schutzstandard garantieren, wie das MuSchG.[8]

Für selbständige Gewerbetreibende, die für andere Auftraggeber tätig werden – etwa aufgrund eines Werkvertrages –, gibt es hingegen keinerlei rechtliche Absicherung. Das trifft werdende Mütter aus den sogenannten freien Berufen (Architektinnen, Beraterinnen, Anwältinnen) ebenso wie Schreibkräfte, die auf Werkvertragsbasis für immer denselben Arbeitgeber Aufträge erledigen, wobei hier oftmals der tatsächliche Ablauf des Vertragsverhältnisses mit der gewählten Rechtsform (Werkvertrag) nicht übereinstimmt. In solchen Fällen ist den betroffenen Frauen dringend anzuraten, sich anwaltlich oder – sofern sie deren Mitglied sind – durch eine Gewerkschaft beraten zu lassen und ggf. gerichtlich abzuklären, ob sie nicht doch Arbeitnehmerinnen oder zumindest Heimarbeiterinnen im Rechtssinne sind. Eine solche Rechtsfrage kann entweder in einem selbständigen «Statusprozeß» geklärt werden, oder aber sie wird als Vorfrage mitgeklärt, wenn es etwa bei der werdenden Mutter um die Anwendung des Kündigungschutzes oder Entgeltschutzes auf das jeweilige Beschäftigungsverhältnis geht.

Keinen Rechtsschutz nach dem MuSchG genießen ferner die sogenannten arbeitnehmerähnlichen Personen. Nach der gesetzlichen Definition des § 12a Tarifvertragsgesetz (TVG) handelt es sich um alle diejenigen Personen, die wirtschaftlich abhängig und vergleichbar einem Arbeitnehmer sozial schutzbedürftig sind, die aber nach dem sonstigen Ablauf ihrer Arbeit über diese im wesentlichen frei bestimmen können.[9] Zu ihnen zählen die freien Mitarbeiterinnen, zum Beispiel beim Funk oder bei der Presse.

Der Schutz dieser Personengruppe ist auf ein Minimum reduziert: Grundsätzlich sollen die arbeitsrechtlichen Schutzvorschriften nicht anwendbar sein. Im Einzelfall ist immer zu prüfen, ob nach dem Sinn und Zweck der Vorschrift eine entsprechende Anwendung in Frage kommen kann. In der Literatur wird die Anwendbarkeit des MuSchG abgelehnt.[10] Dies überzeugt jedoch nicht, wenn man davon ausgeht, daß das MuSchG in Konkretisierung des Art. 6 Abs. 4 Grundgesetz gewährleisten soll, daß die Schwangerschaft u. a. um des Kindes willen möglichst konfliktfrei verläuft. Aus diesem Grund haben sich schon in der Vergangenheit eine Reihe von Autorinnen gegen diese rechtliche Beurteilung gewendet.[11] Eine solche Ausgrenzung zu verhindern, erscheint um so wichtiger, als in jüngerer Zeit die Tendenz zur Schaffung ungeschützter Arbeitsverhältnisse unter den Schlagworten «Flexibilisierung» und «Deregulierung» wächst. Schließlich spricht für die Anwendbarkeit des MuSchG, daß die ebenfalls als arbeitnehmerähnliche Personen geltenden Heimarbeiterinnen und die ihnen Gleichgestellten den Schutz des MuSchG genießen (§ 1, Ziffer 2 MuSchG), wenn auch teilweise eingeschränkt. Die Frage muß differenzierter gelöst werden.

Wie bei anderen Schutzvorschriften ist auch hier zu fragen, in welchem Umfang die Schutzvorschriften des MuSchG auf arbeitnehmerähnliche Personen Anwendung finden können: Dies dürfte auf die Kernvorschriften – Kündigungsschutz, Entgeltschutz und Gefahrenschutz – *immer* zutreffen, so daß allenfalls bei Vorschriften, bei denen etwa die freie Zeitbestimmung im Vordergrund steht (zu denken ist an die Stillzeiten) die Anwendung auf arbeitnehmerähnliche Personen fraglich werden könnte. Aber diese Rechtsfrage ist – soweit ersichtlich – noch nicht höchstrichterlich geklärt.

2.1.1 Die Mitteilung der Schwangerschaft

Elise hat, um in den Genuß der Rechte nach dem MuSchG zu kommen, ihrem Arbeitgeber Mitteilung von der bestehenden Schwangerschaft gemacht.

§ 5 Abs. 1 MuSchG sieht dies als «Soll-Vorschrift» vor. Weil es sich aber um Informationen aus dem Intimbereich handelt, darf die werdende Mutter entscheiden, ob sie dem Arbeitgeber Mitteilung macht.[12] Die Wahlfreiheit der Arbeitnehmerin erschöpft sich allerdings darin, daß – unterläßt sie die Mitteilung – sie keine Rechte aus dem MuSchG geltend machen kann.

Eine ältere Meinung sieht dies noch eingeschränkter: Die Freiheit der Arbeitnehmerin soll nur gelten, wenn berechtigte Arbeitgeberinteressen nicht gefährdet sind. Ergeben sich aus Beschäftigungsverboten, der Dauer der Einarbeitungszeit für eine Ersatzkraft usw. berechtigte Interessen des Arbeitgebers an der Mitteilung, oder – Beispiel: Artistin, Stewardess, Röntgenassistentin – kann das Arbeitsverhältnis nach Eintritt der Schwangerschaft nicht mehr durchgeführt werden, so soll sich die Arbeitnehmerin sogar schadenersatzpflichtig machen, wenn sie eine Mitteilung unterläßt.[13] Angesichts der jüngeren Rechtsprechung des Bundesverfassungsgerichts zum informationellen Selbstbestimmungsrecht[14], das auch im Bereich des Arbeitsrechts Geltung beanspruchen darf, wird man diese Rechtsprechung nicht mehr aufrechterhalten können: Eine so weitgehende Verpflichtung der Beschäftigten, für das Betriebswohl Sorge zu tragen, erscheint zudem auch unter vertraglichen Gesichtspunkten nicht mehr vertretbar.

Das Bestehen der Schwangerschaft kann durch den Mutterpaß belegt werden. Es reicht aber, dem Arbeitgeber eine formlose Mitteilung zukommen zu lassen. Aus Beweisgründen empfiehlt sich die Mitteilung in jedem Fall schriftlich, besser noch durch Boten.

Die Schwangere ist *verpflichtet*, dem Arbeitgeber ein Attest vorzulegen, aus dem er die für die Schutzfristen maßgeblichen Zeiten berechnen kann (§ 5 Abs. 2 MuSchG). Hierbei handelt es sich um einen Informationsanspruch des Arbeitgebers, der jedoch erst dann entsteht, wenn die Schwangere den Schutz des MuSchG für sich in Anspruch nehmen will. Der Arbeitgeber muß seinerseits nach Kenntnis der Schwangerschaft der zuständigen Aufsichtsbehörde Mitteilung machen. Dritten darf er ohne Zustimmung der Schwangeren keine Mitteilung machen. Das gilt jedenfalls für Kolleginnen und Vorgesetzte. Dritter in diesem Sinne dürften in der Regel auch die Betriebsratsmitglieder sein.[15]

Abzulehnen ist die von G. Schaub vertretene Auffassung, daß bei minderjährigen Auszubildenden der Arbeitgeber zur Mitteilung gegen den Erziehungsberechtigten – auch gegen den Willen der Schwangeren – berechtigt sei. Insoweit haben die beschworenen «erzieherischen Momente» des Ausbildungsverhältnisses vor dem Persönlichkeitsrecht – insbesondere dem Recht auf informationelle Selbstbestimmung – der minderjährigen Schwangeren zurückzutreten.

Zurück zu Elise:

Elise hat – der Einfachheit halber – dem Arbeitgeber eine Ablichtung aus dem Mutterpaß vorgelegt. Auf Anfrage hat sie auch einer Mitteilung an den Betriebsrat zugestimmt, denn dessen Aufgabe ist es ja auch, die Einhaltung der Schutzbestimmungen nach dem MuSchG, ggf. aus Tarifverträgen oder Betriebsvereinbarungen, zu überwachen (§ 80 Betriebsverfassungsgesetz).

2.1.2 Zurückbehaltungsrecht bei Verstößen gegen das Mutterschutzgesetz

Jeder Verstoß des Arbeitgebers gegen die zugunsten der Schwangeren bestehenden Schutzvorschriften löst bei Kenntnis der Schwangerschaft ein Zurückhaltungsrecht der Frau aus: Zwar darf eine Beschäftigte nicht ohne weiteres zur Aufsichtsbehörde gehen, um den Fall dort vorzutragen. Die Rechtsprechung des Bundesarbeitsgerichts hält dies bedauerlicherweise immer noch für mit der betrieblichen Treuepflicht unvereinbar. Allerdings darf sich die schwangere Frau bei Verstößen gegen das MuSchG und andere Vorschriften zulässigerweise weigern, die Arbeit fortzuführen (Zurückbehaltungsrecht). Wenn ein Schaden eintritt, darf sie auch Schadenersatzansprüche geltend machen. Darüber hinaus steht ihr – formaljuristisch – die Waffe der fristlosen Kündigung gegenüber dem Arbeitgeber zu, wenn es sich um gravierende Verstöße handelt: Im Normalfall dürfte ihr damit allerdings wenig gedient sein.

2.2 Sachlicher Geltungsbereich des Mutterschutzgesetzes

In sachlicher Hinsicht läßt sich der Schutz durch das MuSchG in drei Bereiche gliedern:
- Gefahrenschutz,
- Entgeltschutz,
- Arbeitsplatzschutz.

2.2.1 Gefahrenschutz

Schwangere Frauen und stillende Mütter haben einen Anspruch auf einen angemessenen Arbeitsplatz: Grundsätzlich hat der Arbeitgeber den Arbeitsplatz so einzurichten, daß Leben und Gesundheit der (werdenden) Mutter geschützt sind (§ 2 Abs. 1 MuSchG, 120 a Gewerbeordnung, 28 Jugendarbeitsschutzgesetz).

§ 2 MuSchG enthält weitere Einzelheiten:
- Bei Arbeiten, die ständiges Stehen oder Gehen erfordern, sind Sitzgelegenheiten zum kurzen Ausruhen bereitzustellen (§ 2 Abs. 2 MuSchG).
- Bei ständig im Sitzen ausgeführten Tätigkeiten ist Gelegenheit zu kurzen Unterbrechungen zu geben.
- Gemäß § 31 Arbeitsstättenverordnung ist es werdenden/stillenden Müttern zu ermöglichen, während der Pausen und auch in der Arbeitszeit in einem geeigneten Raum auf einer Liege auszuruhen.[16]
- Darüber hinaus kann die Aufsichtsbehörde im Einzelfall bestimmte Schutz- und Vorsorgemaßnahmen anordnen (§ 2 Abs. 4 MuSchG).

2.2.2 Beschäftigungsverbote

Generelle Beschäftigungsverbote[17] sind enthalten in:
- § 3 Abs. 1, soweit bei Weiterbeschäftigung Leben und Gesundheit von Mutter und Kind gefährdet wären,

- § 3 Abs. 2, in den letzten sechs Wochen vor der Entbindung. Maßgeblich ist der von Ärztin/Arzt bzw. Hebamme/Entbindungspfleger vorausberechnete Entbindungstermin. Die Fristberechnung erfolgt auch im Mutterschutzrecht nach §§ 187 f. BGB.

Beispiel: Ist der voraussichtliche Termin der Niederkunft nach dem Mutterpaß Mittwoch, der 1. März 1989, so beginnt die sechswöchige Schonfrist am Mittwoch, dem 18. Jan. 1989.

Das Beschäftigungsverbot des § 3 Abs. 2 MuSchG ist kein absolutes. Erklärt sich die werdende Mutter ausdrücklich zur Arbeitsleistung bereit, so kann sie weiterarbeiten. Diese Erklärung ist jederzeit wiederruflich.

- § 6 Abs. 1 MuSchG, in den ersten acht Wochen nach der Niederkunft (bei Mehrlingsgeburten zwölf Wochen). Dieses Beschäftigungsverbot ist absolut, Ausnahmen sind nicht zulässig.[18]

Kompliziert und wenig nachvollziehbar ist die Lage bei Fehl- oder Totgeburten. In diesen Fällen liegt keine «Entbindung» vor. Bei *Fehl- oder Totgeburten* wird die Schutzfrist daher grundsätzlich nicht ausgelöst. Es greifen die allgemeinen Regeln über Arbeitsunfähigkeit. Allerdings gilt die «Abtrennung» eines totgeborenen Kindes, das mehr als 1000 g wiegt oder mindestens 35 cm lang ist, doch als Entbindung, so daß dann das MuSchG anwendbar ist.

Im Hinblick auf die Schutzfunktion des Beschäftigungsverbotes für die Wiederherstellung des körperlichen Wohlbefindens der Wöchnerin überzeugt die Regelung bei Fehl- oder Totgeburt nicht: Die physische und psychische Gesamtsituation der Frau ließe eigentlich eine Anwendung des Beschäftigungsverbotes nach dem Mutterschutzgesetz in allen Fällen als naheliegend erscheinen.

- § 7 Abs. 1, nach dieser Vorschrift ist die stillende Frau für bestimmte Zeiten zum Stillen freizustellen.[19]
- Nach § 8 Abs. 1 besteht ein Verbot von Mehr-, Nacht-, Sonn- und Feiertagsarbeit für werdende und stillende Mütter, auch insofern liegt kein absolutes Beschäftigungsverbot vor, denn Abweichungen sind nach der Vorschrift möglich. Sie bedürfen jedoch der Einschaltung der Aufsichtsbehörde.
- Eine Reihe von Beschäftigungsverboten für bestimmte Tätigkeiten und in bestimmten Entlohnungsformen, wie schwere körperliche Arbeit, Akkordarbeit usw., enthält § 4 MuSchG.

2.2.3 Bildschirmarbeit in der Schwangerschaft

Ein weiterhin umstrittenes Problem stellt die Beschäftigung von schwangeren Arbeitnehmerinnen an Bildschirmgeräten dar. § 4 Abs. 1 MuSchG enthält keine Regelung hierzu. Bildschirmarbeit, soviel steht fest, erfordert stetig hohe Konzentration und nimmt die Augen stark in Anspruch. Bildschirmarbeit ist einseitig, abwechslungsarm, kurztaktig, geistig unterfordernd, gewährt weniger Überblick über Gesamtzusammenhänge von Arbeitsabläufen und beeinträchtigt die Dispositionsmöglichkeiten hinsichtlich Arbeitstempo, Arbeitszeit und Einzeleinteilung.[20] Fachleute empfehlen daher die Einrichtung von Mischarbeitsplätzen.[21] Bildschirmarbeit wäre aber nur dann von § 4 Abs. 1 MuSchG erfaßt, wenn zugleich von Gefahren für Mutter und Kind infolge Strahlengefährdung o. ä. auszugehen wäre.

Diese Frage wurde vom Bundesarbeitsgericht[22] verneint. Nach Auffassung des Gerichts könne unter Zugrundelegung der neuesten arbeitswissenschaftlichen Erkenntnisse von einer Gefährdung durch Bildschirmarbeit nicht ausgegangen werden. Diese Ansicht ist jedoch nicht unbestritten geblieben.[23] Die zwischen verschiedenen Gewerkschaften und dem Land Hessen abgeschlossenen *Tarifverträge über die Arbeit an Bildschirmplätzen*[24] regeln in § 5 Abs. 5, daß Schwangere an Bildschirmgeräten nicht beschäftigt werden, wenn nach ärztlichem Attest die Gesundheit von Mutter und Kind bei Fortdauer der Beschäftigung gefährdet wäre. Fehlt allerdings ein gleichwertiger Arbeitsplatz, muß die Schwangere mit einer geringeren Vergütung einverstanden sein, es sei denn, sie ist nur vorübergehend geringerwertig beschäftigt. Nach Beendigung von Mutterschutz oder Erziehungsurlaub besteht ein tarifvertragliches Recht auf Rückkehr an den Bildschirmarbeitsplatz. Damit wird der Tatsache Rechnung getragen, daß die Arbeit an Bildschirmgeräten in der Regel dichter und anstrengender ist und diese zusätzlichen Belastungen v. a. in der Schwangerschaft zum Tragen kommen können.

Darüber hinaus sind zur Vermeidung von Unfällen und Gesundheitsgefährdungen sicherheitstechnische und ergonomische Regelungen zu beachten, die in den Richtlinien der Verwaltungsberufsgenossenschaft «Sicherheitsregeln für Bildschirmarbeitsplätze im Bürobereich»[25] festgehalten sind.

2.2.4 Entgeltschutz

Gemäß § 11 MuSchG darf es wegen eines Beschäftigungsverbots nicht zu Entgelteinbußen kommen. Die Vorschrift gibt den Frauen, für die das MuSchG gilt, einen Lohnanspruch gegen den Arbeitgeber (Mutterschutzlohn).

Der *Mutterschutzlohn*anspruch gegen den Arbeitgeber ist nachrangig gegenüber dem nach den Vorschriften der Reichsversicherungsordnung zu zahlenden *Mutterschaftsgeld* (§§ 200 ff. RVO) und ggf. dem Zuschuß des Arbeitgebers hierzu (§§ 13, 14 MuSchG). Das heißt, wer Mutterschaftsgeld von der Krankenkasse erhält (zwischen 3,50 DM und 25 DM pro Kalendertag je nach Höhe des Nettogehalts), kann vom Arbeitgeber nur noch einen Zuschuß bekommen, wenn vorher mehr als 25 DM pro Kalendertag verdient wurden. Die Regelungen der §§ 13, 14 MuSchG (Mutterschaftsgeld) greifen so ineinander, daß die Schwangere in den Schonfristen ihr bisheriges durchschnittliches Nettoentgelt auch weiterhin erhält.

Voraussetzung für den Bezug von *Mutterschaftsgeld* ist aber die Versicherung in der gesetzlichen Krankenversicherung und daß zwischen dem vierten und zehnten Monat vor der Entbindung für mindestens zwölf Wochen ein Arbeitsverhältnis mit Versicherungspflicht bestanden hat.

Jahressonderzahlungen dürfen nicht wegen Mutterschaft gemindert werden. Eine tarifvertragliche Regelung, die dies vorsah, hat das BAG für unwirksam erklärt, weil hierin nicht nur ein Verstoß gegen das MuSchG, sondern auch gegen Art. 6 Abs. 4 GG liegt.[26]

2.2.5 Kündigungsschutz

Gemäß § 9 Abs. 3 MuSchG besteht ein absolutes Kündigungsverbot für alle Arbeitnehmerinnen einschließlich Auszubildenden.[27] Heimarbeiterinnen und ihnen Gleichgestellte sind gem. § 9 Abs. 4 MuSchG geschützt. Diese Vorschriften gelten für alle Arten von Kündigungen (ordentliche, solche aus wichtigem Grund, Änderungskündigungen und auch bei Änderungskündigungen nach § 5 Satz 2 Beschäftigungsförderungsgesetz).[28]

Der Arbeitgeber muß zum Zeitpunkt der Kündigung von der Schwangerschaft wissen, oder es muß ihm innerhalb von zwei Wochen nach Zugang der Kündigung Mitteilung von der betroffenen Frau gemacht werden.

> Wenn Elise am Dienstag, dem 27. 6. 1989, ihre Kündigung erhielte – mündlich oder durch Zugang eines Schreibens –, so wäre dem Arbeitgeber bis zum Dienstag, dem 11. 7. 1989, die bestehende Schwangerschaft mitzuteilen, am besten durch Vorlage eines Attestes. Ausreichend zur Fristwahrung wäre es auch, wenn Elise mitteilte, sie sei wahrscheinlich schwanger.[29]
>
> Ginge diese Mitteilung erst am 12. 7. ein, so hätte Elise die Frist versäumt und könnte sich auf den Kündigungsschutz des § 9 MuSchG nicht mehr berufen.

Nach dem strikten Gesetzeswortlaut gilt dies völlig unabhängig davon, ob die Schwangere zum Zeitpunkt des Fristablaufs von der Schwangerschaft Kenntnis haben konnte. Da jedoch die Feststellung einer Schwangerschaft in den ersten Wochen nicht in jedem Falle sicher möglich ist, hat die Ausschlußfrist von zwei Wochen Anlaß zu verfassungsgerichtlicher Überprüfung gegeben. Das Gericht hat entschieden, daß die Ausschlußfrist dann nicht gilt, wenn die Schwangere ohne Verschulden erst nach Fristablauf von ihrer Schwangerschaft erfährt.[30] In diesen Fällen genießt sie den Kündigungsschutz trotz Fristversäumung, wenn sie den Arbeitgeber unverzüglich[31] informiert.

Johanna, eine Freundin von Elise, kam in diese Situation:

Schon länger kriselte es in dem Unternehmen, bei dem Johanna seit zwei Jahren als Schreibkraft tätig ist. Der Arbeitgeber hat beschlossen, die Anzahl der Beschäftigten im Schreibdienst um eine Person zu reduzieren und kündigt Johanna fristgerecht – und nach Anhörung des Betriebsrats.[32]

Johanna ihrerseits plant seit einiger Zeit mit Thomas eine Familie zu gründen, ein gerade durchgeführter Schwangerschaftstest hat aber ergeben, daß sie nicht schwanger sei.

Vier Wochen nach Zugang der Kündigung sucht Johanna erneut ihre Frauenärztin auf. Diese stellt jetzt eine Schwangerschaft in der achten Woche fest.

Johanna kann sich auf den Kündigungsschutz des § 9 MuSchG berufen: Die Schwangerschaft bestand bereits zum Zeitpunkt des Zugangs der Kündigung. Trotz Anwendung aller ihr möglichen Sorgfalt (Schwangerschaftstest durchgeführt) konnte sie dem Arbeitgeber innerhalb der Zweiwochenfrist von dem Bestehen der Schwangerschaft keine Kenntnis geben. Holt sie dies unverzüglich nach, so ist die ausgesprochene Kündigung unwirksam.

Nimmt der Arbeitgeber daraufhin seine Kündigung nicht zurück, so kann Johanna beim Arbeitsgericht Klage mit dem Antrag erheben, daß die am... zugegangene Kündigung vom...[33] unwirksam ist und das Arbeitsverhältnis über den Zeitpunkt des Ablaufs der Kündigungsfrist hinaus unverändert fortbesteht.

Wichtig ist, daß Johanna den Arbeitgeber unverzüglich von der bestehenden Schwangerschaft in Kenntnis gesetzt hat. Aus Gründen der Beweissicherung empfiehlt es sich, die Mitteilung schriftlich (mit Einschreiben/Rückschein) oder am besten durch Boten (möglicher Zeuge) zu übermitteln. Eine solche Mitteilung an einen Vertreter des Arbeitgebers (Personalbüro) reicht aus[34], die Information des Betriebsrats aber nicht. Johanna, die in ihrem Verfahren siegen wird, braucht gemäß § 9 Abs. 1 MuSchG bis zum Ablauf von vier Monaten nach der Entbindung mit einer Kündigung nicht mehr zu rechnen.

Das Kündigungsverbot bezieht sich auf sämtliche Kündigungen, umfaßt also ordentliche, außerordentliche (selbst bei schwerwiegenden Arbeitsvertragsverletzungen), Änderungskündigungen, Kündigungen eines unbefristeten Probearbeitsverhältnisses oder Kündigungen im Konkurs.[35] Geschützt wird aber nur vor einer *Kündigung*: Daher können sich Frauen, die in einem befristeten Arbeitsverhältnis beschäftigt sind, gegenüber dem *Befristungsablauf nicht* auf §39 Abs. 1 MuSchG berufen. Dies gilt auch in den Fällen, in denen die Probezeit dem «eigentlichen» Beginn des Arbeitsverhältnisses als befristetes Beschäftigungsverhältnis vorgeschaltet ist.

Auf den Kündigungsschutz kann im voraus vertraglich nicht verzichtet werden. Jegliche Vertragsgestaltung, die in diese Richtung geht, ist daher unwirksam.

Der Kündigungsschutz nach dem Mutterschutzgesetz erstreckt sich bis auf vier Monate nach der Niederkunft. Nimmt die Frau anschließend den Erziehungsurlaub in Anspruch, so besteht Kündigungsschutz nach § 18 Bundeserziehungsgesetz (BErzGG).

Nach § 9 Abs. 3 MuSchG kann die für den Arbeitsschutz zuständige oberste Landesbehörde. «...in besonderen Fällen ausnahmsweise die Kündigung während der Mutterschutzfrist für zulässig erklären.» Die Formulierung zeigt, daß es sich dabei nach dem Willen des Gesetzgebers um sehr seltene Fälle handeln soll («in besonderen Fällen» *und* «ausnahmsweise»). Der Arbeitgeber muß in jedem Falle die Zustimmung der Behörde zur Kündigung *vor* Ausspruch der Kündigung einholen. Tut er dies nicht, so ist die Kündigung unheilbar nichtig. Sie kann mit einer Klage vor dem Arbeitsgericht erfolgreich angegriffen werden. Diese Klage ist nicht an die Frist des § 4 KSchG gebunden.

Die Entscheidung der Behörde ist ein Verwaltungsakt. Gegen diesen kann von der belasteten Partei *Widerspruch* innerhalb eines Monats nach Zugang (§§ 68ff. VwGO) eingelegt werden.

Bei Umständen aus dem betrieblichen Bereich bedarf es einer zweifelsfrei nachgewiesenen Gefährdung, zumindest aber einer bis an die Grenze der Gefährdung reichenden Bedrohung der wirtschaftlichen Existenz des Arbeitgebers. Dies muß auch nachgewiesen werden, etwa durch Vorlage (neuerer) Bilanzen und Gewinn- und Verlustrechnungen oder Gutachten eines vereidigten Bilanzsachverständigen.[36]

Erst wenn dies alles gegeben ist (wobei der «besondere Fall» *auch* durch ein persönliches Fehlverhalten der Arbeitnehmerin – «Ausrasten» in der Frühschwangerschaft zum Beispiel – gegeben sein kann), ist der Behörde ein Ermessen eröffnet, so daß sie *ausnahmsweise* die Zustimmung erteilen *kann*. Sie hat dabei die Belange des Mutterschutzes sorgsam gegenüber den Arbeitgeberinteressen abzuwägen.

Gegen die Entscheidung der Behörde ist der Rechtsweg vor die Verwaltungsgerichte eröffnet. Ein Widerspruchsbescheid zu Lasten der Schwangeren kann von dieser mit einer Anfechtungsklage angegriffen werden.[37]

In der Literatur ist eine Tendenz zu beobachten, wonach die gegenüber den Mutterschutzrichtlinien aufgeweichtere Rechtsverordnung des Bundes zu § 18 BErzGG, die insbesondere dem Arbeitgeber zur Wahrung seiner wirtschaftlichen Interessen mehr Spielraum verschafft, auch im Bereich des Mutterschutzgesetzes zur Rechtfertigung einer Kündigung anzuwenden sei. Das wird mit der Gleichartigkeit der Verhältnisse begründet. Dem kann nicht gefolgt werden. Es liegt m. E. auf der Hand, daß während der kürzeren Dauer des Kündigungsschutzes nach dem MuSchG angesichts der besonderen starken seelischen und körperlichen Belastung der Frau ein stärkerer Schutz gerechtfertigt ist als während des anschließenden Kündigungsschutzes nach dem BErzGG. Für die Zulässigkeit von Kündigungen im Rahmen des § 9 MuSchG sind daher striktere Voraussetzungen zu fordern.[38]

2.2.6 Stillzeiten

Inzwischen ist Elise niedergekommen und hat eine Tochter, Lena, geboren.

Nach § 7 MuSchG ist auf ihr Verlangen hin der stillenden Mutter die erforderliche Stillzeit während der Arbeitszeit und ohne Verdiensteinbuße zu gewähren.[39]

Erforderliche Stillzeit ist der Zeitraum, der zur Vorbereitung des Stillens, einschließlich der Anfahrt, des Säuberns usw. benötigt wird.[40] Das Gesetz sieht dafür mindestens zweimal eine halbe Stunde täglich vor.

Der Arbeitgeber hat die Stillzeit ohne Rücksicht auf die tägliche Arbeitszeit zu gewähren und darf sie weder vor- noch nacharbeiten lassen. Stillzeiten dürfen nicht mit Ruhezeiten verrechnet werden und sind auch dann während der Arbeitszeit zu gewähren, wenn in Gleitschicht gearbeitet wird. Der Arbeitgeber hat keinen Rechtsanspruch darauf, daß Stillende ihre Arbeitszeit so legen, daß die Stillzeiten in die Freizeit fallen. Für das Stillen darf der Arbeitnehmerin kein Verdienstausfall entstehen (§ Abs. 2 MuSchG).

Umstritten allerdings ist, über welchen Zeitraum der Anspruch besteht. Nach heutigen ernährungsphysiologischen und immunologischen Erkenntnissen – so die einen – sei davon auszugehen, daß über das erste Lebensjahr des Kindes hinaus Stillen «weder erforderlich noch zweckmäßig» ist.[41] Ohne besondere medizinische Indikation könne der Arbeitgeber daher ein entsprechendes Verlangen der Arbeitnehmerinnen als rechtsmißbräuchlich zurückweisen. Diese wirklich erstaunlichen, unbelegten Behauptungen finden weder im Gesetz noch in der Medizin ausreichende Grundlagen: Neben der von den Autoren bemühten immunologischen und ernährungsphysiologischen Seite des Stillens gibt es ganz unbestritten auch die psychische Seite, den Aspekt der intensiven Zuwendung, der in der jüngeren Literatur zur Bedeutung des Stillens hervorgehoben wird. Dieser Gesichtspunkt wird von den Gegnern nicht einmal erwähnt. Auf «Erforderlichkeit» und «Zweckmäßigkeit» des Stillens hingegen kann es nach dem klaren Wortlaut der Vorschriften nicht ankommen. Die Mutter entscheidet, ob, wann und wie sie ihr Kind stillt. Allenfalls im Rahmen des Gebots gegenseitiger Rücksichtnahme kann sie gehalten sein, dann, wenn das Stillen einen völlig unwesentlichen Beitrag zur Ernährung *und* zur seelischen Entwicklung des Kindes leistet, auf die Gegebenheiten des Arbeitsverhältnisses Rücksicht zu nehmen. Im übrigen werden einem 14 Monate alten Kind die dem Verwaltungsrecht entliehenen Kriterien der Erforderlichkeit und Zweckmäßigkeit kaum nachvollziehbar sein. Es ist daher in jedem Einzelfall festzustellen, ob aufgrund der *konkreten* Mutter-Kind-Beziehung die Zeit zum Stillen einzuräumen ist. Dabei ist zu berücksichtigen, daß gerade das Stillen durch die berufstätige Mutter für die Entwicklung des Säuglings eine besondere Bedeutung hat. Jüngere kinderpsychologische Untersuchungen betonen die Tatsache, daß für die Entwicklung des Kleinstkindes nicht die Dauer der täglichen Zuwendung durch Bezugspersonen, sondern deren Konsistenz, die Verläßlichkeit, ausschlaggebend sei.

Die Tatsache des Stillens ist dem Arbeitgeber auf Verlangen nachzuweisen – üblicherweise geschieht dies durch Attest einer Hebamme oder einer ÄrztIn.

2.3 Rechtsweg

Für Streitigkeiten um Rechte aus dem Mutterschutzgesetz sind die Arbeitsgerichte zuständig.

3 Pflegeurlaub bei Krankheit des Kindes

Eine ganz schwierige Situation entsteht für berufstätige Mütter und Väter, wenn Kinder krank werden. Die Rechtslage ist hier so unbefriedigend, daß viele ArbeitnehmerInnen gezwungen sind, sich selbst krank zu melden, um die Versorgung der Kinder in Krankheitsfällen zu gewährleisten. Die Ansprüche richten sich nach § 616 BGB oder § 45 Sozialgesetzbuch Fünftes Buch (SGB V). Wegen des Abbedingens von § 616 BGB in vielen Tarifverträgen oder Einzelarbeitsverträgen ist zumeist die (ungünstigere) Regelung des § 45 SGB V maßgeblich (vgl. I.2 Arbeitsrecht im Frauenalltag...).

3.1 Freistellung von der Arbeit nach § 616 Bürgerliches Gesetzbuch (BGB)

Die Vorschrift des § 616 BGB sieht vor, daß die ArbeitnehmerInnen rechtsformabhängig – § 616 BGB gilt nicht für HeimarbeiterInnen, WerkvertragsnehmerInnen, sinngemäß aber wohl für arbeitnehmerähnliche Personen – bei Verhinderung durch «einen in seiner Person liegenden Grund» ohne eigenes Verschulden für eine «verhältnismäßig nicht erhebliche» Zeit weiterhin einen Lohnanspruch behalten.

Unumstritten ist, daß die Vorschrift auch einen Anspruch auf vergütete Freistellung im Falle der Erkrankung des Kindes umfaßt, wobei durch die Rechtsprechung als «verhältnismäßig nicht erhebliche Zeit» ein Zeitraum von fünf Tagen anerkannt ist.[42] Die Krankheit des Kindes ist durch kinderärztliches Attest nachzuweisen.[43] Die Vorschrift ist auch bei mehreren Krankheiten, die auf verschiedenen Ursachen beruhen, anzuwenden. Der maßgebliche Zeitraum wird dann jeweils erneut ausgelöst, d. h., bei einer weiteren Erkrankung stehen jeweils wieder fünf Tage Freistellung zur Verfügung. Praktisch hat die Vorschrift nur wenig Bedeutung, denn sie ist abdingbar. Durch Tarifvertrag oder einzelvertragliche Abmachung können sich die Arbeitgeber von der Zahlungspflicht befreien.[44] Dies ist durch die meisten Tarifverträge geschehen. Üblich geworden sind Klauseln, wonach die durch Tarifvertrag anerkannten Fälle des § 616 BGB abschließend aufgezählt sind: Es handelt sich dabei um bezahlte Freistellungen bei Silberhochzeit, Umzug, Hochzeit, Geburt eines Kindes, Todesfall usw. Die Betreuung von Kindern oder pflegebedürftigen älteren Familienmitgliedern ist in der Regel nicht erfaßt. Dies ist als erheblicher Mißstand zu kennzeichnen, um dessen Abschaffung sich die Tarifvertragsparteien unbedingt Gedanken machen müßten, soll die Praxis der Krankschreibung zur Pflege Kranker nicht langfristig fortgeführt werden. Entsprechend einzelvertragliche Klauseln, die die Anwendbarkeit des § 616 BGB ausschließen, lauten z. B.: «Vergütet wird nur die tatsächlich geleistete Arbeit».

3.2 Freistellung von der Arbeit nach § 45 Sozialgesetzbuch Fünftes Buch (SGB V)

Für Regelungen durch die Tarifvertragsparteien besteht um so mehr Bedarf, als der unabdingbare gesetzliche Anspruch auf Freistellung nach § 45 SGB V[45] kürzer ist: Der Anspruch auf Lohnersatz gegenüber der Krankenkasse besteht nur bis zur Vollendung des achten Lebensjahres des Kindes und ist auf fünf Arbeitstage im Kalenderjahr begrenzt. Der

Anspruch kann ferner nur dann geltend gemacht werden, wenn das Kind ebenfalls in der gesetzlichen Krankenversicherung mitversichert ist. Gezahlt wird Krankengeld, was in der Praxis zu zusätzlichen bürokratischen Schwierigkeiten in der Abrechnung führt.

3.3 Betreuungsurlaub nach § 50 Abs. 2 Bundesangestelltentarifvertrag (BAT)

Eine Entscheidung des Bundesarbeitsgerichts vom Januar 1989 hat zum Anspruch auf Sonderurlaub nach § 50 Abs. 2 BAT klargestellt, daß als «wichtiger Grund» im Sinne dieser Vorschrift auch die Betreuung von Kleinkindern gilt. Über den Sonderurlaub entscheidet der Arbeitgeber. Er hat Sonderurlaub (im Verfahren ging es um drei Jahre) nach billigem Ermessen (§ 315 BGB) zu erteilen, wenn ein wichtiger Grund (zum Beispiel die Betreuung von Kleinkindern) vorliegt *und* die dienstlichen oder betrieblichen Verhältnisse dies gestatten.[46]

4 Die Regelungen des Bundeserziehungsgeldgesetzes (BErzGG)

Seit 1986 gibt es ein Bundeserziehungsgeldgesetz (BErzGG), das – rechtsformunabhängig! – allen Personen männlichen oder weiblichen Geschlechts unter bestimmten Voraussetzungen einen Anspruch auf Erziehungsgeld und – an den Erziehungsgeldanspruch gekoppelt – Erziehungsurlaub einräumt. Bei diesem Gesetz handelt es sich zwar um eine wichtige familienpolitische Maßnahme. Im Vergleich zur früher geltenden Regelung des Mutterschaftsurlaubs (ein halbes Jahr Urlaubsanspruch bei Fortbezug des Einkommens in Höhe des Nettoentgelts) bringt die neue Regelung für berufstätige Frauen (nur diese waren nach der alten Regelung anspruchsberechtigt) allerdings Verschlechterungen in wirtschaftlicher Hinsicht. Das trifft viele Alleinerziehende. Weil Erziehungsgeld während der ersten sechs Monate einkommensunabhängig gewährt wird, sprechen viele von einer «Gebärprämie». Es wäre sicher sinnvoll zu überdenken, ob das Gießkannenprinzip nicht – zugunsten der sozial Schwächeren – durch gezielte Zuwendungen in Höhe des Nettoentgelts ersetzt werden sollte.

4.1 Die Regelungen zum Erziehungsgeld

4.1.1 Anspruchsvoraussetzungen

Erziehungsgeld wird auf Antrag für ein Jahr ab Geburt des Kindes gewährt. Durch eine Änderung des Gesetzes im Juli 1989 wird für nach dem 30. 6. 1989 geborene Kinder Erziehungsgeld für 15 Monate und für nach dem 30. 6. 1990 geborene Kinder für 18 Monate gezahlt. Bei Mehrlingsgeburten wird künftig für jedes Kind Erziehungsgeld gewährt. Die Erziehungsgeldberechtigung ist an die Sorgeberechtigung für das Kind geknüpft.

Nehmen wir an, Elise und Ludwig wären nicht verheiratet. In diesem Falle könnte nach dem BErzGG nur Elise Erziehungsgeld/Erziehungsurlaub für sich in Anspruch nehmen. Dies liegt daran, daß nach § 1705 BGB ausschließlich die nichteheliche Mutter das Sorgerecht inne hat. Anspruchsberechtigt sind auch Adoptivelternteile – selbst dann, wenn das Kind erst in sogenannter Adoptionspflege in die Familie aufgenommen ist. Erziehungsgeld kann nach der Neuregelung für nach dem 30. 6. 1989 geborene adoptierte Kleinkinder vom Zeitpunkt der Inobhutnahme an 18 Monate bis zur Vollendung des 3. Lebensjahres gewährt werden, so daß Adoptiveltern von Säuglingen nicht mehr günstiger stehen als Adoptiveltern von älteren Kleinkindern. Ebenso sind Großeltern oder andere Personen, denen das Sorgerecht übertragen ist, anspruchsberechtigt.

Sind die Eltern verheiratet, so steht ihnen beiden das Sorgerecht zu. Sie können einen Elternteil bestimmen. Einigen sie sich nicht, so ist die Ehefrau die Berechtigte (§ 3 Abs. 2 BErzGG). Es ist auch möglich, die Person des Erziehungsgeldberechtigten zu *wechseln*. Doch kann ein solcher Wechsel nur einmal für einen zusammenhängenden Zeitraum vorgenommen werden. Der Anspruch auf Erziehungsgeld ist nicht abhängig von der deutschen Staatsbürgerschaft, wohl aber von der Begründung eines Wohnsitzes in der Bundesrepublik oder Berlin (West). Daher können in der Bundesrepublik lebende *ausländische Staatsbürgerinnen* und *Asylberechtigte* Leistungen nach dem BErzGG in Anspruch nehmen. Umstritten ist die Berechtigung von Asylbewerberinnen: Während des Asylverfahrens können nach einer Entscheidung des Bundessozialgerichts[47] weder Wohnsitz noch gewöhnlicher Aufenthalt in der Bundesrepublik Deutschland begründet werden. Es steht nicht zu erwarten, daß das Bundessozialgericht diese Rechtsprechung im Hinblick auf § 1 BErzGG aufgibt. Gleichwohl vermag die Begründung nicht zu überzeugen: Angesichts der Dauer von Asylverfahren über mehrere Jahre und der begrenzten Dauer von Leistungsansprüchen nach dem BErzGG ist diese Rechtsprechung des Bundessozialgerichts m. E. auf § 1 BErzGG kaum zu übertragen. Zudem ist der Aufenthalt während der Zeit des Asylverfahrens rechtmäßig. Schließlich käme es zu Ungereimtheiten im Verhältnis zu den Ausländern, die im Besitz einer Aufenthaltserlaubnis (etwa zu Studienzwecken) sind und während ihres Aufenthalts die Asylberechtigung verfolgen. Diese wären nämlich auch nach der Gegenmeinung anspruchsberechtigt.[48]

4.1.2 Höhe des Erziehungsgeldes

In den ersten sechs Monaten abzüglich der Mutterschutzfrist, wenn die Mutter berufstätig war, wird das Erziehungsgeld in Höhe von DM 600 einkommensunabhängig gewährt. Der Anspruch entfällt nur, wenn während dieser Zeit Leistungen mit Lohnersatzfunktion, wie Krankengeld, Verletztengeld, Unterhaltsgeld, Kurzarbeitergeld, Arbeitslosengeld usw.[49] in Anspruch genommen werden. Leistungen, die unter dem Gesichtspunkt der Bedürftigkeit erfolgen – dies sind zum Beispiel Arbeitslosen- und Sozialhilfe –, werden jedoch nicht angerechnet. Hierzu zählt auch z. B. die Berufsausbildungsbeihilfe gemäß § 40 Arbeitsförderungsgesetz (AFG).

Vom siebten Lebensmonat des Kindes an wird das Erziehungsgeld einkommensabhängig gewährt. Was als Einkommen anzurechnen ist, bestimmt § 6 des BErzGG: Zugrunde zu legen ist das Einkommen, das im vorletzten Kalenderjahr von beiden Ehegatten erzielt wurde. Sollte das gegenwärtige Familieneinkommen voraussichtlich geringer sein als das des vorletzten Kalenderjahres, so ist das aktuelle Einkommen zugrunde zu legen.

Die Einkommensgrenzen betragen derzeit bei Verheirateten DM 29400, bei Alleinstehenden DM 23700 jährlich. Hierzu werden DM 4200 für jedes weitere Kind gerechnet. Lebt die erziehungsberechtigte Mutter eines nichtehelichen Kindes mit einem Partner zusammen, so wird dessen Einkommen nicht angerechnet.

Von dem diese Einkommensgrenzen übersteigenden Betrag werden 40 Prozent auf das Erziehungsgeld angerechnet, also monatlich 1/12 des Restbetrages.

Das Familieneinkommen von Elise und Ludwig, die inzwischen verheiratet sind und Ludwigs Kind aus erster Ehe in ihrem Haushalt aufgenommen haben, beträgt jährlich DM 48000. Es ist ein Freibetrag von DM 29400 und DM 4200, also DM 33600 anzurechnen. Hieraus ergibt sich ein Überhang von DM 14400. Von diesem Überhangsbetrag sind 40 Prozent anzurechnen, also DM 5760. Monatlich sind daher DM 480 abzuziehen, so daß das Erziehungsgeld ab dem siebten Monat DM 120 beträgt.

Auf andere einkommensabhängige Sozialleistungen (Sozialhilfe, Arbeitslosenhilfe und Wohngeld) wird Erziehungsgeld nicht angerechnet (§ 8 BErzGG).

4.1.3 Erziehungsgeld und Erwerbstätigkeit

Will eine Frau Erziehungsgeld beziehen, so darf sie keine oder nur eine weniger als halbzeitige Erwerbstätigkeit ausüben (§ 1 Abs. 1 Nr. 4 BErzGG). Als rechtspolitisch bedenklich muß dieser Ausschluß einer überhalbzeitigen Berufstätigkeit der anspruchsberechtigten Person bezeichnet werden. Die Teilzeitgrenze von 19 Wochenstunden macht deutlich, daß es dem Gesetz nicht nur auf die Stärkung der Familie ankommt, sondern darüber hinaus auf Entlastung des Arbeitsmarkts zielt: durch den wirtschaftlichen Anreiz, für einige Zeit aus nach dem Arbeitsförderungsgesetz (AFG) versicherungspflichtiger Tätigkeit auszuscheiden. Das schafft weitere Randgruppen-Beschäftigungsverhältnisse – und zwar für Frauen!

Auch gibt es keinen Anspruch auf Teilzeittätigkeit beim bisherigen Arbeitgeber. Bei einem anderen Arbeitgeber darf nicht gearbeitet werden (§ 15 Abs. 5 BErzGG). Die betroffene Person ist daher auf das Wohlwollen ihres Arbeitgebers angewiesen. Der Gesetzgeber hat dies ganz bewußt in Kauf genommen: Er sah in einem Anspruch auf Reduzierung der Arbeitszeit einen zu starken Eingriff in die Dispositionsfreiheit des Arbeitgebers und ist davon ausgegangen, daß nicht jeder Arbeitsplatz für eine Teilzeitbeschäftigung geeignet sei. Dies kritisch zu überprüfen, hat die Arbeitnehmerin aber keine Handhabe.

Nach der Novellierung brauchen wenigstens Auszubildende die Lehre nicht mehr abzubrechen, wenn sie Erziehungsgeld in Anspruch nehmen wollen.

4.1.4 Rechtsweg

Bei Streitigkeiten über die Anspruchsvoraussetzung und die Höhe des Erziehungsgeldes sind die Sozialgerichte zuständig. Das bedeutet, daß die Betroffene sich selbst vertreten, oder aber durch eine VerbandsvertreterIn (beispielsweise der Gewerkschaften) vertreten werden kann. Die Zuständigkeit der Sozialgerichte erstreckt sich *nicht* auf Fragen, die im Zusammenhang mit der Gewährung von Erziehungsurlaub stehen. Hierfür wären die Arbeitsgerichte zuständig (s. u.).

4.2 Die Regelungen zum Erziehungsurlaub

4.2.1 Anspruchsvoraussetzungen

Anspruch auf Erziehungsurlaub haben alle ArbeitnehmerInnen einschließlich der HeimarbeiterInnen und Auszubildenden. Erziehungsurlaub wird bis einschließlich dem 12. Lebensmonat des Kindes gewährt, für nach dem 30. 6. 1989 Geborene über 15 Monate und für nach dem 30. 6. 1990 Geborene über 18 Monate. Vor der Neuregelung im Jahr 1986 gab es die Möglichkeit des Mutterschaftsurlaubs. Während dieser Zeit wurden Leistungen gewährt, die etwa dem Nettoarbeitsentgelt entsprachen. Jede Berufstätigkeit während des Mutterschaftsurlaubs war nach herrschender Meinung unzulässig, der Urlaub stand auch nur Frauen, sogar nur leiblichen Müttern, zu. Gerade diese Einschränkungen wurden allgemein als unbefriedigend empfunden. Es wurde gefordert, die Regelung auf Väter und Adoptiveltern auszudehnen. Mit dem Erziehungsgeldgesetz und dem Anspruch auf Erziehungsurlaub ist der Gesetzgeber nun einem anderen Leitbild gefolgt. Die Leistungen und Rechte stehen allen zu, die wirtschaftliche Absicherung Berufstätiger ist aber schlechter geworden.

Kein Anspruch auf Erziehungsurlaub besteht aber dann, wenn ein Elternteil ohnehin nicht erwerbstätig ist. Ausnahmen hiervon: der nicht erwerbstätige Elternteil ist arbeitslos oder in Ausbildung – dann darf der andere Elternteil gleichwohl Erziehungsurlaub in Anspruch nehmen. Keinen Erziehungsurlaub erhält ferner, wer sich in den Mutterschutzfristen befindet. Es soll vermieden werden, daß während der Mutterschutzfristen die wirtschaftlich ungünstigere Variante des Erziehungsurlaubs aufgenötigt wird.

Der unbestreitbare Vorzug, den die geltende Regelung mit sich bringt, ist jedoch, daß während der Dauer des Erziehungsurlaubs Teilzeitbeschäftigung möglich ist. Allerdings – und hier gilt das gleiche wie oben bereits aufgeführt – ist als Teilzeitbeschäftigung nur eine arbeitslosenversicherungsrechtlich nicht geschützte Beschäftigung zulässig[50] und diese auch nur beim selben Arbeitgeber.

In § 16 Erziehungsgeldgesetz sind Einzelheiten zur Geltendmachung des Anspruchs auf Erziehungsurlaub geregelt: So muß der Erziehungsurlaub spätestens vier Wochen vor dem Zeitpunkt, von dem ab er in Anspruch genommen werden soll, vom Arbeitgeber verlangt werden. Gleichzeitig ist zu erklären, bis zu welchem Lebensmonat des Kindes der Erziehungsurlaub in Anspruch genommen werden soll. Eine Abweichung danach ist nur noch möglich, wenn ein vorgesehener Wechsel in der Anspruchsberechtigung aus einem wichtigen Grund nicht erfolgen kann.

Mit Zustimmung des Arbeitgebers kann ein beantragter Erziehungsurlaub auch vorzeitig beendet werden. Hierauf besteht aber kein Anspruch: Hat nämlich der Arbeitgeber eine Ersatzkraft befristet eingestellt, so endet der Erziehungsurlaub erst zu dem Zeitpunkt, zu dem der Arbeitgeber das Arbeitsverhältnis mit der Ersatzkraft frühestens kündigen kann: Das ist gemäß § 21 Abs. 4 BErzGG unter Einhaltung einer Frist von drei Wochen möglich.

Während des Erziehungsurlaubs besteht grundsätzlich ein Kündigungsverbot, es sei denn, die Kündigung wird für zulässig erklärt. Hierzu gilt Ähnliches wie in den Fällen des § 9 MuSchG. Allerdings ist das behördliche Ermessen durch die Rechtsverordnung des Bundesarbeitsministeriums zu § 18 Erziehungsgeldgesetz[51] weiter gefaßt.

Der Kündigungsschutz nach § 18 BErzGG erstreckt sich auch auf Beschäftigte, die während des Erziehungsurlaubs Teilzeitarbeit leisten oder – ohne Erziehungsurlaub in Anspruch zu nehmen – bei ihrem Arbeitgeber Teilzeitarbeit arbeiten und einen Anspruch auf Erziehungsgeld haben oder nur deshalb nicht haben, weil das Einkommen zu hoch ist. Durch § 21 BErzGG ist noch einmal ausdrücklich klargestellt worden, daß die Mutterschaftsvertretung ein Befristungsgrund für Arbeitsverträge mit Dritten ist und daß das Kündigungsschutzgesetz nicht gilt, wenn die beurlaubte Arbeitskraft vorzeitig zurückkehren muß.

4.2.2 Rechtsweg

Streitigkeiten um die Zulässigkeit von *Erziehungsurlaub* und über die Erziehungsgeldberechtigung als Vorfrage für die Gewährung von Erziehungsurlaub gehen vor die Gerichte für Arbeitssachen. Dort besteht in der ersten Instanz kein Anwaltszwang, in der zweiten Instanz muß sich die KlägerIn entweder anwaltlich oder von einer gewerkschaftlichen RechtssekretärIn vertreten lassen. Ist die Erziehungsgeldberechtigung Vorfrage des Rechtsstreits, so können die Arbeitsgerichte diese öffentlich-rechtliche Vorfrage mitentscheiden.[52] Die Frage dürfte jedoch nur in wenigen Fällen praktische Bedeutung erlangen: Bei dem Anspruch auf Erziehungsurlaub handelt es sich um ein Recht der einzelnen ArbeitnehmerInnen. Diese dürfen daher auch ohne Zustimmung – aber nach ordnungsgemäßer Mitteilung – ihren Erziehungsurlaub antreten. Praktische Bedeutung könnte die Erklärung der Rechtsmäßigkeit allenfalls dann erlangen, wenn der Arbeitgeber (zu Unrecht) fristlos oder fristgerecht kündigt, die Auszahlung des Arbeitsentgeltes verweigert oder mit Schadensersatzansprüchen droht.

Dann wird im Regelfall ein Antrag auf Erlaß einer einstweiligen Anordnung zulässig sein. Dieser müßte sich an die Gerichte für Arbeitssachen richten, einen klaren Antrag enthalten und die Tatsachen darlegen, aus denen sich die Erziehungsgeldberechtigung und damit auch der Anspruch auf Erziehungsurlaub ergibt. Die Geschäftsstellen sind Rechtsunkundigen bei der Antragstellung behilflich.

5 Beratungs- und Prozeßkostenhilfe

Für die Verfahren nach dem MuSchG und nach dem BErzGG kann Prozeßkostenhilfe nach den Vorschriften des Arbeitsgerichtsgesetzes (§ 11a ArbGG) und des Sozialgerichtsgesetzes (§ 73a SGG) i. V. mit der Zivilprozeßordnung (§§ 114ff. ZPO) gewährt werden.

Wird anwaltlicher Rat gesucht, ohne daß es zum Verfahren kommt, muß dies auch von Prozeßkostenhilfeberechtigten selbst finanziert werden. Für Verfahren vor den Arbeits- und Sozialgerichten gilt das Beratungshilfegesetz nämlich nicht.

6 Adressen, Literatur, Anmerkungen

Beratungsstellen

Die mit der Durchführung der Gesetze betrauten Stellen sind auch zur Beratung verpflichtet.

Für die Durchführung des *Mutterschutzgesetzes* sind die *Gewerbeaufsichtsämter* in den Ländern zuständig.

Die Zuständigkeit für die Durchführung des *BErzGG* ist nach Ländern unterschiedlich geregelt:

In Baden-Württemberg:	Landeskreditbank,
in Bayern:	Versorgungsamt,
in Berlin:	Bezirksamt,
in Bremen:	Arbeitsamt,
in Hamburg:	Arbeitsamt,
in Hessen:	Versorgungsamt,
in Niedersachsen:	Arbeitsamt,
in Nordrhein-Westfalen:	Versorgungsamt,
in Rheinland-Pfalz:	Jugendamt,
im Saarland:	Arbeitsamt,
in Schleswig-Holstein:	Arbeitsamt.

Literatur

Neben der allgemeinen arbeitsrechtlichen Literatur empfehlenswert:

Heilmann, Joachim «Kommentar zum Mutterschutzgesetz», Baden-Baden 1984.

Meisel, Peter G./Sowka, Hans H. «Mutterschutz.» Kommentar zum Mutterschutzgesetz, Zur Mutterschaftshilfe nach der RVO und zum BErzGG, München 1988.

Broschüren liegen vom Bundesministerium für Jugend, Familie, Frauen und Gesundheit (BMJFFG), von verschiedenen Ländersozial- und Arbeitsministerien sowie von Gleichstellungsstellen vor. Sie können auch durch die mit der Durchführung der Gesetze betrauten Behörden bezogen werden.

Anmerkungen

[1] Dazu jüngst den ausgezeichneten Problemaufriß von Paula Almqvist in «Stern» 19/89, S. 96ff. «Beruf: ja, Kinder: ja, Hilfe: null.»

[2] Durch die Neufassung des Scheidungsfolgenrechts.

[3] Noch immer sind Teilzeitkräfte z. B. in der betrieblichen Altersversorgung vieler Unternehmen diskriminiert (§ 14 Beamtenversorgungsgesetz sieht sogar einen verfassungsrechtlich bedenklichen Teilzeitabschlag vor. Teilzeitkräfte mit weniger als 18 Stunden Wochenarbeitszeit fallen aus der Arbeitslosenversicherung; solche mit weniger als 15 Std. je Woche und einem geringen Einkommen – 1989: 450 DM – (Einzelheiten §§ 8, 14, 16, 18 SGB IV) fallen auch aus der Kranken- und Rentenversicherung.(Die Berechnung ist in den Richtlinien für die versicherungsrechtliche Beurteilung von geringfügigen Beschäftigten geregelt).

[4] Um dessentwillen ist die Mutter von Art. 6 Abs. 4 GG «mitgeschützt» (vgl. Maunz u. a. a. a. O., Rz 45).

[5] BVerfGE 74, 163 (164).

[6] BGBl. II, S. 647.

[7] Art. 6 Abs. 3 gewährt einen Rechtsanspruch auf staatliche Leistungen zum Schutz und zur Fürsorge (vgl. z. B. Maunz–Düring–Herzog–Scholz, «Kommentar zum Grundgesetz Art. 6 RZ 44.»).

[8] Einen ausführlichen Rechtsberater für Beschäftigte im öffentlichen Dienst will die Bevollmächtigte der Hessischen Landesregierung für Frauenangelegenheiten herausgeben: Ursula Rölke, «Frauenrelevante Vorschriften des Dienstrechts in Hessen» (in Vorbereitung).

[9] Vgl. auch Schaub, G. «Handbuch des Arbeitsrechts», München 1983, § 9 I 1, S. 37: «Dienstleistende, die mangels persönlicher Abhängigkeit keine Arbeitnehmer, aber wegen ihrer wirtschaftlichen Abhängigkeit keine Unternehmer sind.»

[10] Schaub, § 167 II 4; Meisel/Sowka, § 1 MuSchG RZ. 21.

[11] Falkenberg, AR-Blattei, Arbeitnehmerähnliche Personen I.B.; Herschel, DB 77, 1187; Lieb, RdA 74, 257.

[12] Schaub, § 168 2, meint: «Der Gesetzgeber trägt damit der menschlich verständlichen Scheu der Schwangeren Rechnung» – ob dies der zentrale Gedanke war,

wenn die schwierige Situation der früheren «ledigen» Mütter z. B. mitbedacht wird?

13 LAG Hamm DB 61, 435.

14 BVerfGE 651, 1 ff.

15 Schaub, § 167 4 b. Noch nicht entschieden ist die rechtliche Stellung von Frauenbeauftragten. Soweit sie – wie nach den Frauenförderrichtlinien der Hessischen Landesregierung (StAnz 87, 692) – als Teil der Personalabteilung tätig werden, dürften keine Bedenken bestehen.

16 Die Regelung der Arbeitsstättenverordnung und der Richtlinien hierzu ergänzen § 2 MuSchG, vergl. i. e. Meisel/Sowka, § 2 MuSchG, Ziffer 1 a, ff.

17 Sie gelten für alle vom MuSchG erfaßten Frauen.

18 Es kommt weder auf den persönlichen Gesundheitszustand noch auf die körperliche Verfassung der Frau an (BAG AP 1 zu § 13 MuSchG).

19 Vgl. unten Abschnitt Stillzeiten.

20 Vgl. Çakir, A. «Die Anpassung von Bildschirmarbeitsplätzen an die Funktionsweise des Menschen», 1981.

21 Vgl. auch «Humanisierung der Bildschirmarbeit», Informationspapier des Wirtschafts- und Sozialwissenschaftlichen Instituts des DGB, 1981.

22 BAG AP 7 zu § 87 BetrVG 72.

23 Heilmann. § 4 MuSchg Anm. 33.

24 StAnz 87, 2472/7.

25 Ausgabe 10.1980 – ZH 1/618/81.

26 BAG BB 83, 708; Däubler, «Das Arbeitsrecht» 2, 643, Reinbek 1986, 6. Aufl., Juli 1989.

27 LAG Berlin, BB 86, 62.

28 Schaub, § 170 I 3: Im Familienhaushalt beschäftigte Frauen genießen nur 5 Monate Kündigungsschutz (§ 9 Abs. 1 S. 2 MuSchG).

29 BAG AP 23 zu § 9 MuSchG 1968 (Schaub § 170 II 3 b).

30 BVerfG AP 7,8 zu § 9 MuSchG 1968.

31 «Ohne schuldhaftes Zögern» (LAG Berlin: innerhalb von 2 Wochen, NZA 84, 260).

32 Eine Versäumung der Anhörung des Betriebsrates *vor* Ausspruch der Kündigung ist ein selbständiger Unwirksamkeitsgrund für die Kündigung. Die Kündigung kann gestützt auf diese Rüge auch außerhalb der Frist des § 4 KSchG angegriffen werden.

33 Genaue Bezeichnung wichtig.

34 Schaub, § 170 II 4.

35 Ganz allgemeine Meinung (vgl. Schaub, § 170 III 1).

36 So die Hessischen Richtlinien (abgedruckt bei Meisel/Sowka, Anhang 12 b); noch strenger sind die Richtlinien in Nordrhein-Westfalen (a. a. O. Anhang 12 c).

37 BVerwG AP 14,21 zu § 9 MuSchG 1968.

[38] Anderer Ansicht aber Meisel/Sowka (§ 9 Rz. 113).

[39] Heimarbeiterinnen und ihnen Gleichgestellte haben nur einen eingeschränkten Entgeltschutz (§ 7 Abs. 4 MuSchG). Stillzeiten für Beamtinnen sind in den Mutterschutzverordnungen geregelt. Zur Lage in Hessen vgl. Rölke (Fn 8).

[40] BAG DB 86, 126 – Meisel/Sowka (§ 7 MuSchG Rz. 7).

[41] So die Kommentierung der Herren Meisel und Sowka (§ 7 MuSchG Rz. 1).

[42] BAG NJW 80, 903; Münchener Kommentar (Schaub § 616 BBG, Rz. 12 ff.).

[43] BAG AP 35 § 63 HGB; BAG NJW 79, 1452.

[44] BAG NJW 83, 1079 (LS).

[45] Eine vergleichbare Regelung enthielt § 185 c RVO. Die jetzige Regelung gilt seit dem 1. 1. 1989.

[46] BAG, Urt. v. 12. 1. 1989, 8 AZR 251/88.

[47] BSGE 49, 254.

[48] Meisel/Sowka, § 1 BErzGG Rz. 5.

[49] Vgl. den Katalog in § 2 BErzGG.

[50] Bei einer Tätigkeit von 15 oder mehr Stunden wöchentlich und einem Einkommen von mehr als 450 DM besteht Kranken- und Rentenversicherungspflicht weiter.

[51] Abgedruckt z. B. bei Meisel/Sowka, Anhang 20.

[52] Meisel/Sowka § 16 BErzGG Rz. 33.

IV 2 MARGARETE FABRICIUS-BRAND
Rechte und Pflichten von Kindern und Eltern

IV 2

MARGARETE FABRICIUS-BRAND

Rechte und Pflichten von Kindern und Eltern

Immer noch sind überwiegend Mütter für das Großziehen von Kindern zuständig. Gibt es Konflikte, werden sie gern als «Schuldige» verantwortlich gemacht – von den abwesenden, vielfältig beschäftigten Vätern, oft auch von den Kindern. Der folgende Beitrag orientiert sich an Konflikten, die das Ehepaar Paula und Heinz mit sich und ihren beiden Kindern Jan und Jessica erleben, bis diese volljährig sind. Die Geschichte beginnt – nicht zufällig – vor der Zeugung, weil die Weichen für den Lebensweg bereits hier gestellt werden.

Viele Problemfelder, wie Mißhandlungen von Kindern, Berufswahl und -ausbildung oder auch Personen- und Sachschäden, die mit und durch Kinder entstehen können, werden hier nicht behandelt. Die Auswahl ist beispielhaft und einzelfallorientiert. Verallgemeinernd läßt sich über den Charakter familiärer Konflikte folgendes sagen: Zwar haben sich die ökonomischen und sozialen Bedingungen für ein unkomplizierteres Aufwachsen von Kindern verbessert, die narzißtischen Bedürfnisse der Eltern und die emotionale «Ausbeutung» ihrer Kinder haben allerdings nicht abgenommen. Die vorherrschende Arbeitsorganisation erlaubt den wenigsten Menschen emotionale Beteiligung, sie ruft aber Gefühle von Ausgelaugtheit und Entfremdung hervor. Die Menschen arbeiten unter entfremdeten Bedingungen, und das Leben wird von gewaltigen, entpersönlichten, bürokratischen Apparaten verwaltet, die Wünsche nach Einmaligkeit und Individualität nicht mehr erfahrbar werden lassen.[1] Dies lastet auf den menschlichen Beziehungen. Eltern sind in einem hohen Maße narzißtisch bedürftig und nicht in der Lage, sich ihren Kindern in deren unterschiedlichen Entwicklungsphasen zur Verfügung zu stellen. Kinder benötigen aber die Eltern, um sich in ihnen zu «spiegeln»[2], und durch Idealisierung sowie phasengerechte Enttäuschung an den Eltern zu Individuen zu werden, die ihr eigenes Selbstwertgefühl befriedigend selbst regulieren können. Unbestritten gibt es Erwachsene, die unter weniger entfremdeten Bedingungen arbeiten und leben und ihren Kindern ein gesunderes narzißtisches Gleichgewicht ermöglichen können. Dieses Gleichgewicht der Heranwachsenden hängt aber nicht nur von einer gut verlaufenen Kindheit ab, es ist lebenslänglich darauf angewiesen, durch

«Spiegelung und die Möglichkeit von Idealisierung»[3] aufrechterhalten zu werden. Dies ist aber gesamtgesellschaftlich kaum gegeben, so daß für Männer wie Frauen die Versuchung besteht, sich die notwendige Selbstbestätigung in intimen Beziehungen zu holen, um die Löcher im Selbstgefühl zu stopfen. Ein Aphorismus von Karl Kraus aus dem Jahre 1907 bringt die ganze Zwiespältigkeit der Familienbande auf den Punkt: «Das Wort ‹Familienbande› hat manchmal einen Beigeschmack von Wahrheit.»[4]

1 Gibt es «pränatale» Rechte und Pflichten für Eltern und Kinder?

1.1 Bewußte und unbewußte Wünsche nach Kindern

Paula und Heinz sind unglücklich. Ihre Ehe ist seit zehn Jahren kinderlos geblieben. Während eines Seminars, weit entfernt von Hannover, verliebt sich Paula in Erwin und schläft mit ihm. Zu Hause beichtet sie alles. Auch Heinz gesteht ihr eine heimliche Liebschaft. Die Eheleute verzeihen sich wechselseitig und brechen jeglichen Kontakt zu den beiden Geliebten ab. Nach zehn Wochen bemerkt Paula, daß sie schwanger ist.

Etwa 15 Prozent der bundesrepublikanischen Ehepaare sind ungewollt kinderlos.[5] Das Problem der Kinderlosigkeit ist uralt, angelastet wurde es meist den Frauen. Früher unterwarfen sie sich Heilmethoden wie Riten, Tänzen und Kräuterbehandlungen, heute lassen sich Frauen künstlich besamen (vgl. IV.4 Unfreiwillige Kinderlosigkeit), um ein Kind zu bekommen. Frauen, die eine Schwangerschaft auf diese Weise «erzwingen» wollen, zahlen oft einen hohen physischen und psychischen Preis dafür, daß sie sich männlichem Machthandeln in der Maske der medizinischen Hilfe unterwerfen.[6] Es ergibt sich aber auch die Frage, ob das pränatale Leben rechtlich eigentlich geschützt ist.

Kein Mensch hat ein «Recht auf natürliche Zeugung». Es gibt auch keine gesetzliche Pflicht für Eltern, mit Hilfe ärztlicher und psychologischer Beratung die Gründe für ihre Unfruchtbarkeit herauszufinden, obwohl die Klärung gerade dieser Fragen geeignet wäre, die oft tief in der Psyche verwurzelte Abwehr gegen Zeugung, Schwangerschaft und Kinderaufzucht aufzulösen. Zumindest kann der Schluß gezogen werden, daß Unfruchtbarkeit nicht nur medizinisch behandelt werden sollte, sondern durch psychologische und therapeutische Maßnahmen begleitet werden muß, wenn sie erfolgreich sein will.[7] Gesetzlich vorgesehen ist eine Beratungspflicht allerdings dann, wenn eine Schwangere ihre Leibesfrucht abtreiben will (vgl. IV.3 Schwangerschaftsabbruch...).

Wir wissen nicht, was Paula und Heinz gegen ihre Unfruchtbarkeit unternommen haben, ob sie sich zum Beispiel wechselseitig die «Schuld» an der Sterilität geben; wir wissen nur, daß die Eheleute unglücklich sind, und Paula nach einem «Seitensprung» schwanger wurde. Dies führte vermutlich zu erheblichen psychischen Belastungen des Paares. Strafbar haben sich die Eheleute nicht gemacht, da der Straftatbestand des Ehebruchs im Jahre 1973 abgeschafft wurde. Rechtliche Probleme bleiben allerdings dennoch.

1.2 Das Leben zwischen Zeugung und Geburt

Heinz ist durch die Schwangerschaft verunsichert, hauptsächlich gekränkt. Er verlangt von Paula Abtreibung oder Scheidung. Paula fährt zur Abtreibung in eine Privatklinik. Als sie den Embryo auf dem Ultraschall sieht, verläßt sie sofort die Klinik. Zu Hause einigen sich die Eheleute, das Kind nach der Geburt zur Adoption freizugeben. Sie wenden sich an das Jugendamt. Heinz macht geltend, er könne sich nicht vorstellen, ein guter Vater für das Kind eines Fremden zu sein. Da Paula Zwillinge erwartet und die Streitigkeiten mit Heinz sie sehr belasten, muß sie viele Wochen im Krankenhaus liegen. Während dieser Zeit entschließt sie sich, die Kinder notfalls auch allein großzuziehen.

Unerwünschte Kinder haben es schwerer im Leben.[8] So lassen sich ihre Eltern signifikant häufiger scheiden, sie werden öfter in Kinderheimen untergebracht, ihr Ausbildungsniveau ist niedriger, sie landen häufiger in psychiatrischen Kliniken und werden straffällig, sie sind öfter krank und die Sterblichkeitsrate liegt höher.[9] Die Bundeszentrale für gesundheitliche Aufklärung vergab noch unter der sozialliberalen Regierung den Auftrag, das Schicksal unerwünschter Kinder zu erforschen. Der Forschungsbericht[10] liegt seit 1980 vor, ist aber geheime Verschlußsache. Es steht zu vermuten, daß Eltern eine größere «Schuld» auf sich nehmen, wenn sie das unerwünschte Kind bekommen statt es abzutreiben. Diese Sichtweise verträgt sich natürlich nicht mit der der AbtreibungsgegnerInnen, die sich als alleinige Schützer werdenden Lebens bezeichnen. Sie widerspricht aber auch der Rechtslage. Es gibt nämlich kein Recht, als erwünschtes Kind geboren zu werden, obwohl dieses Kriterium viele individuelle und gesamtgesellschaftliche Probleme humaner lösen würde, ganz zu schweigen von der drohenden – weltweiten – Überbevölkerung. Wünscht sich die Mutter das Kind oder zumindest die Schwangerschaft, der Vater nicht, so hat er dennoch kein «Recht», von ihr die Abtreibung zu verlangen. Im Gegenteil, die Anstiftung zur Abtreibung (§§ 218, 26 StGB) ist schon strafbar, wenn diese in das Versuchsstadium gekommen ist. Hätte Paula Heinz angezeigt, wäre zu klären gewesen, ob der vorgenommene Ultraschall in der Klinik lediglich eine straflose Vorbereitungshandlung oder bereits der Beginn des Versuch zur straflosen Abtreibung war. Die einschlägige Gesetzeskommentierung sagt hierzu, daß der Versuch «zum Beispiel mit dem Einsetzen eines Gebärmutterspiegels zum Eihautstich..., möglicherweise auch mit einer dem Eingriff dienenden Untersuchung, der anschließend vorgenommen werden soll» beginnt.[11] Diese Frage mußte in diesem Fall glücklicherweise nicht juristisch geklärt werden, weil Paula sich entschied, das Kind auszutragen. Damit ist aber nicht die Problematik des Unerwünschtseins gelöst, die auch auftaucht, wenn der Vater das Kind ablehnt.

Kein Kind hat ein «Recht, bei seinen leiblichen Eltern aufzuwachsen». Im Jahre 1976 wurde die Adoption neu geregelt (§§ 1741ff. BGB) und ein Adoptionsvermittlungsgesetz (AdVermiG) erlassen (vgl. IV.4 Unfreiwillige Kinderlosigkeit...). Zielsetzung der Neuregelung war es, einem Kind das ein gesundes Zuhause entbehren muß, eine Familie zu geben. Die Annahme des Kindes muß dem *Wohl des Kindes* dienen, wobei dies nur erfüllt ist, wenn durch Adoption eine merklich bessere Entwicklung der Persönlichkeit des Kindes zu erwarten steht. Hinzu kommen muß die ernsthafte Aussicht, daß zwischen den Adoptiveltern und dem Kind ein Eltern-Kind-Verhältnis entstehen wird.[12]

Heinz und Paula müßten also beide die Einwilligung zur Adoption geben, wenn sie ihr(e) Kind(er) weggeben wollen. Der Entscheidung des Vormundschaftsgerichts geht ein langwieriges Verfahren des Jugendamtes bzw. der Adoptionsvermittlungsstelle voraus. Das Jugendamt hat zu prüfen, welche Entscheidung dem Kindeswohl am ehesten entspricht. Es kann sich in seinem Votum gegenüber dem Gericht gegen die Adoption aussprechen. Sie können aber die Eltern nicht zwingen, was dem Wohle des Kindes sicherlich auch nicht diente, mit diesem zusammenzuleben. Eltern haben im Rahmen der elterlichen Sorge das Recht, das Kind außer Haus unterzubringen. Das Jugendamt hat in diesem Fall nur die Möglichkeit zu prüfen, ob die Unterbringung dem Wohl des Kindes abträglich ist (§§ 1666ff. BGB).

Dies bedeutet: Unsere Gesellschaft mutet einem Kind zu, mit dem Siegel «unerwünscht», diese Welt betreten zu müssen. Es erlaubt den Eltern alsdann, sich vom Kind – auch endgültig – zu trennen. Dies hilft wenig angesichts der zuvor getroffenen Fehlentscheidung der Erwachsenen.

2 Kinder «machen» Erwachsene zu Mutter und Vater – ein neuer Konfliktbereich

2.1 Das Geheimnis der Abstammung und das «Faustrecht» der Mutter

Paula bringt die Zwillinge Jan und Jessica zur Welt. Heinz unterläßt es, die Vaterschaft anzufechten, da er wegen seiner herausragenden gesellschaftlichen Stellung um seinen guten Ruf in der Stadt fürchtet. Nach fünf Monaten sind die Eheleute so zerstritten, daß Paula mit den Kindern in die Wohngemeinschaft (WG) zu ihrer Schwester zieht. Der Streit eskaliert so, daß Paula jeglichen Kontakt mit Heinz abbricht.

Das Recht eines ehelich geborenen minderjährigen Kindes zu erfahren, wer der leibliche Vater ist, gilt nur eingeschränkt. So kann es weder seine Mutter noch den Ehemann der Mutter verklagen, ihm den Namen des Erzeugers zu verraten. Es gibt auch keinen Anspruch gegen den Staat, etwa im Wege der Amtsermittlung gerichtlich diese Frage klären zu lassen. Paula und Heinz können darüber schweigen, daß Paula eine Liebschaft mit Erwin hatte und die Kinder möglicherweise von ihm abstammen.

Dennoch gibt es begrenzte juristische Möglichkeiten, die Abstammungsfrage zu klären (§§ 1591 ff. BGB). Grundsätzlich wird vermutet, daß ehelich geborene Kinder auch vom Ehemann abstammen, die sogenannte *Vaterschaftsvermutung*. Dieser «Legalvater» (Werner Hill) hat die Möglichkeit, innerhalb von zwei Jahren die Vaterschaft anzufechten (§ 1594 BGB). Läßt er die Frist verstreichen, gilt er weiterhin als Vater mit allen unterhalts- und erbrechtlichen Folgen. Das Anfechtungsrecht des Kindes, gesetzlich vertreten durch die Mutter, gilt nur eingeschränkt (§ 1596 BGB), so u. a. nur, wenn die Ehe des «Legalvaters» mit der Kindesmutter geschieden oder zerrüttet ist, was bei dreijährigem Getrenntleben bejaht wird, wenn die Mutter den leiblichen Vater geheiratet hat, oder wenn der «Legalvater» ehrlos, unsittlich, erbkrank oder schon tot ist. Ist die Ehe hingegen intakt, so hatte sogar das volljährige Kind bislang keine Möglichkeit, rechtsverbindlich feststellen zu lassen, daß der Legalvater nicht der Erzeuger ist. Sinn all dieser gesetzlichen Hürden war, Ehe, Familie und den lieben Frieden in derselben vor der Prozeßlust aufmüpfiger Sprößlinge zu schützen. Im Januar 1989 entschied nun das Bundesverfassungsgericht[13] grundsätzlich, daß «das Persönlichkeitsrecht auch die Kenntnis seiner eigenen Abstammung umfaßt», weil die genetische Abstammung «im Bewußtsein des einzelnen eine Schlüsselstellung für Individualfindung und Selbstverständnis» einnehme. Gleichzeitig wurde aber entschieden, das Recht auf freie Entfaltung der Persönlichkeit bestehe nicht uneingeschränkt. Die Abstammungsklage des volljährigen Kindes bei intakter Ehe solle weiterhin untersagt bleiben, insoweit bleibe es bei dem – verfassungskonformen – Gesetz. Etwas anderes gelte nur, wenn die Mutter und der Legalvater – so der entschiedene Fall – mit der Klage des Kindes einverstanden seien. Dann müsse Ehe und Familie nicht durch den Staat geschützt werden, und das Persönlichkeitsrecht des Kindes habe Vorrang. Der Bundestag hat nun die Aufgabe, das Gesetz so zu ändern, daß volljährigen Kindern eine Klagemöglichkeit gegeben wird, sofern der Familienfriede unberührt bleibt.

Unentschieden ist die Frage, wie es mit Rechten von Kindern bei der heterologen Insemination – einer künstlichen Befruchtung der Ehefrau mit dem Samen eines unbekannten Spenders – aussieht (vgl. auch IV.4 Unfreiwillige Kinderlosigkeit...). Weder hat das Gericht Aussagen zum Recht auf Anonymität des Spenders noch etwas über die Dokumentationspflicht von Samenbanken gesagt. Diese Frage, die die «pränatalen Rechte» eines Kindes berühren, sind nicht geregelt, aus der Sicht der so gezeugten Kinder aber sicherlich regelungsbedürftig.

Bei *nichtehelicher Abstammung* (§§ 1600 a ff. BGB) kann der leibliche Vater die Vaterschaft anerkennen, hierzu ist die Zustimmung des Kindes erforderlich (§ 1600 c BGB). Ab dem 14. Lebensjahr kann es selbst die Zustimmung erklären. Dann ist jedoch bis zur Volljährigkeit – wie auch für jüngere Kinder – außerdem die Zustimmung der gesetzlichen Vertreterin nötig. Unter bestimmten Bedingungen kann das Kind die Anerkennung wiederum anfechten (§ 1600 g BGB). Erfolgt keine Anerkennung der Vaterschaft, so kann das Kind klagen, daß der Erzeuger als Vater gerichtlich festgestellt wird (§ 1600 n BGB). Die Mutter hat keine Klagemöglichkeit (vgl. IV.5 Nichteheliche Mutterschaft...).

Wenn Paula und Heinz für immer schwiegen, so könnten die Kinder nie erfahren, ob sie nun von Heinz oder Erwin abstammen, und selbst wenn sie Kenntnis erlangten, müßten sie mit der Anfechtung warten, bis sie volljährig sind. Solange sie minderjährig sind, müßten die oben erwähnten Voraussetzungen vorliegen, und auch dann könnten sie nur mit Zustimmung der Mutter handeln, die wiederum die Genehmigung des Vormundschaftsgerichts benötigte. Will der Vormund oder Pfleger die Ehelichkeit anfechten, so soll nach herrschender Meinung die Mutter zustimmen.

Ob Paula mit den Zwillingen in eine Wohngemeinschaft ziehen und den Umgang zwischen ihnen und Heinz unterbinden darf, ist eine Frage der *elterlichen Sorge* (§§ 1626 ff. BGB vgl. V.4 Elterliche Sorge...). Sie steht beiden Eltern gemeinsam zu und umfaßt die Personen- und Vermögenssorge. Im Rahmen dessen bestimmen die Eltern – gemeinsam – über den Aufenthalt, d. h. die Wohnung des Kindes. Wenn Paula auszieht und die Kinder mitnimmt, so mag man das als «Faustrecht» kritisieren. Nur wenn

Heinz widerspräche, und eine Einigung nicht möglich wäre, könnten beide Eltern bei Gericht einen Antrag auf Zuweisung des alleinigen elterlichen Sorgerechts stellen. Das Gericht müßte hierüber «zum Wohl der Kinder» entscheiden. Selbst wenn Paula jeglichen Kontakt zwischen Kindern und Vater unterbindet, bleibt es bei dieser Regelung, wenn der Vater die Entscheidung der Mutter hinnimmt.

Staatliche Stellen greifen nur ein, wenn das Kindeswohl durch die Mutter oder sonstige Umstände gefährdet wäre, was bei körperlichen, seelischen oder geistigen Beeinträchtigungen bejaht wird. Eine Trennung der Kinder vom Vater allein genügt hierzu nicht, selbst wenn Kinder später der Mutter vielleicht vorwerfen, sie seien in ihrer Entwicklung geschädigt worden, weil sie keinen Kontakt zum Vater haben durften. Sind Kinder älter und wünschen Kontakt zum getrennt lebenden Vater, sieht die Situation für Kinder etwas anders aus (s. u.).

Heinz unternimmt nichts, so daß kein Raum für rechtliches Handeln gegeben ist.

2.2 Der Streit über Unterhalt und Kinder

Paula verklagt Heinz auf Zahlung von Unterhalt für sich und die Kinder und begehrt die Übertragung der elterlichen Sorge für die Zeit des Getrenntlebens. Heinz beantragt, ihm die alleinige elterliche Sorge zu übertragen, da Paula systematisch das Verhältnis zwischen ihm und den Kindern zerstöre, sie wohne in einer reine Frauen-WG ohne männliche Bezugsperson für die Kinder und habe eine sexuelle Beziehung zu einer Mitbewohnerin. Dies schließe auch den Unterhaltsanspruch für Paula aus.

Paula gibt diese Beziehung zu, betont aber, dies sei ihre Privatsache, außerdem sei es kein Wunder, daß sie sich von Männern abwende, weil Heinz sie während der Schwangerschaft und nach der Geburt ständig unter Druck gesetzt habe. Die Kinder habe er nie gewollt, eine Beziehung zu ihnen nie aufgebaut, und schließlich sei er auch nicht ihr wirklicher Vater.

Heinz oder die Kinder, gesetzlich vertreten durch Paula, können die Vaterschaft anfechten, solange die Zweijahresfrist noch nicht verstrichen ist. Der Richter ist zu keiner Zeit befugt, qua seines Amtes (Amtsermittlung) tätig zu werden und gerichtlich klären zu lassen, ob nun Heinz oder Erwin der Erzeuger ist.

Diese Frage kann hier indirekt eine Rolle spielen, wenn der Richter für die Zeit des Getrenntlebens und nach der Scheidung beurteilen muß, ob es dem Wohl der Kinder eher entspricht, wenn sie beim Vater oder der Mutter leben (vgl. V.4 Elterliche Sorge...). Bei Streit der Eheleute muß der Richter einer Partei die alleinige elterliche Sorge übertragen (§§ 1671, 1672 BGB). Eltern, die sich getrennt haben, sollten daher alles tun, um selbst eine Einigung in bezug auf die Sorgerechtsverteilung herbeizuführen. Das entspricht auch dem von Bundesverfassungsgericht für Eltern statuierten Gebot, die mit der Scheidung verbundenen Schäden nach Möglichkeit zu mindern und eine vernünftige, dem Wohl des Kindes gemäße Lösung für seine weitere Entwicklung zu finden.[14] Diese Anforderung übersteigt oft die Fähigkeiten der Eltern, da sie Kinder – unbewußt oder bewußt – einsetzen, um eigene Interessen durchzusetzen. Dahinter steht oft die Angst vor menschlichen oder auch finanziellen Verlusten. In den letzten Jahren haben die *Sorgerechtsstreitigkeiten* enorm zugenommen, weil die alten Familienstrukturen aufgeweicht wurden, Frauen zunehmend arbeiten und einige Väter sich mehr um die Kinder kümmern und um das Sorgerecht kämpfen.

Bei Einigkeit kann die elterliche Sorge auch nach der Scheidung von den Eheleuten gemeinsam ausgeübt werden. Dies ist nach einer Entscheidung des Bundesverfassungsgerichts vom 3. 11. 1982[15] möglich. Die anders lautende Vorschrift des § 1671 Abs. 4 Satz 1 BGB wurde in dem Urteil für verfassungswidrig erklärt. Von dem *gemeinsamen Sorgerecht* wird verhältnismäßig wenig Gebrauch gemacht, da eher das Bedürfnis nach einer klaren Trennung aller Belange der Eheleute vorherrscht, was sich auch in bezug auf die Verantwortung für das Kind durchsetzt. Auch wenn Kinder sich in der Regel wünschen, die Eltern mögen zusammenbleiben, so sehen das die Eltern meist anders. Voraussetzungen des Behaltens der gemeinsamen elterlichen Sorge ist, daß beide Eltern übereinstimmend die Verantwortung für das Kind gemeinsam tragen wollen. Nach einer Entscheidung des OLG Celle[16] kann den Eltern das Sorgerecht auch dann gemeinsam belassen werden, wenn sie sehr weit voneinander entfernt wohnen, zum Beispiel in Mannheim und Cuxhaven.

«Wohl des Kindes» ist ein allgemeiner Rechtsbegriff, der im Gesetz nicht definiert und vom Gericht auszulegen ist. Das richterliche Vorverständnis und eine hierzu ergangene Rechtsprechung sind bei der Entscheidung relevant. Dem Gericht ist in bezug auf die Art und Weise, wie es die Tatsachen ermittelt, die die Entscheidung tragen sollen, ein weiter Spielraum eingeräumt.[17] Dies sorgt für erhebliche Rechtsunsicherheit für die Eltern. In der Rechtsprechung haben sich fünf Kriterien herausgebildet, die in jeder Beratung beachtet werden müssen (vgl. auch V.4 Elterliche Sorge...), nämlich:

1. welcher Elternteil das Kind bisher überwiegend betreut hat, das sogenannte Kontinuitätsprinzip[18];
2. welcher Elternteil nach der Trennung bzw. Scheidung besser in der Lage sein wird, das Kind zu erziehen, der sogenannte Förderungsgrundsatz[19];
3. an welchen Elternteil das Kind die stärkere gefühlsmäßige Bindung hat[20];

4. wie stark die Geschwisterbindungen sind, und welchen Wunsch das Kind selbst hat, sowie[21]
5. daß die Kinder von dem/der RichterIn angehört werden (§ 50b FGG).

Nur aus schwerwiegenden Gründen, die dem Gericht mitzuteilen sind, darf von einer Anhörung abgesehen werden (§ 50b Abs. 3 Satz 1 FGG). Ohne schwerwiegende Gründe soll auch ein vierjähriges Kind anzuhören sein, so eine Entscheidung des Bundesgerichtshofes[22], für die Anhörung selbst eines dreijährigen Kindes entschied sich das Kammergericht.[23]

Gerichtsalltag ist, daß die Anhörung der Kinder (§ 50b FGG) sehr unterschiedlich gehandhabt wird. Viele RichterInnen verzichten bei Kindern unter 14 Jahren ganz auf die Anhörung, manche nehmen sie immer vor, manche schreiben dem Kind und verzichten erst bei einer Antwort auf die Anhörung, dann auch bei Kindern über 14 Jahren, die angehört werden müssen. Sicherlich wäre eine Paula, die in einer Wohngemeinschaft wohnt, und mittlerweile lesbisch geworden ist, noch vor zehn Jahren als ungeeignet für die Erziehung von Kindern angesehen worden, zumindest, wenn sie auf dem Lande oder in Bayern gewohnt hätte. Die Vorstellungen haben sich in diesem Punkt geändert. Wichtig ist allerdings, daß die Person, in deren Obhut die Kinder sind, die Beziehung zu dem abwesenden Elternteil nicht zerstört. Dies wird als mangelnde persönliche Eignung des Elternteils zur Erziehung bzw. Verstoß gegen den Förderungsgrundsatz gewertet. Auch dies ist eine Frage der Auslegung und eigenen Parteilichkeit des Richters bzw. der Richterin. Kinder sind in Sorgerechtstreitigkeiten nicht selbst anwaltlich vertreten, wie dies etwa in Amerika der Fall ist. Über das pro oder contra eines *«Anwalts des Kindes»* wird heftig gestritten.[24] In Trennungssituationen sind Kinder oft sehr belastet, sie verlieren eine Bezugsperson und leben mit einer psychisch, physisch und nicht selten ökonomisch stark belasteten Person zusammen. Eine weitere, wenn auch sachkundige Person ist fremd, greift in ihren Alltag ein und kann die notwendige Ruhe und Überschaubarkeit der Lebenssituation erschweren. Zu überlegen wäre, ob Kinder mit zunehmendem Alter, zumindest nach dem 14. Lebensjahr, nicht nur richterlich angehört werden, sondern tatsächlich eine Anwältin bzw. einen Anwalt als unabhängige An- und Fürsprechperson erhalten sollten.

Die Verwandtschaft, nicht das elterliche Sorgerecht, begründet gemäß §§ 1601 ff. BGB den *Unterhaltsanspruch* der Kinder gegenüber den Eltern (vgl. auch V.1 Scheidung...). Das Unterhaltsrecht ist ein familienrechtliches Spezialgebiet, in dem ständig neue gerichtliche Entscheidungen die Probleme und Lösungswege verfeinern. Dies ist ein Reflex auf die tatsächliche Situation, daß ums Geld um so heftiger gestritten wird, je mehr sich die gemeinsame Perspektive von Eltern und Kindern durch Trennung und Scheidung auseinanderentwickelt. Gutverdienende sind keineswegs großzügiger bei Zahlung von Unterhalt. Ob gestritten wird, hängt vielmehr davon ab, wie die Eheleute mit der zerbrochenen Familiensituation fertig werden, wie sie wechselseitige Kränkungen, die finanzielle Verschlechterung, den Verlust vertrauter Bezugspersonen und das Alleinsein, um nur die wichtigsten Belastungsfaktoren zu nennen, verkraften.

Grundsätzlich gilt, daß Kinder gegenüber dem Elternteil, der sie nicht tatsächlich betreut (Naturalunterhalt), Anspruch auf Unterhaltszahlung haben (§§ 1601, 1610, 1612 BGB [Barunterhalt]). Unterhaltsansprüche minderjähriger Kinder werden von dem einen Elternteil gegenüber dem anderen im eigenen Namen geltend gemacht.[25] Die Zahlung muß dann auch an den klagenden Elternteil geleistet werden. Was den Barunterhalt von Kindern angeht, so findet durchgängig (ausgenommen der Oberlandesgerichtsbezirk Nürnberg) die Düsseldorfer Tabelle Anwendung. Hierbei handelt es sich nicht um ein Gesetz, sondern um Richtlinien, auf die sich die verschiedenen OLG-RichterInnen geeinigt haben. Abhängig vom Einkommen der Barunterhaltspflichtigen (Gruppe 1–8) und dem Alter des Kindes (es gibt drei Altersstufen bis zur Vollendung des 18. Lebensjahres) wird der Unterhalt pauschaliert festgelegt (vgl. V.1 Scheidung...). Wenn Paula Unterhalt für die minderjährigen Zwillinge einklagt, so errechnet sich dieser nach Richtlinien des OLG Celle und der Düsseldorfer Tabelle.

Paula hat auch einen eigenen Unterhaltsanspruch gegen Heinz wegen Betreuung minderjähriger Kinder (§ 1569 bis 1587 BGB). Dieser gilt für die Zeit der Trennung und nach der Scheidung (vgl. V.1 Scheidung...). Gilt im Prinzip die *wirtschaftliche Eigenverantwortlichkeit der Eheleute*, so wird ein Unterhaltsanspruch bejaht, solange und soweit von einer Person die gemeinsamen, minderjährigen, ehelichen Kinder betreut werden und deswegen eine Erwerbstätigkeit nicht erwartet werden kann (Erwerbsobliegenheit). Gemeinschaftlich sind auch die scheinehelichen Kinder, und zwar bis zur rechtskräftigen Anfechtung der Vaterschaft.[26]

Der Unterhaltsanspruch wegen Kindesbetreuung ist einer der wenigen relativ «sicheren» Unterhaltsansprüche, die – in der Regel Frauen – gegenüber ihren Männern haben. Im Hinblick auf die Vielseitigkeit der Lebenssachverhalte hat der Gesetzgeber in § 1570 BGB davon abgesehen zu regeln, ob und ab wann für den betreuenden Elternteil eine Erwerbsobliegenheit besteht. Die Rechtsprechung des Bundesgerichtshofes (BGH) nimmt eine Würdigung aller Umstände des Einzelfalles vor[27], d. h. abzuwägen sind Alter und Zahl der Kinder, weitere Umstände, wie schulischer und sonstiger Entwicklungsstand des Kindes sowie die Lösung der Betreuungs-, Entfernungs- und Verkehrsprobleme, um nur einige Kriterien zu nennen. Nach der Rechtsprechung des BGH besteht regelmäßig keine Erwerbsobliegenheit, wenn ein Kind im Alter von weniger als acht Jahren zu betreuen ist[28], das Kind also die ersten beiden Grundschulklassen noch nicht abgeschlossen hat. Dem liegt die Erfahrung zugrunde, daß auch ein schulpflichtiges Kind noch verstärkt betreut werden muß. Ganztagsschulen oder Hortplätze sind immer noch die Ausnahme. In der Rechtsprechung des für Paula zuständigen OLG-Bezirkes Celle ist die Tendenz festzustellen, die Erwerbsobliegenheit zu verneinen, bis das Kind die vierte Grundschulklasse durchlaufen hat. Bis zum Alter von 15 Jahren wird eine Teilzeitarbeit für zumutbar gehalten, die aber nicht unbedingt den Umfang einer Halbtagstätigkeit erreichen muß.[29] Danach wird eine Vollbeschäftigung verlangt.[30] Bei der Betreuung von zwei Kindern hält der BGH die Aufnahme einer wenigstens stundenweisen Teilzeitbeschäftigung für nicht von vornherein ausgeschlossen, wenn die Kinder mindestens elf Jahre alt sind.[31] Wird auch in diesem Fall keinerlei Arbeit ausgeübt, muß die Betreuungsperson die Unzumutbarkeit einer Erwerbstätigkeit nachweisen. Verletzt der betreuende Elternteil seine Erwerbsobliegenheit, so werden ihm fiktive Einkünfte zugerechnet, d. h., sein Unterhaltsanspruch verringert sich um den vom Gericht geschätzten Betrag.

Der Unterhaltsanspruch der Ehefrau kann aber, selbst wenn Minderjährige zu betreuen sind, bei «grober Unbilligkeit» ausgeschlossen werden. Dies wird von Gerichten bejaht, wenn dem Unterhaltsberechtigten «ein offensichtlich schwerwiegendes, eindeutig bei ihm liegendes Fehlverhalten gegen den Verpflichteten zur Last» fällt (§ 1579 Ziff. 6 BGB). Hierzu zählt der Ehebruch, zumindest dann, wenn «ein Ehegatte sich gegen den Willen des anderen von diesem trennt und mit einem anderen Partner eine eheähnliche Gemeinschaft eingeht oder ein auf Dauer angelegtes intimes Verhältnis begründet».[32] Dies wird auch dann gelten, wenn der oder die Auserwählte gleichen Geschlechts (vgl. III.3 Lesbische Lebensgemeinschaft) ist. Hier müßte also gerichtlich analysiert werden, ob die Zuwendung zur Freundin schon beim Scheitern der Ehe eine Rolle gespielt hat oder nicht.

2.3 Das Umgangsrecht der Väter und der wachsende «Bedarf» der Kinder

Paula und Heinz lassen sich nach vielen und heftigen Rechtsstreitigkeiten einverständlich scheiden. Heinz zahlt Kinder- und Ehegattenunterhalt aufgrund eines ausgehandelten Vergleiches. Das ihm zugesprochene Umgangsrecht mit den mittlerweile vier Jahre alten Kindern übt er nicht aus. Als die Kasse für eine kinderanalytische Behandlung nicht alles zahlen will und Kurkosten für Mutter und Kinder entstehen, entbrennt erneut ein Rechtsstreit.

Wenn Paula für die Kinder das alleinige Sorgerecht, Heinz ein Umgangsrecht erhält, so hat sich der/die RichterIn im Zweifel darüber Gedanken gemacht, daß die Kinder zu Paula die stärkere Bindung haben, weil sie die letzten Jahre in ihrer alleinigen Obhut standen, und daß sie die Kinder in Zukunft auch am besten betreuen kann. Zumindest sind dies die bereits erwähnten entscheidenden Kriterien.

Das *Umgangsrecht* (vgl. V.4 Elterliche Sorge... und IV.5 Nichteheliche Mutterschaft...) ist gegenüber dem Sorgerecht ein selbständiges Recht, das dem umgangsberechtigten Elternteil die Möglichkeit geben soll, sich über die körperliche und geistig-seelische Befindlichkeit des Kindes und seinen Entwicklungsstand durch persönlichen Kontakt zu informieren. Dabei soll auch dem Liebesbedürfnis der Beteiligten Rechnung getragen und einer Entfremdung vorgebeugt werden.[33] Auch bezüglich des Umgangsrechts wird vom sorgeberechtigten Elternteil verlangt, daß er dieses nicht blockiert oder das Kind negativ beeinflußt.[34] Wie einzelfallbezogen die Rechtsprechung ist, ergibt sich z. B. daraus, daß der sorgeberechtigte Elternteil zwar seinen Wohnsitz ins Ausland verlegen und damit das Umgangsrecht faktisch verhindern kann[35], andererseits soll das Umgangsrecht grundsätzlich auch mit einem Säugling bestehen.[36]

Zwar wird gesagt, das Umgangsrecht sei eine Verpflichtung, es gibt aber keine juristische Handhabe, wenn Eltern das ihnen zugesprochene Umgangsrecht nicht ausüben (vgl. V.4 Elterliche Sorge...). Der Fall, daß die Mutter *Betreuungskosten* einklagt, die ihr entstanden sind, weil der Vater das Umgangsrecht nicht ausgeübt hat, ist noch nicht entschieden.

Wie bereits ausgeführt wird der Bargeldbedarf der Kinder im Regelfall nicht konkret, d. h. nach den tatsächlichen Aufwendungen des täglichen Lebens, bemessen, sondern abstrakt nach den pauschalierten Sätzen der Düsseldorfer Tabelle. Daß dies oft zu untragbaren Belastungen des sorgeberechtigten Elternteils führt, ist einleuchtend, wenn man sich vergegenwärtigt, wie teuer das Leben mit einem Kind ist. In Ausnahmefällen richtet sich allerdings der Bedarf des Kindes nach den tatsächlich anfallenden Kosten.[37] Juristisch wird dies unter den Begriffen *Zusatzbedarf und Sonderbedarf* abgehandelt. Ein Zusatzbedarf wurde z. B. bei einem Kind bejaht, das behindert war[38], ein anderes mußte wegen gravierender Schul- bzw. Erziehungsschwierigkeiten ein Internat[39] bzw. eine Privatschule besuchen.[40] Neben dem Normalbedarf des täglichen Lebens und dem Zusatzbedarf wegen erhöhter Aufwendungen kann auf seiten des Kindes auch ein Sonderbedarf entstehen (§ 1613 Abs. 2 BGB). Er liegt immer dann vor, wenn der Bedarf überraschend und der Höhe nach nicht vorhersehbar eintritt und zugleich außergewöhnlich hoch ist.[41]

Im Ergebnis wird Paula also damit rechnen können, daß die entstandenen Kosten von Heinz zumindest anteilig mitgetragen werden.

3 Rechtliche Auseinandersetzungen zwischen Kindern und Eltern

3.1 Erziehungsmaßnahmen und wachsende Autonomie von Kindern

Als die Kinder neun Jahre alt sind, zieht Paula mit ihnen aus der WG. Sie scheidet im Streit mit den dort lebenden Frauen, weil sie seit ca. einem Jahr eine Liebesbeziehung zu Fred aufgenommen hat. Monate zuvor hatte sie die Liebesbeziehung zur Mitbewohnerin gelöst.

Die ehemalige Geliebte, die sehr an Jan und Jessica hängt, versucht gerichtlich, ein Umgangsrecht mit den Kindern durchzusetzen. Heimlich treffen sich die Zwillinge mit ihr und den alten «Geschwistern» aus der WG. Paula erteilt allen ein Umgangs- und Hausverbot mit ihren Kindern, weil sie merkt, daß gerade die Mütter sehr schlecht über sie reden.

Der *Wohnsitz* des Kindes richtet sich nach § 11 BGB. Minderjährige Kinder teilen den Wohnsitz der Eltern bzw. des sorgeberechtigten Elternteils. Das Sorgerecht (§ 1631 BGB) umfaßt die Pflege, Erziehung sowie das Aufsichts- und Aufenthaltsbestimmungsrecht des minderjährigen Kindes. Es sind keine Rechtsstreitigkeiten bekannt, daß Kinder sich gerichtlich gegen ihre Mitnahme gewehrt haben, was zumindest angesichts des Alters von Jan und Jessica auch nicht verwunderlich ist.

Es mag sein, daß solche Streitigkeiten zunehmen, wenn Kinder selbstbewußter und emanzipierter erzogen wurden und sie selbst Ideen entwikkeln, wo sie sich Rat holen können, sei dies direkt bei Gericht, beim Jugendamt, Organisationen wie Kinderschutzbund o. ä. Vermutlich wird diese Entwicklung zumindest in fortschrittlich erziehenden Familien eintreten.

Das Interesse der ehemaligen Geliebten am Umgang mit den Zwillingen ist verständlich, da sie fast neun Jahre eine Beziehung zu den Kindern hatte. Ihr Rechtsanspruch ist allerdings höchst ungesichert (vgl. V.4 Elterliche Sorge... und III.3 Lesbische Lebensgemeinschaft...). Grundsätzlich gilt, daß der sorgeberechtigte Elternteil mit Wirkung für und gegen Dritte den Umgang des Kindes bestimmen darf (§ 1632 Abs. 2 BGB), d. h., der Umgang des Kindes mit Dritten ist zu überwachen, schädliche Einflüsse Dritter sind zu verhindern, und das Kind ist vor Belästigungen zu schützen. Um dies durchzusetzen, können Weisungen, Umgangs-, Haus- oder sonstige Verbote gegenüber dem Kind, aber auch gegenüber Dritten ausgesprochen werden. Dieses Recht gilt nicht unbegrenzt. «Entwürdigende Erziehungsmaßnahmen» sind unzulässig (§ 1631 Abs. 2 BGB), außerdem gilt die Mißbrauchsschranke bei Ausübung der elterlichen Sorge (§ 1666 BGB), die sich mit dem Älterwerden des Kindes zugunsten seiner Autonomie verschiebt, da die Eltern qua Gesetz die «wachsende Fähigkeit und das wachsende Bedürfnis des Kindes zu selbständigem, verantwortungsbewußtem Handeln» (§ 1626 Abs. 2 BGB) zu berücksichtigen haben. Eltern können dem Kinde gegenüber unmittelbare Erziehungsmaßnahmen ergreifen, sie haben aber auch das Recht, ihrer Entscheidung gegenüber dem Kind einen rechtsoffiziellen Charakter zu verleihen, indem sie das Vormundschaftsgericht anrufen. In diesem Falle würden sie sich die Autorität des Gerichts gegenüber ihren Kindern «leihen» bzw. sich gegenüber unerwünschten Eingriffen Dritter schützen. Auch bei diesen Entscheidungen durch das Vormundschaftsgericht kommt es immer auf eine Abwägung der einzelnen Faktoren an, oder anders gesagt, der Ausgang eines solchen Verfahrens ist nicht vorhersehbar. Einen vergleichbaren Fall wie in Amerika, wo eine Freundin ein Umgangsrecht mit den Kindern ihrer bisherigen Lebenspartnerin erhielt, kennt unsere Rechtsprechung – noch – nicht. Sie wäre m. E. auch nicht zu begrüßen, da die Verrechtlichung menschlicher Beziehungen verhindert, daß diese sich auseinandersetzen und gemeinsam ohne die Autorität der «Übereltern» bei Gericht eine Lösung finden. Die Menschen an den Gerichten sind selten klüger als die Beteiligten.

3.2 Schulpflicht und Jugendschutz

Der Wohnungswechsel bedingt auch einen Schulwechsel. In der neuen Schule verschlechtern sich die Leistungen der Kinder, so daß sie die Klasse wiederholen müssen. Mit 13 Jahren wird Jessica geraten, das Gymnasium zu verlassen, da sie gegenüber einer Lehrerin tätlich wurde. Nachts wird sie mehrfach betrunken und randalierend aus Kneipen geworfen und mit der Polizei nach Hause gebracht. Paula gibt Jessica in ein teures Internat, die Kosten klagt sie bei Heinz ein.

Jan schließt sich den Zeugen Jehovas an. Er verteilt den Wachturm.

Nach dem – hier beispielhaft angeführten – niedersächsischen Schulgesetz (NdsSchG) besteht die Pflicht, die Schule zu besuchen, in deren Schulbezirk der Wohnsitz oder gewöhnliche Aufenthalt des Kindes ist. Ausnahmen hiervon, etwa der Verbleib auf der alten Schule, können von der Schulbehörde genehmigt werden. Kinder haben hierbei kein Bestimmungsrecht. Die Schulpflicht endet in Niedersachsen zwölf Jahre nach ihrem Beginn (§ 48 NdsSchG). Welche Schulart besucht wird, entscheiden SchülerInnen, wenn sie volljährig sind, ansonsten die Erziehungsberechtigten (§ 43 Abs. 1 NdsSchG). Ein Verbleib auf der Schule ist u. a. davon abhängig, daß die SchülerInnen nicht zweimal hintereinander sitzenbleiben. Der Verweis von der Schule kann aber auch im Rahmen des § 44 NdsSchG als sog. Erziehungs- und Ordnungsmaßnahme seitens der Schule ergriffen werden. Und zwar dann, wenn u. a. die Sicherheit der

Lehrer ernstlich gefährdet oder der Unterricht nachhaltig und schwer beeinträchtigt wird. In diesen Fällen können Schülerinnen an eine andere Schule verwiesen werden. Allerdings muß es sich um dieselbe Schulform handeln, was in Kleinstädten oder ländlichen Gebieten zu erheblichen Problemen führen kann. Klugerweise läßt sich Paula nicht auf einen Rechtsstreit mit der Schulbehörde ein, sondern gibt Jessica in ein Internat. An den Kosten muß Heinz sich angemessen beteiligen.

Wenn Jessica eine Lehrerin schlägt, so ist dies tatbestandlich eine Körperverletzung (§ 223 StGB), die allerdings nur verfolgt wird, wenn Strafantrag gestellt wird (§ 232 StGB). Sie führte bei Jessica allerdings nicht zur Bestrafung, da sie noch nicht 14 Jahre alt ist und Kinder in diesem Alter als schuldunfähig gelten (§ 19 StGB).

Das Absehen von Strafe bedeutet allerdings nicht, daß Jessica sich betrinken oder nachts in Kneipen randalieren darf. Hier bestimmt das Jugendschutzgesetz (JÖSchG)[42], daß Kinder unter sechzehn Jahren ohne Begleitung eines Erziehungsberechtigten sich weder in Gaststätten aufhalten noch alkoholische Getränke zu sich nehmen dürfen. Wenn die erziehungsberechtigte Person das unerwünschte Verhalten des Kindes «herbeiführt oder fördert» (§ 12 Abs. 2 JÖSchG), kann ihr eine Geldbuße bis DM 30000 auferlegt werden. Hier wird nicht das Problem liegen, das Paula mit Jessica hat, selbst wenn Jessica solche Behauptungen über ihre Mutter, sei es aus Wut, Enttäuschung oder sonstigen Motiven gegenüber der Polizei aufstellen würde. Es kann für Paula problematisch werden, wenn sich das Jugendamt mit ihr in Verbindung setzt, um sie, wie das Jugendwohlfahrtsgesetz (JWG) es vorschreibt, in Fragen der (richtigen) Erziehung zu beraten (§ 5 Abs. 1 Ziff. 1 JWG) oder auch, um erzieherische Maßnahmen des Jugendschutzes (§ 5 Abs. 1 Ziff. 8 JWG) zu ergreifen. Diese Maßnahmen sollen in Zusammenarbeit mit der erziehungsberechtigten Person erfolgen (§ 3 Abs. 2 JWG). Bei besonderer Gefährdung des Kindes können Erziehungsmaßnahmen aber auch gegen den Willen der Erziehungsberechtigten angeordnet werden, wie zum Beispiel ein Erziehungsbeistand (§§ 55 ff. JWG) oder gar Fürsorgeerziehung in einer anderen Familie oder einem Heim (§§ 62 ff. JWG). Bei der Fürsorgeerziehung kann das Vormundschaftsgericht von Amts wegen entscheiden, wenn Verwahrlosung droht, und zwar auf Antrag der erziehungsberechtigten Person oder des Jugendamtes. Wenn das Kind gutachterlich untersucht werden soll, kann es durch gerichtliche Anordnung sogar bis zu drei Monaten in einer entsprechenden Einrichtung untergebracht werden (§ 66 JWG). Der Weg, den Paula wählt, erspart ihr die behördliche und – eventuell – gerichtliche Auseinandersetzung, was nicht bedeutet, daß für Jessica die Unterbringung in einem Internat nicht schmerzhaft ist und traumatisch erlebt werden kann. In der Regel aber wird die Inanspruchnahme öffentlicher Stellen und die Einleitung entsprechender Zwangsmaßnahmen als noch größere Unterwerfung von Kindern erlebt als die private Lösung eines Internats. Zwar müssen sich die Kinder auch hier mit dritten Personen auseinandersetzen, die über sie Erziehungsgewalt haben, diese sind aber nicht mit staatlichen Gewaltbefugnissen ausgestattet wie bei den oben beschriebenen Maßnahmen nach dem JWG. Wie immer ist die Wahl der Mittel auch eine Frage des Geldes bzw. der Bildungs- und Schichtzugehörigkeit, vorausgesetzt die Verwahrlosung des Kindes wird kein Dauerärgernis in der Öffentlichkeit.

Demzufolge unterliegt die private Unterbringung in einem Internat – ohne Anordnung der Fürsorge – auch nicht der Genehmigung des Vormundschaftsgerichts. Diese wird (§ 1631 b BGB) immer dann verlangt, wenn die Unterbringung des Kindes mit Freiheitsentzug verbunden ist. Die Unterbringung in einem «Erziehungsinternat»[43] wird nicht als Freiheitsentzug gewertet, sondern als Unterbringung mit Freiheitsbeschränkungen, die bei Kindern als üblich gelten. Je älter allerdings die Kinder werden, desto kritischer müssen Freiheitsbeschränkungen wie Ausgangssperre, Stubenarrest oder Kontaktsperren sonstiger Art beurteilt werden. Gerichtliche Auseinandersetzungen sind für diese Fälle – noch – nicht bekannt geworden. Es mag sein, daß ältere, selbstbewußter erzogene Kinder solche Maßnahmen als Freiheitsberaubung ansehen. Sie können aber nicht gemäß § 1631 b BGB die Gerichte anrufen. Antragsberechtigt sind nach dieser Vorschrift nur die Erziehungsberechtigten. Kinder könnten nur Strafanzeige erstatten mit der Folge, daß die Eltern die vormundschaftliche Genehmigung zum Freiheitsentzug beantragen. In diesem Verfahren sind die Kinder anzuhören. Bei richterlicher Genehmigung sind sie ebenfalls beschwerdeberechtigt (§ 59 FGG). Es ist jedoch kaum vorstellbar, daß Kinder diesen Weg beschreiten. Zu überlegen wäre allerdings, ob nicht § 1631b BGB dahingehend geändert werden sollte, daß Kinder ab dem 14. Lebensjahr wie ihre Eltern ein eigenes Antragsrecht bei diesen Maßnahmen erhalten sollten. Aber auch hier stellt sich die Frage, ob die Verrechtlichung privater Beziehungen das bessere Miteinander der Menschen fördert.

Nun zu Jan. Wenn Paula nicht will, daß Jan zu den Zeugen Jehovas geht, so kann sie beiden gegenüber, den Zeugen Jehovas und Jan, nicht ohne weiteres ein Umgangsverbot aussprechen, da Jan mit 14 Jahren religionsmündig ist. Mit Hilfe des Vormundschaftsgerichts, das auf ihren Antrag hin tätig werden muß, kann sie aber beiden verbieten, daß Jan den Wachturm verteilt oder Hausbesuche macht. Um das Verbot durchzusetzen, gibt es auch besondere Vollstreckungsmaßnahmen (§ 33 FGG). Erziehungsmaßnahmen gegen den Besuch der Gruppe kann weder Paula noch das Jugendamt so ohne weiteres ergreifen.

3.3 Das Namensrecht von Kindern und Erwachsenen

Als die Zwillinge 15 Jahre alt sind, heiratet Paula ihren Freund Wolfgang. Er will nicht Paulas Nachnamen annehmen. Jan möchte, daß Wolfgang sein richtiger Vater wird, zumindest möchte er so heißen wie Wolfgang. Jessica findet Wolfgang spießig und will nichts mit ihm zu tun haben.

Paula hat nach der Scheidung automatisch den alten Ehenamen behalten, wenn sie nicht gegenüber dem Standesbeamten erklärt hat, sie wolle ihren Geburts- oder den vor Eheschließung geführten Namen wieder annehmen (§ 1355 Abs. 4 BGB).

Paula und Wolfgang müssen nach der Eheschließung gemäß § 1355 Abs. 1 BGB einen gemeinsamen Familiennamen (Ehenamen) führen (vgl. II.1 Ehe...). Sie können bestimmen, wessen Name Ehename werden soll. Treffen sie keine Bestimmung, ist der Name des Mannes Ehename (§ 1355 Abs. 2 Satz 2 BGB), ein patriarchales Relikt, das aber für verfassungskonform gehalten wird. Trägt Paula noch den Namen von Heinz, kann Wolfgang nicht den Namen seines Vorgängers annehmen, nur den Geburtsnamen von Paula. Paula kann ihren alten Ehenamen dem von Wolfgang voranstellen, dann hieße sie wenigstens teilweise noch so wie die Zwillinge. Letztere Lösung wird die wahrscheinliche sein, da in 95 Prozent der Fälle der Name des Mannes Ehename wird. In diesem Fall kann Jan mit ihm nur Namensgleichheit erreichen, wenn Wolfgang ihn als Kind annimmt (§ 1757 Abs. 1 BGB). Grundsätzlich kann ein Ehegatte auch das Kind des anderen annehmen. Jan würde dann das gemeinschaftliche, eheliche Kind von Paula und Wolfgang (§§ 1741 Abs. 2, 1754 Abs. 1 BGB).

Erforderlich ist aber noch die Einwilligung von Heinz, obwohl er nicht sorgeberechtigt ist. Unterstellt, er hätte sich seit der Scheidung nicht mehr um die Zwillinge gekümmert, so hat er «durch sein Verhalten gezeigt», daß «ihm das Kind gleichgültig ist» (§ 1748 Abs. 1 BGB). In diesem Fall könnte das Vormundschaftsgericht seine Einwilligung ersetzen. Die Annahme von Jan als Kind muß aber seinem Wohle dienen. Dies wiederum könnte ins Wanken geraten, wenn Jan zwar auf jeden Fall, Jessica aber auf gar keinen Fall als Kind angenommen werden will. Das Ergebnis eines möglicherweise angestrebten Prozesses ist nicht sicher vorhersehbar.

3.4 Strafrechtsmündigkeit und Ehefähigkeit

Die 17jährige Jessica kehrt aus den Ferien nicht zurück. Nach vier Monaten wird sie in einer WG in München verhaftet. Man findet bei ihr 30 Gramm Heroin.

Jan will seine schwangere zwanzigjährige Freundin von den Zeugen Jehovas heiraten. Die Mutter und die Sozialarbeiterin vom Jugendamt sind strikt dagegen. Paula verweigert Jan die Zustimmung zur Heirat.

Jessica ist strafmündig (§ 19 StGB), auf sie findet als Jugendliche (14 bis 18 Jahre) das Jugendgerichtsgesetz (§ 1 JGG) Anwendung. Sie ist aber nur «strafrechtlich verantwortlich» (§ 3 JGG), wenn sie die gesetzlich geforderte Reife hat. Dies muß notfalls durch ein entsprechendes Gutachten überprüft werden. Zur Durchführung des Gutachtens kann der/die JugendrichterIn die Unterbringung – bis zu sechs Wochen – in einer entsprechenden Anstalt anordnen. In diesem Fall muß der Jugendlichen eine PflichtverteidigerIn beigeordnet werden (§§ 73, 68 Ziff. 3 JGG).

Für Jugendliche ist die Untersuchungshaft oft die Hölle, sie fühlen sich völlig schutzlos, ausgeliefert, bevormundet und mißverstanden. RichterInnen müssen dieses Verfahren beschleunigt betreiben (§ 72 Abs. 4 JGG) und insbesondere auch prüfen, ob der Zweck der Inhaftierung (§§ 112, 112a StPO) nicht durch eine vorläufige Anordnung über die Erziehung oder durch eine andere Maßnahme erreicht werden kann (§ 72 Abs. 1 JGG). Die Haltung der JugendrichterInnen zu Strafe und Strafvollzug ist oft entscheidend, wie schnell die Inhaftierung beendet und mit welchem Ergebnis das anschließende Strafverfahren durchgeführt wird. Abhängig ist der Ausgang des Strafverfahrens oft auch davon, wie sehr sich Eltern oder andere «Beistände» (§ 69 JGG) bereit finden, Alternativen für die Jugendlichen ausfindig zu machen, und die Jugendlichen bereit und in der Lage sind, diese auch anzunehmen.

Jan ist noch nicht volljährig und damit noch nicht ehemündig (§ 1 Ehegesetz [EheG], § 106 BGB). Er kann bei dem Vormundschaftsgericht, da er das 16. Lebensjahr vollendet hat, Befreiung von diesem Erfordernis beantragen (§ 1 Abs. 2 EheG). Allerdings muß Paula als gesetzliche Vertreterin zustimmen (§ 3 Abs. 1 EheG). Die Verweigerung der Zustimmung muß aus triftigen Gründen erfolgen. Durch diese Vorschrift wird das Elternrecht eingeschränkt. Bei dem Begriff «triftig» handelt es sich um einen auslegungsbedürftigen Rechtsbegriff. Gründe können sich aus der Person der Verlobten und dem Familieninteresse ergeben.[44] Ob sie als triftig angesehen werden, bestimmt letztlich das Gericht. Bei Verweigerung der Zustimmung ist die Verlobte berechtigt, einen Antrag zu stellen, um die Zustimmung durch das Vormundschaftsgericht ersetzen zu lassen. Würde dieses Verfahren angestrengt, kann frau sich leicht vorstellen, wie sehr die Beziehungen zwischen Mutter und Sohn belastet würden. Auch hier wäre beiden zu wünschen, daß sie selbst – mit psychologischer oder sonstiger fachlicher Hilfe – das Problem aus der Welt schaffen.

4 Adressen, Literatur, Anmerkungen

Anlauf- und Beratungsstellen

Psychologische bzw. Lebens- und Konfliktberatung in frühen Stadien verhindert oft, daß Probleme übermächtig oder gar rechtsförmig ausgetragen werden, was häufig zu besonderen Verletzungen und nicht selten zum völligen Abbruch von Beziehungen führt.

Kinder können sich mit ihren Problemen wenden an:

Deutscher Kinderschutzbund, Drostestr. 14–16, 3000 Hannover 1, Tel.: 0511/662056 – 13365. Es handelt sich hierbei um die Bundeszentrale, die auf Anruf auch die Adressen der einzelnen Landesstellen vermittelt.

Erwachsene und Kinder können sich im übrigen wenden an:

- Sozialpsychiatrische Dienste (diese gibt es vorwiegend in Städten, wenn auch nicht in allen),
- Familienberatungsstellen bei der Arbeiterwohlfahrt, Diakonisches Werk u. a., Jugendämter,
- niedergelassene TherapeutInnen.

Weiterführende Literatur

Zum Thema «Rechte und Pflichten von Eltern und Kindern» gibt es kein Standardwerk. Dies wird verständlich, weil die in Frage kommenden rechtlichen Probleme vielschichtig und in zahlreichen Einzelgesetzen geregelt sind. Hierzu gibt es die juristische Standardliteratur in den sogenannten Kommentaren. Für die fachliche Weiterarbeit soll hier statt vieler Kommentare der gebräuchlichste Kommentar genannt werden:

Palandt, «Kommentar zum Bürgerlichen Gesetzbuch», Beck-Verlag, München 1988. In diesem Kommentar finden sich zu den einzelnen Vorschriften zahlreiche Nachweise zu Einzelproblemen.

Eine gute Übersicht über die gesetzlichen Regelungen findet sich im «Jugendrecht», München 1986.

Anmerkungen

[1] Vgl. Peter Passett, «Gedanken zur Narzißmuskritik: Die Gefahr, das Kind mit dem Bad auszuschütten». In: Die neuen Narzißmustheorien: zurück ins Paradies? Psychoanalytisches Seminar Zürich (Hg.), 1983.

[2] Passett, a. a. O., S. 185.

[3] Passett, a. a. O., S. 185.

[4] Fackel, hg. von Karl Kraus, Wien IX. Jahr: 2. 12. 1907, S. 6.

[5] Erb, G. In: «Psychologie Heute», Juli 1988, «Wenn das Wunschkind ein Wunsch bleibt.»

[6] Vgl. hierzu Hölzle, Ch. «Unter Schmerzen sollst Du Dein Kind empfangen.» In: Beiträge zur feministischen Theorie und Praxis 20, 1987.

[7] Psychologie Heute, «Warum unfruchtbar?» Juli 1988, S. 25ff.

[8] Vgl. Tobias Fengler «Unerwünscht», in: Psychologie Heute, Mai 1989, S. 34ff.

[9] Vgl. Fengler, a.a.O., mit Nachweisen über die relevanten Untersuchungen zu diesem Thema.

[10] G. Amendt/M. Schwarz «Zur Sozialisation von unerwünschten Kindern.» Literaturstudie-Abschlußbericht 1980.

[11] Vgl. Dreher/Tröndle, «Kommentar zum StGB», Anm. 10 zu § 218.

[12] Vgl. Palandt, «Kommentar zum BGB», Anm. 2 zu § 1741 BGB.

[13] 1 BvL 17/87.

[14] BVerfG NJW 1981, 1771 f.

[15] FamRZ 1982, S. 1179.

[16] NJW 1985, S. 923 f.

[17] BVerfG NJW 1981, S. 217 f.

[18] BVerfG NJW 1983, S. 101 ff.; BGH FamRZ 1985, S. 169 f.; OLG Hamburg FamRZ 1982, S. 532 f.; BVerfG NJW 1981, S. 1771 f.

[19] BVerfG NJW 1981, S. 217 f.; OLG Celle FamRZ 1984, S. 1035 f.; OLG Düsseldorf FamRZ 1983, S. 293 f.

[20] KG FamRZ 1983, S. 1159 f.

[21] BGH FamRZ 1985, S. 169 f.

[22] BGH FamRZ 1984, S. 1084.

[23] KG FamRZ 1983, S. 1159.

[24] Vgl. Salgo, «Brauchen wir den Anwalt des Kindes?», in: ZfJ 1985, S. 259.

[25] § 1629 Abs. 3 S. 1 BGB (sog. gesetzliche Prozeßstandschaft).

[26] BGH FamRZ 1985, S. 51 ff.

[27] BGH FamRZ 1984, S. 769 ff.

[28] BGH FamRZ 1984, S. 356; FamRZ 1983, S. 456 f.

[29] BGH FamRZ 1981, S. 1159 ff.; FamRZ 1982, S. 148 f.

[30] BGH FamRZ 1985, S. 51 f.

[31] BGH FamRZ 1982, S. 23 f.; BGH FamRZ 1982, S. 148 f.

[32] BGH NJW 1986, S. 722 ff.

[33] FamRZ 1987, S. 356 f.; OLG Celle FamRZ 1987, S. 623 f.

[34] OLG Zweibrücken FamRZ 1987, S. 90 f.; OLG Stuttgart NJW 1981, S. 404 f.

[35] FamRZ 1987, S. 356 f.

[36] OLG Stuttgart NJW 1981, S. 404; OLG Bamberg FamRZ 1984, S. 507 f.; OLG Zweibrücken DA Vorm 1986, S. 355 ff.

[37] BGH FamRZ 1986, S. 48 f.; OLG Celle DA-Vorm 1982, S. 571 f.

[38] FamRZ 1983, S. 689 f.; FamRZ 1985, S. 917.

[39] Koblenz FamRZ 1981, S. 300 f.

[40] FamRZ 1983, S. 48.

[41] Vgl. BGH FamRZ 1984, S. 470f. Bejaht wurden diese Kosten mit der Folge, daß der Barunterhaltspflichtige sich hieran beteiligen muß, im Falle von Kurkosten (vgl. OLG Köln FamRZ 1986, S. 593f.), Kosten einer kieferorthopädischen Behandlung (vgl. OLG Düsseldorf FamRZ 1981, S. 76f.), und Krankheitskosten im Falle eines Verkehrsunfalles, die von der Versicherung nicht übernommen wurden (vgl. BGH FamRZ 1982, S. 145ff.).

[42] Gesetz zum Schutze der Jugend in der Öffentlichkeit – verkürzt: Jugendschutzgesetz (JÖSchG).

[43] Palandt, Anm. 2 zu § 1631b BGB.

[44] Palandt, Anm. 5 zu § 3 EheG.

IV 3 Monika Frommel
Möglichkeiten des Schwangerschaftsabbruchs

IV 3

Monika Frommel

Möglichkeiten des Schwangerschaftsabbruchs

Das Strafbarkeitsrisiko von Frauen und ÄrztInnen

Unter dubiosen Umständen wurde im Herbst 1986 die Arztpraxis von Dr. Th. durchsucht und die Patientinnenkartei beschlagnahmt. Es kommt zu einem der spektakulärsten Strafverfahren der Nachkriegszeit. Dr. Th. wird im Mai 1989 in erster Instanz zu zweieinhalb Jahren Freiheitsstrafe ohne Bewährung verurteilt. Die Rechtmäßigkeit des Verfahrens und die strittige Frage, ob Strafrichter Indikationen im Einzelfall überprüfen können oder ob sie den ÄrztInnen einen Beurteilungsspielraum – das Gesetz spricht von «ärztlicher Erkenntnis» (§ 218a StGB) – einräumen sollen, wird in Karlsruhe vom Bundesgerichtshof (BGH) zu klären sein. Dies kann noch Jahre dauern.

Dr. Th. gilt als medizinisch außerordentlich sorgfältig. Viele ungewollt schwangere Frauen suchten seinen Rat. Im Allgäu einschließlich Memmingen und Augsburg gibt es sehr wenige ÄrztInnen, die beraten, Indikationen feststellen und an geeignete Einrichtungen überweisen. Die Unterversorgung trifft auf eine Einstellung, die Frauen kein Recht auf einen legalen Schwangerschaftsabbruch zugesteht. Es herrscht eine Atmosphäre von Angst und Rechtsunsicherheit. Bayern gehört zu den Ländern, in denen ein Wust von Landesgesetzen, Richtlinien, Durchführungsverordnungen und Rundschreiben ein unübersichtliches Sonderrecht geschaffen hat, das die §§ 218ff. StGB überlagert und verdrängt. Beratung und Indikationsfeststellung gleichen einem bürokratischen Hürdenlauf. Die meist konfessionellen Beratungsstellen sind angewiesen, «für das Leben» zu beraten, und das Bayerische Oberste Landgericht (OLG) betont weit über die ohnehin schon restriktiven Regelungen im Strafgesetzbuch hinaus den «Schutz des werdenden Lebens».

Eine direktive Beratung «für das Leben» bringt Frauen, die wenig Selbstbewußtsein und kaum Rechtskenntnisse haben, in eine schwer lösbare Situation. Sie wissen nicht, welche Befugnisse die BeraterInnen haben. Insbesondere ist ihnen nicht klar, daß sie dem Gesetz bereits Genüge tun, wenn sie die «Beratung für das Leben» über sich ergehen lassen, um das Strafbarkeitsrisiko zu senken. Das schlichte Faktum einer Beratung ist nämlich nach dem Strafgesetzbuch ein persönlicher Strafausschließungsgrund (§ 218 Abs. 3 StGB). Aber ein instrumenteller Umgang mit dem

Recht ist nur dort zu erwarten, wo ohnehin weniger Druck auf Frauen ausgeübt wird. In einer Gegend wie dem Allgäu ist es sehr viel wahrscheinlicher, daß die Betroffenen der Bevormundung ausweichen und auf die Beratung ganz verzichten. Dann klappt die Normenfalle zu. Die Frauen setzen sich und abbrechende ÄrztInnen einem erhöhten Kriminalisierungsrisiko aus. Ein Auslöser der Memminger Verfahren war die fehlende soziale Beratung gewesen. Allerdings erklärt der Formverstoß nicht, daß dieses Exempel statuiert wurde.

1.1 Die «Memminger Verfahren»: ein Beispiel unzulässiger Strafverfolgung

«Die schärfsten Kritiker der Elche
waren früher selber welche»
(F. K. Waechter)

Als «Memminger Hexenprozesse» oder «Memminger Inquisition» erregte die Art und Weise der Prozeßführung öffentliches Aufsehen und Empörung (vgl. auch die als Anlage zu diesem Beitrag auf S. 376f. aufgezeichnete Chronik der Memminger Verfahren). Die peinliche Befragung der Zeuginnen über ihre Lebensverhältnisse und die im Verfahren geäußerte Zumutung, ein Kind auszutragen und dann zur Adoption freizugeben, demonstrierte, daß die Überprüfung höchstpersönlicher Gewissensentscheidungen durch die Strafjustiz nur pharisäisch sein kann. Nach dem Motto: «Es wird zurückgeschnüffelt» berichtete die Presse über eine Abtreibung der Freundin eines der Richter, der Zeuginnen durch besonders inquirierende Fragen zugesetzt hatte. Er wurde als «befangen» abgelöst und durch eine Richterin ersetzt. Aber fehlende Rechtsstaatlichkeit und mangelnde Fairness lassen sich nicht wiederherstellen. Das Verfahren hätte eingestellt werden sollen.

1.1.1 «Der tägliche Kampf um die Reform»

Die Memminger Massenverfahren werden – unabhängig vom derzeit ungewissen Ausgang der Revision gegen die Verurteilung von Dr. Th. – in die Strafrechtsgeschichte eingehen als ein (entweder gelungener oder gescheiterter) Versuch, die Entkriminalisierung und Legalisierung des Schwangerschaftsabbruchs der 1960er und 1970er Jahre rückgängig zu machen. Die Indikationenlösung des geltenden Rechts ist das Ergebnis eines Kompromisses. Er wurde erzwungen durch ein Urteil des Bundesverfassungsgerichts aus dem Jahre 1975. Im Gegensatz zur Fristenlösung sind danach Schwangerschaftsabbrüche auch in den ersten drei Monaten nicht straflos, sondern grundsätzlich mit Strafe bedroht. Es gibt aber Ausnahmen. Liegt eine der vier Indikationen vor, entfällt die Strafbarkeit der Frau und die der ÄrztInnen, wenn sie sich an die Formvorschriften der §§ 218 b ff. StGB halten. Anerkannt sind die sehr seltene medizinische, eugenische und kriminologische Indikation und die sehr häufige Notlagenindikation (§ 218 a).

Vorgeschrieben ist ein aufwendiges Beratungs- und Feststellungsverfahren. Die Strafdrohung richtet sich nicht in erster Linie gegen die Frauen. Diese sind bereits straflos (sogenannter persönlicher Strafausschließungsgrund), wenn sie sich einer sozialen Beratung unterzogen haben und der Abbruch innerhalb der ersten 22 Wochen nach der Empfängnis vorgenommen wird. Dies gilt aber nicht für die abbrechenden ÄrztInnen. Sie bleiben einem – je nach der Rechtsansicht der jeweiligen Revisionsgerichte der Bundesländer – mehr oder weniger großem Strafbarkeitsrisiko ausgesetzt. In Bayern ist dieses Risiko mittlerweile unkalkulierbar groß, da das Bayerische OLG beansprucht, das Vorliegen einer Notlagenindikation im einzelnen nachzuprüfen. In anderen Bundesländern ist dieses Risiko minimal, da die Gerichte den ÄrztInnen dort einen Beurteilungsspielraum zugestehen und das Vorliegen einer Notlagenindikation im Einzelfall nicht überprüfen.

1.1.2 Polarisierung der öffentlichen Meinung

Die Memminger Verfahren haben die politische Landschaft verändert. Im Jahre 1975 hatte das Bundesverfassungsgericht geglaubt, mit seiner restriktiven Entscheidung die Gesetzgebung zu einem Kompromiß zu zwingen. Dieser ist mittlerweile unerreichbarer denn je. Schon 1976 war keine der streitenden Parteien mit dem Ergebnis der Reform zufrieden. Die «Lebensschützer» nicht, weil das Lebensrecht des Foetus durch die Notlagenindikation relativiert war. Diejenigen, die das Selbstbestimmungsrecht der Schwangeren betonen, nicht wegen der gesetzlich vorgeschriebenen Bevormundung durch BeraterInnen oder ÄrztInnen. Aber alle Beteiligten nutzten die gesetzlichen Spielräume im jeweils eigenen Interesse. Einige Bundesländer, darunter Bayern, Baden-Württemberg und Niedersachsen, begannen das Bundesrecht durch restriktives Landesrecht auszuhöhlen. Zugleich entwickelte sich eine Praxis, die es Frauen ermöglichte, ohne medizinische Risiken und in relativ angstfreier Atmosphäre einen Abbruch vornehmen zu lassen. Die repressive Wende der Kriminalpolitik, für die die Memminger Verfahren exemplarisch sind, ist ein Versuch, die Nutzung der gesetzlichen Spielräume zugunsten von Frauen künftig unmöglich zu machen.

1.1.3 Das Mißbrauchs-Argument

Sieht frau einmal vom unqualifizierten Tötungsvorwurf militanter Lebensschützer ab, ist einer der häufigsten Einwände gegen die gegenwärtige Praxis, sie würde die Bestimmungen des geltenden Rechts als verdeckte Fristenlösung «mißbrauchen». Der Vorwurf wird darauf gestützt, daß ca. 85 Prozent der registrierten Schwangerschaftsabbrüche mit einer Notlagenindikation begründet werden. Im folgenden soll dieses Argument relativiert werden. Der hohe statistische Anteil kann – gegen den ersten Anschein – ein Indiz für eine zunehmende Ablehnung der früher bedeutsamen medizinischen Indikation sein. Der Grund für den Austausch der medizinischen Indikation durch die Notlagenindikation könnte in den unterschiedlichen *Fristen* liegen.

Eine Notlagenindikation ist an eine Frist von 12 Wochen gebunden, während ein Abbruch aufgrund einer medizinischen Indikation (Beispiel: Lebens- oder Gesundheitsgefahr der Mutter) auch zu einem späteren Zeitpunkt (theoretisch bis kurz vor der Geburt, d. h. Beginn der Preßwehen) zulässig ist. Eine Mittelstellung nimmt die eugenische (Beispiel: schwere Schädigung des Foetus) Indikation ein. Sie ist zulässig bis zur 22. Woche nach der Empfängnis.

Die von den Kritikern herangezogenen Statistiken zeigen, daß die an keine Frist gebundene medizinische (genauer: medizinisch-soziale) Indikation seit der Reform in der ärztlichen Praxis nur noch sehr selten bejaht wird. Zu dieser Zurückhaltung zwingt nicht der Gesetzeswortlaut; denn danach liegt eine medizinische Indikation bereits vor, wenn durch eine Schwangerschaft das seelische – also nicht nur das körperliche – Wohlbefinden einer Frau schwer beeinträchtigt ist. Aber ÄrztInnen sehen dies strenger. Sie weichen bei seelischer Beeinträchtigung auf die Notlagenindikation aus, die nur bis zur 12. Woche zulässig ist. Dies bedeutet, daß der in den letzten Jahren kontinuierlich gestiegene Anteil von Notlagenindikationen alles andere als ein «Mißbrauch» der Notlagenindikation ist, sondern vielmehr ein Trend zu möglichst frühzeitigen Eingriffen und damit ein Zeichen für die Bedeutung, die dem werdenden Leben nach Ablauf der Drei-Monats-Frist zugemessen wird.

Aber auch aus anderen Gründen ist das Mißbrauchs-Argument fragwürdig. Es unterstellt Frauen, die sich gegen ein Kind entscheiden, eine Entscheidungsfreiheit, die unrealistisch ist. Nach einer Repräsentativbefragung aus dem Jahre 1978 hatten 40 Prozent der alleinstehenden Mütter mit Kindern (vgl. hierzu insbesondere auch V.5 Alleinerziehende Mütter... sowie zu den nicht finanziellen Aspekten IV.5 Nichteheliche Mutterschaft...) unter 16 Jahren monatliche Nettoeinkünfte von unter 1000 DM. 32 Prozent bezogen Sozialhilfe. Fast die Hälfte erhielt vom

Kindsvater keinerlei Unterhaltszahlungen, in vielen Fällen waren die Zahlungen unregelmäßig und unzureichend. [1] Die Rede vom Mißbrauch des geltenden Rechts ignoriert auch die in Beratungsgesprächen geäußerten psycho-sozialen Belastungen, denen sich viele werdende Mütter nicht gewachsen sehen. Offenbar läßt sich aus der gesicherten Position eines Arztes, Richters oder Pfarrers leicht sagen, daß Mutterschaft und Beruf bzw. Berufsausbildung vereinbar (vgl. hierzu auch IV.1 Schwangerschaft...) und Selbstverwirklichung auch in Armut möglich sei.

1.1.4 Spielräume des geltenden Rechts

Fragen wir zunächst nach der Praxis, die sich in den Jahren nach der Reform eingespielt hat, und überprüfen wir sie anhand der Anforderungen des geltenden Rechts. Die Kontroverse spitzt sich auf die Frage zu, wer darüber zu entscheiden hat, ob es einer ungewollt Schwangeren «zumutbar» ist, das Kind zu bekommen: die Frau selbst – im Gespräch mit dem abbrechenden Arzt oder der Ärztin – oder die Strafjustiz? Selbstbestimmung – weiche Kontrolle durch ÄrztInnen oder staatlicher Zwang zum Gebären? Die Memminger Staatsanwälte und Richter bejahen letzteres und beanspruchen damit für sich das Recht, nachträglich in Strafverfahren die Voraussetzungen einer Notlage in jedem Einzelfall zu überprüfen. Es soll gezeigt werden, daß dies eine unrichtige Auslegung der einschlägigen Strafbestimmungen ist. Gegen diese Praxis, die bislang auf Bayern beschränkt geblieben ist, sprechen strafrechtliche, verfassungsrechtliche und strafprozessuale Gründe. Die Überprüfung einer Notlage setzt umfangreiche Informationen über das Privat- und Intimleben der betroffenen Frau voraus. Soll es möglich sein, dieses Wissen mit den repressiven Mitteln des Strafrechts zu gewinnen, etwa durch die Beschlagnahme der Karteikarte in der Praxis der abbrechenden ÄrztInnen oder BeraterInnen? Müssen die Frauen in einem Verfahren gegen einen Arzt oder eine Ärztin als Zeuginnen über ihr Intimleben und ihre finanziellen Verhältnisse aussagen oder schützt das geltende Recht das ärztliche Vertrauensverhältnis und die Intimsphäre der betroffenen Frauen?

In den Memminger Strafverfahren wagten es die beschuldigten oder als Zeuginnen befragten Frauen nicht, diese Rechtsfragen zu stellen. Aber in künftigen Verfahren werden sie relevant sein. Es gibt nämlich mittlerweile auch andernorts Ermittlungsverfahren wegen unerlaubter Abtreibung. In Rheinland-Pfalz kam es zu Ermittlungsverfahren gegen Ärzte. Nach Memminger Muster wurden Patientinnenkarteien beschlagnahmt und Zeuginnen nach einem für die Polizei erstellten Fragebogen vernommen. Noch ist es zu keiner Verurteilung gekommen, aber die Gefahr einer Gegenreform durch restriktive Richtersprüche ist noch nicht gebannt. Wie die Freiräume des geltenden Rechts genutzt werden, hängt nicht zuletzt vom Verhalten der betroffenen Frauen ab. Ihre Bereitschaft zu informierter Gegenwehr ist für den Verlauf eines Strafverfahrens von großer Bedeutung. Selbstbewußte Beschuldigte und Angeklagte können es der Strafjustiz schwer machen, Zeuginnen können die Aussage verweigern. Voraussetzung ist, daß sie ihre Rechte kennen und das jeweilige Risiko, das eine auf Konfrontation angelegte Prozeßstrategie mit sich bringen kann, richtig einschätzen.

Falsch wäre es, darauf zu vertrauen, daß sich in erster Linie ÄrztInnen gegen Kriminalisierungen effektiv wehren. Im Gegensatz zu den betroffenen Frauen befinden sie sich in einer existenzbedrohenden Situation. Schon Zwangsmittel im Ermittlungsverfahren wie eine Zeugenvernehmung oder Beschlagnahme kann sie wirtschaftlich ruinieren. Ein Strafverfahren ist somit für ÄrztInnen noch belastender als für Privatpersonen. Doch bevor wir uns der Frage zuwenden, wie eine wirkungsvolle Gegenwehr aussehen kann, wollen wir einen Blick zurück in die Geschichte und in andere Rechtskulturen werfen, um zu sehen, welche Kontrollstile sich im Laufe der letzten hundert Jahre entwickelt haben.

1.2 Phasen der Kontrollpolitik: Kriminalisierung, Entkriminalisierung und Legalisierung

Das *Reichsstrafgesetzbuch aus dem Jahre 1871* stellt Schwangerschaftsabbruch ohne Ausnahme unter Strafe. Ansätze zu einer Indikationenlösung entwickelte das Reichsgericht erst im Jahre 1927 im Wege der richterlichen Rechtsfortbildung. Es entschied, daß bei Gefahr für Gesundheit oder Leben der Frau das «geringerwertige Rechtsgut dem höherwertigen» zu weichen habe (medizinische Indikation). Die Entscheidung fiel in eine Zeit, in der beides, Forderungen nach einer Reform und eine zunehmende Kriminalisierung von Frauen und ÄrztInnen hart aufeinandertrafen. Eine pragmatische Zwischenlösung schien ausgeschlossen zu sein. Vor dem Ersten Weltkrieg wurden etwa 2000 Personen pro Jahr wegen illegaler Abtreibung verurteilt, 1927 waren es bereits über 5000 Verurteilungen. Es kam zu Protesten gegen den «Klassenparagraphen», der arme Frauen zum Kurpfuscher treibe. Großes Aufsehen erregte 1931 ein Massenverfahren in Stuttgart mit rund 300 Angeklagten. Unter ihnen der kommunistische Arzt Dr. Wolf, bekannt als Autor eines Theaterstückes «Cyankali» zum Problem des § 218, und die Ärztin Dr. Kienle, die eine der ersten Beratungsstellen des «Reichsverbandes für Sexualhygiene und Geburtenregelung» leitete. Beide wurden verhaftet und traten daraufhin in den Hungerstreik. Es kam zu Massenkundgebungen, auf denen die Freilassung der Inhaftierten und die Streichung des § 218 gefordert wurde. Die Ärztevereinigungen waren damals überwiegend für die Beibehaltung des rigiden Verbots. Aber zahlreiche ÄrztInnen kritisierten seine verhängnisvollen Auswirkungen. Schließlich, nach heftigen Auseinandersetzungen, verfaßte 1931 die Württembergische Ärztekammer eine vorsichtige Stellungsnahme, die in Richtung einer medizinisch-sozialen Indikation ging. Auch zahlreiche Juristen traten für eine Reform ein. Neben einigen Vertretern einer Fristenlösung forderte die Mehrheit eine medizinisch-soziale Indikation. Die Begründungen waren teilweise dieselben wie heute, aber unüberhörbar überwogen bei den Befürwortern einer Reform gesundheitspolitische und bei den Gegnern bevölkerungspolitische Gesichtspunkte. Weder das Selbstbestimmungsrecht der Frau noch eigene Rechte des ungeborenen Lebens spielten in der Öffentlichkeit die Rolle, die sie heute haben.

Seit *Mitte der 1960er Jahre* kam es zu einer weltweiten Entkriminalisierung. Die Zahl der Verurteilten ging erheblich zurück. 1960 wurden in Deutschland 1800 Personen verurteilt, 1965 noch 700, in den 1970er Jahren, also schon vor der eigentlichen Gesetzesreform, kam es zu fast keinen Verurteilungen mehr. Der Tiefstand wurde 1983 mit 24 Verurteilungen erreicht. Aber schon zwei Jahre später schlug das Pendel in die andere Richtung. Es kam erstmals wieder zu § 218-Verfahren gegen ÄrztInnen und Frauen.

Rückblickend kann man folgende Phasen der Kontrollpolitik unterscheiden:

- Kriminalisierung,
(Ende des 19. Jahrhunderts bis etwa 1960)
- Entkriminalisierung,
- Legalisierung und/oder die Ersetzung «harter» strafrechtlicher Verfolgung durch «weiche», medizinische oder sozialarbeiterische Kontrollformen.

Die Gegenwart ist gekennzeichnet durch eine Polarisierung der öffentlichen Meinung: Forderungen nach Kriminalisierung und völlige Freigabe der Abtreibung stehen unvermittelt nebeneinander.

Betrachtet man die jeweiligen Kontrollstile in verschiedenen Ländern, kann man folgende Gruppen bilden. Es gibt Länder mit einer Fristenlösung, wie etwa die Niederlande, Schweden, England, Frankreich und (noch) die USA, aber auch die Türkei, Japan, Österreich und (mit Modifikationen) Italien. Daneben gibt es Länder, die – wie die Bundesrepublik – eine Notlagenindikation kennen oder die medizinisch-soziale Indikation weit auslegen, wie etwa Spanien, Griechenland und Portugal. Daneben existieren Länder mit einem rigiden Strafrecht, das allenfalls eine *enge medizinische, kriminologische und eugenische Indikation* kennt. Aber auch in diesen Ländern kommt es selten zu Strafverfolgungen, d. h. die Strafdrohung wird nicht umgesetzt. Rechtsvergleichende Untersuchungen[2] haben ergeben, daß die Zahl der Abbrüche mit der Strenge oder Liberalität der jeweiligen Strafgesetze so gut wie nicht zusammenhängt, wohl aber mit anderen sozialen Faktoren wie Religion, Praxis der Empfängnisverhütung und der Lebensweise. So ist etwa in Großstädten die Zahl der Abbrüche höher als auf dem Land. Dies bedeutet, daß weder die Strafdrohung noch die Strafverfolgung das Verhalten der betroffenen Frauen beeinflußt. Versuche einer «harten» Kontrolle sind somit zum Scheitern verurteilt. Heftig umstritten sind hingegen die Formen der «weichen» Kontrolle durch ÄrztInnen und BeraterInnen. Daher soll im folgenden das Beratungs- und Feststellungsverfahren genauer dargestellt werden.

2 Wege zu einem legalen Schwangerschaftsabbruch

Es wiederholt sich fast täglich: eine ungewollt schwangere Frau sagt der ihr vertrauten ÄrztIn, sie wolle das Kind nicht bekommen. Dabei empfiehlt es sich, den umständlichen Weg des Beratungs- und Feststellungsverfahrens zu beachten. Warum ist das so wichtig? Die einschlägigen Gesetzesparagraphen (§ 218 Abs. 3 und §§ 218b, 219 StGB) sind auf den ersten Blick auch für JuristInnen schwer lesbar. Grundsätzlich gilt die Regel: Das Strafbarkeitsrisiko trifft im wesentlichen die abbrechenden ÄrztInnen. Die Schwangere ist schon dann *straflos*, wenn sie *sozial beraten*, d. h. über die öffentlichen und privaten Hilfen informiert worden ist, wobei hier der Einfachheit halber davon ausgegangen wird, daß der Eingriff von einer ÄrztIn innerhalb einer Frist von 22 Wochen durchgeführt worden ist.

Was passiert nun, wenn die soziale Beratung unterbleibt, wie in den Memminger Verfahren? Dann ist die Frau nur straflos, wenn eine der in § 218a StGB aufgeführten *Indikationen*, d. h. in den weitaus häufigsten Fällen eine Notlagenindikation, gegeben ist und die 12-Wochen-Frist eingehalten wurde. Zusammenfassend kann frau also sagen, daß die Frau straflos ist, wenn *entweder* die soziale Beratung (als sogenannter *Strafausschließungsgrund*) erfolgt *oder* die Voraussetzungen einer Indikation (sogenannter *Rechtfertigungsgrund*) vorliegen.

Bei den abbrechenden ÄrztInnen hingegen sind die Anforderungen an die Voraussetzung der Straffreiheit höher. Vom seltenen Fall eines medizinisch indizierten Eingriffes einmal abgesehen, ist es erforderlich, daß beide Voraussetzungen gegeben sind: die soziale Beratung *und* eine Indikation. Außerdem muß die Frau in den Eingriff einwilligen. Dies wiederum setzt voraus, daß sie ärztlich beraten worden ist. Schließlich müssen auch die erforderlichen Fristen eingehalten sein. Im folgenden sollen die Anforderungen an die soziale Beratung und Indikationenfeststellung im einzelnen betrachtet werden.

2.1 Soziale Beratung

Das Beratungsziel ist in § 218b StGB definiert. Die Schwangere soll nicht direktiv im Sinne des Lebensschutzes beraten werden, sondern über mögliche Hilfen. Von diesem Grundsatz weichen die überwiegende Mehrzahl der Schwangerenberatungsgesetze der Länder ab. In Bayern etwa lautet Art. 3 (Ziel der Beratung):

«Die Beratung dient dem Schutz des ungeborenen Lebens und der Sorge für die Schwangere.»

Bislang wurde nicht gerichtlich geklärt, ob die Länder abweichend vom Bundesrecht weitergehende Einschränkungen vorsehen können. Alles spricht dafür, daß sie es nicht können, da der Bund seine vorrangige Regelungskompetenz wahrgenommen hat.

In der Praxis wird die soziale Beratung von den anerkannten § 218-Beratungsstellen wahrgenommen. Bundesweit am bekanntesten ist Pro familia mit Einrichtungen in fast allen größeren Städten. Relativ selten, in ca. 12 Prozent, übernehmen niedergelassene GynäkologInnen diese Aufgabe im Zusammenhang mit der ohnehin notwendigen ärztlichen Aufklärung. ÄrztInnen können sich entweder als Berater anerkennen lassen oder sich «auf andere Weise über private und öffentliche Hilfen informieren» (§ 218b Abs. 2, Nr. 2c StGB). Bezeichnenderweise ist diese Alternative so gut wie unbekannt. Jede niedergelassene ÄrztIn kann beraten, eine bestimmte Fachrichtung ist nicht erforderlich. Aus den Gesetzgebungsmaterialien ergibt sich, daß diese Passage heftig umstritten war, aber wegen des Prinzips der «Staatsfreiheit» der Sozialberatung aufgenommen worden ist. Gedacht war dabei an die HausärztInnen. In der Folgezeit schwiegen alle Interessierten diese Alternative tot, juristische Kommentatoren, Ärztevereinigungen und beratende Berufe.

Nach den Schwangerenberatungsgesetzen der Länder haben Frauen einen Anspruch auf schriftliche Bestätigung der stattgefundenen Beratung. Der Eingriff darf erst am vierten Tag nach der Beratung vorgenommen werden.

2.2 Indikationenfeststellung

Die Indikation muß von einer Ärztin schriftlich bestätigt werden, der/die den Eingriff nicht selbst vornimmt. Dies bedeutet, daß Sozialberatung, ärztliche Beratung und Indikationenfeststellung durch *eine* Ärztin erfolgen kann. Nach den Richtlinien in Nordrhein-Westfalen (NRW) soll gewährleistet sein, daß beides, Beratung und Indikationenfeststellung in den Beratungsstellen erfolgt, so daß zeitliche Verzögerungen vermieden werden. Das entgegengesetzte Ziel verfolgen die Richtlinien anderer Bundesländer. Besonders kraß ist der *Widerspruch zwischen Bundesrecht und Landesrecht* in Bayern. Dort wird eine institutionelle (d. h. personelle und räumliche) Trennung zwischen Beratung und Indikationenfeststellung verlangt (Art. 9 Bayr. Schwangerenberatungsgesetz):

«Der Inhalt der Beratung darf nicht zu Auskünften und Gutachten über das Vorliegen von Indikationen Verwendung finden. Ärzte dürfen in ihrer Eigenschaft als Mitarbeiter einer anerkannten Beratungsstelle keine Feststellungen nach § 219 StGB treffen.»

2.3 Zugelassene Einrichtungen

Schwangerschaftsabbrüche dürfen nur in einem Krankenhaus oder einer «hierfür zugelassenen Einrichtung» vorgenommen werden (Art. 3 des 5. Strafrechtsreformgesetzes). Die mittlerweile herrschende Meinung interpretiert diese Bestimmung restriktiv, und zwar dahingehend, daß die jeweiligen Bundesländer ohne sachlichen Grund davon absehen können, Richtlinien zu erlassen, die die Anforderungen an die Zulassung regeln. Die Konsequenz der regionalen Unterversorgung ist der sogenannte Abtreibungstourismus. Da es in Bayern, Baden-Württemberg und Niedersachsen keine Einrichtungen für ambulante Schwangerschaftsabbrüche gibt, fahren die Frauen in die Bundesländer, in denen dies möglich ist. Nach einer Untersuchung des Max-Planck-Instituts für ausländisches und internationales Strafrecht in Freiburg lassen etwa 60 Prozent der abtreibungswilligen Frauen aus Baden-Württemberg den Eingriff in Hessen vornehmen. Die Gegenüberstellung zeigt, daß es verschiedene, mehr oder weniger komplizierte Wege zu einem legalen Schwangerschaftsabbruch gibt. Es ist eine Frage des Landesrechts und der Initiative einzelner, ob und wie viele

- Beratungsstellen bzw. beratende ÄrztInnen es gibt,
- wie die medizinische Versorgung aussieht und
- unter welchen Bedingungen ein Schwangerschaftsabbruch stattfindet.

3 Rechtsprobleme der Notlagenindikation

In den Memminger Verfahren wurde in jedem Einzelfall geprüft, ob es einer Frau «zumutbar» gewesen sei, das Kind zu bekommen oder nicht. Die Gerichte beanspruchten also eine Entscheidungskompetenz in Fragen, die die Intimsphäre berühren. Ist das zulässig?

Wege zum legalen Schwangerschaftsabbruch in der Bundesrepublik

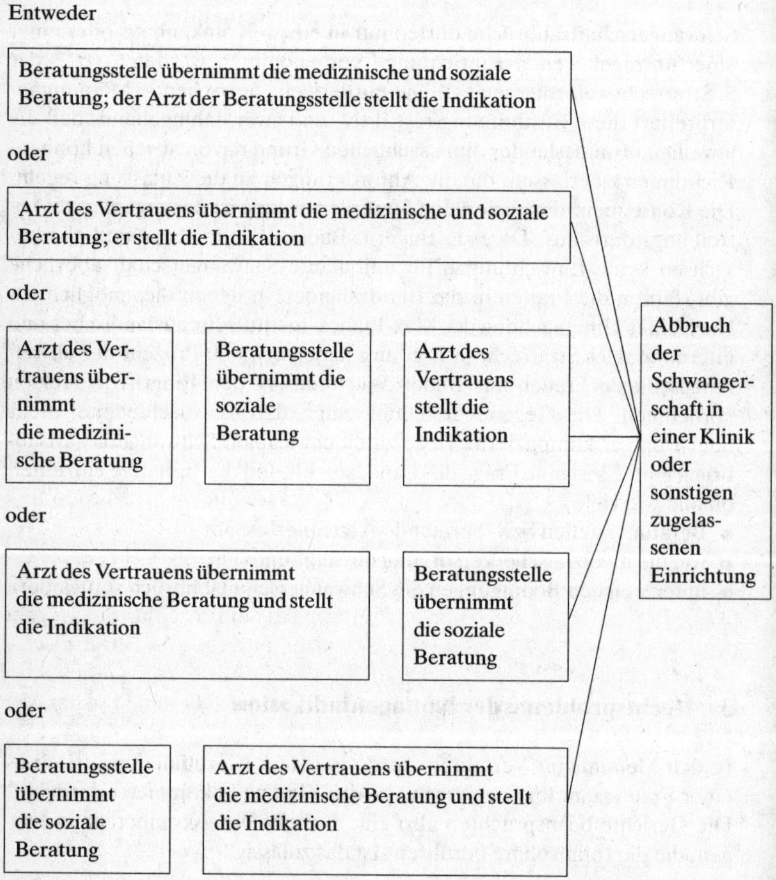

Quelle: Pro familia Bremen (Hg.): Wir wollen nicht mehr nach Holland fahren, Reinbek 1978, S. 11

3.1 Was heißt «ärztliche Erkenntnis» in § 218a StGB?

Nach § 218a StGB muß eine Indikation *«nach ärztlicher Erkenntnis»* festgestellt werden. Damit wollte der Gesetzgeber – dem Auftrag des Bundesverfassungsgerichts folgend – klarstellen, daß nicht die Frau über das Vorliegen einer Indikation zu entscheiden habe, sondern die ÄrztInnen, deren «ärztlicher Erkenntnis» sie sich zu fügen hat. Die Formulierung ist – wie jedes Gesetz – interpretierbar. Es ist möglich, aus dem Gesetzeswortlaut zu schließen, daß Strafgerichte lediglich überprüfen dürfen, ob sich eine ÄrztIn mit dem Einzelfall auseinandergesetzt hat. Nicht hingegen kann nach dieser Rechtsansicht ein Gericht die ärztliche Erkenntnis ersetzen, also selbst – oder mit Hilfe von Sachverständigen – feststellen, ob im Einzelfall die Fortsetzung einer Schwangerschaft zumutbar gewesen ist oder nicht. Denn dann müßte es in die Intimsphäre der Frau eindringen und unter Bedingungen eines Strafverfahrens klären, was allenfalls in einem vertrauensvollen Gespräch erörtert werden kann.

Es liegt nahe, daß diese Rechtsansicht auf Widerstand stößt. Schon im Gesetzgebungsverfahren deutete sich an, daß es zu gegensätzlichen Auslegungen kommen wird. In der Folgezeit bildeten sich zwei Meinungen heraus. Nach Ansicht des Bayerischen OLG können Indikationen voll überprüft werden. Die Maßstäbe des Gerichts sind sehr restriktiv und bedeuten im Ergebnis, daß Notlagenindikationen nur in Extremfällen vorliegen. Nach Ansicht eines Zivilsenats des BGH hingegen entziehen sich die Bedingungen einer ungewollten Schwangerschaft weitgehend der richterlichen Überprüfung.[3]

3.2 Strafprozessuale Probleme

Die Praxis von Dr. Th. wurde durchsucht, Patientinnenkarteikarten beschlagnahmt und Frauen zu ihren Motiven für den Abbruch hochnotpeinlich befragt. Alle möglichen Beweismittel sollten – nach Ansicht der Strafkammer – ausgeschöpft werden. Ist dies zulässig? Hätten die Frauen sich mit Erfolg darauf berufen können, daß diese Art der Prozeßführung gegen die Menschenwürde verstößt und daher nicht nur gegen die Strafprozeßordnung verstößt, sondern auch verfassungswidrig ist? Es sind dies sehr komplizierte Fragen. Keine der Frauen hat es darauf ankommen lassen, sie in Memmingen zu stellen. Sie hätten ein großes Risiko eingehen und etwa in Kauf nehmen müssen, daß die Strafkammer den Zeuginnen mit Beugehaft gedroht hätte. Aber bei einer Überprüfung durch das Bundesverfassungsgericht hätten sie eine Chance gehabt, mit ihrer Rechtsansicht Erfolg zu haben. Der Schutz des *Vertrauensverhältnisses zwischen PatientIn und ÄrztIn* und der *Schutz der Intimsphäre vor staatlicher Ausforschung* hat das Bundesverfassungsgericht schon mehrfach beschäftigt.

Ärzte haben eine Schweigepflicht. Im Verfahren gegen die Frau sind sie verpflichtet zu schweigen und zur Verweigerung des Zeugnisses berechtigt. Dies hat zur Konsequenz, daß auch die schriftlichen Unterlagen in einer Arztpraxis dem staatlichen Zugriff weitgehend entzogen sind. Die Unterlagen können zwar in einem Steuerstrafverfahren beschlagnahmt und ausgewertet werden. Aber in diesem Zusammenhang kommt es nicht auf die steuerliche Rechtmäßigkeit der vorgenommenen Schwangerschaftsabbrüche an, und die beschlagnahmten Unterlagen dürfen auch nicht unter diesem Gesichtspunkt bewertet werden. Für die Frage der Zulässigkeit einer Beschlagnahme und Verwertung der Patientenkarteikarten in einem Verfahren wegen § 218 StGB ist zu differenzieren. Im Verfahren gegen die Frauen ist die Verwertung der beschlagnahmten Karteikarten unzulässig, weil das zur Debatte stehende Vergehen geringes Gewicht hat und der Schutz des Arzt-Patientinnen-Verhältnisses deutlich überwiegt. Im Verfahren gegen den Arzt ist folgendes zu beachten.

Das Bundesverfassungsgericht hat entschieden, daß das Arzt-Patienten-Verhältnis besonders schutzwürdig ist. [4] In ständiger Rechtsprechung hat es sich an die Leitlinie gehalten: Je tiefer ein Eingriff die Privatsphäre betrifft, desto höhere Anforderungen sind an die Voraussetzungen eines solchen Eingriffs zu stellen. Ganz besonders hohe Anforderungen gelten bei Eingriffen in die Intimsphäre. [5] Folgt man diesen Gesichtspunkten, dann haben Frauen ein Recht darauf, daß ihre Motive, eine ungewollte Schwangerschaft abzubrechen, in einem Strafverfahren nicht erörtert werden. Aus verfassungsrechtlichen Gründen verdient folglich die (unter 3.1 erörterte) Rechtsansicht den Vorzug, die es der «ärztlichen Erkenntnis» überläßt, ob im Einzelfall eine Notlage vorgelegen habe. Eine Verurteilung würde nach dieser Ansicht etwa voraussetzen, daß sich in einem Strafverfahren herausstellen sollte, daß der angeklagte Arzt sich überhaupt keine Gedanken gemacht, sondern eine Fristenlösung praktiziert habe. Aber selbst dann wäre die Frau freizusprechen – aus dem nachvollziehbaren Grund, daß sie sich auf die ärztlichen Feststellungen verlassen darf.

4 Rechtspolitische Forderungen

Wie die Memminger Verfahren zeigten, erweist geltendes Recht sich als anfällig für regional gegensätzliche Auslegungen. Damit büßt es an Glaubwürdigkeit ein. Positionen, die früher nur von einer Minderheit vertreten wurden, gewinnen an Breitenwirkung. Im folgenden soll ein pragmatischer Vorschlag gemacht werden, der das politische Anliegen derer, die das Selbstbestimmungsrecht von Frauen betonen, achtet, aber einen sinnlosen rechtspolitischen Kampf für Maximallösungen vermeidet.

4.1 *«Weg mit dem § 218»?*

Die Forderung: «Weg mit dem § 218» bedeutet die Ablehnung von Strafverfolgung und «Zwangsberatung», wie sie das geltende Recht vorsieht. Es sind dies politische Forderungen, die aber in einem Gesetzgebungsverfahren keine Chance hätten, da das Bundesverfassungsgericht seine Entscheidung aus dem Jahre 1975 nicht zurücknehmen wird. Die Gefahren der Gentechnologie (vgl. auch IV.4 Unfreiwillige Kinderlosigkeit...) haben die Notwendigkeit des Schutzes menschlichen Lebens vor der Geburt eher verstärkt als relativiert. Die 1975 umstrittene Entscheidung hat daher in den Augen vieler Menschen nachträglich eine ganz unerwartete Berechtigung erhalten. Diese macht es aussichtslos, Gesetzesentwürfe einzubringen, die ihr widersprechen. Denkbar sind aber pragmatische Zwischenlösungen.

4.2 *Eine pragmatische Zwischenlösung: Beseitigung der Rechtsungleichheit*

Der Grund für die gegenwärtige Rechtsungleichheit von Frauen sind gegensätzliche Regelungen der Länder. Am gravierendsten wirkt sich dabei die Rechtsansicht aus, daß es den Bundesländern freisteht, Einrichtungen zu genehmigen, in denen ein Eingriff ambulant vorgenommen werden kann. Geeignet für ambulante Einrichtungen sind Eingriffe nach der Absaugmethode in einem Frühstadium der Schwangerschaft. Sie sind für die meisten Frauen psychisch weniger belastend und auch aus medizinischen Gründen vorzugswürdig, da sie seltener zu Komplikationen führen.[6] Aber in Bayern, Niedersachsen und Baden-Württemberg werden derartige Einrichtungen nicht zugelassen. Ein Bundesgesetz könnte diesen Zustand der *Rechtsungleichheit* beseitigen. Erforderlich wäre folgende Reform: Statt der jetzigen Fassung in Art. 3 Strafrechtsreformgesetz (i. d. F. 1978):

«Der Schwangerschaftsabbruch darf nur in ... einer hierfür zugelassenen Einrichtung vorgenommen werden»,

sollte eine Neufassung wie folgt lauten:

«Der Schwangerschaftsabbruch darf nur in ... einer Einrichtung vorgenommen werden, in der die notwendige medizinische Nachbehandlung gewährleistet ist» (ursprüngliche Fassung aus dem Jahre 1974).

Dies hätte zur Folge, daß alle Länder ambulante Einrichtungen zulassen müßten. Sie hätten nicht mehr die *Entschließungsfreiheit*, ob sie derartige Einrichtungen zulassen, sondern nur noch das Recht, die medizinischen und technischen Anforderungen an eine adäquate medizinische Nachbehandlung zu normieren. Der Novellierung müßte der Bundesrat zustimmen. Da aber selbst CDU-regierte Bundesländer wie Hessen und Rheinland-Pfalz ambulante Einrichtungen genehmigen, sind die Bedingungen für eine fraktionenübergreifende Initiative der PolitikerInnen günstig.

5 Rechtshilfe für Beschuldigte und Zeuginnen

Das geltende Recht ist ein Kompromiß, der ein gewisses Strafbarkeitsrisiko einschließt. Daher ist es sinnvoll, sich über die Rechte und Pflichten als Beschuldigte oder Zeugin in einem Strafverfahren zu informieren.

5.1 Rechte der Beschuldigten

Beschuldigung wegen eines unerlaubten Schwangerschaftsabbruches. Die Polizei fordert zu einer Aussage auf.

- Beschuldigte sind in keiner Phase des Verfahrens zur Aussage verpflichtet. Über dieses Recht müssen sie belehrt werden. Der Termin bei der Polizei ist nicht verbindlich. Erst vor Gericht ist ein Erscheinen zwingend, und auch dann sind lediglich die Personalien anzugeben.
- Wenn der Vorwurf völlig haltlos ist, kann es sinnvoll sein, zur eigenen Entlastung Angaben zu machen. Aber es empfiehlt sich, darauf zu bestehen, daß während der Aussage vor der Polizei eine Vertrauensperson anwesend ist. Wird dies abgelehnt, sollte die Aussage unterbleiben.
- Am Telefon sollten niemals und unter keinen Umständen Aussagen erfolgen. Auch eine «informatorische Befragung» ist eine Vernehmung. Es kommt vor, daß PolizistInnen sagen, es handele sich noch um keine Vernehmung, sondern um ein harmloses Gespräch. Dies ist unrichtig. Entgegen dieser Beteuerung werden Aussagen im Verfahren verwertet.

Ladung vor der Staatsanwaltschaft

- Für Beschuldigte besteht auch hier keine Verpflichtung auszusagen. Es ist auch nicht erforderlich zu erscheinen. Aber es ist sinnvoll, sich an eine AnwältIn zu wenden. Diese können die Akten einsehen und eine Prozeßstrategie entwickeln. Leider müssen Beschuldigte die Kosten einer solchen Beratung in der Regel selbst tragen.

5.2 *Rechte der Zeugin*

Vorladung

- Zeugen müssen vor der Polizei nicht erscheinen und auch nicht aussagen. Sie sind aber verpflichtet, vor der Staatsanwaltschaft (oder später vor dem Gericht) zu erscheinen. Unter bestimmten Voraussetzungen haben sie aber das Recht, die Aussage zu verweigern. Darüber müssen sie belehrt werden.
- Aussagen sollten nur in Anwesenheit eines anwaltlichen Beistandes erfolgen.

Die Kosten einer anwaltlichen Beratung von Zeugen (im Unterschied zu Beschuldigten) können bei Mittellosigkeit von der Staatskasse übernommen werden. Frau kann zu AnwältInnen des Vertrauens gehen und diesen die Formalien überlassen.

5.3 *Ärztliche Schweigepflicht*

Wenn die Polizei oder Staatsanwaltschaft fragt, ob die ÄrztIn, deren Sprechstundenhilfe oder § 218-Berater von ihrer Schweigepflicht entbunden werden können, sollte dies grundsätzlich abgelehnt werden. Die Entbindung von der Schweigepflicht ist mit schweren und irreversiblen Nachteilen verbunden. Sollte dem Ansinnen bereits zugestimmt worden sein, kann die frühere Erklärung widerrufen werden.

Chronik der Memminger Verfahren

Seit 1986 wird gegen 355 Frauen ermittelt, weil sie ohne Sozialberatung einen Schwangerschaftsabbruch durchführen ließen. Zwei Jahre später, im September 1988, begann vor dem Landgericht Memmingen das Strafverfahren gegen Dr. Th., weil er in 156 Fällen eine Schwangerschaft abgebrochen habe, ohne daß eine Notlage im Sinne des § 218a StGB vorgelegen habe.

1. Akt: Fragebogen-Aktion

Etwa vier Wochen vor dem Beginn der Hauptverhandlung schickte das Gericht allen Zeuginnen einen zehn Seiten umfassenden Fragebogen. Es beabsichtigt, auf schriftlichem Wege detailliert die persönlichen und finanziellen Verhältnisse der betroffenen Frauen auszuforschen. In dem Begleitbrief wird unverhohlen gedroht. Sollten die Fragen nicht schriftlich beantwortet werden, seien ausführliche und beschämende Vernehmungen in der Hauptverhandlung unvermeidlich. Die Verteidigung widerspricht diesem unüblichen und nach der Strafprozeßordnung unzulässigen Verfahren. Alle Frauen werden daraufhin vom Gericht vernommen. Keine wagt es, die Aussage zu verweigern.

2. Akt: Massenverfahren

Als es zum Verfahren gegen Dr. Th. kam, hatten fast alle Zeuginnen ihr eigenes Strafverfahren bereits hinter sich und waren rechtskräftig zu einer Geldstrafe verurteilt worden. Nur zwei von insgesamt 139 rechtskräftig verurteilten Frauen legten Berufung ein. Die übrigen verzichteten auf rechtliche Gegenwehr. Nur wenige erhoben gegen den von der Staatsanwaltschaft beantragten Strafbefehl Einspruch und bezahlten die festgesetzte Geldstrafe. Sie hofften, auf diese Weise so unauffällig wie möglich das für sie unangenehme Verfahren zu beenden. Keine der Frauen rügte die Beschlagnahme-Aktion, die die Prozeßlawine erst ins Rollen gebracht hatte. Die Staatsanwaltschaft Memmingen hatte nämlich auf eine höchst fragwürdige Weise die Namen der Patientinnen von Dr. Th. erfahren.

3. Akt: Beschlagnahme von Patientinnen-Karteikarten

Dr. Th. hatte die von ihm eingenommenen Honorare für die von ihm durchgeführten Abbrüche nicht versteuert. Der Grund ist verständlich und hängt mit dem bayerischen Landesrecht zusammen. In Bayern dürfen Schwangerschaftsabbrüche nicht – wie in fast allen anderen Bundesländern – ambulant in einer hierfür geeigneten und zugelassenen Arztpraxis durchgeführt werden.

Im Rahmen einer Steuerfahndung wurde die Praxis von Dr. Th. durchsucht. Einer der Verteidiger von Dr. Th. über diese Aktion: «Die Arzt-Praxis wurde in völlig unverhältnismäßiger Weise (...) durchsucht.» Es wurden Aufzeichnungen über durchgeführte Schwangerschaftsabbrüche gefunden und beschlagnahmt. Statt nun die Karteikarten zu anonymisieren, überschritten die Beamten der Steuerfahndung ihre Kompetenz und kennzeichneten – prozessual völlig unzulässig – Hunderte von Karteikarten mit einem grünen «I» (Interruptio = Unterbrechung). Sie übergaben sie als sog. «Zufallsfunde» der Staatsanwaltschaft Memmingen. Diese leitete daraufhin gegen Dr. Th. ein Verfahren wegen Verstößen gegen §§ 218b, 219 StGB ein. Vorgeworfen wurden ihm zunächst nur die aus den Karteikarten ersichtlichen Formverstöße gegen das in §§ 218b und 219 StGB vorgeschriebene Beratungs- und Feststellungsverfahren. Um den Verdacht zu erhärten und weiteres Belastungsmaterial zu erhalten, wurde gegen alle Frauen, deren Karteikarten mit einem grünen «I» gekennzeichnet waren, ermittelt. Dabei wurde – verfassungsrechtlich und prozessual unzulässig – den Ermittlungsakten gegen die Frauen die im Verfahren Dr. Th. beschlagnahmten Karteikarten «beigefügt». Aber keine der Frauen berief sich auf diesen unzulässigen Eingriff in ihre Geheimsphäre. Sie sagten aus und unterstützten damit – ungewollt – die Inszenierung der Memminger Massenverfahren.

6 Literatur, Anmerkungen

Literatur

Paczensky, Susanne v./Sadrozinski, Renate «§ 218: Zu Lasten der Frauen», Reinbek 1988.

Friedrichsen, Gisela «Abtreibung. Der Kreuzzug von Memmingen», Zürich und Wiesbaden 1989.

Anmerkungen

[1] Vgl. Swientek, C. «Alleinerziehende – Familien wie andere auch?», Bielefeld 1984.

[2] Vgl. Eser, A./Koch, H.-G. (Hg.) «Schwangerschaftsabbruch im internationalen Vergleich», 1. Band (Europa), 1988.

[3] Vgl. Bayerisches Oberstes Landgericht 1978, abgedruckt in: «Monatsschrift Deutsches Recht» (MDR) 1978, S. 951. Die Gegenansicht vertritt in Zivilverfahren (Beispiel: Schadensersatzansprüche wegen eines Kunstfehlers) der Bundesgerichtshof, vgl. «Neue Juristische Wochenschrift» (NJW) 1985, S. 2752.

[4] Vgl. BVerfGE 32 (1972), 373.

[5] Vgl. BVerfGE 27 (1967), 1.

[6] Vgl. Ketting, E./Praag, P. v. «Schwangerschaftsabbruch. Gesetz und Praxis im internationalen Vergleich», Tübingen 1985, S. 192ff.

IV 4 **Sabine Berghahn**
Unfreiwillige Kinderlosigkeit – Zwischen begrenzten Adoptionsmöglichkeiten und gefährlicher Reproduktionsmedizin

IV 4 SABINE BERGHAHN

Unfreiwillige Kinderlosigkeit – Zwischen begrenzten Adoptionsmöglichkeiten und gefährlicher Reproduktionsmedizin

Anna und Christine begegnen sich beim Klassentreffen 15 Jahre nach dem Abitur wieder. Es war eine reine Mädchenklasse. Viele Mitschülerinnen sind beruflich erfolgreich, die meisten haben geheiratet und zeigen nun Fotos ihrer Kinder herum. Anna und Christine haben keine Kinder – leider. Beide haben es mit ihren jeweiligen Partnern mehrere Jahre bewußt versucht, aber ohne Erfolg. Da sie in der Schulzeit eng befreundet waren, stellt sich auch an diesem Abend schnell wieder die alte Atmosphäre des Reden-Könnens ein, und so tauschen sie ihre Erfahrungen mit der unfreiwilligen Kinderlosigkeit aus. Bei Anna liegt es nach ärztlicher Diagnose an beiden Beteiligten, Annas Mann Georg hat zu wenige und zu wenig mobile Samen aufzubieten, und Annas Hormone sind auch falsch zusammengesetzt für ein Schwangerwerden. Sie tragen sich nun mit dem Gedanken, ein Kind zu adoptieren und haben auch schon das erste Gespräch bei der Adoptionsvermittlungsstelle hinter sich. Bei Christine ist die Sache anders. Sie hat verklebte Eileiter, wahrscheinlich als Folge einer Entzündung in jungen Jahren. Christine und ihr Freund Wolfgang sind beide geschieden und leben seit zwei Jahren unverheiratet zusammen. Während der langwierigen medizinischen Untersuchungen zur Ursache der Kinderlosigkeit dieses Paares ist Christine durch Wartezimmerlektüre auf die Möglichkeit der In-vitro-Fertilisation (IVF) mit anschließendem Embryotransfer (ET) gestoßen. Sie ist entschlossen, sich einer solchen fortpflanzungsmedizinischen Behandlung zu unterziehen.

1 Ungewollte Kinderlosigkeit als individuelles und gesellschaftliches Problem

Es handelt sich hier um einen untypischen Beitrag zu einem Rechtsratgeber, denn niemand hat ein «Recht» auf Kinder. Sich mit unfreiwilliger Kinderlosigkeit abzufinden, fällt jedoch schwer. So stellt beispielsweise die Kindererziehung eine Aufgabe im Alltag dar und gibt ein bißchen Einfluß auf die zukünftige Gesellschaft. So sind Nachkommen, an die materielle und immaterielle Güter weitergegeben werden können, in einer säkularisierten Welt ein Rest von Transzendenz (vgl. auch IV.2 Kinder und Eltern ...).

Viele Frauen leiden an unfreiwilliger Kinderlosigkeit schwerer als

Männer, vermutlich, weil das Stereotyp von der «eigentlichen Bestimmung der Frau zur Mutter» – in wie auch immer verinnerlichter Form – noch sehr verbreitet ist. Jedenfalls gehört das Kinderkriegen und -haben neben aller Berufstätigkeit doch «irgendwie» zur vollen Weiblichkeit, denken die meisten Männer und viele Frauen. Unfruchtbarkeit scheint zuzunehmen. Aber auch die Ambivalenz des Kinderhabens für Frauen in einer eher kinderfeindlichen Gesellschaft und einem Berufsleben, das den Müttern meist die ganze Last der Kindererziehung aufbürdet, wird Frauen immer bewußter. Insofern stellt Unfruchtbarkeit auch einen unbewußten Schutz vor Überforderung durch widersprüchliche Lebensbedingungen dar.[1]

Die Ursachen von weiblicher und männlicher Unfruchtbarkeit bleiben weitgehend unerforscht, denn es bieten sich vermeintliche Auswege an: Adoption und neue humanmedizinische Reproduktionstechniken.

Die Möglichkeit der Adoption existiert jedoch grundsätzlich nicht zur Befriedigung eines Kinderwunsches, sondern soll umgekehrt dazu dienen, einem – möglicherweise schon sozial geschädigten – Kind zu neuen, geeigneten Eltern zu verhelfen. Das Verfahren ist daher langwierig, stellenweise bürokratisch und zwingt viele AntragstellerInnen – nur jüngere Ehepaare kommen in Frage – zum Verbergen subjektiver Erwartungen an das Kind und somit zur Vorspiegelung rein altruistischer, d. h. auf Nächstenliebe gegründeter Motive. Dennoch haben die Adoptionsanträge in den letzten Jahren so zugenommen, daß viele Paare ihr Heil, sprich: ein Kind, unter fragwürdigen Umständen im Ausland suchen und viele Frauen von vornherein den zweiten vermeintlichen Lösungsweg beschreiten. Sie unterziehen sich den aufreibenden, schmerzhaften und entfremdeten Prozeduren der neuen Reproduktionsmedizin – meist jedoch erfolglos – und verschaffen damit auch Experten Alibis, Pfründe und Machtzuwachs.

Für Frauen sind diese Versuche, entgegen dem biologischen «Zufall» doch zu einem Kind zu kommen, erkauft mit Einschränkungen der Selbstbestimmung, mit sachzwanghafter Unterwerfung unter die Anordnungen von «Experten» und – im Falle der Reproduktionstechniken – mit medizinischen «Komplikationen» und Langzeitrisiken. Was auch immer «schiefgeht», die Frau betrifft es in aller Regel stärker und schwerwiegender als den Mann. Auch «das Wohl des Kindes» – oberster Grundsatz im Familienrecht – bleibt bei beiden Varianten nicht selten auf der Strecke, wenn sich die Verheißungen des «Kinderhabens» durch die konkrete Entwicklung des Nachkömmlings nicht erfüllen, was bei so hoch gesteckten Erwartungen leicht eintritt und angesichts der so schwer erkämpften Elternschaft als besonders enttäuschend empfunden wird.

Natürlich muß jede Frau, die sich ein Kind wünscht und auf natürliche

Weise diesen Wunsch nicht realisieren kann, selbst entscheiden, welche Konsequenzen sie zieht. Zwischen Adoption und der Anwendung etwa der In-vitro-Fertilisation bestehen m. E. auch entscheidende Unterschiede, gleich ist jedoch, daß es in aller Regel dornige Wege zum eigenen Kind sind, und daß sie zusätzliche Probleme schaffen. In den meisten Fällen wird daher nur ein Sich-Abfinden mit der Kinderlosigkeit weiterhelfen.

Im folgenden sollen dennoch einige rechtliche Informationen über Adoptionsmöglichkeiten und neue Reproduktionstechniken gegeben und dabei die tatsächlichen Probleme näher beleuchtet werden.

2 Das Adoptionsverfahren als «Weg zum Kind»

2.1 Adoption, die «Annahme als Kind»

Die Adoption ist unter dem Titel «Annahme als Kind» im BGB in den §§ 1741 ff. sowie im Adoptionsvermittlungsgesetz (AdVermiG) geregelt. Beide Rechtsbereiche wurden in den siebziger Jahren reformiert. Die neuen Fassungen sind seit dem 1. 1. 1977 in Kraft.[2]

Mit der Adoption eines Kindes soll die vollständige Eingliederung des angenommenen Kindes in die Familie der annehmenden Personen gefördert und rechtlich vollzogen werden (§ 1741 Abs. 1 BGB). Es soll ein «normales» Eltern-Kind-Verhältnis wie zwischen Eltern und ihren leiblichen Kindern entstehen. Der Rechtscharakter der Adoption, der früher nur die «Annahme an Kindes Statt» vorsah und keineswegs zur vollständigen Integration in die neue Familie führte, hat sich durch die Reform vom Instrument zur vertraglichen «Erbesicherung» zur «Förderung des Kindeswohls» im Rahmen der Jugendhilfe weiterentwickelt.[3]

Auch wenn der Zweck der völligen Integration und Gleichstellung adoptierter mit leiblichen Kindern den Interessen von unfreiwillig kinderlosen Frauen (und Männern) an der Gründung einer «normalen» Kleinfamilie entgegenkommt, bedeutet dies doch nicht, daß Menschen mit Kinderwunsch hier ohne weiteres «bedient» werden können. Oberster Grundsatz für die Vermittlung eines Kindes an adoptionswillige Eltern ist nämlich die Sorge für das «*Wohl des Kindes*» (§ 1741 Abs. 1), nicht der Wunsch der Eltern. Nicht das Kind soll zu den Eltern passen, sondern die Eltern zum Kind. Da die Zahl der Adoptionswilligen stark angestiegen ist im Verhältnis zu den freigegebenen Kleinkindern, ist es keineswegs gesichert, daß die Nachfrage befriedigt wird.

Die Chancen, ein Kind vermittelt zu bekommen, werden zwar insofern durchaus von Angebot und Nachfrage beeinflußt, aber die Zuweisung eines Kindes ist im wesentlichen von anderen Faktoren bestimmt. Die Adoption wird nicht – wie nach altem Recht – durch Vertrag begründet, der auf der einen Seite von den Adoptiveltern «ausgehandelt» werden könnte, sondern es ist ein von staatlicher Seite bewußt durchstrukturiertes Auswahlverfahren, an dessen Anfang ein Anfragegespräch bei der Adoptionsvermittlungsstelle steht und an dessen Ende das Vormundschaftsgericht die Annahme als Kind auf Antrag der Annehmenden ausspricht (§ 1752 BGB). Bis dahin ist es ein weiter Weg, auf dem die BewerberInnen manche Hürde nehmen müssen.

2.2 Das Verfahren

Adoptionswillige nehmen zunächst Kontakt mit einer Adoptionsvermittlungsstelle auf.

Aufgrund der großen Zahl der Interessierten und der an den Formen einer herkömmlichen Ehe und Familie orientierten herrschenden Auslegung zum Kindeswohl kommen in der Regel nur *verheiratete Paare* in Betracht, die ein Kind gemeinschaftlich annehmen möchten. Grundsätzlich kann zwar auch eine alleinstehende Person ein Kind allein annehmen, dies dürfte jedoch in diesen Fällen von allgemeinem Kinderwunsch – ohne verwandtschaftliche Beziehung zu einem bestimmten Kind – von der Adoptionsvermittlung nicht akzeptiert werden. Auch die gemeinschaftliche Annahme durch ein unverheiratet zusammenlebendes Paar ist nicht möglich (§ 1742 BGB).

Der Fall, daß ein bestimmtes Kind etwa von Verwandten adopiert werden soll, weil z. B. die leiblichen Eltern bei einem Autounfall ums Leben gekommen sind, wird hier nicht behandelt. Ebensowenig wird hier näher auf die Auslandsadoption eingegangen, die in legaler Form von den zuständigen Stellen kaum noch vermittelt wird, da sich die Erkenntnis durchgesetzt hat, daß elternlosen Kindern im eigenen Land, auch in der «Dritten Welt», besser geholfen werden kann. Ins Gerede gekommen sind Auslandsadoptionen vor allem durch ihre oft illegale Seite. Deutsche Paare «bestellen» ein Kind bei einem zweifelhaften Agenten, bezahlen viel Geld und erhalten vielleicht am Ende ein Kind, wobei sie zur Anerkennung bzw. Legalisierung der Transaktion sich nicht selten ebenfalls bußgeldpflichtig oder gar strafbar machen müssen. Da die Adoptionsvermittlung eine Monopolaufgabe der Adoptionsvermittlungsstellen ist und insbesondere gewerbsmäßiger Kinderhandel unterbunden werden soll, wählen die Baby-Dealer rechtliche Umgehungsformen, um die Kinder aus den betreffenden Ländern aus- und in die Bundesrepublik einführen zu können.

Oft gibt der Baby-Dealer sich oder den «Bestellvater» als nichtehelichen Vater des Kindes aus, der dieses bei einem Urlaub mit einer Einheimischen gezeugt habe. Der Mutter wird dann – gegen ein geringes Entgelt – eine Einwilligungserklärung in die Weggabe des Kindes abgerungen. Es ist wohl unnötig, darauf hinzuweisen, daß jene Mütter ihr Kind – oft ist es nur eines von vielen – unter größter Armut und Not weggeben, vielfach wird es ihnen sogar weggenommen oder unter Vorspiegelung falscher Tatsachen entzogen.[4]

Aber zurück zur Inlandsadoption. Die *Adoptionsvermittlungsstelle* ist eine besondere Einrichtung des Jugendamtes oder Landesjugendamtes. Auch die Kirchen und Wohlfahrtsverbände können entsprechende Vermittlungsstellen schaffen. Mit der Adoptionsvermittlung werden nur Fachkräfte beauftragt, d.h. hauptsächlich SozialarbeiterInnen, aber auch PsychologInnen, ÄrztInnen oder JuristInnen.

Nach dem ersten *Bewerbungsgespräch* finden eine Reihe weiterer Gespräche mit MitarbeiterInnen der Adoptionsvermittlungsstelle statt. Sie dienen zur «sachdienlichen» Ermittlung bei den AdoptionsbewerberInnen, ob diese «unter Berücksichtigung der Persönlichkeit des Kindes und seiner besonderen Bedürfnisse für die Annahme des Kindes geeignet sind» (§ 7 Abs. 2 AdVermiG). Von einem konkreten Kind für diese BewerberInnen kann zu diesem Zeitpunkt allerdings noch nicht ausgegangen werden. Die Gespräche behandeln meist folgende Themenbereiche:

- Motive zur Aufnahme eines Adoptivkindes,
- Fragen der Kinderlosigkeit,
- Informationen über die Herkunft von Adoptivkindern,
- Erziehungsvorstellungen und Möglichkeiten der Aufklärung über die Adoption,
- finanzielle und rechtliche Aspekte.

Die sich bewerbenden Eheleute werden gebeten, einen Fragebogen auszufüllen, Bilder und eine Lebensbeschreibung einzureichen.[5] Im weiteren Verlauf dieser Überprüfungen müssen sich die Adoptionswilligen beim örtlichen Gesundheitsamt untersuchen lassen und ein amtsärztliches Attest erbringen, welches ihnen auch die gesundheitliche «Tauglichkeit» zur Erziehung von Kindern bescheinigt. Zur Aufnahme des Kindes in die Adoptionspflege, die der endgültigen Adoption im allgemeinen vorausgeht (§ 1744 BGB), benötigen die zukünftigen Eltern eine vorläufige *Pflegeerlaubnis*, die das Jugendamt nach Einblick in die sozialen Lebensverhältnisse der BewerberInnen erteilt. Liegen all diese Voraussetzungen vor, wird das hoffnungsvolle Wunschelternpaar zu einem weiteren Gespräch in die Adoptionsvermittlungsstelle gebeten, um zu erfahren, ob es mit der Vermittlung eines Kindes rechnen kann und welche Einschätzungen die Stelle und das Jugendamt gewonnen haben.

Ist das Ergebnis positiv, d. h., wurde die Eignung der BewerberInnen festgestellt (§ 8 AdVermiG), kann den zukünftigen Wunscheltern ein «*Kindervorschlag*» unterbreitet werden. An der Entscheidung, welches Kind in welche Familie gegeben wird, sind i. a. alle SozialarbeiterInnen einer Adoptionsvermittlungsstelle beteiligt. Es geht weder nach der Reihenfolge der Meldungen über zu vermittelnde Kinder noch nach der Dauer der Wartezeit der BewerberInnen. Maßgeblich für die Entscheidung ist vielmehr allein die Prognose, welche Eltern zu einem Kind am besten passen könnten.

Während dieser Wartezeit werden meist Gesprächskreise zum Erfahrungsaustausch von Bewerber-Paaren angeboten. Wird dann ein konkreter Kindervorschlag unterbreitet, so erhalten die Adoptionsbewerber die verfügbaren Informationen über das Kind und seine Herkunft – allerdings anonym – sowie die Gelegenheit, das Kind persönlich kennenzulernen. Entscheiden sie sich für dieses Kind, so wird es ihnen zur Adoptionspflege übergeben. Deren Dauer ist nicht gesetzlich festgelegt, sie dauert i. d. R. ein Jahr. Auch die *Dauer* des gesamten Verfahrens schwankt von Fall zu Fall. Nach Auskunft der Berliner Adoptionsvermittlungsstelle vergehen durchschnittlich zwei Jahre von der Antragstellung bis zur Vermittlung eines Kindes an geeignete Eltern, also etwa drei Jahre bis zum Abschluß des Verfahrens durch den vormundschaftsgerichtlichen Vollzug der Adoption.

Materiell-rechtliche Voraussetzungen der Adoption sind u. a. die (notariell beurkundete) *Einwilligung der leiblichen Eltern* des Kindes (§ 1747 BGB) und des Kindes selbst bzw. seines gesetzlichen Vertreters, wenn das Kind noch nicht 14 Jahre alt ist (§ 1746 BGB). Bei einem *nichtehelichen Kind* muß nur die leibliche Mutter ihre Einwilligung erteilen. Der leibliche Vater kann dann allerdings selbst die Adoption des Kindes beantragen. Die Einwilligungserklärung der leiblichen Eltern bzw. der Mutter kann erst erfolgen, wenn das Kind acht Wochen alt ist. Damit soll der Mutter, die den Entschluß zur Weggabe des Kindes vielleicht schon vor der Geburt gefaßt hat, eine Frist und eine Möglichkeit gegeben werden, ihre Entscheidung angesichts einer gerade entstehenden persönlichen Bindung zu dem Kind zu revidieren (vgl. auch IV.5 Nichteheliche Mutterschaft...). Eine verweigerte Einwilligung eines Elternteils kann unter bestimmten Voraussetzungen (z. B. der groben Vernachlässigung) auch vom Vormundschaftsgericht ersetzt werden (§ 1748 BGB).

Mit der Einwilligung der leiblichen Eltern in die Adoption ruht das elterliche Sorgerecht der leiblichen Eltern, das Jugendamt wird zunächst Vormund, und die zukünftigen Adoptiveltern sind zum Unterhalt verpflichtet. Nach dem endgültigen Beschluß des Vormundschaftsgerichts über die Adoption, der nur unter ganz eingeschränkten Voraussetzungen später rückgängig gemacht werden könnte, erlöschen im Normalfall alle bisherigen Verwandtschaftsbeziehungen zu den bisherigen Verwandten des Kindes (§ 1755 BGB). Dies gilt auch für Unterhaltsansprüche und das Erbrecht. Das Kind erhält den Familiennamen des annehmenden Paares; wenn es dem Wohl des Kindes dient, kann der Vorname geändert oder ein weiterer hinzugefügt werden (§ 1757 BGB).

In amtlichen Urkunden und innerhalb anderer Rechtsverhältnisse wird die Tatsache der Adoption während der Kindheit verborgen. Erst zur Eheschließung benötigt das Adoptivkind eine Abstammungsurkunde mit den Angaben über die leiblichen Eltern und dem Vermerk der Adoption.

2.3 Das Dilemma zwischen dem eigenen Kinderwunsch und den Anforderungen der Adoptionsvermittlungsstelle

In den ersten Gesprächen werden – wie erwähnt – die Motive der AdoptionsbewerberInnen erfragt und hinterfragt und weitere «sachdienliche» Ermittlungen bei ihnen, dem Kind und seiner Familie durchgeführt. Befragte Ehepaare empfinden fast einstimmig diese ersten Gespräche als abschreckend und schwierig, wie eine wissenschaftliche Untersuchung ergab.[6] Für die Adoptionswilligen stellt sich das ganze Verfahren bürokratisch dar, sie fühlen sich «beobachtet und vor allem abhängig», wie in der Selbstdarstellung von Adoptionsvermittlungsstellen ohne weiteres zugestanden wird.[7] Dies erklärt und rechtfertigt sich jedoch durch die Aufgabe der Behörde, eine kindgerechte Auswahl der zukünftigen Eltern vorzunehmen. Dennoch bleibt die Situation für die Annehmenden prekär. Dem Bewerberpaar wird die große Zahl ihrer Konkurrenten und seine geringe statistische Chance vor Augen gehalten, wobei bisweilen auch übertrieben wird. Meist soll getestet werden, inwieweit sie beide wirklich den festen Adoptionswunsch haben. Vor allem wird nach den Motiven des Adoptionswunsches gefragt. Da für die AdoptionsvermittlerInnen an erster Stelle das Wohl des Kindes steht und die meisten Eltern dies wissen, antizipieren sie, daß im wesentlichen nur altruistische Gründe, ein Kind adoptieren zu wollen, hier Bestand haben. Dies wirkt oft aufgesetzt und nicht allzu glaubwürdig, manchmal sogar regelrecht geheuchelt, da das Paar ja die Geschichte seiner meist medizinisch bedingten Kinderlosigkeit erzählt hat und dabei i. d. R. schon zum Ausdruck gebracht hat, daß es eine «ganz normale Familie gründen» wolle, zu der Kinder «einfach dazugehören». Da diese Klippe zu umschiffen eine Frage der Rhetorik und Formulierkunst ist, haben BewerberInnen der Mittel- und Oberschicht sicherlich eine bessere Ausgangsposition.[8]

Selbst wenn sich die Ehegatten bei der Frage nach dem gewünschten Geschlecht und der präferierten Hautfarbe noch aufgeschlossen und vorurteilsfrei geben, können sie dem Problem der «Qualitätsnorm» in den eigenen Erwartungen nicht mehr aus dem Wege gehen, wenn ihnen geschildert wird, welche gesundheitlichen, geistigen oder psychischen «Handikaps» die zur Vermittlung anstehenden Kinder mitbringen. Es wird anhand von erzählten Beispielen deutlich gemacht, daß die meisten Kinder schon als ganz junge Kleinkinder negative Erfahrungen gemacht haben, vielleicht gesundheitlich geschädigt oder behindert sind, auf jeden Fall aber sehr viel an Zuwendung, Pflege, Mühe, Opfer und Frustrationstoleranz brauchen und vielleicht nie die in sie gesetzten Erwartungen an ein hübsches, intelligentes und freundliches Kind erfüllen werden.

Die wenigsten Eltern sind bereit, ein dauerhaft behindertes Kind anzunehmen; insofern bezieht sich ihr Entgegenkommen gegenüber den aufgabengemäßen Interessen der AdoptionsvermittlerInnen meist nur auf Krankheiten und leichtere Behinderungen, die durch Therapien wirksam behandelt werden können. Auch möchten die meisten Adoptionswilligen naheliegenderweise ein möglichst junges Baby annehmen, schon weil dann die psycho-sozialen Schäden voraussichtlich geringer sind. Hierzu wird ihnen mitgeteilt, daß es Altersgrenzen gibt und daß nur junge Eltern auch junge Säuglinge bekommen. Das Mindestalter einer AdoptionsbewerberIn oder eines Bewerbers liegt heute gesetzlich bei 25 Jahren. Wenn ein Ehegatte mindestens 25 Jahre alt ist, braucht der andere erst 21 Jahre alt zu sein (§ 1743 BGB). Da der Adoptionswunsch häufig erst auftritt, wenn eine berufliche und finanzielle Etablierung des Paares stattgefunden hat und einige Jahre mit vergeblichen eigenen Versuchen ins Land gegangen sind, ein Kind zu bekommen, sind viele AdoptionsbewerberInnen schon Mitte oder Ende Dreißig bei der Antragsstellung. Paaren über 35 Jahren wird aber i. d. R. kein Säugling oder junges Kleinkind mehr vermittelt. Folglich haben diese Bewerberpaare – wenn überhaupt – meist nur Aussicht auf ältere Kinder, d. h. zwischen einem und vier Jahren. Ältere Kinder zu adoptieren heißt aber wiederum, Kinder mit mehr negativen Umwelterfahrungen anzunehmen, also schwierige Kinder.

Hinzu kommt, daß in den letzten Jahren finanzielle Leistungen wie zum Beispiel das Erziehungsgeld oder die Zuwendungen der Stiftung «Mutter und Kind» geschaffen wurden, die auch und gerade Frauen in ungünstigen sozialen Situationen dazu bringen sollen, ein unerwünschtes

Kind auszutragen und (allein) zu erziehen (vgl. V.5. Alleinerziehende Mütter...). Mutterschaft als Vollzeitaufgabe von Frauen in bestimmten Lebensphasen steht dadurch wieder hoch im Kurs. Auch Frauen, die schwanken, ob sie das Kind nicht lieber zur Adoption freigeben sollten, versuchen daher oft erst einmal, das Kind selbst und meist allein zu betreuen und zu erziehen. Scheitern sie damit und geben sie das Kind erst dann zur Adoption frei – oder wird es ihnen gar wegen «Gefährdung des Kindeswohls» (§ 1666 BGB) fortgenommen –, so ist das Kind aufgrund negativer Erfahrungen meist schon so geschädigt, daß es als schwer vermittelbar gilt.

So ist es nur verständlich, daß die Adoptionsvermittlungsstelle von den Eltern eine erhöhte Bereitschaft erwartet, viel Mühe und Zeit für das angenommene Kind aufzubringen. Für die ersten Jahre wird daher vorausgesetzt, daß ein Elternteil erst einmal die Berufstätigkeit aufgibt; i. d. R. wird die Frau dies tun bzw. es erscheint ökonomisch sinnvoller und «natürlicher», daß sie es tut.

In einem Dilemma befinden sich auch Frauen, deren Ehemänner gar nicht im gleichen Maße bereit sind, ein Kind zu adoptieren, den Antrag jedoch mitgestellt haben, um der Frau zu helfen, ihren dringenden Kinderwunsch zu erfüllen. Umgekehrt ist dies natürlich auch möglich, in der Praxis aber seltener. So werden Paare wiederum zur Heuchelei veranlaßt, und Frauen «haften» insofern für ihre Männer, als sie die Adoptionschance verlieren, wenn die SozialarbeiterInnen doch merken, daß der Kinderwunsch nicht von beiden Partnern gleich getragen wird.

Die größten Seelenqualen für die Annehmenden ergeben sich sicherlich aus der Entscheidungssituation nach einem konkreten Kindervorschlag. Für manche Adoptiveltern ist es zwar «Liebe auf den ersten Blick», aber selbst diesem Augenblick gehen Ängste und Befürchtungen voraus, es könnte nicht so sein oder die spontane, emotionale Entscheidungsfindung könnte sich später als falsch herausstellen. Für die meisten wird es von vornherein eine zwiespältige Entscheidung sein, da das Kind ja fremd ist und bei der kurzen Kontaktaufnahme auch fremd bleibt. Zwar wird darauf hingewiesen, daß AdoptionsbewerberInnen durchaus das Recht haben, einen Kindervorschlag abzulehnen, ohne befürchten zu müssen, daß dann kein weiterer Vorschlag unterbreitet wird[9], jedoch nimmt dies noch nicht völlig den Druck von den Wunscheltern. Allzu mürbe sind sie meist bereits durch die Zeit des Wartens und die innere Auseinandersetzung mit den Vorstellungen und Befürchtungen, zumal sie nur ein sehr abstraktes Bild des möglichen zukünftigen Kindes haben können, welches im positiven wie negativen eine realistische und gelassene Einstellung schwermacht.

Eine Frau sollte bei der Frage, ob sie ein Kind adoptieren soll, auch an jene immer wieder berichtete Fallvariante denken, daß nach einer Adoption doch noch ein leibliches Kind geboren wird. Unfruchtbarkeit ist in vielen Fällen psychosomatisch bedingt und stellt insofern oft einen biologischen Schutz vor psychischer Überforderung dar. Ist aber mit einer Adoption diese «Sperre» – mit welchen Folgen für das Eltern/Mutter-Kind-Verhältnis auch immer – durchbrochen, kommt es häufig auch zu einer Schwangerschaft. Dann kann auf die Eltern die zusätzliche Schwierigkeit zukommen, das Adoptivkind, das die Erwartungen der Eltern vielleicht nicht mit gleicher Leichtigkeit erfüllt wie der leibliche Nachzügler, dennoch in gleichem Maße zu lieben und ihm nicht das Gefühl zu geben, ein Kind «zweiter Klasse» zu sein.

Last but not least ist zu bedenken, daß mit dem starken Andrang von kinderlosen AdoptionsbewerberInnen auf der einen Seite und verschärftem Abtreibungsverbot à la Memmingen (vgl. auch IV.3. Schwangerschaftsabbruch...) auf der anderen Seite der Druck auf ungewollt Schwangere wächst, die Schwangerschaft auszutragen und das Kind zur Adoption freizugeben. Ein ungewolltes Kind auf diese Weise wegzugeben, kann im Einzelfall sicherlich eine akzeptable Lösung des Konflikts sein, wenn sich die Frau wirklich freiwillig dafür entscheidet. Wird die Entscheidung staatlicherseits aber dadurch erwirkt, daß legale Abtreibungsmöglichkeiten weiter eingeschränkt oder – in manchen Regionen – ganz vereitelt werden, so wirkt sich dies faktisch als staatlicher Gebärzwang aus, und die Adoptionsvermittlungsstellen werden zu «Leihmütteragenturen».

Es ist fünf Jahre später, Anna hat nunmehr ein Kind. Zunächst einmal lief aber alles anders als beabsichtigt: Annas Mann Georg hatte das Interesse an einem Kind verloren. Er widmete sich derart seiner Berufskarriere und entsprechenden Sport- und Kulturinteressen, daß Anna gegenüber der Adoptionsvermittlungsstelle und den anderen kinderlosen Ehepaaren in dem Gesprächskreis den Schein eines Paares mit übereinstimmendem Kinderwunsch nicht mehr aufrechterhalten konnte. Sie stürzte sich selbst in den Beruf und gab den Kinderwunsch auf. Sie hatte einen Job im mittleren Management eines großen Konzerns gefunden und entwickelte Ehrgeiz. Die Ehe wurde schließlich sogar geschieden, beide Ehegatten hatten sich jeweils neuen Partnern zugewandt. Mit 37 Jahren wurde Anna unerwartet von ihrem jetzigen Freund Johann schwanger und kann nun – beim zwanzigjährigen Abiturjubiläum – ebenfalls Kinderfotos herumreichen. Auf diesem Klassentreffen erfährt sie, wie es Christine mit der Reproduktionsmedizin ergangen ist.

3 Rechtliche Aspekte reproduktionsmedizinischer Techniken

3.1 Die Techniken

Seit der Geburt des ersten im Reagenzglas gezeugten Kindes, Louise Brown, in England im Jahre 1978 hat diese Art der extrakorporalen Befruchtung viel Nachahmung gefunden und ist für nicht wenige Frauen bzw. Paare zur vermeintlichen «großen Hoffnung» geworden, die unfreiwillig kinderlos sind und sich nicht damit abfinden wollen.

Wie geht diese In-vitro-Fertilisation (IVF) mit anschließendem Embryotransfer (ET) vor sich? Das Verfahren klingt einfach: Nach hormoneller Stimulation der Eierstöcke werden gereifte Eier aus dem Bauch der Frau herausoperiert, wofür es mehrere Verfahren gibt (durch die Bauchdecke unter Vollnarkose oder durch die Scheide bei örtlicher Betäubung). In einer Petri-Schale werden die Eizelle(n) und die durch Masturbation des Mannes gewonnenen Samenzellen zusammengegeben und im Brutschrank etwa 20 Stunden inkubiert. Während dieser Zeit soll jeweils eine Samenzelle ein Ei befruchten, und die Vorkerne sollen verschmelzen.[10] Ist dies geschehen und hat die befruchtete Eizelle ein Vier- bis Acht-Zell-Stadium erreicht, wird sie mittels eines Katheters durch die Scheide in die Gebärmutter versetzt. Nur 20 bis 30 Prozent aller auf diese Weise in die Gebärmutter gelangten Embryonen nisten sich schließlich im Schleim der Gebärmutter ein, bei natürlich gezeugten Embryonen sind es etwa 50 Prozent.[11] Die Einnistung erfolgt innerhalb von 14 Tagen nach der Befruchtung.[12]

So einfach, wie es hier technisch beschrieben wird, ist das Verfahren jedoch nicht, jedenfalls nicht für die betroffene Frau. Schon die hormonelle Stimulation der Eierstöcke setzt enorme Hormongaben voraus, denn es soll nicht nur ein normaler Eisprung stattfinden, sondern eine «Superovulation», bei der mehrere Eier heranreifen. Sie sind dann bei der zumeist angewendeten Laparoskopie (Bauchspiegelung, s. o.) leichter auffindbar, und mehrere Eier erhöhen die Erfolgschancen der Reagenzglasbefruchtung und der späteren Einnistung der rückgeführten Embryonen in der Gebärmutter. Starke Hormongaben verändern aber das gesamte innere Gleichgewicht der Körperfunktionen und können zu Hitzewellen, Unterleibsbeschwerden, Sehstörungen, Übelkeit, Depressionen, Müdigkeit, Schlaflosigkeit, Kopf- und Rückenschmerzen u. ä. führen. Bestimmte Hormone bzw. die Hormonmischung stehen unter dem Verdacht, Krebs zu erregen. Entsprechende Fälle sind dokumentiert. Auch haben Hormongaben Langzeitwirkung, d. h., Wirkungen und Nebenwirkungen sind nicht mit dem Absetzen des Medikaments zu Ende. Beispielsweise wachsen die Eierstöcke stark an und bilden häufig Zysten.[13] Auch funktioniert die Eientnahme meist nicht so reibungs-

und schmerzlos wie geplant. So muß der operative Eingriff mehrmals wiederholt werden, wenn etwa die Suche nach gereiften Eiern oder die Befruchtung und Einnistung erfolglos geblieben sind. Diese unter Gaseinwirkung durchgeführten Laparoskopien können vor und nach der Vollnarkose sehr schmerzhaft sein; schon die wiederholten Vollnarkosen belasten einen menschlichen Organismus, der psychisch durch die immer wieder aufflackernde Hoffnung, daß es diesmal klappt, und physisch durch die Hormongaben ohnehin völlig aus dem Gleichgewicht geraten ist.[14]

Bei den ersten Versuchen von IVF waren die Frauen reine Versuchskaninchen, auf deren Befinden kaum eingegangen wurde[15], aber auch heute noch steht an erster Stelle der mögliche Erfolg, d. h. die zu gewinnenden Eier, die befruchteten Eizellen, die eingenisteten Embryonen. Da sich die Frau aber freiwillig auf dieses Verfahren eingelassen hat, werden ihre Schmerzen und möglichen gesundheitlichen Schäden als notwendige Opfer angesehen.

Diese Opfer beginnen nicht erst mit der hormonellen Stimulation oder der Bauchspiegelung, sondern meist schon viel früher bei der Diagnose der Ursachen ihrer Kinderlosigkeit.

Natürlich wird auch das männliche Sperma auf die Anzahl und Tauglichkeit der Samenzellen hin untersucht, werden Männern u. U. ihre Krampfadern im Hoden (Varicocelen) «verödet», falls diese als Ursache einer zu geringen Samenmenge eingeschätzt werden; die Eingriffe sind jedoch seltener und weniger gravierend als bei Frauen.

Bei Frauen gibt es eine ganze Reihe von möglichen Ursachen, wenn sie nicht schwanger werden. Die hormonelle Situation wird durch wiederholte Blutuntersuchungen während des Zyklus ermittelt, die Durchlässigkeit der Eileiter mittels durchgeblasenen Gases festgestellt, der Eisprung und das Heranreifen der Eier durch Temperaturmessung und Ultraschall beobachtet. Dies bedeutet für die Frau häufige Arztbesuche zu bestimmten vom Laborbetrieb und dem Zyklus vorgegebenen Zeiten, oft nüchtern oder mit voller Blase, letzteres wegen der besseren Sichtbarkeit der Eibläschen auf dem Ultraschall-Monitor. Erst wenn eine Diagnose getroffen ist, kann eine Therapie erfolgen, und die Zahl der Arzt- oder Krankenhausbesuche erhöht sich dann weiter. Dazu kommen jene krampfhaften, aber ärztlich empfohlenen Versuche, durch gut terminierten Geschlechtsverkehr zum Zeitpunkt des Eisprungs doch immer wieder auf natürliche Weise schwanger zu werden. Insofern verwundert es nicht, wenn berufstätige Frauen diese Behandlung nicht mehr mit ihren Arbeitszeiten und -pflichten vereinbaren können und den Job erst einmal aufgeben.

Bei welchen Indikationen wird nun IVF/ET durchgeführt? Hierzu gibt es leicht unterschiedliche *Richtlinien* der Bundes- und der Länderärztekammern sowie Selbstbindungen von Ärzten oder Krankenhausteams. Einig ist man sich insofern, als eine über etwa zwei Jahre unfruchtbare Partnerschaft vorliegen muß, die nicht auf weniger eingreifende Weise aufgehoben werden kann, etwa durch Anreicherung bei geringer Spermienzahl und künstliche Befruchtung. Im wesentlichen dürfte eine IVF/ET-Behandlung also bei einem *Verschluß der Eileiter* der Frau in Frage kommen. In den Fällen, in denen die Ursache der erfolglosen natürlichen Befruchtungsversuche nicht geklärt ist, wird IVF/ET von Ärzten im allgemeinen erst nach Klärung möglicher psychosomatischer Ursachen indiziert werden. Allerdings finden sich unter den «eingeschränkten» Indikationen auch «einige Formen männlicher Fertilitätsstörungen sowie einige Formen immunologisch bedingter Sterilität, unerklärbare Sterilität (wenn die nach ärztlichem Ermessen erforderlichen diagnostischen und therapeutischen Möglichkeiten erschöpft sind).»[16] Hier ist ganz offenkundig das Einfallstor für Experimente geöffnet, die es Frauen zumuten, Gesundheit und Selbstbestimmung zu riskieren, obwohl nicht sie, sondern ihre *Ehemänner unfruchtbar* sind, oder damit eine vielleicht von der Natur weise angebrachte Immunitätssperre «mit Gewalt» und möglicherweise fatalen Folgen durchbrochen werden kann.

Nach den Richtlinien der Ärztekammern kommen für eine IVF-Behandlung *nur verheiratete Paare* in Frage, eine Ausnahme stellt insofern Berlin dar, wo nach dem «Berliner Modell» und dem Beschluß der Berliner Ärztekammer eine «stabile Partnerbeziehung» ausreicht. Umgekehrt wird in der Berliner Richtlinie die Forschung an Embryonen abgelehnt, während diese nach der Richtlinie der Bundesärztekammer unter bestimmten Umständen zulässig ist.[17]

Nach den verschiedenen Richtlinien ist IVF/ET «grundsätzlich» nur im *«homologen System»* zulässig, d. h. unter Verwendung von Keimzellenmaterial von Ehegatten bzw. Partnern einer stabilen Beziehung (Berlin). Die Einschränkung auf die «grundsätzliche» Anwendung nur im homologen System – nach der Berliner Richtlinie ist die homologe Verwendung der Keimzellen bei IVF/ET innerhalb einer stabilen Partnerbeziehung allerdings zwingend – bedeutet, daß es Ausnahmefälle geben kann. Die Verpflanzung einer befruchteten Eizelle in die Gebärmutter einer anderen Frau als der, von der die Eizelle stammt (Eispende), ist nach allen Berufsordnungen ausdrücklich unzulässig. Anders ist es mit der heterologen Samenspende, der Samenspende eines Dritten. Diese ist bei der künstlichen Befruchtung nach den Richtlinien der Bundesärztekammer unter bestimmten einschränkenden Voraussetzungen erlaubt. Nach derselben Richtlinie der Bundesärztekammer ist daher auch die heterologe Samenspende bei einer IVF/ET nicht gänzlich ausgeschlossen, sondern unter denselben einschränkenden Voraussetzungen ausnahmsweise zulässig wie die heterologe Insemination.[18]

Die künstliche Insemination stellt insofern auch eine technische Methode zur Schaffung von «Leih-», «Miet-» oder «Surrogatmutterschaften» dar. In den Richtlinien der Ärztekammern wird der Begriff «Leihmutter» allerdings nur auf solche Fälle beschränkt, in denen eine Frau, die nicht die genetische Mutter ist, den Embryo mit dem Ziel austrägt, das geborene Kind später der genetischen Mutter oder einer anderen Frau zu überlassen.[19] Im allgemeinen Sprachgebrauch werden jedoch unter dem Begriff «Leihmutter» auch solche Fälle verstanden, in denen eine Frau nach künstlicher Insemination ein Kind austrägt und gebärt, um es dem Samengeber (und seiner Ehefrau) zu überlassen.

Ein besonderes Problem tritt auf durch die Befruchtung mehrerer Eizellen nach einer Superovulation. Nach den ärztlichen Richtlinien sollen nur so viele Embryonen «produziert» werden, wie auch sinnvollerweise in die Gebärmutter übertragen werden sollen, damit es keine «überzähligen» Embryonen gibt. Da jedoch die Erfolgschancen von IVF/ET durch die Befruchtung und Übertragung mehrerer Embryonen entscheidend gesteigert werden können, damit diese Behandlung den Patientinnen und der Öffentlichkeit überhaupt akzeptabel gemacht werden kann, werden fast immer mehrere Embryonen produziert und oft auch übertragen. Dies kann dann zur Mehrlingsschwangerschaft führen, was weitere objektive medizinische Probleme und Risiken für die Frau aufwirft, aber vor allem eine soziale und psychologische Zumutung für die Frau und das Paar ist.

Die Frage der «Erfolgsquote» wurde schon mehrfach angesprochen. Sie wird – je nach interessenmäßiger Ausrichtung – mit 7 bis 13 Prozent angegeben. Dieser Anteil wird im allgemeinen so gemessen, daß die Anzahl der geborenen Kinder ins Verhältnis zu den geglückten Embryotransfers gesetzt wird. Also werden hier bei der Grundgesamtheit schon die meisten Frauen, die die Behandlung frühzeitig und erfolglos abgebrochen haben, nicht mitgezählt, und Mehrlingsgeburten verzerren ebenfalls das Bild. Realistischerweise kann frau annehmen, daß bei der IVF von 100 Frauen etwa fünf mit einem Kind nach Hause gehen.[20]

Auch die *künstliche Insemination mit Spendersamen* wurde schon angesprochen. Sie wurde bereits 1884 zum erstenmal durchgeführt[21] und erfreute sich lange Zeit keiner nennenswerten öffentlichen Aufmerksamkeit. Erst mit dem Aufkommen weiterer Reproduktionstechniken wurde nach einschränkenden Anwendungsregeln gerufen, die heterologe Inseminationen, insbesondere bei alleinstehenden Frauen, unmöglich machen sollen. Ob dabei wirklich nur an das Wohl des Kindes, welches ohne Vater aufwachsen würde, gedacht wird, oder die Angst vor dem Überflüssigwerden von Männern für den Zeugungsakt das bestimmende Motiv ist, soll hier nicht entschieden werden. Technisch gesehen handelt es sich meist um eine quantitative und qualitative Aufbereitung des männlichen Spermas, welches dann mittels eines Katheters in die Gebärmutter gespritzt wird. Daraus ergibt sich, daß dies im wesentlichen eine Therapie bei männlichen Fertilitätsstörungen ist. Manchmal wird die künstliche Befruchtung auch in der Diagnosephase angewendet, zum Beispiel, um bestimmten Unverträglichkeitsphänomenen auf die Spur zu kommen. Nach den ärztlichen Richtlinien ist die künstliche Insemination grundsätzlich nur im homologen System anzuwenden, nur in Ausnahmefällen und unter einschränkenden Voraussetzungen auch als Samenspende eines Dritten (heterologe Insemination) bei völliger Unfruchtbarkeit des Ehemannes.

«Leih-», «Miet-» oder *«Surrogatmutterschaft»* – im genetischen Sinne wie im allgemeinen Sprachgebrauch – gilt übereinstimmend als ethisch abzulehnen. Verträge, die eine solche «Leihmutterschaft» oder die Übergabe des Kindes regeln, gelten nach herrschender Meinung als sittenwidrig und sind damit nichtig.[22] Dies gilt jedenfalls für entgeltliche Mutterschaften dieser Art, die überdies unter bestimmten Umständen nach einem inzwischen schon wieder überholten Gesetzentwurf (des Bundesministeriums für Jugend, Familie, Frauen und Gesundheit) auch strafrechtlich geahndet werden sollten. Überdies ist die rechtliche Situation der austragenden Mutter nicht nur im Hinblick auf das vereinbarte Entgelt völlig unsicher und rechtlich schutzlos, sondern auch in bezug auf gesundheitliche Risiken, die Kostentragung für die Schwangerschaft und Geburt sowie auf die Abnahme des geborenen Kindes durch die «Bestelleltern». Zwar kann die Mutter das versprochene Kind nach der Geburt ohne weiteres behalten, da jede vertragliche Vereinbarung über die Abgabe ja nichtig ist, jedoch haben auch die «Bestellpersonen» umgekehrt wegen der Sittenwidrigkeit die Möglichkeit, die Abnahme des Kindes – etwa weil es nicht ihren Qualitätsvorstellungen entspricht – (und die eventuell ausstehende Rest-Rate des Geldes) zu verweigern.

3.2 Kosten und Krankenkassen, Einwilligung und Aufklärung

Mit dem Gesundheitsreformgesetz, das am 1.1.1989 in Kraft trat, wurde die *Kostentragung durch die gesetzlichen Krankenkassen für künstliche Befruchtungen* ausgeschlossen (vgl. § 27 SGB V). Dazu zählen auch In-vitro-Fertilisation und Embryo-Transfer oder ähnliche Reproduktionstechniken. Weiterhin von den Kassen bezahlt werden dagegen medizinische Behandlungen, die zur Herstellung der Zeugungs- und Empfängnisfähigkeit führen sollen, «wenn diese Fähigkeit nicht vorhanden war oder durch Krankheit oder wegen einer durch Krankheit erforderlichen Sterilisation verlorengegangen war» (§ 27 SGB V). Insofern werden also die notwendigen Diagnoseverfahren zur Feststellung der Ursachen der Unfruchtbarkeit und anderweitige Abhilfeversuche wie beispielsweise Operationen zur Durchlässigmachung von Eileitern, hormonelle Behandlungen usw. von den Kassen bezahlt, nicht aber die dann möglicherweise erfolgende Anwendung der neuen Reproduktionstechniken. Je nachdem, wie viele Eientnahmen und Embryotransfers durchgeführt werden, dürften sich Kosten zwischen mehreren Tausend DM und mehreren zehntausend DM ergeben.

Dieser Ausschluß der Kostenübernahme für alle künstlichen Befruchtungstechniken durch die gesetzlichen Krankenkassen soll im Hinblick auf die nach dem neuen Entwurf eines Embryonenschutzgesetzes zulässigen künstlichen Befruchtungstechniken wiederum gelockert werden, so jedenfalls beabsichtigt es die derzeitige CDU/CSU/FDP-Bundesregierung.[23] Ob und wann derartige Pläne in Kraft treten, ist jedoch zur Zeit nicht absehbar.

Die Leistungen der privaten Krankenversicherungen sind durch die Gesundheitsreform nicht verändert worden. Sie richten sich nach den jeweiligen allgemeinen Versicherungsbedingungen einer Gesellschaft und nach den speziellen Tarifen, die für Frauen stets teurer sind als für Männer – nicht nur wegen des Schwangerschaftsrisikos, sondern auch wegen der höheren Lebenserwartung und der häufigeren Arztbesuche. Soweit die Tarife Kostenerstattung bei Schwangerschaft einschließen, beteiligt sich die private Krankenversicherung auch an den Untersuchungsmaßnahmen bei Unfruchtbarkeit sowie an einer begrenzten Anzahl homologer Befruchtungen, falls diese als einzige Möglichkeit zur Realisierung eines Kindeswunsches angesehen werden.[24]

Wie bei anderen medizinischen Eingriffen muß selbstverständlich auch bei der Anwendung von Reproduktionstechniken jeweils eine konkrete und auf den Eingriff bezogene *Einwilligung* der Frau vorliegen, damit dieser Eingriff nicht rechtswidrig ist. Medizinische Eingriffe ohne Einwilligung gelten als Körperverletzung. Daraus folgt, daß die vom Eingriff betroffene Person umfassend über diesen und seine möglichen Risiken aufgeklärt worden sein muß. Medizin-Latein muß so verständlich gemacht werden, daß der Frau klar ist, was geschehen soll bzw. wie und welche Gefahren dabei auftreten. Werden dennoch irgendwelche «Kunstfehler» begangen, d. h., verstoßen ÄrztInnen oder Laborpersonal[25] gegen medizinische Regeln oder Sorgfaltspflichten, so haften die Verantwortlichen – soweit frau ihnen ein Verschulden nachweisen kann – zivil- und strafrechtlich im Hinblick auf die Gesundheits- und Körperverletzung der Frau, zivilrechtlich auch im Hinblick auf Schäden beim geborenen Kind. Angesichts der möglichen schwerwiegenden Folgen ist diese Haftung allerdings ein schwacher Trost und überhaupt kein Schutz.

3.3 *Gesetzliche (Nicht-)Regelungen*

Ganz anders als beim Recht der Adoption, welches seit langer Zeit im Bürgerlichen Gesetzbuch (BGB) kodifiziert ist, ist die Rechtslage im Anwendungsbereich neuer Reproduktionstechniken im Fluß, gesetzliche Regelungen werden derzeit vorbereitet und die Entwürfe öffentlich diskutiert.

Es gab zunächst den Diskussionsentwurf eines *Embryonenschutzgesetzes* vom Bundesjustizministerium, in dem auch Regelungen zur IVF/ET und künstlichen Befruchtung enthalten waren.[26] Er wurde im Sommer 1989 von einem Regierungsentwurf abgelöst. Ferner gibt es konkurrierende bzw. ergänzende Gesetzentwürfe von einzelnen Bundesländern im Hinblick auf die Anwendung von Fortpflanzungsmedizin. Da die «Leih»-, «Miet»- oder «Surrogatmutterschaft» verboten werden und die Umgehungsformen des Adoptionsrechts strafrechtlich sanktioniert werden sollen, gab es auch, wie erwähnt, einen – inzwischen schon mehrmals überarbeiteten – Entwurf zur Änderung des Adoptionsvermittlungsgesetzes.[27] Auch dieser wurde nun offenbar durch den Regierungsentwurf eines Embryonenschutzgesetzes überholt, da der Regierungsentwurf ein Verbot der «Leihmutterschaft» bei gleichzeitiger Straflosigkeit der «Leihmutter» und der «Bestell-Eltern» vorsieht. Die Für- und Wider-Argumente einer solchen Verrechtlichung bzw. Vergesetzlichung können hier nicht erörtert werden. Auch ist es nicht absehbar, ob und in welcher Form derartige Gesetze in den nächsten Jahren in Kraft treten werden. Absehbar aber ist, daß Reproduktionstechniken bei ehelicher Unfruchtbarkeit und unter der Kontrolle von Ärzten als legitime Behandlungsmethoden weiter institutionalisiert werden sollen, während die Selbstbestimmung von Frauen über ihre reproduktiven Fähigkeiten und ihren Körper immer weiter eingeschränkt werden soll. Die Memminger Rechtsprechung zum § 218 StGB und der Entwurf eines Schwangerenberatungsgesetzes sind starke Indizien für eine solche Tendenz (vgl. IV.3 Schwangerschaftsabbruch...). In die gleiche Richtung zeigte der o. g. Diskussionsentwurf eines Embryonenschutzgesetzes, in dem u. a. eine Bestrafung der Schwangeren selbst vorgesehen war, wenn sie «leichtfertig», etwa durch Rauchen oder Trinken, den Embryo in ihrem Bauch bzw. den daraus hervorgegangenen Menschen schädigt. In der neueren Entwurfsfassung ist diese Bestrafung nicht mehr vorgesehen.

Es ist zu befürchten, daß die neuen Reproduktionstechniken gesellschaftlich um so mehr akzeptiert werden, je massenhafter sie in Anspruch genommen werden. So entwickeln sie sich zum Einfallstor für immer mehr medizinisch-technische Expertenkontrolle über die menschliche Fortpflanzung überhaupt. «Qualitätskontrolle» in Form von pränataler

Diagnostik, Gen-Screening u. ä., eugenische Abtreibungen bei «Fehlern» des Fötus, strafrechtlicher Embryonenschutz vor der Mutter tun ein übriges und machen Forschungen an einer künstlichen Gebärmutter hoffähig, die Frauen zur Fortpflanzung überflüssig machen würden. Ob solche Horrorvisionen Wirklichkeit werden, bleibt nicht abzuwarten. Vielmehr sollte die weitere Entfremdung vom eigenen Körper und der natürlichen Fortpflanzung auch dadurch verhindert werden, daß sich Frauen gut überlegen, inwieweit sie sich dieser medizintechnischen Kontrolle aussetzen.

Und wie ist es nun Christine ergangen? – Um überhaupt in den «Genuß» einer IVF/ET-Behandlung zu kommen, mußten Christine und Wolfgang erst noch heiraten, wodurch Christine ihren gerade laufenden Anspruch auf Arbeitslosenhilfe verlor. An einen neuen Job war bei dem Zeitaufwand für die Untersuchungen und Operationen gar nicht zu denken. So war Christine nach zwei Jahren Behandlung mit vielen Mühen und Schmerzen und einem monatlichen Wechselbad von Hoffnung und Enttäuschung tatsächlich schwanger geworden. Im dritten Monat der Schwangerschaft und kurz nach der Reaktorkatastrophe von Tschernobyl erlitt sie jedoch eine Fehlgeburt und wurde anschließend so depressiv, daß nur noch eine psychotherapeutische Behandlung Hilfe versprach und längerfristig auch brachte. Zum zwanzigjährigen Abiturjubiläum konnte Christine überhaupt nur unter Aufbietung aller inneren Kräfte gehen. Den Kinderwunsch hat sie inzwischen aufgegeben. Sie macht nun eine berufliche Umschulung und engagiert sich in einer örtlichen Umweltschutzinitiative. Die Beziehung zu Wolfgang hat sich «immerhin», so betont Christine gegenüber Anna, «trotz oder vielleicht wegen» dieser schweren Lebenskrise als tragfähig erwiesen.

4 Literatur, Anmerkungen

Literatur zur Adoption

Stephanie Dowrick/Sybil Grundberg «Will ich wirklich ein Kind?» Frauen erzählen, Reinbek 1982.

Helga Oberloskamp «Wie adoptiere ich ein Kind?», München 1980.

Sorosky/Baran/Pannor «Adoption – Zueinander kommen, miteinander Leben», Reinbek 1982.

Christine Swientek «Ich habe mein Kind fortgegeben», Reinbek 1982.

Alena K. Wagnerova «Wir adoptieren ein Kind», Freiburg 1981.

Literatur zu neuen Reproduktionstechniken

Gerhard Amendt «Die bevormundete Frau oder Die Macht der Frauenärzte», Frankfurt a. M. 1985.

Rita Arditti/Renate Duelli-Klein/Shelley Minden «Retortenmütter.» Frauen in den Labors der Menschenzüchter, Reinbek 1985.

Gena Corea «Muttermaschine.» Reproduktionstechnologien von der künstlichen Befruchtung zur künstlichen Gebärmutter, Berlin 1986.

«Geo Wissen – Sex – Geburt – Genetik», Heft Nr. 1/1989.

Swanette Sonnemann «Mein Kind ist ein ‹Retortenbaby›.» Aspekte der In-vitro-Befruchtung, Reinbek 1987.

Soweit es Selbsthilfegruppen für Frauen mit Kinderwunsch gibt, können Adressen bei örtlichen Frauenzentren erfragt werden. Dies gilt auch für politisch arbeitende Gruppen gegen Gen- und Reproduktionstechniken.

Anmerkungen

[1] Dies gilt auch für die individualpsychologische Seite: vgl. Helgard Rohrmoser «Kinderwunsch und Unfruchtbarkeit.» In: «Forum», hrsg. v. der Evangelischen Akademie Iserlohn, Jahrg. 33, Nr. 128–1/1987, S. 19–33.

[2] Tack, Eduard «Die Neuordnung des Adoptionsvermittlungsrechts durch das Adoptionsvermittlungsgesetz vom 2. Juli 1976; in: «Zentralblatt für Jugendrecht und Jugendwohlfahrt», Heft 1/1977, S. 1–18. Das Adoptionsrecht des BGB unterscheidet zwischen einer Annahme Minderjähriger und volljähriger Personen. Letzterer Fall hat meist vermögensrechtliche sowie standes- oder statusbezogene Gründe und soll hier nicht behandelt werden.

[3] Zur Geschichte der Adoption vgl. Anneke Napp-Peters, «Adoption – Historische Perspektive und empirische Analyse eines sozialen Problemfeldes», Hamburg 1978.

[4] Vgl. Monika M. Metzner «Ein Kind um jeden Preis.» In: Frankfurter Rundschau vom 18. 3. 1989. Rolf P. Bach «Gekaufte Kinder», Reinbek 1986. FR-Bericht vom 5. 4. 1989: «Unternehmer handelte mit Kindern».

[5] Broschüre der Berliner Adoptionsvermittlungsstelle beim Senator für Schulwesen, Jugend und Sport, Berlin, S. 9.

[6] Christa Hoffmann-Riem «Das adoptierte Kind», München 1984, S. 63.

[7] Broschüre der Berliner Adoptionsvermittlungsstelle ..., a. a. O., S. 5.

[8] Zu schichtspezifischen Chancenunterschieden siehe: Napp-Peters, A., a. a. O., S. 211 ff.; Hoffmann-Riem, C., a. a. O., S. 124 ff.

[9] Broschüre ..., a. a. O., S. 11 (s. Anm. 7).

[10] Horst Spielmann «Embryonenforschung und künstliche Befruchtung.» In: Gleichstellungsstelle der SPD-Fraktion des Abgeordnetenhauses von Berlin (Hg.) «Reproduktionstechnologie.» Was bedeutet die Neue Fortpflanzungsmedizin für die Frauen? Dokumentation einer Anhörung vom 26. 2. 1988, Berlin Oktober 1988, Broschüre, S. 6.

[11] Als sehr unkompliziert stellt Swanette Sonnemann diese Vorgänge dar, s. «Mein Kind ist ein ‹Retortenbaby›, Aspekte der In-vitro-Befruchtung», Reinbek 1987, S. 12–20.

[12] Mittlerweile gibt es auch eine weitere Technik, die sich Befruchtung «in vivo» nennt, jedoch nicht weniger technisch vor sich geht: Bei GIFT («Gametes Into Fallopian Tubes») werden nach Laparoskopie gewonnene Eizellen mit Sperma gemischt in die Bauchdecke der Frau in die Eileiter gespritzt. Die Verschmelzung der Keimzellen findet im Eileiter statt, nicht im Reagenzglas (Helga Satzinger, Reproduktionstechnologie – Gewalt gegen Frauen, in: Gleichstellungsstelle..., a. a. O., S. 22). Diese Methode ist nur anwendbar, wenn die Eileiter nicht verklebt sind. Dann ist jedoch von seiten der Frau allerdings meist keine eindeutige Ursache für die Unfruchtbarkeit festgestellt und damit keine eindeutige Indikation vorhanden. Zudem ist bei GIFT die Gefahr von Eileiter- und Bauchhöhlenschwangerschaften besonders groß.

[13] Satzinger, H., a. a. O., S. 14.

[14] Eine eindrückliche Schilderung ihrer Hoffnungen und Leiden während einer IVF/ET-Behandlung gibt Ina Fischer (Pseudonym) in dem Geo Wissen-Heft «Sex – Geburt – Genetik», 1/1989, S. 47–59.

[15] Vgl. Gena Corea «Muttermaschine», Berlin 1985, S. 102ff.

[16] Richtlinien zur Durchführung von IVF und ET als Behandlungsmethode der menschlichen Sterilität, Anlage zu § 6a Abs. 1 der Berufsordnung der Ärztekammer Berlin i. d. F. v. 16. 2. 1987, 3.2.1; fast gleichlautende Formulierungen finden sich unter 3.2.1.1 in den Richtlinien zu IVF und ET der Bundesärztekammer vom 11. 8. 1988.

[17] Zu Gründen und Problemen vgl. Horst Spielmann «Embryonenforschung...», a. a. O., S. 9.

[18] Dokumentation des Samenspenders durch den Arzt, eventuelle spätere Preisgabe des Namens, Meldung an die Ethik-Kommission der Ärztekammer und eventuell Stellungnahme derselben, Informationen über rechtliche Umstände und Ansprüche des späteren Kindes wegen seiner leiblichen Abstammung usw.

[19] Vgl. 3.2.2 in der Berliner Richtlinie, Anlage zur Berufsordnung der Ärztekammer Berlin i. d. F. vom 16. 2. 1987; 3.2.3 Abs. 3 in den Richtlinien der Bundesärztekammer i. d. F. v. 11. 8. 1988.

[20] Helga Satzinger «Reproduktionstechnologie...», a. a. O., S. 14.

[21] Karin Schwarz «Geschichte der Gynäkologie.» Vom einfachen Tastbefund zur Reproduktionstechnologie; in: Gleichstellungsstelle..., a. a. O., S. 2.

[22] Kühl-Meyer, Beatrix «Rechtliche Probleme einer sog. Kaufmutterschaft.» In: Zentralblatt für Jugendrecht und Jugendwohlfahrt, 1982, S. 766.

[23] Schriftliche Auskunft des Bundesministeriums für Arbeit und Sozialordnung vom 14. 7. 89.

[24] Auskunft der Debeka vom 19. 7. 1989.

[25] Beispielsweise besteht die Gefahr, die sich in einer Klinik bereits realisierte, daß bei künstlicher Insemination oder In-vitro-Fertilisation das Zellenmaterial im Labor infiziert wird – etwa mit Hepatitis –, und diese Infektion dann auf die Frau übertragen wird.

[26] Diskussionsentwurf eines Gesetzes zum Schutz von Embryonen (Embryonenschutzgesetz – ESchG) vom 29. 4. 1986 des Bundesjustizministeriums. Eine neue Fassung des Entwurfs wurde von der Bundesregierung am 19. 7. 1989 beschlossen.

[27] Entwurf zur Änderung des AdvermiG aus dem Bundesministerium für Jugend, Familie, Frauen und Gesundheit i. d. F. vom 2. 1. 1987 und vom 20. 11. 1987.

IV 5 Reglindis Böhm
Nichteheliche Mutterschaft

IV 5

REGLINDIS BÖHM

Nichteheliche Mutterschaft

Fall 1: Birgit A. lebt mit Joachim B. zusammen. Aus der Verbindung geht die Tochter Ulrike hervor. Frau A. möchte den Vater an der Erziehung Ulrikes beteiligen. Er soll sie auch im Kindergarten anmelden und zum Arzt bringen.

Fall 2: Frau A. und Herr B. trennen sich, es entsteht zwischen ihnen Streit über die Verteilung des Hausrats und die Unterhaltszahlungen für Ulrike. Frau A. besitzt keinen Arbeitsplatz und muß Sozialhilfe beantragen. Ulrike erlebt die heftigen Auseinandersetzungen zwischen den Eltern mit. Frau A. möchte nicht, daß Ulrike ihren Vater weiter besucht. Dieser stellt einen Antrag auf Umgangsregelung beim Vormundschaftsgericht. Ulrike wird angehört und spricht sich dafür aus, ihren Vater möglichst eine Zeitlang nicht zu sehen.

Fall 3: Frau A. hat eine gut dotierte Stelle. Sie lebt mit der Tochter Ulrike allein und hat zu deren Vater, Herrn B., dessen Vaterschaft erst aufgrund einer gerichtlichen Entscheidung festgestellt wurde, keinen Kontakt. Sie möchte selbst entscheiden, ob sie Unterhaltsansprüche gegen ihn durchsetzt und hält die Amtspflegschaft des Jugendamtes für überflüssig.

1 Sorgerecht der Mutter

1.1 Zur historischen Entwicklung

In deutschrechtlicher Tradition – so noch unter Geltung des Preußischen Allgemeinen Landrechts (ALR) von 1794 und des sächsischen BGB von 1863 – war das nichteheliche Kind der Familie der Mutter zugeordnet. Mit dem Vater war es nicht verwandt. Die Mutter besaß auch nicht die elterliche Sorge, sondern das Kind stand unter Vormundschaft. Diese Regelungen sah auch das ab 1.1.1900 geltende BGB vor. Erst durch das *Gesetz über die rechtliche Stellung der nichtehelichen Kinder*, das am 1.7.1970 in Kraft trat, wurde dies geändert. Die Amtsvormundschaft wurde durch die Amtspflegschaft des Jugendamts im Bereich der Vaterschaftsfeststellung, des Unterhalts und des Erbrechts abgelöst. Im übrigen erhielt die Mutter jedoch mit der Geburt des Kindes die volle elterliche Sorge, ähnlich wie sie die alleinerziehende Mutter eines ehelichen Kindes besitzt, wenn sie ihr nach Trennung oder Scheidung übertragen wird (vgl. auch V.4 Elterliche Sorge...). Sie hat das Recht (und die Pflicht), das Kind zu pflegen, zu erziehen, zu beaufsichtigen und seinen Aufenthalt zu bestimmen (sogenannte *Personensorge* gemäß §§ 1705, 1626, 1631 ff. BGB), und sie kann das Kind in vermögensrechtlichen Angelegenheiten vertreten (sogenannte *Vermögenssorge* gemäß §§ 1705, 1626, 1638 ff. BGB). Beispielsweise kann sie die Konfession des Kindes bestimmen, Kindergarten und Schule auswählen, einen Lehrvertrag für das Kind abschließen, die Einwilligung zu ärztlichen Heilbehandlungen, Operationen und psychologischen Begutachtungen erteilen und die entsprechenden Verträge abschließen. Sie kann ferner den Umgang des Kindes auch gegenüber dritten Personen bestimmen und die Herausgabe des Kindes von jedem verlangen, der es widerrechtlich behält. Das gilt auch, falls der nichteheliche Vater des Kindes dieses nach einem Besuch oder Ferienaufenthalt nicht zurückbringen will (vgl. hierzu vor allem auch die einschlägigen Abschnitte unter V.4 Elterliche Sorge...).

Die nichteheliche Mutter hat auch das Vermögen des Kindes zu verwalten, sie kann Schadensersatzansprüche des Kindes geltend machen, auch beispielsweise beim Unfalltod des nichtehelichen Vaters gegen den dafür Verantwortlichen oder dessen Versicherung. Einen eigenen Anspruch hat sie allerdings gegen den Versicherer nicht, selbst wenn sie mit dem Vater des Kindes in nichtehelicher Lebensgemeinschaft zusammengelebt und dieser die Familie ernährt hat (vgl. hierzu III.2 Nichteheliche Lebensgemeinschaft...).

In all diesen Bereichen muß auch die nichteheliche Mutter auf die wachsende Selbständigkeit des Kindes und seine Neigungen, insbesondere in Fragen der Berufswahl, Rücksicht nehmen (vgl. hierzu I.1 Berufswahl sowie IV.2 Kinder und Eltern...). Im Rahmen der Vermögenssorge unterliegt die nichteheliche Mutter den gleichen Einschränkungen, wie sie die Eltern eines ehelichen Kindes treffen. Beispielsweise ist Geld nach den Grundsätzen einer wirtschaftlichen Vermögensverwaltung anzulegen, soweit es nicht zur Bestreitung von Ausgaben bereitzuhalten ist. Bestimmte Rechtsgeschäfte, vor allen Dingen im Grundstücksbereich, bedürfen einer vormundschaftsgerichtlichen Genehmigung.

1.2 Kein Sorgerecht des nichtehelichen Vaters

Wie bereits erwähnt, war der Vater des nichtehelichen Kindes mit diesem bis zum Inkrafttreten des Nichtehelichengesetzes am 1.7.1970 nicht verwandt. Das hat sich zwar geändert, so daß nunmehr auch erbrechtliche Ansprüche des Kindes gegen seinen Vater und dessen Verwandte bestehen. Die elterliche Sorge für das Kind steht aber allein der Mutter zu. Es besteht keine gesetzliche Möglichkeit, den Vater eines nichtehelichen Kindes an der elterlichen Sorge zu beteiligen, auch dann nicht, wenn er lange Zeit mit der Mutter in einer nichtehelichen Lebensgemeinschaft lebt. Hintergrund der Regelung ist, daß man zur Zeit des Inkrafttretens des Nichtehelichengesetzes davon ausging, der Vater habe i. d. R. faktisch zu Mutter und Kind keine Beziehung. Er werde den Antrag auf Übertragung der elterlichen Sorge oft nur stellen, um den Unterhalt im eigenen Hausstand billiger erbringen zu können. Unehelichkeit sei Vaterlosigkeit. Man hielt die Möglichkeiten des Vaters, sein Kind zu legitimieren, zu adoptieren oder sich zum Vormund bestellen zu lassen, für ausreichend.

Diese soziale Situation, sofern sie 1970 überhaupt noch bestanden hat, hat sich jedenfalls in den letzten Jahren grundlegend geändert. Neuere Forschungen gehen davon aus, daß bereits 4,6 Prozent aller ledigen Frauen eine sogenannte nichteheliche Familie gegründet haben. In ca. 17,6 Prozent aller nichtehelichen Lebensgemeinschaften sollen ein oder mehrere gemeinsame nichteheliche Kinder vorhanden sein (vgl. auch III.2 Nichteheliche Lebensgemeinschaft...). Aus Großstädten wird berichtet, daß ca. 15 Prozent der Kinder nichtehelich zur Welt kommen und daß die Eltern dieser Kinder zu nahezu einem Drittel zusammenleben, wenn diese Kinder geboren werden. In ländlichen Bezirken sind es nur halb so viele. Dies bedeutet jedoch, daß allein von den im Jahr 1987 geborenen rund 62000 nichtehelichen Kindern mindestens 10000 mit ihren Eltern zusammenleben. Eine Repräsentativerhebung des Emnid-Instituts[1] schätzt die Zahl der Personen, die eine nichteheliche Lebensgemeinschaft gegründet haben, auf zwischen 1 und 2,5 Millionen bzw. bis 1,25 Millionen Haushalte, die Zahl der gemeinschaftlichen Kinder auf 4 bis 5 Prozent. Auch nach dieser Untersuchung würden mindestens 50000 nichteheliche Kinder mit ihren Eltern zusammenleben.

Von einem grundsätzlichen Desinteresse der Väter kann daher heute nicht mehr gesprochen werden. Gleichwohl hat es der Gesetzgeber bisher abgelehnt, den Partnern einer nichtehelichen Lebensgemeinschaft ein gemeinsames Sorgerecht für ihre Kinder einzuräumen. Obwohl nichtehelich geborenen Kindern gemäß Art. 6 Abs. 5 GG die gleichen Bedingungen für ihre leibliche und seelische Entwicklung sowie in ihrer Stellung innerhalb der Gesellschaft zu schaffen sind wie ehelichen Kindern und obwohl das Elternrecht aus Art. 6 Abs. 2 GG nach einer inzwischen im Vordringen begriffenen Meinung auch für den nichtehelichen Vater gilt, der mit dem Kind zusammenlebt, ist bisher eine Gleichstellung unterblieben. Das Bundesverfassungsgericht hat einen Regelungsbedarf verneint und ausgeführt, es diene dem Wohle des Kindes am besten, wenn es entweder der Familie der Mutter oder (so im Falle der Ehelicherklärung oder der Adoption) der des Vaters fest zugeordnet werde. Bei einer Trennung gerate es nicht in den Mittelpunkt eines Streits seiner Eltern. Das Kind sei in die von den Eltern gewollte rechtliche Folgenlosigkeit beim Zerbrechen der Verbindung einbezogen.[2] Weiterhin gibt es einerseits Stimmen, die die Institution Ehe durch Regelungen zugunsten des nichtehelichen Vaters für gefährdet halten und andererseits Befürchtungen, daß Väter, die mehr Wert auf die rechtliche Verfügungsgewalt über die Kinder als auf persönliche Fürsorge legen, die Mütter unter Druck setzen könnten.

Falls die Eltern des Kindes zusammenleben oder zumindest einen engen Kontakt untereinander und auch zum Kind unterhalten, ist im Interesse des Kindes nicht einzusehen, warum eine *gemeinsame elterliche Sorge* nicht nach einer Gesetzesreform in Betracht kommen soll. Sie sollte allerdings nur auf gemeinsamen Antrag beider Eltern und keinesfalls ohne Zustimmung der Mutter ermöglicht werden. Mit Recht ist gefordert worden, daß dann aber auch ein Unterhaltsanspruch der Mutter mit einer solchen Regelung verknüpft werden müsse.[3]

Die nichteheliche Mutter hat nämlich gegen den nichtehelichen Vater, auch wenn sie mit ihm zusammenlebt, über das erste Lebensjahr des Kindes hinaus keinen gesetzlichen Unterhaltsanspruch. Die Partner können aber einen vertraglichen Unterhaltsanspruch vereinbaren. Vielfach wird dies auch stillschweigend geschehen, wenn die Frau die Haushaltsführung übernimmt und der Mann beruflich tätig ist. Nach der Trennung gilt eine solche Abrede jedoch nicht mehr (vgl. hierzu auch V.2 Ende einer Lebensgemeinschaft...). In ihrem eigenen Interesse sollten Frauen also unbedingt darauf achten, daß eine klare schriftlich fixierte Regelung getroffen wird, beispielsweise, daß sie bis zur Schulreife des Kindes Unterhalt erhalten.

Andererseits kann die Mutter den Vater an der elterlichen Sorge dadurch beteiligen, daß sie ihm Vollmachten, zum Beispiel zur Vertretung in der Elternversammlung, aber auch für Arztbesuche des Kindes usw. erteilt. Dies ist die einzige Lösung für Fall 1.

1.3 Möglichkeiten des nichtehelichen Vaters, die elterliche Sorge für sein Kind zu erhalten

1.3.1 Ehelicherklärung

Abgesehen von der Legitimation durch Ehe kann ein nichteheliches Kind auf Antrag seines Vaters vom Vormundschaftsgericht für ehelich erklärt werden, wenn dies dem Wohl des Kindes entspricht und keine schwerwiegenden Gründe entgegenstehen (§ 1723 BGB). Die Einwilligung des Kindes und, wenn das Kind minderjährig ist, die Einwilligung der Mutter ist erforderlich. Falls der Vater verheiratet ist, muß auch seine Ehefrau einwilligen (§ 1726 BGB). Die Einwilligung der Mutter kann aus Gründen des Kindeswohles ersetzt werden, so, wenn die Mutter längere Zeit nicht erreichbar ist, aber auch, wenn das Kind über Jahre in der Familie des Vaters gelebt hat.[4]

Auch das Kind muß einwilligen. Falls es noch nicht 14 Jahre ist, kann nur sein gesetzlicher Vertreter die Einwilligung erteilen. Dies ist i. d. R. der Amtspfleger.

Wird das Kind für ehelich erklärt, so erlangt es die rechtliche Stellung eines ehelichen Kindes des Vaters, es erhält auch den Familiennamen des Vaters. Die Mutter verliert ihr Sorgerecht. Eine gemeinsame Ehelichkeitserklärung mit der Folge einer gemeinsamen elterlichen Sorge ist gesetzlich bislang nicht vorgesehen.

1.3.2 Adoption durch den Vater

Der Vater eines nichtehelichen Kindes kann dieses als Kind annehmen (§ 1741 BGB). Er soll das Kind dann aber eine angemessene Zeit in Pflege gehabt haben. Die Annahme muß auch dem Wohl des Kindes dienen. Mutter und Kind müssen einwilligen. Mit der Adoption tritt das Kind voll in die Familie des Vaters ein, die elterliche Sorge der Mutter erlischt (zur Adoption vgl. auch IV.4. Unfreiwillige Kinderlosigkeit...).

Da eine gemeinsame Adoption des nichtehelichen Kindes durch seine Eltern ebenfalls nicht vorgesehen ist, kann der nichteheliche Vater das Sorgerecht über das Kind wiederum nur auf Kosten der nichtehelichen Mutter erhalten. Die Einbenennung durch den Vater (§ 1618 BGB), also die Zuordnung des väterlichen Familiennamens zum Kind, hat dagegen keinerlei Auswirkungen auf das Sorgerecht.

1.4 Internationaler Vergleich

In den romanischen Rechtsordnungen, die auf dem für beide Eltern, auch die Mutter, geltenden Anerkennungsprinzip, nicht dem Abstammungsprinzip beruhen, erhält der nichteheliche Vater auf Antrag allein oder beide Eltern auf Antrag gemeinsam die elterliche Sorge (Frankreich) bzw. die elterliche Sorge steht beiden Eltern, wenn sie zusammen leben, gemeinsam zu (Italien). Beide Eltern müssen das Kind formal anerkennen. In den skandinavischen Ländern werden eheliche und nichteheliche Kinder grundsätzlich gleich behandelt. Die faktische Ehe ist dort sozial anerkannt. In diesen Ländern leben bereits ca. 12 Prozent der Bevölkerung in einer solchen Verbindung. Eine Übertragung der elterlichen Sorge auf beide Eltern ist auch dann möglich, wenn sie nicht zusammen leben.[5] Auch in den USA kann das Sorgerecht über ein nichteheliches Kind statt der Mutter dem Vater oder beiden gemeinsam zugewiesen werden. Einige sozialistische Staaten lassen die gemeinschaftliche elterliche Sorge eintreten, falls die Vaterschaft festgestellt ist. In Großbritannien gibt es Reformbestrebungen, wonach auf Antrag des Vaters eine gemeinsame Sorge der nichtehelichen Eltern oder der Übergang des Sorgerechts auf den Vater möglich werden soll. Das europäische Übereinkommen über die Rechtsstellung der unehelichen Kinder vom 15.10.1975 sieht vor, daß die elterliche Sorge auch auf den Vater übertragen werden kann, insbesondere dann, wenn die Mutter stirbt, zur Ausübung der elterlichen Sorge unfähig ist oder sie nicht ausüben will.

Dieses Übereinkommen hat die Bundesrepublik Deutschland nicht ratifiziert. Jedoch gibt es eine Empfehlung des Europarates aus dem Jahre 1984, wonach das nationale Recht vorsehen kann, daß die elterliche Sorge über ein nichteheliches Kind

- allein durch die Mutter,
- allein durch den Vater, falls eine entsprechende Entscheidung der zuständigen Behörden hierzu vorliegt oder eine entsprechende Vereinbarung zwischen beiden Eltern geschlossen wurde oder
- auch gemeinsam durch beide Eltern ausgeübt werden kann, wenn sie zusammenleben oder eine entsprechende Vereinbarung zwischen ihnen geschlossen wurde. Soweit sich deutsche nichteheliche Väter in ihrem Antrag auf das Sorgerecht auf die Menschenrechtskonvention gestützt haben, sind ihre Beschwerden allerdings durch den Europäischen Gerichtshof zurückgewiesen worden.[6]

2 Umgangsrecht des nichtehelichen Vaters

2.1 Geltende gesetzliche Regelungen

Die sorgeberechtigte nichteheliche Mutter bestimmt den Umgang des Kindes mit seinem Vater (§ 1711 Abs. 1 BGB). Sie hat alles zu unterlassen, was das Verhältnis des Kindes zu diesem beeinträchtigt (§ 1711 Abs. 1 BGB i. V. m. § 1634 Abs. 1 Satz 2 BGB). Wenn ein persönlicher Umgang mit dem Vater dem Wohl des Kindes dient, kann das Vormundschaftsgericht entscheiden, daß und in welchem Umfang dem Vater ein Umgangsrecht zusteht (§ 1711 Abs. 2 Satz 1 BGB). Dies setzt allerdings einen Antrag des Vaters voraus.

In der Rechtsprechung wird dem nichtehelichen Vater in der Regel ein Umgangsrecht eingeräumt, wenn er mit dem Kind längere Zeit zusammengelebt hat oder wenn durch ständige Kontakte bereits eine enge Bindung zwischen Vater und Kind aufgebaut worden ist.[7] Bestehen solche Bindungen nicht und kommt der Vater auch seiner Unterhaltspflicht für das Kind nicht nach, so wird das Vormundschaftsgericht den Antrag des Vaters, ihm ein Besuchsrecht einzuräumen, zurückweisen. In diesen Fällen kommt dem Bedürfnis des Kindes auf eine ungestörte Entwicklung in der Obhut der Mutter ein größeres Gewicht zu als den Interessen des Vaters. Die Mutter soll den Vater aber über die Entwicklung des Kindes unterrichten (§ 1711 Abs. 3 i. V. m. § 1634 Abs. 3 BGB).

Trotz bestehender Bindungen aufgrund langjährigen Zusammenlebens ist einem Vater das Umgangsrecht versagt worden, wenn die Beziehung zwischen diesem und der Mutter nach der Trennung so empfindlich gestört war, daß beide sich in Gegenwart der Kinder gegenseitige Vorwürfe über die Vergangenheit machten. In diesem Fall hatten die Kinder selbst erklärt, daß sie keinen Kontakt mehr zum Vater haben wollten. Beide Kinder hatten durch die vom Vater ausgehende Trennung schwerwiegende Störungen erlitten und mußten sich einer psychotherapeutischen Behandlung unterziehen. Es konnte in diesem Fall nicht festgestellt werden, daß ein weiterer Umgang zwischen Vater und Kindern deren Wohl dienen würde.[8] So würde auch im Fallbeispiel 2 dem Vater kein Umgangsrecht gewährt werden.

Selbst wenn die Eltern des nichtehelichen Kindes ein Umgangsrecht für den Fall der Trennung vertraglich festgelegt haben, kann dem Antrag des Vaters nicht ohne weiteres entsprochen werden. Zu prüfen ist vielmehr auch hier, ob es dem Wohl des Kindes dient.

Der gegenwärtige Trend, die Stellung des natürlichen Vaters überzubewerten, kann allerdings auch zu abweichenden Entscheidungen führen. So hat ein Amtsgericht im Januar 1989 einem Vater gegen den Willen der Mutter ein Umgangsrecht eingeräumt, obwohl er mit dem Kind seit über vier Jahren keinen Kontakt mehr gehabt hatte.[9] Die Eltern dieses Kindes hatten nach dessen Geburt zunächst zusammengelebt, sich aber auf Dauer getrennt, als das Kind etwa drei Jahre alt war. Während des folgenden halben Jahres erlaubte die Mutter einmal im Monat Besuche des Kindes beim Vater.

Sie untersagte diese jedoch, als das Kind nach dem letzten Besuch ihrer Meinung nach «aufsässig» wurde und zum Vater zurück wollte. Dieser fand sich zunächst damit ab und beantragte erst drei Jahre später, ihm die Ausübung eines Besuchsrechts zu gestatten. Die Mutter, die inzwischen wieder geheiratet hatte und ihre Umgebung in dem Glauben ließ, das Kind stamme von ihrem jetzigen Ehemann, widersprach dem Antrag. Das eingeholte psychologische Gutachten kam zum Ergebnis, der persönliche Umgang zwischen Vater und Kind sei dessen Wohl dienlich. Der Vater zeigte sich äußerst kooperativ, er wolle auftauchende Probleme mit der Mutter besprechen und sei in der Lage, eine harmonische Vater-Kind-Beziehung aufzubauen. Er stelle eine wesentliche Bereicherung für die

Entwicklung des Kindes dar, da es eine solche Bezugsperson von ihrer Bedeutung her im Leben des Kindes nur einmal gebe. Das Kind werde über die Vaterschaft getäuscht, weil es annehme, daß der Ehemann seiner Mutter sein Vater sei. Es sei erforderlich, es über seine Identität möglichst schnell aufzuklären. Eine verspätete Aufklärung könne eine erhebliche seelische Verwirrung zur Folge haben. Grundsätzlich sehe auch die Mutter ein, daß sie das Kind, wenn auch erst später, über seine Herkunft aufklären müsse. Sie könne sich vorstellen, in langfristiger Zukunft Besuche des Kindes bei seinem Vater zuzulassen.

Angesichts dieser Situation erscheint die gerichtliche Regelung bedenklich. Die Mutter wird dadurch gezwungen, das Kind über seine Herkunft zu einem Zeitpunkt aufzuklären, den sie nicht für optimal hält. In ihr Erziehungsrecht wird zur Unzeit eingegriffen. Denn Grund für die Zuweisung der elterlichen Sorge an die nichteheliche Mutter und Grund dafür, sie über das Umgangsrecht entscheiden zu lassen, war gerade die besondere Situation des nichtehelichen Kindes gewesen, das häufig, wie in dem zuletzt besprochenen Fall, einen sozialen Vater hat. Interesse an der Herkunft tritt meist erst in der Pubertät auf.

Mütter, die eine Entscheidung wie die geschilderte nicht hinnehmen wollen, können dagegen ohne Anwalt selbst Beschwerde einlegen. Es entscheidet dann das Landgericht (§ 19 FGG). Dies ist gehalten, von Amts wegen auch weitere Ermittlungen zu führen. Der Amtsermittlungsgrundsatz (§ 12 FGG) gilt für alle Instanzen.

2.2 *Reformbestrebungen*

Der Bundesminister der Justiz hat im März 1988 einen Referentenentwurf zur Erweiterung des Umgangsrechts nichtehelicher Väter vorgelegt. Dieser sieht vor, dem Vater die Befugnis zum persönlichen Umgang mit dem Kind einzuräumen, wenn dieser Umgang dem Wohl des Kindes nicht widerspricht. Damit soll eine weitgehende Angleichung an das Umgangsrecht der Väter ehelicher Kinder erreicht werden, die auch bei Änderung der Personensorge die Befugnis zum persönlichen Umgang mit dem Kind behalten (vgl. hierzu V.4 Elterliche Sorge...). Diese Befugnis kann nur eingeschränkt oder ausgeschlossen werden, wenn es zum Wohl des Kindes erforderlich ist (§ 1634 BGB). Der Entwurf ist bei den Verbänden überwiegend auf Ablehnung gestoßen, beispielsweise beim Deutschen Juristinnenbund, dem Deutschen Verein für öffentliche und private Fürsorge, dem Verband alleinerziehender Mütter und Väter (VAMV), der Arbeitsgemeinschaft Interessenvertretung Alleinerziehender und der Evangelischen Aktionsgemeinschaft für Familienfragen (EAF).

Kritik an diesem Gesetzentwurf setzt zu Recht einmal daran an, daß hier nur eine punktuelle Regelung für die nichteheliche Elternschaft getroffen werde und wichtigere Änderungen, so das gemeinsame Sorgerecht, hinausgeschoben würden. Ferner orientiere sich der Gesetzentwurf am Wohl des Vaters, aber nicht am Wohl des Kindes, dessen Interesse an einem Umgangsrecht nicht ausschlaggebend sei. Eine zusätzliche Belastung des Kindes und der nichtehelichen Mutter werde in dem Entwurf in Kauf genommen und die schlechten Erfahrungen mit der Erzwingung eines Umgangsrechts in hochstreitigen Fällen nun über das Recht des ehelichen Kindes auch in das Recht des nichtehelichen Kindes transferiert. Dem Entwurf fehlt zum anderen auch jede Differenzierung der unterschiedlichen sozialen Situation des Kindes. Das richterliche Ermessen ist an keine konkreten Voraussetzungen gebunden.

Eine Angleichung des Ehelichen- und des Nichtehelichenrechtes wäre somit nur insoweit wünschenswert, als eine wirkliche Lebensgemeinschaft mit dem Kind bestanden hat. Soweit dies der Fall ist, räumt die Rechtsprechung den nichtehelichen Vätern aber auch heute schon überwiegend ein Umgangsrecht ein. Von feministischer Seite [10] wird zusätzlich darauf hingewiesen, daß die bisherige, die nichteheliche Mutter und ihr Kind «explizit schützende Rechtsnorm» nicht geändert werden dürfe. Es sei problematisch, die Position des Vaters, dem mehr Rechte ohne zusätzliche Pflichten eingeräumt werden sollten, zu Lasten der Mutter in einem Gesellschaftsgefüge zu stärken, in dem die Hervorhebung wichtiger Funktionen von Männern stets mit Kontrolle, Verfügung und Besitz zu tun habe.

Nur positive Förderrichtlinien, Privilegien für Frauen und Mütter wie im geltenden § 1711 Abs. 2 böten Chancen zu tatsächlicher Fairness innerhalb von nichtehelichen Lebensformen.

Diese Kritik gilt im Prinzip auch für den Entwurf eines Gesetzes über die rechtliche Möglichkeit des Umgangs zwischen Vater und nichtehelichem Kind (Drucksache 11/5494 vom 27. 10. 1989).

Dieser von der Bundesregierung vorgelegte Entwurf eines Nichtehelichen Umgangsgesetzes (NEhelUmgG) sieht im § 1711 Abs. 2 BGB folgende Änderung vor:

«Wenn ein persönlicher Umgang mit dem Vater dem Wohle des Kindes nicht widerspricht, kann das Vormundschaftsgericht dem Vater die Befugnis zum persönlichen Umgang einräumen; hierbei sind die Bindungen des Kindes an seinen Vater besonders zu berücksichtigen.»

In der Begründung des Entwurfs ist von einer «behutsamen» bzw. «vorsichtigen» Erweiterung des Umgangsrechts die Rede. Auch künftig solle die Mutter als Personensorgeberechtigte entscheiden, ob und in welchem Rahmen der Vater zu seinem Kind Kontakt aufnehmen oder unterhalten kann. Die Möglichkeit des Vormundschaftsgerichts, dem Vater auch gegen den Willen der Mutter den persönlichen Umgang mit dem Kind zu gestatten, solle jedoch verstärkt werden.

Wie sich die Regelung, sofern sie Gesetz wird, in der Praxis auswirken wird, läßt sich noch nicht übersehen. In der Regel wird es, sofern keine Bindungen zwischen Vater und Kind bestehen, dem Wohl des Kindes widersprechen, ein Umgangsrecht des Vaters gegen den Willen der Mutter zu erzwingen. Die ungestörte Entwicklung des Kindes in der Obhut der Mutter muß den Vorrang haben.

Es wird aber mit vermehrten Streitigkeiten über das Umgangsrecht zu rechnen sein, wobei dann auch die jetzt ausgeschlossene weitere Beschwerde zum Bundesgerichtshof bei Zulassung durch das als Beschwerdegericht vorgesehene Oberlandesgericht möglich sein soll. Beim Bundesgerichtshof besteht Anwaltszwang, die Beschwerde gegen eine Umgangsregelung des Amtsgerichts kann aber auch beim Oberlandesgericht ohne anwaltliche Hilfe eingelegt werden. Mütter sollten davon Gebrauch machen.

2.3 Internationaler Vergleich

Die meisten europäischen Rechtsordnungen stellen im Rahmen des Umgangsrechts die ehelichen und die nichtehelichen Kinder gleich.[11] Das gilt für die skandinavischen Rechtsordnungen, wobei Norwegen, Schweden, Finnland und Dänemark im Ansatz von einem Umgangsrecht des Kindes und nicht einem Umgangsrecht der Eltern ausgehen. Italien und Frankreich räumen dem nichtehelichen Vater, der das Kind anerkannt hat, ebenfalls ein Umgangsrecht ein. Die Schweiz und Österreich differenzieren nicht zwischen nichtehelichem und ehelichem Kind, sondern nur zwischen dem nichtpersonensorgeberechtigen und dem personensorgeberechtigten Elternteil. Auch England kennt ein Umgangsrecht des nichtehelichen Vaters. Einschränkungen zum Wohl des Kindes sind in allen Rechtsordnungen möglich.

Auch die nichtratifizierte europäische Konvention zur Rechtsstellung der unehelichen Kinder von 1975 sieht vor, daß der Vater oder die Mutter eines nichtehelichen Kindes, der/die nicht die elterliche Sorge oder die Personensorge über das Kind hat, in geeigneten Fällen das Besuchsrecht erhalten kann. Die Empfehlung des Europarates über das elterliche Sorgerecht vom 28.2.1984 fordert, daß der Elternteil, mit dem das Kind nicht zusammenlebt, mindestens die Möglichkeit haben sollte, persönliche Beziehungen zu dem Kind zu unterhalten, außer wenn solche Beziehungen dem Wohl des Kindes schaden würden.

Hält man eine Angleichung des deutschen Rechts an das europäische Recht für wünschenswert, so ist allerdings zu beachten, wieweit die europäischen Rechtsordnungen die zwangsweise Durchsetzung des Umgangsrechts mit Zwangsgeld (zum Begriff vgl. III. 4 Mißhandlung...) vorsehen, wie sie im deutschen Recht – leider und wiederum zum Nachteil von Mutter und Kind – geregelt ist (§ 33 FGG).

3 Amtspflegschaft

3.1 Was ist Amtspflegschaft?

Wie bereits erwähnt, hat die Amtspflegschaft die Amtsvormundschaft für das nichteheliche Kind abgelöst. Die Amtspflegschaft wird vom Jugendamt ausgeübt (§ 1709 BGB). Sie schränkt das Recht der elterlichen Sorge der nichtehelichen Mutter im Bereich der Feststellung der Vaterschaft, der Geltendmachung von Unterhaltsansprüchen und der Regelung von Erb- und Pflichtteilsrechten des Kindes im Falle des Todes des Vaters und seiner Verwandten ein (§ 1706 BGB). Bei ihrer Einführung war die Amtspflegschaft zwar ein Fortschritt gegenüber dem vorhergehenden Rechtszustand der Amtsvormundschaft, welche der nichtehelichen Mutter nur die tatsächliche Sorge für die Person des Kindes zugestand. Heute stößt die Institution der Amtspflegschaft aber auf erhebliche Kritik.

Insbesondere Frauenverbände und auch der Deutsche Juristinnenbund sehen darin eine unverhältnismäßige Einschränkung der Rechte der nichtehelichen Mutter, deren Bild sich im Laufe der Zeit gewandelt hat. Davon, daß sie sich «erst in Etappen der Bewährung zur vollen elterlichen Gewalt hinaufdienen müsse», wie noch in den 60er Jahren geäußert wurde, kann keine Rede mehr sein. Die Mehrzahl der nichtehelichen Mütter dürfte inzwischen in der Lage sein, die Kindesinteressen auch auf den der Amtspflegschaft unterliegenden Gebieten selbständig wahrzunehmen. Empirische Untersuchungen dazu fehlen allerdings. Es kann auch nicht davon ausgegangen werden, daß – wie manche meinen – die Gefahr von Interessenkonflikten zwischen Mutter und Kind in den Bereichen größer geworden seien, in denen die Eltern zusammenleben. Eine wachsende Zahl von Stimmen fordert daher die Beseitigung der «Zwangspflegschaft» und statt dessen die Möglichkeit, in verstärktem Umfang eine freiwillige Beistandschaft zu beantragen. Die Bestellung eines Beistandes zur Unterstützung bei der Ausübung der elterlichen Sorge kennt unser Rechtssystem schon heute (§ 1685 BGB). Dem Beistand kann insbesondere die Geltendmachung von Unterhaltsansprüchen und die Vermögenssorge, auch teilweise, übertragen werden (§ 1690 BGB).

Dagegen ist die Praxis weitgehend der Auffassung, die Institution der Amtspflegschaft habe sich bewährt und solle weiter bestehen bleiben. Die Feststellung der Vaterschaft durch Anerkennung oder gerichtliche Entscheidung (§ 1600a BGB), die heute bei rund 70 Prozent der nichtehelichen Kinder in kurzer Zeit erfolge, sei auf die intensiven Bemühungen des Jugendamtes auf der Grundlage der gesetzlichen Amtspflegschaft zurückzuführen.[12] Unterbleibe die Feststellung der Vaterschaft oder erfolge sie zu spät, so würden dadurch erhebliche Nachteile für die nichtehelichen Kinder auch im Unterhaltsbereich und im Bereich des Erbrechts entstehen. Manipulationen insbesondere zu Lasten der Sozialhilfe würden erleichtert. Ein weiteres Argument für die Aufrechterhaltung der Amtspflegschaft ist, daß sie nach überwiegender Meinung der Rechtsprechung auch für ausländische nichteheliche Mütter gilt, die u. U. stärker der Hilfe und sozialen Unterstützung bedürfen.[13] Schließlich wird daraus, daß selbst in Großstädten wie Hannover und Berlin von der Möglichkeit, die Amtspflegschaft aufzuheben, nur in ca. 15 Prozent der Fälle Gebrauch gemacht werde, auf eine breite Akzeptanz dieser rechtlichen Institution geschlossen.[14]

Trotz der praktischen Vorteile, die die kostenlose Amtspflegschaft bietet, ist ein so schwerwiegender Eingriff in das mütterliche Sorgerecht nicht verhältnismäßig. Der Schutz der alleinerziehenden Mutter kann durch eine freiwillige Beistandschaft erreicht werden, wenn die Mutter über diese Möglichkeit rechtzeitig und umfassend informiert wird.[15] Ergeben sich konkrete Anhaltspunkte für eine Manipulation zu Lasten der Sozialhilfe, so kann der Mutter ein Teil der elterlichen Sorge entzogen werden, sofern das Kindeswohl dadurch gefährdet wird. Im Rahmen der Reform des Jugendhilferechts, das Leistungen der Jugendhilfe grundsätzlich nur auf der Basis der Freiwilligkeit vorsieht, und im Rahmen der Reform des Pflegschaftsrechts, das auch bei alten Menschen eine Zwangspflegschaft grundsätzlich ablehnt (vgl. hierzu auch VI.2. Sozialhilfe im Alter... und VI.3. Wohnen im Alter...), sollte auch die Unterstützung der nichtehelichen Mutter auf freiwilliger Basis geregelt werden.

3.2 Aufhebung der Amtspflegschaft, Beschränkung des Wirkungskreises des Pflegers

Für die Mutter besteht zur Zeit nur die Möglichkeit, den Antrag auf Aufhebung der Amtspflegschaft zu stellen (§ 1707 BGB). Diesem Antrag muß stattgegeben werden, wenn die beantragte Anordnung dem Wohle des Kindes nicht widerspricht. Dieses Kindeswohl geht andererseits den Interessen der Mutter an der Aufhebung der Amtspflegschaft vor (zum

Begriff des Kindeswohls vgl. auch unter V.4 Elterliche Sorge...). Dem Antrag wird aber in der Praxis stattgegeben, wenn die Vaterschaft festgestellt ist und ein Unterhaltsanspruch entweder tituliert ist oder die wirtschaftlichen Verhältnisse der Mutter so gut sind, daß sie nicht auf Unterhalt des nichtehelichen Vaters für das Kind angewiesen ist. Ob sie in diesem Fall Ansprüche gegen den nichtehelichen Vater auf Ersatz der Unterhaltsleistungen für das Kind geltend machen will oder nicht, muß ihr überlassen bleiben. Die Belange des Kindes werden dadurch nicht berührt. Die Amtspflegschaft wäre daher auch in Fallbeispiel 3 aufzuheben.

Bedenken gegen die Übertragung der vollen elterlichen Sorge auf die Mutter müssen stets mit konkreten Tatsachen belegt werden. Abstrakte Möglichkeiten reichen nicht aus. Als eine solche konkrete Tatsache wird in der Rechtsprechung immer die Weigerung der Mutter angesehen, den Namen des Vaters zu nennen oder an der Vaterschaftsfeststellung mitzuwirken. Insoweit wird argumentiert, das dem Kind zustehende verfassungsmäßig gewährleistete Persönlichkeitsrecht auf Feststellung seines wirklichen Vaters sei im Einzelfall auch gegen die Interessen der Mutter durchzusetzen. Die Kenntnis der eigenen Abstammung sei nicht nur in rechtlicher, sondern auch in entwicklungspsychologischer Hinsicht von Bedeutung. Demgemäß wurde die Amtspflegschaft in einem Fall, in dem die Mutter ein monatliches Einkommen von 12000 DM hatte, nur im Bereich der Geltendmachung von Unterhaltsansprüchen aufgehoben. Im übrigen, d. h. für die Feststellung der Vaterschaft und die Regelung von Erb- und Pflichtteilsrechten, blieb sie bestehen, obwohl die Mutter den Namen des Vaters in einem verschlossenen Umschlag hinterlegt hatte.[16] Eine Ausnahme läßt die Rechtsprechung allenfalls dann zu, wenn im Einzelfall konkrete Anhaltspunkte dafür vorliegen, daß die Aufrechterhaltung der Amtspflegschaft sich schädigend auf die Entwicklung und Erziehung des Kindes auswirken würde. Daß typischerweise der psychische Konflikt der Mutter, der durch den Druck der Amtspflegschaft im Bereich der Vaterschaftsfeststellung hervorgerufen werden kann, sich auch auf die Mutter-Kind-Beziehung auswirkt, reicht für eine Aufhebung der Amtspflegschaft nicht aus. Bei der bestehenden Kollision zwischen den Interessen der Mutter, die eine durch Art. 2 GG geschützte Intimssphäre und mithin auch das Recht hat, den Namen des Vaters zu verschweigen, und den Interessen des Kindes, das ein Recht auf Kenntnis des biologischen Vaters (so zum Beispiel auch einen Auskunftsanspruch gegen die Mutter und ein eigenes Ehelichkeitsanfechtungsrecht nach Volljährigkeit) hat, gehen die Kindesinteressen immer vor.

Diese Praxis ist in letzter Zeit auf starke Kritik gestoßen.[17] In Berlin z. B. gab es zum Thema «Amtspflegschaft» eine Parlamentsanhörung und eine Podiumsdiskussion, in der kritische Stimmen zu Wort kamen. In der Tat ist nicht einzusehen, warum die Amtspflegschaft bei sonst geordneten Verhältnissen der Mutter auch dann aufrechterhalten wird, wenn sie bei ihrer Weigerung bleibt, den Namen des Vaters zu nennen, wozu sie gute Gründe haben kann. Ein Amtspfleger kann dann auch nichts mehr ausrichten. So wird in der Schweiz, wo dem Kind zur Feststellung der Vaterschaft ein Beistand ernannt wird, diese Beistandschaft aufgehoben, wenn der Beistand innerhalb von zwei Jahren seit der Geburt des Kindes keine Vaterschaftsklage erheben konnte.

3.3 Nichteintritt der Amtspflegschaft

Auf Antrag der Mutter kann das Vormundschaftsgericht auch anordnen, daß die Pflegschaft nicht eintritt (§ 1707 BGB). Dies setzt voraus, daß ebenso wie bei der Aufhebung der Amtspflegschaft die wirtschaftlichen Verhältnisse der Mutter gesichert sind oder der Unterhaltsanspruch gegen den Vater in sonstiger Weise geregelt ist. Ferner muß auch die Vaterschaft feststehen, wobei eine Anerkennung der Vaterschaft auch schon vor der Geburt des Kindes zulässig ist (§ 1600b Abs. 2 BGB).

3.4 Änderungsentscheidung

Das Vormundschaftsgericht kann, wenn das Wohl des Kindes es erfordert, erneut einen Pfleger bestellen oder bei Beschränkung von dessen Wirkungskreis diesen wieder erweitern. Es tritt dann eine Amtspflegschaft oder die Erweiterung der Amtspflegschaft kraft gerichtlicher Entscheidung ein.

Derartige Änderungsentscheidungen sind möglich, wenn

- sich die Aufhebung der Pflegschaft als dem Kinde schädlich erwiesen hat,
- sich die wirtschaftlichen Verhältnisse der Mutter, die den Unterhalt des Kindes bisher gesichert hat, erheblich verschlechtert haben, so daß eine Wiederherstellung der Unterhaltspflegschaft erforderlich ist oder
- der Unterhalt des Kindes durch einen Stiefvater sichergestellt war und dieser stirbt.

Die Pflegschaft darf allerdings nur für den Bereich wieder angeordnet werden, für den sie das Kindeswohl erfordert.

4 Ansprüche der nichtehelichen Mutter gegen den nichtehelichen Vater – Entbindungskosten und Unterhalt

Soweit die Entbindungskosten nicht durch Versicherungsleistungen oder Leistungen des Arbeitgebers gedeckt sind, hat sie der Vater des nichtehelichen Kindes der Mutter zu ersetzen (§ 1615k BGB). Der Anspruch spielt im Hinblick auf die Leistungen der RVO, der Ersatzkassen und der Beihilfe keine große Rolle mehr. Im übrigen ist der Anspruch aber kein Unterhalt und daher nicht von der Leistungsfähigkeit des Vaters und der Bedürftigkeit der Mutter abhängig. Er verjährt nach vier Jahren. Jedoch läuft die Frist erst, wenn die Vaterschaft festgestellt ist. Andererseits kann die Mutter nicht die Erstattung der Versicherungsprämien von dem Vater verlangen.

Echte Unterhaltstatbestände enthält dagegen die Regelung, wonach der Vater der Mutter für die Dauer von sechs Wochen vor und acht Wochen nach der Geburt des Kindes Unterhalt gewähren muß. Die Unterhaltspflicht kann darüber hinaus auf die Zeit vier Monate vor der Entbindung bis ein Jahr nach der Entbindung erstreckt werden, wenn die Mutter einer Erwerbstätigkeit nicht nachgeht, weil sie infolge der Schwangerschaft oder einer durch die Schwangerschaft oder die Entbindung verursachten Krankheit dazu außerstande ist oder wenn die Mutter nicht oder nur beschränkt erwerbstätig ist, weil das Kind anderenfalls nicht versorgt werden könnte (§ 1616 1 BGB).

Während der Unterhaltsanspruch, der in der Zeit der erwähnten sechs Wochen vor und acht Wochen nach der Geburt des Kindes besteht, nur an die Voraussetzungen des allgemeinen Unterhaltsrechts, das heißt an Bedürftigkeit der Mutter und Leistungsfähigkeit des Vaters geknüpft ist, ist der weitergehende Unterhaltsanspruch an die Voraussetzung gebunden, daß die mangelnde Erwerbstätigkeit oder Erwerbsfähigkeit eine Folge der Schwangerschaft ist oder die Versorgung des Kindes die Mutter an einer Erwerbstätigkeit hindert. War die Mutter daher nicht erwerbstätig, weil sie beispielsweise noch zur Schule ging oder bereits ein Kind hatte und Hausfrau war, so muß der nichteheliche Vater nur für die Zeit von sechs Wochen vor und acht Wochen nach der Geburt des Kindes Unterhalt leisten. Das gilt auch, falls die Mutter arbeitslos war und die Arbeitslosigkeit unmittelbar auf der Schwangerschaft beruhte. Die Mutter muß, falls sie bei Beginn der Schwangerschaft arbeitslos war, beweisen, daß sie eine Arbeitsstelle nur infolge ihrer Schwangerschaft nicht gefunden hat. Bei ungünstiger Lage auf dem Arbeitsmarkt und längerer Erwerbslosigkeit vor der Schwangerschaft wird ihr dieser Beweis allerdings kaum gelingen.[18]

Zurückhaltend ist die Rechtsprechung auch, wenn die Mutter Unterhalt verlangt, weil sie das Kind bis zum Ablauf des ersten Lebensjahres selbst betreuen will. Die Rechtsprechung verneint den Anspruch zum Beispiel bereits dann, wenn das Kind in einer Tagesheimstätte oder Kinderkrippe versorgt werden kann oder andere Verwandte dazu bereit und in der Lage sind.[19] Kann die Mutter dagegen durch ein ärztliches Gutachten nachweisen, daß das Kind gesundheitliche Störungen aufweist, die eine ganztägige Betreuung durch die Mutter und nicht durch eine andere Person erfordern, so wird der Unterhaltsanspruch bejaht.[20]

Diese Rechtsprechung entspricht nicht dem Kindeswohl und hat daher auch zunehmend Kritik erfahren. Nach inzwischen gesicherten pädiatrischen und entwicklungspsychologischen Erkenntnissen braucht das Kind gerade im ersten Lebensjahr eine konstante Bezugsperson. Bei ständigem Wechsel der BetreuerInnen, wie er in einer Kinderkrippe üblich ist, ist mit Schäden in der Entwicklung zu rechnen. Der Gesetzgeber hat diesen Erkenntnissen durch die Möglichkeit des Erziehungsurlaubs bis zur Vollendung des ersten Lebensjahres des Kindes Rechnung getragen (vgl. auch unter IV.1 Schwangerschaft...). Wenn die Mutter ihr Kind selbst betreuen will, so sollte bei entsprechender Leistungsfähigkeit des Vaters der Unterhaltsanspruch auch bis zur Vollendung des 1. Lebensjahres des Kindes unabdingbar sein.[21] Der Höhe nach richtet er sich nach der Lebensstellung der Mutter, für die das frühere Einkommen einen Maßstab bilden kann. Erziehungsgeld ist auf den Unterhalt nicht anzurechnen, dagegen aber Mutterschaftsgeld und die entsprechenden Mutterschaftsarbeitgeberanteile (für alle weiteren finanziellen Aspekte nichtehelicher Mutterschaft vgl. V.5 Alleinerziehende Mütter...).

5 Adressen, Literatur, Anmerkungen

Adressen

Eine Zusammenstellung von Beratungsstellen mit Telefonnummern enthält die Schrift des Verbandes Alleinerziehender Mütter und Väter (VAMV) «So schaffe ich es allein» (5. Aufl. 1988). Sie enthält auch andere wichtige Hinweise und Ratschläge und kann beim VAMV, Von-Groote-Platz 20, 5300 Bonn 2, bezogen werden. Ferner gibt es Beratungsstellen der freien Wohlfahrtsträger und den Beratungsführer der Deutschen Arbeitsgemeinschaft für Jugend und Eheberatung. Dieser verzeichnet die Beratungsstellen in der Bundesrepublik Deutschland, die u. a. für Ehe-, Familien- und Lebensberatung und Beratung für Kinder, Jugendliche und Eltern zuständig sind. Diese befassen sich auch mit den Konflikten nichtehelicher Partner. Die Erziehungsberatungsstellen der Kreise, Städte und Gemeinden sind auch Anlaufstellen für Kinder aus nichtehelichen Partnerschaften.

Weiterführende Literatur

Limbach, I./Schwenzer, J. «Familie ohne Ehe», 1988.

v. Münch, E.-M. «Zusammenleben ohne Trauschein», 2. Aufl., München 1983 (mit praktischen Vorschlägen und Vertragsformulierungen).

Oberloskamp, H. «Ich erziehe mein Kind allein», München 1985.

«Nichteheliche Lebensgemeinschaften in der Bundesrepublik Deutschland», Schriftenreihe des BMJFFG, Band 170, 1985.

«Alleinerziehende Mütter und Väter – eine Analyse der Gesamtsituation», Schriftenreihe des BMJFFG, Band 219, 1989.

Sonderrundschreiben zum Seminar des Deutschen Juristinnenbundes «Nichteheliche Lebensgemeinschaften – sind gesetzliche Regelungen erforderlich?», vom 17.–19. Juni 1988 in Nürnberg, zu beziehen über das BMJFFG, Kennedyallee 103–105, 5300 Bonn 2, Adresse des Deutschen Juristinnenbundes (Geschäftsstelle): Sträßchenweg 28, 5300 Bonn 2.

Swientek, C. «Alleinerziehende – Familien wie andere auch?», Bielefeld 1984.

Zenz, G./Salgo, L. «Zur Diskriminierung der Frau im Recht der Eltern-Kind-Beziehung», Schriftenreihe des BMJFFG, Band 133, 1983.

Anmerkungen

1 «Nichteheliche Lebensgemeinschaften in der Bundesrepublik Deutschland», Band 170 der Schriftenreihe des BMJFFG, 1985.

2 BVerfGE 56, 363 ff.

3 Vorschlag des Deutschen JuristInnenbundes, Rundschreiben Nr. 76, Anlage 5.

4 OLG Hamm, ZfJ 1987, 430 ff..

5 Mockenhaupt, ZfJ 1981, 337 ff.; Baer, ZRP 1989, 344 ff.

6 Streit 1987, 16.

7 LG Köln, MDR 1973, 586; LG München, FamRZ 1987, 629.

8 LG Hildesheim, DAV 1983, 520 ff.; ähnlich LG Berlin, DAV 1981, 917 ff.

9 AG Herne, DAV 1989, 298 f. Das familienpsychologische Gutachten, das zur Entscheidung eingeholt wurde, ist im Anschluß an diese Spalte 299 ff. abgedruckt.

10 Insbesondere Bahr-Jendges, Streit 1988, 99.

11 Baer, DAV 1988, Anhang Spalte 864 ff.

12 Huvalé, ZfJ 1980, 560/563.

13 OLG Stuttgart, ZfJ 1988, 155 ff.

14 Kern, DAV 1989, 181 f.

15 Zenz, G./Salgo, L. «Zur Diskriminierung der Frau im Recht der Eltern-Kind-Beziehung», Band 133 der Schriftenreihe des BMJfFG, S. 56, 57.

16 BGH FamRZ 1982, 159 ff.

17 Oberloskamp, H., ZfJ 1989, 118 ff. S. auch Buchbesprechung von Torsten Bar-

tels: «Die vollständigen und die unvollständigen Familien im Kindschaftsrecht», Frankfurt, 1986. Pohl, DAV 1988, 361f.

[18] Köhler in: Münchener Kommentar zum BGB, 2. Aufl., Randziffer 26 zu § 1615 1. Bei kurzer Arbeitslosigkeit dagegen wird die Mitursächlichkeit bejaht: LG Darmstadt, Streit 1987, 19.

[19] BGH FamRZ 1985, 273/274.

[20] AG Hamburg, DAV 1982, 85ff.

[21] Zustimmend auch insoweit die Entscheidung des LG Darmstadt, Anm. 18.

V (Wieder) allein leben

Der Anlaß, wenn auch nicht unbedingt der Grund für eine Trennung oder Scheidung ist in den meisten Fällen die Aufnahme einer anderen Beziehung durch die LebenspartnerInnen.[1] Dabei ist die letztendlich vollzogene Trennung oft nur der Schlußstrich unter die angestaute Unzufriedenheit über die vergangene Beziehung. Als Probleme, die schließlich zum Ende einer Ehe geführt haben, werden von Frauen häufig genannt:

- Mangelnde Bereitschaft der jeweiligen Partnerinnen, Zeit und Aufmerksamkeit für die Bedürfnisse der anderen aufzuwenden,
- sexuelle Schwierigkeiten bzw. sexuelle Unzufriedenheit,
- Meinungsverschiedenheiten über die Erziehung der Kinder,
- Einschränkungen der persönlichen Freiheit.[2]

Über ihre Wünsche für eine neue Partnerschaft befragt, scheinen sich Männer und Frauen in dem Wunsch nach mehr Kommunikation zwischen den PartnerInnen einig zu sein, allerdings legen Frauen deutlich mehr Wert auf den Erhalt ihres neu gewonnenen individuellen Freiraums.[3] Die weitverbreitete Einschätzung, es gingen immer mehr Ehen «in die Brüche», hält einer genaueren Überprüfung tatsächlich stand. 1987 wurden 129850 Ehen geschieden, dies bedeutet einen leichten Rückgang der Scheidungsrate (Scheidungen gemessen je 1000 Einwohner) im Vergleich zum Vorjahr.[4] Tatsächlich pendelt die Scheidungsrate seit 1982 stets um 2 Prozent, während es aber einen deutlich rückläufigen Trend bei den Eheschließungen zu verzeichnen gibt.[5] Dies bedeutet eine etwa gleichbleibende Anzahl von Scheidungen im Verhältnis zu einer zurückgehenden Anzahl von Ehen und somit eine hohe Scheidungshäufigkeit. Es ist davon auszugehen, daß heute nahezu jede dritte Ehe geschieden wird.[6] Dies ist Grund genug, sich über das Scheidungsrecht zu informieren (vgl. Beitrag V.1 von *Sigrid Nolte*).

Von Scheidung sind in zunehmendem Maße auch langjährige Ehen betroffen, wobei Ehen im vierten und fünften Ehejahr besonders gefährdet scheinen. 1985 wurde in rund 59 Prozent der Fälle der Scheidungsantrag von Frauen gestellt, 48 Prozent aller geschiedenen Ehen waren kinderlos.[7] Lebten minderjährige Kinder mit in der ehelichen Beziehung, beginnt mit der Trennung die für alle Beteiligten aufreibende Auseinandersetzung um das Sorgerecht. Hier werden unter Zuhilfenahme der Gerichte oft nur die beziehungsinternen Machtkämpfe weiter fortgesetzt, zu Lasten der beteiligten Kinder (vgl. Beitrag V.4 von *Sigrid Berenberg-Gossler*). Im Vergleich mit anderen Rechtsgebieten haben Mütter – in dieser besonderen Konfliktsituation von Frauen und Männern – hier eine oft bessere Ausgangsposition als Väter – zumal nichteheliche.

Trotz der mit der Trennung vom Ehepartner verbundenen Probleme und Schwierigkeiten zeigten sich in einer Befragung Männer und Frauen nach der Scheidung zufriedener mit ihrem Leben als zuvor. Dies könnte mit ein Grund dafür sein, daß nur etwa 5 Prozent der deutschen Bevölkerung mehr als einmal heiraten, viele leben nach der ersten Ehe lieber allein oder in einer nichtehelichen Lebensgemeinschaft.[8] Immerhin war 1985 bei 45 Prozent der nichtehelichen Lebensgemeinschaften zumindest ein/e PartnerIn verwitwet oder geschieden.[9] Bemerkenswerterweise scheint die Stabilität von Beziehungen ohne Kinder davon unabhängig zu sein, ob die PartnerInnen verheiratet sind.

Sowohl bei nichtehelichen Lebensgemeinschaften als auch bei Ehen ohne Kinder liegt die Trennungsrate bei ca. 5 Prozent (vgl. Beitrag V.2 von *Renate Augstein*).[10] Dies ändert sich allerdings, wenn Kinder mit in der Beziehung leben. Während Ehen mit Kindern in einem Vergleichszeitraum von einem Jahr zu 96 Prozent unverändert bestehen blieben, traf dies nur auf 63 Prozent der nichtehelichen Lebensgemeinschaften mit Kindern zu; 8 Prozent gaben an, als alleinerziehender Elternteil weiterzuleben.[11]

Es gibt unterschiedliche Gründe, warum Frauen ihre Erwerbstätigkeit unterbrechen. Nach den Ergebnissen einer Befragung war die Hälfte wegen familiärer Umstände (Kinderbetreuung, Pflege Angehöriger usw.) ausgeschieden, drei von zehn Befragten nannten Arbeitslosigkeit als Unterbrechungsgrund.[12] Mit einer Trennung oder Scheidung wird für die meisten zuvor nicht erwerbstätigen Frauen eine Rückkehr ins Erwerbsleben zur Notwendigkeit. Die Wiederaufnahme der Berufstätigkeit erfolgt überdurchschnittlich häufig durch ein befristetes Arbeitsverhältnis bzw. durch Teilzeitarbeit.[13] Die Unterbrechungszeiten wurden aber im Verlauf der letzten Jahre gerade bei jüngeren Frauen immer kürzer, und der Anteil der Frauen, die danach einen Wiedereinstieg anstreben, steigt.[14] Es wird geschätzt, daß 30 bis 50 Prozent der gegenwärtig nicht berufstätigen Frauen einen Wiedereinstieg planen.[15]

daß 30 bis 50 Prozent der gegenwärtig nicht berufstätigen Frauen einen Wiedereinstieg planen.[15]

Frauen, die den Wiedereinstieg geschafft haben, schätzen diese Entwicklung durchweg sehr positiv ein.[16] Auf die Frage nach der Art der positiven Auswirkungen ihrer Berufstätigkeit antworteten diese Frauen zu 70 Prozent, daß sie sich selbstbewußter und aufgeschlossener fühlten, je knapp 50 Prozent empfanden sich unabhängiger und zufriedener. Hervorgehoben wurden in den Antworten auch die vielfältigen Kontaktmöglichkeiten, die sich durch die Berufstätigkeit (wieder-)eröffnet hätten.

Leider wird es nach den Erfahrungen betroffener Frauen immer schwieriger, tatsächlich einen beruflichen Wiedereinstieg zu finden.[17] Die beste Ausgangslage scheinen Frauen zu haben, die während ihrer Nichtberufstätigkeit den Kontakt zu ihrem Berufsfeld nicht gänzlich verloren haben und regelmäßig Weiterbildungsangebote wahrnahmen (vgl. Beitrag V.3 von *Monika Goldmann*).[18]

Trennung oder Scheidung machen viele Mütter – und weniger Väter – zu Alleinerziehenden. So gab es z. B. 1985 in der Bundesrepublik ca. 941 000 Alleinerziehende mit einem oder mehreren Kindern unter 18 Jahren, davon waren 803 000 Frauen und 138 000 Männer.[19] In 581 000 Fällen war diese Situation auf eine Scheidung oder Trennung zurückzuführen und in 184 000 Fällen auf den Tod des/der jeweiligen PartnerIn. 176 000 der Alleinerziehenden waren nie verheiratet gewesen. Die Zahl und der Anteil der Väter an den Alleinerziehenden hat in den letzten Jahren auffallend zugenommen (1972: 88 000).[20] Leider unterscheidet sich die finanzielle Situation von alleinerziehenden Müttern und Vätern noch immer beträchtlich. Während alleinerziehende Mütter vielfach ein monatliches Einkommen unter 1200 DM (netto) haben, sind alleinerziehende Väter in der Einkommensklasse über 2500 DM im Verhältnis zu ihrem Anteil an der Bevölkerung deutlich überrepräsentiert.[21] Für alleinerziehende Mütter spielen daher Sozialleistungen als finanzielle Hilfen – leider – immer noch eine große Rolle (vgl. Beitrag V.5 von *Gabriele Volmary*).

Anmerkungen

1 Vgl. Dane, E./Collin, H. «Trennung vom Partner, Ende ohne Schrecken», in: Familien-Bande, Chancen und Krisen einer Lebensform, Sonderband von «Psychologie Heute», Weinheim/Basel 1986.

2 Ebenda.

[4] Vgl. Statistisches Bundesamt, Fachserie 1, «Bevölkerung und Erwerbstätigkeit», Reihe 1, «Gebiete und Bevölkerung», Wiesbaden 1987.

[5] Vgl. Datenreport 1987, Zahlen und Fakten über die Bundesrepublik Deutschland, durchgesehener und aktualisierter Nachdruck 1988, Bonn 1987, S. 47.

[6] Ebenda, S. 48.

[7] Ebenda.

[8] Ebenda, S. 46.

[9] Ebenda, S. 374.

[10] Ebenda, S. 371.

[11] Ebenda.

[12] Engelbrech, G. «Erwerbsverhalten und Berufsverlauf von Frauen», Ergebnisse neuerer Untersuchungen im Überblick, in: Mitteilungen aus der Arbeitsmarkt- und Berufsforschung, 2/1987, S. 195.

[13] Engelbrech, G. «Erwerbsverhalten...», a. a. O., S. 196.

[14] Ambos, I. Gertner, S. Schiersmann, C. «Zur Situation von Berufsrückkehrerinnen», Eine Übersicht über neuere Forschungsergebnisse und Möglichkeiten der Förderung der beruflichen Wiedereingliederung, in: Frauenforschung, hg. vom Institut Frau und Gesellschaft (IFG), Doppelheft 1, 2/89, S. 6.

[15] Ambos, I., u. a. «Zur Situation...», a. a. O., S. 7.

[16] Ambos u. a., a. a. O., S. 14.

[17] Ambos u. a., a. a. O., S. 12.

[18] Ambos u. a., a. a. O., S. 14.

[19] Ebenda.

[20] Ebenda.

[21] Vgl. Gutschmidt, G. «Kind und Beruf, Alltag alleinerziehender Mütter», Weinheim/München 1986.

V **1** SIGRID NOLTE

Trennung, Scheidung und die Folgen

V 1

SIGRID NOLTE

Trennung, Scheidung und die Folgen

1 Trennung

Sabine Freundlich will sich von ihrem Ehemann trennen. Sie merkt, daß es so wie bisher nicht weitergeht. Mit ihrem Ehemann gibt es immer häufiger Streit: über den Haushalt, die Kinder, das liebe Geld... Einen Beruf hat Sabine Freundlich nicht erlernt. Sie hat die drei Kinder, die jetzt drei, sieben und 15 Jahre alt sind, betreut und erzogen. Ob Sabine Freundlich sich scheiden lassen will, weiß sie noch gar nicht. Was kann sie tun?

Seit 1977 gilt das neue Scheidungsrecht mit der Folge, daß geschieden werden kann, ohne daß einer dem anderen Schuldvorwürfe machen muß. Voraussetzung für die Scheidung ist, daß die Ehegatten getrennt leben. Die Voraussetzungen für eine Trennung ergeben sich aus § 1567 BGB: «Die Ehegatten leben getrennt, wenn zwischen ihnen keine häusliche Gemeinschaft besteht und ein Ehegatte sie erkennbar nicht herstellen will, weil er die eheliche Lebensgemeinschaft ablehnt...»

Die Ehegatten können auch in der Ehewohnung getrennt leben (§ 1567 Abs. 1 Satz 1 BGB). Wichtig ist aber dann, daß die Räume aufgeteilt werden, d. h. jedem Ehepartner werden bestimmte Zimmer zugeteilt. Das allein reicht aber für die «Trennung» noch nicht aus: Die oder der Scheidungswillige muß dem Ehepartner eindeutig zu erkennen geben, daß von jetzt ab getrennt gelebt wird. Es darf auch nicht mehr gemeinsam gewirtschaftet werden. Durch Auszug aus der Ehewohnung wird der Wille zum Getrenntleben zwar dokumentiert, zusätzlich muß dem anderen Ehepartner aber noch mitgeteilt werden, daß die Ehe nicht fortgesetzt werden soll. Damit es später keinen Streit über die Trennung und den Trennungszeitpunkt gibt, hilft ein klarstellender Brief. (Zur Frage der Trennung bei Gewalttätigkeit des Mannes vgl. III.4 Mißhandlung...)

Der Gesetzgeber geht von einer *Trennungszeit* von einem bis drei Jahren aus, bevor eine Ehe als gescheitert angesehen werden kann (§ 1566 BGB). Die Trennungszeit kann aber unter bestimmten Voraussetzungen kürzer oder länger sein (s. zu weiteren Einzelheiten Abs. 2 «Scheidung»).

Selbst wenn ein Ehepartner nicht geschieden werden möchte, so kann er doch nicht verhindern, daß die Trennungszeit zu laufen beginnt. Ein gescheiterter Versöhnungsversuch unterbricht die Trennungszeit nicht, auch wenn die Ehegatten «zwischendrin» wieder über eine kürzere Zeit zusammen gelebt haben.

Von diesem Versöhnungs*versuch* ist jedoch zu unterscheiden die *echte Versöhnung*, die unter Umständen neue Trennungsfristen erfordert.

Aus der Tatsache der Trennung ergeben sich Konsequenzen:

1.1 Unterhalt

Während Familienunterhalt in der Regel nach §§ 1360, 1360a BGB als Naturalunterhalt geleistet wird, ist der Trennungsunterhalt als monatliche *Geldrente* zu zahlen. Diese Vorschrift ist aber nicht zwingend, so daß die Ehegatten auch etwas anderes verabreden können: zum Beispiel die kostenlose Überlassung einer Wohnung unter Anrechnung eines Nutzungswertes auf den Unterhaltsanspruch. Ob dies letztlich richtig und sinnvoll ist, läßt sich nur anhand der konkreten Situation feststellen. Die Einholung eines Rechtsrates ist sicherlich sinnvoll. Diejenige Person, die die Kinder nicht betreut, ist zur Zahlung von *Kindesunterhalt* verpflichtet. Die Höhe des zu zahlenden Kinderunterhaltes richtet sich nach dem Einkommen der unterhaltsverpflichteten Person, dem Alter der Kinder und der Anzahl der Unterhaltsberechtigten.

Bei der Einkommensermittlung der unterhaltsverpflichteten Person ergeben sich durchaus Probleme, denn nach der Trennung «schmilzt» das Einkommen oftmals beträchtlich zusammen. Alle Einkommensquellen müssen angegeben werden, also Gehalt, Honorare, Zinsen, Dividenden aus Wertpapieren oder Geschäftsbeteiligungen, Steuerrückerstattungen, Tantiemen usw. Auch das mietfreie Wohnen wirkt sich einkommenserhöhend aus. Vorgelegt werden muß der Einkommensteuerbescheid oder auch die Bilanz nebst Gewinn- und Verlustrechnung. Angestellte legen eine Jahreseinkommensbescheinigung vor; Selbständige müssen die letzten drei Jahre belegen. Fahrtkosten und anderer berufsbedingter Aufwand können einkommensmindernd berücksichtigt werden.

Zur Berechnung des Kindesunterhaltes wird im Bundesgebiet üblicherweise die *Düsseldorfer Tabelle* angewendet, sie wird ca. alle drei Jahre an die geänderten Lebensverhältnisse angepaßt. Derzeit gilt die Düsseldorfer Tabelle Stand 1.1.1989.

Im Fall von Sabine Freundlich sieht das dann so aus: Ihr Ehemann verdient monatlich durchschnittlich netto DM 2500. Für seine drei Kinder muß er folgende Unterhaltsbeträge zahlen:

- Für das dreijährige Kind ergibt sich eine Einstufung in Altersgruppe 1, Gehaltsstufe 3 mit DM 295,
- für das siebenjährige Kind ergibt sich eine Einstufung in die zweite Altersstufe mit DM 360 und
- für das 15jährige Kind eine Einstufung in die dritte Altersstufe mit einem Kindesunterhaltsbetrag von DM 425.

Düsseldorfer Tabelle

Kindesunterhalt

Altersstufe	**bis Vollendung des 6. Lebensjahres**	**vom 7. bis Vollendung des 12. Lebensjahres**	**vom 13. bis Vollendung des 18. Lebens jahres**	**ab Vollendung des 18. Lebensjahres**
Nichteheliche Kinder nach VO 1988[3)]	251	304	360	
Eheliche Kinder nach Nettoeinkommen des Unterhaltpflichtigen in DM				*Bedarfskontrollbetrag* in DM
Gruppe				
1 bis 2100	251	304	360	1000/1100
2 2100–2400	270	325	385	1160
3 2400–2800	295	360	425	1230
4 2800–3400	330	400	475	1320
5 3400–4000	365	440	525	1455
6 4000–4800	420	510	605	1685
7 4800–5800	480	580	685	1910
8 5800–7000	545	660	785	2185
über 7000		nach den Umständen des Falles		

Stand: 1. Januar 1989[1,2]

1 Die neue Tabelle nebst Anmerkungen beruht auf Koordinierungsgesprächen, die zwischen Richtern der Familiensenate der Oberlandesgerichte Düsseldorf, Köln und Hamm sowie Mitgliedern der Unterhaltskommission des Deutschen Familiengerichtstages e. V. stattgefunden haben.
2 Die Zahlenwerte der neuen Tabelle gelten ab *1. 1. 1989*. Bis zum 31. 12. 1988 sind die Zahlenwerte der bisherigen Tabelle (Stand: 1. 1. 1985, abgedruckt in FamRZ 1984, 961) anzuwenden.
3 BGBl. I 1082.

Bei der Bemessung der Kindesunterhaltssätze geht die Düsseldorfer Tabelle von drei Unterhaltsberechtigten aus. Sind mehr oder weniger Unterhaltsberechtigte vorhanden, so werden Ab- bzw. Zuschläge vorgenommen.

Das Kindergeld findet anteilige Berücksichtigung in der Form, daß es mit der Unterhaltsverpflichtung verrechnet werden kann. Die Entwicklung des Kindergeldes seit 1975 ergibt sich aus der nachfolgenden Tabelle. Seit 1983 sind die Kindergeldsätze unverändert.

Auch eigenes Einkommen des unterhaltsberechtigten Kindes ist gegebenenfalls zu berücksichtigen.

Dem Unterhaltspflichtigen (in der Regel der Vater) muß ein Mindestbetrag für den eigenen Lebensbedarf verbleiben. Dieser sogenannte *Selbstbehalt* wird von den einzelnen Bundesländern unterschiedlich ange-

Entwicklung des Kindergeldes seit 1975

Zeitraum		1. Kind	2. Kind	3. Kind	4. und jedes weitere Kind
				DM/Monat	
1. 1. 75–31. 12. 77		50	70	120	120
1. 1. 78–31. 12. 78		50	80	150	150
1. 1. 79–30. 6. 79		50	80	200	200
1. 7. 79–31. 1. 81		50	100	200	200
1. 2. 81–31. 12. 81		50	120	240	240
1. 1. 82–31. 12. 82		50	100	220	240
seit 1. 1. 83[1]	a)	50	100	220	240
	b)	50	70	140	140

1 Einkommensabhängig.

Quelle: BT-Drucks. 8/4327, Sozialbericht 1980, S. 33: BGBl I 1980, S. 1381, Bundeskindergeldgesetz in der geänderten Fassung vom 16. 8. 1980; BGBl I 1982, S. 13, Bundeskindergeldgesetz in der geänderten Fassung vom 21. 1. 1982; BGBl I 1983, S. 1857, Bundeskindergeldgesetz in der geänderten Fassung vom 20. 12. 1982; BGBl I 1986, S. 222, Bundeskindergeldgesetz in der Fassung vom 21. 1. 1986.

nommen, er liegt zwischen DM 910 und DM 1400. Wenn der Selbstbehalt nicht erreicht ist, kann es sein, daß der Unterhaltspflichtige nicht den vollen Unterhaltsbetrag zu zahlen hat. Bevor dies jedoch vom Gericht anerkannt wird, muß der Unterhaltspflichtige nachweisen, daß er alles Erforderliche tut bzw. getan hat, um wenigstens den Mindestunterhalt zahlen zu können. Die Behauptung, arbeitslos zu sein, ist nicht ausreichend. Es müssen konkrete Nachweise über die Arbeitssuche vorgelegt werden. Anderenfalls kann der Unterhaltspflichtige mit einem sogenannten fiktiven Einkommen geschätzt und danach seine Unterhaltsverpflichtungen berechnet werden.

Das volljährige Kind hat einen eigenen Unterhaltsanspruch gegen beide Elternteile. Der Bedarf des Kindes ist von beiden Elternteilen anteilig nach ihren Lebensverhältnissen zu tragen. Den angemessenen Unterhaltsbedarf eines in der Ausbildung befindlichen volljährigen Kindes bewerten die Oberlandesgerichte im Bundesgebiet im allgemeinen pauschal mit monatlich DM 850 in Angleichung an die Düsseldorfer Tabelle. Je nach Bundesland unterschiedlich wird berücksichtigt, ob das Kind in der eigenen Wohnung, in einer Wohngemeinschaft oder bei einem Elternteil wohnt. Der Unterhaltsbedarf von volljährigen Kindern kann allerdings auch höher sein, es gibt keinen «Einheitsbedarf», entscheidend ist die Lebensstellung der Eltern. Da aber andererseits auch Kinder sehr reicher Eltern keinen Anspruch auf «Teilhabe am Luxus» haben, wird in der Praxis das Doppelte des durchschnittlichen Studentenbedarfs von DM 850 als sogenannte «Sättigungsgrenze» für den Kindesunterhalt angesehen.

Es ist davon auszugehen, daß die Eltern verpflichtet sind, wenigstens eine Ausbildung zu finanzieren. Die Finanzierung eines Studiums wird nur verweigert werden können, wenn die bisherigen Leistungen zeigen, daß gerade für das gewählte Fach keine Eignung besteht, ein «Bummelstudium» ist jedenfalls nicht zu finanzieren. Erhält das unterhaltsberechtigte Kind eine Ausbildungsvergütung, so mindert diese den Bedarf des Kindes und ist als Arbeitseinkommen vom Unterhaltsanspruch abzuziehen.

Ob und gegebenenfalls in welcher Höhe vorab berufsbedingte Unkosten entweder konkret oder pauschal abgezogen werden können, ist im Bundesgebiet uneinheitlich geregelt. Nach der Düsseldorfer Tabelle ist ein Pauschalabzug in Höhe von DM 150 möglich.

Der *Ehegattenunterhalt* ist eine zentrale Problematik im Rahmen von Trennung und Scheidung, hängt von seiner Höhe doch die zukünftige Lebensstellung aller Beteiligten ab. Den Unterhalt bei Getrenntleben regelt § 1361 BGB: Ein Ehegatte kann von dem anderen den nach den Lebensverhältnissen und den Erwerbs- und Vermögensverhältnissen der Ehegatten angemessenen Unterhalt verlangen. Hierbei kommt es zunächst einmal nicht darauf an, warum die Trennung erfolgte, allerdings ist eine Herabsetzung des Unterhaltsanspruches aus Billigkeitsgründen möglich. Hier greift die sogenannte «Härteregelung» gem. § 1579 BGB ein.

Da die Probleme des Trennungs- und nachehelichem Unterhalt im Tatsächlichen weitgehend gleich sind, wird hinsichtlich der Unterhaltsansprüche verwiesen auf den Abschnitt «Unterhalt» (2.1).

Interessant beim Trennungsunterhalt ist die Frage, ab wann der bedürftige Ehegatte verpflichtet ist, wieder berufstätig zu sein, die sogenannte *«Erwerbsobliegenheit»*. Hier gibt es keine genauen Daten. Es läßt sich lediglich eine gewisse Tendenz feststellen, zum Beispiel der bisher nicht erwerbstätigen Frau, die an sich zur Erwerbstätigkeit in der Lage ist, etwa ein Jahr nach der Trennung den Beginn einer intensiven Arbeitssuche zuzumuten. Wenn allerdings feststeht, daß die Ehe endgültig gescheitert ist, so kann diese Verpflichtung auch bereits vor Ablauf des Trennungsjahres gegeben sein. Da der Staat eheerhaltend zu wirken hat (Art. 6 GG), soll ein Wiederzusammenfinden der Ehegatten nicht unnötig erschwert werden. Das bedeutet, daß von den Ehegatten in der Regel nicht verlangt werden kann, daß Vermögenswerte aufgegeben werden, die unwiederbringlich sind. Auch darf z. B. eine während der Ehezeit aufgenommene Ausbildung nach der Trennung fortgesetzt werden.

Mit der Zustellung des Scheidungsantrages an den Ehepartner entsteht ein Anspruch auf den sogenannten *Vorsorgeunterhalt*. Solange Ehegatten noch nicht geschieden sind und getrennt leben, kann in der Regel davon ausgegangen werden, daß die *Krankheitsvorsorge* durch Mitversicherung des nicht erwerbstätigen Ehegatten (meist die Ehefrau) bei dem erwerbstätigen unterhaltspflichtigen Ehepartner sichergestellt ist. Eine Änderung tritt ein mit Rechtskraft der Ehescheidung. Hat zum Beispiel die bislang nicht berufstätige Ehefrau auch keine eigene Krankenversicherung erworben, so kann sie innerhalb eines Monats nach Eintritt der Rechtskraft des Scheidungsurteils freiwilliges Mitglied in der gesetzlichen Krankenversicherung der Krankenkasse ihres Ehemannes werden. Diese Monatsfrist zum Beitritt ist eine Ausschlußfrist (§ 176b RVO). Der Krankenvorsorgeunterhalt ist nicht in der üblichen Unterhaltsquote enthalten, kann also gesondert berücksichtigt werden.

Im Rahmen des Vorsorgeunterhalts ist auch die *Altersvorsorge* zu berücksichtigen. Der Vorsorgeunterhalt ist neben dem laufenden Unterhalt zu zahlen, er führt daher insgesamt zu einer höheren Unterhaltszahlung des Unterhaltsverpflichteten. Wegen seiner Zweckbindung muß der Unterhaltsberechtigte jedoch den als Vorsorgeunterhalt gekennzeichneten Teil auch entsprechend verwenden. Die Geltendmachung dieses Vorsorgeunterhaltes ist insbesondere dann sinnvoll, wenn z. B. die Ehefrau bislang keine eigenen Rentenanwartschaften erworben hat und auch wegen der Betreuung der gemeinsamen Kinder in absehbarer Zeit keine nennenswerten Anwartschaften wird ansammeln können. Dann kann der zweckgebundene Teil des Unterhaltes dazu verwendet werden, eine Altersversorgung aufzubauen. Voraussetzung ist natürlich, daß der zu zahlende Unterhalt überhaupt ausreicht, um den Lebensbedürfnissen gerecht zu werden.

1.2 Hausrat

Während der Zeit des Getrenntlebens kann jeder Ehegatte die ihm gehörenden Haushaltsgegenstände von dem anderen Ehegatten herausverlangen (§ 1361a BGB). Dies bedeutet aber nicht, daß bei Auszug eines Ehegatten aus der Ehewohnung alle ihm gehörenden Haushaltsgegenstände einfach mitgenommen werden können. § 1361a BGB bestimmt weiter, daß auch eine Verpflichtung dahingehend besteht, die Haushaltsgegenstände dem anderen Ehegatten zum Gebrauch zu überlassen, soweit dieser sie zur Führung eines abgesonderten Haushalts benötigt und die Überlassung nach den Umständen des Falles der Billigkeit entspricht. Dann kann aber auch eine angemessene Vergütung für die Benutzung der Haushaltsgegenstände durch das Gericht festgesetzt werden. Haushaltsgegenstände, die den Ehegatten gemeinsam gehören, werden zwischen ihnen nach den Grundsätzen der Billigkeit verteilt. Als Haushaltsgegenstände sind alle Gegenstände anzusehen, die nach den ehelichen Lebensverhältnissen üblicherweise in der Familie und im Haushalt verwendet werden. Dazu gehören Möbel, andere Einrichtungsgegenstände, Haus- und Küchengeräte, Teppiche, Vorräte, Bilder (außer Kunstsammlungen), Bücher (außer beruflicher Fachliteratur, die nur ein Ehegatte benötigt), Rundfunk-, Fernseh-, Video-, Phonogeräte einschließlich Platten, Haustiere, ferner Kraftfahrzeuge, sofern sie für die Familie und nicht von einem Ehegatten überwiegend für berufliche Zwecke genutzt werden. Es gibt noch eine Fülle von weiteren Beispielen, es kommt aber immer auf den Einzelfall an. Auch wertvolle Gegenstände, einschließlich kostbarer Kunstgegenstände, können zum Hausrat gehören, wenn sie nicht ausschließlich der Kapitalanlage dienen oder als Objektsammlung anzusehen sind und nach dem Lebenszuschnitt der Ehegatten auch als Haushaltsgegenstände dienen.

1.3 Ehewohnung

Da während der Dauer des Getrenntlebens nicht sichergestellt ist, ob die Eheleute nicht vielleicht doch wieder zusammenkommen, kann es dem in der Ehewohnung verbliebenen Ehegatten während des ersten Trennungsjahres regelmäßig nicht angesonnen werden, die für ihn allein zu große Ehewohnung bereits aufzugeben. Sobald allerdings feststeht, daß eine Wiederherstellung der ehelichen Lebensgemeinschaft ausgeschlossen ist, muß die zu große Ehewohnung unter Umständen aus Kostengesichtspunkten aufgegeben werden. Nach § 1361 b BGB kann ein Ehegatte von dem anderen verlangen, daß ihm die Ehewohnung entweder ganz oder zum Teil zur alleinigen Nutzung überlassen wird. Es handelt sich aber immer nur um eine vorläufige Benutzung der Ehewohnung für die Zeit des Getrenntlebens. Das Gericht entscheidet auf Antrag, aber nur dann, wenn dies notwendig ist, um eine schwere Härte zu vermeiden. Wegen des verfassungsrechtlich gebotenen Schutzes von Ehe und Familie ist die Erhaltung der Wohnung von besonderer Bedeutung. Deshalb greift das Gericht nur ein, wenn beachtliche Gründe vorliegen. In keinem Fall muß die Ehefrau nächtliche Ruhestörungen durch den Ehemann dulden, Gewalttätigkeiten (vgl. III.4 Mißhandlung...) oder gar Besuche der neuen Freundin. Der konkrete Sachverhalt ist genau festzustellen. Anwaltlicher Rechtsrat ist hilfreich.

1.4 Schulden

Wenn die Ehegatten ein *gemeinsames Konto* bei der Bank hatten, das auf beider Namen lautete, haften die Ehegatten beide für einen eventuellen Minussaldo. Es muß jetzt geklärt werden, wodurch der Minussaldo entstanden ist. Intern sollte dann jede Person für den Teil zuständig sein, den sie verursacht hat: Hat etwa der Ehemann eine teure Fotoausrüstung für sich gekauft, dann muß er diesen Betrag auch allein abbezahlen. Diese interne Vereinbarung hat aber gegenüber der Bank keine Wirkung. Gegenüber der Bank haften die Ehegatten gemeinsam. Wenn das *Konto allein* auf den Namen eines Ehepartners lautet, ist es ganz besonders wichtig zu klären, wodurch die Schulden entstanden sind, denn gegenüber der Bank haftet die kontoinhabende Person allein. Ein interner Ausgleichsanspruch gegenüber dem Ehepartner kann notfalls gerichtlich durchgesetzt werden. Grundsätzlich gilt, daß die Kosten aus gemeinsamer Lebensführung auch gemeinsam zu tragen sind, während jeder für seine teuren Hobbys selbst zuständig ist.

Aus gemeinsam abgeschlossenen Kreditverträgen wird auch gemeinsam gehaftet. Auch hier wäre es wichtig festzustellen, zu wessen Gunsten der Kredit aufgenommen wurde, damit eventuell ein interner Erstattungsanspruch gegenüber dem Ehepartner geltend gemacht werden kann.

Für Schulden, die ein Ehepartner allein gemacht hat, haftet der andere Ehepartner nicht. Eine Ausnahme gilt nur im Rahmen der sogenannten Schlüsselgewalt. Das 1. Eherechtsgesetz (EheRG) hat das Leitbild der Hausfrauenehe und die damit verbundene Berechtigung der Ehefrau, Geschäfte im Rahmen des häuslichen Wirkungskreises mit Wirkung für den Ehemann abzuschließen, dahingehend abgeändert, daß die Ehegatten die Haushaltsführung im gegenseitigen Einvernehmen regeln (§ 1356 Abs. 1 Satz 1 BGB). Jeder von ihnen ist nun berechtigt, Geschäfte zur angemessenen Deckung des Lebensbedarfs der Familie mit Wirkung auch für den anderen Ehegatten zu besorgen (§ 1357 Abs. 1 Satz 1 BGB). Diese Regelung gilt allerdings nicht, wenn die Ehegatten getrennt leben (§ 1357 Abs. 3 BGB). Was alles zu den «Geschäften des täglichen Lebens» gehört, ist nicht immer eindeutig und hängt sicherlich auch von dem Haushaltszuschnitt der Ehegatten ab. In erster Linie gehören zu den Geschäften im Sinne von § 1357 BGB die Haushaltsgeschäfte einschließlich der Ausgaben für Kindererziehung, aber auch die Beauftragung eines Wohnraummaklers, der Abschluß eines Reparaturvertrages hinsichtlich eines Kraftfahrzeuges der Familie oder die Beschaffung von Medikamenten sowie die Zuziehung eines Arztes können hierunter fallen.

2 Scheidung

Eine Ehe kann nur durch gerichtliches Urteil auf Antrag eines oder beider Ehegatten geschieden werden (§ 1564 Abs. 1 Satz 1 BGB). Die Ehe ist mit der Rechtskraft des Urteils aufgelöst (§ 1564 Abs. 1 Satz 2 BGB). Außer dem Todesfall eines Ehegatten ist die Scheidung die häufigste Erscheinungsform der Auflösung der Ehe. Seit dem 1. 7. 1977 gilt in der Bundesrepublik Deutschland ein neues Ehe- und Scheidungsrecht. Seither gilt nicht mehr das «Verschuldensprinzip», sondern das *«Zerrüttungsprinzip»*. Das bedeutet, daß eine Ehe geschieden werden kann, wenn sie gescheitert ist (§ 1565 Abs. 1 Satz 1 BGB), und das ist der Fall, wenn die Lebensgemeinschaft der Ehegatten nicht mehr besteht und nicht erwartet werden kann, daß die Ehegatten sie wiederherstellen (§ 1565 Abs. 1 Satz 2 BGB). Zu der Voraussetzung, daß die Lebensgemeinschaft der Ehegatten nicht mehr besteht und auch nicht erwartet werden kann, daß sie wiederhergestellt wird, muß die zweite Voraussetzung kommen: das Getrenntleben. Hier nun knüpft der Gesetzgeber an die Dauer des Getrenntlebens verschiedene Vermutungen, die Zerrüttungsvermutungen, an:

- *Trennung von einem Jahr:* Wenn die Ehegatten seit einem Jahr getrennt leben und *beide* die Scheidung beantragen oder der Antragsgegner der Scheidung zustimmt, vermutet das Gericht, daß die Ehe gescheitert ist (§ 1566 Abs. 1 BGB).
- *Trennung von weniger als einem Jahr:* Wenn die Ehegatten noch nicht ein Jahr getrennt leben, so kann die Ehe nur geschieden werden, wenn es für die antragstellende Person unzumutbar wäre, die Ehe fortzusetzen (§ 1565 Abs. 2 BGB). Die Gründe für die Unzumutbarkeit müssen in der Person des anderen Ehepartners liegen. Solche Härtegründe können sein zum Beispiel außereheliche Verhältnisse, körperliche oder seelische Mißhandlungen (vgl. III.4 Mißhandlung...) – auch gegenüber den Kindern –, Rauschgiftsucht, Geisteskrankheit oder auch dauernde Impotenz des Mannes. Die fortwährende Verletzung der Unterhaltspflicht und die dauernde Verletzung der Haushaltsführungspflicht können ebenfalls Gründe für das Scheitern der Ehe sein. Diejenige Person, die sich auf «unzumutbare Härte» beruft, muß diese Umstände beweisen. Dann kann auch gegen den Willen der anderen Person geschieden werden.
- *Dreijähriges Getrenntleben:* Wenn die Ehegatten seit drei Jahren voneinander getrennt leben, vermutet das Gericht «unwiderlegbar», daß die Ehe gescheitert ist. Wenn beide Ehegatten geschieden werden wollen, so ist diese Scheidung völlig unproblematisch. Wenn jedoch ein Ehepartner nicht geschieden werden will und vorträgt, daß die Ehe in Wahrheit nicht

gescheitert sei, insbesondere im Hinblick auf die Zukunft, in der die Wiederherstellung der ehelichen Lebensgemeinschaft zu erwarten sei, so nützt das diesem Ehepartner, der sich darauf beruft, gar nichts. Das Gericht darf darüber keinen Beweis mehr erheben. Die Tatsache der dreijährigen Trennung spricht dafür, daß derjenige, der das Scheidungsverfahren eingeleitet hat, eine Wiederversöhnung ablehnt. Das Gericht hat hier nur noch die Möglichkeit, trotz des unwiderlegbaren Scheiterns der Ehe das Scheidungsverfahren gemäß § 614 Abs. 4 ZPO bis zur Dauer von sechs Monaten auszusetzen. Nach dem neuen Recht kann eine Scheidung also auch gegen den Willen eines Ehegatten erreicht werden. Unter besonderen Voraussetzungen kann sich ein Ehegatte jedoch darauf berufen, daß schwere Schäden entweder für die minderjährigen Kinder oder für ihn selbst entstehen würden, wenn die Scheidung ausgesprochen würde.

- *Trennungszeit von fünf Jahren:* Leben die Parteien fünf Jahre getrennt, so soll die Ehe geschieden werden (§ 1568 Abs. 2 BGB). Allerdings kann es passieren, daß so gravierende Härtegründe vorgetragen werden, daß auch nach fünfjähriger Trennungszeit eine Scheidung nicht ausgesprochen werden kann, es muß sich dann aber um ungewöhnliche und besonders gravierende Ausnahmefälle handeln.

Mit der Scheidung der Ehe müssen auch die Scheidungsfolgen geregelt werden. Zentraler Punkt:

2.1 Unterhalt

Grundsätzlich hat ein Ehegatte auch nach der Scheidung Anspruch auf Unterhalt, wenn er nicht selbst für seinen Unterhalt sorgen kann (§ 1569 BGB).

Nacheheliche Unterhaltstatbestände sind:

- *Der Kinderbetreuungsunterhalt* (§ 1570 BGB). Wer die minderjährigen Kinder betreut, hat Anspruch auf Unterhalt. Umstritten ist die Frage, ab welchem Lebensjahr eine Verpflichtung zur Berufstätigkeit gegeben ist. Hier sind sich die Gerichte in den einzelnen Bundesländern nicht einig. Überwiegend wird allerdings davon ausgegangen, daß bis zur Vollendung des achten Lebensjahres oder der dritten Grundschulklasse keine Verpflichtung zur Berufstätigkeit besteht. Dann muß wohl halbtags gearbeitet werden, ganztags, wenn das jüngste Kind 14 Jahre ist, aber auch hierüber besteht keine Einigkeit! (Vgl. auch IV.2 Eltern und Kinder...)
- *Unterhalt wegen Alters* (§ 1571 BGB). Dieser Anspruch besteht, wenn aufgrund des Alters des Unterhaltsberechtigten eine Erwerbstätigkeit nicht mehr erwartet werden kann.

- *Unterhalt wegen Krankheit oder Gebrechen* (§ 1572 BGB)
- *Unterhalt bis zur Erlangung angemessener Erwerbstätigkeit* (§ 1573 BGB). Durch diesen Unterhaltsanspruch soll ein geschiedener Ehegatte gesichert werden, solange und soweit er nach der Scheidung keine angemessene Erwerbstätigkeit finden kann. Die Bemühungen zur Erlangung einer angemessenen Arbeit müssen konkret nachgewiesen werden. Hier gibt es viele Probleme hinsichtlich der Frage, ob die Arbeitssuche intensiv genug war, welche Arbeit erwartet werden kann usw.
- *Aufstockungsunterhalt* (§ 1573 Abs. 2 BGB). Wenn die Einkünfte aus einer angemessenen Erwerbstätigkeit nicht ausreichen, um entsprechend den ehelichen Lebensverhältnisse zu leben, kann die Differenz verlangt werden.
- *Unterhalt wegen Ausbildung, Fortbildung oder Umschulung* (§ 1575 BGB). Auch wenn eine angemessene Berufstätigkeit möglich wäre, kann der Unterhaltsberechtigte doch zum Ausgleich ehebedingter Nachteile einen Ausbildungsunterhalt geltend machen. Es müssen allerdings konkrete Berufsaussichten nach Ausbildungsabschluß bestehen.
- *Unterhalt aus Billigkeitsgründen* (§ 1576 BGB).

Die Höhe des Unterhaltes richtet sich nach den ehelichen Lebensverhältnissen: Ausgangspunkt ist das Einkommen beider Ehegatten, das die ehelichen Lebensverhältnisse nachhaltig geprägt hat. (Zur Einkommensermittlung vgl. 1.1 Unterhalt.)

Wenn beide Ehegatten Einkommen erzielen, erfolgt die Berechnung des Unterhaltes nach der sogenannten *Differenzmethode*. D. h., daß die Differenz der beiden Einkommen festgestellt wird und danach die Quote (in der Regel drei Siebtel oder einhalb bei Nichterwerbstätigen) errechnet wird. Die wesentlich ungünstigere *Anrechnungsmethode* kommt zur Anwendung, wenn eine Berufstätigkeit zum Beispiel der Ehefrau erst nach der Scheidung aufgenommen wird und die Ehegatten auch nicht geplant hatten, daß die Ehefrau wieder berufstätig sein sollte. Bei der Anrechnungsmethode wird das Einkommen, das die Ehefrau erzielt, direkt von ihrem Unterhaltsanspruch abgezogen.

Berechnungsbeispiele

a) Differenzmethode

Einkommen Ehemann (bereinigt netto)		DM 2500,–
abzgl. Einkommen Ehefrau (bereinigt netto)	minus	DM 1200,–
Differenzeinkommen/Berechnungsgrundlage		DM 1300,–

Im Regelfall stehen der unterhaltsbeanspruchenden Ehefrau hiervon drei Siebtel zu, die Ehefrau hat in diesem Fall also einen Unterhaltsanspruch in Höhe von DM 557,10.

b) Anrechungsmethode

Wenn die Ehefrau erst nach der Scheidung (über den Zeitpunkt wird gestritten) eine Berufstätigkeit aufnimmt, kommt in der Regel die Anrechnungsmethode zum Tragen.

Einkommen Ehemann (bereinigt netto)	DM 2500,–
Hiervon hat die Ehefrau drei Siebtel erhalten, das macht einen Unterhaltsanspruch von	DM 1071,–.

Dies ist die Unterhaltsverpflichtung des Ehemannes gegenüber der Ehefrau. Hierauf wird nun das Einkommen der Ehefrau angerechnet; wenn sie im vorherigen Beispiel monatlich DM 1200 verdient, hat sie *keinen* Unterhaltsanspruch mehr gegen ihren Ehemann.

Stellt man diese beiden Methoden einander gegenüber, so ergibt sich bei Anwendung der Differenzmethode folgendes Budget:

Einkommen Ehemann	DM 2500,–
abzgl. zu zahlender Ehegattenunterhalt	DM 557,10
verbleibendes Budget für den Ehemann	DM 1942,90
Die Ehefrau verdient selbst	DM 1200,–
zzgl. erhält sie Unterhalt in Höhe von	DM 557,10
Budget der Ehefrau	DM 1757,10

Bei der Anrechnungsmethode sieht das dann so aus:

Budget des Ehemannes	DM 2500,–

Abzüge für Ehegattenunterhalt kommen nun nicht mehr in Betracht, da die Ehefrau ein höheres Einkommen erzielt, als ihr Unterhaltsanspruch war. Die Ehefrau hat also ein Budget von DM 1200 und dabei bleibt es.

Im Ergebnis ist festzuhalten, daß es ganz besonders wichtig ist, über eine Berufstätigkeit beider Ehegatten nachzudenken, und zwar schon während Bestehens der Ehe.

Eine zeitliche Begrenzung des Unterhaltsanspruches ist möglich durch das Gesetz zur Änderung unterhaltsrechtlicher, verfahrensrechtlicher und anderer Vorschriften (UÄndG) vom 20.2.1986. Hiernach kann der Unterhaltsanspruch nach § 1573 (Unterhalt bis zur Erlangung angemessener Erwerbstätigkeit) zeitlich begrenzt werden. Diese zeitliche Begrenzung trifft nicht die anderen Unterhaltstatbestände, es handelt sich insoweit um eine Ausnahmeregelung. Entscheidend ist, ob die Bedürftigkeit ehebedingt ist. Wenn das so ist, wird m. E. eine zeitliche Begrenzung nicht erfolgen dürfen.

Alle Unterhaltsansprüche können zeitlich begrenzt werden auf den «angemessenen Lebensbedarf» (§ 1578 Abs. 1 Satz 2 BGB). Über den «angemessenen Lebensbedarf» gibt es verschiedene Ansichten, unterste Grenze dürfte jedoch wohl der «objektive Mindestbedarf» sein. Nach oben wird die Höhe des Unterhaltes durch die vorehelichen Lebensverhältnisse begrenzt, wenn diese unter den ehelichen Lebensverhältnissen liegen. Beliebtes Beispiel: Die Krankenschwester, die den superreichen Arzt geheiratet hat und nach der Scheidung bei der Höhe ihres Unterhaltsanspruches an ihrem vorehelichen Lebensstandard festgehalten werden soll.

Der Ehegattenunterhaltsanspruch kann auch ganz entfallen, egal um welche Form des Ehegattenunterhaltes es sich handelt. Entscheidend ist, ob die Auferlegung von Unterhaltszahlungen für den Unterhaltspflichtigen die Grenze des Zumutbaren übersteigt. Je nachdem kann der Unterhaltsanspruch auch herabgesetzt oder zeitlich begrenzt werden. Für die bis zum 30. 6. 1977 Geschiedenen gilt § 66 Ehegesetz, und für die ab 1. 7. 1977 Geschiedenen gilt die abschließende Regelung des § 1579 BGB in der jetzt geltenden Fassung des UÄndG vom 20. 2. 1986, die seit 1. 4. 1986 in Kraft ist.

Ausschlußgründe nach § 1579 BGB können sein:

Ziff. 1.: Eine Ehe von kurzer Dauer.[1]

Ziff. 2.: Eine Straftat gegen den Unterhaltsverpflichteten oder einen nahen Angehörigen.

Ziff. 3.: Die mutwillige Herbeiführung der Bedürftigkeit.

Ziff. 4.: Die mutwillige Verletzung von Vermögensinteressen des Unterhaltsverpflichteten.[2]

Ziff. 5.: Die Verletzung der eigenen Verpflichtung, zum Familienunterhalt beizutragen.

Ziff. 6.: Ein schwerwiegendes Fehlverhalten gegen den Unterhaltsverpflichteten.[3]

Ziff. 7.: Andere Gründe, die ebenso schwer wiegen wie die in Ziffer 2–6 genannten.[4]

Vor Inkrafttreten des «neuen» Scheidungsrechtes ab 1. 7. 1977 galt das sogenannte «Verschuldensprinzip». Dies hatte zur Folge, daß die nacheheliche Unterhaltspflicht denjenigen Ehegatten traf, der die Ehe «zerstört» hatte. Mit dem neuen Scheidungsrecht ist die Unterhaltspflicht jetzt nicht mehr von einem Scheidungsverschulden des Verpflichteten abhängig, sondern lediglich von der Bedürftigkeit des Berechtigten (soweit der Verpflichtete leistungsfähig ist). Es kann also auch der Ehepartner zur Unterhaltszahlung verpflichtet werden, der eigentlich an der Ehe festhalten möchte. Die Härteklausel des § 1579 BGB greift ein, wo eine Inanspruchnahme des Unterhaltsverpflichteten «grob unbillig» wäre.[5] Bedeutsam ist, daß auch der Unterhaltsanspruch einer nichtberufstätigen, die minderjährigen Kinder erziehenden, geschiedenen Frau herabgesetzt werden kann. Lebt sie zum Beispiel mit einem neuen Partner in einer nichtehelichen Lebensgemeinschaft, so führt dies zwar nicht unbedingt zu einem völligen Ausschluß ihres Unterhaltsanspruches, wohl aber zu einer Herabsetzung, unter Umständen bis auf den Mindestbedarf (§ 1579 Ziff. 7 BGB). Überhaupt führt das Zusammenleben in nichtehelicher Lebensgemeinschaft in der Regel zu einer Herabsetzung des Unterhaltsanspruches, sogar zum Ausschluß, wenn sich nach einer gewissen Zeit herausstellt, daß ein nichteheliches Zusammenleben an die Stelle einer Ehe getreten ist.

Die Regelungen zum Unterhaltsrecht sind kompliziert. Sie hängen oftmals von der Einzelfallgestaltung ab. Anwaltlicher Rechtsrat ist unbedingt erforderlich!

Zusätzlich zu den bisher aufgezählten Unterhaltstatbeständen gibt es auch noch den sogenannten *Sonderbedarf*. Hierunter ist nach § 1613 Abs. 2 BGB ein «unregelmäßiger außergewöhnlich hoher Bedarf» zu verstehen. Er kann anfallen sowohl im Rahmen des Kindesunterhaltes als auch im Rahmen des Ehegattenunterhaltes. Sonderbedarf kann sein: Unvorhergesehene Krankheits- oder Operationskosten, teure Zahn- und Kieferbehandlungen, Umzugs- und Renovierungskosten als Folge eines Wohnungswechsels, der wegen Aufnahme einer Berufstätigkeit geboten war. Auch Kosten für Klassenreisen, Konfirmation oder Kommunion können inzwischen geltend gemacht werden.

Wenn ein geschiedener Ehemann Unterhaltsverpflichtungen aus *mehreren Ehen* hat, so ergibt sich die Frage der *Rangfolge*, in der die Unterhaltsverpflichtungen eingelöst werden müssen. Dieses Problem taucht dann auf, wenn das Budget des Unterhaltsverpflichteten nicht ausreicht, um allen Unterhaltsberechtigten den vollen Unterhalt zu zahlen. Alle minderjährigen Kinder, gleich aus welcher Ehe, stehen einander im Rang gleich. Grundsätzlich ist der Unterhaltsanspruch der ersten Ehefrau vorrangig, das kann unter bestimmten Voraussetzungen aber auch anders sein.

2.2 *Versorgungsausgleich*

Mit der Scheidung der Ehe ist auch die Alterssicherung zu regeln. Die Einführung des Versorgungsausgleichs durch das neue Recht ist ein weiterer Schritt zur eigenständigen sozialen Sicherung der nicht berufstätigen Hausfrauen. Im Grundsatz gilt, daß die Versorgungsanwartschaften, die während der Ehezeit erworben wurden, geteilt werden. Welche Versorgungsleistungen ausgeglichen werden müssen, ergibt sich aus § 1587 a Abs. 2 BGB. Wieviel ausgeglichen werden muß, ergibt sich aus der Ermittlung der Wertunterschiede der jeweiligen Maßstäbe. Wie der Ausgleich vorzunehmen ist, hängt von der Art der Versorgungsanwartschaft ab. Die Auskünfte zum Versorgungsausgleich werden von Amts wegen eingeholt.[6]

2.3 *Hausrat*

Mit der Scheidung wird auch der Hausrat verteilt. Zum Hausrat gehören alle Gegenstände, die üblicherweise nach den ehelichen Lebensverhältnissen in der Familie und im Haushalt verwendet werden (vgl. 1.2). Wenn die Ehepartner sich nicht einigen können, wer was erhalten soll, dann verteilt der Richter nach § 8 Hausratsverordnung (HausratsVO) «gerecht und zweckmäßig».

2.4 *Ehewohnung*

Anläßlich der Scheidung muß auch endgültig geklärt werden, wer in der Ehewohnung bleibt. Wenn die Ehepartner sich darüber nicht einigen können, regelt der Richter die Rechtsverhältnisse an der Wohnung (§ 1 HausratsVO). Der Richter entscheidet nach «billigem Ermessen». Dabei hat er alle Umstände des Einzelfalles, insbesondere das Wohl der Kinder, zu berücksichtigen (§ 2 HausratsVO). Wenn zum Beispiel die Ehefrau mit den minderjährigen Kindern in der Ehewohnung bleiben möchte, weil die Kinder in der Nähe zur Schule gehen und dort ihren gesamten Freundeskreis haben, so ist dies ein wichtiger Umstand, der zu berücksichtigen ist. Aber auch andere Umstände, z. B. die wirtschaftlichen Verhältnisse, sind zu berücksichtigen, hier insbesondere der Aspekt, wer von den Ehegatten mehr auf die Ehewohnung angewiesen ist, sei es wegen der Nähe der Wohnung zum Arbeitsplatz oder wer eher in der Lage sein mag, eine neue Wohnung zu finden. In der Regel ist es für eine geschiedene Frau mit Kindern wesentlich schwieriger, eine neue Wohnung zu finden. Wenn allerdings zum Beispiel dem Ehemann das Haus gehört, in dem sich auch die Ehewohnung befand, so wird der Richter die Wohnung der Ehefrau nur zuweisen, wenn dies notwendig ist, um eine «unbillige Härte» zu vermeiden (§ 3 HausratsVO).

2.5 Zugewinnausgleich

Wenn Ehepartner bei der Eheschließung keine besonderen Vereinbarungen hinsichtlich des Güterstandes getroffen haben, gilt der gesetzliche Güterstand der sogenannten *Zugewinngemeinschaft* (vgl. III.1 Ehe...). Wenn ihre Ehe geschieden wird, endet auch die Zugewinngemeinschaft. Der Ausgleich des Zugewinns erfolgt also erst am Ende der Zugewinngemeinschaft. Damit dieser Ausgleich vorgenommen werden kann, wird zunächst für jeden Ehegatten das zu Beginn der Zugewinngemeinschaft (Eheschließung) vorhandene Vermögen festgestellt, dann wird das bei Beendigung der Zugewinngemeinschaft (Zustellung des Scheidungsantrages) vorhandene Vermögen errechnet. Nach § 1373 BGB ist Zugewinn der Betrag, um den das Endvermögen eines Ehegatten das Anfangsvermögen übersteigt. Diese Berechnung wird für jeden Ehegatten getrennt vorgenommen. Negative Ergebnisse zählen nicht mit, Schulden werden nicht ausgeglichen. Was «Anfangsvermögen» und was «Endvermögen» ist, regeln §§ 1374 und 1375 BGB. Auch die Wertermittlung ist im Gesetz geregelt (§ 1376 BGB). Wenn festgestellt ist, daß ein Zugewinn da ist, so hat der Ehegatte, der einen höheren Zugewinn erzielt hat als der andere, die Hälfte seines Überschusses abzugeben. Ab Zustellung des Scheidungsantrages entsteht auch die wechselseitige *Auskunftsverpflichtung* der Ehegatten hinsichtlich des Endvermögens.

Wenn die Ausgleichsforderung dann schließlich festgestellt ist – dieser Anspruch ist eine Geldforderung –, kann das Gericht dem Zahlungsverpflichteten die Auszahlung stunden, wenn die sofortige Zahlung «zur Unzeit» erfolgen würde (§ 1382 BGB).

Ein Ausschluß des Zugewinnausgleichsanspruches ist denkbar nach § 1381 BGB, soweit der Ausgleich des Zugewinns nach den Umständen des Falles «grob unbillig» wäre. Das Gesetz selbst gibt hier einen Anhaltspunkt in § 1381 Abs. 2 BGB, was unter «grober Unbilligkeit» zu verstehen sein könnte: Wenn beispielsweise die Ehefrau während der Ehe gearbeitet und auch die Kinder betreut hat und der Ehemann über einen längeren Zeitraum seiner Unterhaltsverpflichtung nicht nachgekommen ist, wäre es «grob unbillig», wenn nun auch noch das von diesem Einkommen Angesparte mit dem Ehemann im Rahmen des Scheidungsverfahrens geteilt werden müßte.

2.6 *Andere Güterstände*

Wenn die Ehepartner *Gütertrennung* (notariell) vereinbart haben, so leben sie im Güterstand der Gütertrennung. In diesem Fall gibt es keinen Ausgleich eines etwa entstandenen Zugewinns. Jede Person behält ihr eigenes Vermögen und alles, was sie während der Ehe erwirbt und erspart. Hieran ändert auch die Scheidung nichts.

Vorsicht bei Vereinbarung von Gütertrennung, wenn zum Beispiel die Ehefrau nicht berufstätig ist und die Kinder großzieht! Sie hilft dem Ehemann beim Aufbau seiner Karriere und nimmt nachher an den Erfolgen in wirtschaftlicher Hinsicht nicht teil.

Ein weiterer möglicher Güterstand ist die *Gütergemeinschaft*. Auch dieser Güterstand muß notariell vereinbart werden. Bei der Gütergemeinschaft werden die Vermögen der Frau und des Mannes gemeinschaftliches Vermögen, sie gehören also beiden gemeinsam. Diese Form wird heute selten gewählt. Die Auseinandersetzung des sogenannten Gesamtgutes erfolgt nach §§ 1471 ff. BGB.

2.7 *Kosten des Scheidungsverfahrens*

Grundsätzlich haben die Ehegatten die Kosten des Scheidungsverfahrens je zur Hälfte zu tragen, d. h., jede Person trägt die Hälfte der anfallenden Gerichtskosten und die Kosten des/der von ihr beauftragten AnwältIn. Eine abweichende Kostenregelung ist aber möglich. Zum einen, wenn ein Ehegatte ein wesentlich höheres Einkommen hat als der andere, zum anderen, wenn beispielsweise ein Ehegatte in einer Folgesache (Unterhalt, Zugewinnausgleich) vor Gericht unterliegt.

Wenn sich ein Ehepartner einen Prozeß überhaupt nicht leisten kann (z. B. die Ehefrau als Hausfrau ohne eigenes Einkommen), die andere Person aber über Einkommen verfügt, dann obliegt dieser eine *Prozeßkostenvorschußpflicht* nach § 1360 a Abs. 4 BGB. Durch diese Regelung soll vorläufig sichergestellt werden, daß die einkommenslose Ehefrau in die Lage versetzt wird, ihre Rechte wahrzunehmen. Hat der Ehemann keine Prozeßkostenvorschußpflicht, dann kann auch ein Antrag auf *Prozeßkostenhilfe* gestellt werden. Die Bewilligung von Prozeßkostenhilfe ist abhängig von den Einkommensverhältnissen und der Erfolgsaussicht der Prozeßführung.

3 Steuerrechtliche Folgen von Trennung und Scheidung

Der deutsche Bundestag hat mit Zustimmung des Bundesrats am 25.7.1988 das *Steuerreformgesetz 1990* beschlossen.[7] Bei den familienorientierten Maßnahmen sind besonders hervorzuheben die Anhebung

- des Kinderfreibetrages,
- des Haushaltsfreibetrages für Alleinstehende mit Kindern,
- des steuerlichen Höchstbetrages für die Beschäftigung einer Haushaltshilfe im Pflegefall und bei der Heimunterbringung zur dauernden Pflege sowie die
- Einführung eines Pauschbetrages für die persönliche Pflege von Schwerstpflegebedürftigen und
- die Erhöhung der Höchstbeträge für den Abzug von Unterhaltsaufwendungen für bedürftige Angehörige.

Kernstück der Reform ist allerdings der Einkommenssteuertarif. Der Grundfreibetrag ist erhöht worden, der Steuersatz in der unteren Proportionalzone von bisher 22 Prozent auf 19 Prozent gesenkt worden. Wesentlich ist, daß nunmehr in der Progressionszone die Grenzsteuersätze linear von 19 Prozent auf 53 Prozent ansteigen. Daraus dürfte sich für den betreffenden Personenkreis eine Steuerentlastung ergeben.[8]

3.1 Veranlagungsarten

Ehegatten können grundsätzlich zwischen einer *Zusammenveranlagung* und einer getrennten Veranlagung wählen (§ 26 EStG). Die Möglichkeit der Zusammenveranlagung entfällt, wenn die Ehegatten dauernd getrennt leben. Ein dauerndes Getrenntleben liegt vor, wenn die Hausgemeinschaft aufgelöst ist, weil die Scheidung beabsichtigt ist. Wenn jedoch zu Beginn eines Kalenderjahres nicht «dauernd getrennt» gelebt wurde und die Ehe während des Veranlagungszeitraumes geschieden wird, so kann zwischen getrennter Veranlagung (§ 26 EStG) und Zusammenveranlagung (§ 26b EStG) gewählt werden. Wenn einer der Ehegatten im Veranlagungszeitraum wieder heiratet, kann mit dem neuen Ehepartner Zusammen- bzw. getrennte Veranlagung gewählt werden. Es gibt aber auch die Möglichkeit der besonderen Veranlagung im Sinne von § 26c EStG. Für den Partner, der nicht wieder geheiratet hat, bedeutet das Einzelveranlagung, allerdings kann er in diesem Falle noch den Splittingtarif für ein Jahr für sich beanspruchen (vgl. § 32a Abs. 6 EStG).

Bei der *getrennten Veranlagung* nach § 26a EStG sind jedem Ehegatten die Einkünfte zuzurechnen, die er bezogen hat. Ob es sich bei den Einkünften um solche des Ehemannes oder der Ehefrau handelt, ist nach den gegebenen Verhältnissen zu beurteilen. Hier spielen insbesondere Verträge zwischen Ehegatten eine Rolle. Eine *Einzelveranlagung* wird erst durchgeführt, wenn während des auf die Trennung folgenden Kalenderjahres die Trennung weiter bestanden hat.

Bei der *Zusammenveranlagung* werden die Einkünfte, die die Ehegatten erzielt haben, zusammengerechnet und den Ehegatten gemeinsam zugerechnet. Es wird eine gemeinsame Steuererklärung abgegeben und auch von beiden Ehegatten unterschrieben.[9]

3.2 Nach welchem Tarif wird versteuert?

Wählen die Ehegatten im Jahr der Trennung Zusammenveranlagung, werden sie nach dem Splittingtarif (§ 32a Abs. 5 EStG) besteuert. Bei getrennter Veranlagung werden sie nach dem Grundtarif besteuert (§ 32a Abs. 1 EStG). In dem Jahr, das auf die Trennung folgt, wird auf beide Einzelveranlagungen der Grundtarif angewandt (§ 32a Abs. 1 EStG).

3.3 Steuerklassen

Steuerklasse I:	Für Arbeitnehmer, die ledig sind, dauernd getrennt leben oder geschieden sind.
Steuerklasse II:	Gleicher Personenkreis wie Steuerklasse I; dem Steuerpflichtigen werden ihm zuzuordnende Kinder zugerechnet.
Steuerklasse III:	Für verheiratete Arbeitnehmer, die dem Splittingtarif unterliegen. Wird in der Regel für den besser verdienenden Ehegatten gewählt, wenn ein Ehegatte keine oder nur eine Teilzeitbeschäftigung ausübt.
Steuerklasse IV:	Beide Ehegatten erzielen etwa gleichhohe Einkünfte aus nichtselbständiger Tätigkeit und leben nicht getrennt.
Steuerklasse V:	Wie bei Steuerklasse III, jedoch muß ein Ehegatte nach Steuerklasse III eingestuft sein. Der Steuerabzug ist bei Steuerklasse V relativ hoch.
Steuerklasse VI:	Für Arbeitnehmer, die gleichzeitig bei mehreren Arbeitgebern beschäftigt sind.

Bei dauerndem Getrenntleben fallen die Lohnsteuerklassen III, IV und V weg (vgl. § 38b EStG). Es fällt jetzt auch die einheitliche Ermittlung des Freibetrages auf der Lohnsteuerkarte weg (vgl. § 39a Abs. 3 EStG).

3.4 Wegfall von Steuervergünstigungen

Ehegatten, bei denen die Voraussetzungen für eine Zusammenveranlagung vorliegen, können für insgesamt zwei Objekte (Einfamilienhaus, Zweifamilienhaus, Eigentumswohnung) erhöhte Absetzungen für Abnutzung (AfA) nach § 7b/10e EStG in Anspruch nehmen, ohne daß es darauf ankommt, wem das Haus gehört. Bei einer dauernden Trennung/Scheidung sind jedoch die Voraussetzungen für eine Zusammenveranlagung nicht mehr gegeben, dann kommt es wieder auf die Eigentumsverhältnisse an. Wenn jeder Ehegatte Eigentümer eines Objektes war, dann kann jeder Ehegatte auch für sich die § 7b/10e-AfA fortführen. Besaß jedoch ein Ehegatte zwei Objekte, so ist hinsichtlich des zuletzt erworbenen Objektes mit der steuerlichen Berücksichtigung der Trennung auch Objektverbrauch eingetreten, d. h., § 7b/10e AfA fällt für dieses zweite Objekt fort.

Bei der Geltendmachung von Pauschbeträgen für Werbungskosten gemäß § 9a EStG entfällt bei Trennung/Scheidung der Vorteil, daß die Ehegatten den ihnen gemeinsam zustehenden Pauschbetrag beliebig unter sich aufteilen können.

Vorsorgeaufwendungen nach § 10 Abs. 1 Nr. 2 u. 3 EStG (Beiträge zu Kranken-, Unfall- und Haftpflichtversicherungen, zu den gesetzlichen Rentenversicherungen, an die Bundesanstalt für Arbeit, Versicherungen auf den Erlebens- oder Todesfall, Beiträge an Bausparkassen zur Erlangung von Baudarlehen) können im Fall der Zusammenveranlagung von Ehegatten in doppelter Höhe geltend gemacht werden. Bei Einzelveranlagung kann dann jeweils nur noch der halbe Betrag geltend gemacht werden.

Die in § 10b EStG bezeichneten Ausgaben für «steuerbegünstigte Zwecke» dürfen bis zur Höhe von insgesamt 5 Prozent des Gesamtbetrages der Einkünfte abgezogen werden. Für weitere Einzelheiten empfiehlt sich ein Blick ins Gesetz und in Einkommensteuerrichtlinien.

Für den Fall der Zusammenveranlagung von Ehegatten zur Einkommensteuer können die Pauschbeträge im Sinne von § 10c Abs. 4 EStG verdoppelt werden. Dieser Vorzug entfällt bei Trennung/Scheidung.

Die Einkünfte aus Land- und Forstwirtschaft im Sinne von § 13 Abs. 3 EStG werden bei der Ermittlung des Gesamtbetrages nur berücksichtigt, soweit sie den Betrag von DM 2000 übersteigen. Bei Zusammenveranlagung verdoppelt sich der Betrag auf DM 4000.

Ehegatten, die zusammen veranlagt werden, können einen Kinderfreibetrag i. S. v. § 32 Abs. 6 EStG bis 1989 in Höhe von DM 2484 und ab Veranlagungszeitraum 1990 in Höhe von DM 3024 von ihrem Einkommen abziehen; dieser Betrag verringert sich auf die Hälfte bei Trennung/Scheidung.

Ausgaben zur Förderung staatspolitischer Zwecke (§ 34g EStG) können bei Zusammenveranlagung von Ehegatten bis zu DM 1200 steuermindernd angesetzt werden. Dieser Betrag verringert sich auf die Hälfte bei Trennung/Scheidung.

Im Fall der Zusammenveranlagung kann ein Ehegatte die Aufwendungen für eine Berufsausbildung oder Weiterbildung des anderen Ehegatten § 10 Abs. 1 Nr. 7 EStG in Höhe von bis zu DM 1200 absetzen. Dieser Sonderausgabenabzug fällt weg bei Trennung/Scheidung.

3.5 Steuern sparen

Unterhaltsleistungen an einen geschiedenen bzw. getrennt lebenden Ehegatten können derzeit bis zu DM 18000 jährlich von dem zu versteuernden Einkommen abgezogen werden. Voraussetzung ist jedoch, daß derjenige, der zur Unterhaltsleistung verpflichtet ist, den Sonderausgabenabzug beantragt und der/die Unterhaltsberechtigte diesem Antrag zustimmt. Konsequenz hiervon ist, daß der/die UnterhaltsempfängerIn nunmehr verpflichtet ist, die Unterhaltsbeträge, die sie erhält, zu versteuern. Hieraus kann sich unter Umständen eine steuerliche Mehrbelastung ergeben. Eine Verpflichtung zur Zustimmung zum begrenzten Realsplitting kann nur verlangt werden Zug um Zug gegen eine bindende Erklärung, daß der Unterhaltsschuldner die Unterhaltsberechtigte freistellt vor den ihr eventuell entstehenden (steuerlichen) Nachteilen. Einen weitergehenden Anspruch hat die Unterhaltsberechtigte nicht. So kann sie zum Beispiel nicht verlangen, daß der sich bei dem Unterhaltszahler ergebende Steuervorteil geteilt wird. Die Unterhaltsberechtigte nimmt an dem sich ergebenden Steuervorteil aber letztlich deswegen teil, weil ja das gesamte Einkommen bei der Unterhaltsberechnung zu berücksichtigen ist, und hierzu gehören auch Steuererstattungen. Der Antrag zum begrenzten Realsplitting gilt jeweils nur für ein Jahr. Ist die Zustimmung für das laufende Jahr erteilt, so kann weder die Zustimmung zurückgenommen werden noch der Antrag.

Unterhaltsleistungen an den geschiedenen oder dauernd getrennt lebenden Ehegatten können als Sonderausgabe (sogenanntes Realsplitting gem. § 10 Abs. 1 Nr. 1 EStG) oder als außergewöhnliche Belastung nach § 33a Abs. 1 EStG abgezogen werden. Es handelt sich hier um ein Entweder-Oder, beides zu kombinieren geht nicht. Der Abzug als außergewöhnliche Belastung setzt lediglich einen Antrag des Unterhaltsleistenden voraus (im Gegensatz zum Sonderausgabenabzug) und ist daher stets möglich. Der Unterschied ist hier, daß der Abzug als außergewöhnliche Belastung bis 1988 beschränkt war auf den Höchstbetrag von DM 4500 und ab dem Veranlagungszeitraum 1990 auf DM 5400 gestiegen ist. Zu beachten ist hier auch, daß eigene Einkünfte und Bezüge des Unterhaltsempfängers anzurechnen sind.

Unabhängig von der Durchführung einer Ehegattenveranlagung ist der Abzug von Unterhaltsleistungen bereits im Jahr der Trennung oder Scheidung zulässig. Anders als bei der Geltendmachung von Sonderausgaben sind die Unterhaltsleistungen, die als außergewöhnliche Belastung geltend gemacht werden, beim Empfänger nicht zu versteuern (§ 22 Nr. 1 Satz 2 EStG).

Gezahlter Kindesunterhalt kann in der Regel nicht als außergewöhnliche Belastung abgezogen werden, weil üblicherweise ein Anspruch auf einen Kinderfreibetrag bestehen wird. Es kommt aber nicht darauf an, daß der Kinderfreibetrag tatsächlich gewährt wird.

Mit der Trennung kann der nunmehr als «alleinstehend» geltende Ehegatte (vgl. auch V. 5 Alleinerziehende Mütter...) derzeit *Kinderbetreuungskosten* (§ 33 Abs. 1–4 EStG) für ein Kind bis zur Höhe von derzeit DM 4000 geltend machen, für jedes weitere Kind seines Haushaltes derzeit zusätzlich DM 2000. Voraussetzung ist aber entweder Erwerbstätigkeit (§ 33c Abs. 1 Ziffer 1) oder körperliche, geistige oder seelische Behinderung (§ 33c Abs. 1 Nr. 2 EStG) oder Krankheit (§ 33c Abs. 1 Nr. 3 EStG) des Steuerpflichtigen. Für den Fall, daß beide Ehegatten berufstätig sind und zu jedem Haushalt jeweils mindestens ein Kind gehört, kann jeder von ihnen mit der Trennung Kinderbetreuungskosten geltend machen. Die Geltendmachung ist unabhängig davon, ob die Ehegatten noch für das Trennungsjahr Zusammenveranlagung gewählt haben oder nicht. Der Höchstbetrag wird jedoch gekürzt um den Zeitraum, in dem noch keine Trennung vorlag.

Alle vom Steuerpflichtigen aufgewendeten *Prozeßkosten für das Scheidungsverfahren* (Gerichtskosten und außergerichtliche Kosten) sind als außergewöhnliche Belastung im Sinne von § 33 EStG zu berücksichtigen. Dies gilt auch, wenn Kosten des anderen Ehepartners mit übernommen werden. Gutachterkosten gehören dazu, soweit sie nicht schon Kosten des Rechtsstreits sind.

Bei der geltend zu machenden Höhe von außergewöhnlichen Belastungen ist die «zumutbare Belastung» des § 33 Abs. 3 EStG zu beachten. Die Höhe der «zumutbaren Belastung» richtet sich nach dem Familienstand, der Anzahl der Kinder und dem Einkommen.

Wenn die Ehegatten zusammen veranlagt werden, steht ihnen auch im Jahr der Trennung ein gemeinsamer Kinderfreibetrag i. S. v. § 33 Abs. 6 EStG – 1989 in Höhe von DM 2484 und ab dem Veranlagungszeitraum 1990 für jedes Kind in Höhe von DM 3024 – zu. Bei getrennter Veranlagung von Eheleuten erhält jeder nur einen Kinderfreibetrag in Höhe der Hälfte – DM 1242 1989, ab Veranlagungszeitraum 1990 DM 1512. Im

Jahr nach der Trennung erhält dann jeder Ehegatte grundsätzlich für gemeinsame Kinder den halben Kinderfreibetrag – DM 1242 1989, ab Veranlagungszeitraum 1990 DM 1512 –, unbeschränkte Steuerpflicht vorausgesetzt. Der Kinderfreibetrag kann wieder auf DM 3024 (1988 DM 2484) verdoppelt werden, wenn ein Ehegatte «seinen» Anteil auf den anderen Ehegatten überträgt oder wenn nachgewiesen wird, daß der andere Ehegatte keinen oder nur zu einem Teil Kindesunterhalt gezahlt hat. Nach neuem Recht kommt es dann darauf an, daß der antragsberechtigte Elternteil (und nicht der andere) der Unterhaltspflicht im wesentlichen nachgekommen ist. Derjenige, der der Übertragung des Kinderfreibetrages zustimmt, muß sich das genau überlegen, weil die Geltendmachung bestimmter Freibeträge zur Voraussetzung hat, daß der Steuerpflichtige einen Kinderfreibetrag erhält (zum Beispiel Haushaltsfreibetrag, Unterhaltsfreibetrag, Ausbildungsfreibetrag, außergewöhnliche Belastungen, Freibetrag für Körperbehinderte).

Die Höhe des staatlichen Kindergeldes ist abhängig von der Anzahl der Kinder und den Einkommensverhältnissen der Eltern (vgl. Tabelle 1.1). Im Falle der Trennung bzw. Scheidung ist nur ein Elternteil kindergeldberechtigt. Die Eltern können hierüber eine Bestimmung treffen. Geschieht dies nicht, so erhält im Zweifel derjenige Elternteil das Kindergeld, der die Personensorge hat. Wenn nun die Eltern wegen Trennung/Scheidung nicht mehr zusammen veranlagt werden, wird für die Bemessung der Höhe des Kindergeldes jetzt das Einkommen des Bezugsberechtigten zugrunde gelegt. Es ist daher sinnvoll zu bestimmen, daß der einkommensschwächere Teil Berechtigter des Kindergeldes sein soll, wenn mehrere Kinder vorhanden sind. Zu berücksichtigen ist auch, daß zum Beispiel der betreuenden Mutter, wenn sie kein eigenes Einkommen hat oder ihre durchschnittliche Steuerbelastung unter dem Mindesttarif von 19 Prozent ab Veranlagungszeitraum 1990 (22 Prozent 1989) liegt, derzeit ein Zusatzkindergeld von DM 46 pro Kind zusteht.

Derjenige, bei dem das Kind nicht lebte (in der Regel der Vater), konnte bis 1989 einen Freibetrag von DM 600 geltend machen, und zwar für die Pflege des Eltern-Kind-Verhältnisses (§ 33 a Abs. 1 a EStG) unter der Voraussetzung, daß er seiner Unterhaltsverpflichtung gegenüber dem Kind nachkam. Diese Regelung ist ab dem Veranlagungszeitraum 1990 weggefallen.

Alleinstehende mit einem Kind (§ 32 Abs. 7 e EStG) sollen, gleichgültig aus welchem Grund sie alleinstehend sind, gleich behandelt werden mit den «ganzen» Familien (vgl. V.5 Alleinerziehende Mütter...). Die Minderung der wirtschaftlichen Leistungsfähigkeit wird nun dadurch berücksichtigt, daß diese Person einen Haushaltsfreibetrag erhält, der dem Tarifgrundfreibetrag entspricht und im Falle der Erwerbstätigkeit die

Berücksichtigung von Kinderbetreuungskosten (vgl. 3.5.4) zur Folge hat. Der Haushaltsfreibetrag betrug 1989 DM 4752, ab Veranlagungszeitraum 1990 nunmehr DM 5616. Nach neuem Recht werden gemeinsame Kinder nicht verheirateter Eltern oder dauernd getrennt lebender Eltern nur dem Elternteil zugeordnet, in dessen Wohnung sie im Kalenderjahr zuerst gemeldet waren. Wenn die Kinder in einer gemeinsamen Wohnung gemeldet sind, werden sie der Mutter zugeordnet. Eine Zuordnung an den Vater kann erfolgen mit unwiderruflicher Zustimmung der Mutter für das betreffende Kalenderjahr. Wenn die Ehegatten *Steuerschulden* haben und während der Ehe Zusammenveranlagung gewählt hatten, bedeutet das, daß die Steuerschuld gegen beide einheitlich festgesetzt wird. Die festgesetzte Steuer schulden beide als Gesamtschuldner (§ 44 AO). Es kann aber gegenüber dem Finanzamt ein Antrag auf Aufteilung der Steuerschuld im Verhältnis der jeweiligen Einkommen gestellt werden (§ 268 ff. AO). Steuerschulden können sich im Zugewinnausgleichsverfahren niederschlagen. Auch bei der Unterhaltsberechnung sind sie unter Umständen einkommensmindernd zu berücksichtigen, wenn tatsächlich Zahlungen auf die Rückstände erbracht werden.

Die Zurechnung des Verlustabzuges (§ 10d EStG) erfolgt bei Ehegatten während des Bestehens wie auch nach Auflösung der Ehe grundsätzlich nach der allgemeinen Zurechnungsregel: Entscheidend ist, wer den Verlust erlitten hat, d. h., wem der Verlust im Entstehungsjahr zuzurechnen ist.

Steuerrückzahlungen stehen nach § 37 AO dem Ehegatten zu, der die Steuern geleistet hat. Es besteht auch kein Anspruch darauf, daß die Steuerersparnis, die durch die Inanspruchnahme des Realsplittings entstanden ist, geteilt wird. Die unterhaltsberechtigte Ehefrau hat jedoch – wie erwähnt – einen Anteil an den Steuerersparnissen dadurch, daß diese zum Einkommen des Ehemannes gehören und daher bei der Unterhaltsberechnung mit zu berücksichtigen sind. Sollte sich durch die Steuererstattung eine wesentliche Veränderung der Einkommensverhältnisse im Sinne von § 323 ZPO ergeben, kann Abänderung des Unterhaltstitels beantragt werden.

Im Rahmen der Unterhaltsberechnung ist der Unterhaltsschuldner verpflichtet, alle steuerlichen Möglichkeiten zu nutzen. Er ist verpflichtet, die ihm danach zustehenden Freibeträge (§ 39a EStG) auf der Lohnsteuerkarte eintragen zu lassen. Wenn er dies nicht tut, muß er sich so behandeln lassen, als ob er die möglichen Steuervorteile tatsächlich in Anspruch nehmen würde.

Durch Wiederheirat verändert sich die Steuerklasse. Der BGH hat bei der Errechnung des Unterhalts auf das tatsächlich erzielte Einkommen abgestellt. Das bedeutet im Ergebnis, daß die erste Ehefrau an dem erhöhten Einkommen teilhat. Etwas anderes gilt nur, wenn hierdurch der Unterhalt für die zweite Ehefrau gefährdet wäre.

Das Steuerrecht bietet eine Fülle von Gestaltungsmöglichkeiten im Zusammenhang mit Scheidungsvereinbarungen, die hier nicht alle aufgezählt werden können. Die Einholung weiteren anwaltlichen Rates ist sicherlich hilfreich.

4 Mögliche Sozialleistungen

Jede Person, unabhängig davon, ob verheiratet, getrenntlebend oder geschieden, die in Not ist, hat Anspruch auf Sozialhilfe bzw. Hilfe zum Lebensunterhalt, wenn sie ihre Notlage nicht allein meistern kann (§ 11 BSHG). Nach dem Bundessozialhilfegesetz gibt es «Hilfe zum Lebensunterhalt» (eine Art Haushaltsgeld, also für Miete, Essen, Kleidung etc.) und «Hilfe in besonderen Lebenslagen» (für besondere Bedürfnisse, zum Beispiel Pflege, Krankenhauskosten usw.). Sozialrechtliche Leistungsansprüche und Möglichkeiten für alleinerziehende Mütter sind unter V.5 Alleinerziehende Mütter... zusammengestellt.

Getrenntlebende Ehegatten oder Geschiedene können für ihre ehelichen oder nichtehelichen Kinder Unterhalt nach dem *Unterhaltsvorschußgesetz* erhalten. Nach diesem Gesetz wird der Mindestunterhalt gemäß Düsseldorfer Tabelle oder Regelunterhaltsverordnung für ein Kind bis zu sechs Jahren längstens für einen Zeitraum von drei Jahren an den Elternteil gezahlt, der mit dem Kind zusammenlebt. Voraussetzung ist, daß der Unterhaltsverpflichtete keinen oder nur geringen Unterhalt oder diesen auch nur unregelmäßig zahlt. Das gleiche gilt für Kinder mit ausländischer Staatsangehörigkeit. Weitere Voraussetzung ist aber, daß ein Vormund, Pfleger oder Beistand damit beauftragt wurde, den Unterhalt vom Vater zu erlangen.

Seit 1986 erhalten Mütter oder Väter von Kindern, die nach dem 1. 1. 1986 geboren sind, egal ob die Eltern getrennt leben, geschieden sind oder nicht, in den ersten zehn Monaten ein *Erziehungsgeld* von DM 600 monatlich, wenn sie ihr Kind selbst betreuen. Für Kinder, die von 1988 an geboren sind, wird dieses Erziehungsgeld ein ganzes Jahr gezahlt. In den ersten sechs Lebensmonaten des Kindes wird es unabhängig vom Einkommen gezahlt, danach gelten Einkommensgrenzen. Auskünfte erteilen das Arbeitsamt, Versorgungsamt, Krankenkasse etc.[10] (Vgl. auch IV.1 Schwangerschaft...)

Jede BürgerIn mit niedrigem Einkommen hat einen Rechtsanspruch auf *Wohngeld*. Ausschlaggebend ist das Einkommen der Familienangehörigen, die zusammen die Wohnung bewohnen, für die Wohngeld beantragt wird. Das bedeutet also, daß bei Getrenntleben oder Scheidung ein solcher Anspruch entstehen kann, weil das Familieneinkommen jetzt zum Beispiel niedriger geworden ist, denn die Höhe des Wohngeldes richtet sich nach dem Einkommen, der Zahl der zusammenwohnenden Familienmitglieder und der Höhe der «kalten» Miete. Allerdings gibt es Höchstgrenzen, bis zu denen die Miete bezuschußt wird. Beantragt wird das Wohngeld bei den Wohngeldabteilungen der Bezirksämter.[11]

Durch Trennung oder Scheidung verringert sich in der Regel das Familieneinkommen, so daß ein Anspruch auf *Sozialhilfe* entstehen kann. Dies ist der Fall, wenn das Einkommen unter dem vom Sozialamt errechneten Bedarf liegt. Das Sozialamt berechnet dann zunächst den monatlichen Bedarf der Familie. Dieser setzt sich wie folgt zusammen:

Regelsätze gem. § 22 BSHG
+ Miete, Heizungskosten und Wassergeld
+ Mehrbedarfszuschläge gem. § 23 BSHG

zusammen: monatlicher Bedarf

Achtung bei Vereinbarung eines Unterhaltsverzichts im Rahmen der Scheidungsfolgenvereinbarung! Es kann sein, daß dieser vom Sozialamt nicht anerkannt wird, wenn z. B. erkennbar war, daß ein Ehegatte ein «Sozialfall» ist oder wird (vgl. auch II.2 Bundessozialhilfegesetz ...). Das Sozialamt würde dann davon ausgehen, daß die Unterhaltsverpflichtung des an sich zahlungskräftigen Ehegatten abgewälzt werden soll auf den Staat. Wird Sozialhilfe gewährt, so muß sie nicht zurückgezahlt werden, allerdings darf das Sozialamt sich an unterhaltspflichtige Ehegatten und Verwandte ersten Grades, also Eltern, Kinder wenden, um sich dort gegebenenfalls die geleisteten Zahlungen zurückzuholen. Nicht in Anspruch genommen werden können Großeltern, Enkel, Stiefeltern, Stiefkinder und andere Verwandte. Ausnahmsweise kann Sozialhilfe auch als *Darlehen* gewährt werden. Und zwar dann, wenn nur eine vorübergehende Notlage besteht. Dies kann bei Trennung oder Scheidung passieren. Erweist sich jedoch später, daß die Notlage tatsächlich länger als der vorgesehene Zeitraum von drei Monaten dauert, müssen auch bis dahin gewährte Darlehen in einen Zuschuß umgewandelt werden und brauchen nicht zurückgezahlt zu werden. Sozialhilfe kann auch dann zurückverlangt werden, wenn sie zum Beispiel nur als Vorleistung für noch nicht ausgezahlte Einkommen gezahlt wurde, wie etwa vorübergehende Leistungen bis zur Entscheidung über den Unterhaltsprozeß, bis zur Gewährung der beantragten Rente oder des beantragten Arbeitslosengeldes.

Neben der laufenden Hilfe zum Lebensunterhalt gibt es auch einmalige *Beihilfen*. Das sind Beihilfen, die jeweils bei auftretendem Bedarf beantragt werden können, z. B. für Kleidung, Hausrat, Renovierungskosten, Reparaturen, Umzugskosten, Nachhilfeunterricht etc. So ein Bedarf kann ebenfalls leicht entstehen bei Trennung oder Scheidung.

5 Adressen, Literatur, Anmerkungen

Adressen

Der oben erwähnte «Scheidungsratgeber von Frauen für Frauen» der Hamburger Juristinnen enthält einen ausführlichen Adressenteil zu Frauenzentren, -gruppen und -buchläden sowie Frauenhäusern und Frauenhausinitiativen, auf den hier verwiesen werden soll.

Auch der regelmäßig erscheinende «Frauenkalender» der Zeitschrift «Emma» (herausgegeben von Alice Schwarzer), Köln, enthält Adressen von Frauen- und Mädchenhäusern und Beratungsstellen für die Bundesrepublik und Berlin (West).

Bezüglich einiger Telefonnummern von Frauenhäusern in großen Städten vgl. den Beitrag III.4 Mißhandlung...

In Berlin hat sich eine recht aktive Selbsthilfe geschiedener Frauen mit dem Namen «FORTE» (Frauen Ohne Recht nach Trennung und Ehe e. V.) gegründet. Die Anschrift: Seesener Str. 23, 2. Hof, 100 Berlin 31, Tel. 030/8927892.

Literatur

Bergmann, F. «Zusammenveranlagung bei getrennt lebenden Ehegatten», in: DB 1984, S. 590ff.

Borth, H. «Bedarfs- und Einkommensermittlung im Unterhaltsrecht», 1. Auflage, München 1987.

Fabricius-Brand, M. (Hg.) «Wenn aus Ehen Akten werden», Frankfurt 1989.

Friederici, P. «Aktuelles Unterhaltsrecht», Band 14, München 1988.

Hamburger Juristinnen «Scheidungsratgeber von Frauen für Frauen», Reinbek 1987.

Heinke, S. «Steuern im Ehestreit», «Streit», Heft 4/1988, Seite 88ff.

Johannsen, K. H./Henrich, D. «Trennung, Scheidung, Folgesachen», München 1987.

Köhler, W. «Handbuch des Unterhaltsrechts», 7. Auflage, München 1987.

von Münch, E. «Die Scheidung nach neuem Recht», dtv, 6. Auflage, München 1988.

Rotax, H.-H. «ABC des Versorgungsausgleichs», Schriften des Verbandes der Rechtsauskunftsstellen, Hamburg 1989.

Schulze zur Wiesche, D. «Vereinbarungen unter Familienangehörigen und ihre steuerlichen Folgen», 5. Auflage, Köln 1986.

Anmerkungen

[1] Als von kurzer Dauer gilt nach einer Entscheidung des BGH eine Ehe von nicht mehr als zwei Jahren (vgl. NJW 1983, 683).

[2] Die Gefährdung reicht bereits aus.

[3] Zum Beispiel ein intimes Verhältnis mit einem Dritten (NJW 1986, 723); auch Fehlverhalten gegen Angehörige des Unterhaltsschuldners.

[4] Zum Beispiel Zusammenleben mit neuem Partner ähnlich wie in einer Ehe (FamRZ 1987, 689 und 1013).

[5] Ausführliche Zusammenstellung mit weiteren Nachweisen bei Häberle: Die Erweiterung der negativen Härteklausel (§ 1579 BGB) durch das UÄndG (FamRZ 1986, 311 ff.).

[6] Wer sich selbst informieren will: Rotax, H.-H. «ABC des Versorgungsausgleichs», Schriften des Verbandes der Rechtsauskunftsstellen, Hamburg 1989.

[7] Vgl. Bundesgesetzblatt I 1988, Seite 1093.

[8] Wegen der Einzelheiten des Steuerreformgesetzes 1990 empfiehlt sich die Lektüre von Pflückebaum, P. / Wendt, W. / Ehmcke, T. «Steuerreform 1990», Aachen 1989.

[9] Für weitere Einzelheiten: Bergmann, F. «Zusammenveranlagung bei getrennt lebenden Ehegatten», DB 1984, 590.

[10] Nähere Einzelheiten: «Bundeserziehungsgeldgesetz», herausgegeben vom Bundesministerium für Jugend, Familien, Frauen und Gesundheit, Bonn.

[11] Einzelheiten: Broschüre «Wohngeld», herausgegeben vom Presse- und Informationsamt der Bundesregierung. Erhältlich auch bei jedem Amt für Wohnungswesen.

V 2 Renate Augstein
Am Ende einer nichtehelichen Lebensgemeinschaft

V 2

RENATE AUGSTEIN

Am Ende einer nichtehelichen Lebensgemeinschaft

Auch nichteheliche Partnerschaften scheitern – und das Ende wird oft von ähnlichen Streitereien begleitet wie das Ende einer Ehe. Auch wenn sich die Partner vorgenommen hatten, immer verantwortungsvoll miteinander umzugehen, so sieht dies in der Trennungssituation meist ganz anders aus. Nach einer Untersuchung des EMNID-Instituts hatten zwei Drittel der Trennungen nichtehelicher Paare vermögensrechtliche Auseinandersetzungen zur Folge.[1] Unverheiratete Partner aber stehen bei der Auflösung ihrer Beziehung ohne gesetzlichen Schutz da, während die Interessen von Ehepartnern durch das Scheidungsrecht einigermaßen ausgeglichen werden (vgl. V.1 Scheidung...). Entsprechend uneinheitlich und widersprüchlich sind die Urteile. Unbestritten ist nur, daß das Scheidungsrecht (Zugewinnausgleich, Hausratsteilung, Unterhaltsansprüche, Versorgungsausgleich etc.) auf die Trennung nicht verheirateter Paare nicht angewandt werden kann. Die Gerichte greifen daher auf Gesellschaftsrecht, Arbeitsrecht u. ä. zurück. Die dort geltenden Regeln passen auf die Situation nichtehelicher Partnerschaften kaum, die Ergebnisse sind entsprechend unbefriedigend. Im konkreten Fall läßt sich daher auch kaum vorhersagen, wie ein Rechtsstreit ausgehen wird. Dies gilt für viele wichtige Einzelfragen:

1 Wer kann in der Mietwohnung bleiben?

Hat nur der Partner den Mietvertrag unterschrieben (vgl. auch III.2 Nichteheliche Lebensgemeinschaft...), so kann er seine Partnerin jederzeit ohne Schwierigkeiten aus der Wohnung hinauswerfen. Sie kann sich weder auf ihre soziale Notlage berufen noch auf erbrachte Leistungen (Mietzahlungen, Renovierungsarbeiten etc.). Eine Wohnungszuweisung durch das Gericht, wie dies bei Ehescheidungen möglich ist, kann hier nicht vorgenommen werden.

Haben beide den Mietvertrag unterschrieben, kann die betroffene Frau nicht von ihrem Partner auf die Straße gesetzt werden. Allerdings besteht dann die Schwierigkeit, daß sich beide über eine Kündigung einigen müssen. Der Vermieter kann dann entscheiden, ob er mit der Person, die wohnen bleiben will, einen neuen Vertrag abschließt.

Zieht die Partnerin aus, ohne daß es zu einer solchen gemeinsamen Kündigung gekommen ist, haftet sie weiter für die Miete und eventuelle Beschädigungen an der Wohnung. Weigert sich der Partner, den Mietvertrag zu kündigen, so kann seine Kündigungserklärung u. U. klageweise durchgesetzt werden, allerdings ist dieser Weg nicht ganz problemlos. Besser ist es daher, bei Abschluß des gemeinsamen Mietvertrages eine Vereinbarung zu treffen, wonach sich beide Partner für den Fall der Trennung verpflichten, die Kündigung zu erklären und sich gegenseitig zur Kündigung bevollmächtigen.

2 Wem gehört die Eigentumswohnung/das Haus?

Sind beide als Miteigentümer im Grundbuch eingetragen, so kann jede/r seinen Anteil ohne Zustimmung des oder der anderen veräußern. In der Praxis ist dies jedoch äußerst schwierig – wer will schon einen Anteil an einem Haus kaufen? – und zumindest mit erheblichen finanziellen Verlusten verbunden. Wie auch bei Ehescheidungen ist es hier oft besser, daß eine/r den Anteil des oder der anderen gegen entsprechende Ausgleichszahlungen übernimmt.

Sind zwar beide im Grundbuch eingetragen, hat aber nur der Partner den Hausbau oder Wohnungskauf finanziert, während seine Partnerin als Hausfrau keine Eigenleistungen erbracht hat, so kann der Partner u. U. einen entsprechenden Ausgleichsanspruch gegenüber seiner Partnerin geltend machen. Die Meinungen hierzu sind jedoch sehr unterschiedlich.

Ist nur der Partner als Eigentümer im Grundbuch eingetragen, während seine Lebensgefährtin erhebliche Eigenleistungen beim Hausbau (finanzieller Art oder durch Arbeitsleistungen) erbracht hat, so kann sie nur dann einen finanziellen Ausgleich verlangen, wenn mit dem Hausbau oder Wohnungskauf ein «besonderer gemeinsamer Zweck» verfolgt wurde, der über den typischen Rahmen ihrer Lebensgemeinschaft hinausgeht (zum Beispiel wenn das Paar gemeinschaftlich Vermögenswerte schaffen wollte). In allen anderen Fällen lehnen die Gerichte solche Ausgleichsansprüche ab.

Es ist daher auch hier anzuraten, beim Notar Vereinbarungen für den Fall der Trennung zu treffen. Dies besonders dann, wenn (beispielsweise aus Kreditgründen) nur der Partner als Eigentümer eingetragen werden soll.

3 Wie wird der Hausrat verteilt?

Während bei Eheleuten das Familiengericht gemäß der Hausratsverordnung den Hausrat verteilt, können auf die Partner einer nichtehelichen Lebensgemeinschaft langwierige Prozesse zukommen, wenn sie sich nicht einigen. Dies gilt jedenfalls für die Gegenstände, die für den gemeinsamen Gebrauch angeschafft worden sind, wie Möbel, Haushaltsgegenstände und das Auto. Da insoweit davon ausgegangen wird, daß Miteigentum vorliegt, muß geteilt werden. Soweit dies nicht in natura gemacht werden kann, kann entweder einer der Partner bestimmte Gegenstände übernehmen und zahlt dafür ein Viertel des Zeitwertes als Ausgleich an den anderen, oder die Sachen werden verkauft und der Erlös aufgeteilt. Kommt es zu einem Prozeß, so kann nicht über den Hausrat im gesamten entschieden werden (wie bei einer Scheidung), sondern über jeden Gegenstand muß einzeln verhandelt werden.

Auch hier wird die Auseinandersetzung dadurch erleichtert, daß Inventarlisten angefertigt werden über die Dinge, die dem Partner oder der Partnerin allein gehören. Rechnungen usw., die beweisen, wer jeweils gezahlt hat, sollten grundsätzlich aufbewahrt werden. Natürlich lohnt sich dies nur bei größeren Anschaffungen, doch sind Belege immer empfehlenswert.

4 Was ist mit dem Vermögen?

Hinsichtlich größerer Vermögensgegenstände, die nicht ohne weiteres geteilt werden können, gilt das gleiche, was oben zum Hauseigentum gesagt wurde. Soweit keine Vereinbarungen vorliegen, werden nur in Ausnahmefällen Ausgleichsansprüche zugesprochen. Am ehesten geschieht dies bei Anlageobjekten (Mehrfamilienhäuser, Unternehmensaufbau usw.).

Für die Verteilung von Sparguthaben und Kontobeständen ist ausschlaggebend, auf wessen Namen das Konto angelegt ist. Läuft das Konto nur auf den Namen des Partners, kommt seine Gefährtin bei einer Trennung an das Guthaben nicht heran, auch wenn es sich um ihr eigenes Gehalt handelt. Ausgleichsansprüche werden fast nie zugestanden. Sind beide Kontoinhaber, so steht beiden je die Hälfte des Guthabens zu. Sind beide auch allein verfügungsberechtigt, empfiehlt es sich, bei der Trennung das Konto sofort sperren zu lassen. Dann kann die Bank nur noch auszahlen, wenn sich die Partner geeinigt haben.

5 Müssen Schulden des Partners bezahlt werden?

Soweit bei der Trennung gemeinsame Kredite noch nicht abbezahlt sind, haften beide Partner hälftig für die verbleibenden Schulden. Kommt der Darlehensvertrag nur dem Partner zugute (weil er zum Beispiel das Auto allein benutzt), so muß er die Raten erstatten, die seine Partnerin *nach* der Trennung noch an die Bank zahlen muß (weil sie vielleicht allein den Darlehensvertrag unterschrieben hatte oder weil beide als Gesamtschuldner haften und die Bank sich an die Frau hält). Die Raten, die während des Zusammenlebens bereits gezahlt worden sind, können nachträglich nicht mehr ausgeglichen werden. Dies gilt auch für solche Zahlungen der Partnerin, die allein dem Mann zugute kamen!

6 Gibt es Ausgleichsansprüche für finanzielle und persönliche Leistungen?

Alle in eine nichteheliche Lebensgemeinschaft investierten finanziellen und persönlichen Leistungen (zum Beispiel das Aufkommen für den Unterhalt des noch studierenden Partners, Aufgabe des Berufs wegen Pflegeleistungen) können nicht ausgeglichen werden. Das Risiko für solche Leistungen tragen die Partner selbst. Sind die Hoffnungen auf ein weiteres gemeinsames Leben enttäuscht, so können die im Hinblick darauf geleisteten Mittel nicht zurückgefordert und Arbeitsleistungen nicht nachträglich abgerechnet werden. Rückforderungen sind nur dann möglich, wenn dies ausdrücklich vereinbart war – und dies ist meistens nicht der Fall.

Besonders benachteiligt sind hierbei Frauen, die wegen Pflege des Partners oder Kindererziehung ihren Beruf aufgegeben oder die ohne Arbeitsvertrag im Betrieb des Partners mitgeholfen haben. Einen finanziellen Ausgleich können sie nur verlangen, soweit ihre Leistungen «das Übliche» überschreiten. Nach der Rechtsprechung geht «das Übliche» aber sehr weit. In der Regel ist davon auszugehen, daß solche Dienstleistungen nicht ausgeglichen werden.

7 Kann Unterhalt verlangt werden, bestehen anteilige Ansprüche an der Altersversorgung des Partners?

Frauen, die wegen der Pflege des Partners oder aus Gründen der Kindererziehung selbst nicht erwerbstätig waren, haben – anders als bei einer Ehescheidung – auch nach der Trennung keine Unterhaltsansprüche. Dies gilt auch dann, wenn sie wegen der Erziehung kleiner Kinder auch weiterhin nicht erwerbstätig sein können oder wenn sie infolge der Trennung in wirtschaftliche Not geraten. Auch einen (rentenmäßigen) Versorgungsausgleich für die Zeit der Partnerschaft, in der sie keine eigenen Rentenansprüche erwerben konnten, gibt es nicht. Diesen gibt es ebenfalls nur bei einer Ehescheidung.

Aufgefangen werden kann dieses Risiko nur durch Unterhaltsverträge, Schenkungen, Erbeinsetzung oder Absicherung durch eine private Lebensversicherung bzw. durch Arbeitsverträge. Frauen, die in nichtehelicher Lebensgemeinschaft auf eigene Erwerbstätigkeit verzichten wollen, sollten unbedingt auf eine solche Absicherung drängen.

8 Was geschieht mit den Geschenken?

Verlobte sind verpflichtet, Geschenke einander zurückzugeben, wenn es nicht zur Heirat kommt. Eine ähnliche Regelung für den Fall der Trennung einer nichtehelichen Partnerschaft gibt es nicht. Größere Geschenke können hier nur zurückgefordert werden, wenn der Schenker in Not geraten ist und seinen Lebensunterhalt nicht mehr finanzieren oder seiner Unterhaltspflicht gegenüber Verwandten, Ehegatten oder früheren Ehegatten nicht mehr nachkommen kann. Dies gilt innerhalb einer Frist von zehn Jahren nach der Schenkung und nur, soweit die Beschenkte durch die Rückgabe nicht ihrerseits in Not gerät.

Auch wegen groben Undanks kann ein (größeres) Geschenk zurückgefordert werden. Untreue und Trennung allein sind dabei keine Fälle groben Undanks. Nur wenn die Partnerin größere Geschenke annimmt, während sie ihm bereits untreu ist oder obwohl sie bereits zur Trennung entschlossen ist, ist grober Undank anzunehmen.

Die Geschenke brauchen in diesen Fällen nur zurückgegeben werden, soweit sie noch vorhanden sind. Ersatz ist nicht zu leisten.

9 Zur rechtspolitischen Diskussion

Wie bereits unter III.2 Nichteheliche Lebensgemeinschaft... und III.3 Lesbische Lebensgemeinschaft... angesprochen, werden z. Z. Regelungen für nichteheliche Lebensformen vermehrt diskutiert. Dabei werden Gesetzesvorschläge insbesondere für den Fall der Trennung erörtert, um hier zu einer größeren Rechtssicherheit zu kommen und um den sozial schwächeren Teil einer nichtehelichen Lebensgemeinschaft besser rechtlich abzusichern.

In der Diskussion sind dabei u. a.:

- Besserer Kündigungsschutz im Mietrecht für soziale Notfälle,
- Anwendung der Hausratsverordnung zur Aufteilung des Hausrats,
- Unterhaltsansprüche nach Auflösung der nichtehelichen Lebensgemeinschaft bei gemeinschaftsbedingter Bedürftigkeit,
- Ausgleichsmöglichkeit für größere Zuwendungen.

Da es meist Frauen sind, die als sozial Schwächere die Risiken einer nichtehelichen Lebensgemeinschaft am Ende tragen müssen, liegen entsprechende Gesetzesänderungen in ihrem besonderen Interesse.

Anmerkungen

[1] Bundesminister für Jugend, Familie, Frauen und Gesundheit (Hg.), «Nichteheliche Lebensgemeinschaften in der Bundesrepublik Deutschland», Stuttgart 1985.

V 3 **Monika Goldmann**
Berufsrückkehr nach einer familienbedingten Unterbrechung

V 3

MONIKA GOLDMANN

Berufsrückkehr nach einer familienbedingten Unterbrechung

Trotz des Anstiegs der Erwerbsbeteiligung von Frauen lag der Anteil berufstätiger Frauen mit (mindestens) einer Unterbrechung im Berufsverlauf zwischen 1977 und 1985 in der Bundesrepublik unverändert bei 47 Prozent.[1] Vielfach wird die familienbedingte Berufsunterbrechung von Frauen heute immer noch als selbstverständlich erwartet und nicht weiter hinterfragt. Für die Frauen selbst stellt sich diese Unterbrechung, die von vielen bei der Geburt des ersten oder spätestens des zweiten Kindes vollzogen wird, sehr widersprüchlich dar. Einerseits erleben sie es positiv, ihr(e) Kind(er) selbst betreuen zu können, andererseits wird der Verlust der Berufstätigkeit oft als schmerzhaft erfahren.[2] In der Lebensplanung jüngerer Frauen zeigen sich in diesem Punkt mittlerweile allerdings deutliche Veränderungen. Während bei den 45jährigen und älteren erwerbstätigen verheirateten Frauen die durchschnittliche Dauer der ersten Unterbrechung fast zehn Jahre betrug, lag sie bei den unter 35jährigen Frauen nur noch bei drei Jahren.[3]

1 Der Wunsch vieler Frauen nach der Wiederaufnahme einer Erwerbstätigkeit

Wie verschieden die Rahmenbedingungen und die Chancen von Frauen sind, ins Erwerbsleben zurückzukehren, zeigen die folgenden Beispiele:

Inge A., 30 Jahre, verheiratet, 2 Kinder.

> Frau A. ist ausgebildete Arzthelferin und mit 26 Jahren nach der Geburt ihres zweiten Kindes aus ihrem Beruf ausgeschieden. Sie würde gerne, wenn ihr zweites Kind demnächst in den Kindergarten kommt, wieder berufstätig werden, sieht jedoch keine Chance, eine Halbtagsstelle in ihrem erlernten Beruf zu erhalten. Um ab und zu wenigstens herauszukommen, arbeitet sie neuerdings stundenweise bei einem Rechtsanwalt. Sie hätte Interesse an einer kaufmännischen Tätigkeit mit Verwaltungsarbeit und Textverarbeitung, besitzt dafür jedoch keine ausreichende Qualifikation.

Marion F., 32 Jahre, geschieden, 1 Kind.

Frau F. hat ihre Berufstätigkeit als Verkäuferin nach der Geburt ihres Kindes aufgegeben, später jedoch aushilfsweise in einer Drogerie gearbeitet. Nach ihrer Scheidung erhielt sie zunächst keine Unterhaltszahlung von ihrem Mann und nahm eine Ganztagsstelle in einem Supermarkt an. Diese Arbeit mußte sie jedoch nach drei Monaten wieder aufgeben, da ihre Tochter zwar dreimal wöchentlich nachmittags von einer Nachbarin betreut wurde, sich jedoch durch die meist zwölfstündige Abwesenheit der Mutter von zu Hause zunehmend Probleme ergaben. Heute ist Frau F. arbeitslos und lebt mit ihrer Tochter von Sozialhilfe. Sie sucht verzweifelt nach einer anderen Möglichkeit, wieder berufstätig zu sein, jedoch wird ihr von ihrem Arbeitsvermittler beim Arbeitsamt wenig Hoffnung auf einen Arbeitsplatz gemacht.

Monika K., 42 Jahre, verheiratet, 3 Kinder.

Frau K. hat das Studium der Betriebswirtschaft abgeschlossen, jedoch nie in ihrem Beruf gearbeitet, da sie nach ihrem Studium kurz hintereinander drei Kinder bekam. Die Berufstätigkeit ihres Mannes brachte mehrjährige Auslandsaufenthalte mit sich. In dieser Zeit hat Frau K. fließend Englisch und Spanisch sprechen gelernt. Nachdem ihre Kinder nun fast erwachsen sind, sucht sie nach einer Perspektive für sich, sieht allerdings keine Chance, auf ihrem Studium eine Berufstätigkeit aufzubauen. Sie hätte Interesse an einer Tätigkeit in einem Verlag, bei der sie ihre Fremdsprachenkenntnisse verwerten könnte. Auf ihre bisherigen Bewerbungen hat sie jedoch nur Absagen erhalten. Nachdem sie fast resigniert hatte, erhielt sie einen Job als Kursleiterin für Spanisch an der Volkshochschule und hofft, diese Tätigkeit nach und nach ausbauen zu können.

Trotz unterschiedlicher Lebenslagen und unterschiedlicher Bildungswege haben alle drei Frauen mit den typischen Problemen von Berufsrückkehrerinnen zu kämpfen. Daß es sich nicht um Einzelfälle handelt, zeigte eine Befragung von nichtberufstätigen Frauen, bei denen sich jede zweite nach einer Familienphase den Wiedereinstieg ins Berufsleben wünschte.[4] Dies gilt sowohl für jüngere Frauen, die die Absicht haben, nach einer relativ kurzen Unterbrechung wieder ins Berufsleben zurückzukehren, als auch für ältere Frauen, die lange Jahre fast ausschließlich für die Familie gelebt haben und die sich nun, nachdem ihre Kinder selbständig geworden sind, einen beruflichen Neuanfang schaffen wollen. Nicht zuletzt besteht für viele Frauen ein materieller Zwang, wieder berufstätig zu werden, etwa nach Trennung und Scheidung wie bei Frau F. (vgl. auch V.1 Scheidung... sowie V.2 Ende einer nichtehelichen Lebensgemeinschaft...), durch Arbeitslosigkeit des Ehemannes oder aufgrund des insgesamt zu niedrigen Familieneinkommens. In allen diesen Fällen müssen Frauen mit ihrem Einkommen (wieder) zum Lebensunterhalt der Familie beitragen oder ihn künftig gar allein bestreiten.

2 Vorbereitung der Berufsrückkehr

Eine Rückkehr ins Berufsleben nach einer familienbedingten Unterbrechung ist trotz des immer wieder festgestellten Interesses von Frauen am Wiedereinstieg heute nicht einfacher geworden. Angesichts der gegenwärtigen Arbeitsmarktlage ist es nicht nur schwierig, einen Arbeitsplatz zu finden – insbesondere dann, wenn ein Teilzeitarbeitsplatz speziell für bestimmte Tageszeiten (vormittags/nachmittags) gesucht wird. Die Wiederaufnahme einer Berufstätigkeit bedeutet für viele Frauen auch, sich mit einer gegenüber früher geringer qualifizierten und schlechter bezahlten Tätigkeit abfinden zu müssen.

In jedem Fall empfiehlt es sich, eine Berufsrückkehr gut vorzubereiten, um wenigstens die vorhandenen Wiedereingliederungshilfen auszuschöpfen. Dazu müssen Frauen für sich und ggf. mit ihren Partnern/Ehemännern und Kindern viele Fragen klären:

- Wie hat sich die Arbeit im früheren Berufsfeld in den letzten Jahren verändert?
- Möchte frau überhaupt wieder in ihrem früheren Beruf tätig werden, oder sucht sie eine neue Perspektive?
- Welche Möglichkeiten gibt es, sich für die zu erwartenden Anforderungen im Beruf wieder bzw. neu zu qualifizieren?
- Wie kann die u. U. notwendige Teilnahme an Weiterbildungs- und/oder Umschulungsmaßnahmen finanziert werden?
- Wie findet sich ein geeigneter Arbeitsplatz, und welche Unterstützung bietet dabei das Arbeitsamt?
- Wie kann die u. U. notwendige Betreuung von Kindern während der berufsbedingten Abwesenheit geregelt werden?
- Und nicht zuletzt: Wie ist die vorhandene Hausarbeit zu reduzieren und möglichst gleichmäßig auf alle Familienmitglieder zu verteilen?

Die Beantwortung dieser Fragen erfordert meist eine ausführliche Beratung, insbesondere dann, wenn die letzte Berufstätigkeit lange zurückliegt. In jedem Fall sollte sich die rückkehrwillige Frau an das örtliche Arbeitsamt wenden, da dieses über die Chancen auf dem Arbeitsmarkt informiert, über mögliche berufliche Bildungsmaßnahmen berät und diese zum Teil auch finanziert sowie Arbeitsplätze vermittelt.

Informationen – insbesondere in bezug auf Weiterbildungsmöglichkeiten – gibt es auch bei den örtlichen Volkshochschulen, dem Deutschen Hausfrauenbund, den Industrie- und Handelskammern, den Handwerkskammern, den Berufsverbänden sowie bei den Gewerkschaften, teilweise auch bei kirchlichen und freien Trägern wie Arbeiterwohlfahrt, Diakonisches Werk, Caritas usw.

3 Weiterbildungsmöglichkeiten für Berufsrückkehrerinnen

Für einen großen Teil von Berufsrückkehrerinnen sind Informations- und Weiterbildungskurse notwendig, um überhaupt eine Chance auf dem Arbeitsmarkt zu haben. Hier gibt es sowohl allgemeine Angebote wie Fortbildungs- und Umschulungsmaßnahmen, die sich auf die Verbesserung beruflicher Chancen von verschiedenen Zielgruppen richten, als auch Angebote, die sich speziell an Berufsrückkehrerinnen wenden und auf die besondere Situation dieser Frauen zugeschnitten sind.

Maßnahmen speziell für Berufsrückkehrerinnen werden seit Ende der 70er Jahre in vielen Städten angeboten, darunter eine Reihe von Modellprojekten mit wissenschaftlicher Begleitforschung, die von der Bundesregierung gefördert werden.[5] Teilweise hat das örtliche Arbeitsamt einen Überblick über die Maßnahmen, jedoch ist das Angebot insgesamt sehr unübersichtlich. So ist es im Einzelfall oft schwierig, etwas Geeignetes zu finden, da sich das Angebot regional sehr ungleich verteilt und eine individuelle Beratung oft fehlt.[6]

Die Angebote lassen sich in drei Gruppen unterteilen:

Motivations- und Orientierungskurse

Diese sogenannten 41a-Maßnahmen richten sich an Frauen, die sich zunächst über ihre persönliche Lage und ihre beruflichen Möglichkeiten klar werden wollen, um sich dann gezielt entscheiden zu können. Viele Frauen sind nach Jahren ausschließlicher Familienarbeit verunsichert und müssen sich erst neu ein gewisses Selbstbewußtsein erarbeiten. Motivations- und Orientierungskurse helfen hierbei, geben Informationen und Entscheidungshilfen. An diese Kurse, die in aller Regel sechs Wochen dauern, schließen sich vielfach Fortbildungs- oder Umschulungsmaßnahmen an.

Relativ weite Verbreitung gefunden hat das Programm «Neuer Start ab 35», das vom Deutschen Frauenring entwickelt wurde und in allen Bundesländern angeboten wird.[7] Auch Maßnahmen der Arbeitsverwaltung nach § 41a AFG werden zum Teil speziell für Berufsrückkehrerinnen durchgeführt.

Fortbildungsveranstaltungen zur Auffrischung oder Anpassung beruflicher Qualifikationen

Hierbei handelt es sich um berufsbildende Maßnahmen, die an die beruflichen Kenntnisse anknüpfen, die Frauen vor ihrer Familienphase erworben haben. Der überwiegende Teil des Angebots bezieht sich auf den kaufmännisch-verwaltenden Bereich, wobei zum Teil Qualifikationen aufgefrischt, z. T. neue Kenntnisse insbesondere im EDV-Bereich vermittelt werden. Auch hier zeichnen sich die spezifischen Maßnahmen für Rückkehrerinnen dadurch aus, daß sie im Gegensatz zu rein orientierenden Maßnahmen auch die persönliche Situation der Teilnehmerinnen berücksichtigen. Es wird Wert darauf gelegt, Unsicherheiten und Ängste abzubauen, sowie Unterstützung bei familiären, finanziellen und psychischen Problemen anzubieten. Die Unterrichtszeiten sind den familiären Erfordernissen der Teilnehmerinnen angepaßt, die Maßnahmen finden vielfach in Teilzeitform statt. Die geringen Abbruchquoten bestätigen den Vorteil eines solchen zielgruppenorientierten Vorgehens.

Umschulung oder Nachholen einer beruflichen Erstausbildung

Hier gibt es Angebote sowohl für frauentypische Berufe, vor allem im Verwaltungs- und Dienstleistungsbereich, als auch für frauenuntypische Berufe im gewerblich-technischen und EDV-Bereich. Diese Maßnahmen tragen dem Umstand Rechnung, daß eine zweijährige Umschulungsphase für Berufsrückkehrerinnen, die langjährig arbeitslos waren und/oder Kinder haben, eine hohe Belastung darstellt. Als problematisch erweist sich in vielen Fällen das äußerst geringe Unterhaltsgeld (s. 4), das Frauen während der Umschulung erhalten; aber auch die Anforderungen der neuen Lernsituation und die zunächst oft ablehnende Haltung der Familie gegenüber der Neuorientierung der Ehefrau bzw. Mutter müssen bewältigt werden. Deshalb werden in einer Vorbereitungsphase vor der Umschulung die finanziellen und organisatorischen Rahmenbedingungen abgeklärt und eine sozialpädagogische Betreuung der Frauen während der Maßnahmen gewährleistet.

Die berufliche Bildungsmaßnahme kann bis zu 24 Monaten dauern. In einigen Fällen schließt sich eine Nachbetreuungsphase zur Unterstützung bei der Suche nach einem Arbeitsplatz an. Zur Zeit werden in mehreren Städten Pilotprojekte zu diesem Maßnahmetyp durchgeführt, die vom Bundesminister für Bildung und Wissenschaft im Rahmen der Modellversuchsreihe zur beruflichen Qualifizierung von Erwachsenen ohne abgeschlossene Berufsausbildung bzw. mit besonderen Arbeitsmarktproblemen gefördert werden.[8]

Die verschiedenen Kurse und Modellprojekte werden von jeweils unterschiedlichen Trägern, zum Beispiel vom Deutschen Gewerkschaftsbund (DGB) oder von der Deutschen Angestellten-Akademie (DAA), angeboten. Sie unterscheiden sich zum Teil erheblich in der Zielsetzung, in der Auswahl und Ansprache der Zielgruppen sowie in der inhaltlichen und zeitlichen Ausgestaltung der Kursangebote. Eine Überführung von

Modellprojekten in Regelmaßnahmen ist bisher kaum erfolgt[9], was zur Folge hat, daß die Zahl der Maßnahmen für Berufsrückkehrerinnen stagniert oder an manchen Orten gar abnimmt.

Selbstverständlich stehen Berufsrückkehrerinnen auch andere nicht speziell auf ihre Gruppe zugeschnittene Fort- und Weiterbildungsangebote offen.

4 Die Finanzierung von Fortbildungs- und Umschulungsmaßnahmen nach dem Arbeitsförderungsgesetz (AFG)

Die Kosten, die durch berufliche Bildungsmaßnahmen entstehen, werden unter bestimmten Voraussetzungen von der Bundesanstalt für Arbeit übernommen. Wichtigste Rechtsgrundlage hierfür bildet das 1969 in Kraft getretene und seitdem mehrfach novellierte Arbeitsförderungsgesetz (AFG)[10]. Das Bundessozialhilfegesetz (BSGH) (vgl. II.2 Bundessozialhilfegesetz...) sowie das Bundesausbildungsförderungsgesetz (BAföG) sind wegen ihrer andersartigen Zielsetzungen hier weniger einschlägig. Für eine Förderung erforderlich ist in der Regel eine abgeschlossene Berufsausbildung und drei Jahre Erwerbstätigkeit oder, sofern keine Ausbildung abgeschlossen wurde, eine sechsjährige Erwerbstätigkeit. Die Arbeit als Hausfrau wird dabei als Berufstätigkeit anerkannt (§ 42 AFG).

Gefördert werden kann die Umschulung oder Fortbildung in Vollzeitmaßnahmen (mindestens 25 Stunden pro Woche), in berufsbegleitenden Maßnahmen (abends oder samstags) sowie als Teilzeitmaßnahmen (12 bis 24 Stunden pro Woche). Mit der Förderung von Teilzeitmaßnahmen soll vor allem Frauen (und ggf. Männern), die nach der Betreuung und Erziehung ihrer Kinder in das Erwerbsleben zurückkehren wollen, eine Teilnahme ermöglicht werden (§ 44 Abs. 2b AFG). Diese Regelung ist allerdings derzeit bis zum 31. 12. 1995 befristet.

Finanziert werden können zum einen die Kosten der Maßnahme selbst (§ 45 AFG), zum anderen auch «Leistungen zur Bestreitung des Lebensunterhalts», das sogenannte Unterhaltsgeld (UHG) gemäß §§ 44ff. AFG.

Um während der Teilnahme an einer Maßnahme Unterhaltsgeld zu erhalten, müssen bestimmte Voraussetzungen erfüllt sein, wobei es vor allem darauf ankommt, daß die Maßnahme zur Wiedereingliederung «notwendig» sein muß. Weiterhin muß innerhalb der letzten drei Jahre eine mindestens zweijährige Beschäftigung vorliegen (§ 44 AFG).

Beitragspflichtig beschäftigte Frauen können ihre Berufstätigkeit pro

Kind für fünf Jahre unterbrechen, ohne dadurch die zuvor erworbenen Ansprüche auf finanzielle Förderung durch ein Unterhaltsgeld während der Teilnahme an beruflichen Fortbildungs- und Umschulungsmaßnahmen zu verlieren (§ 46,1 AFG). Das bedeutet zum Beispiel für eine Frau mit zwei Kindern, daß sie innerhalb der letzten 13 Jahre zwei Jahre sozialversicherungspflichtig beschäftigt gewesen sein muß, um Leistungen zur Bestreitung des Lebensunterhaltes vom Arbeitsamt zu erhalten.

Das *Unterhaltsgeld* beträgt für Frauen, die mindestens ein Kind zu betreuen haben, 73 Prozent des Nettoentgelts, das sie in ihrem früheren Beruf erzielen konnten.

Frauen, für die wegen häuslicher Verpflichtungen (zum Beispiel Kinderbetreuung) nur eine Teilzeit-Bildungsmaßnahme in Frage kommt, kann ein Teilunterhaltsgeld gezahlt werden. Ihr Fortbildungsunterricht muß jedoch mindestens zwölf Unterrichtsstunden pro Woche betragen. Teilunterhaltsgeld kann auch gezahlt werden, wenn jemand nach einer Berufsunterbrechung wieder eine Arbeit angenommen hat, dann jedoch eine Fortbildungsmaßnahme für notwendig hält. Zwischen der Rückkehr ins Berufsleben und dem Beginn der Bildungsmaßnahme darf allerdings höchstens ein Jahr Erwerbstätigkeit liegen.

Wird eine Weiterbildungsmaßnahme nicht als arbeitsmarktpolitisch notwendig angesehen, kann Unterhaltsgeld als Darlehen gewährt werden. Dieses beträgt dann allerdings nur 58 Prozent des letzten Nettoarbeitsentgelts. Ob eine Maßnahme als «arbeitsmarktpolitisch notwendig» oder nur als «zweckmäßig» gilt, regeln die jeweiligen Erlasse der Bundesanstalt für Arbeit.

Sind die o. g. Voraussetzungen nicht erfüllt, war beispielsweise die Unterbrechungszeit zu lang oder frau nach einem Studium nie berufstätig, so kann das Arbeitsamt die Kosten der Bildungsmaßnahme übernehmen, sofern die Teilnehmerin sich verpflichtet, anschließend mindestens drei Jahre eine beitragspflichtige Beschäftigung auszuüben (§ 44,2 AFG). Hier wird jedoch in der Regel kein Unterhaltsgeld gezahlt. Lediglich wenn frau, zum Beispiel nach einer Scheidung, gezwungen ist, eine Erwerbstätigkeit aufzunehmen [11], kann das Arbeitsamt auch bei einer längeren Unterbrechung ein Unterhaltsgeld gewähren. Die Betroffene muß jedoch irgendwann einmal versicherungspflichtig beschäftigt gewesen sein und somit Beiträge für die Arbeitslosenversicherung gezahlt haben. War sie dies nicht, bleibt sie auf ihren geschiedenen Ehemann oder auf Sozialhilfe angewiesen (vgl. auch V.1 Scheidung...). Besonders im letzten Fall wird die Teilnahme an einer Maßnahme damit sehr erschwert, da Sozialhilfeempfängerinnen nur in Ausnahmefällen an beruflichen Bildungsmaßnahmen teilnehmen können (vgl. auch II.2 Bundessozialhilfegesetz...). Gelingt es innerhalb von vier Jahren nach Abschluß der Maßnahme ohne wichtigen Grund nicht, eine beitragspflichtige Beschäftigung zu finden, besteht zwar gemäß § 46 Abs. 3 eine Rückzahlungspflicht. Sie wird in der Praxis jedoch so gut wie nicht realisiert.

Zu den *Kosten für die Weiterbildung* selbst gehören Lehrgangsgebühren, Kosten für Lernmittel, Arbeitskleidung, Kranken- und Unfallversicherung, Unterkunft und Mehrkosten für Verpflegung bei auswärtiger Unterbringung sowie Fahrtkosten. Diese können unter bestimmten Voraussetzungen vom Arbeitsamt ebenfalls übernommen werden. Außerdem kann in sogenannten «Härtefällen» ein Beitrag zu den Kinderbetreuungskosten von bis zu 60 DM pro Monat gezahlt werden (§ 45 AFG). Dieser Betrag deckt die Ausgaben für Kinderbetreuung jedoch nicht, insbesondere dann nicht, wenn mehrere Kinder zu betreuen sind.

Hier hat die 9. Novelle des AFG vom 20.12.1988 eine entscheidende Verschlechterung gebracht. Bisher galt bei Vorliegen der Voraussetzungen ein Rechtsanspruch auf diese Leistungen, während es nun im Ermessen des Arbeitsamtes liegt, ob Antragstellerinnen diese Kosten erstattet bekommen. Auch waren zunächst auch Hausfrauen, die zuvor nie in einer versicherungspflichtigen Tätigkeit beschäftigt gewesen waren – mithin auch niemals Beiträge an die Arbeitslosenversicherung entrichtet hatten –, in die Förderungsmöglichkeiten einbezogen worden.

5 Wiedereinstieg über eine Arbeitsbeschaffungsmaßnahme (ABM)

Bei längerer Arbeitslosigkeit ist u. U. auch eine Beschäftigung in einer Arbeitsbeschaffungsmaßnahme möglich. Die Voraussetzungen für eine solche ABM-Maßnahme sind ebenfalls im Arbeitsförderungsgesetz (AFG) festgelegt. Ziel dieser ABM-Maßnahmen ist es, Beschäftigungsmöglichkeiten für arbeitslose ArbeitnehmerInnen zu schaffen (vgl. auch II.1 Arbeitsförderungsgesetz...). Dafür können Arbeiten, die im öffentlichen Interesse liegen, durch die Gewährung von Zuschüssen an die Träger der Maßnahmen (Betriebe etc.) gefördert werden, soweit diese Arbeiten sonst nicht oder erst zu einem späteren Zeitpunkt durchgeführt würden (§ 91,2 AFG).

Bevorzugt werden Arbeiten gefördert, die geeignet sind,

- Voraussetzungen für die Beschäftigung von Arbeitslosen in Dauerarbeit zu schaffen, insbesondere wenn damit Folgen von Strukturveränderungen oder der technischen Entwicklung ausgeglichen werden,

- strukturverbessernde Maßnahmen vorzubereiten, zu ermöglichen oder zu ergänzen,
- Arbeitsgelegenheiten für langfristig arbeitslose ArbeitnehmerInnen zu schaffen,
- die soziale Infrastruktur zu verbessern oder der Erhaltung oder Verbesserung der Umwelt zu dienen (§ 91,3 AFG).

Gefördert werden nur ArbeitnehmerInnen, die vom Arbeitsamt zugewiesen werden (§ 93 AFG). Diese müssen innerhalb der letzten zwölf Monate mindestens sechs Monate lang beim Arbeitsamt arbeitslos gemeldet gewesen sein und Arbeitslosengeld oder Arbeitslosenhilfe bezogen haben. Seit 1986 können auch Arbeitslose, die Anspruch auf Unterhaltsgeld hätten, an Arbeitsbeschaffungsmaßnahmen teilnehmen, selbst wenn kein Anspruch auf Arbeitslosengeld bzw. -hilfe besteht (§ 93,1 AFG). Diese Regelung soll – in Verbindung mit den geänderten Voraussetzungen für den Anspruch auf Unterhaltsgeld (§ 46 Abs. 1 AFG) – insbesondere arbeitslosen Frauen, die wegen der Betreuung und Erziehung von Kindern ihre Erwerbstätigkeit längere Zeit unterbrochen haben, die Rückkehr erleichtern. Statt an einer geförderten Berufsbildungsmaßnahme teilzunehmen, können sie so direkt in eine Erwerbstätigkeit vermittelt werden. Auch wenn keine Anspruchsvoraussetzung für Arbeitslosengeld oder -hilfe besteht, ist es also sinnvoll, sich beim Arbeitsamt als arbeitssuchend zu melden, um sich über mögliche Stellenangebote beraten zu lassen und von eventuellen Fördermöglichkeiten zu erfahren.

Die Mittel für Arbeitsbeschaffungsmaßnahmen wurden durch die veränderten Förderbedingungen in der letzten AFG-Novelle vom 20.12.1988 wiederum erheblich gekürzt, so daß zu befürchten steht, daß gerade Maßnahmen im sozialen Bereich, in denen bisher eine große Anzahl von ABM-berechtigten Frauen beschäftigt war, in Zukunft wegfallen werden.

6 Betriebliche Maßnahmen zur Erleichterung des Wiedereinstiegs

Fort- und Weiterbildungs- sowie Arbeitsbeschaffungsmaßnahmen (ABM) können zwar den Wiedereinstieg in das Berufsleben unterstützen, führen jedoch längst nicht immer zu dem gewünschten Arbeitsplatz. Deshalb lautet heute eine wichtige Empfehlung an Frauen, die wegen der Betreuung von Kindern zeitweise aus dem Beruf ausscheiden wollen, sich bereits *vor* der Unterbrechung über die weitere berufliche Entwicklung Gedanken zu machen und den Wiedereinstieg gezielt zu planen. Dazu gehört es beispielsweise, Kontakt zum Betrieb zu halten, um dort später möglicherweise wieder einen Arbeitsplatz zu bekommen.

Betriebskontakt während der familienbedingten Unterbrechung ist auch ein Merkmal von Maßnahmen zur Erleichterung des Wiedereinstiegs, die in einigen Großbetrieben entwickelt worden sind. Um Distanz zur Arbeitswelt gar nicht erst aufkommen zu lassen, können ausgeschiedene MitarbeiterInnen Urlaubs- und Krankheitsvertretungen übernehmen und berufliche Weiterbildungsangebote des Betriebes wahrnehmen. Eingebunden sind solche Maßnahmen meist in einen sogenannten *verlängerten Erziehungsurlaub*, eine betriebliche Arbeitsplatzgarantie, die über die Zeit des gesetzlich festgelegten Erziehungsurlaubs hinausreicht (vgl. auch IV. 1 Schwangerschaft...).

Wiedereinstellungsgarantien können dazu dienen, eine Reihe beruflicher Nachteile, die durch eine Unterbrechung der Erwerbstätigkeit entstehen, zu verhindern. Bisher gibt es nur wenige Betriebe in der Bundesrepublik, die eine Wiedereinstellung per Betriebsvereinbarung zwischen Unternehmensleitung und Betriebsrat garantieren.

Als Beispiel soll auf der nächsten Seite die Regelung der Bayer AG Leverkusen vorgestellt werden.

Auch wenn die Höhe der nachzuzahlenden Rentenbeiträge die finanziellen Möglichkeiten vieler Betriebsangehörigen überschreiten dürfte, zeigt dieses Beispiel vorbildlich betriebliche Möglichkeiten auf, die bisher allerdings nur in seltenen Ausnahmefällen ausgeschöpft werden. Insbesondere Unternehmen in wirtschaftlich schlechter gestellten Bereichen, aber auch Mittel- und Kleinbetriebe tun sich schwer, ähnliche Regelungen zu treffen. Vielfach existiert in diesen Betrieben noch keinerlei Problembewußtsein in bezug auf die Notwendigkeit zur Erleichterung der Berufsrückkehr von Frauen. In einigen anderen Unternehmen existieren hierzu Beschlüsse, die allerdings nicht gleichermaßen rechtsverbindlich sind.

Neuerdings hat die Gewerkschaft Handel, Banken, Versicherungen (HBV) erste Tarifverträge zum Elternurlaub abgeschlossen. In diesen ist festgelegt, daß sich Eltern in Betrieben mit einer bestimmten Mindestbeschäftigtenzahl bis zu vier Jahren ganz oder teilweise zur Kindererziehung freistellen lassen können. Die Zeit der Freistellung wird auf die Berufsjahre angerechnet. Die breite Diskussion zur Frauenförderung hat zumindest bewirkt, daß in vielen Großunternehmen Verhandlungen geführt werden und sich die Zahl der Unternehmen, die einen verlängerten Erziehungsurlaub anbieten, ständig vergrößert.

Die Bayer AG hat zum 1. 4. 1987 eine Gesamtbetriebsvereinbarung abgeschlossen, die für alle Beschäftigten in allen Werken gilt. Danach erhalten verheiratete und unverheiratete weibliche und männliche Mitarbeiter eine Wiedereinstellungszusage, die für die Zeit bis zur Vollendung des dritten Lebensjahres des Kindes gilt. Auf Wunsch kann die Frist in gegenseitigem Einvernehmen bis zu sieben Jahre verlängert werden. Sind beide Eltern bei Bayer beschäftigt, kann der Erziehungsurlaub auch geteilt werden.
Garantiert wird ein neues unbefristetes Arbeitsverhältnis auf einem vergleichbaren Arbeitsplatz mit der entsprechenden Eingruppierung sowie einem Stundenvolumen, das mindestens der Hälfte der tariflichen Regelarbeitszeit zum Zeitpunkt der Wiedereinstellung entspricht. Angestrebt wird die Zuteilung eines Arbeitsplatzes im gleichen Werk und Bereich.
Damit ist ausgeschlossen, daß die rückkehrwilligen Beschäftigten Teilzeitverträge abschließen, die unterhalb der Hälfte der Vollarbeitszeit liegen. Sozialversicherungsfreie ungeschützte Beschäftigungsverhältnisse sind verboten.
Die Wiedereinstellungszusage ist davon abhängig, ob zum Erhalt der beruflichen Qualifikationen vorgeschlagene Weiterbildungsangebote genutzt werden. Darüber hinaus wird es von seiten der Personalabteilung begrüßt, wenn sich die Unterbrecherinnen für Urlaubs- und Krankheitsvertretungen zur Verfügung stellen, weil so der Bezug zum Arbeitsplatz erhalten bleibt und Veränderungen direkt erfahrbar werden. Urlaubs- und Krankheitsvertretungen werden auch als Alternative zur Teilnahme an Weiterbildung gesehen. In obligatorischen Beratungsgesprächen vor der Berufsunterbrechung werden zukünftige Veränderungen und Entwicklungstendenzen angesprochen, um berufsgruppen- und tätigkeitsbezogene Weiterbildungsangebote individuell festzulegen.
Bestandteil des Aufhebungsvertrages mit Wiedereinstellungsgarantie ist, daß diese Garantie bei Aufnahme einer Erwerbstätigkeit in einem anderen Betrieb oder bei Arbeitslosenmeldung erlischt. Erlaubt ist lediglich eine geringfügige Beschäftigung unterhalb der Sozialversicherungsgrenze.
Während der Unterbrechungszeit können keine Betriebsrentenbeiträge entrichtet werden, auch die Mitgliedschaft in der Betriebskrankenkasse ruht bis zur Wiederaufnahme der Berufstätigkeit. Rentenbeiträge können nach Wiederaufnahme des Arbeitsverhältnisses nachgezahlt werden, damit Beschäftigte, die nicht länger als vier Jahre Unterbrechungszeit in Anspruch nehmen, keine Renteneinbußen in Kauf nehmen müssen.

Betriebsvereinbarung gültig ab 1. 4. 1987

7 Rechtspolitische Forderungen

Wiedereingliederung von Frauen als Inhalt betrieblicher Vereinbarungen und als ein Ziel von Regelungen im Arbeitsförderungsgesetz (AFG) sind zweifellos Ausdruck des gewachsenen Problemdrucks, der vom veränderten Erwerbsverhalten der Frauen und ihrem immer deutlicher artikulierten Wunsch nach der Vereinbarkeit von Beruf und Familie ausgeht. Die Entwicklung ist jedoch nicht nur ermutigend. Von frauenfreundlichen Regelungen einzelner Großbetriebe profitieren leider nur wenige rückkehrwillige Frauen. Viele andere sind gezwungen, statt einer qualifizierten Berufstätigkeit ein ungeschütztes Arbeitsverhältnis ohne Versicherungsschutz, mit ungünstigen Arbeitszeiten und schlechter Bezahlung anzunehmen (vgl. auch I.4 Teilzeitarbeit...).

Den positiven Veränderungen für Frauen im AFG stehen eine ganze Reihe von Verschlechterungen gegenüber. Zweifellos bedeutet es einen Fortschritt, daß die Möglichkeit zur Teilzeitumschulung bzw. -fortbildung geschaffen wurde und daß Kinderbetreuungszeiten bis zu einem gewissen Umfang bei der Leistungsberechtigung berücksichtigt werden. Andererseits sind Rechtsansprüche, angefangen beim Arbeitsförderungskonsolidierungsgesetz (AFKG) bis hin zur 9. Novelle des AFG vom 20. 12. 1988, systematisch eingeschränkt oder abgebaut worden.

Die finanziellen Leistungen beim Unterhaltsgeld, die zum Teil nur noch als Darlehen gewährt werden, liegen für Frauen, die in vielen Branchen ohnehin nur ein sehr niedriges Einkommen beziehen, häufig unterhalb des Sozialhilfeniveaus (vgl. auch II.2. Bundessozialhilfegesetz...). Eine dringliche Forderung ist deshalb die Gewährung eines existenzsichernden Unterhaltsgeldes für TeilnehmerInnen an beruflichen Fortbildungs- bzw. Umschulungsmaßnahmen.

Die Einsparungen bei Arbeitsbeschaffungsmaßnahmen (ABM) durch die Kürzung der Personalkostenzuschüsse auf 75 Prozent (abgesehen von einigen Ausnahmen), aber auch die Umwandlung von Rechtsansprüchen in Ermessensleistungen, wie bei der Finanzierung von Fortbildungs- und Umschulungsmaßnahmen, werden Frauen, die in den Beruf zurückkehren wollen, besondes hart treffen. Auch der große Ermessensspielraum bei der Gewährung von Leistungen, der sich mit Begriffen des AFG wie Zumutbarkeit, Verfügbarkeit (§ 103 AFG) oder Eignung des Antragstellers (§ 36 AFG) verbindet, ist Grundlage für eine alltägliche frauendiskriminierende Praxis.[12]

Eine Erleichterung der Teilnahme von Frauen an Weiterbildungsmaßnahmen, betriebliche und gesetzliche Regelungen zum Elternurlaub, die bei einer Berufsunterbrechung die Rückkehr planbar machen, sind notwendige Teilschritte zur Verbesserung der Situation von Frauen nach einem familienbedingten Aussetzen. Daneben bedarf es allerdings einer aktiven Arbeitsmarkt- und Beschäftigungspolitik, in deren Programmen Berufsrückkehrerinnen besonders zu berücksichtigen sind.

8 Literatur, Anmerkungen

Literatur

Backes, Gertrud/Lucke, Doris, «Alternative: ‹Männerberuf›?» Beschäftigungschancen und Rückkehrperspektiven für Frauen. Schriftenreihe des Bundesministers für Jugend, Familie, Frauen und Gesundheit, Band 210, Stuttgart u. a. 1987.

Bujok, Eva, «Die Bedeutung der Weiterbildung für Frauen beim zweiten Berufseinstieg». Schriftenreihe des Bundesministers für Bildung und Wissenschaft: Studien zur Bildung und Wissenschaft, Band 64, Bad Honnef 1988.

Gerhard, Ute/Schwarzer, Alice/Slupik, Vera, «Auf Kosten der Frauen». Frauenrechte im Sozialstaat, Weinheim und Basel 1988.

Hellmich, Andrea, «Frauen zwischen Beruf und Familie». Schriftenreihe des Bundesministers für Jugend, Familie, Frauen und Gesundheit, Band 84, Stuttgart u. a. 1986.

Lucke, Doris/Berghahn, Sabine, «‹Angemessenheit› im Scheidungsrecht». Frauen zwischen Berufschance, Erwerbspflicht und Unterhaltsprivileg, Opladen 1983.

Anmerkungen

[1] Vgl. Engelbrech, Gerhard, «Erwerbsverhalten und Berufsverlauf von Frauen». Ergebnisse neuer Untersuchungen im Überblick, in: Mitteilungen aus der Arbeitsmarkt- und Berufsforschung (Heft 2), Nürnberg 1987.

[2] Vgl. Hellmich, Andrea, «Frauen zwischen Beruf und Familie». Schriftenreihe des Bundesministers für Jugend, Familie, Frauen und Gesundheit, Band 84, Stuttgart u. a. 1986.

[3] Vgl. Engelbrech, Gerhard, a. a. O.

[4] Vgl. Brinkmann, Christian/Engelbrech, Gerhard, «Beschäftigungsprobleme der Frauen». Referat bei der Jahrestagung des Vereins für Sozialpolitik am 14.–16. 9. 1987 in Berlin (Manuskript).

[5] Vgl. Deutscher Bundestag, «Zu den Problemen der beruflichen Eingliederung nach Zeiten der Kindererziehung». Antwort der Bundesregierung auf eine große Anfrage, BT-Drucks. 11/2369 vom 25. 5. 1988.

[6] Vgl. Bujok, Eva, «Die Bedeutung der Weiterbildung für Frauen beim zweiten Berufseinstieg». Schriftenreihe des Bundesministers für Bildung und Wissenschaft, Band 64, Bad Honnef 1988.

[7] Vgl. Bujok, Eva, a. a. O.

[8] Vgl. Bujok, Eva, a. a. O.

[9] Vgl. hierzu auch Backes, Gertrud/Lucke, Doris, «Alternative: ‹Männerberuf›?» Beschäftigungschancen und Rückkehrperspektiven für Frauen. Schriftenreihe des Bundesministers für Jugend, Familie, Frauen und Gesundheit, Band 210, Stuttgart u. a. 1987.

[10] Vgl. AFG, «Wegweiser durch das Arbeitsförderungsgesetz». Der Bundesminister für Arbeit und Sozialordnung. Referat Öffentlichkeitsarbeit. Postfach, 5300 Bonn, Mai 1988 (auch erhältlich beim Arbeitsamt) sowie «Arbeitsförderungsgesetz» mit AFG-Leistungsverordnung, Arbeitslosenhilfeverordnung, Zumutbarkeitsanordnung, Meldeanordnung, Arbeitnehmerüberlassungsgesetz und weiteren wichtigen Vorschriften, Februar 1989.

[11] Vgl. hierzu auch: Lucke, Doris/Berghahn, Sabine, «‹Angemessenheit› im Scheidungsrecht». Frauen zwischen Berufschance, Erwerbspflicht und Unterhaltsprivileg, Opladen 1983.

[12] Vgl. Gerhard, Ute/Schwarzer, Alice/Slupik, Vera, «Auf Kosten der Frauen». Frauenrechte im Sozialstaat, Weinheim und Basel 1988.

V 4 **Sigrid Berenberg-Gossler**
Elterliche Sorge und Umgangsrechte bei Trennung und Scheidung

V 4

Sigrid Berenberg-Gossler

Elterliche Sorge und Umgangsrechte bei Trennung und Scheidung

Solange die Beziehung zwischen Eltern – egal, ob sie verheiratet oder unverheiratet sind – intakt ist, gibt es kaum Anlaß, gerichtliche Hilfe bei der Schlichtung von Konflikten um das Kind[1] oder die Abgrenzung der Rechte der Eltern untereinander in Anspruch zu nehmen (vgl. auch IV.2 Kinder und Eltern...). Bei Trennung und/oder Scheidung erwächst in vielen Fällen zwischen den Eltern Streit um «das Recht am Kind». Dabei geht es um die Frage, bei welchem Elternteil das Kind leben soll – um die elterliche Sorge, vereinfacht bezeichnet als das Recht, mit dem Kind zu leben und es aufzuziehen. Für den anderen Elternteil bleibt dann im Falle von Trennung nur noch das Umgangsrecht – das Recht zum regelmäßigen persönlichen Kontakt im Rahmen von Besuchen, in der Regel Besuchswochenenden. Nach Angaben des Statistischen Bundesamtes in Wiesbaden waren Gerichte in der Bundesrepublik im Jahre 1987 in 191048 Fällen mit Regelungen der elterlichen Sorge oder des Umgangsrechtes befaßt.

1 Die vergessenen Kinder oder: Der Mythos vom «Kindeswohl»

Bei allen Überlegungen zur tatsächlichen Betreuung und Lebensgestaltung eines Kindes wird auf das Kindeswohl Bezug genommen. Auch bei der Regelung der Sorgerechtsausübung bei Trennung oder Scheidung der Eltern, bei Gestaltung des Besuchskontaktes zwischen dem Kind und demjenigen Elternteil, mit dem es nicht – mehr – zusammenlebt, beschwören die betroffenen Eltern, die mit dem Fall befaßten Richterinnen, Anwältinnen und Mitarbeiterinnen von Jugendämtern das Kindeswohl. Väter und – allerdings weitaus seltener – Mütter verdecken damit gelegentlich, daß Triebfeder ihres Handelns egoistische Motive, Rache- und/oder Bestrafungswünsche gegenüber dem anderen Elternteil sind, Richterinnen wie Anwältinnen ihre Unfähigkeit, vom eigenen Erleben zu abstrahieren. Man denke an den Richter, der in langem und zähem

Kampf um das Sorgerecht für seine Kinder der Ex-Frau unterlag und nun in Sorgerechtsfälle, die vor ihm verhandelt werden, die eigene Situation projiziert; man denke an die Anwältin, vom Kindsvater nach der Geburt des Kindes verlassen, die ihm später den Besuchskontakt verwehren will und nun in manchem Prozeßgegner ihren Ex-Lebensgefährten sieht bzw. nicht sieht, daß sie diesen dort sieht. Gleiches gilt für den Mitarbeiter des Jugendamtes, der sich von einem übermäßig selbstsicher auftretenden und eloquent argumentierenden Kindsvater blenden läßt, die reale Person vor ihm nicht zu erkennen vermag, da dieser Vater ihm so erscheint, wie er selbst immer sein wollte. Ebenso begegnet uns z. B. der Vater, der von seiner Frau verlassen wurde, sich zutiefst gekränkt und schlecht behandelt fühlt, nun das vermeintliche oder tatsächliche Verhalten seiner Ehefrau auf das Verhalten der Ehefrau gegenüber dem gemeinsamen Kind projiziert – und sodann mit innerer Überzeugung behauptet, die Mutter liebe das Kind nicht, sei kalt und ich-süchtig, das Kind dürfe auf keinen Fall bei der Mutter leben.

Sie alle sehen nicht vorrangig das Kind, um das es in der juristischen Auseinandersetzung geht. Sie sind verstrickt in ihre persönliche Situation und Lebensgeschichte.

Wer durchbricht diese Nebel und macht die Bedürfnisse, Wünsche oder Nöte des Kindes für die Beteiligten wahrnehmbar? Im anglo-amerikanischen Recht gibt es den/die sogenannte «AnwältIn des Kindes». In Rechtsstreitigkeiten um elterliche Sorge oder Umgangsrecht kann dort dem betroffenen Kind ein Anwalt oder eine Anwältin zur Seite gestellt werden, der/die die Kindesinteressen vertreten soll – das heißt primär, sie den Eltern und den anderen Verfahrensbeteiligten zu Gehör zu bringen. Auch hier sind die Betroffenen nicht vor den Folgen der Blindheit aufgrund eigener Verstrickung gefeit. Sicher ist jedoch, daß die Chancen des Kindes, sein Wohl und seine Interessen beachtet zu finden, sich erhöhen. Das Kind, um das – schlimmstenfalls – erbittert von beiden Eltern unter überaus engagiertem anwaltlichem Beistand gekämpft wird, steht nicht allein zwischen seinen Eltern und vor einem/einer in das eigene verzerrte Weltbild verstrickten RichterIn. In der Bundesrepublik muß verstärkt diskutiert werden, ob auch in unsere Rechtsordnung ein/eine «AnwältIn des Kindes» eingeführt werden soll (vgl. auch IV.2 Kinder und Eltern...).

2 Sorgerecht und Umgangsrecht – Elternrechte oder Kindesrechte?

Die elterliche Sorge wie auch das Umgangsrecht des nicht sorgeberechtigten Elternteils sind im Gesetz als Elternrechte formuliert. Soweit damit die Stellung der Eltern gegenüber Eingriffen des Staates oder gegenüber dem jeweils anderen Elternteil definiert wird, ist nichts einzuwenden. Eine andere Beurteilung muß sich ergeben, wenn frau die geltenden Gesetze im Hinblick auf die betroffenen Kinder beleuchtet. Elterliche Sorge und Besuchskontakte zu den Eltern sind – im ganz ursprünglichen Sinne des Wortes – Rechte des Kindes. Ich wünsche mir ein Bürgerliches Gesetzbuch, das normiert: Jedes Kind hat ein Recht auf Kontakt und regelmäßigen Umgang mit beiden Elternteilen, jeder Elternteil ist verpflichtet, den Kontakt zu seinem Kind aufrechtzuerhalten, auch wenn das Kind nicht mit ihm im selben Haushalt lebt. Statt dessen finden wir im BGB das Umgangs*recht* des nicht sorgeberechtigten Elternteils. Und wer sein «Recht» nicht wahrnimmt, sein Kind ignoriert, kann nicht zu Kontakten mit dem Kind verpflichtet werden, mag das Kind dem abweisenden/ausgezogenen Elternteil noch so nachweinen. Die gesetzliche Festschreibung eines Kindesrechts auf Kontakt zu beiden Eltern wäre Ausdruck des gesellschaftlichen Begreifens, um wessen Interessen es vorrangig geht. Dies hätte sicherlich auch eine erzieherische Funktion gegenüber den betroffenen Eltern, insbesondere gegenüber den zahllosen Vätern, die nach der Trennung von der Frau den Kontakt zum Kind abbrechen oder – schlimm genug – auf ein minimales Maß reduzieren.

3 Elterliche Sorge, Trennung und nichteheliche Kinder

Die 27jährige Susanne Z. lebt mit ihrem gleichaltrigen Freund zusammen. Vor einem halben Jahr wurde die gemeinsame Tochter Margarethe geboren. Vor der Schwangerschaft wollte Claus R. nicht heiraten, seit der Schwangerschaft steht Susanne Z. einer Heirat ablehnend gegenüber. Die Beziehung ist ohnehin von Krisen geprägt. Genauso häufig wie über die Frage der Heirat sprechen Susanne Z. und Claus R. über Trennung.

3.1 Der Regelfall

Da die elterliche Sorge für das nichteheliche Kind gem. § 1705 BGB von der Mutter allein ausgeübt wird (vgl. IV.5 Nichteheliche Mutterschaft...), besteht kein Anlaß für eine Sorgerechtsregelung im Fall der

Trennung der bis dahin zusammenlebenden und das Kind gemeinsam betreuenden Eltern.

3.2 *Ehelich erklärte Kinder*

Bei Gesprächen über eine mögliche Heirat diskutieren Susanne Z. und Claus R. die Frage der Ehelicherklärung ihrer Tochter.

Soweit nichtehelich geborene Kinder durch spätere Eheschließung der Eltern den Status eines ehelichen Kindes erlangen (§ 1719 BGB), gilt bei Sorgerechtsstreitigkeiten das unten zu 4. Ausgeführte.[2] In den seltenen Fällen, wo ein nichtehelich geborenes Kind *ohne* Eheschließung der Eltern auf Antrag seines Vaters für ehelich erklärt wird (§ 1723 BGB), hat der Vater unter Ausschluß der Rechte der Mutter die alleinige elterliche Sorge durch diese Ehelicherklärung erlangt (§ 1738 BGB). Ein Recht der Mutter, im Fall der Trennung der Eltern ihr die elterliche Sorge zurückzuübertragen, existiert nicht. Die Trennung läßt die Sorgerechtsausübung allein durch den Vater unberührt.

3.3 *Adoptierte nichteheliche Kinder*

In den Gesprächen zwischen Claus R. und Susanne Z. über eine mögliche Heirat hat Susanne Z. den Eindruck, daß Claus R. sie nur deswegen heiraten möchte, weil er über eine Heirat und Ehelicherklärung von Margarethe neben der Mutter die elterliche Sorge ausüben möchte. Eines Tages schlägt Claus R. vor, er könne ja Margarethe adoptieren, wenn Susanne ihn schon nicht heiraten wolle. Auf den ersten Blick findet Susanne Z. diesen Vorschlag nicht schlecht, da sie denkt, über die Adoption könnte der Vater neben der Mutter die elterliche Sorge erwerben. Darin irrt Susanne Z.

Wenn das nichteheliche Kind vom Vater adoptiert wird (§ 1741 Abs. 3 BGB), endet die elterliche Sorge der Mutter mit der Adoption, die *Verwandtschaft* des Kindes zur Mutter *erlischt* (§ 1755 Abs. 1 BGB). Die elterliche Sorge verbleibt dann bei der Trennung der Eltern bei dem allein sorgeberechtigten Adoptivvater.

Die Adoption des nichtehelich geborenen Kindes durch seinen – weiterhin mit der Mutter nicht verheirateten – Vater ist äußerst selten und kann aus der Sicht der nichtehelichen Mutter nicht empfohlen werden.

4 Elterliche Sorge, Trennung und eheliche Kinder

Johanna und Roland D. wollen sich nach 15jähriger Ehe trennen. Johanna D. arbeitet halbtags als Verkäuferin, Roland D. leitet eine Kfz-Werkstatt. Die sieben und 11 Jahre alten Kinder sollen, wie in den ersten Trennungsgesprächen zwischen den Eltern vereinbart wird, bei der Mutter bleiben. Kurz vor seinem geplanten Auszug aus der ehelichen Wohnung ändert Roland D. seine Meinung und erklärt, er sei zur Erziehung der Kinder besser geeignet als seine Frau und werde mit den Kindern zusammen ausziehen.

Anders als bei der gesetzlich vorgeschriebenen Sorgerechtsregelung durch das Familiengericht im Fall der Scheidung der Eltern (§ 1671 Abs. 1 BGB), die das Gericht auch ohne Antrag eines Elternteils schon von Amts wegen zu treffen hat (§ 623 Abs. 1, Satz 3 ZPO), wird das Gericht im Fall der Trennung der verheirateten Eltern im Hinblick auf eine Sorgerechtsregelung regelmäßig nur dann tätig, wenn ein entsprechender Antrag eines Elternteils vorliegt (§ 1672 Satz 2, 1. Halbsatz BGB). Voraussetzung einer gerichtlichen Sorgerechtsregelung im Falle der Trennung ist ein dauerhaftes und nicht nur vorübergehendes Getrenntleben der Eltern (§§ 1671, 1672 BGB).

An einem Abend, an dem Johanna D. mit einer Freundin im Theater ist, zieht Roland D. aus und nimmt die Kinder mit. Johanna D. wußte noch nicht einmal, daß Roland D. sich eine neue Wohnung bereits fertig eingerichtet hatte.

4.1 Regelungsbedürfnis

Die Notwendigkeit einer Sorgerechtsregelung während des Getrenntlebens der Eltern vor der Scheidung (vgl. IV.2 Kinder und Eltern ...) ergibt sich aus Streitigkeiten der Eltern über Betreuung, Erziehung oder Aufenthalt des Kindes. Sofern nur elterliche Differenzen über den Aufenthaltsort des Kindes (bei wem soll das Kind leben?) bestehen, kann das gerichtliche Verfahren auf einen Teilbereich der elterlichen Sorge, das *Aufenthaltsbestimmungsrecht*, beschränkt werden. Befindet sich das Kind bei dem anderen Elternteil, sollte der Sorgerechtsantrag stets mit einem Antrag auf Herausgabe des Kindes verbunden werden.

4.2 Kriterien der Sorgerechtsübertragung

Nach dem Gesetz hat das Gericht die Entscheidung, welchem Elternteil die elterliche Sorge zu übertragen ist, entsprechend dem Kindeswohl zu entscheiden, wobei «die Bindungen des Kindes, insbesondere an seine Eltern und Geschwister, zu berücksichtigen» sind (§ 1671 Abs. 2 BGB).

Das Gericht ist bei seiner Entscheidung an den Antrag der Eltern nicht gebunden, kann also auch die elterliche Sorge dem Elternteil übertragen, der keinen entsprechenden Antrag gestellt hat.

Die Rechtsprechung mißt das Kindeswohl (vgl. auch IV.2 Kinder und Eltern...) an den realen Möglichkeiten, die durch die Betreuung durch den einen oder den anderen Elternteil geboten werden. Dabei kommt es nicht nur auf die Eignung des jeweiligen Elternteils zur Kindesbetreuung, sondern auch auf dessen Bereitschaft an. Die RichterInnen prüfen hier nach dem sogenannten *Förderungsprinzip*: Wo, durch wen wird das Kind in seiner seelischen, geistigen und körperlichen Entwicklung am ehesten bzw. am besten gefördert. Beteuerungen eines Elternteils hinsichtlich zukünftiger Bereitschaft sind in der Regel mit Skepsis zu begegnen, das reale Verhalten gegenüber dem Kind in der Vergangenheit bietet verläßlichere Beurteilungsmaßstäbe. Da im Rahmen der Sorgerechtsentscheidung auch die Persönlichkeit der beiden Elternteile Beachtung zu finden hat, ist ein Einfallstor für völlig subjektive, von den höchstpersönlichen Bewertungen getragene Beurteilungen geschaffen.

Größte Bedeutung bei der Sorgerechtsentscheidung verdienen die *emotionalen Bindungen* des Kindes und der *Kindeswille*. Es ist die Intensität der Beziehung des Kindes zu dem einen wie dem anderen Elternteil zu prüfen, ebenfalls die Bindungen an Geschwister. Eine Trennung von Geschwistern sollte im Regelfall dringend vermieden werden, um neben der Trennung von einem Elternteil das Trennungstrauma nicht zu erhöhen. Der Kindeswille von Kindern unter zehn Jahren wird bedauerlicherweise von den befaßten RichterInnen oft nicht hinreichend berücksichtigt. Sofern der Kindeswille ein solcher ist – und nicht im Ausnahmefall auf eine massive Beeinflussung durch einen Elternteil zurückzuführen ist –, ist diesem auch bei einem fünf- oder sechsjährigen Kind entscheidende Bedeutung beizumessen. Auch kleinere Kinder sind Persönlichkeiten mit ausgeprägten Bedürfnissen und Vorstellungen. Besonderes Gewicht mißt das Gesetz dem Wunsch eines Kindes allerdings erst zu, wenn das Kind 14 Jahre und älter ist (§ 1671 Abs. 3 Satz 2 BGB).

Neben dem Förderungsprinzip und den emotionalen Bindungen des Kindes bzw. dessen Willen wurde in der Rechtsprechung zu Sorgerechtsentscheidungen der sogenannte *Kontinuitätsgrundsatz* entwickelt. Er orientiert sich an den bisher bestehenden Betreuungsverhältnissen, den bisherigen räumlichen und tatsächlichen Umständen. Hier besteht die Gefahr, daß unter nicht hinreichender Beachtung der emotionalen Bedürfnisse des Kindes dessen vermeintliches oder tatsächliches Interesse an der Beibehaltung einer Alltagssituation (kein Auszug aus der bisherigen Wohnung, kein Schulwechsel, kein vorübergehender Auslandsaufenthalt mit einem Elternteil) überbewertet wird.

Das Gericht hat vor einer Sorgerechtsentscheidung sowohl die Eltern als auch das betroffene Kind persönlich anzuhören (§ 50a und § 50b FGG). Daneben hat das Gericht das entsprechend dem gewöhnlichen Aufenthaltsort des Kindes zuständige Jugendamt anzuhören. Ein schriftlicher Bericht des Jugendamtes wird in der Regel in solchen Fällen reichen, in denen kein Elternteil gegen den Inhalt des Berichtes Einwände erhebt.

Die *Anhörung des Kindes* durch den/die befaßte RichterIn hat zu erfolgen, «wenn die Neigungen, Bindungen oder der Wille des Kindes für die Entscheidung von Bedeutung sind oder wenn es zur Feststellung des Sachverhalts angezeigt scheint, daß sich das Gericht von dem Kind einen unmittelbaren Eindruck verschafft» (§ 50b Abs. 1 FGG). Danach wäre die Anhörung des Kindes durch den/die RichterIn immer erforderlich, weil Neigungen, Bindungen oder der Wille des Kindes nie bedeutungslos für die Sorgerechtsentscheidung des Gerichts sein können. Das Gericht kann sich aber allein auf den Bericht des Jugendamtes stützen, wenn er hinreichend ausführlich ist. Ob die streitenden Eltern im Sorgerechtsverfahren auf die Anhörung des Kindes durch den/die RichterIn neben der schon erfolgten Anhörung des Kindes durch den/die VertreterIn des Jugendamtes drängen bzw. sich gegen sie zur Wehr setzen, wird idealerweise vom Kindeswohl abhängen (soll das Kind mehrfach befragt werden?), tatsächlich aber vom Inhalt der Stellungnahme des Jugendamtes und der erwarteten Äußerung des Kindes gegenüber dem/der RichterIn.

Bei Kleinkindern kann bzw. sollte die Anhörung durch das Gericht unterbleiben, da darauf zu verweisen ist, daß die Anhörung eines sehr kleinen Kindes kaum zu verwertbaren Feststellungen führen kann. Sicherlich mag auch die Anhörung eines dreijährigen Kindes geeignet sein, Rückschlüsse auf dessen emotionale Bindungen und Neigungen zu schaffen. Hier ist es aber im Interesse des Kindes, vor mehrfachen Anhörungen geschützt zu werden, und zu berücksichtigen, ob ein/eine RichterIn angesichts ihrer in der Regel rein juristischen Ausbildung überhaupt die Fähigkeiten aufweist, solche Feststellungen zu treffen. Gegebenenfalls wäre die Aufklärung über ein psychologisches Gutachten sachdienlich (s. 4.3). Die von den Gerichten bei der Frage der Kindesanhörung gezogene Altersgrenze ist fließend. In der Regel werden Kinder vor dem Schulalter von Gerichten nicht angehört.

4.3 Psychologisches Gutachten

Wenn die Anhörung der Eltern und des Kindes und die Stellungnahme des Jugendamtes nicht die für die Entscheidung des/der RichterIn hinreichende Aufklärung vermitteln, kann das Gericht die Einholung eines

Sachverständigengutachtens durch einen/eine PsychologIn anordnen. (Wichtig: Hat der oder die Sachverständige hinreichende Sachkunde im Bereich der Kinder- bzw. Jugendpsychologie, besteht Erfahrung hinsichtlich vergleichbarer Gutachten?) Die sachliche Erforderlichkeit der Einschaltung eines/einer PsychologIn wie auch die Zweckmäßigkeit einer entsprechenden Anregung durch einen Elternteil – im Hinblick auf dessen Interesse an der Sorgerechtsübertragung auf sich – sollten regelmäßig gut geprüft werden. Die Empfehlung des/der GutachterIn, wem die elterliche Sorge zu übertragen ist, wird in der Regel vom Gericht übernommen. Damit ist de facto die Entscheidung im Sorgerechtsverfahren gefallen. Eine Ablehnung des/der vom Gericht beauftragten oder bereits tätig gewordenen GutachterIn ist nur unter sehr eingeschränkten Bedingungen möglich.

Weder die Eltern noch das Kind können durch den Gutachterauftrag des Gerichts gezwungen werden, mit dem/der GutachterIn zusammenzuarbeiten bzw. die für das Gutachten erforderlichen Explorationen und Testuntersuchungen über sich ergehen zu lassen. Die Zustimmung des Kindes zur psychologischen Begutachtung erteilen die Eltern; ab vollendetem 14. Lebensjahr erklärt das Kind die Zustimmung selbst.[3]

4.4 Zuständiges Gericht

Sachlich zuständig für die Sorgerechtsregelung bei dauerndem Getrenntleben der Eltern ist das Familiengericht (§ 621 Abs. 1 Nr. 1 ZPO). Örtlich zuständig ist das Familiengericht, in dessen Bezirk das Kind zum Zeitpunkt des Beginns des Verfahrens wohnt. Ein formaler Wohnsitz ist nicht erforderlich, der tatsächliche Aufenthalt genügt, wenn z. B. die Mutter mit dem Kind aus der ehelichen Wohnung auszieht und, bevor es ihr gelingt, eine Wohnung anzumieten, mit dem Kind bei Freunden oder Verwandten wohnt. Ist der andere Elternteil mit dem Auszug nicht einverstanden und besteht noch bis zu einer Gerichtsentscheidung gemeinsame elterliche Sorge, hat das Kind einen Doppelwohnsitz, im vorgenannten Fall beim Vater in der früheren ehelichen Wohnung und bei der Mutter am derzeitigen Aufenthaltsort. Das Sorgerechtsverfahren kann insofern bei zwei verschiedenen Familiengerichten anhängig gemacht werden, es kommt darauf an, wer zuerst wo den Antrag stellt. Dieses Gericht ist dann mit der Sache befaßt.

4.5 Eilverfahren (einstweilige Anordnung)

Ist eine sofortige richterliche Regelung des Sorgerechts erforderlich, kann also die endgültige Entscheidung des Gerichts, die eher Monate als Wochen dauert, nicht abgewartet werden, muß eine einstweilige Anordnung beantragt werden.[4]

Als Johanna D. aus dem Theater nach Hause kommt und die schriftliche Nachricht ihres Mannes vorfindet, er sei mit den Kindern ausgezogen, wohne jetzt unter einer benannten Adresse in einem entfernten Stadtteil, fährt sie sofort hin. Die Kinder schlafen bereits, der Mann verweigert die Herausgabe der Kinder und erklärt, er habe seine Arbeitszeiten so gelegt, daß er die Kinder morgens zur alten Schule fahren könne und im übrigen sie nach der Schule zu seiner Mutter gehen könnten, bis er von der Arbeit nach Hause käme. Am nächsten Morgen sucht Johanna D. eine Anwältin auf. Mit deren Unterstützung beantragt sie im Eilverfahren die Übertragung der elterlichen Sorge auf sich und die Herausgabe der Kinder.

Die Anordnung des Gerichts kann ohne Anhörung der Eltern, des Kindes und des Jugendamtes ergehen, wenn das Gericht nach dem Vortrag in der Antragsschrift zu der Überzeugung gelangt, daß für solche Verfahrensschritte wegen Gefahr im Verzuge keine Zeit vorhanden ist. Die Anhörungen sind dann nachzuholen.

Im Eilantrag muß nicht nur vorgetragen werden, warum die Sorgerechtsübertragung auf diesen Elternteil dem Kindeswohl dient, sondern – und hier ist sorgfältiger Vortrag erforderlich, damit das Gericht ohne weitere Sachverhaltsaufklärung entscheidet – welche Tatsachen die Dringlichkeit einer Entscheidung begründen. Zur Vereinfachung des Verfahrens und zur Erleichterung der Entscheidung für das Gericht empfiehlt es sich in Fällen, wo die Problematik wesentlich im Bereich der Frage angesiedelt ist, wo bzw. bei welchem Elternteil sich das Kind aufhalten soll, mit dem Antrag im Eilverfahren *nur* die Übertragung des Aufenthaltsbestimmungsrechts zu beantragen.

4.6 Prozeßkostenhilfe und anwaltliche Vertretung

Prozeßkostenhilfe ist im isolierten Sorgerechtsverfahren nach den allgemeinen Vorschriften zu beantragen.[5] Im Sorgerechtsverfahren besteht kein gesetzlicher Zwang, sich anwaltlich vertreten zu lassen (§ 78 Abs. 2 Ziff. 3 ZPO). Es empfiehlt sich aber, ein Sorgerechtsverfahren nicht ohne Beistand eines/einer AnwältIn zu führen bzw., wenn wegen der Dringlichkeit der Antrag von dem Elternteil selbst auf der Geschäftsstelle des Familiengerichts zu Protokoll gegeben wurde, sich danach anwaltlichen Beistands zu versichern. Die Bewilligung der Prozeßkostenhilfe setzt neben der Erfolgsaussicht des Rechtsbegehrens allerdings auch voraus, daß anwaltlicher Beistand erforderlich ist. Diese Erforderlichkeit wird von den Gerichten regelmäßig bejaht.[6]

4.7 Zustellung der Entscheidung an das Kind

Die Entscheidung des Gerichts ist nicht nur den Eltern zuzustellen, sondern, wenn das betroffene Kind das 14. Lebensjahr vollendet hat, auch dem Kind persönlich. Die Zustellung an das Kind ist erforderlich, um in diesem Fall auch dem Kind die Möglichkeit zu geben, ein Rechtsmittel gegen die Entscheidung einzulegen.[7]

4.8 Rechtsmittel

Sowohl die Sorgerechtsentscheidung im Eilverfahren (einstweilige Anordnung) als auch eine Entscheidung im Hauptsacheverfahren sind mit dem Rechtsmittel der Beschwerde anzufechten (§ 621e Abs. 1 ZPO). Die Beschwerdeschrift ist an das für den Bezirk des jeweiligen Familiengerichts zuständige Oberlandesgericht[8] zu richten. Auch für das Beschwerdeverfahren besteht kein Anwaltszwang. Die Beschwerde muß begründet werden und ist binnen einer Frist von einem Monat, gerechnet ab Zustellung, einzureichen (§§ 621e Abs. 3 Satz 2, 516, 552 ZPO).

4.9 Vollstreckung, Kindesherausgabe

> Johanna D. hat das Eilverfahren auf Sorgerechtsübertragung betrieben. Das Gericht hat angesichts der Tatsache, daß bis zur Trennung der Eltern die Kinder fast ausschließlich von der Mutter betreut wurden, der Vater im übrigen für eine nachmittägliche Betreuung selbst nicht zur Verfügung steht, sondern die Kinder von seiner Mutter betreuen lassen will, die elterliche Sorge für beide Kinder Johanna D. übertragen. Roland D. weigert sich, die Kinder an die Mutter herauszugeben. Er hat sich Urlaub genommen und hält sich mit den Kindern in seiner Wohnung auf.

Eine Sorgerechtsentscheidung ist ein unmittelbar gestaltender Rechtsakt, eine Zwangsvollstreckung ist daher weder nötig noch möglich. Doch die Ausübung der vom Gericht zugesprochenen elterlichen Sorge bzw. des Aufenthaltsbestimmungsrechts durch einen Elternteil ist nicht möglich, wenn – wie im Fall D. – der andere Elternteil das Kind nicht herausgibt. Der sorgeberechtigte Elternteil muß spätestens dann im Eilverfahren eine einstweilige Anordnung auf Kindesherausgabe gegen den anderen Elternteil beantragen, wenn dieser Herausgabeantrag nicht bereits – wie von Johanna D. – mit dem Sorgerechtsantrag gestellt wurde

(§ 1632 Abs. 1, Abs. 3, 2. Halbsatz BGB). Die Durchsetzung der Herausgabeentscheidung kann mit Zwangsgeld oder Gewaltanwendung (Abholen der Kinder durch den Gerichtsvollzieher, notfalls unter polizeilicher Unterstützung) erfolgen (§ 33 Abs. 1, Abs. 2 FGG).

Johanna D. klingelt in Begleitung des Gerichtsvollziehers an der Wohnungstür von Roland D. Glücklicherweise läßt Roland D. es nicht auf eine weitergehende Auseinandersetzung ankommen, bringt die Kinder selbst zur Tür und läßt sie mit der Mutter gehen.

5 Elterliche Sorge, Scheidung und eheliche Kinder

Wäre Roland D. nicht von der früheren Absprache mit seiner Frau abgewichen, daß die Kinder bei der Mutter wohnen bleiben sollten, wäre eine Sorgerechtsregelung während des Getrenntlebens nicht erforderlich. Erst zum Zeitpunkt der von beiden Eheleuten angestrebten Scheidung hätte das Gericht dann die elterliche Sorge regeln müssen (§ 1671 Abs. 1 BGB). Zuständig ist das Gericht der Ehesache. Für das Scheidungsverfahren und die Folgesachen (wie Sorgerechtsregelung) gilt Anwaltszwang (§ 78 Abs. 2 Ziff. 1 ZPO).

5.1 Gemeinsames Sorgerecht

Mit Urteil vom 3. November 1982 entschied das Bundesverfassungsgericht[9], daß die Vorschrift des § 1671 Abs. 4 Satz 1 BGB gegen das grundgesetzlich geschützte Elternrecht verstößt, indem die Sorgerechtsübertragung nach der Scheidung auf einen Elternteil allein zwingend vorgeschrieben war. Wenn die Eltern willens und in der Lage sind, die elterliche Verantwortung zum Wohle des Kindes auch nach der Scheidung weiterhin gemeinsam zu tragen, darf die Belassung der elterlichen Sorge bei beiden Eltern nicht ausgeschlossen sein. Damit besteht auch in unserem Rechtskreis – wie schon zuvor in anderen Ländern wie Großbritannien, Frankreich, Holland, Schweden – die Möglichkeit, nach der Scheidung die elterliche Sorge für das Kind weiterhin durch beide Eltern gemeinsam ausüben zu lassen. Tatsächlich aber tun sich die Gerichte schwer mit einer solchen Entscheidung. Zum einen werden hier sicherlich Eltern in ihrem Verantwortungsbewußtsein und ihrer Kooperationsfähigkeit, soweit es das Kind betrifft, von Gerichten unterschätzt. Zum anderen ist gegenüber dem im Rahmen des Scheidungsverfahrens geäußerten Wunsch und Willen der Eltern, das Sorgerecht auch weiterhin gemeinsam ausüben zu wollen, eine gewisse Skepsis erforderlich. Es sind z. B. Fälle bekannt, in denen Ehemänner ihre Bereitschaft, die gesetzlich geregelten Unterhaltszahlungen nach der Scheidung sowohl für die Ehefrau wie auch in manchen Fällen für das Kind freiwillig und ohne sonst erforderliche gerichtliche Auseinandersetzung zu leisten, abhängig machen von der Einwilligung der Frau in ein gemeinsames Sorgerecht nach der Scheidung. Hier sind die Frauen einer erpresserischen Situation ausgesetzt. Zum einen wollen sie verständlicherweise die gerichtliche Auseinandersetzung so begrenzt wie möglich halten, streben also eine private Einigung mit dem Mann über die ihnen und/oder dem Kind zustehenden Unterhaltansprüche an. Zum anderen können und sollten sie einen elterlichen Vorschlag für das gemeinsame Sorgerecht nach der Scheidung nur dann mittragen, wenn sie überzeugt sind, daß dies im Interesse des Kindes liegt und eine solche Regelung auf der Basis gegenseitigen Vertrauens und Respektes zwischen den Eltern auch realisierbar scheint.

Kriterium für die Belassung des Sorgerechts bei beiden Eltern ist zunächst der Wille der Eltern, der sich in einem übereinstimmenden Vorschlag äußert, weiterhin die volle Erziehungsfähigkeit *beider* Eltern – bei der Einzelsorgerechtsregelung muß diese nur bei einem Elternteil bejaht werden – wie schließlich eine Kindeswohlprüfung, die ergibt, daß aus der Sicht des Wohls des Kindes nichts gegen die gemeinsame elterliche Sorge spricht. Umstritten, aber von der Rechtsprechung überwiegend vorausgesetzt, ist die vierte Prämisse, daß der/die RichterIn die persönliche Überzeugung gewinnt, diese Eltern seien in der Lage, ihre Verantwortung gegenüber dem Kind auch nach der Scheidung einvernehmlich auszuüben. Hier ist wieder einer der Punkte in Sorgerechtsverfahren, wo die private Lebenserfahrung eines/einer RichterIn geneigt ist, ihre Einschätzung und Erwartungen gegenüber Parteien zu prägen, ohne möglicherweise deren individuelles Potential zu erkennen.

Die Frage der Belassung der gemeinsamen elterlichen Sorge nach der Scheidung hat nichts mit örtlichen und tatsächlichen Verhältnissen, wie Häufigkeit des Kontaktes zum zweiten Elternteil, entfernter Wohnsitz des zweiten Elternteils zu tun. Erwartet wird, daß das Kind einen Lebensmittelpunkt hat, an dem es schwerpunktmäßig von einem Elternteil versorgt und betreut wird. Die Eltern müssen darlegen, daß sie für Entscheidung und Realisierung von Erziehungs- und Ausbildungsfragen gemeinsam und einvernehmlich sorgen (vgl. auch IV.2 Kinder und Eltern...).

Angesichts der Forderung, daß – idealiter – Eltern auch nach Trennung und Scheidung die Verantwortung, Pflichten und auch die Freuden an ihrem Kind weiterhin gemeinsam tragen bzw. erfahren sollten, ist schon der Prozentsatz der Verfahren, in denen die gemeinsame elterliche Sorge auch nach der Scheidung angestrebt wird, erschreckend gering. Gerichtsentscheidungen, mit denen die beantragte gemeinsame Sorgerechtsausübung auch nach der Scheidung bestätigt werden, liegen unter 2 Prozent der entschiedenen Sorgerechtsfälle.[10]

5.2 Alleiniges Sorgerecht eines Elternteils

In der Mehrzahl der Fälle streben Eltern bei der Scheidung an, daß die elterliche Sorge nach der Scheidung für das Kind nur von einem Elternteil ausgeübt wird. Dabei nimmt die Zahl der Väter zu, die bei der Scheidung die Sorgerechtsübertragung auf sich begehren, und mithin auch die Zahl der Auseinandersetzungen um die Kinder nach der Scheidung.[11]

Wenn das Scheidungsverfahren in Gang gesetzt und damit auch die Sorgerechtsentscheidung des Gerichts erforderlich und absehbar geworden ist, empfiehlt es sich, wie auch in Sorgerechtsverfahren, während der Trennung, daß Eltern von sich aus Kontakt mit dem Jugendamt aufnehmen, bevor das Jugendamt sich bei den Eltern meldet. Diese Empfehlung sollte zumindest in streitigen Sorgerechtsverfahren berücksichtigt werden, um eine schnelle Unterrichtung des/der MitarbeiterIn des Jugendamtes zu bewirken und einer möglicherweise bereits vom anderen Elternteil dort abgegebenen völlig entstellenden Darstellung der Situation des Kindes bzw. der eigenen Erziehungsfähigkeiten rasch entgegentreten zu können.

6 Umgangsrecht, Trennung und nichteheliche Kinder

Susanne Z. und Claus R. haben sich zwischenzeitlich getrennt, auch den Adoptionsgedanken hat Susanne Z. verworfen. Die Tochter Margarethe lebt bei ihr. Die Trennung ist unter erheblichen gegenseitigen Kränkungen der Eltern abgelaufen. Susanne Z. und Claus R. stehen einander mit großen Vorwürfen und Verbitterung gegenüber. Susanne Z. möchte Claus R. für einige Zeit überhaupt nicht sehen. Claus R. verlangt, die Tochter zu regelmäßigen Besuchswochenenden zu sich nehmen zu können.

6.1 Entscheidungskriterien

Ein Umgangsrecht des nichtehelichen Vaters gibt es nach dem Wortlaut des Gesetzes nicht (vgl. IV.5 Nichteheliche Mutterschaft...). Im Gesetz heißt es: «Wenn ein persönlicher Umgang mit dem Vater dem Wohle des Kindes dient, kann das Vormundschaftsgericht entscheiden, daß dem Vater die Befugnis zum persönlichen Umgang zusteht» (§ 1711 Abs. 2 Satz 1 BGB). Trotz des Wortes «kann» ist das Gesetz so zu verstehen, daß der Umgang eingeräumt werden muß, wenn seine Nützlichkeit bzw. Förderlichkeit für das Kindeswohl vom Gericht festgestellt worden ist (Unschädlichkeit reicht nicht). Nach der geltenden Rechtslage wird die Förderlichkeit des Umgangs mit dem Vater für das Wohl des Kindes aus der Sicht des Kindes geprüft. Dabei sind zu berücksichtigen die Beweggründe des väterlichen Kontaktbegehrens, das Verhältnis zwischen den Eltern (Spannungen, schwerer Streit?), die dem Verfahren vorausgehende frühere Betreuung (langjähriges Zusammenleben der Eltern?) wie auch das Vorhandensein einer anderen männlichen Bezugsperson im Alltagsleben des Kindes, da nach der Rechtsprechung das Aufwachsen des Kindes in einer Ersatzfamilie mit einer vaterähnlichen Bezugsperson nicht gestört werden soll.

Susanne Z. überlegt, ob sie den Wunsch von Claus R. nach regelmäßigem Umgang mit der inzwischen fast zweijährigen Tochter Margarethe ablehnen und es auf ein Gerichtsverfahren ankommen lassen soll. Sie möchte zur Ruhe kommen und auch das Kind aus den sich bei jeder Begegnung der Eltern wiederholenden Spannungen heraushalten. Zugleich weiß sie, daß Margarethe an ihrem Vater hängt und schon der Auszug des Vaters und die damit verbundene räumliche Trennung ein großer Verlust für Margarethe gewesen sein muß.

6.2 Kritik und Ausblick

Hier scheiden sich die Geister. Das Nichtehelichenrecht beruht auf den Anschauungen der fünfziger Jahre. Es ging davon aus, daß zwischen nichtehelichem Vater und Kind wenig Bindungen bestehen bzw. ein Zusammenleben der nichtehelichen Eltern und eine gemeinsame Betreuung des Kindes – wenn auch nur vorübergehend – kaum existieren. Das Bundesverfassungsgericht hat am 24. März 1981 entschieden[12], daß die unterschiedliche Rechtsstellung des ehelichen und des nichtehelichen Vaters im Hinblick auf den Umgang mit dem Kind nicht verfassungswidrig ist. Dabei ist die aus der Sorgerechtsentscheidung des Gesetzes folgende Zuordnung des nichtehelichen Kindes allein zur Mutter bestätigt worden. Insoweit konsequent hat das Verfassungsgericht festgehalten, daß die ablehnende Haltung einer Mutter gegenüber den Umgangswünschen des nichtehelichen Vaters im Interesse des Kindes in der Regel zu akzeptieren sei; vereinfacht gesagt bedeutet dies: das Kindeswohl wird vom Mutterwillen definiert. Demgegenüber steht die soziale Wirklichkeit der achtziger Jahre, in denen viele unverheiratete Paare Erziehung und Betreuung der Kinder gemeinsam leisten. Bei Trennung solcher Paare müßte entgegen der bisherigen gesetzlichen Regelung und entgegen der Entscheidung des Bundesverfassungsgerichtes davon ausgegangen werden, daß der Umgang des nichtehelichen Kindes mit dem Vater grundsätzlich dem Kindeswohl dient, dem Vater also die Beweisführung insoweit erlassen wird.

Dieser Ansatz hat zu der Vorlage eines Gesetzentwurfs des Bundesjustizministeriums zur Erweiterung des Umgangsrechts der nichtehelichen Väter vom 1. März 1988 geführt. Der Gesetzentwurf läßt die gegenwärtige Sorgerechtszuweisung allein an die Mutter unberührt und befaßt sich nur mit dem Umgangsrecht der nichtehelichen Väter. Es wird eine Gesetzesänderung angestrebt, die von der grundsätzlichen Förderlichkeit des Kontaktes zwischen Vater und Kind für das Kindeswohl ausgeht und den Umgang nur dann nicht einräumen will, wenn dieser dem Wohl des Kindes widerspricht. Dann müßte im Falle des Streits zwischen den nichtehelichen Eltern über den Kontakt zwischen Vater und Kind nicht mehr der Vater belegen, daß der Kontakt dem Kindeswohl dient, sondern die Mutter, daß der Kontakt dem Kindeswohl schadet. Damit ist deutlich, daß die angestrebte Gesetzesänderung die Rechte der Mutter schwächt. Sicherlich ist es dringend vonnöten, Einsichtsfähigkeit und Kompromißfähigkeit von Eltern – allzumal in Fällen, wo diese früher zusammenlebten – zu erhöhen. Der Ansatz, auf die Einsichtsfähigkeit im Wege des gesetzlichen Zwanges einzuwirken, dies zumal dort, wo – rar genug – der Gesetzgeber die Rechte der Frauen abgesichert hat, bedarf kritischer Hinterfragung. Zu befürchten ist, daß auf diese Weise die Zahl der Gerichtsverfahren und nicht das Ausmaß von individueller Kooperationsfähigkeit und Verantwortungsbewußtsein steigen. (Zur weiteren Kritik – auch aus der Sicht von Juristinnenverbänden – vgl. IV.5 Nichteheliche Mutterschaft...)

6.3 Verfahren

Zuständig ist nicht das Familien-, sondern das Vormundschaftsgericht. Das Gesetz (§ 1711 Abs. 4 BGB) sieht eine Vermittlerrolle des Jugendamtes zwischen Vater und sorgeberechtigter Mutter vor. Der Vater kann aber das Vormundschaftsgericht auch unmittelbar einschalten, um die Mutter zur Einräumung des Umgangs zu verpflichten (§§ 43, 36 FGG). Das Gericht hat vor seiner Entscheidung die Eltern, das Kind und auch das Jugendamt anzuhören (§§ 50a, 50b FGG, § 48a JWG). Im Ausnahmefall kann auf die Anhörung des Vaters verzichtet werden.[13] Der/die VormundschaftsrichterIn kann – wie der/die FamilienrichterIn im Sorgerechtsverfahren – ein psychologisches Sachverständigengutachten anordnen. Es besteht aber keine Verpflichtung der Mutter, ihre bzw. die Mitwirkung des Kindes an der Begutachtung sicherzustellen. Während der Anhängigkeit des Verfahrens kann sowohl vom Kindesvater eine Eilentscheidung im Wege einer vorläufigen Anordnung zur Sicherstellung des Kontaktes zwischen Vater und Kind bis zur Endentscheidung des Gerichts wie auch eine solche Anordnung von der Mutter beantragt werden, die dem Vater Einwirkungen auf das Kind untersagt.

Gegen die Entscheidung des Vormundschaftsgerichts kann Beschwerde beim zuständigen Landgericht erhoben werden (§ 19 FGG). Eine Begründung ist nicht erforderlich. Beschwerdeberechtigt sind beide Elternteile, das Jugendamt, und, sofern das betroffene Kind das 14. Lebensjahr vollendet hat, das Kind selbst.

7 Umgangsrecht, Trennung oder Scheidung und eheliche Kinder

Roland D. hat sich inzwischen damit abgefunden, daß die beiden Kinder bei seiner Frau Johanna leben. Er verlangt aber, daß die Kinder jedes Wochenende bei ihm verbringen. Johanna D. lehnt dies ab, sie ist der Ansicht, daß Besuchswochenenden beim Vater nur alle 14 Tage stattfinden sollen, damit die Kinder nicht nur den Alltag, sondern auch zumindest jedes zweite Wochenende in ihrer üblichen häuslichen Umgebung und mit der Mutter verbringen können.

Der Elternteil, der das Sorgerecht nicht hat, «behält die Befugnis zum persönlichen Umgang mit dem Kinde» (§ 1634 Abs. 1 BGB). Wie dieses Umgangsrecht ausgestaltet wird, bestimmt der sorgeberechtigte Elternteil (§ 1632 Abs. 2 BGB). Bei Streitigkeiten entscheidet das Familiengericht (§ 1634 Abs. 2 BGB). Diese Grundsätze gelten sowohl bei getrenntlebenden wie auch geschiedenen Eltern ehelicher Kinder (§ 1634 Abs. 4 BGB).

7.1 Entscheidungskriterien

Einigen sich die Eltern nicht über das Umgangsrecht, wird der nichtsorgeberechtigte Elternteil das Familiengericht anrufen. Auch hier ist ein Eilverfahren möglich, wenn Dringlichkeit geboten ist. Bei getrenntlebenden Eltern kann ein Antrag auf Umgangsregelung auch gestellt werden, wenn bisher eine Sorgerechtsregelung nicht erfolgt ist, die elterliche Sorge aber de facto von dem einen Elternteil ausgeübt wird, bei dem das Kind lebt.

Der Inhalt der gerichtlich zu treffenden Umgangsregelung ist nach dem Kindeswohl zu bestimmen, wieder sind das Förderungsprinzip, das Kontinuitätsprinzip und Bindungen und Wille des Kindes zu berücksichtigen. In der Regel wird dem nichtsorgeberechtigten Elternteil ein Umgang an einem oder zwei Wochenenden im Monat sowie während Teilen der Schulferien (Urlaub) zugesprochen. Auch die Festtage (Weihnachten, Ostern, Pfingsten) sind aufzuteilen; regelmäßig wird dem nichtsorgeberechtigten Elternteil der zweite Feiertag zugesprochen. Bei sehr kleinen Kindern, die von dem anderen Elternteil bisher wenig betreut wurden, wird zunächst eine Besuchsregelung ohne Übernachten (z. B. Sonntag von 10.00 Uhr bis 16.00 Uhr an jedem zweiten oder dritten Wochenende) eingeräumt. Das Holen und Bringen des Kindes obliegt demjenigen, der das Besuchsrecht ausübt. Auch die Kosten einer dafür eventuell notwendigen Anreise bzw. der Bahn- oder Flugreise des Kindes zu dem anderen Elternteil hat dieser alleine zu tragen. Es erscheint zweifelhaft, ob die vorstehende strenge Zuordnung der Pflichten in allen Fällen dem Kindeswohl entspricht. Wenn der sorgeberechtigte Elternteil das Kind zum anderen bringt, liegt in dieser förmlichen Unterstützung des Kontaktes zum anderen Elternteil eine Bejahung des Umgangs, die für das Kind sehr wichtig sein kann. Sofern die finanziellen Verhältnisse beider Elternteile dies zulassen, wäre es auch angemessen, eine Beteiligung des sorgeberechtigten Elternteils an hohen Reisekosten zum anderen Elternteil (bei großer Entfernung zwischen den Wohnorten) zu verlangen.

7.2 Ausschluß des Umgangsrechts

Das Gesetz bietet auch die Möglichkeit, das Umgangsrecht des anderen Elternteils auszuschließen. Dies muß zum Wohl des Kindes erforderlich sein (§ 1634 Abs. 2 BGB), also nötig, um eine Gefährdung der körperlichen und seelischen Entwicklung des Kindes abzuwehren. Der völlige Ausschluß des Umgangsrechts kann nur angeordnet werden, wenn andere Maßnahmen die Gefährdung nicht verhindern können, z. B. Umgang nur in Gegenwart der Mutter, eines/einer VertreterIn des Jugendamtes, in den Räumen des Kindergartens, unter einschneidender zeitlicher Beschränkung etc. Dabei sollen die Gerichte das langfristige Kontaktbedürfnis des Kindes mit dem anderen Elternteil stets im Auge behalten und in die Abwägung einbeziehen. Gerade hier zeigt sich die Problematik der Frage nach dem vorübergehenden oder dauerhaften Ausschluß des Umgangsrechtes. Das langfristige Kontaktbedürfnis ist immer erkennbar und zu bejahen, es hat aber völlig in den Hintergrund zu treten, wenn z. B. die Gefahr der Entführung des Kindes durch den anderen Elternteil, des Mißbrauchs des Umgangsrechtes mittels ständiger zerstörerischer Äußerungen über die Beziehung des Kindes zum sorgeberechtigten Elternteil besteht und damit eine elementare Verunsicherung des Kindes zu befürchten ist.

7.3 Umgangsrecht Dritter

Außer den Eltern können andere Verwandte oder sonstige dritte Personen ein Umgangsrecht mit dem Kind nicht beanspruchen (vgl. den Fall in IV.2 Kinder und Eltern ...). Der Umgang des Kindes mit den Verwandten des jeweiligen Elternteils kann im Zusammenleben bzw. im Rahmen der Besuchskontakte mit dem jeweiligen Elternteil gestaltet werden. Da der sorgeberechtigte Elternteil aber den Umgang des Kindes mit dritten Personen bestimmen kann (§ 1632 Abs. 2 BGB), gibt es häufig Streitigkeiten dergestalt, daß der sorgeberechtigte Elternteil z. B. das Kind in das Besuchwochenende nur unter der Auflage ziehen läßt, nicht mit den Großeltern oder sonstigen Verwandten zusammenzutreffen. Bedeutung in einer rechtlichen Auseinandersetzung können diese Erziehungsmaßnahmen nur haben, wenn sie einen Sorgerechtsmißbrauch darstellen, der sich kindeswohlgefährdend auswirkt.[14]

7.4 Verfahren

Zuständig ist das Familiengericht (§ 621 Abs. 1 Nr. 2 ZPO). Sofern nicht wegen Anhängigkeit des Scheidungsverfahrens das damit befaßte Gericht örtlich zuständig ist, folgt die Zuständigkeit des jeweiligen Familiengerichts aus dem Wohnsitz des Kindes (§§ 43, 36 FGG). Das Gericht hat auch in diesem Fall sowohl die Eltern, das Kind wie auch das Jugendamt zu hören. Auch hier ist das Eilverfahren zulässig. Gegen die Entscheidung steht beiden Eltern, dem Jugendamt und auch dem Kind ab Vollendung des 14. Lebensjahres das Beschwerderecht zu.

7.5 Nochmals zum Mythos vom «Kindeswohl»

Auch beim Umgangsrecht – also der Verbindung zu dem Elternteil, bei dem das Kind nicht (mehr) lebt – wird das vielbeschworene Kindeswohl häufig ignoriert. Abgesehen von den Fällen der drohenden Kindesentführung, der Kindesmißhandlung und des sexuellen Mißbrauchs kann die Bedeutung der gelebten Beziehung zu beiden Elternteilen gar nicht überschätzt werden. Dennoch sind manche Eltern so zerstritten, gibt es in ehelichen oder nachehelichen Beziehungen derart einseitige – auch psychische – Gewaltausübung von Männern gegenüber ihren (früheren) Frauen (vgl. III.4 Mißhandlung...), daß für das Kind und sein Wohlergehen der Ausschluß des Umgangsrechts mit dem Vater noch die bessere Lösung sein kann. Daran vermag auch die im Gesetz festgehaltene Wohlverhaltensklausel nichts zu ändern, nach der beide Elternteile «alles zu unterlassen (haben), was das Verhältnis des Kindes zum anderen beeinträchtigt oder die Erziehung erschwert» (§ 1634 Abs. 1 BGB). Die Verstrickungen liegen außerhalb der Einflußsphäre des Rechts und sind in gerichtlichen Verfahren nicht aufzulösen.

8 Kindesentführung durch den anderen Elternteil

In zunehmendem Maße reagieren Kindsväter auf eine Sorgerechtsentscheidung zu ihren Ungunsten bzw. in Erwartung einer solchen Entscheidung durch Kindesentführung («Kindesentzug»). Kindesentführer sind sowohl deutsche Väter [15] wie ausländische Staatsangehörige, die mit einer deutschen Frau verheiratet sind oder waren und das Kind in ihr Heimatland verbringen. Selbst Strafverfolgung und Inhaftierung hat in manchen Fällen nicht dazu geführt, daß der Vater für die Rückführung des Kindes zur Mutter gesorgt hat. In manchen Fällen haben die Väter das Kind – wenn es sich um Ausländer handelt – in ihrem Heimatland oder sonst an einem unbekannten Ort bei dritten Personen abgegeben und sich an ihren üblichen Wohnort innerhalb der Bundesrepublik zurückbegeben, wo sie dann verhaftet wurden. Besonders kompliziert sind die Entführungsfälle mit Auslandsbeteiligung, darunter diejenigen die schwierigsten, wenn die Kinder in Länder verschleppt wurden, in denen Mutterrechte praktisch nicht existent sind. Einige Fälle sollen hier beispielhaft umrissen werden.

Nachdem die deutsche Ehefrau sich von ihrem peruanischen Ehemann getrennt hat, aus der Hamburger Wohnung mit dem gemeinsamen Kind ausgezogen ist und dem Vater ein großzügiges Besuchsrecht eingeräumt hat, benutzt der Vater eines der Besuchswochenenden, um mit dem Kind heimlich nach Peru zu reisen. Von dort ruft er bei der Ehefrau an und teilt ihr mit, sie könne mit ihrem Kind nur dann noch zusammenleben, wenn sie bereit sei, auch mit ihm, dem Ehemann, und zwar in Peru, zu leben.

Ein deutscher Vater, der zugleich die kanadische Staatsangehörigkeit besitzt, äußert im Rahmen des Scheidungsverfahrens (von der deutschen Ehefrau) mehr oder minder deutlich die Absicht, mit dem gemeinsamen Kind nach Kanada gehen zu wollen, notfalls gegen die Sorgerechtsentscheidung des Gerichts. Das Gericht nimmt die Äußerungen ernst. Ein Umgangsrecht wird dem Vater nur noch im Haushalt der Mutter zugesprochen. Der Familienpaß des Vaters, in den das Kind eingetragen ist und den er behauptet, verloren zu haben, wird vom zuständigen Paßamt gesperrt. An einem Nachmittag, als die Mutter wie üblich das Kind von der Musikstunde abgeholt hat und die beiden sich zu Fuß auf dem Heimweg befinden, hält in einer ruhigen Straße ein Auto, zwei Männer, u. a. der Kindsvater, springen heraus, ergreifen das Kind, setzen das schreiende Kind in das Fahrzeug und verschwinden. Eine polizeiliche Fahndung sowie die Benachrichtigung sämtlicher Grenzdienststellen durch das Familiengericht hat keinerlei Erfolg. Vermutlich überquerte der Vater mit dem Kind die grüne Grenze und fliegt von einem anderen europäischen Land – wie sich später herausstellt unter Vorlage des gesperrten Passes – nach Kanada. In beiden Fällen handelt es sich um Ehen zwischen gebildeten Menschen. In beiden Fällen war die Betreuung des Kindes bis zur Trennung der Eheleute allein von der Mutter erbracht worden.

Es wäre sicherlich falsch, diesen Vätern den Trennungsschmerz vom Kind und das intensive Kontaktbedürfnis abzusprechen. Vorrangig geht es bei den Entführungsfällen aber nicht darum, mit dem Kind zu leben, sondern um die Machtfrage. Wo eine richterliche Sorgerechtsentscheidung den Mann zur Ohnmacht verdammt, stellt er seine Macht durch diese Gewaltaktion – auch ohne jede Rücksicht auf das Kind – wieder her. Zugleich ist die Kindesentführung eine ganz heftig ausagierte Racheaktion und Bestrafung gegenüber der Frau.

8.1 Gerichtliche Maßnahmen bei drohender Kindesentführung

Bei drohender Kindesentführung durch den Vater liegt die Hauptproblematik für die Mutter zum einen in der Notwendigkeit, das Gericht von dieser Gefahr zu überzeugen, zum anderen in dem Wissen, daß die juristische Regelung eine tatsächliche Gewaltausübung nur in begrenztem Maße verhindern kann. Auch die zunehmende Berichterstattung über Kindesentführung durch Väter in den Medien verhindert nicht, daß manch ein/eine RichterIn die vom Kindsvater ihr gegenüber geäußerte nachdrückliche Versicherung, er werde doch sein Kind niemals entführen und der Nähe zur Mutter berauben wollen, für eine überzeugende Widerlegung der von der Mutter vorgebrachten Entführungsindizien ansieht.

Bei drohender Kindesentführung ist die Übertragung der elterlichen Sorge oder – wiederum zur Verfahrensvereinfachung – lediglich die Übertragung des Aufenthaltsbestimmungsrechts auf die Mutter im Eilverfahren zu betreiben. Eine solche Entscheidung kann in der Regel bei nachdrücklichem Bemühen binnen einer bis zwei Stunden erreicht werden. Ist der Mutter bereits die elterliche Sorge allein zugesprochen worden, ist gegebenenfalls ein Ausschluß des Umgangsrechts des Vaters zu betreiben bzw. – sollte dies entweder nicht angestrebt oder nicht erreichbar sein – die Verbindung des Umgangsrechts mit derartigen Auflagen, daß die Besuche nur unter Kontrolle Dritter, in bestimmten Räumen stattfinden können, der Vater zum Zwecke der Ausübung des Umgangsrechts seinen Reisepaß zu hinterlegen hat o. ä. Hält sich das Kind beim Vater auf und muß die Mutter befürchten, daß der Vater mit dem Kind die Bundesrepublik verlassen will, wird die Mutter ein Eilverfahren vor dem Familiengericht mit folgenden Anträgen betreiben: Herausgabeanordnung an den Vater unter Androhung von Zwangsmitteln, gerichtliches Verbot gegenüber dem Vater, das Kind außerhalb der Grenzen der Bundesrepublik Deutschland zu verbringen, Übertragung des Aufenthaltsbestimmungsrechts auf die Mutter (sofern sie dieses bzw. das Sorgerecht noch nicht allein ausübt). Weiterhin wird das Gericht auf Antrag der Mutter sämtliche Grenzdienststellen der Bundesrepublik Deutschland von den getroffenen Anordnungen unterrichten, um die Ausreise des Vaters mit dem Kind auf diese Weise – hoffentlich – zu verhindern.

Nach einem Beschluß des Bundeskabinetts vom 28. Juli 1989 sollen wirksamere Maßnahmen gegen die beschriebene Art von Kindesentführung ins Ausland getroffen werden. Der Bundestag soll danach die völkerrechtliche Zustimmung zu zwei internationalen Übereinkommen gegen Kindesentführung und zur Anerkennung von Sorgerechtsentscheidungen der Mitgliedsstaaten geben. Mit Hilfe dieser Abkommen könnte besser durchgesetzt werden, daß entführte Kinder möglichst schnell – und mit Hilfe von Behörden und Gerichten – in das Land ihres bisherigen Wohnsitzes zurückgebracht werden. Die Voraussetzung dafür muß durch die möglichst universelle Anerkennung der (deutschen) Gerichtsentscheidungen zum Sorge- und Aufenthaltsbestimmungsrecht geschaffen werden. Es besteht die bisher *nicht* durch entsprechende Beitritte zum Abkommen bestätigte Hoffnung, daß auch die Behörden und Gerichte von Staaten mit stark patriarchalem Recht ein vom Vater entführtes Kind an die deutsche Mutter herausgeben.[16]

8.2 Private Maßnahmen bei drohender Kindesentführung

Vorab ein formaler Schritt, der im Hinblick auf die möglicherweise in Kürze erfolgreich durchgeführte Kindesentführung durch den Vater von Bedeutung sein kann. Wenn die Mutter das Kind nicht in ihren Paß eingetragen hat[17], sollte sie sich einen neuen Paß ausstellen lassen, in dem das Kind miteingetragen wird. Wenn sie das Aufenthaltsbestimmungs- oder Sorgerecht für das Kind allein ausübt, kann der entsprechende Antrag gestellt werden. Wenn der Vater mit dem Kind in ein anderes Land gereist ist und die Mutter nachreisen will in der Hoffnung, das Kind von dort – und sei es mit Gewalt – zurückzuführen, stehen der Ausreise der Mutter mit dem Kind dann Hindernisse entgegen, wenn im Kinderpaß kein Einreisestempel vermerkt ist (weil das Kind z. B. im Paß des Vaters eingetragen war und über diese Legitimation in jenes Land eingereist ist). Ein neuer Kinderpaß nützt der Mutter also nichts. In dem für sie und das Kind gemeinsam ausgestellten Paß wird sich dann aber der Stempel für ihre Einreise befinden.

Sonstige vorbeugende Maßnahmen müssen sorgfältig abgewogen werden und hängen stark vom Einzelfall ab. Hält sich das Kind mit dem Vater an einem unbekannten Ort in der Bundesrepublik auf, bietet sich die Einschaltung einer Detektei auf den ersten Blick an. Auf den zweiten Blick und anhand der gemachten Erfahrung in verschiedenen Einzelfällen muß davon ausgegangen werden, daß durch die Einschaltung eines Detektivbüros hohe Kosten und wenig konkrete Erkenntnisse bewirkt werden, sofern der Vater nur einigermaßen geschickt handelt. Wenn der Vater nach der Kindesentführung mit der Mutter kommuniziert, bietet sich jede Art von Scheinversöhnung an, die geeignet ist, die Rückführung des Kindes in den mütterlichen Haushalt zu sichern. Hält sich das Kind bei der Mutter auf, ist ein Bewachungssystem rund um die Uhr zu organisieren. Hierdurch entsteht aber in der Regel eine noch größere seelische Belastung, als durch die Entführungsangst selbst. Im übrigen läßt sich eine solche Bewachung meist nicht lückenlos erreichen.

9 Kindesmißhandlung und sexueller Mißbrauch

In den letzten Jahren erfahren wir über die Medien zunehmend von Mißhandlung und sexuellem Mißbrauch, begangen an Kindern (vgl. auch III.4 Mißhandlung...). In diesem Zusammenhang sind jene Fälle von Bedeutung, in denen der Täter ein Elternteil ist. Obwohl auch Fälle bekannt werden, in denen Mißhandlung oder Mißbrauch durch die Mutter ausgeübt werden, sind diese Fälle sehr selten im Vergleich zu denen, bei denen der Vater der Täter ist. Aus der Tatsache, daß zunehmend Fälle sexuellen Mißbrauchs, begangen durch den Vater, bekannt werden – wobei in Dreiviertel der Fälle die mißbrauchten Kinder Mädchen sind[18] –, kann nicht auf die Zunahme der absoluten Zahlen des sexuellen Kindesmißbrauchs geschlossen werden. Es ist eher davon auszugehen, daß ein langsamer Bewußtseinswandel das Reden über das bisherige Tabu endlich in größerem Maße gestattet. Für Mütter ist der sexuelle Mißbrauch ihres Kindes – in der Regel der Tochter – durch den Vater häufig sehr schwer erkennbar. Zum einen mag der Wunsch, daß nicht sein kann, was nicht sein darf, die Wahrnehmungsfähigkeit beeinträchtigt. Zum anderen werden mißbrauchte Kinder in der Mehrzahl der Fälle durch psychischen oder moralischen Druck zum Schweigen gebracht («Wenn Mutti das erfährt, kommst du in ein Heim/wenn du darüber nichts sagst, haben wir unser kleines Geheimnis, und ich schenke dir zu Weihnachten ein Rennrad!»). In vielen Fällen wird der sexuelle Mißbrauch nicht mittels Gewalt, sondern mittels Verführung, Überredung oder erpresserischer Manipulation erreicht. Bei dem Kind werden u. a. auch Schuldgefühle geweckt, die die Bereitschaft zum Verschweigen noch erhöhen.

Nach einer Schätzung des Bundeskriminalamtes werden in der Bundesrepublik jährlich 300000 Kinder und Jugendliche mißbraucht, 90 Prozent von ihnen sind Mädchen.[19] Die Täter sind zu 98 Prozent Männer.[20]

Auch wenn ein Mädchen der Mutter gegenüber nicht in der Lage ist, über sexuellen Mißbrauch durch den Vater zu reden, teilt es vielleicht seine Not und sein Entsetzen verschlüsselt mit. Dies mag in der Erwähnung eines väterlichen Verhaltens erfolgen, welches widersprüchlich deutbar ist, also sowohl sexuelle Implikationen enthält als auch «harmlos» auszulegen ist. Die Aufmerksamkeit und die Schutzbereitschaft der Mutter für das Kind wird so vorsichtig ergründet. Auch unerklärliche Bauchschmerzen ohne körperliche Symptome können Anzeichen für sexuellen Mißbrauch sein. Wenn die Mutter sexuellen Mißbrauch ihres Kindes – wie auch andere Form der Kindesmißhandlung – befürchtet, sollte sie sofort professionelle Hilfe in Anspruch nehmen und eine Beratungsstelle aufsuchen.

10 Adressen, Literatur, Anmerkungen

Adressen

Als Beratungsstellen für Sorgerechtsprobleme in *Hamburg* sind empfehlenswert die «BIFF-Eimsbüttel», Eimsbütteler Str. 53, 2000 Hamburg 50, Tel.: 436399, und die «Vertrauensstelle für Ehe-, Partnerschafts- und Trennungsberatung der Freien und Hansestadt Hamburg», Schlüterstraße 16, 2000 Hamburg 13, Tel.: 44195-565/566.

In *Berlin* gibt es eine interdisziplinär arbeitende Beratungsstelle mit dem Namen: «Zusammenwirken im Familienkonflikt» – Interdisziplinäre Arbeitsgemeinschaft e. V., Wilhelmsaue 133, 1000 Berlin 31, Tel.: 030/8610195-6.

In *Berlin* existiert für sexuell mißbrauchte Mädchen und Frauen die Selbsthilfegruppe «Wildwasser». Adresse: Mehringdamm 50, 1000 Berlin 61, Tel.: 030/7865017.

Auch bei sexuellem Mißbrauch von Kindern kann der Deutsche Kinderschutzbund e. V. helfen. Er hat Beratungsstellen in zahlreichen Städten. Auskunft erteilt die Geschäftsstelle in: 3000 Hannover 1, Drostestraße 14–16, Tel.: 0511/628744 – sofern nicht schon im örtlichen Telefonbuch die Adresse der nächstgelegenen Beratungsstelle des Kinderschutzbundes zu finden ist.

Sachkundigen Rat aus eigener Erfahrung erteilt «Entführungsfälle» beim Kinderschutz International e. V., Frau Doris Bounaira, Tel.: 0221/121616. In *Berlin* gibt es den «Arbeitskreis gegen Kindesentführung und Mütterdiskriminierung». Kontakt über R. Healy, Am Karlsbad 32, 1000 Berlin 19.

Weitere Adressen, insbesondere von Beratungsstellen und Mädchen- und Frauenhäusern, finden sich im regelmäßig erscheinenden «Frauen-Kalender» der Zeitschrift «Emma» (herausgegeben von Alice Schwarzer), Köln, sowie im «Scheidungsratgeber von Frauen für Frauen», Reinbek 1987.

Literatur

Anita Eckstaedt/Rolf Klüwer «Zeit allein heilt keine Wunden», Suhrkamp Verlag, 1. Aufl., Frankfurt/M. 1980.

Wassillios, E. Fthenakis/Renate Niesel/Hans-Rainer Kunze «Ehescheidung – Konsequenzen für Eltern und Kinder», Urban und Schwarzenberg, 1. Aufl., München 1982.

Josef Goldstein/Anna Freud/Albert J. Solnit «Jenseits des Kindeswohls», Suhrkamp Verlag, 2. Aufl., Frankfurt/M. 1979.

Gunnar Heinson/Rolf Knieper «Theorie des Familienrechts – Geschlechtsrollenaufhebung, Kindesvernachlässigung, Geburtenrückgang», Suhrkamp Verlag, 1. Aufl., Frankfurt/M. 1974.

Barbara Kavemann/Ingrid Lohstöter «Väter als Täter», Rowohlt Verlag, Reinbek 1984.

Horst Luthin «Gemeinsames Sorgerecht nach der Scheidung», Gieseking Verlag, Bielefeld 1987.

Florence Rush «Das bestgehütete Geheimnis: Sexueller Kindesmißbrauch», Subrosa-Verlag, 2. Aufl., Berlin 1984.

Spiros Simitis/Lutz Rosenkötter/Rudolf Vogel/Barbara Boost-Muss/Matthias Frommann/Jürgen Hopp/Hartmut Koch/Gisela Zenz «Kindeswohl», Suhrkamp Verlag, 1. Aufl., Frankfurt/M. 1979.

Rosemarie Steinhagen «Sexueller Mißbrauch an Mädchen», Rowohlt Verlag, Reinbek 1989.

Elisabeth Trube-Becher «Gewalt gegen das Kind – Vernachlässigung, Mißhandlung, sexueller Mißbrauch und Tötung von Kindern», Kriminalstatistik-Verlag, Heidelberg 1982.

Rosi Wolf-Almanasreh «Kindesmitnahme durch einen Elternteil», Broschüre der IAF (Interessengemeinschaft der mit Ausländern verheirateten Frauen e. V.), Mainzer Landstr. 147, 6000 Frankfurt/M. 1, Dezember 1988 (dort oder bei Zweigstellen des Vereins zu beziehen).

Anmerkungen

1 Im Text wird zur Vereinfachung von «dem Kind» gesprochen, obwohl ebenso die Mehrzahl «die Kinder» gebraucht werden könnte.

2 Daneben gibt es auch noch die Ehelicherklärung nach dem Tode eines Elternteils, wenn die Eltern verlobt waren und das Verlöbnis durch diesen Tod aufgelöst wurde (§ 1750 a BGB).

3 Nach dem System des Gesetzes sind Kinder ab Vollendung des 14. Lebensjahres im Sorgerechtsverfahren «verfahrensgeschäftsfähig», d. h., sie nehmen ihre Rechte insoweit selber wahr.

4 Die einstweilige Anordnung setzt das Hauptverfahren voraus. Auch in Eilsachen ist daher – und sei es nur mit knappster Ausführung – der Antrag auf Sorgerechtsübertragung im Hauptverfahren parallel zu stellen.

[5] Vgl. §§ 114ff. ZPO.

[6] OLG Düsseldorf, FamRZ 81, Seite 695.

[7] Die Zustellung der Entscheidung kann hier ohne deren Begründung erfolgen, wenn anderenfalls Nachteile für Entwicklung, Erziehung oder Gesundheitszustand des Kindes zu befürchten sind (§ 59 Abs. 2 Satz 2 FGG).

[8] In Berlin heißt das Oberlandesgericht Kammergericht.

[9] FamRZ 82, Seite 1179.

[10] Vgl. Münchener Kommentar, 1987, § 1671 Anmerkung 64 m. w. N.

[11] Das Statistische Bundesamt führt keine Statistik über die Zahl der Sorgerechtsverfahren, in denen Väter die Übertragung der elterlichen Sorge auf sich beantragen bzw. vom Gericht übertragen bekommen. Nach Schätzungen verdoppelte sich aber die Zahl der alleinerziehenden Väter zwischen 1971 und 1981.

[12] NJW 81, Seite 1201.

[13] Wenn der Vater sein Vorbringen schriftlich dargelegt hat und die ablehnende Entscheidung des Gerichts nicht aufgrund des Verhaltens und der Person des Vaters ergeht.

[14] Dann könnte die Frage richterlicher Maßnahmen zur Gefahrabwehr wegen mißbräuchlicher Ausübung der elterlichen Sorge diskutiert werden (§ 1666 Abs. 1 BGB).

[15] Da uns Fälle der Kindesentziehung durch die Mutter weder in der beruflichen Praxis noch aus Veröffentlichungen zu diesem Thema bekannt geworden sind, sprechen wir hier von der Mutter und hinsichtlich des Entführenden nur vom Vater.

[16] Vgl. Bericht in der Zeitschrift «recht», 4/89, S. 55.

[17] Und das Kind aufgrund seines Alters (16) dem Paßzwang noch nicht selbst unterliegt.

[18] Zitiert nach «Das bestgehütete Geheimnis – sexueller Mißbrauch von Kindern»; Kinder – Bücher – Medien, Heft 27, 1986.

[19] Zitiert nach «Hamburger Abendblatt», 30. 11. 1988 (S. 3). Das Bundesfamilienministerium veröffentlichte am 13. 10. 1989 etwa die gleichen Zahlen, sieht den Prozentsatz der Mädchen unter den Opfern jedoch etwas geringer – über 80 % (zitiert nach «Frankfurter Rundschau» vom 14. 10. 1989, S. 20).

[20] Zitiert nach «Eltern», Heft 4/1989, S. 141.

V 5 **Gabriele Volmary**

Finanzielle Hilfen für alleinerziehende Mütter

V 5

Gabriele Volmary

Finanzielle Hilfen für alleinerziehende Mütter

Das Statistische Bundesamt registrierte im Jahre 1987 9,4 Millionen Ein-Personen-Haushalte, in sechs Millionen davon leben Frauen. Dies mag ein Zeichen für die wachsende Unabhängigkeit der Frau sein, es ist mit Sicherheit keines für einen Einkommenszuwachs der zunehmend weiblichen Haushaltsvorstände.

Gerade alleinerziehende Frauen, deren Anzahl ständig steigt, müssen oft mit dem Existenzminimum auskommen, in Berlin zum Beispiel lebt jede dritte von Sozialhilfe. Viele sind unter anderem auch auf die Leistungen des Unterhaltsvorschußgesetzes (UVG) und die der Stiftung «Mutter und Kind» angewiesen.

Gründe dafür sind (meistens sogar nebeneinander) fehlende Kindertagesstätten, fehlende Arbeitsplätze und nicht zahlende Väter. Durch die bestehenden Gesetze und Verordnungen werden diese Ursachen nicht beseitigt, die aktuelle Geldnot der alleinerziehenden Frauen wird jedoch gemildert.

Im folgenden werden finanzielle Hilfen für Alleinerziehende dargestellt ohne Rücksicht darauf, ob diese ihr(e) Kind(er) von vornherein allein erzogen haben (zu anderen rechtlichen Fragen nichtehelicher Mutterschaft vgl. IV.5 Nichteheliche Mutterschaft...) oder ob sie sich vom ehelichen oder nichtehelichen Partner getrennt haben (dazu vgl. ansonsten V.1 Scheidung... und V.2 Ende einer nichtehelichen Lebensgemeinschaft...).

1 Sozialhilfe

1.1 Anspruchsvoraussetzungen

Ist eine finanzielle Notlage absehbar, sollte sich die betreffende Frau bereits zu diesem Zeitpunkt an das örtlich zuständige Sozialamt wenden. Dieses hat Leistungen nach dem Bundessozialhilfegesetz (BSHG) zu gewähren (zur Sozialhilfe bei Arbeitslosigkeit und im Alter vgl. die Beiträge II.2 Bundessozialhilfegesetz... und VI.2 Sozialhilfe im Alter...). Die

Frau muß dort keinen förmlichen Antrag stellen. Es genügt, daß die zuständige Stelle Kenntnis vom Vorliegen der Notlage erhält, um den Zeitpunkt des Leistungsbeginns zu bestimmen (§ 5 BSHG). Die Frau sollte alle Unterlagen mitnehmen, aus denen sich ihre laufenden Verpflichtungen und auch ihre Einnahmen ergeben. Hierzu gehören u. a. der Mietvertrag, Versicherungsverträge, Bescheide über Kindergeld, Lohnabrechnungen usw.

Als erstes wird nun geprüft, ob eine akute Not besteht, die sofort durch eine Leistung abzuwenden ist. Eine solche liegt vor, wenn die Frau freitags feststellt, daß ihr Freund, bei dem sie vorübergehend untergekommen ist, das Schloß ausgewechselt hat. Kann sie nirgendwo anders wohnen, bleibt ihr nur eine Pension, wofür sie jedoch nicht das nötige Geld hat; oder, wenn frau zum Beispiel Anfang Januar ihr ganzes Gehalt verliert und sie plötzlich völlig mittellos dasteht. In beiden Fällen muß *sofort* Sozialhilfe zur Beseitigung dieser aktuellen Notlage gewährt werden.

Liegt keine Notlage vor, wird geprüft, ob nicht andere Personen oder Institutionen verpflichtet sind, Hilfe zu leisten, und insbesondere, ob die Frau durch eigene Mittel oder aber durch Erwerbstätigkeit sich selbst helfen kann (§§ 211,18 BSHG).

Letztere ist, auch wenn grundsätzlich Erwerbsfähigkeit vorliegt, unzumutbar, wenn zum Beispiel «dadurch die geordnete Erziehung eines Kindes gefährdet würde» (§ 18 Abs. 3 Satz 2 BSHG). Entfällt die Pflicht und die Möglichkeit, ausreichend Geld zu verdienen, wird nachgeforscht, ob es Unterhaltsverpflichtete gibt. Das können die Eltern wie auch eigene Kinder sein, nicht aber entferntere Verwandte (vgl. § 11 BSHG).

Ansonsten wird festgestellt, ob nicht andere Träger von Sozialleistungen einspringen könnten, gegen die ein Zahlungsanspruch besteht. Hierzu gehören Ansprüche auf Arbeitslosengeld, -hilfe (vgl. II.1 Arbeitsförderungsgesetz...), Wohn- und Kindergeld, Unterhaltsvorschuß, Leistungen nach dem Bundesausbildungsförderungsgesetz (BAföG), Renten usw. (vgl. § 2 BSHG). Meistens dauert die Feststellung, ob und in welcher Höhe ein Zahlungsanspruch besteht, eine ganze Weile. In der Zwischenzeit fließt bereits die Sozialhilfe. Dafür muß sich die Sozialhilfeempfängerin jedoch verpflichten, alle ihre möglicherweise bestehenden Ansprüche gegen Verwandte – Ehegatten, Eltern, Kinder – wie auch gegen andere Institutionen geltend zu machen.

Stellt sich die Frau auf den Standpunkt, die Sozialhilfe für die Kinder sei genauso hoch wie das Unterhaltsvorschußgeld (s. u.) aus der Staatskasse oder aber nur wenig niedriger, und sie erspare sich deshalb einen Antrag bei der Unterhaltsvorschußkasse, so schadet sie sich erheblich, denn das Sozialamt kann die Sozialhilfe um diesen Betrag reduzieren.

In den meisten Fällen jedoch kassiert das Sozialamt direkt. Im Wege der sogenannten Überleitungsanzeige teilt es zum Beispiel den Unterhaltsverpflichteten mit, daß diese in Höhe der geleisteten Sozialhilfe den Unterhalt direkt an das Sozialamt zu zahlen haben. Das Sozialamt verhält sich so, als würde es eigene Ansprüche geltend machen.

Steht nun fest, daß Sozialhilfe zu zahlen ist, wird diese als Hilfe zum Lebensunterhalt und als Hilfe in besonderen Lebenslagen gewährt. Die Auszahlung erfolgt grundsätzlich als Bargeld. Die laufende Hilfe zum Lebensunterhalt wird meist monatlich überwiesen. Nur wenn nachgewiesen oder vermutet wird, daß mit Sozialhilfemitteln, insbesondere mit Geldbeträgen für einmalige Leistungen, unwirtschaftlich umgegangen worden ist, werden Gutscheine ausgegeben. Unwirtschaftlichkeit wird angenommen, wenn des öfteren Geldbeträge verloren, zweckentfremdet ausgegeben oder aber entwendet wurden. Wichtig ist, daß gegen diese Zahlungsweise ein Widerspruch möglich ist.

1.2 Hilfe zum Lebensunterhalt

In welcher Höhe Hilfe zum Lebensunterhalt (HLU) gemäß den §§ 11ff. BSHG gezahlt wird, richtet sich nach den von den Bundesländern festgelegten Regelsätzen. Ob die Frau auf dem Land oder in der Großstadt lebt, wirkt sich zwar auf die Haushaltskasse, jedoch nicht auf die Höhe der Sozialhilfe aus. Alleinstehende wie Haushaltsvorstände erhalten die höchsten und Kinder bis zu sieben Jahren die geringsten Sätze. Diese Sätze können sich um einen sogenannten Mehrbedarf von 20 Prozent erhöhen, wenn die Frau zum Beispiel mit zwei Kindern unter 16 Jahren zusammenlebt und diese allein versorgt, oder wenn sie einer rentenversicherungspflichtigen Beschäftigung nachgeht.

Sind nun die einzelnen Regelsätze und Mehrbedarfszuschläge bestimmt und zusammengerechnet, ist der Bedarf also festgestellt worden, wird von diesem Betrag alles abgezogen, was frau von anderen Seiten an Geld erhält. Hierzu zählen sämtliche Einkünfte in Geld und auch in Geldwert-Vergünstigungen, wie zum Beispiel kostenloser Mittagstisch. Allein die Grundrente des Bundesversorgungsgesetzes wie auch Schmerzensgeldrenten bleiben unberücksichtigt. HLU wird in der Regel nur gewährt, wenn die Einkünfte der Frau unter dem zuvor festgestellten Bedarf, zu dem jedoch noch die Warm-Miete gerechnet wird, liegen. Von dieser Hilfe sind, wie aus einer Haushaltskasse, die Lebensmittel, kleine Anschaffungen, Pflegemittel, kleine Reparaturen, Versicherungsbeiträge usw. zu bezahlen. Die Miete wird extra nach Abzug des Wohngeldes entweder mit der laufenden Hilfe zum Lebensunterhalt zusammen oder direkt an den Vermieter gezahlt. Jedoch wird die Miete nicht in unbegrenzter Höhe übernommen. Zu luxuriös, das heißt zu teuer oder zu groß darf die Wohnung nicht sein. Einer Frau mit einem Kind wird eine Zwei-Zimmer-Wohnung mit höchstens 60 qm zugestanden. Bis zu welcher Höhe die Miete einer derartigen Wohnung übernommen wird, richtet sich nach Länderrecht.

Neben der laufenden Hilfe zum Lebensunterhalt (HLU) können auch einmalige Leistungen, wie zum Beispiel Übernahme von Mietrückständen, Renovierungs- und Umzugskosten, Bekleidung und Hausrat bewilligt werden. Diese Leistungen werden bis auf die Übernahme der Mietrückstände meistens erst nach einer gewissen Dauer des Sozialhilfebezuges gewährt. Auch kann nicht in beliebiger Höhe Hilfe beansprucht werden. Es gibt zum Beispiel für Bekleidung Listen, die die Grundausstattung und durchschnittliche Gebrauchsdauer der Bekleidung angeben. In der Berliner Liste beispielsweise ist festgelegt, daß alle fünf Jahre ein neuer Wintermantel und alle vier Jahre ein neuer Sommermantel beansprucht werden können. Ob die unterschiedliche Tragezeit von der Mode, der Länge der Jahreszeiten oder der Lage Berlins abhängt, ist nicht erkennbar, der Verschleiß ist jedenfalls kaum vorhersehbar. Auch werden Höchstpreise für die einzelnen Gegenstände oder Dienstleistungen festgelegt. Grundsätzlich werden diese Leistungen bar gezahlt. Es werden Stichproben gemacht. Deshalb sind immer die Einkaufsbelege aufzubewahren.

1.3 Hilfe in besonderen Lebenslagen

Neben der Hilfe zum Lebensunterhalt wird auch Hilfe in besonderen Lebenslagen gewährt (vgl. die §§ 27 ff. BSHG), wenn eine Notlage besteht und andere nicht einspringen, so z. B. an Behinderte, Pflegebedürftige, Kranke, Alte und Frauen.

Speziell für Frauen wurde die *Hilfe zur Familienplanung* (§ 37 b BSHG) geschaffen. Sie umfaßt die Kosten für die notwendige ärztliche Beratung, Untersuchung, Rezepte und für die ärztlich verordneten «empfängnisregelnden Mittel». Bedürftige Männer kommen nur dann in den Genuß von Kondomen auf Kosten des Sozialamtes, wenn feststeht, daß ihre jeweilige Sexualpartnerin «empfängnisregelnde Mittel oder Methoden» nicht verträgt.

Klappt es mit der Familienplanung nicht und die Frau wird schwanger, ist die *Schwangerschaft* eine weitere besondere Lebenslage im Sinne des Sozialhilferechtes. Liegen die Voraussetzungen für einen «nicht rechtswidrigen» *Abbruch* der Schwangerschaft vor und ist die Frau nicht krankenversichert, so übernimmt das Sozialamt sämtliche Kosten für den Abbruch (§ 37 a BSHG). Das gleiche gilt auch für eine «nicht rechtswidrige» Sterilisation. Ihre Rechtmäßigkeit hängt – ähnlich wie die Abtreibung – hauptsächlich von einer Indikationenfeststellung durch einen/eine ÄrztIn ab (vgl. auch IV.3 Schwangerschaftsabbruch ...).

Muß die Frau die zuvor genannte Hilfe jedoch nicht in Anspruch nehmen, steht ihr «*Hilfe für werdende Mütter und Wöchnerinnen*» zu (§ 38 BSHG).

Mit Beginn des sechsten Schwangerschaftsmonats wird ein Mehrbedarf angenommen. Die Frau erhält grundsätzlich 20 Prozent des ihr zustehenden Regelbedarfsatzes zusätzlich. Dieser Betrag kann sogar noch erhöht, aber auch reduziert werden. Dies hängt von den Lebensumständen, zu denen auch die Bewertung des Bedarfs durch die jeweiligen SachbearbeiterInnen gehört, ab. Dieser Zuschlag soll folgende Mehraufwendungen abdecken: «Zusätzliche Ernährung, Körperpflege, Fahrgeld sowie Literatur über zu empfehlende Verhaltensweisen, kleine Änderungen der Bekleidung und Aufmerksamkeiten bei gelegentlichen Hilfeleistungen durch Dritte». Des weiteren hat die Frau Anspruch auf die sonst von den Krankenkassen gewährten Leistungen. Diese umfassen auch häusliche Pflege und einen Pauschalbetrag für die mit der Entbindung entstehenden Aufwendungen sowie Mutterschaftsgeld (vgl. IV.1 Schwangerschaft ...).

Erhält die Frau keine laufende Sozialhilfe, muß sie sich, um diese Leistungen zu erhalten, nicht an das Sozialamt, sondern an das zuständige Jugendamt wenden.

Ist die Geburt überstanden, kann frau für sich allein oder aber auch zusammen mit ihrem Kind einen Antrag beim Sozialamt auf eine Erholungskur stellen.

1.4 Rechtsmittel

Wird lange Zeit nicht über einen Antrag auf Sozialhilfe entschieden, kann eine Dienstaufsichtsbeschwerde oder eine Untätigkeitsklage eingereicht werden.

Oft wird die Ablehnung eines Antrages nur mündlich ausgesprochen. Die Frau sollte jedoch immer einen schriftlichen Bescheid verlangen. Findet sie die Entscheidung falsch, legt sie binnen eines Monats nach Erhalt des Bescheides Widerspruch bei der Behörde ein. Dieses Verfahren ist kostenlos. Sie bekommt dann einen Widerspruchsbescheid mit Begründung. Fällt auch dieser nicht besser aus, muß sie wieder binnen eines Monats nach Erhalt des Bescheides entweder selbst oder anwaltlich vertreten Klage beim Verwaltungsgericht einreichen. Dauert dieser Rechtsweg zu lange, weil sich die Angelegenheit sonst vielleicht zwischenzeitlich durch Hunger- oder Erfrierenstod erledigen könnte, sollte sie selbst sofort zur Rechtsantragsstelle des Verwaltungsgerichtes gehen und einen Antrag auf Erlaß einer einstweiligen Anordnung stellen.

2 Leistungen der Unterhaltsvorschußkasse

Sinn und Zweck des Unterhaltsvorschußgesetzes (UVG) ist es, dem alleinstehenden Elternteil, der ein oder mehrere Kinder unter sechs Jahren betreut, zumindest teilweise das Risiko abzunehmen, ob der andere Elternteil Kindesunterhalt zahlt oder nicht. Dabei macht es keinen Unterschied, ob der Elternteil, bei dem das Kind lebt, ledig, geschieden oder verwitwet ist.

Zahlt der barunterhaltspflichtige Vater nicht oder nur teilweise, sollte jede alleinstehende Mutter von einem noch nicht sechsjährigen Kind einen Antrag auf Unterhaltsvorschuß stellen. Zuständig ist das Sozialamt oder das Jugendamt. Die Zuständigkeit richtet sich nach den jeweiligen Ländergesetzen.

2.1 Anspruchsvoraussetzungen

Im Gegensatz zur Sozialhilfe (s. o. und II.2 Bundessozialhilfegesetz...) kommt es beim Unterhaltsvorschuß auf die Vermögensverhältnisse der Mutter oder des Kindes nicht an.

Die Mutter muß alleinstehend, also von dem Vater des betreuten Kindes getrennt leben, geschieden oder verwitwet sein und darf nicht wieder geheiratet haben. Da die Leistung nur als Vorschuß gewährt wird, ist die Antragstellerin verpflichtet, daran mitzuwirken, daß der Vater wieder Unterhalt zahlt. Sie muß also Namen und Anschrift des Vaters angeben (vgl. IV.5 Nichteheliche Mutterschaft...).

Falls ein Unterhaltstitel noch nicht vorliegt, muß sie versuchen, einen solchen zu erstreiten und dies auch nachweisen, z. B. durch Vorlage der Klageschrift. Ausnahmen hiervon gelten, wenn der Aufenthalt des Vaters unbekannt ist oder er sich im Ausland aufhält oder eine Unterhaltsklage aussichtlos wäre (vgl. § 1 UVG).

2.2 Leistungsumfang und Rechtsmittel

Die Höhe des Vorschusses ist einheitlich. Sie richtet sich nach der Regelunterhaltsverordnung und beträgt zur Zeit (1989) DM 228. Von diesem Betrag werden Unterhaltszahlungen, zum Beispiel aus Pfändung eingehende Teilbeträge und die Hälfte des Kindergeldes, welches die Frau erhält, abgezogen. Der Vorschuß wird bis zu drei Monate rückwirkend, gerechnet ab Antragstellung, gezahlt für längstens insgesamt 36 Monate, und zwar unabhängig davon, ob mit oder ohne Unterbrechungen (vgl. § 2 UVG). Über den Antrag wird durch Bescheid entschieden. Dieser kann durch einen Widerspruch angegriffen werden. Erfolgt kein Widerspruch, wird er einen Monat nach Zustellung bestandskräftig. Nun geht der Anspruch des Kindes auf die Behörde über, die, soweit Vorschuß gezahlt wurde, den Unterhaltsschuldner direkt in Anspruch nehmen kann.

Das Unterhaltsvorschußgesetz ist von der Tendenz her sicher ein Schritt in die richtige Richtung, da es Frauen finanziell für einen kurzen Zeitraum von den Vätern ihrer Kinder unabhängig macht. Jedoch tauchen die Väter nicht plötzlich am siebten Geburtstag der Kinder auf und zahlen. Das Risiko der Unterhaltsleistung kann für die Frau nur beseitigt werden, wenn entweder bis zum Ende des Unterhaltsanspruches für jedes Kind Vorschuß gezahlt oder aber der individuelle Anspruch des Kindes gegen die Eltern durch staatlichen Unterhalt ersetzt wird. Bei der letztgenannten Lösung müßten die mit der Betreuungsarbeit belasteten Personen zum Ausgleich, unabhängig davon, ob sie verheiratet sind oder nicht, Steuervergünstigungen oder aber Zahlungen erhalten. Bis wir aber soweit sind, muß sich eine Frau mit so mancher Behörde, etlichen Gesetzen und Verordnungen herumschlagen.

3 Leistungen der Stiftung «Mutter und Kind»

3.1 Aufbau

Bis zum Jahre 1983 glaubte der Staat ein so engmaschiges soziales Netz zur Verfügung zu stellen, daß unverschuldet in Not geratene Menschen nicht durch die Maschen fallen können.

Anläßlich der Diskussion um die Strafbarkeit der Abtreibung und die Notlagenindikation fiel plötzlich auf, daß das nicht so ist. Betroffen sind zunächst alle die Frauen, denen – aus welchen Gründen auch immer – Sozialhilfe verwehrt wird, obwohl sie bedürftig sind, wie z. B. Studentinnen, die ihr Studium bisher durch Jobs finanzierten, dies jedoch aufgrund der Schwangerschaft nicht mehr können. Einen Anspruch auf Sozialhilfe haben sie nur, wenn sie nicht mehr Studentinnen sind. Will oder kann frau, warum auch immer, kein Urlaubssemester beantragen oder das Studium aufgeben, hängt sie finanziell in der Luft. Geben Frauen u. a. als Grund für den Schwangerschaftsabbruch finanzielle Not an, ist sicher nicht nur die akute, sondern meistens auch die für die Zukunft zu erwartende Not gemeint.

Aber lediglich zur Minderung der *akuten* Geldnot der schwangeren Frau wurde 1984 die umstrittene *Bundesstiftung ‹Mutter und Kind – Schutz des ungeborenen Lebens›* gegründet. Sie soll zum Schwangerschaftsabbruch entschlossene Frauen durch die Vergabe von Geld zur Fortsetzung der Schwangerschaft animieren.

Die Geldvergabe selbst erfolgt von den in jedem Bundesland eingerichteten Institutionen. Diese sind:

- In den Ländern Baden-Württemberg, Niedersachsen, Rheinland-Pfalz und Schleswig-Holstein ‹Familie in Not›,
- im Freistaat Bayern ‹Hilfe für Mutter und Kind›,
- im Land Berlin ‹Hilfe für Familie›,
- in den Ländern Bremen, Hamburg, Nordrhein-Westfalen und Saarland ‹Caritasverband›,
- im Land Hessen ‹Diakonisches Werk›.

Eine Frau kann sich jedoch nicht direkt an die Bundes- wie auch Länderstiftungen wenden. Sie muß erst die richtige Anlaufstelle finden. Zu empfehlen ist, immer zunächst beim Caritasverband nachzufragen.

3.2 Voraussetzungen für den Erhalt von Stiftungsmitteln

Welche Frauen in den Genuß von Stiftungsgeldern kommen, hängt zum einen von den Vergabekriterien, der Menge des zu verteilenden Geldes und auch davon ab, in welchem Bundesland sie lebt. Für alle – unabhängig von der Staatsangehörigkeit – gilt: die Frau muß schwanger sein und sich in der Bundesrepublik oder im Land Berlin aufhalten. In Berlin wird nicht erwartet, daß frau zunächst abtreiben wollte oder zur Zeit ihres Antrages ein Abbruch rechtlich zulässig ist. In anderen Bundesländern wird dies aber verlangt, so daß die Leistung ruhig als Gebärprämie bezeichnet werden kann. Wie arm eine Frau sein muß, um in den Genuß der Stiftungsmittel zu kommen, ist auch unterschiedlich. Einheitlich ist nur, daß das Einkommen von Alleinstehenden das Fünffache des Regelsatzes der Sozialhilfe nicht übersteigen darf. Die Grenze liegt aber meist bei dem dreifachen Regelsatz zuzüglich der Mietkosten. Uneinheitlich ist auch die Höhe der Leistungen.

Es ist ganz wichtig zu wissen, daß es *keinen Anspruch* auf die Leistungen der Stiftung gibt. Die erwartete Hilfe kann also nicht eingeplant werden. Die Frau ist Bittstellerin, und zwar beim Staat, auch wenn es meistens die freien Wohlfahrtsverbände sind, die das Geld verteilen.

3.3 Leistungen

Trotzdem ist jeder schwangeren Frau, die für sich weniger als DM 1500 zur Verfügung hat, zu raten, sich mit einer ärztlichen, die Schwangerschaft bestätigenden Bescheinigung, einem Einkommensnachweis, Belegen für die laufenden Verpflichtungen und dem Personalausweis auf den Weg zu der für sie zuständigen Anlaufstelle zu machen, denn dort kann sie sowohl einmalige wie auch fortlaufende Geldleistungen beantragen.

Letztere werden für die Zeit nach der Geburt bis zu einem Jahr und nur in Ausnahmefällen bis zu drei Jahren gewährt.

Bewilligt werden können begrenzte Zuschüsse für:

- Umstandskleidung,
- Erstausstattung des Kindes,
- Weiterführung des Haushalts,
- Wohnung und Einrichtung,
- fortlaufende Leistungen zur Unterstützung der Lebensführung,
- vorübergehende auswärtige Unterbringung vor und/oder nach der Geburt,
- sonstige Hilfen.

Die Zeitspanne zwischen Antrag und Leistungsempfang beträgt ca. zwei bis drei Monate. Ein Zuschuß zur Umstandskleidung beispielsweise ist gleich nach Feststellung der Schwangerschaft zu beantragen.

4 Steuerrechtliche Situation Alleinerziehender

4.1 Grundsätzliches

Direkte, geschlechtsspezifische Ungleichbehandlung gibt es im Einkommensteuerrecht nicht. Es gibt jedoch steuerrechtliche Vorteile für Verheiratete (vgl. III.1 Ehe... und V.1 Scheidung...), und zwar unabhängig davon, ob sie Kinder betreuen oder nicht, allein aufgrund ihres Verheirateten-Status. Da die Zahl der kinderlosen Ehen und die der Alleinerziehenden ständig steigt, ist zu fordern, steuerrechtliche Vorteile nicht für einen Status, sondern für die Betreuung von Kinder zu gewähren.

4.2 Kinderbedingte steuerrechtliche Vorteile

Für die Betreuung von Kindern gewährt der Staat Vorteile, indem er die Steuerlast durch verschiedene Regelungen reduziert. Deshalb muß eine Frau, sobald klar ist, daß sie ihr(e) Kind(er) allein erzieht, dies(e) bei sich mit Hauptwohnsitz melden und auch auf ihrer Steuerkarte eintragen lassen. Sie erhält so einen halben *Kinderfreibetrag* in Höhe von derzeit DM 1242 pro Kind. Dieser kann auf Antrag des geschiedenen oder getrennt lebenden Vaters um seine Hälfte auf DM 2484 erhöht werden, wenn er keinen oder nur wenig Unterhalt zahlt. Mit dem Inkrafttreten der Steuerreform, also für 1990, erhöht sich dieser Freibetrag auf insgesamt DM 3024.

Automatisch erhält die Frau neben dem halben oder ganzen Kinderfreibetrag den *Haushaltsfreibetrag* (1989: 4752 DM, ab 1990: 5616 DM). Befindet sich das Kind in der Ausbildung, wird ein weiterer Freibetrag gewährt. Dieser ist gesondert zu beantragen. Neben Freibeträgen gibt es weitere Steuervergünstigungen. Diese sind erst im Lohnsteuerjahresausgleich oder bei der Einkommensteuererklärung geltend zu machen.

Als kinderbedingte, außergewöhnliche Belastungen kommen insbesondere die Kosten für die Kinderbetreuung und HausgehilfInnen in Betracht. Der von dem Finanzamt zu berücksichtigende Betrag ist jedoch so gering, daß frau sich von der tatsächlichen Steuerersparnis höchstens ab und zu einen Babysitter leisten kann.

Als *Kinderbetreuungskosten* werden höchstens DM 4000 pro Kind und für jedes weitere je DM 2000 jährlich berücksichtigt. Von den tatsächlich gezahlten Betreuungskosten wird je nach Einkommen und Kinderzahl zwischen 1 und 4 Prozent des Einkommens abgezogen. Liegt das Einkommen unter DM 30000 und hat die Frau ein oder zwei Kinder, beträgt der Satz 2 Prozent. Zahlt die Frau monatlich DM 300 für die Betreuung und verdient sie DM 24000 im Jahr, lautet die Rechnung: 12 × DM 300 abzüglich 2 Prozent von DM 24000 = DM 3120. Das zu versteuernde Jahreseinkommen verringert sich um DM 3120. Das bedeutet lediglich, daß frau für DM 260 monatlich keine Steuern zahlen muß.

Aufwendungen bis zu DM 1200 jährlich für eine Haushaltshilfe können ebenfalls berücksichtigt werden.

Tatsächlich geldwerten Vorteil hat eine alleinstehende Frau mit Kindern bei der Wohnungsbauprämie und der ArbeitnehmerInnensparzulage. Beide steigen mit der Anzahl der Kinder.

4.3 Getrenntleben und Steuern

Lebt die Frau von ihrem Ehemann getrennt und will sie das auch weiterhin, wird sie in dem darauffolgenden Jahr allein steuerlich veranlagt (vgl. auch V.1 Scheidung ...). Dies hat Einfluß auf ihr Einkommen, sei es Gehalt, sei es Unterhalt. Jede Frau sollte sich deshalb, bevor sie dem Finanzamt den Trennungszeitpunkt mitteilt, steuerrechtlich beraten lassen. Das gilt ebenso für die Frage, ob sie sich für das laufende Jahr noch steuerlich gemeinsam mit ihrem Mann veranlagen läßt oder nicht.

4.4 Unterhalt und Steuern

Erhält eine Frau, ob getrennt lebend oder geschieden, für sich Unterhalt, so muß sie diesen grundsätzlich *nicht* als Einnahme versteuern.

Um dem Zahlenden aber sein Los zu erleichtern, gibt es das sogenannte Realsplitting. Dabei wird das zu versteuernde Einkommen des

Zahlenden um den geleisteten Jahresunterhalt, höchstens jedoch um DM 18000 reduziert, so daß die Steuerlast erheblich sinkt. Dafür muß die Frau nun den Unterhalt als Einkommen versteuern. Deshalb sollte sie ihre Zustimmung (per Unterschrift) zur Begünstigung des Mannes nur erteilen, wenn er sich umgekehrt verpflichtet, ihre Mehrkosten für Steuern und Steuerberatung zu zahlen. Alles in allem macht der Mann dabei ein gutes Geschäft.

5 Adressen, Literatur, Anmerkungen

Adressen

Will frau sich grundsätzlich zunächst einmal selbst rechtskundig machen, empfiehlt es sich, Beratungsstellen der Sozialhilfeinitiativen in Anspruch zu nehmen. Diese geben Sozialhilfeleitfäden heraus. Informationen sind z. B. zu erhalten über

Soziale Brennpunkte Hessen e. V.
Lothar Stock
Moselstraße 25
6000 Frankfurt/Main.

Darüber hinaus gibt es in den Bundesländern jeweils Ausführungsvorschriften zum Bundessozialhilfegesetz (BSHG). In diesen sind die einzelnen Voraussetzungen sehr differenziert dargestellt. Diese Anweisungen sind auch für die jeweiligen SachbearbeiterInnen verbindlich. Es ist jedoch schwierig, an diese Vorschriften heranzukommen, denn die Behörde stellt sie nicht zur Einsicht zur Verfügung. Sie stehen aber in juristischen Bibliotheken. Vielleicht können auch hier die Sozialinitiativen weiterhelfen.

Neben der Sozialhilfe, den Stiftungsgeldern und Steuererleichterungen gibt es für alleinerziehende Frauen noch etliche weitere Ansprüche auf Geld- und Hilfeleistungen, zum Beispiel auf Kindergeld, Waisenrente oder Erziehungshilfen nach dem Jugendwohlfahrtsgesetz (JWG).

In den Beratungsstellen der autonomen Frauenbewegung, des Sozialamtes, des Jugendamtes, der Wohlfahrtsverbände oder anderer freier Träger, gibt es häufig einiges Informationsmaterial.

Wenn frau Glück hat, erhält sie dort auch eine umfassende Beratung. Deshalb sollte sie nicht nur Fragen stellen, sondern ruhig etwas ausführlicher ihre Situation schildern. Dies erhöht die Chance, daß frau auf bisher noch unbekannte Möglichkeiten hingewisen wird und die Kenntnisse gewinnt, die sie braucht, um ihre Ansprüche durchsetzen zu können.

Literatur

Behr, Sophie «Ich erziehe allein». Problemlösungen und Ermunterungen für die Erziehung ohne Partner, Reinbek 1980.

Gutschmidt, Gunhild «Kind und Beruf. Alltag alleinerziehender Mütter», Weinheim, München 1986.

Kickbusch, Ilona, Riedmüller, Barbara (Hg.) «Die armen Frauen», Frankfurt/M. 1984.

Köppen, Ruth «Die Armut ist weiblich», Berlin 1985.

Krüger, Helga u. a. «Privatsache Kind – Privatsache Beruf», Opladen 1987.

Napp-Peters, Anneke «Ein-Elternteil-Familien. Soziale Randgruppen oder neues familiales Selbstverständnis?» Weinheim, München 1985.

Neubauer, Erika «Alleinerziehende Mütter und Väter – Eine Analyse der Gesamtsituation». Schriftenreihe des BMJFFG, Bd. 219, Stuttgart, Berlin, Köln, Mainz 1988.

Swientek, Christine «Alleinerziehende – Familien wie andere auch?», Bielefeld 1984.

Anmerkungen

[1] Die rechtlichen Regelungen sind im Einkommensteuergesetz (EStG) zu finden, welches aber schwer zu lesen ist. Sinnvoller ist es, bei Problemen mit der eigenen Steuererklärung einen der jährlich erscheinenden Steuerratgeber zu Rate zu ziehen.

VI Leben im Alter

In der Bundesrepublik nimmt der Anteil der älteren Menschen an der Gesamtbevölkerung stetig zu. Heute liegt der Anteil der über 65jährigen bei etwa 15 Prozent. Hält der Trend einer niedrigen Geburtenrate weiter an, wird die Rate noch bis zu 30 Prozent im Jahr 2030 ansteigen.[1] Etwa zwei Drittel aller Menschen über 65 Jahre sind Frauen.[2]

Wie sieht deren finanzielle und rechtliche Situation aus? 1986 lag die durchschnittliche eigenständige Rente von Frauen in der Arbeiterrentenversicherung (ArV) bei 470 DM monatlich, Männer erhielten durchschnittlich fast das Dreifache.[3] Im gleichen Jahr bezogen Frauen in der Angestelltenrentenversicherung (AV) im Schnitt rund 830 DM monatlich, Männer verfügten durchschnittlich über das Doppelte.[4] Die abgeleiteten Renten, also Witwen- und Hinterbliebenenrenten, die sich nicht aus der eigenen Berufstätigkeit der Frauen ergeben, erreichten in der ArV ca. 700 DM und in der AV 980 DM monatlich.[5] Das Ausmaß der finanziellen Bedrängtheit und tatsächlicher Armut ist erschreckend. Im Jahr 1988 mußten 55 Prozent aller Rentnerinnen mit einer Rente unter 600 DM monatlich leben.[6] Diese Zahlen belegen deutlich, daß das System der Alterssicherung in der Bundesrepublik für Frauen nicht funktioniert (vgl. Beitrag VI.1 von *Annelies Kohleiss*). Durch die Lohnbezogenheit der Rentenberechnung setzt sich zum einen die Diskriminierung von Frauen im Erwerbsleben durch niedrigere Löhne bis zum Alter fort.[7] Zum anderen wird durch die Bedingungen der Anerkennung von Rentenansprüchen, wie die Voraussetzung, einen fast lückenlosen Erwerbsverlauf nachzuweisen, Frauen, insbesondere Frauen mit Kindern, der Zugang zur Rentenversicherung überhaupt erschwert.[8] Durch die anstehende Reform des Rentenrechts wird sich an dieser Situation wenig ändern. Es wird zwar durch die Anrechnung des sogenannten Babyjahres zum erstenmal im Ansatz der ökonomische Wert der Familien- und Hausarbeit anerkannt, jedoch entspricht die zeitliche Anrechnung von Jahren der Kindererziehung bei weitem nicht den faktischen Anforderungen. Auch die wieder verstärkte Lohnbezogenheit der Rentenberechnung benachteiligt Frauen weiter.[9]

Der Gesetzgeber hat somit erneut die Chance vertan, die entwürdigende Situation einer großen Zahl von Frauen im Rentenalter zu verändern. Offensichtlich fehlt dieser Bevölkerungsgruppe eine institutionelle Lobby, die auf die Wahrung ihrer existentiellen Interessen achtet. Dagegen könnten Modelle, die eine grundlegende Veränderung des Systems der Rentenversicherung anstreben, wie der Vorschlag einer Grundrente oder einer bedarfsorientierten Mindestrente, in Zukunft ein Weg aus der Misere sein.[10]

Bis dahin jedoch werden alte Frauen auch weiterhin auf die Unterstützung durch Leistungen der Sozialhilfe angewiesen sein, selbst wenn sie ihr ganzes Leben lang erwerbstätig waren (vgl. den Beitrag VI.2 von *Irmgard Michel*). Von den 2,8 Millionen Personen, die 1985 dauernd oder zeitweise durch Sozialhilfe unterstützt wurden, waren 591000 60 Jahre und älter.[11] Von diesen Menschen waren 462000 Frauen. Allgemein wird von einer hohen Dunkelziffer im Bereich der Antragsberechtigten zur Sozialhilfe ausgegangen. Die konstante Dunkelziffer wird bei 50 Prozent angesetzt.[12] Die Gründe für eine Nicht-Antragstellung bei bestehender Bedürftigkeit sind vielfältig und reichen von der Angst, den eigenen Angehörigen durch Erkundigungen des Sozialamtes zur Last zu fallen, bis zu dem Vorurteil (auch) der Betroffenen, daß der Bezug von Sozialhilfe ein Zeichen von Lebensuntüchtigkeit sei.[13] Alt zu werden, bedeutet also für über die Hälfte aller bundesdeutschen Frauen, arm zu werden.

Die Wahl des Aufenthaltortes – ob zu Hause oder im Heim und wenn dort, in welchem? – wird alten Menschen in bestimmten Fällen nicht mehr allein überlassen. Dieser Fall tritt dann ein, wenn aufgrund von Gebrechlichkeit oder altersbedingter Verwirrtheit oder Vergeßlichkeit eine Pflegschaft angeordnet wird. Hier spielt die eigene rechtzeitige Vorsorge, die auch juristische Aspekte haben kann, eine entscheidende Rolle (vgl. Beitrag VI.3 von *Jutta Wagner*).

Für die rechtliche Situation alter Menschen zeichnet sich hier erfreulicherweise eine Verbesserung ab. Zur Zeit wird in den zuständigen Ausschüssen von Bundestag und Bundesrat eine Reform des Vormundschaftsrechts beraten, das anstelle der Entmündigung die Betreuung nicht mehr vollgeschäftsfähiger Personen vorsieht (Betreuungsgesetzentwurf).

Durch eine Veränderung des Verfahrens soll der oftmals angetroffenen Willkür und Gleichgültigkeit der zuständigen Institutionen und Gerichte begegnet und den Betroffenen weitaus bessere Möglichkeiten der Gegenwehr zur Verfügung gestellt werden.[14] Andererseits bleibt die schlechte finanzielle und soziale Situation alter Menschen auch bei dieser Gesetzesreform weitgehend unberücksichtigt. Die Beseitigung dieser drängenden Probleme würde allerdings neben gutem Willen auch einiges an Geld kosten, und an diesem Punkt scheint das Problembewußtsein der Verantwortlichen in Politik und Verbänden abrupt zu enden.

Im Alter ist, wie wohl in sonst keinem anderen Lebensabschnitt, der eigene Tod und der Verlust von FreundInnen und Verwandten gegenwärtig (vgl. Beitrag VI.4 von *Sabine Heinke*). Um gerade in dieser schmerzlichen Situation nicht noch mit Sorgen über die eigene oder die finanzielle Situation anderer belastet zu sein, kann eine vorherige rechtliche Regelung (zum Beispiel ein Testament) sehr hilfreich sein.

Anmerkungen

[1] Aus: Datenreport 1987, Daten und Fakten über die Bundesrepublik Deutschland, durchgesehener und aktualisierter Nachdruck 1988, Bonn 1987, S. 40.

[2] Ebenda.

[3] Kruse, C. «Bestandsaufnahme der systematischen Diskriminierung von Frauen in der Altersversorgung», in: «Streit», feministische Rechtszeitschrift, 2/89, 7. Jahrgang, S. 43.

[4] Ebenda.

[5] Ebenda.

[6] Munschau, C. «Frauenarmut im Alter», schriftliche Arbeit zur obligatorischen Studienberatung, Berlin 1989, unveröffentlichtes Ms., S. 5.

[7] Gerhard, U. «Bedenkliches Resümee», in: «Streit», feministische Rechtszeitschrift, 2/89, 7. Jahrgang, S. 50f.

[8] Ebenda.

[9] Ebenda.

[10] Kirner, E. in: Deutsches Zentrum für Altersfragen (Hg.): «Die ergraute Gesellschaft», Berlin 1987.

[11] Datenreport 1987, Daten und Fakten ..., a. a. O., S. 199.

[12] Bujard, O.; Lange, U. «Armut im Alter», Weinheim/Basel 1978.

[13] Ebenda.

[14] Schuhmacher, U. / Jürgens, A. «Anmerkungen zum Betreuungsgesetzentwurf», in: «Recht und Psychiatrie», 2/1988, S. 2–14.

VI 1 **Annelies Kohleiss**

Einkommen im Alter: die Rente

VI 1

Annelies Kohleiss

Einkommen im Alter: die Rente

Die gesetzliche Rentenversicherung der Bundesrepublik ist keine Volksversicherung, die alle BürgerInnen erfaßt. Wer der Versicherungspflicht unterliegt und wer sich freiwillig weiterversichern kann, ist in den Rentenversicherungsgesetzen, insbesondere in der Reichsversicherungsordnung (RVO) und im Angestelltenversicherungsgesetz (AVG) im einzelnen geregelt. Ab 1.1.1992 wird das bisher in verschiedenen Gesetzen geregelte Rentenrecht in einem einzigen Gesetz, dem Rentenreformgesetz 1992, zusammengefaßt.

Zu den Pflichtversicherten gehören grundsätzlich alle Arbeitnehmer, soweit sie nicht als Beamte oder in beamtenähnlichen Stellungen tätig sind, oder ihre Beschäftigung im Hinblick auf das erzielte Entgelt versicherungsfrei ist. Pflichtversichert sind darüber hinaus eine Reihe von Selbständigen, soweit sie keine Arbeitnehmer beschäftigen. Für die Höhe der zu zahlenden Renten kommt es insbesondere auf die Zahl und die relative Höhe der entrichteten Beiträge an. Unterbrechung der Erwerbstätigkeit oder längere Zeitabschnitte von Teilzeitbeschäftigung wirken sich daher negativ auf die Rentenhöhe aus. Die gesetzliche Rentenversicherung ist auf typische Erwerbsläufe von Männern zugeschnitten, nämlich eine durchgehende vollschichtige Erwerbstätigkeit. Die typischen Leistungen von Frauen, insbesondere Kindererziehung, aber auch Pflege von Angehörigen, werden dagegen überhaupt nicht oder nur in ganz geringem Umfang berücksichtigt. Nicht nur die Hinterbliebenenrenten (in Höhe von 60 Prozent der Versichertenrenten, aus denen sie abgeleitet werden), sondern auch die Versichertenrenten der Frauen liegen daher weit unter den Versichertenrenten von Männern.

1 Zur Rentensituation von Frauen

Im Jahr 1985 waren 19,3 Mio. Männer und 15,9 Mio. Frauen in der Arbeiter- und Angestelltenversicherung aktiv (wenn im letzten Jahr Beiträge entrichtet worden sind) oder passiv (wenn im letzten Jahr eine Beitragsentrichtung nicht erfolgt ist) versichert.[1] Gleichzeitig gingen von den 9,1 Mio. Versichertenrenten 5,1 Mio. an Frauen und nur 4,0 Mio. an

Männer. Von den 4,3 Mio. Hinterbliebenenrenten entfielen 3,9 Mio. auf Witwenrenten. Damit wurden von drei Renten zwei an Frauen gezahlt. Aber nur sogenannte Doppelrentnerinnen, Frauen, die neben einer Hinterbliebenenrente eine Rente aus eigener Versicherung beziehen, verfügen über Renteneinkünfte, die durchschnittlich etwa der Renten eines (alleinstehenden und insoweit vergleichbaren) Rentners entsprechen. Nach Berechnungen der Bundesversicherungsanstalt für Angestellte lagen 1987 die durchschnittlichen Versichertenrenten in der Arbeiterrentenversicherung (ArV)

bei Frauen	bei DM 469
und bei Männern	bei DM 1230.

In der Angestelltenversicherung (AV) waren es

bei Frauen	DM 787
bei Männern	DM 1684.

Auch die Frauenaltersruhegelder und die flexiblen Altersruhegelder der Männer lagen weit auseinander:

Frauen (ArV)	DM 785	Männer (ArV)	DM 1607
Frauen (AV)	DM 1072	Männer (AV)	DM 2089

Diese Unterschiede sind teilweise auf die geringere Zahl angerechneter Versicherungsjahre bei Frauen, vor allem aber auf die im Durchschnitt geringeren Einkommen während des Erwerbslebens (Entgeltpositionen) zurückzuführen.

Versicherungsjahre ArV	Frauen 31,9	Männer 43,9
Versicherungsjahre AV	Frauen 34,6	Männer 45,1
Entgeltpositionen ArV	Frauen 68,8 %	Männer 105,6 %
Entgeltpositionen AV	Frauen 84,4 %	Männer 129,1 %

2 Gesetzliche Rentenversicherung und andere Sicherungssysteme

Soziale Sicherheit im Alter, bei verminderter Erwerbsfähigkeit und im Hinterbliebenenfall wird in der Bundesrepublik nicht nur durch die gesetzliche Rentenversicherung vermittelt. Daneben gibt es insbesondere das System der beamtenrechtlichen Versorgung. Es gibt Sicherungssysteme für Angehörige bestimmter Berufsgruppen wie die Altershilfe für Landwirte oder die Künstlersozialversicherung. Es gibt schließlich eine Anzahl von berufsständischen Versorgungswerken für Angehörige freier Berufe, etwa für Ärzte, Rechtsanwälte und ähnliche Gruppen. Darüber hinaus besteht eine große Zahl von unterschiedlich organisierten und ausgestalteten Zusatzeinrichtungen. Ein Anspruch auf Leistungen entsteht bei all diesen Systemen grundsätzlich unabhängig von der Ursache des Versicherungs- bzw. Versorgungsfalls.

Darin unterscheiden sich diese Systeme von der gesetzlichen Unfallversicherung, deren Leistungen mit einem schädigenden Ereignis und dem Zusammenhang zwischen diesem Ereignis und dem eingetretenen Schaden verknüpft sind. Der Anspruch auf Leistungen hängt bei diesen Systemen auch nicht von der Bedürftigkeit des/der Berechtigten ab – und darin liegt ein entscheidender Unterschied zur Sozialhilfe (vgl. II.2 Bundessozialhilfegesetz... und IV.2 Sozialhilfe im Alter...).

Da jedoch für den ganz überwiegenden Teil der Bevölkerung die soziale Absicherung von der Zugehörigkeit zur gesetzlichen Rentenversicherung abhängt, beschränkt sich dieser Beitrag auf eine Darstellung der Entwicklung dieses Sicherungssystems, der Leistungen, die es vorsieht, der Voraussetzungen an die sie geknüpft sind und auf Hinweise auf die anstehenden Änderungen in diesem Recht.

3 Geschichtliche Entwicklung der sozialen Sicherung der Frau

Die gesetzliche Rentenversicherung hat im Verlauf ihrer hundertjährigen Geschichte – sie besteht seit dem 1. 1. 1890 – zahlreiche wesentliche Veränderungen erfahren. Versichert waren zunächst nur ArbeiterInnen sowie Angestellte mit einem Jahreseinkommen von 2000 Mark. Rente gab es nur in zwei Fällen – nach Erreichen des Rentenalters, bis zum Jahr 1916 war dies die Vollendung des 70. Lebensjahres, und bei Erwerbsunfähigkeit bzw. ab 1900 bei Invalidität. Die lag vor, wenn der/die Versicherte nicht mehr in der Lage war, ein Drittel des Lohnes eines/einer vergleichbaren Versicherten zu verdienen.

Die Rente (Durchschnittsaltersrente anfänglich 10 Mark im Monat) war zunächst nur als Zuschuß zur Bestreitung des Lebensunterhalts gedacht oder – wie Bismarck es formuliert hat: «Die Rente soll die Schwiegertochter dazu veranlassen, den Schwiegervater im Haushalt zu behalten.» Von der Schwiegermutter war nicht die Rede. Schwiegermütter und Mütter hatten in der Regel aber auch keine Rente zu erwarten, keine Hinterbliebenenrente und keine Rente aus eigener Versicherung. Der Anspruch auf eine Versichertenrente hing nämlich (bis 1956) nicht nur von der Entrichtung einer Mindestzahl von Beiträgen, sondern auch davon ab, daß Beiträge mit einer gewissen Regelmäßigkeit gezahlt wurden. Dadurch war verheirateten Frauen der Aufbau einer eigenen sozialen

Sicherung vielfach unmöglich gemacht worden. Insbesondere gegenüber der Erwerbstätigkeit verheirateter Frauen bestanden massive Vorbehalte, die ja auch in dem bis zum 1.4.1953 geltenden Recht des Ehemannes zur fristlosen Kündigung eines Beschäftigungsverhältnisses seiner Ehefrau zum Ausdruck kamen. Eheschließung führte daher auch bei Arbeiterinnen häufig zum Ausscheiden aus einer bis dahin ausgeübten versicherten Tätigkeit – auch wenn Mittel zur freiwilligen Fortsetzung der Versicherung nicht vorhanden waren.

Leistungen an Hinterbliebene waren zunächst in der Rentenversicherung überhaupt nicht vorgesehen. Erst kurz vor Ausbruch des Ersten Weltkrieges wurden Hinterbliebene in den Kreis der Anspruchsberechtigten mit einbezogen. Arbeiterwitwen konnten allerdings bis zum Jahre 1938 nur dann eine Witwenrente erhalten, wenn sie auf Dauer invalide waren. Ab 1938 gab es für Arbeiterwitwen auch unabhängig vom Vorliegen von Invalidität Hinterbliebenenrente. Sie mußten jedoch zum Zeitpunkt des Todes des Mannes mindestens vier waisenrentenberechtigte Kinder zu erziehen gehabt haben.[2]

Laufende Rechtsänderungen, wie sie auch schon in der Zeit bis zum Ende des Zweiten Weltkrieges für das Rentenrecht typisch waren, haben vor allem für Arbeiterwitwen zu einer allmählichen Besserung ihrer Rechtslage geführt. Bis zur Rentenreform von 1957 hat der Gesetzgeber allerdings immer sichergestellt, daß «sie» im Überlebensfall nie Leistungen in Höhe «seiner» Rente aus der gesetzlichen Rentenversicherung erhalten konnte, auch dann nicht, wenn die Frau sowohl die Voraussetzungen für den Bezug einer eigenen Rente wie einer Hinterbliebenenrente erfüllte. In diesem Fall wurde nur die höhere Leistung ungekürzt gezahlt, die andere bestenfalls zur Hälfte. Während der Weltwirtschaftskrise ruhte die niedrigere Rente sogar ganz.

Die Rentenreform von 1957, die das bis dahin geltende Recht in entscheidenden Punkten umgestaltete, hat sich besonders für Witwen von Versicherten günstig ausgewirkt: Mit dieser Reform wurde allen bisher noch nicht bezugsberechtigten Arbeiterwitwen Hinterbliebenenrente zuerkannt, die Witwenrenten wurden von bisher 50 Prozent der Versichertenrenten auf 60 Prozent angehoben und die Vorschrift, daß für den Fall des Zusammentreffens der eigenen mit der Hinterbliebenenrente die niedrigere ganz oder teilweise «ruhen» sollte, wurde gestrichen.

Daß sich diese Rentenreform weit weniger günstig für selbstversicherte Frauen ausgewirkt hat, war vor allem eine Folge der geänderten Rentenberechnungsvorschriften. Nach dem Recht vor dieser Reform wurde die Rente aus einem für alle Versicherten eines Versicherungszweiges gleich hohen Grundbetrag und der Summe der für die entrichteten Beiträge gutgeschriebenen Steigerungsbeiträge errechnet. In den Jahren nach 1949 wurden die so errechneten Renten noch um verschiedene Zuschläge erhöht. Diese Art der Rentenberechnung war für Versicherte vergleichsweise günstig, die nur wenige und niedrige Beiträge entrichtet hatten – und dies waren vorwiegend Frauen. Mit der Rentenreform von 1957 sind diese festen Rentenbestandteile weggefallen, die bis dahin eine gewisse soziale Ausgleichsfunktion hatten. Die Differenz zwischen Männer- und Frauenrenten ist danach größer geworden.

4 Versicherungsrenten als Lohnersatzleistungen

Die Grundzüge der Rentenreform 1957 gelten trotz der zahlreichen zwischenzeitlich erfolgten Rechtsänderungen auch heute noch.

Die Versichertenrente soll nicht mehr nur Zuschuß zur Lebensführung darstellen, sondern das bisherige Erwerbseinkommen ersetzen (Lohnersatzfunktion). Die Höhe der Rente wird daher vor allem durch Zahl und Höhe der entrichteten Beiträge bestimmt. Feste Rentenbestandteile, die als eine Art von sozialem Ausgleich «ausgleichend» zwischen hohen und niedrigen Renten wirken könnten, gibt es nicht mehr. «Sozialer Ausgleich» erfolgt seither vorwiegend durch die Anrechnung auch von Zeiten ohne Eigenleistung. Voraussetzung dafür ist allerdings derzeit u. a. die sogenannte Halbbelegung: dies bedeutet, daß der Zeitraum zwischen Eintritt in die Versicherung und Eintritt des Versicherungsfalles – vermindert um bestimmte Zeiten ohne Eigenleistung – zur Hälfte mit Beiträgen belegt sein muß (§ 36 Abs. 3 AVG). Das wird mit der Rentenreform 1992 geändert werden. Dabei wird die Erfüllung einer bestimmten Beitragsdichte an die Stelle der Halbbelegung treten.

Die Bewertung der aus Gründen des sozialen Ausgleichs anzurechnenden Zeiten ohne Eigenleistung hängt derzeit von der Höhe der jeweils zuvor entrichteten Beiträge ab. Nach der Rentenreform 1992 soll die Bewertung unter Berücksichtigung der Beitragsdichte erfolgen. Je höher die Beiträge, je geringer die Lücken, um so höher die Bewertung der Zeiten ohne Eigenleistung.

Bestimmte Zeiten, zum Beispiel Ausbildungszeiten, die derzeit im Höchstfall mit 13 Jahren angerechnet werden können, und die ersten fünf Versicherungsjahre werden seit 1965 mit Tabellenwerten berücksichtigt. Mit der Begründung, daß Frauen im Durchschnitt weniger als Männer verdienen, waren für Frauen Werte festgesetzt worden, die um 25 Prozent unter den für Männern geltenden Werten lagen. Erst nachdem das Bundesverfassungsgericht diese Art von unterschiedlicher Behandlung von Männern und Frauen für verfassungswidrig erklärt hatte[3], wurde mit dem Haushaltsbegleitgesetz von 1983 für Männer und Frauen eine einheitliche Bewertung vorgenommen, die 90 Prozent des Durchschnitteinkommens entspricht. Für die ersten vier Versicherungsjahre – soweit diese vor dem 25. Lebensjahr liegen – soll es dabei auch nach der Rentenreform 1992 bleiben.

4.1 1Altersruhegelder

Gisela F. wird im Frühjahr 1991 ihren sechzigsten Geburtstag feiern. Seit 13 Jahren arbeitet sie als Angestellte im öffentlichen Dienst, nachdem sie zuvor für fast 20 Jahre ihre Erwerbstätigkeit zugunsten ihrer Familie unterbrochen hatte.

Sie hofft, zusammen mit ihrem Jubiläum auch den Beginn ihres wohlverdienten Ruhestands feiern zu können.

An Altersruhegeldern zählt § 25 AVG fünf verschiedene Arten auf:

- «Normales» flexibles Altersruhegeld ab 63 und
- flexibles Altersruhegeld ab 60 für Schwerbehinderte, Berufs- und Erwerbsunfähige.

Diese beiden Altersruhegelder setzen eine Versicherungszeit von 35 Jahren voraus.

- Ab 60 können auch Arbeitslose und Frauen unter jeweils besonderen Voraussetzungen «in Rente gehen», soweit sie die Wartezeit von 15 Jahren erfüllt haben.
- Das Frauenaltersruhegeld setzt zusätzlich voraus, daß mindestens 121 Pflichtbeiträge in den letzten 20 Jahren liegen und keine versicherungspflichtige Tätigkeit mehr verrichtet wird, mit der ein über einem Siebtel der Bezugsgröße liegender Betrag – 1987: 430 DM im Monat – verdient wird.

Gisela F. kann also mit ihrem sechzigsten Geburtstag in Rente gehen, soweit sie aus der Zeit vor ihrer familienbedingten Berufspause über weitere zwei Jahre Pflichtbeiträge gezahlt hat (13 + 2 = 15 Jahre Wartezeit) oder ihr wenigstens zwei Erziehungsjahre anzurechnen sind. Da sie in den letzten zwanzig Jahren dreizehn Jahre Pflichtbeiträge gezahlt hat, ist auch die zusätzliche Voraussetzung erfüllt.

- Schließlich gibt es noch das Altersruhegeld ab 65 – seit 1984 bereits nach Erfüllung der Wartezeit von 60 Monaten.

Altersruhegelder, in Zukunft Altersrenten genannt, werden wie alle Leistungen aus der gesetzlichen Rentenversicherung nur auf Antrag gewährt – grundsätzlich vom Ablauf des Monats an, in dem die Voraussetzungen dafür erfüllt sind. Aber Vorsicht: verspätete Antragstellung ist bei vorzeitigen Altersruhegeldern nachteilig – der Rentenbeginn kann sich dadurch auf den Antragsmonat verschieben. Die Altersruhegelder ab 65 dagegen werden gegebenenfalls auch für viele Monate nachgezahlt – Ansprüche auf diese Leistung verjähren nämlich erst vier Jahre nach Ablauf des Jahres, in dem sie entstanden sind.

Über die Vorschrift über das vorgezogene Altersruhegeld für Frauen ab 60 ist vor einiger Zeit vor dem Bundesverfassungsgericht gestritten worden. Das Bundesverfassungsgericht hat in dieser Regelung jedoch keine verfassungswidrige Bevorzugung von Frauen gesehen, sondern eine Maßnahme, «die auf eine Kompensation faktischer Benachteiligungen ziele, die im Recht der gesetzlichen Rentenversicherung typischerweise Frauen treffen».[4]

Für Frauen, die vor 1940 geboren sind und mit 60 in Rente gehen möchten, ist dies eine ganz wichtige Entscheidung. Sie können, davon ist auszugehen, auch nach neuem Recht noch das vorgezogene Altersruhegeld unter den bisherigen Voraussetzungen in Anspruch nehmen. Für die Zeit nach der Jahrhundert- bzw. Jahrtausendwende ist jedoch eine stufenweise Heraufsetzung der Altersgrenze nicht nur für das Frauenaltersruhegeld, sondern auch für das vorgezogene Altersruhegeld für Arbeitslose und für das normale flexible Altersruhegeld ab 63 vorgesehen. Vorzeitiger Bezug von Altersruhegeld ohne Abschläge soll es dann nur noch für Schwerbehinderte, Berufs- und Erwerbsunfähige geben. Wer früher in Rente gehen will, ohne gesundheitlich beeinträchtigt zu sein – dies soll bis zu drei Jahre vor dem regulären Altersrentenbeginn, aber nicht vor der Vollendung des 60. Lebensjahres möglich sein –, muß versicherungsmathematische Abschläge hinnehmen. Diese betragen je Monat der vorzeitigen Inanspruchnahme 0,3 Prozent auf die Rente der ganzen Laufzeit, d. h. bei drei Jahren vorverlegtem Rentenbeginn also 10,8 Prozent Abzug auf die monatliche Rentenzahlung.

Allerdings wird für Frauen, deren Gesundheit beeinträchtigt ist, der Zugang zum flexiblen Altersruhegeld ab 60 leichter als derzeit möglich sein. Auf die dafür erforderliche Wartezeit von 35 Jahren, die bisher von Frauen nur ausnahmsweise erfüllt wird, sollen in Zukunft nämlich sogenannte Berücksichtigungszeiten angerechnet werden. Als Berücksichtigungszeiten sollen nach der Neuordnung Zeiten der Erziehung von Kindern, längstens bis zur Vollendung des 10. Lebensjahres des jüngsten Kindes, auch soweit sie vor Inkrafttreten der Neuordnung liegen, angerechnet werden. Des weiteren werden Zeiten der Pflege eines Schwerpflegebedürftigen – diese allerdings nur, soweit sie nach dem 31. 12. 1991 liegen, dafür aber ohne zeitliche Beschränkung – angerechnet. Berücksichtigungszeiten gelten zwar nicht als Versicherungsjahre, d. h., sie erhöhen nicht die Zahl der Jahre, die bei der Rentenberechnung berücksichtigt werden, aber sie erleichtern den Zugang zu den flexiblen Altersruhegeldern und zu den Renten wegen verminderter Erwerbsfähigkeit.

4.2 *Renten wegen verminderter Erwerbsfähigkeit*

Claudia M. war bis zur Geburt ihrer Tochter zwölf Jahre lang voll erwerbstätig, danach jedoch nicht mehr. An einem besonders kalten Wintertag im Jahr 1987 stürzt sie so unglücklich, daß sie sich ein bleibendes Hüftleiden zuzieht. Jetzt könnte sie allenfalls noch Teilzeit arbeiten, vermutlich aber nur weniger als eine halbe Stelle ausfüllen. Sie stellt einen Antrag auf Rente wegen verminderter Erwerbsfähigkeit. Ihre Tochter ist zu diesem Zeitpunkt neun Jahre alt.

Renten wegen verminderter Erwerbsfähigkeit werden als Renten wegen Berufs- und als Renten wegen Erwerbsunfähigkeit bewilligt. Beide Rentenarten setzen nur eine Versicherungszeit von 60 Monaten voraus. Rente wegen Erwerbsunfähigkeit wird wie die Altersruhegelder berechnet – jedes angerechnete Jahr bringt 1,5 Prozent der errechneten persönlichen Bemessungsgrundlage. Die Rente wegen Berufsunfähigkeit ist niedriger – sie beträgt nach gleich langer Versicherungszeit nur zwei Drittel der Rente wegen Erwerbsunfähigkeit. Nach den Vorstellungen des Gesetzgebers von 1957 war die Berufsunfähigkeitsrente gewissermaßen als Regelleistung für Versicherte mit eingeschränkter Leistungsfähigkeit gedacht. Für Versicherte also, «die aus gesundheitlichen Gründen nicht mehr durch zumutbare Arbeit die Hälfte des Einkommens eines vergleichbaren Versicherten erreichen können».[5] Rente wegen Erwerbsunfähigkeit sollte dagegen nur an Versicherte bewilligt werden, die «eine Erwerbstätigkeit nicht mehr mit gewisser Regelmäßigkeit ausüben oder nicht mehr als nur geringfügige Einkünfte erzielen können.»[6]

Claudia M. wäre demnach also mindestens berufsunfähig, je nach dem Ergebnis der medizinischen Untersuchung vielleicht sogar erwerbsunfähig. Damit steht ihr aber noch keine Rente zu.

Zu beiden Vorschriften gibt es eine umfangreiche und keineswegs widerspruchsfreie Rechtsprechung des Bundessozialgerichts.[7] Sie hat dazu geführt, daß die Renten wegen Berufsunfähigkeit immer mehr an Bedeutung verloren und die Renten wegen Erwerbsunfähigkeit stark zugenommen haben. Auch zeitlich nur gering eingeschränkte Leistungsfähigkeit löst nämlich nach dieser Rechtsprechung einen Rentenanspruch aus. Für viele Frauen hat diese Rechtsprechung allerdings zu einer fatalen Folge geführt: Zunächst kam es aufgrund der steigenden Zahl bewilligter Erwerbsunfähigkeitsrenten zu einer Kostenexplosion bei den Rentenversicherungsträgern. Ihr folgte eine Rechtsänderung, durch die der Zugang zu den Renten wegen verminderter Erwerbsfähigkeit nachhaltig erschwert worden ist. Betroffen von dieser Erschwerung sind ganz überwiegend Frauen, vor allem Frauen, die aus familiären Gründen ihre versicherte Erwerbstätigkeit für einen längeren Zeitraum unterbrochen haben. Rente wegen verminderter Erwerbsfähigkeit gibt es nämlich nur noch für Versicherte, deren letzte Pflichtbeiträge noch im engen zeitlichen Zusammenhang mit dem Versicherungsfall stehen: Das heißt in den letzten 60 Monaten vor Eintritt des Versicherungsfalls müssen mindestens 36 Pflichtbeiträge liegen. Bestimmte Sachverhalte verlängern den Zeitraum der letzten 60 Monate. Sie sind im einzelnen in den §§ 23, 24 AVG aufgezählt. Der für Frauen wichtigste hierbei ist die Kindererziehungszeit. Die Zeit bis zur Vollendung des 5. Lebensjahres – nach der Neuregelung der Rentenversicherung ab 1992 bis zur Vollendung des 10. Lebensjahres des jüngsten Kindes – wird zu den 60 Monaten hinzugezählt.

Auch zum erschwerten Zugang zu Renten wegen verminderter Erwerbsfähigkeit gibt es eine Entscheidung des Bundesverfassungsgerichts.[8] Da es dazu eine Übergangsregelung gibt, hat das Bundesverfassungsgericht die Erschwerung gebilligt. Diese Übergangsregelung ist aber nur noch für Versicherte von Bedeutung, die am 1. 1. 1984 bereits die Wartezeit von 60 Monaten erfüllt hatten und seither jeden Monat einen freiwilligen Beitrag zur Rentenversicherung bezahlt haben. Für alle anderen gilt: Spätestens mit der Vollendung des 7. Lebensjahres des jüngsten Kindes erlischt nach derzeitigen Recht die Anwartschaft auf eine Rente wegen verminderter Erwerbsfähigkeit (ab 1992 liegt dieser Zeitpunkt später – bei der Vollendung des 12. Lebensjahres). Auch bei Eintritt von Hilflosigkeit und Pflegebedürftigkeit besteht kein Leistungsanspruch mehr. Wer sich den Anspruch auf Rente wegen verminderter Erwerbsfähigkeit erhalten möchte, sollte also spätestens zu diesem Zeitpunkt – Vollendung des 7. bzw. des 12. Lebensjahres des jüngsten Kindes – wieder eine Erwerbstätigkeit aufnehmen. Die Wiederaufnahme der Erwerbstätigkeit muß jedoch noch früher erfolgen, wenn die letzten drei Jahre vor der Geburt des ältesten Kindes nicht durchgehend mit Beiträgen belegt sind. Wer sich den Anspruch erhalten will, muß auch nach Wiederaufnahme einer Erwerbstätigkeit Pflichtbeiträge so entrichten, daß in den letzten 60 Monaten immer mindestens 36 Monatsbeiträge liegen. Zwischenzeitlich eingetretene Arbeitslosigkeit kann diesen Sechzigmonatszeitraum verlängern. Ob dies der Fall ist, sollte alsbald nach Eintritt der Arbeitslosigkeit geklärt werden.

Claudia M. hatte zwar am 1. 1. 1984 die Wartezeit von sechzig Monaten erfüllt, sie hat jedoch keine freiwilligen Beiträge gezahlt. Da sich der Unfall erst neun Jahre nach ihrem Ausstieg aus dem Berufsleben ereignete und ihr einziges Kind älter als sieben Jahre war, erhält sie keine Rente wegen verminderter Erwerbsfähigkeit!

Der Verlust des Anspruchs auf Rente wegen verminderter Erwerbsfähigkeit als Folge einer längeren Unterbrechung der Versicherung muß übrigens nicht endgültig sein. Er lebt wieder auf, wenn nach Wiederaufnahme einer versicherten Tätigkeit 36 Pflichtbeiträge innerhalb von 60 Monaten entrichtet worden sind.

4.3 1 Erziehungsrenten

Klaus und Margit T. sind erst kurze Zeit verheiratet, als Margit T. bereits den Entschluß faßt, sich scheiden zu lassen. Noch während das Scheidungsverfahren läuft, bringt sie den gemeinsamen Sohn Thomas zur Welt.

Margit zieht mit Freunden in eine gemeinsame Wohnung und sucht sich eine Teilzeitarbeitsstelle.

Einige Monate nach der Scheidung, im Jahr 1989, erfährt sie, daß Klaus T. bei einem Verkehrsunfall ums Leben gekommen ist. Sie überlegt, ob sie Anspruch auf Erziehungsrente hat.

Bei den Erziehungsrenten handelt es sich um eine Rentenart, die erst mit dem Ehegesetz 1976 für nach dem 30. 6. 1977 geschiedene Frauen (und Männer) eingeführt worden ist. Sie wird (§ 42a AVG) früheren Ehegatten nach dem Tod des Partners aus eigener Versicherung gewährt, wenn sie (er) nicht wieder verheiratet ist, mindestens ein waisenrentenberechtigtes Kind erzieht, keine Beschäftigung oder Erwerbstätigkeit ausübt, die die Zuverdienstgrenze von derzeit ca. 1800 DM[9] monatlich übersteigt und eine umfangreichere Erwerbstätigkeit wegen der Kindererziehung auch nicht erwartet werden kann. Diese Zuverdienstgrenze gilt nur für die sogenannte kleine Erziehungsrente, die wie eine Rente wegen Berufsunfähigkeit berechnet und schon bei *einem* Kind gewährt wird. Die Zuverdienstgrenze für die große Erziehungsrente (Voraussetzung drei Kinder oder zwei Kinder unter 6 Jahren, Berechnung wie die Rente wegen Erwerbsunfähigkeit) liegt niedriger, derzeit bei knapp 750 DM im Monat.[10]

Wenn Margit T. die notwendige Wartezeit von fünf Jahren (mit eigenen Beiträgen oder mit im Wege des Versorgungsausgleichs übertragenen Anwartschaften) erfüllt hat und das gemeinsame Kind Thomas waisenrentenberechtigt ist (der Vater muß rentenversichert gewesen sein), erhält sie eine sogenannte kleine Erziehungsrente.

Mit der Rentenreform von 1992 wird es auch hier einige Änderungen geben. Die Zweiteilung in kleine und große Erziehungsrente wird ebenso entfallen wie das «Alles-oder-nichts»-Prinzip. Überschreiten der Einkommensgrenze führt nämlich nach geltendem Recht zum Wegfall der ganzen Rente. In Zukunft soll Einkommen nur noch nach den Grundsätzen angerechnet werden, die nach dem Hinterbliebenenrenten- und Erziehungszeitengesetz (HEZG) für Hinterbliebenenrenten gelten.

5 Rentenberechnung

Nach derzeitigem Recht hängt die Höhe der einzelnen Rente von zwei Faktoren ab:

- Der Zahl der an Beitrags-, Ersatz-, Ausfall- und gegebenenfalls Zurechnungszeiten anzurechnenden Jahre und
- dem sog. persönlichen Prozentsatz.

Dieser Prozentsatz ist das Ergebnis einer etwas komplizierten Berechnung (§ 32 AVG). Dabei wird zunächst das Verhältnis des Einkommens des/der Versicherten zu den Durchschnittseinkommen (Durchschnitt = 100 Prozent) aller Versicherten der jeweiligen Jahre ermittelt. Die so ermittelten Prozentsätze werden als Werteinheiten bezeichnet. Das versicherte Durchschnittseinkommen eines Jahres ergibt also 100 Werteinheiten. Bewertet werden auch die Zeiten ohne Eigenleistung – soweit sie bei der Rentenberechnung zu berücksichtigen sind. Diese Bewertung erfolgt grundsätzlich mit dem Durchschnitt aus den davor liegenden Zeiten. Ausbildungszeiten und die ersten fünf Versicherungsjahre – denen ja keine anderen Zeiten vorausgehen – werden mit seit 1984 für alle Versicherten gleich hohen Tabellenwerten von 7,5 Werteinheiten je Monat, 90 Einheiten je Jahr bewertet. Auch Zeiten der Erziehung eines Kindes werden – soweit eine Anrechnung überhaupt erfolgt – mit einer Art von Tabellenwert mit 75 Werteinheiten je Jahr berücksichtigt.

Die Summe aller Werteinheiten geteilt durch die Zahl der Versicherungsjahre ergibt dann den sog. persönlichen Prozentsatz, der auch als Entgeltposition (vgl. dazu 1.1) bezeichnet wird.

5.1 Beitragszeiten

Da sie keine andere Möglichkeit für eine ausreichende Betreuung findet, bleibt Petra S. nach der Geburt ihrer Tochter Susanne im Jahr 1989 notgedrungen im Rahmen des «Erziehungsjahres» zu Hause. Zusammen mit den Unterhaltszahlungen des Vaters von Susanne kommt Petra S. finanziell gerade so über die Runden. Deshalb ist sie erfreut, als ihr ihre frühere Chefin nach einem Jahr Berufspause anbietet, als freie Mitarbeiterin wieder erwerbstätig zu werden. Petra S. möchte sich sicherheitshalber erst über die sozialversicherungsrechtlichen Konsequenzen dieses Arbeitsverhältnisses informieren.

Von den anzurechnenden Zeiten sind die Beitragszeiten (Zeiten, die mit Pflicht- oder freiwilligen Beiträgen oder «Beiträgen» für Kindererziehungszeiten belegt sind) von besonderer Bedeutung. Denn die sog. Wartezeit – das sind 60 Monate für Berufsunfähigkeits-, Erwerbsunfähigkeits-, Erziehungs- und Hinterbliebenenrenten sowie die Altersruhegelder ab 65 und 180 Monate für die vorgezogenen Altersruhegelder für Arbeitslose und Frauen – kann grundsätzlich nur mit Beitragszeiten erfüllt werden. Allein Ersatzzeiten können – aber nur in Verbindung mit Beitragszeiten – noch auf die Wartezeit angerechnet werden.

Eine Sonderstellung unter den Beitragszeiten nehmen die Erziehungszeiten ein. Nach dem am 1.1.1986 in Kraft getretenen HEZG sind die ersten zwölf Monate nach der Geburt eines Kindes bei Versicherungsfällen ab dem 1.1.1986 (Geburtsjahrgänge der Mutter bzw. des Vaters ab 1921) mit 75 Prozent eines Durchschnittseinkommens bei der Rentenberechnung zu berücksichtigen, Wartezeiterfüllung vorausgesetzt. Das gilt allerdings nur, soweit in diesen ersten zwölf Monaten nicht bereits entsprechende Pflicht- oder freiwillige Beiträge liegen. Insofern ist die nachträglich für die vor dem 1.1.1921 geborenen Mütter getroffene Regelung günstiger. Sie erhalten ausnahmlos – wenn auch mit zeitlich gestuftem Leistungsbeginn – für jedes geborene Kind unabhängig von der Erfüllung der Wartezeit und unabhängig von einem etwaigen Zusammentreffen mit anderen Beitragszeiten eine Leistung, die der Rentenerhöhung entspricht, zu der zwölf Monatsbeiträge aus 75 Prozent eines Durchschnittseinkommens führen.

Darüber, ob der Ausschluß vieler ab 1921 geborener Mütter von der Anrechnung der Erziehungszeiten im Hinblick auf ihre außerdem durch Beiträge in Geld erbrachten Leistungen mit dem Grundgesetz vereinbar ist, wird einstweilen vor einer Reihe von Sozialgerichten gestritten – eine abschließende Klärung durch das Bundesverfassungsgericht ist daher in naher Zukunft nicht zu erwarten.

Da der Ausschluß sich auch auf die für Geburten ab 1992 in Aussicht gestellte Anrechnung von drei Erziehungsjahren beziehen soll, werden manche Mütter vor eine schwierige Entscheidung gestellt werden, in der es keinen «guten» Rat geben kann. Denn mit einer gleichzeitigen sozialversicherungspflichtigen Tätigkeit innerhalb der drei Erziehungsjahre verlieren sie ihren Anspruch auf Anrechnung der Erziehungszeiten. Selbst wenn sie Teilzeit arbeiten oder eine gering entlohnte Vollzeittätigkeit ausüben, werden sie im Hinblick auf das Altersruhegeld schlechter gestellt als Mütter, die während der Erziehungsjahre keine Erwerbstätigkeit ausüben (vgl. V.3 Berufsrückkehr). Der Ausschluß von der Gegenleistung für eine erbrachte Leistung (Kindererziehung) ist für die Ausgeschlossenen bitter. Andererseits ist die Aufgabe bzw. Unterbrechung einer Erwerbstätigkeit ohne entsprechende Absicherung immer ein Risiko – jedenfalls für Mütter, die langfristig auf Erwerbseinkommen angewiesen sind. Dazu kommt, daß die Anrechnung dieser längeren Erziehungszeiten sich ja erst in einer sehr fernen Zukunft – etwa ab 2020 – bei Rentenberechnungen auswirkt und nicht abzusehen ist, wie schwierig die Finanzlage der Rentenversicherung bis dahin werden wird.

Petra S. wird das eine Jahr der Kinderbetreuung in der Rentenversicherung mit 75 Prozent eines Durchschnittgehaltes angerechnet. Eine längere Anrechnung kommt für sie – da das Kind vor 1992 geboren ist – nicht in Betracht, auch wenn sie «nur» als freie Mitarbeiterin tätig wird. Von einer solchen Tätigkeit ist ihr daher abzuraten, da sie dabei nicht pflichtversichert ist. Sie könnte sich zwar freiwillig weiterversichern. Aber nur bei Pflichtbeiträgen ist der/die ArbeitgeberIn verpflichtet, die Hälfte des Beitrags zu tragen.

5.2 Ersatz-, Ausfall- und Zurechnungszeiten

Von den Zeiten ohne Eigenleistung spielen die sog. Ersatzzeiten eine zunehmend geringere Rolle. Es handelt sich dabei um Sachverhalte, die ganz überwiegend mit den politischen Verhältnissen der Vergangenheit zusammenhängen, also Kriegsdienst, Kriegsgefangenschaft, politische Verfolgung, Flucht und Vertreibung. Mit ihrer Anrechnung wird unterstellt, daß die Versicherten durch höhere Gewalt an einer Beitragsentrichtung gehindert worden sind. Eine bestimmte Beitragsdichte ist daher für die Anrechnung dieser Zeiten – die bei der Feststellung von Frauenrenten auch nur eine vergleichsweise bescheidene Bedeutung hatten – grundsätzlich nicht erforderlich.

Ausfall- und Zurechnungszeiten werden aus anderen Erwägungen angerechnet. Die Rente soll nicht nur bei Versicherten, die durchgehend erwerbstätig und versichert waren, die Funktion einer Lohnersatzleistung erfüllen, sondern auch bei Versicherten mit größeren oder kleineren Lücken im Versicherungsverlauf als Folge von «unverschuldeten Nichtleistungen». Auch vorzeitiges Ausscheiden aus dem Erwerbsprozeß aus gesundheitlichen Gründen soll sich auf die Rente nicht negativ auswirken. Lücken sollen also durch die Anrechnung von Ausfallzeiten geschlossen, vorzeitiges Ausscheiden durch Zurechnungszeiten ausgeglichen werden.

An Ausfallzeiten sind nach § 36 AVG u. a. anrechenbar:

- Zeiten einer nach dem 16. Lebensjahr liegenden versicherungsfreien Lehrzeit,
- Zeiten einer weiteren Schulzeit, einer abgeschlossenen Fachhochschul- bzw. Hochschulausbildung (insgesamt derzeit noch im Höchstfall bis zu 13 Jahren),
- Zeiten der Unterbrechung einer versicherungspflichtigen Tätigkeit durch Krankheit, Kuren, Rehabilitationsmaßnahmen oder durch Arbeitslosigkeit (jeweils ohne zeitliche Begrenzung) und durch Schwangerschaft, Wochenbett, Schutzfristen nach dem Mutterschutzgesetz (in der Regel mit 14 Wochen). Einige dieser Ausfalltatbestände werden sogar, soweit sie in bestimmten Zeiten liegen (Krankheit zwischen dem 1. 10. 1974 und 31. 12. 1983, Arbeitslosigkeit zwischen 1. 7. 1978 und dem 31. 12. 1982), als Beitragszeiten angerechnet.

Voraussetzung für die Anrechnung von Ausfalltatbeständen ist nach derzeit noch geltendem Recht die sog. Halbbelegung. Sie liegt vor, wenn die Zeit vom Eintritt in die Versicherung bis zum Eintritt des Versicherungsfalls nach Abzug der in diesen Zeitraum fallenden Ersatz-, Ausfall- und Erziehungszeiten zur Hälfte mit Pflichtbeiträgen belegt ist (s.o.). Sie wird jedoch vor allem von Frauen mit familiären Pflichten häufig nicht erreicht. Bei ihnen bleiben dann die gesamten zurückgelegten Ausfalltatbestände unberücksichtigt. Ein oder zwei Beiträge mehr (oder auch die Anrechnung eines einzigen Erziehungsjahres) können also für die Anrechnung weiterer Versicherungsjahre entscheidend sein. Die Vorschrift hat sich beispielsweise in einem Fall so ausgewirkt:

Nach einer Hochschulausbildung hatte Frau X einen gut bezahlten Arbeitsplatz. Nach fünf Jahren unterbrach sie ihre Erwerbstätigkeit für 7 Jahre und 2 Monate. 1984/85 war sie noch einmal 24 Monate versicherungspflichtig beschäftigt. Anfang 1986 wurde sie erwerbsunfähig. Der Versicherungsträger, dem zunächst nicht bekannt war, daß sie während der Unterbrechung ihrer Erwerbstätigkeit ein Kind geboren hatte, stellte die Rente unter der Berücksichtigung von 84 Beitragsmonaten auf 320 DM fest. Da keine Halbbelegung vorliege, könne weder die Ausbildungszeit noch eine Zurechnungszeit angerechnet werden. Die nach Hinweis auf die Berücksichtigung eines Erziehungsjahres durchgeführte Neuberechnung ergab eine um genau 1000 DM höhere Rente von 1320 DM. Nach Abzug der Erziehungszeit vom Versicherungszeitraum lag die Halbbelegung vor. Es waren daher nicht nur zusätzlich das Erziehungsjahr, sondern auch eine Ausbildungsausfallzeit von nahezu acht Jahren und eine Zurechnungszeit von 15,5 Jahren und damit statt nur sieben fast 32 Versicherungsjahre anzurechnen. Halbbelegung ist auch für die Berücksichtigung von Zurechnungszeiten wichtig. Eine Zurechnungszeit wird Versicherten angerechnet, die vor der Vollendung des 55. Lebensjahres berufs- oder erwerbsunfähig werden. Voraussetzung hierfür: Halbbelegung oder 36 Pflichtbeiträge in den letzten 60 Monaten vor Eintritt des Versicherungsfalls. Der ganze Zeitraum zwischen Eintritt des Versicherungsfalls und Vollendung des 55. Lebensjahres wird dann zusätzlich so angerechnet, als sei Monat für Monat ein dem bisherigen Durchschnitt entsprechender Beitrag entrichtet worden.

Bei den Regelungen über die Rentenberechnung – insbesondere über die Berücksichtigung von Zeiten ohne Eigenleistung – gibt es einschneidende Veränderungen durch die Rentenversicherungsreform 1992. Fallen wird insbesondere das «Alles-oder-nichts»-Prinzip der Halbbelegung. Statt auf Halbbelegung wird es danach auf die Beitragsdichte ankommen: Je größer die nicht durch «Berücksichtigungszeiten» gefüllten Lücken im Versicherungsverlauf, um so niedriger werden die aus Gründen des sozialen Ausgleichs angerechneten Zeiten ohne Eigenleistung bewertet. In der Begründung zum Entwurf der Neuregelung wird ausgeführt, mit der Neuregelung solle die Lohnbezogenheit der Rente wieder stärker herausgestellt werden. Dazu in krassem Gegensatz steht allerdings die vorgesehene «Versicherung» bestimmter Zeiten ohne Eigenleistung (Arbeitslosigkeit und Krankheit, soweit während dieser Zeiten Lohnersatzleistungen bezogen wurden), denn der Bezug von Lohnersatzleistungen, die von anderen Versicherten aufgebracht werden müssen, kann eigentlich den Leistungen zugunsten des Generationenvertrages nicht zugerechnet werden. Dies kommt männlichen Arbeitslosen stärker zugute als weiblichen, da letztere oft keine Lohnersatzleistungen erhalten. Soweit es während bestehender Arbeitslosigkeit keine Lohnersatzleistungen gibt – etwa weil ein Anspruch auf Arbeitslosenhilfe im Hinblick auf Unterhaltsansprüche gegenüber dem Partner nicht besteht –, zählt Arbeitslosigkeit nicht als «Beitrags-», sondern nur als Anrechnungszeit (so wird die bisherige Ausfallzeit in Zukunft bezeichnet). Und anders als bei Beitragszeiten wirken sich auf Anrechnungszeiten Lücken im Versicherungsverlauf in Form von geringerer Bewertung aus. Es soll also wieder einmal ein Zweiklassenrecht zu Lasten von Frauen eingeführt werden. Denn vor allem Frauen fallen ja aus dem Bezug von Arbeitslosenhilfe heraus und sind damit von der Anrechnung dieser Zeiten von Arbeitslosigkeit als Beitragszeiten ausgeschlossen. Auf die Höhe der gezahlten Lohnersatzleistung soll es übrigens bei der Anrechnung als Beitragszeit nicht ankommen. Die Anrechnung soll vielmehr immer mit 80 Prozent der zuvor während der versicherten Erwerbstätigkeit entrichteten Pflichtbeiträge erfolgen, auch dann, wenn die Lohnersatzleistung nur wenige Mark betragen hat. Der Streit um eine noch so geringe Lohnersatzleistung bei Arbeitslosigkeit wird daher auf jeden Fall lohnend!

6 Aus der Ehe abgeleitete Ansprüche

6.1 Witwenrente

Anspruch auf Witwenrente in Höhe von 60 Prozent der Versichertenrente steht seit dem 1.1.1957 allen Witwen ausreichend versicherter Männer zu. Witwer versicherter Frauen waren dagegen bis zum 31.12.1985 nur dann hinterbliebenenrentenberechtigt, wenn die verstorbene Versicherte den Familienunterhalt überwiegend bestritten hatte. Hinterbliebenenrenten haben nämlich «Unterhaltsersatzfunktion», und ein Unterhaltsverlust durch den Tod des Partners wurde bei Witwen unterstellt, Witwer mußten ihn nachweisen. Von Witwern ist diese unterschiedliche Regelung wiederholt angegriffen worden, und mit dem Urteil vom 12.3.1975 hat das Bundesverfassungsgericht den Gesetzgeber verpflichtet, Witwen und Witwer gleich zu behandeln. Dabei hat das Gericht auch auf die Möglichkeit einer eigenständigen Rentenversicherung der Frau hingewiesen, zu der es dann allerdings nicht gekommen ist. Am 1.1.1986 ist jedoch das Hinterbliebenenrenten- und Erziehungszeitengesetz (HEZG) in Kraft getreten, das für Witwer wie für Witwen eine Hinterbliebenenrente von (wie bisher) 60 Prozent der Versichertenrente vorsieht – aber auf diese Rente ist eigenes Einkommen des/der Berechtigten teilweise anzurechnen, soweit die jeweilige Freigrenze überschritten wird (§ 58 AVG). Ist die Ehe vor Inkrafttreten des HEZG geschlossen worden und der Mann vor Ende 1995 gestorben, dann erfolgt die Anrechnung stufenweise. Keine Anrechnung findet statt beim Zusammentreffen mit weiteren Hinterbliebenenbezügen (Ausnahme: Zusammentreffen mit einer Unfallhinterbliebenenrente). Ebenso wie beim Zusammentreffen von Unfallrente und Versichertenrente gibt es auch für die Leistungen an Hinterbliebene Höchstgrenzen (§ 56 AVG).

Von der Anrechnung nach dem HEZG nicht erfaßt werden insbesondere Einkünfte aus Vermögen oder sog. Zusatzleistungen wie Betriebsrenten oder auch hohe Betriebspensionen. Erfaßt von der Anrechnung werden dagegen die Erwerbs- und Erwerbsersatzeinkommen, und zwar in Höhe von 40 Prozent des die Freigrenzen übersteigenden Betrags. Die Freigrenzen werden der Entwicklung der Bemessungsgrundlagen und Beitragswerten angepaßt. Für Versicherte ohne waisenrentenberechtigte Kinder liegen sie bei 3,3 Prozent der allgemeinen Bemessungsgrundlage (§ 32 Abs. 2 AVG) – das sind derzeit ca. 980 DM, und je waisenrentenberechtigtes Kind erhöht sich dieser Betrag um 0,7 Prozent der Bemessungsgrundlage, derzeit 207 DM. Sinkt das anzurechnende Einkommen unter die Freigrenze, dann wird die Hinterbliebenenrente wieder voll ausgezahlt. Hinterbliebenenrente sollte daher in jedem Fall nach dem Tod des Partners beantragt werden, auch wenn zunächst mit einem völligen Ruhen der Hinterbliebenenrente zu rechnen ist. Überdies erfolgt keine Anrechnung von Einkommen auf die für die ersten drei Monate nach dem Tod des Versicherten gezahlte Leistung. Rente wird in voller Höhe der Versichertenrente gezahlt.

Die Hinterbliebenenrente entfällt mit einer Wiederheirat gegen eine Abfindung in Höhe einer Zweijahresrente. Sie lebt wieder auf, wenn nach Auflösung der zweiten Ehe aus dieser Ehe kein entsprechend hoher Anspruch auf Hinterbliebenenversorgung oder auf Unterhalt besteht. Abfindung und Wiederaufleben gibt es nur einmal – eine Drittehe löst keine Ansprüche aus der Erstehe mehr aus.

Die Bücher kosten nur noch ein Fünftel ihres früheren Preises . . .

6.2 *Hinterbliebenenrente für vor dem 1. 7. 1977 geschiedene Frauen*

Marianne L. freut sich auf ihren bevorstehenden Ruhestand im Jahr 1989. Sie hatte nach ihrer Scheidung im Jahr 1975 dank ihrer guten Berufsausbildung schnell wieder einen Arbeitsplatz gefunden. Von ihrem ehemaligen Mann, der 1980 gestorben ist, hat sie nie Unterhaltszahlungen erhalten. Da ihre eigene Versichertenrente niedrig sein wird, fragt sie sich, ob sie zusätzlich eine Hinterbliebenenrente erhalten kann, zumal ihr Ex-Ehemann nicht wieder geheiratet hatte.

Einen Rechtsanspruch für geschiedene Frauen auf Leistungen aus der Versicherung des geschiedenen Mannes gibt es erst seit 1957 – und in der Zwischenzeit sind die Voraussetzungen für diese Leistungen wiederholt abgeändert worden. Ausgangspunkt für das für Scheidungen vor dem 1. 7. 1977 auch weiterhin geltende Recht ist ein durch den Tod des Versicherten eingetretener Unterhaltsverlust. Hat der Verstorbene vor seinem Tod Unterhalt gezahlt (oder bestand ein konkret durchsetzbarer Anspruch), dann erhält die geschiedene Frau auch dann Hinterbliebenenrente, wenn der Versicherte eine Witwe hinterlassen hat. Die Hinterbliebenenrente wird dann zwischen den Berechtigten nach der Zahl der Ehejahre aufgeteilt. Ist keine Witwenrente zu zahlen, dann ist die Chance der geschiedenen Frau auf Rente größer. Sie erhält sie auch dann, wenn zur Zeit des Todes des Versicherten Unterhalt aus bestimmten Gründen nicht zu zahlen war – sei es, weil er nach seinen Einkommens- und Vermögensverhältnissen nicht dazu in der Lage war – sei es, weil ihr Erwerbseinkommen Unterhaltsbedürftigkeit ausschloß. Darüber hinaus müssen allerdings noch einige weitere Voraussetzungen erfüllt sein. Die Frau muß bei der Scheidung mindestens 45 Jahre alt gewesen oder ein waisenrentenberechtigtes Kind zu erziehen gehabt haben. Die Rente erhält sie erst, wenn sie das 60. Lebensjahr vollendet hat, berufs- oder erwerbsunfähig ist oder ein waisenrentenberechtigtes Kind erzieht. Sie erhält, wenn diese Voraussetzungen erfüllt sind, die volle Hinterbliebenenrente. Eigenes Einkommen wird nur angerechnet, wenn der geschiedene Mann nach dem 31. 12. 1985 gestorben ist; die Anrechnung erfolgt nach den gleichen Grundsätzen wie bei der Witwe.

Marianne L. hat Glück gehabt. Da der Mann nicht wieder geheiratet hat, kommt es nicht darauf an, daß er zur Zeit seines Todes Unterhalt an sie wegen der Höhe ihres Arbeitseinkommens nicht zu leisten hatte. Da sie zum Zeitpunkt der Scheidung mindestens 45 Jahre alt war, aber wegen ihres eigenen Einkommens keinen Unterhalt erhielt, bekommt sie ab ihrem sechzigsten Lebensjahr eine Geschiedenenwitwenrente zusätzlich zu ihrer eigenen, familienbedingt niedrigen Rente.

6.3 Ansprüche der nach dem 1. 7. 1977 geschiedenen Frauen

Hinterbliebenenrenten für nach dem Stichtag 1. 7. 1977 – Inkrafttreten des ersten Gesetzes zur Reform des Ehe- und Familienrechts – geschiedene Frauen gibt es nicht mehr. An ihre Stelle ist der Versorgungsausgleich getreten, dessen Ausgestaltung aber schon mehrmals geändert worden ist, zuletzt am 1. 1. 1987. Die Bestandskraft der bereits durchgeführten Versorgungsausgleichsentscheidungen ist dadurch bis zum Ende des Jahres 1994 erheblich eingeschränkt worden. Wer noch keine unter Berücksichtigung übertragener Rentenanwartschaften berechnete Rente bezieht, darf sich nicht darauf verlassen, daß bei der Rentenberechnung die übertragenen Anwartschaften tatsächlich voll berücksichtigt werden. Bei der Durchführung des Versorgungsausgleichs werden nämlich die während der Ehe von beiden Partnern erworbenen Anwartschaften so bewertet und aufgeteilt, als sei mit der Scheidung schon ein Versicherungsfall eingetreten. Tatsächlich können jedoch zwischen Scheidung und dem ersten Versicherungsfall erhebliche Änderungen eintreten, die sich auf die Höhe der in die Ehezeit fallenden Anwartschaften auswirken. Ursachen dafür können Rechtsänderungen sein, wie die Einschränkung der Kumulierung von Versorgungs- und Rentenansprüchen, die Neubewertung von (Ausbildungs-)Ausfallzeiten, die Anrechnung von Erziehungszeiten. Auch die tatsächlichen Verhältnisse können sich ändern, die Halbbelegung kann nachträglich von einem oder beiden Partnern erfüllt werden – und sie kann nachträglich auch wieder entfallen. Der Ausgleich kann also unrichtig werden.

Frauen sollten jedoch nicht nur wissen, daß ein durchgeführter Versorgungsausgleich abgeändert werden kann. Wichtig ist auch die Kenntnis darüber, daß es zwar Altersruhegeld ab 65 auch dann gibt, wenn der Versicherungsverlauf nur übertragene Anwartschaften ausweist, Rente wegen Erwerbsunfähigkeit dagegen nicht. Übertragene Anwartschaften gelten nämlich nicht als Pflichtbeiträge. Geschiedenen Frauen, die auch für den Fall der verminderten Erwerbsfähigkeit gesichert sein wollen, ist daher die möglichst rasche Aufnahme einer mit der Entrichtung von Pflichtbeiträgen verbundenen Erwerbstätigkeit dringend anzuraten.

7 Rentenantragstellung und Verfahren

Das Rentenrecht ist unübersichtlich, wird häufig geändert und wird daher nur noch von Fachleuten einigermaßen übersehen. Dem hat der Gesetzgeber wenigstens dadurch Rechnung getragen, daß er den Versicherten einen Anspruch auf kostenlose Auskunft und Beratung durch die Versicherungsträger eingeräumt hat (§§ 14, 15 SBG I). Dieses Recht kann auf verschiedene Weise wahrgenommen werden, durch direkte Anfragen beim zuständigen Versicherungsträger – der Bundesanstalt für Angestellte (BfA) oder der Landesversicherungsanstalt (LVA) des jeweiligen Bundeslandes –, durch Vereinbarung eines Beratungsgesprächs mit der örtlich zuständigen Auskunfts- und Beratungsstelle der Versicherungsträger, durch Teilnahme an einer Informationsveranstaltung, die von diesen Stellen auch in kleinen Gemeinden durchgeführt werden. Die Termine können auf den Bürgermeisterämtern erfragt werden.

Wer guten und zuverlässigen Rat erteilen soll, muß von den Ratsuchenden umfassend über die tatsächliche Situation unterrichtet werden. Es empfiehlt sich daher, alle Unterlagen, die wesentlich sein könnten, Arbeitsbescheinigungen, Bescheinigungen über Arbeitslosigkeit und Krankheit, nicht nur zu sammeln, sondern zu einem Beratungsgespräch mitzubringen (auch die Geburtsurkunden von Kindern z. B.).

Zur Vermeidung von Rechtsnachteilen besonders anzuraten ist der Besuch bei einer Beratungsstelle vor allem

a. Frauen, die ihre Erwerbstätigkeit unterbrochen haben und den Verlust des Zugangs zu einer Rente wegen Berufsunfähigkeit (BU) oder Erwerbsunfähigkeit (EU) oder der Halbbelegung befürchten,

b. Frauen, die sich aus Anlaß der Eheschließung ihre Beiträge zur Rentenversicherung haben erstatten lassen. Diese Möglichkeit bestand bis 1967 und trug maßgeblich zur heutigen schlechten Rentensituation vieler Frauen bei. Bisher konnten Rentenanwartschaften durch Beitragszahlung nur reaktiviert werden, wenn u. a. seit der Erstattung wenigstens für zwei Jahre Pflichtbeiträge gezahlt wurden. Nach dem Entwurf des Rentenreformgesetzes 1992 soll die Nachzahlung von Beiträgen bis zum 31.12.1995 auch den Frauen möglich gemacht werden, die nach der Erstattung nicht wieder (versicherungspflichtig) erwerbstätig waren.

c. Frauen, die wegen der Pflege eines Schwerbehinderten ihre Erwerbstätigkeit zeitlich eingeschränkt haben und die Auswirkungen der damit verbundenen Lohneinbußen auf ihre Alterssicherung durch die Entrichtung von Aufstockungsbeiträgen vermeiden möchten.

Rentenverläufe werden den Versicherten vielfach von Amts wegen zugesandt, damit sie nachprüfen können, ob alle Zeiten richtig festgehalten worden sind. Leistungen aus der gesetzlichen Rentenversicherung dagegen werden nur auf Antrag festgestellt. Antrag kann sowohl bei den Auskunfts- und Beratungsstellen, wie bei den in den Rathäusern angesiedelten Versicherungsämtern, aber auch beim Versicherungsträger selbst gestellt werden. Die Wahl einer nicht zuständigen Stelle ist in der Regel unschädlich – die Anträge werden weitergeleitet –, Säumigkeit bei der

Antragsstellung dagegen kann zu Nachteilen führen (s.o.). Vorgezogene Altersruhegelder und Renten wegen verminderter Erwerbsfähigkeit werden nämlich erst vom Beginn des Antragsmonats an gezahlt, wenn der Antrag erst später als drei Monate nach Erfüllung der Leistungsvoraussetzungen gestellt wird. Nur Altersruhegelder ab 65 und Hinterbliebenenrenten werden auch für längere Zeiträume nachgezahlt. Wer die Altersrente «pünktlich» haben will, der sollte den Antrag schon einige Monate vor dem gewünschten Rentenbeginn einreichen.

Jeder Entscheidung über einen Rentenantrag muß eine eingehende Belehrung über die möglichen Rechtsbehelfe (Widerspruch und/oder Klage) beigefügt sein, in der auch die einzuhaltende Frist und die Stelle/n benannt werden, bei denen der Rechtsbehelf wirksam eingelegt werden kann.

Widerspruch, Klage und Berufung können von den Betroffenen selbst eingelegt werden. Vertretungszwang herrscht nur beim Bundessozialgericht, aber auch darüber wird belehrt. Die formalen Anforderungen an eine Klage oder Berufungsbegründung sind gering. Bei den Gerichten der Sozialgerichtsbarkeit wird von Amts wegen ermittelt und Beweis erhoben. Allerdings, weshalb der/die Versicherte mit dem Bescheid unzufrieden ist, sollte mit der Klagebegründung schon vorgetragen werden.

Von Amts wegen eingeholt werden auch ärztliche Gutachten – wenn dies dem Gericht erforderlich erscheint. Die Anhörung eines bestimmten Arztes kann von der Zahlung eines Kostenvorschusses abhängig gemacht werden. Die Kosten eines solchen Gutachtens muß die klagende Partei auch meist endgültig tragen, wenn dieses Gutachten keine neuen, für das Verfahren wesentlichen Gesichtspunkte ergeben hat. Selbst tragen müssen KlägerInnen immer auch die Kosten eines zugezogenen Anwalts, wenn er/sie den Prozeß verliert. Im übrigen aber ist das Verfahren mit Kosten nicht verbunden – weder mit Gerichtskosten noch mit den Kosten des Versicherungsträgers.

8 Adressen, Literatur, Anmerkungen

Adressen

Landesversicherungsanstalt Baden
Gartenstr. 105, 7500 Karlsruhe 1

Landesversicherungsanstalt Berlin
Messedamm 1, 1000 Berlin 19

Landesversicherungsanstalt Braunschweig
Kurt-Schumacher-Str. 20, 3300 Braunschweig

Landesversicherungsanstalt Freie und
Hansestadt Hamburg, Überseering 10, 2000 Hamburg 60

Landesversicherungsanstalt Hannover
Lange Weihe 2, 3014 Laatzen

Landesversicherungsanstalt Hessen
Städelstr. 28, 6000 Frankfurt

Landesversicherungsanstalt Niederbayern-
Oberpfalz, Am Alten Viehmarkt 2, 9300 Landshut

Landesversicherungsanstalt Oberbayern
Thomas-Dehler-Str. 3, 8000 München 83

Landesversicherungsanstalt Oberfranken und Mittelfranken
Wittelsbacherring 11, 8580 Bayreuth 2

Landesversicherungsanstalt Oldenburg-Bremen
Huntestr. 10, 2900 Oldenburg

Landesversicherungsanstalt Rheinland-Pfalz
Eichendorffstr. 4–6, 6720 Speyer

Landesversicherungsanstalt Rheinprovinz
Königsallee 71, 4000 Düsseldorf 1

Landesversicherungsanstalt für das Saarland
Martin-Luther-Str. 2–4, 6600 Saarbrücken

Landesversicherungsanstalt Schleswig-Holstein
Kronsdorfer Allee 2–6, 2400 Lübeck 1

Landesversicherungsanstalt Schwaben
An der Blauen Kappe 18, 8900 Augsburg 1

Landesversicherungsanstalt Unterfranken
Friedensstr. 14, 8700 Würzburg 2

Landesversicherungsanstalt Westfalen
Gartenstr. 194, 4400 Münster

Landesversicherungsanstalt Württemberg
Adalbert-Stifter-Str. 105, 7000 Stuttgart 40

Bundesversicherungsanstalt für Angestellte (BfA)
Ruhrstr. 2, 1000 Berlin 31

Bundesbahn-Versicherungsanstalt
Karlstr. 4–6, 6000 Frankfurt/M. 1

Versorgungswerk der Presse GmbH
Heustr. 1, 7000 Stuttgart 1

Künstlersozialkasse
Langeoogstr. 12, 2940 Wilhelmshaven

Versorgungsanstalt des Bundes und der Länder
Hans-Thoma-Str. 19, 7500 Karlsruhe 1

Gesamtverband der landwirtschaftlichen Alterskassen
Weißensteinstr. 72, 3500 Kassel

Literatur

Bundestagsdrucksache 11/4124, Entwurf eines Gesetzes zur Reform der gesetzlichen Rentenversicherung (Rentenreformgesetz 1992), Bonn 1989.

«Die Angestelltenversicherung», Zeitschrift der BfA, Jahrgang 33, 1986; Jahrgang 34, 1987; Jahrgang 35, 1988.

Dreher, Wolfgang «Die Entstehung der Arbeiterwitwenversicherung in Deutschland», Berlin 1978.

Gerhard, Ute/Schwarzer, Alice/Slupik, Vera «Auf Kosten der Frauen», Weinheim 1988.

Hermann, Christoph «Gleichstellung der Frau und Rentenrecht», Berlin 1984.

Michaelis, Klaus «Renten für Witwen und Witwer», Einführung in das HEZG, hg. von der Bundesversicherungsanstalt für Angestellte (BfA), Berlin/Bonn 1985.

«Neue juristische Wochenschrift» (NJW), 1981 und 1987.

Anmerkungen

[1] Diese und alle nachfolgenden Angaben des Abschnittes sind nachzulesen in: «Die Angestelltenversicherung» 1988, a. a. O., S. 287 ff.

[2] Vgl. Dreher, Wolfgang «Die Entstehung der Arbeiterwitwenversicherung in Deutschland», Berlin 1978.

[3] Beschluß vom 16. 6. 1981, NJW 1981, S. 2177.

[4] Beschluß vom 28. 1. 1987, NJW 1987, S. 1541.

[5] Vgl. § 23 Abs. 2 AVG.

[6] Vgl. § 24 Abs. 2 AVG.

[7] Vgl. «Die Angestelltenversicherung» 1986, S. 357 ff. und Beschluß des BVerfG vom 10. 11. 1981, in: NJW 1982, S. 1273.

[8] Beschluß des BVerfG vom 8. 4. 1987. «Die Angestelltenversicherung» 1987, S. 398.

[9] Das sind 3/10 der Beitragsbemessungsgrenze.

[10] Das sind 1/8 der Beitragsbemessungsgrenze.

VI 2 **IRMGARD MICHEL**
Sozialhilfe im Alter

VI 2 Irmgard Michel

Sozialhilfe im Alter

Frau B., 69 Jahre alt, hatte ihren Beruf als Köchin im Alter von 40 Jahren für die Dauer von 15 Jahren aufgegeben, um ihrem Vater nach dem Tode der Mutter den Haushalt zu führen und ihn nach einem Unfall zu pflegen. Zwar hatte das Einkommen des Vaters ausgereicht, um den Lebensunterhalt für beide sicherzustellen, für eine freiwillige Weiterversicherung von Frau B. in der gesetzlichen Rentenversicherung oder eine Lebensversicherung für sie hatte es nicht gelangt. Nach dem Tode des Vaters hatte Frau B. angesichts der Arbeitsmarktsituation und eigenen verminderten Leistungsvermögens keinen festen Arbeitsplatz mehr finden können und ihren Lebensunterhalt notdürftig durch stundenweise Beschäftigungen und Aushilfsarbeiten sichergestellt. Jetzt bezieht Frau B. eine Altersrente in Höhe von 500 DM. Sie erhält ergänzende Hilfe zum Lebensunterhalt (HLU) vom Sozialamt. Besondere Probleme entstehen dadurch, daß Frau B. zuckerkrank ist und wegen verschiedener chronischer Leiden ihren Haushalt kaum noch versorgen kann. Wegen einer Gehbehinderung kann sie das Haus nicht mehr allein verlassen, und auch beim Waschen, An- und Ausziehen sowie beim Essen braucht sie Hilfe.

1 Zur Sozialhilfebedürftigkeit älterer Frauen

Die Sozialhilfebedürftigkeit alter Menschen liegt über dem Durchschnitt der sonstigen Wohnbevölkerung, wobei der Anteil der Frauen unter den sozialhilfebedürftigen alten Menschen wiederum über dem der Männer liegt. Dabei muß zusätzlich davon ausgegangen werden, daß Frauen im Alter vielfach die ihnen laut Bundessozialhilfegesetz (BSHG) zustehenden Sozialhilfeleistungen nicht einmal in Anspruch nehmen. Auch und gerade im Alter macht sich also bemerkbar, daß Frauen als Erwerbstätige häufig erheblich weniger verdienten als Männer, daß sie aus familiären Gründen oft keine Erwerbstätigkeit ausgeübt haben und als Folge davon nunmehr auf zum Teil klägliche eigene oder abgeleitete Rentenansprüche angewiesen sind. Hinzu kommt das Fehlen einer versicherungsrechtlichen Absicherung des allgemeinen Lebensrisikos der Pflegebedürftigkeit (vgl. hierzu vor allem 2.2).

2 Die wichtigsten Hilfearten

Im folgenden können aus Platzgründen nur die wichtigsten Hilfearten des Bundessozialhilfegesetzes (BSHG) skizziert werden.

2.1 Hilfe zum Lebensunterhalt (HLU)

Frau B. hat, wie bereits erwähnt, angesichts ihrer Minirente einen Anspruch auf ergänzende HLU (für eine ausführliche Darstellung dieser Hilfeart vgl. den entsprechenden Abschnitt in II.2 Bundessozialhilfegesetz...). Diese berechnet sich wie folgt (Beispiel aus Hessen):

Regelsatz für Alleinstehende	DM 426
Mehrbedarf für Personen, die das 60. Lebensjahr vollendet haben	DM 85,20
Mehrbedarf wegen Krankenkost (in diesem Fall Diabetes mellitus = Zuckerkrankheit)	DM 164
Kosten der Unterkunft	DM 380
Summe	DM 1055,20
abzüglich Rente	DM 500

Im Fallbeispiel hat Frau B. mithin einen Anspruch auf ergänzende laufende Leistungen der HLU in Höhe von 555,20 DM. Dieser Anspruch ist deshalb relativ hoch, weil für Diabetes mellitus ein besonders hoher Mehrbedarfszuschlag angesetzt wird. Bei anderen Erkrankungen ist der Krankenkostzuschlag wesentlich geringer, beträgt zum Beispiel bei Herz-, Kreislauf- oder Nierenerkrankungen lediglich 53 DM. Diese Beträge sind nirgends verbindlich festgelegt, sondern beruhen auf hochgerechneten Empfehlungen des Deutschen Vereins für öffentliche und private Fürsorge.[1] Außerdem hat Frau B. noch einen Anspruch auf sogenannte einmalige Beihilfe, zum Beispiel für Kleidung, Hausrat und Weihnachtsbeihilfe (siehe auch hierzu die entsprechenden Abschnitte in II.2 Bundessozialhilfegesetz...).

2.2 Hilfe zur Pflege

Frau B. hat einen Rechtsanspruch auf Hilfe zur Pflege, da sie «infolge Krankheit oder Behinderung so hilflos» ist, daß sie «nicht ohne Wartung und Pflege bleiben» kann. Dies ist eine Hilfe in besonderen Lebenslagen, für die zum Teil andere Regeln gelten als für die HLU (siehe auch unten). Wenn jemand nicht mehr als krank, sondern als pflegebedürftig eingestuft wird, zahlt die Krankenkasse im allgemeinen nicht mehr. In diesem Fall kann Sozialhilfebedürftigkeit selbst bei Pensionärinnen oder Beamtenwitwen eintreten. Die seit längerem geführte Fachdiskussion über die Einführung einer Pflegeversicherung, die in ihren Argumenten und Gegenargumenten hier nicht im einzelnen nachgezeichnet werden kann, hat aus Kostengründen letztlich nicht zur Einführung eines entsprechenden Gesetzes geführt. Allerdings hat der Gesetzgeber im Gesundheitsreformgesetz den Versicherten und ihren Familienmitgliedern unter bestimmten Voraussetzungen ab 1. 1. 1991 Anspruch auf häusliche Pflegehilfe bei sogenannter Schwerpflegebedürftigkeit eingeräumt. Für notwendige Grundpflege und hauswirtschaftliche Versorgung werden bis zu 25 Pflegeeinsätze bis zu einer Höhe von 750 DM finanziert (§§ 53 ff. Gesundheitsreformgesetz).

Im BSHG ist ausdrücklich nur die *häusliche Pflege* geregelt, die ohnehin nach § 3a BSHG den Vorrang vor stationären Hilfen hat. Zu den Leistungen der Hilfe zur Pflege gehören auch *Hilfsmittel* zur Erleichterung der Beschwerden sowie nach Möglichkeit Vermittlung *angemessener Bildung und Anregungen kultureller oder sonstiger Art.* Reicht häusliche Pflege aus, wirkt der Sozialhilfeträger darauf hin, daß die *Pflege unentgeltlich von nahestehenden Personen* oder im Wege der Nachbarschaftshilfe übernommen wird. Die Leistungen der Hilfe zur Pflege sollen keine Vergütung darstellen, sondern die Bereitschaft zur Pflege aufrechterhalten. LeistungsempfängerIn der unterschiedlichen Hilfemöglichkeiten im Rahmen der Hilfe zur Pflege ist die pflegebedürftige Person, nicht dagegen die Pflegeperson. (Zur Hilfe zur Pflege aus Sicht der Pflegeperson vgl. II.2 Bundeshilfegesetz...).

Die Leistungen der Hilfe zur Pflege sind nach dem *Grad der Pflegebedürftigkeit* unterschiedlich geregelt, und es gelten unterschiedliche Einkommensgrenzen:

- *Allgemeine oder einfache Pflegebedürftigkeit* bedeutet, daß die Frau für die gewöhnlichen und regelmäßig wiederkehrenden Verrichtungen im Ablauf des täglichen Lebens der Hilfe anderer bedarf. Rechtsanspruch besteht hier auf Erstattung angemessener Aufwendungen der Pflegeperson. Als Kann-Leistungen können angemessene Beihilfen und Beiträge für eine angemessene Alterssicherung der Pflegeperson gewährt werden, wenn diese nicht anderweitig sichergestellt ist. Außerdem besteht Rechtsanspruch auf Übernahme der angemessenen Kosten für eine erforderliche besondere Pflegekraft. Grundbetrag der Einkommensgrenze ist gemäß § 79 Abs. 1 BSHG seit 1. 7. 1989 834 DM.
- *Qualifizierte oder erhebliche Pflegebedürftigkeit* bedeutet, daß die betreffende Frau dauernd erheblich pflegebedürftig ist. Rechtsanspruch besteht hier auf *Pflegegeld* ab 1. 7. 1989 in Höhe von 315 DM und auf Erstat-

tung der *Beiträge für eine angemessene Alterssicherung der Pflegeperson*, wenn diese nicht anderweitig sichergestellt ist, u. U. auch auf Übernahme der angemessenen Kosten für eine besondere Pflegekraft. (Dann wird das Pflegegeld allerdings um die Kosten der besonderen Pflegekraft bis maximal 50 Prozent des Pflegegeldes gekürzt.) Grundbetrag der Einkommensgrenze gemäß § 81 Abs. 1 seit 1. 7. 1989 ist hier 1250 DM.

- *Bei außergewöhnlicher Pflegebedürftigkeit* sind die Leistungen wie bei qualifizierter Pflegebedürftigkeit, jedoch gibt es hier eine angemessene Erhöhung entsprechend dem Grad der Pflegebedürftigkeit von 315 bis 856 DM.
- *Außergewöhnliche Pflegebedürftigkeit von Schwerstbehinderten* liegt dann vor, wenn die Frau zu den in der Verordnung zu § 24 Abs. 2 Satz 1 BSHG aufgeführten Personen (Personen mit Verlust dreier Gliedmaßen, Hirnbeschädigten mit schweren körperlichen und schweren geistigen oder seelischen Störungen und Gebrauchsbehinderung mehrerer Gliedmaßen usw.) gehört. Rechtsanspruch besteht in diesem Fall auf 856 DM Pflegegeld sowie die übrigen Leistungen wie bei qualifizierter Pflegebedürftigkeit. Der Grundbetrag der Einkommensgrenze beträgt ab 1. 7. 1989 gemäß § 81 Abs. 2 BSHG 2502 DM.

Die Pflegebedürftigkeit und ihr Grad wird in der Regel vom Amtsarzt – das ist wegen der unterschiedlichen Auswirkungen von Krankheiten und Behinderungen wichtig – vom Sozialen Dienst des Sozialamtes beurteilt. Dabei sollte auf die Kompetenz des/der SozialarbeiterIn gerade in diesem Zusammenhang nicht verzichtet werden, weil es hier nicht nur um rein medizinische Fragen geht.

Für alle Pflegegeldzahlungen besteht eine *Kürzungsmöglichkeit bei teilstationärer Betreuung*. Wird die Pflegebedürftige z. B. tagsüber in einer Tagesklinik betreut, kann das Pflegegeld «angemessen» gekürzt werden (etwa bis 25 oder 33,3 Prozent). Eine *besondere Pflegekraft* ist erforderlich, wenn die häusliche Pflegekraft für bestimmte Pflegetätigkeiten Unterstützung benötigt oder zu bestimmten Zeiten nicht anwesend sein kann. Dies sind meist MitarbeiterInnen von Sozialstationen und dergleichen, die sozialversichert sind und deren Entgelt üblicherweise unmittelbar vom Sozialamt an deren Anstellungsträger überwiesen werden.

Die Hilfe zur Pflege ist *abhängig vom Einkommen und Vermögen der Pflegebedürftigen*.

Die *Einkommensgrenze* bei der allgemeinen Pflegebedürftigkeit nach § 79 Abs. 1 BSHG errechnet sich z. B. wie folgt:

Grundbetrag		834 DM
Kosten der Unterkunft		380 DM
	Summe	1214 DM

Lebte Frau B. noch mit einem oder mehreren unterhaltsberechtigten Familienmitgliedern zusammen – beispielsweise dem Ehemann und einer noch studierenden Tochter –, so würde sich die Einkommensgrenze pro unterhaltsberechtigte Person um einen Familienzuschlag in Höhe von 80 Prozent des Regelsatzes des Haushaltsvorstandes erhöhen, also in Hessen um z. Zt. 340,80 DM. Diese dreiköpfige Familie bezöge dann insgesamt ein bereinigtes Einkommen ähnlich dem Netto-Einkommen (s. dazu oben II.2 Bundessozialhilfegesetz...) von insgesamt 1554,80 DM und erhielte ungeschmälert Hilfe zur Pflege bei allgemeiner Pflegebedürftigkeit (834 + 380 + 340,80 + 340,80 DM). Bei qualifizierter sowie bei außergewöhnlicher Pflegebedürftigkeit würde die besondere Einkommensgrenze nach § 81 Abs. 1 BSHG 2275,60 DM betragen (1250 + 380 + 340,80 DM + 340,80 DM), bei außergewöhnlicher Pflegebedürftigkeit von Schwerstbehinderten nach § 81 Abs. 2 BSHG 3563,60 DM (2502 + 380 + 340,80 + 340,80 DM).

Bei diesen letzten drei Beispielsrechnungen sind wegen der Vergleichbarkeit mit der ersten Beispielsrechnung für Frau B. als Alleinstehende äußerst geringe Kosten der Unterkunft gewählt worden, die im städtischen Milieu für eine mehrköpfige Familie als Miete völlig unrealistisch sind (allerdings bei Vorhandensein eines abgezahlten kleinen Einfamilienhauses durchaus vorkommen).

Liegt das bereinigte Einkommen unterhalb der Einkommensgrenze, so besteht Anspruch auf Hilfe zur Pflege, also zum Beispiel Pflegegeld.

Aber auch bei *Überschreiten dieser Einkommensgrenzen* kommt eine Bewilligung der Hilfe zur Pflege durchaus in Betracht; die Frau müßte sich dann allerdings mit ihrem über der Einkommensgrenze liegenden Einkommen in angemessenem Umfang an den Kosten der Maßnahme beteiligen. Dabei sind Art des Bedarfs, Dauer und Höhe der Aufwendungen sowie *besondere Belastungen* zu berücksichtigen. Bei Hilfe zur Pflege fallen regelmäßig besondere Belastungen an, außerdem ist die Hilfe regelmäßig auf Dauer erforderlich, so daß eine angemessene Kostenbeteiligung nur relativ niedrig angesetzt werden kann.

Für den *Einsatz des Vermögens* gelten im wesentlichen dieselben Regeln wie bei HLU (vgl. II.2 Bundessozialhilfegesetz...) mit Ausnahme des kleineren Barbetrags (zur Erläuterung des Barbetrages s. S. 551). Bei der Hilfe zur Pflege beträgt der kleine Barbetrag für Pflegebedürftige zur Zeit 4500 DM (bei außergewöhnlicher Pflegebedürftigkeit Schwerstbehinderter 8000 DM), für den nicht getrennt lebenden Ehegatten 1200 DM, für jede überwiegend von der Frau oder ihrem Ehegatten überwiegend unterhaltene Person zusätzlich 500 DM.

Ein besonders dringendes Problem für die pflegebedürftige Frau ist die Frage, ob und in welchem Umfang ihre *Angehörigen* zu den Kosten der

Hilfe zur Pflege herangezogen werden können. Diese Frage löst große Unsicherheit aus und führt häufig dazu, daß die Einschaltung des Sozialamtes vermieden und auf erforderliche Hilfen verzichtet wird, denn viele Frauen wollen auf jeden Fall eine zusätzliche Belastung ihrer Angehörigen vermeiden.

Für Hilfen in besonderen Lebenslagen gelten für die *Kostenbeteiligung Dritter* andere Regeln als bei der HLU (vgl. dazu auch II.2 Bundessozialhilfegesetz...). Zwar gibt es hier in § 28 BSHG die *Bedarfsgemeinschaft*, die der Einsatzgemeinschaft des § 11 BSHG bei der HLU ähnelt. Bei Frauen im Alter ist die Bedarfsgemeinschaft aber auf diese selbst als Hilfesuchende und ggf. den *nicht getrennt lebenden Ehegatten* beschränkt. Das heißt, auf das Einkommen und Vermögen dieser Personen kommt es in erster Linie für die Hilfegewährung an, nicht dagegen auf die finanziellen Verhältnisse beispielsweise von Verwandten und Verschwägerten im selben Haushalt. Da nach § 122 BSHG jedoch Personen in *eheähnlicher Gemeinschaft* hinsichtlich der Gewährung von Sozialhilfe nicht besser gestellt werden dürfen als Ehegatten (vgl. auch III.2 Nichteheliche Lebensgemeinschaft...), kann es also bei der Gewährung von Hilfe zur Pflege auch auf Einkommen und Vermögen des nichtehelichen Lebenspartners ankommen, vorausgesetzt, es wird aus einem Topf gewirtschaftet.

Besorgt sind Frauen aber meist wegen der Heranziehung Unterhaltspflichtiger. Wie bereits ausgeführt (vgl. II.2 Bundessozialhilfegesetz...), sind Verwandte in gerader Linie einander unterhaltspflichtig. D.h., Kinder sind ihren Eltern gegenüber nach bürgerlichem Recht unterhaltspflichtig und umgekehrt. Ist eine Frau im Alter pflegebedürftig, kommt also eine Heranziehung ihrer *Kinder* zu den Kosten der Pflege in Betracht. Regelmäßig teilt der Träger der Sozialhilfe den Unterhaltsverpflichteten in der sogenannten *Rechtswahrungsanzeige* zunächst mit, daß er der betreffenden Frau Sozialhilfe gewährt. Dann leitet er in der *Überleitungsanzeige* die Unterhaltsansprüche der Frau auf sich über. Die Überleitung von Unterhaltsansprüchen ist im Sozialhilferecht auf Unterhaltsverpflichtete beschränkt, die mit der betreffenden Frau im ersten Grad verwandt sind. Dies sind, wie gesagt, ihre Eltern und ihre Kinder. Großeltern und Enkelkinder können nicht herangezogen werden.

Eine Frau muß also grundsätzlich bei der Beantragung von Sozialhilfeleistungen damit rechnen, daß ihre Kinder zu den Kosten der Hilfe herangezogen werden. Die Unterhaltsverpflichteten sind in diesem Zusammenhang nach § 116 BSHG verpflichtet, auch Auskunft über ihre Einkommens- und Vermögensverhältnisse zu geben.

Nun zur entscheidenden Frage, in welcher *Höhe* beispielsweise Kinder zu den Kosten der Hilfe zur Pflege herangezogen werden können:

Da dem/der Unterhaltspflichtigen auf jeden Fall der eigene angemessene Unterhalt zur Verfügung bleiben soll, wird dieser Betrag in der Praxis der Sozialämter und der Verwaltungsgerichte meist nach folgenden Empfehlungen des Deutschen Vereins für öffentliche und private Fürsorge ermittelt (Berechnungsbeispiel aus Hessen):

Doppelter Regelsatz für Haushaltsvorstand	DM 852
1½facher Regelsatz für Ehepartner (42 J.) = 341 DM × 1,5	DM 511,50
1½facher Regelsatz für Kind (5 J.) = 192 DM × 1,5	DM 288
1½facher Regelsatz für Kind (9 J.) = 277 DM × 1,5	DM 415,50
Kosten der Unterkunft (einschließlich angemessener Tilgung für Eigenheim)	DM 1356
10 % des bereinigten Einkommens	DM 400
Summe	DM 3823

Bei einem bereinigten Einkommen in Höhe von 4000 DM bei diesem Berechnungsbeispiel müßte die betreffende Frau kaum damit rechnen, daß ihr Kind zu den Kosten der Hilfe zur Pflege herangezogen wird, zumal die Hilfe familiengerecht gewährt werden muß und Familienbeziehungen nicht belastet werden sollen.

Darüber hinaus wird noch folgende Kontrollrechnung gemacht: Unterhaltspflichtige brauchen gemäß § 91 Abs. 1 Satz 2 BSHG ihr Einkommen nur nach denselben Regeln einsetzen wie die Hilfesuchende selbst. Das bedeutet, daß für das (erwachsene) Kind und seine/ihre Familie der für die Hilfeart maßgebliche Grundbetrag angesetzt wird, die seiner/ihrer Familiengröße entsprechende Anzahl von Familienzuschlägen, die individuellen Kosten der Unterkunft und besonderen Belastungen usw. U. U. kann durch Anwendung der allgemeinen *Härteregel* des § 91 Abs. 3 Satz 1, 1. Halbsatz BSHG eine volle, über der Einkommensgrenze liegende Heranziehung gemindert werden.

Reicht jedoch häusliche Pflege nicht aus, ist Pflegebedürftigen *Hilfe zur Pflege stationär*, d. h. in einer Einrichtung, zu gewähren. Dabei befindet sich der gesamte Lebensbereich Pflegebedürftiger im Umbruch. Während in der Vergangenheit völlig selbstverständlich war, daß jemand ab einem gewissen höheren Grad der Pflegebedürftigkeit ins Pflegeheim gehörte, hat inzwischen ein Umdenken stattgefunden. Selbst wenn die häusliche Pflege einiges teurer sein sollte als die Heimpflege, hat die häusliche Pflege Vorrang vor der stationären Pflege, wenn sie ausreichend ist und die betreffende Person im häuslichen Bereich gepflegt werden möchte. Der Vorrang der häuslichen Pflege ergibt sich aus § 69 Abs. 1 in Verbindung mit Abs. 2 Satz 1 BSHG, die Berücksichtigung der Wünsche des/der HilfeempfängerIn aus § 3 Abs. 2 BSHG. Nach Satz 1 des § 3 Abs. 2 soll Wünschen des/der HilfeempfängerIn entsprochen werden, die sich auf die Gestaltung der Hilfe richten, soweit sie angemessen sind. Berücksichtigt werden müssen die eigenen Vorstellungen der Hilfesuchenden über die Gestaltung ihres Lebens und nicht obrigkeitliche Festsetzungen hinsichtlich der Lebensgestaltung.[2]

Für die stationäre Hilfe zur Pflege gilt dieselbe Einkommensgrenze wie für die häusliche Pflege bei qualifizierter Pflegebedürftigkeit (s. o.). Allerdings kommt bei stationärer Pflege außerdem die Vorschrift des § 85 Nr. 3 BSHG zur Anwendung, wonach von der Frau auch der *Einsatz ihres Einkommens unterhalb der maßgeblichen Einkommensgrenze* verlangt werden kann, «soweit bei einer Hilfe in einer Anstalt, einem Heim oder einer gleichartigen Einrichtung zur teilstationären Betreuung Aufwendungen für den häuslichen Lebensunterhalt erspart werden». Befindet sich die Frau voraussichtlich längere Zeit zur Pflege in einer Anstalt, einem Heim oder einer gleichartigen Einrichtung, kann sie an den Kosten der Maßnahme auch aus Einkommen unterhalb der Einkommensgrenze beteiligt werden, sofern sie nicht andere Personen überwiegend unterhält.

Anzumerken ist in diesem Zusammenhang noch, daß die stationäre Hilfe zur Pflege den Lebensunterhalt einschließlich eines Taschengeldes umfaßt, es sei denn, daß dessen bestimmungsmäßige Verwendung durch oder für den/die HilfeempfängerIn nicht möglich ist. Dieses Taschengeld heißt in § 21 Abs. 3 BSHG «angemessener Barbetrag zur persönlichen Verfügung». Trägt die Frau einen Teil der Kosten der Hilfe zur Pflege in der Einrichtung selbst, erhöht sich dieses Taschengeld nach festgelegten Regeln.

2.3 Hilfe zur Weiterführung des Haushalts

U. U. kommt für eine Frau bei *vorübergehenden Notlagen* auch eine Hilfe zur Weiterführung des Haushalts gemäß §§ 70f. BSHG in Frage. Voraussetzung für die Gewährung dieser Hilfeart ist, daß keiner der Haushaltsangehörigen den Haushalt führen kann und die *Weiterführung des Haushalts geboten* ist (vgl. auch VI.3 Wohnen im Alter). Die Hilfe umfaßt u. a. die Betreuung Haushaltsangehöriger. Gültig ist die allgemeine Einkommensgrenze des § 79 BSHG.

2.4 Altenhilfe

Neben den übrigen Sozialhilfeleistungen soll alten Menschen Altenhilfe vorwiegend als offenes Angebot geleistet werden. Diese Hilfeart umfaßt weitgehend persönliche Hilfen, z. B. auch bei der Beschaffung bzw. Erhaltung einer bedürfnisgerechten Wohnung, bei der Betreuung und dergleichen. Interessant dürfte bei dieser Hilfeart u. a. auch die Übernahme von Fahrtkosten zu nahestehenden Personen sein. Grundsätzlich gilt die allgemeine Einkommensgrenze des § 79 BSHG. Wegen des Angebotscharakters der meisten Hilfen nach diesen Vorschriften kommt es jedoch nicht zu einer Kostenbeteiligung der betroffenen Frau.

3 Literatur, Anmerkungen

Literatur

Bronke, K./Wenzel, G. «Sozialhilfeempfänger: Beihilfen ‹Ihr gutes Recht›», in: päd. extra sozialarbeit, 9/1982.

Brühl, A. «Mein Recht auf Sozialhilfe» (dtv-Rechtsratgeber, 5243), neubearb. C. H. Beck, München 1988.

Harrendorf, J. «Vom Umgang mit dem Sozialstaat. Ein streitbarer Leitfaden», Reinbek 1982.

Hartmann, H. «Sozialhilfebedürftigkeit und ‹Dunkelziffer der Armut›». Bericht über das Forschungsprojekt zur Lage potentiell Sozialhilfeberechtigter. Schriftenreihe des BMJFG, Bd. 98, Stuttgart, Berlin, Köln, Mainz 1981.

Köppen, R. «Die Armut ist weiblich», Berlin 1985.

Koeppinghoff, S. «Endstation Sozialhilfe. Defizite der Einkommenssicherung von Frauen im Alter», in: Kickbusch, I./Riedmüller, B. (Hg.) »Die armen Frauen. Frauen und Sozialpolitik», Frankfurt a. M. 1984.

Leibfried, S./Tennstedt, F. (Hg.) «Politik der Armut und die Spaltung des Sozialstaats», Frankfurt a. M. 1985.

Opielka, M./Vobruba, G. (Hg.) «Das garantierte Grundeinkommen. Entwicklung und Perspektiven einer Forderung», Frankfurt a. M. 1986.

Schallhöfer, P. «Frauen als Sozialhilfeempfängerinnen», in: Gerhard, U./Schwarzer, A./Slupik, V. (Hg.) «Auf Kosten der Frauen», Weinheim und Basel 1988.

Anmerkungen

[1] Vgl. Bundessozialhilfegesetz, Lehr- und Praxiskommentar, 2. Aufl., § 23 Anm. 30.

[2] So die eindrucksvollen Formulierungen in: BSHG, Lehr- und Praxiskommentar, 2. Aufl., § 3 BSHG.

VI 3 **Jutta Wagner**
Wohnen im Alter

VI 3

JUTTA WAGNER

Wohnen im Alter

1 Wohnen als Grundrecht und Lebensform

Vor dem Gesetz, dem Grundgesetz (GG) und dem Bürgerlichen Gesetzbuch (BGB), existiert Wohnen im Alter nicht. In den gesetzlichen Vorschriften ist das Wohnen ganz allgemein geregelt, Schutzvorschriften zugunsten bestimmter Gruppen kennt das Gesetz, kennt der Gesetzgeber nicht. Zwar könnte man meinen, daß das Recht auf menschenwürdiges Wohnen sich für jeden bereits aus Art. 1 GG (Schutz der Menschenwürde) und Art. 2 GG (Recht auf freie Entfaltung der Persönlichkeit) herleiten ließe und eine entsprechende Verpflichtung derjenigen, die in der Lage sind, Wohnungen zur Verfügung zu stellen, vielleicht aus Art. 14 GG (Gebrauch des Eigentums soll dem Wohl der Allgemeinheit dienen). Diese Interpretation verkennt jedoch, daß Grundgesetz-Artikel sehr abstrakte und damit auch sehr interpretationsfähige Postulate sind.

In welche Richtung diese Interpretation eher geht, zeigten anschaulich zwei Verwaltungsgerichtsentscheidungen aus dem Jahre 1989: In der ersten wurde die Baugenehmigung für ein Altenheim in einem Wohngebiet im Hinblick auf die damit für die Nachbarschaft verbundenen Belastungen abgelehnt, in der zweiten wurde ebenfalls eine Baugenehmigung in einem Wohngebiet verweigert, diesmal für ein Aussiedler- und Asylbewerberheim, mit der Begründung, daß diese ja nicht wohnen, sondern «hausen», und damit in einem Wohngebiet nichts zu suchen haben. Gesetzliche Vorschriften und die entsprechende Rechtsprechung sind kein Hilfsinstrumentarium für gesellschaftlich schutzbedürftige Gruppen.

2 Eigene Wohnung, eigenes Haus – Veränderungen und Gefährdungen

Das Alter kommt nicht plötzlich auf uns zu. Jede von uns wohnt irgendwo, wenn das Alter beginnt, spürbar zu werden. Zwar machen die Gesetze keinen Unterschied zwischen alten und nicht alten Bewohnern, dennoch gibt es einige Besonderheiten.

2.1 Modernisierung und Kündigung

Alte Menschen leben oft schon seit mehreren Jahrzehnten in derselben Wohnung. Wenn auch vielleicht die üblichen Schönheitsreparaturen regelmäßig durchgeführt wurden, entsprechen die älteren Wohnungen oft in der Ausstattung (Küche, Sanitär, Heizung) nicht mehr dem zeitgemäßen Standard. Aus § 541 b BGB ergibt sich eine sehr weitgehende Duldungspflicht des Mieters für Modernisierungsmaßnahmen des Vermieters. Lediglich wenn die Maßnahme für den betroffenen Mieter «eine Härte bedeuten würde, die auch unter Würdigung der berechtigten Interessen des Vermieters... nicht zu rechtfertigen ist», kann die Zustimmung zum Modernisierungsvorhaben verweigert werden. Die zu erwartende und im Verhältnis zur Rentenhöhe nicht zu verkraftende Mieterhöhung ist dabei immer dann überhaupt kein Gesichtspunkt, wenn die Wohnung durch die Modernisierung auf den durchschnittlich üblichen Standard gebracht wird, wobei meist der aktuelle soziale Wohnungsbau als Maßstab gilt. Der Einbau einer Zentralheizung, eines Bades, einer modernen Küche also sind selbst dann hinzunehmen, wenn die zu erwartende Mieterhöhung dann zum Auszug zwingt. Alter ist auch kein Argument gegen monatelange Belästigung durch Lärm und Schmutz, nicht einmal gegen zeitweilige Umsetzung – wer nicht in der Lage ist, das hinzunehmen, ist eben einfach auch nicht mehr in der Lage, in einer eigenen Wohnung zu wohnen, sondern gehört ohnehin ins Heim – so die Rechtsprechung.

Alter allein ist kein Kündigungsgrund, weder für den Vermieter, der seine Wohnung vielleicht einem einkommensstärkeren jungen Paar vermieten will, noch für den alten Menschen, der sich entschlossen hat, in ein spezielles Wohnhaus oder Heim umzuziehen. Auch beim Umzug in ein solches Altersdomizil gelten für die Mieter die allgemeinen gesetzlichen Kündigungsfristen, und der Vermieter kann einem alten Menschen genausowenig kündigen wie einem jüngeren.

Der Vermieter darf zum Beispiel nicht kündigen, wenn durch den Tod etwa des Ehepartners oder durch den Beginn des Rentenalters und die damit einhergehende Einkommensverschlechterung die Mieterin gezwungen ist, einen Untermieter in die Wohnung aufzunehmen. Dies hat der Vermieter zu dulden (§ 549 Abs. 2 BGB). Ebenso muß der Vermieter es dulden, wenn infolge des Alters erforderlich wird, daß ein(e) Familienangehörige(r) oder eine bezahlte Hilfskraft zur Unterstützung der Mieterin in den Haushalt aufgenommen wird. Auch ein längerer Krankenhausaufenthalt und der damit verbundene Leerstand der Wohnung ist kein Kündigungsgrund, solange die Hoffnung besteht, wieder in die eigene Wohnung zurückkehren zu können. Oft wird versucht, älteren Menschen gegenüber eine Kündigung mit dem Zustand der Wohnung (unterlassene

Schönheitsreparaturen) zu begründen – auch dies ist nicht zulässig, allerdings kann die Durchführung von Schönheitsreparaturen unter Fristsetzung verlangt werden.

Daß die Durchführung von Schönheitsreparaturen erforderlich werden kann, muß auch der ältere Mensch berücksichtigen, der sich selbst dazu entschließt, seine Wohnung aufzugeben. Sind die Einkommensverhältnisse sehr schlecht und keine Rücklagen vorhanden, läßt sich darüber jedoch oft mit dem Vermieter verhandeln. Von der Sozialhilfe werden Renovierungskosten auch übernommen, jedoch nur, wenn die Mieterin weiter in der Wohnung bleiben will, nicht bei Auszug oder gar danach.

Zwar muß die Mieterin, die ausziehen will, sich an die gesetzlichen Kündigungsfristen halten, diese kann bei einem länger andauernden Mietverhältnis bis zu zwölf Monate betragen (§ 565 Abs. 2 BGB), jedoch hat der Vermieter nur so lange Anspruch auf Weiterzahlung der Miete, wie er ortsüblich braucht, um einen neuen Mieter zu finden. Angesichts der großen Nachfrage nach Wohnungen dürfte dies also nicht länger als zwei bis drei Monate dauern. Es gilt also, einen Umzug langfristig zu planen und die Termine abzustimmen, um nicht für diese zwei oder drei Monate doppelt zahlen zu müssen.

Für alle Fälle, gleich ob der Vermieter sich mit Modernisierungsplänen oder der Kündigung oder sonstigen Forderungen meldet oder ob die Frau selbst Anliegen hat oder ausziehen will und auf Schwierigkeiten stößt, ist es erforderlich, sich rechtzeitig nach der nächstgelegenen Mieterberatung oder einer in diesen Fragen erfahrenen Anwältin bzw. einem Anwalt zu erkundigen. Die Mitgliedschaft in einer Mietervereinigung oder eine Rechtsschutzversicherung ist angesichts der mit einem Streit und der Beratung immer verbundenen Kosten dringend anzuraten.

2.2 *Eigentum und Sozialhilfe*

Andere Probleme ergeben sich für die Frau, die im eigenen Haus oder der eigenen Wohnung wohnt. Wenn ihr Einkommen für den Lebensunterhalt zu niedrig, weil sie möglicherweise altersbedingt nicht mehr arbeiten kann, oder der Partner gestorben ist, hat sie Anspruch auf Sozialhilfe, ohne dazu gezwungen werden zu können, ihr Eigentum zu verkaufen. Allerdings ist ihr zumutbar, wenn die Raumverhältnisse es erlauben, zunächst durch Untervermietung weiteres Einkommen zu erzielen. Sollte noch Geld benötigt werden, um das Haus/die Wohnung belastende Schulden abzutragen, besteht dafür kein Anspruch auf Sozialhilfe. In diesem Fall bleibt nur der Verkauf, wobei frau sich durchaus ein lebenslanges Wohnrecht ausbedingen kann, allerdings dann eben nur einen geringeren Preis erzielt. Die Schenkung des Hauses etwa an die zukünftigen Erben ist, jedenfalls dann, wenn frau erwarten muß, Sozialhilfe in Anspruch zu nehmen, wenig sinnvoll. Die Beschenkten müssen damit rechnen, wenn die Schenkung weniger als zehn Jahre zurückliegt, auf Rückforderung in Anspruch genommen zu werden. Diese Rückforderung ist dann rechtmäßig, wenn der Schenker/die Schenkende sonst Anspruch auf Sozialhilfe hätte (§ 528 BGB). Das Sozialamt leistet dann zwar, läßt sich jedoch den Rückforderungsanspruch abtreten und verzichtet auf das Rückgängigmachen der Übereignung nur, wenn der/die Beschenkte die Sozialhilfe an das Amt erstattet. Eine Schenkung z. B. an ein Kind kann sich dann als sinnvoll erweisen, wenn sie rechtzeitig geschehen ist, also mehr als zehn Jahre zurückliegt, und durch einen langandauernden Krankenhaus- oder Heimaufenthalt extrem hohe Kosten, die bis zu 4500 DM monatlich betragen, von der Sozialhilfe getragen werden müssen. Immer jedoch sollte bei einer Schenkung bedacht werden, daß die Rechte der Schenkenden, also mindestens ein lebenslanges Wohnrecht, vertraglich abgesichert sind. Sich selbst jemanden zu suchen, der fachkundig und parteilich berät und den Vertrag im eigenen Sinne entwirft (dies muß ein Notar machen), ist dabei nicht Ausdruck krankhaften Mißtrauens, sondern angemessener und notwendiger Selbstschutz – dies sollte in keinem Fall dem zu Beschenkenden überlassen bleiben.

3 Gebrechlichkeit und Pflegebedürftigkeit – Wohnen unter Pflegschaft

Wohnmöglichkeiten und Wohnformen verändern sich in dem Maße, in dem frau nicht mehr in der Lage ist, für sich selbst zu sorgen. Wirklich anders und «gefährlich» wird die Situation dann, wenn frau selbst, und sei es auch nur vorübergehend, nicht mehr den eigenen Aufenthaltsort bestimmen kann. Damit sind die Weichen so gestellt, daß staatliche Instanzen eingreifen, ein «Apparat» sich in Bewegung setzt.

Bereits auf seinem parlamentarischen Weg befindet sich ein Gesetzentwurf zur Schaffung eines Betreuungsgesetzes, das an die Stelle der Regelungen zur Pflegschaft Volljähriger treten wird. Damit werden sich die Rechte Betroffener verbessern. Die Geschäftsfähigkeit der betreuten Menschen soll in vollem Umfang erhalten bleiben. Statt eines «Pflegers» wird bedürftigen Menschen dann ein «Betreuer» zur Seite gestellt, und die zuständigen RichterInnen sollen durch die Reform der Verfahrensvorschriften gezwungen werden, die Betroffenen selbst zu Worte kommen zu lassen und ihren Willen zu berücksichtigen.[1]

Z. B. Margarete M., verwitwet. Sie wohnt seit einigen Monaten in einem Heim des Arbeiter-Samariter-Bundes, weit entfernt von ihrem lebenslangen Wohnort in der Stadtmitte. Das Haus in wunderbarer Seelage könnte als Wohnhaus eines kaiserlichen Bankiers erbaut worden sein. Jetzt ist es unterteilt in kleine Mehrbettzimmer. Ein Bett in einem solchen Zimmer, ein eigenes Bild darüber aus der früheren Wohnung, einige Fotos, Kleinigkeiten auf dem Nachttisch, ein 50 cm breites Schrankabteil mit Kleidung, das ist seit dem Umzug Margarete M.s ganze Existenz.

Helene R. dagegen wohnt immer noch in dem Haus, in dem sie bereits mit ihrem verstorbenen Mann mehrere Jahrzehnte wohnte. Zwar wurde in der Zwischenzeit das Haus von einem aufstrebend-arrivierten Akademiker erworben, in Wohnungseigentum aufgeteilt und Helene R.s Wohnraum auf ein Zimmer mit Nebenräumen reduziert. Auch blieben Versuche nicht aus, Helene R. wegen angeblicher Belästigungen auf Räumung zu verklagen. Begründung: Sie geistere nachts durch das Haus und erschrecke die Mitbewohner. Diese Angriffe konnten jedoch mit Hilfe der verständnisvollen Richterin am Amtsgericht und letzten Endes dann doch wieder mit gutem Willen von allen Seiten abgewendet werden. So lebt Helene R. nach wie vor in ihren eigenen Möbeln, wird vom Hauspflegedienst der Arbeiterwohlfahrt täglich versorgt und nimmt so manche Mahlzeit im Kreise alter Bekannter im Lokal an der nächsten Straßenecke ein.

Katharina C., ebenfalls verwitwet, ist vor einem Jahr umgezogen in ein neuerbautes Seniorenheim der evangelischen Kirche, das, integriert in ein lebendiges, stadtnahes Viertel, gleich um die Ecke von ihrer alten Wohnung liegt. Ihre alten Nachbarinnen und Freundinnen können sie problemlos mal so eben zwischendurch besuchen, Arzt, Apotheke, Friseur und Café brauchte sie nicht zu wechseln. Katharina C. teilt sich ihr Zimmer bisher noch mit einer weiteren alten Dame, sobald jedoch eines frei wird, erhält sie ein Einzelzimmer. Verschiedene Möbel konnte sie aus ihrer Wohnung mitnehmen, lediglich Bett, Kleiderschrank, die Einrichtung von Bad und Kochnische wurden vorgefunden. Ein eigener Telefonanschluß macht es leichter, Kontakte zu halten.

Margarete M., Helene R. und Katharina C. – was ist ihnen gemeinsam? Alle drei sind Frauen im Alter zwischen siebzig und achtzig. Alle drei sind verwitwet und an ihrem Wohnort ohne Familienangehörige, die sich um sie kümmern und sie unterstützen könnten. Alle drei Frauen können letztendlich über ihre Wohnsituation nicht mehr selbst entscheiden, weil sie unter Gebrechlichkeitspflegschaft stehen.

Eine in den §§ 1773 ff. BGB geregelte Pflegschaft wird dann angeordnet, wenn der Eindruck entsteht, daß Betroffene ihre Angelegenheiten nicht mehr selbst wahrnehmen können.

Bevor eine solche Diagnose gestellt werden kann, muß der alte Mensch auffallen. Margarete M. hatte das Pech, sich bei einem Sturz in der Wohnung einen komplizierten Knochenbruch zuzuziehen. Der Krankenhausaufenthalt brachte sie aus ihrem gewohnten Lebensrhythmus, die Angst mag das ihre getan haben, sie wurde etwas wirr in ihren Äußerungen.

Helene R. hingegen war zu leichtsinnig: Sie händigte ihre Sparbücher ihren Kneipenbekanntschaften aus und ließ diese Geld abheben. Dies veranlaßte die Sparkasse zur Einschaltung des Gesundheitsamtes. Bei Katharina C. waren es die jahrelang sehr hilfsbereiten Nachbarn, die das Gesundheitsamt einschalteten, weil nach ihrer Meinung Katharina C. auch mit Unterstützung nicht weiter allein in ihrer Wohnung bleiben konnte, sich aber beharrlich weigerte umzuziehen.

Der bei den drei Frauen dann diagnostizierte geistige Abbau, im Medizinerjargon «Hops», hirnorganisches Psychosyndrom, genannt, wurde dem zuständigen Amtsgericht mitgeteilt. Es fand dann die vorgeschriebene mündliche Anhörung mit Richter und Protokollführer statt. Inhalt der Fragen etwa: Wie alt sind Sie? Welchen Tag haben wir heute? Seit wann wohnen Sie hier? Wann gehen Sie denn einkaufen? Vielleicht auch noch: Wissen Sie, wie der Bundeskanzler heißt? Die Antworten sind verwirrt, treffen den Kern der Frage nicht, die ärztliche Diagnose ist bestätigt: Dieser alte Mensch ist nicht mehr in der Lage, seine Angelegenheiten selbst wahrzunehmen. Juristischer Befund: Der Sachverhalt des § 1910 BGB liegt vor: «Ein Volljähriger... kann einen Pfleger für seine Person und sein Vermögen erhalten, wenn er infolge körperlicher Gebrechen... seine Angelegenheiten nicht zu besorgen vermag... Die Pflegschaft darf nur mit Einwilligung des Gebrechlichen angeordnet werden, es sei denn, daß eine Verständigung mit ihm nicht möglich ist.»

Die Zustimmung zur Einleitung einer Pflegschaft hätte dagegen für die Betroffenen zwei positive Aspekte: Eine freiwillig akzeptierte Pflegschaft muß auf Antrag der Betroffenen wieder aufgehoben werden, auch bleibt in der Regel das Wahlrecht erhalten.

Stellt das Gericht die Notwendigkeit der Pflegschaft fest und ordnet ihren Eintritt an, so liegt der nächste Schritt gerichtsintern beim Rechtspfleger. Dieser wählt einen Pfleger aus, der bestellt wird. Manchmal haben die Betroffenen Glück, dann gibt es Angehörige oder jüngere Vertraute, die bereit sind, das Amt zu übernehmen. Meist aber wird zunächst geprüft, ob nicht der Amtspfleger, d. h. der zuständige Beamte der Kommune, noch in der Lage ist, als Pfleger tätig zu werden. Ist jedoch der Amtspfleger, wie es häufig der Fall ist, überlastet, weil er bereits dreihundert Pflegschaften führt, oder aber erscheint die Führung der Pflegschaft im Hinblick auf besondere Umstände als schwierig, dann wird eine Rechtsanwältin/ein Rechtsanwalt als Pfleger ausgesucht. Was diesen qualifiziert, ist zunächst die überhaupt nicht selbstverständliche Bereitschaft, ein solches Amt zu übernehmen. Im übrigen stellt die Ausübung des Auswahlermessens der Rechtspfleger eine nicht überprüfbare Grauzone dar. Der Verdacht liegt nahe, ohne daß dies statistisch überprüfbar wäre, daß derjenige Pfleger der beste ist, der am wenigsten Ärger macht, über den sich nie jemand beschwert, der keine mutigen Entscheidungen trifft.

Zurück zu Margarete M., Helene R. und Katharina C. Wie reagierten sie und ihre Umgebung auf die Bestellung des Pflegers, wie wirkte sie sich auf ihr Leben aus?

Bei Margarete M. gab es für den Pfleger nicht mehr viel zu regeln. Sie befand sich bereits im Heim. Es mußte dafür gesorgt werden, daß die Heimkosten getragen wurden und daß sie aus ihrer Wohnung die wenigen Dinge erhielt, die ihr persönliches Eigentum sind. Bei der Auflösung ihres Haushaltes wurde versucht, in ihrem mutmaßlichen Sinne zu verfahren, das bedeutete in ihrem Fall, Nachbarn und Freunden, die ihr über Jahre hinweg beigestanden hatten, Erinnerungsstücke zukommen zu lassen, selbst wenn sie von Wert waren, obwohl der Pfleger solche Schenkungen eigentlich nicht vornehmen darf. Margarete M. selbst begriff nicht, wen sie vor sich hatte, als der Pfleger sich bemühte, über diese Fragen mit ihr zu sprechen. Ihre im benachbarten Ausland lebenden Geschwister, genauso alt wie sie, waren erleichtert über die amtliche Sorge, ebenso die Nachbarn.

Ganz anders verhielt es sich bei Helene R. Sie lehnte die Pflegschaft vehement ab. Ein langes Gespräch darüber, daß dies der Ausweg sein sollte, ihre Mitbewohner von einer neuen Kündigung der Wohnung ihr gegenüber abzuhalten, überzeugte sie nicht. Auch der Zusicherung, daß alles beim alten bleiben und sie die Pflegschaft so wenig als möglich wahrnehmen sollte, schenkte sie keinen Glauben. Langjährige Bekannte, die sich um sie gekümmert hatten, und die Inhaberin des Lokals, das sie regelmäßig besuchte, redeten ihr zu, sich gegen die Pflegschaft zu wehren – sei es, weil auch sie glaubten, Helene R. werde nun in ihrer freien Lebensführung beeinträchtigt, sei es, weil sie deren großzügigen Umgang mit ihren Sparbüchern doch geschätzt hatten. Die Situation beruhigte sich, als alle Beteiligten sahen, daß Helene R. trotz Pflegschaft so weiterleben konnte wie bisher. Hier war durch den Pfleger sicherzustellen, daß die notwendigen Ausgaben von Helene R. regelmäßig aus ihrem Einkommen beglichen werden und daß ihre Sparguthaben wirklich nur ihr selbst zugute kommen. Aufgabe des Pflegers war es darüber hinaus, mit Hilfe der Hauspflege dafür zu sorgen, daß weder der Zustand von Helene R. selbst noch derjenige ihrer Wohnung einen eventuellen Kündigungsgrund bieten.

Katharina C. verstand die Einrichtung der Pflegschaft überhaupt nicht und lehnte diese ab. Dann wiederum verhielt sie sich so, als sei der Pfleger eine Art Privatsekretär und habe tagsüber ganz und gar zu ihrer Verfügung zu stehen. Die sie umgebenden Nachbarn und Freunde jedoch, die das Verfahren ja auch in Gang gesetzt hatten, kooperierten mit dem Pfleger und erleichterten seine Arbeit, vielleicht auch wegen ihres schlechten Gewissens, Katharina C. aufgegeben zu haben. Es war zunächst schwer, für Katharina C. einen geeigneten, ihren Ansprüchen genügenden Heimplatz zu finden. Sie befand sich zum Zeitpunkt der Pflegschaftsanordnung einfach mangels anderer Unterbringungs- oder Versorgungsmöglichkeiten in der Landesnervenklinik. Alte Menschen nach dieser Zwischenstation unterzubringen, ist besonders schwierig, da jede Heimleitung befürchtet, von dort Bewohner zu erhalten, die eben doch geisteskrank und damit nur schwer zu integrieren oder, besser, zu verwalten sind. Daß Katharina C. so gut untergekommen ist, verdankt sie nur dem Einsatz ihrer alten Freunde, die wochenlang Heim für Heim anriefen und besichtigten, den Überredungskünsten des Gebrechlichkeitspflegers und dessen und der Heimleitung Mut, einen eigentlich nicht vorgesehenen Heimvertrag auf Probe abzuschließen. Nachdem feststand, daß Katharina C. nicht nur auf Probe im ausgewählten Heim bleiben werde, wurde ihre alte Wohnung gekündigt und aufgelöst. Dieses war nicht schwierig. Katharina C. hatte bereits vor längerer Zeit, als sie selbst ihre zunehmende Hilfsbedürftigkeit feststellte, diesen Ablauf der Dinge wohl vorhergesehen und lange Listen der ihr bemerkenswert erscheinenden Besitztümer erstellt, in denen ebenfalls festgehalten war, wer sie erhalten sollte. So war dafür gesorgt, daß jeder in ihrer Umgebung etwas von ihr mit nach Hause nahm und sie weiterhin präsent blieb, auch daß die Dinge, die ihr lieb waren, Menschen zukamen, die ebenfalls an ihnen hingen. Dies stellte alles keine Schenkung dar, die dem Pfleger gem. § 1804 BGB verboten ist, da Katharina C. die entsprechenden Verfügungen noch selbst getroffen hatte. Mit Hilfe eines Tricks konnte der Pfleger dann den leider nicht schriftlich von ihr vor Eintritt der Pflegschaft festgehaltenen Wunsch verwirklichen, ihren Schmuck, teilweise alte Familienstücke, ihren Nichten in der DDR zukommen zu lassen. Der Pfleger vereinbarte mit den Nichten ein «Verwahrverhältnis», d. h., diese verpflichteten sich, den Schmuck nicht weiterzuverschenken oder -zuveräußern und ihn für den Fall, daß seine Veräußerung für den Lebensunterhalt von Katharina C. erforderlich werden sollte, herauszugeben. Dies stellte keine Schenkung dar und war daher zulässig.

Die für die Betroffenen im übrigen hinter den Kulissen stattfindende Tätigkeit eines Gebrechlichkeitspflegers richtet sich nach den Vorschriften des BGB (§§ 1773 ff.), die für die Vormundschaft über Minderjährige Anwendung finden und gem. §§ 1897, 1915 BGB mit nur wenigen Ausnahmen entsprechend anwendbar sind auf die Pflegschaft über Volljährige.

Von der Vormundschaft – gleichbedeutend mit der als diskriminierend empfundenen Entmündigung – unterscheidet sich die Pflegschaft, jedenfalls juristischen Kommentaren zufolge, dadurch daß, wer einen Pfleger hat, nicht voll geschäftsunfähig, sondern neben dem Pfleger weiter eingeschränkt geschäftsfähig ist und daher auch neben dem Pfleger über die eigenen Angelegenheiten rechtswirksam verfügen kann. Die Wirklichkeit sieht jedoch ganz anders aus. Wird den Behörden, dem Rentenversicherungsträger oder dem Vermieter das Bestehen einer Pflegschaft bekannt, so akzeptieren sie eigene Entscheidungen des alten Menschen nicht länger, sondern führen ausschließlich die Anordnungen des Pflegers aus. Dieser wiederum kann das Bestehen einer Pflegschaft, selbst wenn er es zugunsten einer möglichst weitgehenden Autonomie des Pfleglings wollte, aufgrund seiner Pflichten gegenüber dem Vormundschaftsgericht nicht verschweigen. Das Vermögensverzeichnis, das errichtet und vorgelegt werden muß (§ 1802 BGB), kann nicht ohne Auskünfte der Banken und anderer Stellen gefertigt und belegt werden, auch muß die Wohnung des Betroffenen im Hinblick auf dort eventuell befindliche Vermögenswerte in oft würdeloser Weise durchstöbert werden – all dies geht nicht, ohne daß das Bestehen einer Pflegschaft der engeren Umgebung zur Kenntnis gelangt. Von der Vorlage des ersten Vermögensverzeichnisses an muß der Pfleger dem Gericht gegenüber jährlich über Einnahmen und Ausgaben des unter Pflegschaft Stehenden abrechnen, sämtliche Belege und seine Akten vorlegen. Seine Verfügungsbefugnisse sind eingeschränkt. Die laufenden Einnahmen des Pfleglings müssen für dessen Lebensunterhalt verbraucht werden, es muß dafür Sorge getragen werden, daß dieser auch sämtliche nur möglichen Einnahmen (Unterhaltsansprüche, Beihilfe u. ä.) erhält. Soweit Vermögen (Sparguthaben, Wertpapiere u. ä.) vorhanden ist, darf darüber nur mit gerichtlicher Genehmigung und zweckgebunden verfügt werden. Da sich die Höhe der einem Pfleger jährlich zu bewilligenden Vergütung nach dem Vermögen des Pfleglings bemißt, liegt die Gefahr nahe, daß ein Pfleger Wünsche, deren Erfüllung das Vermögen mindern, eher ablehnt, etwa wenn vielleicht ein neues großes Farbfernsehgerät angeschafft, die Wohnung renoviert oder eine Reise unternommen werden soll. In solchen Fällen sollte nicht lange gewartet, sondern sofort eine schriftliche Eingabe an das Gericht gemacht werden, für die es keine Formvorschriften gibt.

4 Vorsorge – Möglichkeiten und Grenzen

Vorsorge muß stattfinden, solange es noch möglich ist, ohne fremde Einmischung zu handeln. In welcher Weise unterschiedlich bis gar nicht getroffene Vorsorge Leben und Wohnen im Alter beeinflußt, wird an den drei geschilderten Beispielen deutlich.

Wie kommt es nun, daß die geschilderten Lebensbedingungen von Margarete M., Helene R. und Katharina C. so unterschiedlich sind, obwohl doch die gesetzlichen Rahmenbedingungen der Fremdbestimmung über sie gleich sind?

Ausschlaggebend sind nicht Unterschiede in der sozialen Herkunft, die nur geringfügig vorhanden sind. Entscheidend sind auch nicht etwa unterschiedliche Einkommensverhältnisse – von den dreien ist es diejenige mit dem niedrigsten Einkommen, die noch in der eigenen Wohnung lebt, nämlich Helene R. Soweit das Einkommen nicht reicht, sind Miete, Lebensunterhalt, Hauspflege genauso wie ein Heimplatz oder ein Platz in einem Krankenhaus für chronisch Kranke jedenfalls bisher noch über Sozialhilfe finanzierbar, wobei angesichts der Kosten eines Krankenhausplatzes von bis zu ca. 4500 DM monatlich und der Kosten eines Heimplatzes von mindestens 1500 DM im Monat die zu Hause anfallenden Kosten noch relativ gering sind. Hier sind es auch keine Unterschiede in der Person des gerichtlich bestellten Pflegers, der in allen drei Fällen derselbe ist. Was aber ist es dann?

Die Art, in der Margarete M., Helene R. und Katharina C. heute ihr durch die physischen und psychischen Begleitumstände des Alterns ohnehin sehr verändertes Leben führen, unterscheidet sich deshalb so erheblich voneinander, weil sie in höchst unterschiedlicher Weise ihr späteres Leben im voraus geregelt haben (vgl. auch VI.4 Erben...).

Gar nicht vorgeplant hatte Margarete M. Sie hatte es einfach nicht geschafft, in Nachbarschaft oder Freundeskreis soziale Strukturen zu schaffen, die in der Lage gewesen wären, sie aufzufangen und sich in die weitere Bestimmung, was mit ihr geschehen solle, einzuschalten. Niemand kümmerte sich darum, in welchem Krankenhaus, in welchem Altersheim sie verschwand. Vielleicht wäre es ihr ein Anliegen gewesen, den umfangreichen schriftlichen Nachlaß ihres verstorbenen Mannes, der Schauspieler und Journalist gewesen war, in sachkundige Hände zu geben – aber auch dafür hatte sie keinerlei Vorsorge getroffen. So war es ganz dem Zufall überlassen, was aus der restlichen Zeit ihres Lebens wird, was von ihrem und ihres Mannes Leben über den Tod hinaus bleiben würde.

Anders verhielt es sich bei Helene R. Sie hatte zwar nicht schriftlich oder organisatorisch Vorsorge getroffen. Sie hatte jedoch durch ihre Art, mit den Menschen in ihrer nächsten Umgebung zu leben, dafür gesorgt, daß niemand sie so einfach würde «verwalten» können. Sie lebte und lebt nicht allein und zurückgezogen, sondern in einer Gemeinschaft, in der sie zwar vielleicht mehr als die anderen zum Schluß die Gebende war, die jedoch dann auch dafür sorgt, daß Helene R., solange sie nicht pflegebedürftig erkrankt, in ihrer alten Umgebung und bisherigen Lebensgewohnheiten weiterleben kann. Diese Gemeinschaft wird auch dafür sorgen, daß Helene R. in ihrer Nähe bleibt, selbst wenn sie eines Tages ihre Wohnung verlassen muß.

Noch gründlicher in der Vorbereitung auf eine Zeit der eventuellen Hilfsbedürftigkeit war Katharina C. Zunächst einmal hatte auch sie dafür gesorgt, daß es genügend Menschen in ihrer Umgebung gab, die sich um ihr weiteres Leben kümmerten. Darüber hinaus hatte sie aber auch durch ihre schriftlichen Regelungen dafür gesorgt, daß ihre Dinge ihrem Willen entsprechend verteilt und verwendet werden konnten. Ohne eine solche Vorsorge wäre das in dieser Art sonst nicht möglich gewesen. Mehr und gründlichere Vorkehrungen als Katharina C. sie getroffen hat, sind kaum möglich. Vor allem nützt es überhaupt nichts, sparsam zu sein und zu glauben, sich später mit Hilfe des Ersparten größere Annehmlichkeiten oder bessere Behandlung erkaufen zu können. Eine viel bessere Versicherung für die Zukunft liegt darin, ein gutes Verhältnis zu Nachbarn und Freunden, möglichst natürlich auch jüngeren, aufzubauen, da frau irgendwann deren Unterstützung mit Sicherheit benötigen wird. Auch kann es nützlich sein, sich einen Überblick über die am Ort existierenden Hilfsangebote wie fahrbaren Mittagstisch, verschiedene Hauspflegeorganisationen u. ä. zu verschaffen, um im Notfall vom Telefon aus selbst das Erforderliche veranlassen zu können, damit frau nicht vorzeitig, einfach aus Hilflosigkeit und Unkenntnis aus der gewohnten Umgebung herausgerissen wird wie Margarete M. und zunächst auch Katharina C. und im Krankenhaus landet – von dort gibt es selten einen Weg zurück nach Hause. Noch besser dran ist diejenige, die sich beizeiten in einem Haus einmieten kann, in dem ein Sozialdienst und ein medizinischer Dienst existieren und bei Bedarf zur Verfügung stehen. Schriftliche Regelungen darüber, was bei einer eventuellen Wohnungsauflösung passieren soll, sind verbindlich, müssen aber auch so aufbewahrt werden, daß sie nicht übersehen werden können. Auch ein Testament und eine schriftliche Festlegung, wo und wie frau bestattet werden will, sind wichtig. Es hat keinen Sinn, die Augen davor zu verschließen, daß Leben und Wohnen im Alter irgendwann eben auch Sterben im Alter heißt.

5 Adressen, Anmerkungen

Adressen

Anlaufstelle für Fragen zum selbstbestimmten Altern sind allgemein die örtlichen Gruppen der Seniorenvereinigung «Graue Panther e. V.»
Rathenaustr. 2, 5600 Wuppertal 2.

Anmerkungen

[1] Schuhmacher, Ulrich/Jürgens, Andreas «Anmerkungen zum Betreuungsgesetzentwurf», in: «Recht und Psychiatrie», 2/1988, S. 2–14.

VI 4 SABINE HEINKE
Erben und Vererben

VI 4

Sabine Heinke

Erben und Vererben

Gegenstand dieses Beitrages sind die rechtlichen und wirtschaftlichen Folgen des Todes.

Ich beschäftige mich also hauptsächlich mit den Grundzügen des Erbrechts. Das deutsche Erbrecht ist im 5. Buch des Bürgerlichen Gesetzbuches[1] geregelt und enthält in mehr als 400 Paragraphen eine Fülle von Vorschriften, die hier selbstverständlich nicht alle berücksichtigt werden können.

Ich habe daher anhand von «Normal»-Fällen die wichtigsten Strukturen herausgesucht, um frau wenigstens einen Eindruck davon zu vermitteln, was in diesem Rechtsgebiet enthalten ist, und ihr zumindest Anhaltspunkte dafür zu geben, was sie selbst zur Durchsetzung eigener Vorstellungen und eigener Ansprüche tun kann. Gerade im Bereich des Erbrechts wird es in komplizierten Fragen unumgänglich sein, den Rat von Fachleuten einzuholen, also von NotarInnen und AnwältInnen, aber auch von SteuerberaterInnen. Die in jedem Einzelfall unterschiedlichen persönlichen und wirtschaftlichen Konstellationen machen es gerade hier den Laien sehr schwer, die Situation zutreffend einzuschätzen und ohne fachlichen Rat die richtigen Entscheidungen zu treffen.

Ich stelle zunächst dar, was im Gesetz vorgesehen ist, wenn eine Person stirbt. Dies muß frau wissen, wenn sie für den Fall ihres eigenen Todes bestimmte Anordnungen treffen will. Hier wird zunächst die Grundstruktur der Erbfolge dargestellt. Was zu geschehen hat, wenn mehrere Personen gemeinsam erben werden, wird hoffentlich deutlich an dem alltäglichen Fall, daß ein Ehemann und Vater verstirbt und seiner Familie ein Haus «hinterläßt».

Die Aufteilung des Ererbten orientiert sich nicht ausschließlich daran, was beim Tode einer Person vorhanden ist. Es gibt vielerlei Vorschriften, die berücksichtigen, daß und was gegeneinander erbberechtigte Personen sich schon zu Lebzeiten geschenkt oder zugewendet haben. Derart anzurechnende Zuwendungen sind etwa die Kosten einer Ausbildung. Aber auch die Leistungen, die die späteren Erben dem Verstorbenen zu Lebzeiten erbracht haben, etwa durch Pflegeleistungen in den letzten Lebensjahren, werden berücksichtigt, wenn es um die Berechnung des Erbes geht. Manchmal allerdings gibt es außer Schulden nichts zu erben, wenn jemand stirbt. Wie die Erbberechtigten sich verhalten sollten, um die auf sie zukommenden Verpflichtungen abzuwenden, wird ebenfalls dargestellt. Der Tod einer Person führt jedoch nicht nur dazu, daß ihr Nachlaß in einer bestimmten Weise verteilt wird. Grundsätzlich fallen auch Unterstützungsleistungen weg, die der/die Verstorbene anderen gewährt hat. Eine Ausnahme betrifft geschiedene Frauen: Sie können ihre Unterhaltsansprüche, die sie gegen den verstorbenen geschiedenen Ehemann hatten, zu einem Teil auch gegenüber dessen Erben geltend machen.

Da das Erbrecht überwiegend vom Bestehen und dem Erhalt ehelicher und familiärer Bande ausgeht, haben PartnerInnen nichtehelicher Lebensgemeinschaften hierdurch einige Schwierigkeiten, ihre Vorstellungen adäquat zu verwirklichen. Was zu tun ist, wenn zwei Freundinnen, die zusammen leben, bestimmen möchten, daß nach ihrem Tod die jeweils andere sie beerbt, wird im weiteren dargestellt.

Wenn die gesetzlichen Vorgaben den eigenen Vorstellungen oder Interessen nicht entsprechen, gibt es vielerlei Möglichkeiten, durch sogenannte letztwillige Verfügungen, also beispielsweise durch ein Testament, abweichende Regelungen zu treffen. Ich gebe Hinweise, wie dies geschehen kann und was dabei zu beachten ist, damit das gewünschte Ergebnis auch erreicht wird.

Wenn ein/e Angehörige/r oder FreundIn stirbt, sollte frau wenigstens in groben Zügen Bescheid wissen, was auf sie zukommt. Ein Erbfall hat immer auch zur Folge, daß innerhalb einer Familie Klarheit über wirtschaftliche Aspekte, Anspruchshaltungen und Erwartungen geschaffen werden muß, was angesichts der gleichzeitig bestehenden gefühlsmäßigen Bindungen Anlaß zu vielerlei Auseinandersetzung und Streit sein kann, den frau oftmals durch Verzicht auf Rechte und Ansprüche zu vermeiden hofft. Hier wie in vielen Bereichen, in denen Geld und Gefühl zusammentreffen, gilt jedoch, daß frau einfacher auf Positionen verzichtet, die sie kennt. Wenn sie schon ihre Rechte nicht ausschöpfen mag, die Feststellung im nachhinein, sich von den anderen Beteiligten womöglich «übervorteilt» haben zu lassen, ist oftmals auch recht schwer zu akzeptieren und erst recht Anlaß zu langwierigen Auseinandersetzungen und familiären Verstimmungen. Auch ist die Durchsetzung von Rechten im nachhinein meist nur möglich, wenn frau sich darauf berufen kann, daß ganz besonders nachteilige oder problematische Umstände vorgelegen haben, die sie an der ordnungsgemäßen Verfolgung ihrer Rechte gehindert haben. Derartige, dann notwendige, extreme Argumentationsstrategien führen erfahrungsgemäß aber zu noch tiefergehenden Auseinandersetzungen und Zerwürfnissen.

1 Die erbrechtliche Situation im Fall des eigenen Todes

Auch wenn der Gedanke an den eigenen Tod oder den nahestehender Menschen nicht zu denjenigen zählt, mit denen frau sich gerne beschäftigt, wird sie doch zuweilen überlegen, was eigentlich aus den Dingen wird, die ihr gehören, wenn sie einmal nicht mehr ist. Auch möchte sie womöglich ihr nahestehende Personen versorgt wissen und dafür das Notwendige veranlassen wollen.

1.1 Wer erbt?

Das Erbrecht enthält eine Reihe von Regeln darüber, was beim Tode einer Person zu geschehen hat. Diese Vorschriften gelten automatisch, wenn die verstorbene Person nicht selbst zu Lebzeiten für den Fall ihres Todes besondere Bestimmungen getroffen hat. Daneben enthalten sie eine Fülle von Regeln, die bestimmen, wie der letzte Wille auszulegen und auszuführen ist. So ist also auch festgelegt, wer eine/n Verstorbene/n beerbt, wenn kein Testament vorhanden ist (§§ 1924 ff.). Nach den Vorstellungen der BGB-Väter soll das Vermögen in der Familie bleiben. Deshalb erben grundsätzlich die Verwandten und daneben der Ehegatte oder die Ehegattin, die ja nicht zur (Bluts-)Verwandtschaft gehören (§§ 1931, 1371). Von den Verwandten erben nur die mit dem jeweils nächsten Verwandtschaftsgrad zur/zum Verstorbenen. Das Gesetz teilt die Verwandten deshalb in Gruppen, «Ordnungen» genannt, ein. Gesetzliche Erben erster Ordnung sind die Kinder der Verstorbenen und deren Abkömmlinge (§ 1924), die alle zu gleichen Teilen erben (§ 1924 Abs. 4).

Im Verhältnis zur Mutter sind alle Kinder gleichberechtigt: die nichtehelichen[2] haben die gleichen Erbrechte wie eheliche Kinder ihrer verstorbenen Mutter. Sie sind eben ihre nächsten Verwandten. Genauso verhält es sich mit adoptierten Kindern. Sie treten in die Verwandtschaftsverhältnisse der Adoptierenden ein wie leibliche Kinder und sind daher auch deren Erben erster Ordnung. Gesetzliche Erben zweiter Ordnung sind die Eltern, und, wenn diese nicht mehr leben, deren Kinder, also die Geschwister (§ 1925), an dritter Stelle schließlich stehen die Großeltern und deren Kinder, also Tanten und Onkel (§ 1926).

Das Erbrecht organisiert die Erbfolge nach Stämmen, wobei die jeweils noch lebenden älteren Verwandten ihre Abkömmlinge von der Erbfolge ausschließen. Darüber hinaus schließt ein Angehöriger einer vorrangigen Ordnung alle anderen Angehörigen einer nachrangigen Ordnung von der Erbfolge aus. Wenn also eine Frau ein Kind hat, so wird dieses beim Tod der Mutter ihr Alleinerbe. Die noch lebenden Eltern der Frau erben nicht. Wenn die vom Gesetz vorgesehenen Erben nichts oder nicht alles bekommen sollen, muß frau dies ausdrücklich bestimmen, etwa durch ein Testament.

1.2 Wer erbt was?

Das Gesetz (§ 1922) sieht die Gesamtrechtsnachfolge vor: das heißt, das gesamte Vermögen der/des Verstorbenen geht mit allen Aktiva und Passiva auf die Erben über. Es ist also nicht so, daß das Gesetz jedem einzelnen Erben unterschiedliche Gegenstände zuteilen würde, etwa der Tochter das Haus und dem Sohn das Auto.

Mehrere Erben, die nebeneinander berechtigt sind, etwa mehrere Kinder, erben alles Vorhandene gemeinsam zu den ihnen jeweils zustehenden Anteilen. Wenn das Ererbte, der Nachlaß, aufgeteilt werden soll, müssen die Erben sich darüber verständigen, wer von ihnen was erhalten soll. Frau kann jedoch durch entsprechende Anordnungen in einem Testament dafür Sorge tragen, daß bestimmte Gegenstände später einmal ganz bestimmten Personen zustehen sollen, wenn ihr daran gelegen ist.

2 Der Tod von Angehörigen

2.1 Wenn die Eltern sterben

Wenn ein Elternteil stirbt, sind die Kinder die nächsten gesetzlichen Erben, die sich den Nachlaß mit dem überlebenden Elternteil teilen (müssen), wenn die Eltern bis zum Tode des einen Elternteils miteinander verheiratet waren.

Auch als nichteheliches Kind ihres Vaters hat frau einen gesetzlichen Erbanspruch. Falls frau allerdings neben ehelichen Abkömmlingen des Vaters oder der überlebenden Ehegattin erbt, so hat sie nur einen «Erbersatzanspruch» (§ 1934 a Abs. 1 BGB). Er unterscheidet sich vom gesetzlichen Erbanspruch dadurch, daß er von vornherein ein Geldanspruch in der Höhe des Wertes ihres Erbteils ist. Miteigentum beispielsweise an einer antiken Truhe oder einem Baugrundstück kann dann also nicht beansprucht werden.

Ein nichteheliches Kind des Vaters kann aber auch zwischen seinem 21. und 27. Lebensjahr einen vorzeitigen Erbausgleich in Geld verlangen (§ 1934 d Abs. 1 BGB). Dieser Anspruch beläuft sich im Normalfall auf das Dreifache des Unterhalts, den der Vater dem Kinde im Durchschnitt der letzten fünf Jahre, in denen es voll unterhaltsbedürftig war, jährlich zu leisten hatte (§ 1934 d Abs. 2 BGB).

Diese erbrechtliche Angleichung der Ansprüche nichtehelicher Kinder an die ehelicher gilt erst seit dem 1. 7. 1970. Sie gilt auch nur für nichteheliche Kinder, die nach dem 1. 7. 1949 geboren wurden. Für die früher Geborenen hat die alte Rechtslage Geltung, selbst wenn der Vater nach 1970 gestorben ist: Danach bestand kein Erbrecht, das nichteheliche Kind hatte lediglich einen Unterhaltungsanspruch bis zur Vollendung seines 18. Lebensjahres.

2.1.1 Wie wird geteilt?

Waren die Eltern der Frau miteinander verheiratet, so wird sich frau also beim Tode des Vaters beispielsweise mit ihrer Mutter und ihren beiden Geschwistern darüber einigen müssen, was etwa mit dem Haus geschieht, das die Eltern gemeinsam gekauft hatten und in dem die Mutter nach Vaters Tod jetzt allein wohnt. Wie die Aufteilung im einzelnen zu erfolgen hat, richtet sich u. a. danach, in welchem gesetzlichen Güterstand die Eltern gelebt haben. Für unseren Fall gehen wir davon aus, daß die Eltern nichts Besonderes vereinbart hatten und im Güterstand der *Zugewinngemeinschaft* lebten (vgl. III.1 Ehe...). Die Höhe des Erbteils, der der Mutter zusteht, bestimmt auch, was für die Kinder übrigbleibt.

Wenn frau dringend Geld braucht und auf ihr Erbteil vom Vater angewiesen ist, wird sie also mit den anderen Familienangehörigen eine Regelung finden müssen, wie sie zu ihrem Geld kommt. In meinem Beispiel gehört Mutter ohnehin die Hälfte des Hauses, denn sie hatte es gemeinsam mit dem Vater gekauft. Vaters Hälfte gehört nun, nachdem er gestorben ist, zur Hälfte der Mutter und zur anderen Hälfte den drei Kindern, die ihren Vater zu je ⅙ beerbt haben. Gemeinsam mit ihrer Mutter und ihren Geschwistern gehört die Frau jetzt zu einer Erbengemeinschaft, nämlich der nach ihrem Vater (§ 2032). Wie jede/r Miterbe/in kann sie jederzeit verlangen, daß die Erbengemeinschaft aufgelöst wird (§ 2042). Auch hier kennt das Gesetz (mit Ausnahme des Haushaltsvoraus des überlebenden Ehegatten gem. § 1932) keine Vorschrift, wonach bestimmte Personen bestimmte Gegenstände zu erhalten haben. Vielmehr hat jeder Miterbe gegen die anderen einen Anspruch darauf, den seinem Erbteil entsprechenden Geldwert ausbezahlt zu erhalten. Wenn die Erben sich nicht anders einigen können, bedeutet dies, daß der gesamte Nachlaß versilbert werden muß und der Erlös entsprechend den Erbteilen aufgeteilt wird.

Für mein Beispiel ergeben sich also folgende Möglichkeiten: Das Haus wird verkauft, schlimmstenfalls versteigert. Der Erlös wird geteilt, wobei frau dann ein Sechstel des Betrages ausgezahlt bekommt, den Vaters Haushälfte wert war. Wenn Einigkeit erzielt werden kann, daß Mutter weiter in dem Hause wohnen bleiben will und soll, wird sie ihre miterbenden Kinder «auszahlen» müssen. Das heißt, sie muß ihnen, soweit sie dies verlangen, ihren Anteil am Ererbten abkaufen, wobei die Orientierungsgröße der Verkehrswert ist. Dies ist natürlich nur möglich, wenn die Witwe über genügend Vermögen oder Einkünfte verfügt.

2.1.2 Was ist anzurechnen?

Frau ist zum Beispiel nicht damit einverstanden, daß ihre beiden Brüder beim Tode des Vaters genausoviel bekommen, weil sie nämlich jeder ein Studium bezahlt bekommen haben, während der Vater angesichts der ohnehin beengten finanziellen Verhältnisse bei seiner Tochter eine Lehre für ausreichend gehalten hatte. Unter diesen Voraussetzungen kann frau u. U. (§§ 2050 Abs. 2 bis 2055) verlangen, daß der Erbteil ihrer Brüder um den Wert der Zuwendungen für ihre Studien gekürzt und der frei werdende Betrag zu gleichen Teilen aufgeteilt wird. Es erhöht sich also der Erbteil der Frau.

Als nach einigen Jahren Mutter pflegebedürftig erkrankt, gibt frau ihre Stelle auf, zieht zur Mutter und versorgt sie. Mutter spart also die Kosten des Pflegeheims und braucht ihr Haus daher nicht zu verkaufen.

Als Mutter stirbt, verlangt frau von ihren Geschwistern einen Ausgleich für die Pflegeleistungen, die sie der Mutter in den letzten Jahren erbracht hat, zumal sie durch ihre Arbeit dazu beigetragen hat, das Vermögen der Mutter zu erhalten. Ein solcher Ausgleich steht ihr nach § 2057 a auch zu, wobei die Höhe des Anspruchs sich nach Umfang und Dauer der Pflegetätigkeit und letztlich auch nach dem Wert des Nachlasses insgesamt bemißt.

Diese Regelung gilt jedoch nur für Abkömmlinge des Erblassers, also Kinder und Enkel. Soweit andere Personen Erben werden, haben sie derartige Ansprüche nicht. Das ist insbesondere von Bedeutung, wenn frau fremde Personen bis zu deren Tod pflegt.

Oftmals werden dann ja von der/dem Pflegebedürftigen kleinere oder größere Summen versprochen, die die Pflegeperson beim Tode ihres Schützlings bekommen soll. Wenn derartige Zuwendungen nicht testamentarisch oder vertraglich abgesichert sind, wird die Pflegeperson trotz der entsprechenden Zusage nichts erhalten. Auch im Hinblick auf die üblicherweise in solchen Fällen einsetzenden Streitigkeiten mit den Erben ist es oftmals günstiger, wenn frau die ihr für die Pflegeleistung angebotene Zuwendung sich nicht als solche geben läßt, sondern sich schlicht und einfach ihre Pflegearbeit als solche entlohnen läßt, wodurch sie gleichzeitig auch sozialversicherungspflichtig ist.

2.2 *Wenn ein Kind stirbt*

Probleme gibt es erfahrungsgemäß häufig dann, wenn Kinder als junge Erwachsene, unverheiratet und kinderlos, etwa infolge eines Unfalls, sterben: In diesem Lebensabschnitt haben sie sich meist schon am Wirtschaftsleben beteiligt, haben womöglich Schulden gemacht, um sich einen von ihnen für notwendig gehaltenen Lebensstandard finanzieren zu können.

Da das Gesetz nur die Gesamtrechtsnachfolge kennt, gehen neben den Besitztümern der/des Verstorbenen auch ihre/seine sämtlichen Verbindlichkeiten auf die Erben über. Diese haften, wenn sie sich dagegen nicht zur Wehr setzen, nicht nur bis zur Höhe des (positiven) Nachlaßwertes, sondern mit ihrem eigenen Vermögen. Frau erbt also auch die Schulden, die der Sohn hatte, als er bei einem Motorradunfall ums Leben kam, und muß sie grundsätzlich vollständig zurückzahlen.

2.3 *Wenn frau nicht erben will*

Nun ist es aber nicht so, daß frau sich nicht dagegen wehren könnte, eine Erbschaft anzutreten, die ihr mehr oder minder nur Belastungen einbringt: ErbIn wird nur, wer sich nicht dagegen wehrt (§ 1942). Die vom Gesetz vorgesehene Erbfolge tritt nicht ein, wenn die ErbIn die Erbschaft ausschlägt (§§ 1942 ff.).

Wer eine Erbschaft ausschlägt, wird also nicht ErbIn, hat also mit den Schulden des Verstorbenen nichts zu tun, bekommt aber auch nichts von etwa vorhandenen Vermögenswerten. Durch die Ausschlagung treten die Verwandten der nächsten Verwandtschaftsstufe oder der nächsten Ordnung an die Stelle des/der zunächst Erbberechtigten. Ganz wichtig ist es, die vom Gesetz für die Ausschlagung vorgesehene Frist zu beachten: Frau hat nur sechs Wochen Zeit, sich zu überlegen, ob sie die Erbschaft annehmen will oder doch besser ausschlagen sollte. Die Frist beginnt mit dem Moment, in dem frau erfährt, daß eine Person gestorben ist und sie, frau, als Erbin in Betracht kommt. Die Frist endet also, das sollte frau bedenken, grundsätzlich sechs Wochen nach dem Tod der betreffenden Person. Die Erbausschlagung ist zudem an eine bestimmte Form gebunden (§ 1945): Frau muß entweder direkt zum Nachlaßgericht gehen und dort vor dem Rechtspfleger die entsprechende Erklärung abgeben. Nachlaßgericht ist das Amtsgericht am letzten Wohnort der/des Verstorbenen. Oder sie reicht die Erklärung in öffentlich beglaubigter Form innerhalb der Frist beim Nachlaßgericht ein, was heißt: Sie muß zu einem/einer NotarIn gehen und dort die notwendigen Erklärungen abgeben und ihre Unterschrift beglaubigen lassen.

Einmal abgegeben, kann diese Erklärung so gut wie nicht widerrufen werden. Wenn sich also herausstellen sollte, daß noch etwas (Positives) zu erben war, kann die Ausschlagung nicht rückgängig gemacht werden.

2.4 Wenn der Ehemann stirbt

Wie bereits angedeutet, steht auch den Ehegatten untereinander ein gesetzliches Erbrecht zu, das in §§ 1931 ff. normiert ist. Der Umfang dieses Erbanspruchs richtet sich zum einen danach, welche Verwandten des Verstorbenen noch leben, und ist zum anderen davon abhängig, in welchem ehelichen Güterstand die überlebende Ehefrau mit dem Mann zum Zeitpunkt seines Todes gelebt hat (§ 1371 Abs. 1, § 1931 Abs. 4). Hier ergeben sich eine ganze Reihe unterschiedlicher Möglichkeiten, die die Berechnung des Erbteils erheblich erschweren können. Außerdem gibt es verschiedene Gestaltungsmöglichkeiten, die hier zur Unterscheidung – nicht ganz zutreffend – als erbrechtliche und güterrechtliche Lösung beschrieben werden. Ich will hier die vom Gesetz vorgesehenen Regelungen darstellen, die für einen überwiegenden Teil verheirateter Frauen in Betracht kommen, also für diejenigen, die nicht durch Ehevertrag einen anderen als den gesetzlichen Güterstand vereinbart haben und daher im Güterstand der Zugewinngemeinschaft mit ihrem Ehemann gelebt haben.

Die besonderen erbrechtlichen Vorschriften, die für verwitwete Ehegatten, hier: Ehefrauen, gelten, setzen voraus, daß zu dem Zeitpunkt, als der Mann starb, eine gültige Ehe bestand. Es ist unwichtig, wie lange die Ehe gedauert hat. Uninteressant ist auch, ob die Eheleute zum fraglichen Zeitpunkt noch zusammengelebt haben. Wenn aber bereits das Scheidungsverfahren rechtshängig war (§ 1933) oder gar die Ehe bereits geschieden ist (§ 1564), erbt die Ehefrau von Gesetzes wegen nichts mehr. Nun zum Umfang des gesetzlichen Erbrechts der Ehegatten, hier der Ehefrau: Sind außer ihr noch Erben erster Ordnung da, also Kinder oder Enkel, so steht der Frau, die im gesetzlichen Güterstand der Zugewinngemeinschaft mit ihrem Mann lebte, die Hälfte des Nachlasses zu (§§ 1931 Abs. 1 S. 1, Abs. 3, 1971 Abs. 1), während die Kinder die andere Hälfte unter sich aufteilen müssen.

Exakt besteht die gesetzliche Regelung aus zwei Teilen: ein Viertel des Nachlasses fällt der Frau aus erbrechtlichem Anspruch zu (§ 1931 Abs. 1 S. 1), das zweite Viertel erhält sie, im Grunde ebenfalls ein erbrechtlicher Anspruch, zum pauschalen Ausgleich des während der Ehe vom Ehemann erwirtschafteten Zugewinns (§ 1931 Abs. 3 i. V. m. § 1371 Abs. 1). Damit soll sie an dem wirtschaftlichen Ergebnis der Ehe, soweit sich dies auf seiten des Mannes materialisiert hat, beteiligt werden. Diese rechtliche Gestaltung dient zudem ihrer materiellen Absicherung. In einzelnen

Fällen mag es sinnvoll sein, wenn die Frau statt der erbrechtlichen Lösung mit dem pauschalen Zugewinnausgleich die güterrechtliche Lösung wählt, weil sie dann u. U. mehr bekommt.

Dies ist vor allem dann zu erwägen, wenn der Ehemann den weitaus größten Teil seines Vermögens während der Ehe erworben hat. Dann sollte die Frau so vorgehen, daß sie das Erbe ausschlägt (§ 1371 Abs. 3) und Zugewinnausgleich nach den dafür vorgesehenen eherechtlichen Regeln (§§ 1372 bis 1390) verlangt.

Diesen Anspruch kann sie gegenüber den Erben, hier also ihren Kindern, erheben. Er beläuft sich – unter der Voraussetzung, daß das Vermögen des Ehemannes während der Ehe erwirtschaftet wurde – auf die Hälfte. Darüber hinaus erhält die Frau, die das Erbe ausgeschlagen hat, gegenüber den dann eintretenden Erben einen Pflichtteilsanspruch (§ 2303 Abs. 2) in Höhe der Hälfte des gesetzlichen Erbteils (ohne den güterrechtlichen Zuschlag). Im Ergebnis kann sie durch die güterrechtliche Lösung also mehr erhalten als durch die erbrechtliche. Da es hier exakter Berechnungen bedarf, insbesondere auch bezüglich der Höhe des tatsächlich erzielten Zugewinns (das Vermögen am Ende der Ehe ist meistens nicht gleichzeitig auch der Zugewinn eines Ehegatten), sollte frau sich diesbezüglich unbedingt beraten lassen, um nicht die falsche Möglichkeit zu wählen.

Leben außer der verwitweten Frau nur noch Verwandte des Mannes, die als Erben zweiter Ordnung gelten, also etwa seine Eltern oder seine Geschwister, so erhält die Frau die Hälfte des Nachlasses (§ 1931 Abs. 1 S. 1) und, sofern die Ehe im Güterstand der Zugewinngemeinschaft geführt wurde, das weitere Viertel nach § 1371 Abs. 1 dazu, so daß ihr drei Viertel des Nachlasses als Erbteil zustehen.

Soweit außerdem nur noch Erben dritter Ordnung vorhanden sind, also etwa Tanten oder Cousinen, erbt die Witwe alles. Nur die Großeltern des Mannes haben neben der Ehefrau als einzige Erben dritter Ordnung Anspruch auf ein Viertel der Erbschaft.

2.5 Wenn der geschiedene Mann stirbt

Wie oben bereits ausgeführt, erbt eine geschiedene Ehefrau nichts, wenn ihr früherer Mann stirbt. Das Gesetz enthält aber mit § 1586b eine Regelung, die einer geschiedenen Frau auch über den Tod des früheren Ehemannes hinaus auf Kosten seiner Erben eine gewisse wirtschaftliche Absicherung verspricht: Mit dem Tod des Mannes geht seine gegenüber der geschiedenen Frau bestehende Unterhaltspflicht als Nachlaßverbindlichkeit auf seine Erben über (§ 1586b S. 1). Dies ist insbesondere ein wichtiger Anspruch für Frauen, die nach der Scheidung einer (langen) Ehe keine Arbeit mehr finden konnten und daher auf Unterhaltsleistungen vom geschiedenen Mann angewiesen waren und auch weiterhin sein werden. Wenn der geschiedene Mann stirbt, soll den Frauen dieser Anspruch erhalten bleiben. Er richtet sich dann gegen die Erben, was nichts anderes heißt, als daß frau ihren Unterhalt nunmehr von ihren/seinen Kindern und womöglich von der Witwe verlangen muß, was sicher nicht einfach ist. Der Anspruch ist allerdings nicht unbegrenzt: Er besteht bis zur Höhe des Pflichtteils, der der Frau zugestanden hätte, wenn die Ehe nicht geschieden worden wäre, grob gerechnet also zur Höhe von einem Achtel des Nachlasses, sofern der verstorbene Ex-Ehemann Kinder hat, die ihn beerben.

2.6 Wenn der Freund oder die Freundin sterben

Wenn der Freund oder die Freundin sterben, mit denen frau in nichtehelicher Lebensgemeinschaft (vgl. III.2 und 3 Nichteheliche und lesbische Lebensgemeinschaften...) zusammengelebt hat, erbt frau gar nichts von den Dingen, die ihrem Partner/ihrer Partnerin gehörten. Etwas anderes ist nur möglich, wenn eine entsprechende letztwillige Verfügung getroffen wurde, wenn also etwa ein Testament vorliegt.[3] Aber auch wenn ggf. die Frau von ihrem Freund/ihrer Freundin testamentarisch als Alleinerbin eingesetzt worden ist, bedeutet dies in aller Regel nicht, daß sie tatsächlich alles behält oder behalten kann, was ihr zugedacht ist.

Zwei Klippen gibt es hier mindestens: Das sind einmal die Anforderungen an den Inhalt des Testaments und zum anderen die erbrechtlichen Ansprüche naher Verwandter des/der Verstorbenen aus nichtehelichen Lebensgemeinschaften und dessen/deren womöglich noch nicht geschiedenen Ehegatten. Dritte Hürde ist schließlich das Erbschaftssteuerrecht.

2.6.1 Das «Geliebten»-Testament

Noch bis Anfang der siebziger Jahre war es grundsätzlich nicht möglich, daß eine Frau von einem Mann (Frauen untereinander haben sich entweder nichts vererbt oder aber ihre Verwandten waren nicht so streitsüchtig) durch Testament als seine Erbin eingesetzt werden konnte, wenn sie mit ihm nicht verheiratet war. Oftmals haben die Verwandten und/oder Ehefrauen die testamentarischen Verfügungen angefochten und hatten damit auch Erfolg: Die Testamente zugunsten nichtehelicher Lebensgefährtinnen oder Freundinnen wurden von den Gerichten als sittenwidrig und damit nichtig eingestuft. Grund: Die «geschlechtliche Hingabe» außerhalb der Ehe galt per se als ein Verstoß gegen die Sittenordnung und durfte nicht auch noch dadurch belohnt werden, daß die Geliebte etwas erbte (nur spekulieren kann frau hier über die Auslegung von Testamenten zugunsten von Liebhabern, aber auch diese wurden entweder nicht aufgesetzt oder nicht angefochten). Angesichts veränderter gesellschaftlicher Einstellungen zu nichtehelichen Lebensgemeinschaften wird heute wohl nicht einmal mehr die Rechtsprechung testamentarische Verfügungen, die nichteheliche Lebenspartner füreinander treffen, in Bausch und Bogen für sittenwidrig und nichtig erklären wollen. Trotzdem besteht dieses Risiko nach wie vor, insbesondere dann, wenn die leibliche Familie, sofern sie aus engsten Verwandten besteht, völlig leer ausgehen soll. Wenn Derartiges beabsichtigt ist und durch Testament geregelt werden soll, sollte frau sich wegen des notwendigen Inhalts ihres Testaments oder eines Erbvertrages rechtlich beraten lassen.

2.6.2 Pflichtteilsansprüche

Im deutschen Erbrecht herrscht Testierfreiheit, d. h., frau kann als ihren letzten Willen alles mögliche zu Papier bringen, insbesondere jede ihr genehme Person oder Institution zu ihrem Erben einsetzen. Da der Gesetzgeber allerdings der Meinung war, daß das Vermögen möglichst in der Familie bleiben soll, ist die Testierfreiheit zugunsten der nächsten Verwandten und der Ehegatten eingeschränkt worden.

Ehegatten, Eltern und Abkömmlinge, aber auch nur diese, haben deshalb einen sogenannten Pflichtteilsanspruch (§ 2303). Der Pflichtteilsanspruch beläuft sich auf die Hälfte des Erbteils, der der betreffenden Person nach dem Gesetz zustünde. Wenn sie durch Testament etwa enterbt wird, steht ihr dieser Pflichtteilsanspruch zu. Es handelt sich um einen Zahlungsanspruch gegen die durch Testament bestimmten Erben. Er soll den nächsten Angehörigen gegenüber familienfremden Erben ein Minimum am Vermögen des Erblassers sichern. Der Pflichtteilsanspruch kann, ebenfalls nur durch Testament oder sonstige letztwillige Verfügung – nur unter sehr begrenzten Voraussetzungen –, entzogen werden, etwa dann, wenn der/die Enterbte der/dem Testierenden nach dem Leben getrachtet oder einen «unsittlichen Lebenswandel» geführt hat (§§ 2333 ff.). Üblicherweise wird frau also damit zu rechnen haben, daß Pflichtteilsansprüche bestehen und von den nahen Verwandten der verstorbenen Freundin oder des Freundes auch geltend gemacht werden. Was dies bedeutet, soll an dem folgenden Beispiel erklärt werden.

Zwei Frauen, Anna und Vera, leben zusammen. Sie kaufen gemeinsam ein Haus für 200000 DM. Jede ist zur Hälfte Eigentümerin. Um jeder von ihnen die Möglichkeit zu geben, nach dem Tode der anderen das Haus zu behalten und weiter bewohnen zu können, machte jede ein Testament, in dem sie die andere als Alleinerbin einsetzt. Anna hat eine Tochter, Marion, Vera hat außer Geschwistern keine Verwandten. Was passiert, wenn eine von beiden stirbt? Wenn Anna als erste stirbt, hat die Tochter Marion, die ja enterbt wurde, einen Pflichtteilsanspruch. Sie kann von Vera, die Annas Erbin ist, die Hälfte dessen verlangen, was ansonsten Marion von ihrer Mutter geerbt hätte: vom halben Haus die Hälfte. Vera muß also an die Tochter der verstorbenen Anna 50000 DM zahlen. U. U. kann dies bedeuten, daß Vera das Haus verkaufen muß, um die berechtigten Ansprüche von Marion zu erfüllen.

Dieses Ergebnis ist im übrigen auch durch Schenkung zu Lebzeiten nicht völlig zu vermeiden, da dem enterbten nahen Verwandten unter bestimmten zeitlichen Voraussetzungen auch sog. Pflichtteilsergänzungsansprüche gegen die Erben zustehen (§ 2325).

Frau kann im übrigen versuchen, dieses Ergebnis wirtschaftlich dadurch zu vermeiden, indem sie etwa eine Versicherungslösung wählt: Diejenige, die pflichtteilsberechtigte Erben hat, hier also Anna, schließt zugunsten von Vera eine Lebensversicherung ab. Dabei wird eine Versicherungssumme gewählt, die ungefähr der Höhe der zu erfüllenden Pflichtteilsansprüche entspricht. Bei Annas Tod wird die Versicherung fällig und an Vera als Bezugsberechtigte ausgezahlt. Da die Versicherungsumme nicht zum Nachlaß gehört, hat Vera damit die Mittel in der Hand, um die Pflichtteilsansprüche von Annas Tochter Marion ohne weitere wirtschaftliche Einschränkungen zu erfüllen.

2.6.3 Erbschaftsteuer

Auf überlebende PartnerInnen nichtehelicher Lebensgemeinschaften kommt jedoch noch ein weiteres Problem zu, das den Fortbestand des gemeinsam Erwirtschafteten erheblich gefährden kann: die Erbschaftsteuer.

Auch hier sind allein Familienangehörige und Ehegatten privilegiert: Fremde, und das sind auch nichteheliche LebenspartnerInnen vor dem Gesetz, müssen bis auf einen Freibetrag von 3000 DM alles nach einem progressiven Tarif versteuern, was sie geerbt haben (im übrigen auch grundsätzlich alles, was ihnen geschenkt wird). Trost ist hier lediglich die Tatsache, daß etwa Immobilien nicht etwa nach ihrem Verkehrswert der Erbschaftsteuer unterworfen werden, sondern mit dem 1,4fachen ihres steuerlichen Einheitswertes, der erheblich geringer ist.

3 Testament und Erbvertrag

Die oben geschilderten Vorschriften über die gesetzliche Erbfolge greifen immer dann ein, wenn keine letztwillige Verfügung vorliegt, wenn also für den Fall des Todes einer Person nichts von ihr geregelt worden ist.

Wenn frau andere Vorstellungen über den späteren Verbleib ihres Vermögens hat als es sich nach der gesetzlichen Erbfolge bei ihrem Tod ergeben würde, muß sie also ihren Willen dokumentieren: Entweder macht sie ein Testament oder sie schließt einen Erbvertrag mit den in Frage kommenden Personen ab. In den meisten Fällen wird ein Testament das richtige Mittel sein, um für den Fall des eigenen Todes Vorsorge zu treffen. Demgegenüber ist ein Erbvertrag eine verpflichtende Regelung, in dem entweder eine Vertragspartnerin oder alle füreinander oder auch für Dritte verbindlich für den Fall ihres Todes bestimmte Vereinbarungen treffen, von denen sie sich im Normalfall auch nicht wieder lösen können. Ein Erbvertrag kann nur vor einem Notar geschlossen werden.

Wer ein Testament macht, bestimmt darin einseitig über den späteren Verbleib ihres/seines Vermögens. Sie/er verpflichtet sich dadurch zu nichts und kann auch die einmal getroffenen Regelungen jederzeit ändern, wenn sie/er dies möchte.

Es ist auch möglich, ein gemeinschaftliches Testament zu errichten, allerdings steht diese Gestaltungsmöglichkeit nur Eheleuten offen (§ 2265).

3.1 Form des Testaments

Bei einem Testament hat frau die Wahl: Sie kann es selbst verfassen oder auch vom Notar beurkunden lassen. Ein privatschriftliches Testament ist nur gültig, wenn bestimmte Vorschriften eingehalten werden, die unbedingt zu beachten sind (§§ 2229 ff., 2247 ff.). Frau muß das Testament von Anfang bis Ende selbst mit der Hand schreiben und unterschreiben. Es genügt nicht, daß jemand anderes einen Text aufsetzt und frau unterschreibt oder daß frau einen maschinengeschriebenen Text unterschreibt. Ein solches Testament ist ungültig und wird so behandelt, als sei es nie geschrieben worden. Frau sollte Ort und Datum angeben, ebenfalls handschriftlich, und mit Vor- und Zunamen unterschreiben.

Wohin mit dem Testament? Frau kann es in einer Schublade aufbewahren oder einer Vertrauensperson zur Aufbewahrung geben. Um sicher zu gewährleisten, daß das Testament im Falle des Todes tatsächlich auch vorliegt und nicht – versehentlich oder absichtlich – vernichtet wird, empfiehlt es sich, das Testament beim Amtsgericht des Wohnortes zu hinterlegen. Das kostet zwar Gebühren, dafür liegt es dort sicher, und das Gericht sorgt dafür, daß nach dem Tod die Erben auch benachrichtigt werden.

Wenn frau sich nicht ganz sicher ist, ob sie mit ihren Formulierungen auch erreicht, was sie erreichen möchte, oder wenn ihre Vermögens- und/oder Verwandtschaftsverhältnisse nicht völlig unkompliziert sind, empfiehlt es sich, ein öffentliches Testament zu errichten, gemeinhin als notarielles Testament bezeichnet. Hierfür hat frau zwei Möglichkeiten: Entweder sie erklärt vor einem/einer NotarIn direkt ihren letzten Willen, oder aber sie übergibt dem/der NotarIn ihren bereits niedergeschriebenen letzten Willen. Der/die NotarIn hinterlegt das Testament beim Amtsgericht. Ein notarielles Testament erspart den späteren Erben, einen Erbschein zu beantragen. Meist reicht das Protokoll, das sie vom Amtsgericht über die Eröffnung des Testaments erhalten haben, zum Nachweis ihres Erbrechtes aus.

3.2 Inhalt des Testaments

Wie bereits oben ausgeführt, geht das deutsche Erbrecht von der Gesamtrechtsnachfolge aus, das heißt, das gesamte Vermögen des Verstorbenen einschließlich aller Aktiva und Passiva geht als Ganzes auf den/die Erben über. Es ist daher von entscheidender Bedeutung, im Testament anzugeben, welche Person/en Erbe/n werden soll/en und diese Person/en zweifelsfrei zu bezeichnen. Durch die Erbeinsetzung wird meist zweierlei erreicht: Eine Person wird als Erbe bestimmt und eine oder mehrere andere Personen werden dadurch womöglich enterbt. Soweit es sich um nahe Angehörige oder Ehegatten handelt, steht ihnen dann zwar kein Erbanteil, aber ein Pflichtteilsanspruch zu. Die Person, die als ErbIn eingesetzt ist, erhält dann alles, was der Erblasserin zum Zeitpunkt ihres Todes gehörte, und erbt ggf. auch die Verbindlichkeiten.

3.2.1 Vermächtnis

Sollen die zu Erben eingesetzten Personen zwar im großen und ganzen alles bekommen, bestimmte Gegenstände aber nicht, weil frau diese lieber anderen Personen vorbehalten und zukommen lassen möchte, so genügt es, daß hinsichtlich einzelner Gegenstände ein Vermächtnis im Testament aufgenommen wird. Der/die ErbIn ist verpflichtet, diesen bestimmten Gegenstand an die bedachte Person herauszugeben. Ein solches Vermächtnis als eine Bestimmung, daß eine Person beim Versterben einer anderen etwas Bestimmtes bekommen soll, ist nur gültig in schriftlicher Form innerhalb eines Testaments. Beispiel: «Ich setze meine Tochter Ina als Alleinerbin ein. Meine Schwester Helga soll meinen Schmuck erhalten.» Der Schmuck wäre also ein Vermächtnis.

Auch ist es möglich, daß die Erblasserin im Testament bestimmt, wer von ihren Erben was erhalten soll. Sie macht also Vorschriften darüber, wie das Erbe aufzuteilen ist, trifft, so nennt es das Gesetz, eine Teilungsanordnung. Beispiel: «Ich setze meine Töchter Martina und Claudia als Erbinnen ein. Martina soll die Eigentumswohnung erhalten, Claudia die Sparguthaben und Wertpapiere.»

Hat die als Erbin in Betracht kommende Person schon zu Lebzeiten der Erblasserin einiges geschenkt bekommen, so ist es i. d. R. sinnvoll, zur Vermeidung von Streitigkeiten unter mehreren Erben im Testament auch anzugeben, ob derartige Zuwendungen auf das Erbteil der beschenkten Personen angerechnet werden sollen oder nicht.

3.2.2 Vor- und Nacherben

Grundsätzlich kann sich im Laufe der Zeit manches ändern. Dann sollte frau entweder ihr Testament anpassen oder aber vorausschauend Verfügungen mit aufnehmen, die mögliche Veränderungen einkalkulieren. Dazu gehört die Möglichkeit, einen/eine ErsatzerbIn zu bestimmen für den Fall, daß die zunächst als Erbe/Erbin vorgesehene Person zum Zeitpunkt des Erbfalls nicht mehr leben sollte. Die Ersatzperson tritt – nur – dann an ihre Stelle.

Die Erbfolge kann aber auch über mehrere Generationen im voraus festgelegt werden: Frau kann zum Beispiel ihre Freundin als alleinberechtigte und von Beschränkungen befreite Vorerbin einsetzen und deren Tochter als Nacherbin. Dann erbt zunächst die Freundin und, wenn diese stirbt, die Tochter das, was noch übrig ist vom Nachlaß.

3.3 Änderung und Aufhebung des Testaments

Ein Testament kann jederzeit geändert oder aufgehoben werden. Um Auslegungsprobleme und Streit darüber zu vermeiden, was bei mehreren Testamenten eigentlich gelten soll, empfiehlt es sich immer, bei Änderungen das gesamte alte Testament zu vernichten oder zu widerrufen und ein völlig neues Testament aufzusetzen.

Ein gemeinschaftliches Testament kann nur gemeinschaftlich widerrufen oder aufgehoben werden.

4 Was ist zu tun, wenn der Erbfall eingetreten ist?

Wenn eine Person verstorben ist, ist vieles zu erledigen und zu regeln. Insbesondere gibt es mehr oder minder unmittelbar einiges zu bezahlen. Hier ist es für die Erben oft eine große Erleichterung, wenn eine Person

Vollmacht über ein Konto der/des Verstorbenen hat. Derartige Bankvollmachten wirken i. d. R. über den Tod hinaus und erlauben es den Erben, die notwendigsten Ausgaben zu bestreiten, ohne daß sie bereits nachweisen müssen, daß sie Erben geworden sind.

Der Nachweis, daß jemand Erbe geworden ist, wird entweder dadurch geführt, daß ein notarielles Testament vom Nachlaßgericht eröffnet wird und den Erben eine Abschrift des Gerichtsprotokolls und des Testaments übersandt wird. Wenn kein Testament oder nur ein handschriftliches vorhanden ist, müssen die Erben beim Nachlaßgericht einen Erbschein beantragen (§§ 2353 ff.). Zu diesem Zweck müssen sie gegenüber dem Nachlaßgericht sämtliche Urkunden vorlegen, die ihr Erbrecht nachweisen, also Sterbeurkunde, Heiratsurkunde, Geburtsurkunde u. ä. Darüber hinaus ist darauf zu achten, inwieweit die/der Verstorbene aus laufenden Rechtsverhältnissen noch Ansprüche oder Verpflichtungen hatte.

So endet beispielsweise ein *Rentenanspruch* mit dem Tod des Berechtigten. Der Rentenversicherungsträger muß daher von dem Todesfall informiert werden.

Sofern eine *Lebensversicherung* besteht, muß das Versicherungsunternehmen informiert werden. Dafür gelten zum Teil sehr kurze Fristen, so daß eine umgehende Unterrichtung sinnvoll ist. Mit dem Tode der versicherten Person endet jedenfalls die Pflicht, Versicherungsprämien zu zahlen.

Wenn die verstorbene Person in einer Mietwohnung gewohnt hat und Alleinmieter war, können die Erben wie auch der Vermieter das *Mietverhältnis* unter Einhaltung der gesetzlichen Frist kündigen. Es ist zu beachten, daß diese Kündigungsmöglichkeit nur zu dem ersten Termin besteht, an dem sie nach dem Tode des Mieters möglich ist. Dies ist deshalb von Bedeutung, weil nur dann die dreimonatige Kündigungsfrist gilt, die sich aus § 569 i. V. m. § 565 Abs. 5 ergibt. Wenn die Erben diese Frist verstreichen lassen, haben sie den Mietvertrag u. U. noch sehr viel länger zu erfüllen. Wenn nämlich der Mietvertrag beim Tode des Mieters etwa schon länger als zehn Jahre besteht, gilt, wenn frau nicht den erstmöglichen Kündigungstermin einhält, die nach § 565 Abs. 2 auf ein Jahr verlängerte Kündigungsfrist. Wenn das Mietverhältnis nicht aufgekündigt werden soll, können Familienangehörige, die mit der/dem Verstorbenen gemeinsam gelebt haben, das Mietverhältnis fortsetzen (§ 569 a). Wenn dies nicht erwünscht ist, muß es dem Vermieter innerhalb eines Monats mitgeteilt werden.

5 Literatur, Anmerkungen

Literatur

Friedrich, Walther J. «Testament und Erbrecht», München 1987.

Jerschke, Hans-Ulrich «Mein und Dein in der Ehe», München 1985.

v. Münch, Eva-Maria «Zusammenleben ohne Trauschein», München 1983.

Oberloskamp, Helga «Ich erziehe mein Kind allein», München 1985.

Anmerkungen

[1] Die im Text angegebenen Paragraphen sind alle aus dem Bürgerlichen Gesetzbuch (BGB), sofern nichts anderes vermerkt ist.

[2] Zur erbrechtlichen Stellung des nichtehelichen Kindes gegenüber dem Vater: Oberloskamp, Helga, «Ich erziehe mein Kind allein», München 1985, S. 48ff.

[3] v. Münch, Eva-Maria «Zusammenleben ohne Trauschein», München 1983, S. 102ff.

Zu den Autorinnen

RENATE AUGSTEIN, Jahrgang 1950; eine Tochter, alleinerziehend; Juristin und Autorin; seit 1979 in Bonn auch beruflich frauenpolitisch tätig; engagiert im Deutschen Juristinnenbund und Mitglied bei Pro Familia.

SIGRID BERENBERG-GOSSLER, Jahrgang 1951; 1979 Zulassung als Rechtsanwältin; 1980 Tätigkeit als Juristin in New York; seit 1981 Kanzlei in Hamburg.

CAREN BERG, geb. 1955 in Hamburg; seit 1974 Jurastudium in Marburg und Berlin, 1979 erstes juristisches Staatsexamen; anschließend Besuch der Henri-Nannen-Journalistenschule in Hamburg und Tätigkeit als Redakteurin beim «Tagesspiegel» in Berlin, freie Mitarbeiterin beim «Stern»; Referendarzeit und Abschluß des 2. juristischen Staatsexamens 1984; seit 1985 als Rechtsanwältin tätig in Berlin.

SABINE BERGHAHN, Jahrgang 1952; juristische Ausbildung in München, erstes juristisches Staatsexamen 1977, zweites 1980; Mitarbeit in mehreren interdisziplinären Forschungsprojekten in München und Berlin; Autorin u. a. zu rechts- und frauenpolitischen Themen; z. Z. Wissenschaftliche Mitarbeiterin am Fachbereich Politische Wissenschaft der Freien Universität Berlin; Mitglied im deutschen Juristinnenbund.

MALIN (MARTHA-LINA) BODE, geb. 1953; Fachanwältin für Arbeits- und Sozialrecht; Tätigkeit als Rechtsanwältin in Bochum und als Redakteurin bei der feministischen Rechtszeitschrift «Streit».

REGLINDIS BÖHM, Jahrgang 1934; Studium der Rechtswissenschaft und Referendardienst in Frankfurt a. M.; dort auch zunächst Rechtsanwältin, dann Landgerichtsrätin in Gießen, ab 1972 Richterin am Oberlandesgericht Frankfurt a. M., seit 1985 Vorsitzende eines Familiensenats; Mitglied der Familienrechtskommission des Deutschen Juristinnenbundes; verheiratet, zwei inzwischen erwachsene Kinder.

BARBARA DEGEN, geb. 1941; als Rechtsanwältin in Bonn tätig; alleinerziehend, zwei Töchter; Arbeitsschwerpunkte und Veröffentlichungen im Bereich des Frauenarbeitsrechts (Teilzeitarbeit, sexuelle Belästigung am Arbeitsplatz, Frauenförderung und Betriebsverfassungsrecht), aktiv in der gewerkschaftlichen Bildungsarbeit.

MARGARETE FABRICIUS-BRAND, Jahrgang 1949; eine Tochter, Rechtsanwältin und Diplom-Psychologin; seit 1977 als Rechtsanwältin zunächst Sozietät in Berlin-Kreuzberg, seit 1982 Einzelpraxis in Hannover; Autorin vor allem zu berufspolitischen Situationen von JuristInnen und Geschäftsführerin des Republikanischen Anwältinnen- und Anwältevereins in Hannover.

SIMONE FEY-HOFFMANN, Jahrgang 1959; Studium der Sozialwissenschaften und Geschichte; Autorin zu kommunalpolitischen Themen und Erwerbstätigkeit von Frauen; z. Z. Leiterin der Gleichstellungsstelle für Frauen in Leverkusen.

MONIKA FROMMEL, Jahrgang 1946; Priv. Doz. Dr. jur., juristisches Studium, Promotion und Habilitation in München; Fächer: Strafrecht, Kriminologie, Rechtsphilosophie und Neuere Rechtsgeschichte; z. Z. Vertreterin einer Professur an der Universität Frankfurt a. M.; Vorsitzende der Strafrechtskommission des Deutschen Juristinnenbundes; Mutter eines erwachsenen Sohnes.

Monika Goldmann, geb. 1946, Diplom-Soziologin; stellvertretende Direktorin am Landesinstitut Sozialforschungsstelle Dortmund und Mitarbeiterin im Forschungsbereich Berufsarbeit; Autorin zu verschiedenen Themen arbeitssoziologischer Frauenforschung.

Alexandra Goy, geboren 1944; seit 15 Jahren Rechtsanwältin; Mitinitiatorin des Ersten Berliner Frauenhauses 1977 und Begründerin des ersten (deutschen) feministischen Anwältinnenbüros; Redaktionsmitglied der Rechtszeitschrift «Streit» und u. a. Mitglied des Strafrechtsausschusses des Deutschen Juristinnenbundes; leidenschaftlich nicht verheiratet, nicht in eheähnlicher Lebensgemeinschaft lebend und nicht Mutter.

Sabine Heinke, Jahrgang 1956; seit 1981 Rechtsanwältin in Bremen mit den Arbeitsschwerpunkten Familien- und Zivilrecht; Lehrbeauftragte der Fachhochschule Ostfriesland in Emden; Redaktionsmitglied der feministischen Rechtszeitschrift «Streit».

Gabriele C. Klug, Jahrgang 1955; juristische Ausbildung; z. Z. Referatsleiterin beim Hessischen Landtag in Wiesbaden; verschiedene Veröffentlichungen auf dem Gebiet des Arbeitsrechts.

Annelies Kohleiss, geb. 1919; Volkswirtschaftsstudium von 1940–1943, Dr. rer. pol., anschließend Studium der Rechtswissenschaft, 1946 erstes, 1949 zweites juristisches Staatsexamen; danach Tätigkeit als Rechtsanwältin, später als Richterin am Landgericht, dann am Landessozialgericht; seit 1970 Vorsitzende Richterin am Landessozialgericht; Leiterin eines Rentenversicherungssenats; jetzt im Ruhestand; verwitwet seit 1966, eine Tochter und drei Enkelkinder; 1981–1983 Erste Vorsitzende des Deutschen Juristinnenbundes, heute Vorsitzende der Untergruppe Baden-Württemberg; seit 1983 Vorstandsmitglied des deutschen Frauenrates.

Doris Mathilde Lucke, Jahrgang 1953; Diplom-Soziologin, Studium und Promotion (Dr. rer. pol.) in München; nach mehrjähriger Forschungs- und Dozentinnentätigkeit inner- und außerhalb der Universität jetzt Wissenschaftliche Assistentin am Seminar für Soziologie der Universität Bonn; verschiedene Buch- und Zeitschriftenveröffentlichungen; seit 1988 Sprecherin der Sektion Rechtssoziologie in der Deutschen Gesellschaft für Soziologie; Mutter eines Sohnes.

Irmgard Michel, Jahrgang 1945; verheiratet, zwei Kinder; von 1965–1970 Studium der Rechtswissenschaft; Tätigkeit als Wissenschaftliche Mitarbeiterin an der Philips-Universität in Marburg, 1975 Assessorexamen; Tätigkeiten in Marburg bei der Bundesvereinigung Lebenshilfe für geistig Behinderte e. V. und als Rechtsanwältin bis 1986, dann Mitarbeiterin beim Deutschen Verein für Öffentliche und Private Fürsorge in Frankfurt a. M. und seit 1987 Referentin und stellvertretende Dezernentin (im Dezernat Erziehungshilfe) des Landeswohlfahrtsverbandes Hessen in Kassel.

Carola Möller, geb. 1929; Diplom-Kauffrau, Dr. rer. pol.; als Sozialwissenschaftlerin freiberuflich tätig in Köln; Arbeitsschwerpunkte: Arbeitsmarkt, Sozialpolitik, Armut; Mitglied der Redaktion «beiträge zur feministischen theorie und praxis».

Sigrid Nolte, Jahrgang 1947; Bankkauffrau; seit 1976 als Rechtsanwältin in Hamburg tätig.

Helga Ostendorf, geb. 1950; Diplom-Politologin, Dr. rer. pol., lebt in Berlin; z. Z. tätig als Wissenschaftliche Mitarbeiterin.

Sibylle Plogstedt, Jahrgang 1945; Studium der Soziologie, Dr. rer. pol.; Mitbegründerin der Frauenzeitschrift «Courage»; Redakteurin beim «Vorwärts»; Frauenforschungsprojekte zum Thema sexuelle Belästigung am Arbeitsplatz.

Anke Scheiber, Jahrgang 1964; Studium der Politologie in Berlin seit 1984, Doppelstudium der Rechtswissenschaft seit 1985.

Gabriele Volmary, geb. 1950; 1970 Abschluß als Erzieherin, 1975 als Sozialarbeiterin (soz. grad.); anschließend juristische Ausbildung; seit 1983 Tätigkeit als Rechtsanwältin in Berlin, Schwerpunkte: Familien-, Erb-, Schadensersatz- und Sozialversicherungsrecht.

Jutta Wagner, Jahrgang 1949; Studium der Rechtswissenschaft in Hamburg und Berlin; Wissenschaftliche Assistentin an der Freien Universität in Berlin; nach dem zweiten juristischen Staatsexamen seit 1978 Rechtsanwältin in Berlin; z. Z. in Brüssel als Rechtsanwältin tätig vorwiegend im Bereich des Familienrechts.

Barbelies Wiegmann, Dr. jur.; verheiratet, zwei Kinder; Rechtsanwältin mit Schwerpunkt Familienrecht und Autorin zu Frauen- und Familienfragen; seit 1974 engagiert in der Neuen Frauenbewegung.

Ute Winkler, Jurastudium, derzeit Direktorin des Sozialgerichts Fulda; Mitherausgeberin der Zeitschrift «Informationen zum Arbeitslosenrecht und Sozialhilferecht» (info-also).

Register